U0113782

晚清名臣

左宗棠

王纪卿——著

中国文史出版社

图书在版编目（CIP）数据

晚清名臣左宗棠 / 王纪卿著 . -- 北京：中国文史
出版社，2021.11

ISBN 978-7-5205-3175-7

Ⅰ . ①晚… Ⅱ . ①王… Ⅲ . ①左宗棠（1812–1885）
—传记 Ⅳ . ① K827=52

中国版本图书馆 CIP 数据核字（2021）第 191933 号

责任编辑：张春霞

出版发行：中国文史出版社

社　　　址：北京市海淀区西八里庄路 69 号院　邮编：100142

电　　　话：010–81136606　81136602　81136603（发行部）

传　　　真：010–81136655

印　　　装：廊坊市海涛印刷有限公司

经　　　销：全国新华书店

开　　　本：787mm×1092mm　1/16

印　　　张：36.75

字　　　数：638 千字

版　　　次：2022 年 2 月第 1 版

印　　　次：2024 年 4 月第 2 次印刷

定　　　价：98.00 元

左宗棠诞辰二百周年祭

墓园沧桑

人生，作为高等生命的轨迹，不仅展现为生前的苦乐，还会延续到死后的际遇。

墓地的遭遇，也可算在其中。

距今一百二十六年前，光绪十二年十一月十五日，西历 1886 年 12 月 10 日，本书传主左宗棠的灵柩，在善化县八都杨梅河柏竹塘下葬。这个地方现在叫做长沙县跳马乡柏竹村，在长沙市区的东南方，距市区不过十几公里。墓地俯瞰的杨梅河，现已建起了公路大桥。

几年前，当我前往左宗棠的墓地，路经许光达大将的故居通道前，请教一位年约五十的当地男人："左宗棠墓庐在何方？"他反问我："左宗棠是哪个村子的？"我回答："是个历史人物。"他说："我们这里没人姓左。"

左相国的下葬，在当年一定是一件盛事。一百多年过去，改朝换代，人事全非，若是一座普通的坟茔无人记得，是不足为奇的。但左宗棠不是普通人，他是我们民族的一位精英，用美国军人学者贝尔斯的话来说，他是清末"四亿中国人当中最杰出的人物之一"，"他是一位伟大的将军，一位伟大的政治家，也是一个伟大的人"，"不愧为其祖国和人民的光荣"；用儒家的话来说，他是被光绪皇帝赐谥"文襄"的孔教圣人。这样一个人，是不应该被国人遗忘的。

那一次的谒墓之行，我幸得一位修车小师傅指点，开完了最后几公里弯曲盘旋的山道，来到了目的地。左宗棠墓，静静地耸立在一条仅能容两车对过的山间公路旁侧。墓墙上有一块说明牌，表明此墓是省级保护的文物。门口有一道铁门，锁着，墓园内外，阒无一人。把车向前开出几百米，询问在路边工作的农人：守墓看门者在哪里？无人知晓。

　　我们一行三人决定翻墙而入。进去了，登石梯而上，看到墓前的石台上摆着几枝香烛，表明最近有人来祭奠过，只是不知，那些谒墓者是否和我们一样，也是翻墙而入。

　　一个多月后，一位朋友打电话给我，说他们现在左宗棠墓地附近，在五十八岁的守墓人黄志清先生家里吃午饭。原来黄先生手掌墓园门钥，在家候客。如果你问到了他的住处，他就可以给你打开墓地的门。这墓地犹如不出名的网站，不宣传自己，你找到了网址，才能把它打开，但是检索起来，绝无网络上的方便。

　　朋友还说，他听了一些故事，出自黄先生之口。

　　柏竹塘的这块墓地，据说是左宗棠第一次领兵开赴前线，在东进江西的途中亲自选定的。墓园规模和建制的设定，大概与墓主无关，是后人的设计。左宗棠作为经世之学的集大成者，对于鬼神、风水之类，似无深信，也不斥为无稽之谈。他的态度是，若信，则要按照规矩办；不信，则可自行其便。但凡记述怪异之事、神灵之说，他都持这种态度。但他为自己选择的墓地，位居山巅，周边苍松翠柏，东面河流，常人都会知道，这是一个幽静开阔的处所，适合于身后长眠。

　　然而，他无法预料，他入土之后不到百年，身边就会响起轰隆隆的爆炸声。

　　左宗棠墓园，原来不尽如现在所见的这样，堪称规模宏大。墓园起初占地广达百亩，墓道两旁石雕林立，牌楼高过十三陵，阶梯直达河畔。1975年前后，一条战备公路途经跳马，将左公墓园一分为二，牌楼拆了，墓道麻石也征用了，用于修路搭桥，墓园面积大大缩水，只剩下原先的十分之一。

　　那些石雕，包括左宗棠的雕像，以及石人石马。1977年，"文革"结束后的第二年，当地因修石桥缺少石料，决定取之于墓园。如今在当年所修的瓮桥之下，还埋着一些雕像的残部，部分从泥土中露出了峥嵘。

　　至于墓园响起爆炸声，是重磅炸药造成的。

　　那时候，墓地所属地方的几名干部说，左宗棠是清朝的大官，他的墓室里面肯定藏有大批珍宝。他们叫人埋下一百多斤炸药，用几十根雷管引爆，炸开了墓室。轰隆巨响，墓室洞开，扒开乱石，露出一副棺木。民工们一拥而上，撬开棺盖。

棺盖开启，一阵香气扑鼻而来。眼前就是已逝的相国，依旧戎装披挂，面色如生，似在睡梦之中，令观者惊诧不已。但是，掘墓者更关心的是珍宝，一番搜索，大失所望。据说，他们唯一的收获，是从相国嘴里取出了一颗珠子。少顷，死者面色骤变，随即一阵恶臭袭来。围观者害怕了，作鸟兽散，扔下墓庐不管。

几天过去，残破的墓庐周边，仍是恶臭阵阵。黄志清先生的母亲当年已逾花甲，信佛行善。她对儿子说："清伢子，左大人是朝廷大官，有功于国。如今抛尸露骨，怕是阴魂不散。快去把土平了，把左大人的尸骨重新埋好，磕几个头！"黄志清奉母亲之命，鼓起勇气，让左公遗体重新入土。

这场闹剧就这样过去了。

至于墓主左宗棠，这个清末的诸葛孔明，却未曾算到自己会遭受身后的劫难。他生前劳绩赫赫，风光无限，却未曾享受荣华富贵。原想找个清静之地，永远安歇。岂料九十年后，墓穴被炸。今日，这块墓地虽然贴着文物的标签，却是默默无闻，观者罕至。不论是出于什么理由，人们对这个历史人物，对这所墓庐下埋藏的千军万马的厮杀，南征北战的艰辛，抵御列强的抗争，寻求富强的努力，似乎选择了集体的忘却。

不过，话又说回来。我所见的左宗棠墓园，比之我在长沙坪塘所见的曾国藩墓，虽因缩水，规模格局较小，但通路顺畅，保护完好，都是曾国藩墓园所不及的。这种对比，透露着什么样的信息？

有一种解释颇为可信。据说，解放军的王震将军，建国后开发建设新疆的领军人物，看到"新栽杨柳三千里，引得春风度玉关"的景象，回想起左相国当年为收复和建设新疆所做的贡献，对这位前辈老乡甚为钦佩。有一天，他交代部下查询左公亡灵栖息之地，听说墓园被炸，顿时眉头紧锁，郑重地说："左公有功于国，他的墓园，应当修复啊。列为文物，供人瞻仰。"得到这个指示，长沙市政府拨款修复，并刻碑纪念，列为市级文物保护单位，时在1985年。

1996年底，湖南省人民政府将这座墓园公示为省级文物保护单位。

墓园得到了高层的重视，显然是一个信号：这位历史名人，终究不会被时光埋没。2002年以来，以左宗棠为主人公的多部小说与评传相继问世，在小范围内掀起了一股左宗棠热。时隔十年，在左公诞生二百周年之际，或许已有更多的各界人士，有意于回眸这个湘阴人生前的风采，会寻求一个较为通俗的纪实性文学读本。本书的写作，就是为了满足这样一个阅读群体的需求。

本书不采野史小说家言，主要依据有关的奏疏、文札、书牍与可信的史传记载，试图将左宗棠的主要人生阅历，做一个清晰而真实的回放。

性格决定命运

尽管左宗棠因各种原因宣传不够，但都无法掩盖一个事实：他是照耀过中国近代史的一颗明星。由于他是曾为中国收复了六分之一国土的大将军，当代人只要展开晚清那一幅幅风卷残云的画卷，就怎么也绕不开他的身影。只要你的游思闯入左宗棠的时代，就无法摆脱这位卫国元勋的影响。他是左右那个时代的雄魂。

左宗棠为什么有如此之大的魅力？因为他做出的赫赫事功，在历史上是无与伦比的。但是有一点很明显：如果他没有登上总督与钦差大臣的高位，就无法建立他的军功政绩。那么，他在仕途上发迹的经历，会吸引很多人的关注。然而，如果我们考察他的发迹史，便会发现，那几乎是一个天方夜谭一般难以置信的故事。

为什么这样说？因为左宗棠是一个汉人，而他生活在一个满人当道的朝代。清朝统治者对汉人保持着高度的警惕性。即便你的文章写得水上能点灯，即便你对皇家俯首帖耳唯命是从，照样不能真正得到重用。

因此，在仕途的竞争中，左宗棠天生是处于弱势的，首先因为他是汉人，而且只是一介寒儒；而他的性格又更为他设置了障碍，因为他天性耿介，刚直不阿，不像曾国藩那样有忍性，能够逆来顺受，更不像李鸿章那样曲意逢迎，能够拿巨额的银子收买大太监，打开宫廷内的机关暗道。《湘军记》的作者王定安说，左宗棠这样的条件，且不说他别想在仕途上获得升迁，就连在官场的险恶波涛中生存下来都很困难。几千年历史中，像他这样刚直不阿的官员，不知有多少人含冤掉了脑袋，几乎没有幸存者。左宗棠没被扼杀在官场里，能够逃脱厄运，已经是一个奇迹了，又怎能指望仕途旷达呢？

然而，左宗棠硬是走上了仕途，而且走得颇为顺畅，几步跨越，就登上了最高的官位。这位湖南湘阴的硬汉，在六十一岁那一年，在陕甘总督任上，出任清廷的东阁大学士，入阁拜相了。清朝不设宰相，大学士就相当于当朝宰相。

如果说内阁在清末只是一个摆设，那么在军机处这个真正的执行内阁里，也曾有过左宗棠的身影。左宗棠当上宰相八年以后，在六十九岁那年，出任军机大臣，掌管兵部。这样的高位，连曾国藩和李鸿章都未能攀达。能者多劳，慈禧太后还让左总理在总理各国事务衙门即清朝的外交部行走，跟洋人打交道，兼管了外交事务，这个位置，是曾国藩未能企及的，李鸿章也只待过很短的时间。这样的地位，是一人之下，四万万人之上。

这是为什么？一个对于清末官场而言是先天性条件极其贫乏的狂傲书生，为什么能够顺利地登上极品的高位？左宗棠成功的秘诀是什么？

左宗棠的性格，是决定他成功的一个决定性的因素。

左宗棠的性格中，促成其成功的动力，主要有两层。第一层是不爱虚言爱务实。这一点，毛泽东是看得很准的。他在评价曾国藩、左宗棠等人时曾说："左为办事之人。"

毛泽东所说的"办事之人"，是一位超级的办事能手，是个少见的技术性人才，为坐江山的人办好了极欲办好而别人又办不好的差事，立下了赫赫军功，建立了煌煌政绩，而且忠心可昭，才可能被任命为宰相，进而掌控军机，手握重兵，一言九鼎。

左宗棠性格动力中的第二层，是狂傲、自负与偏激。按照他同时代人的描述，这个湘阴人"刚直矫激，夸大狂傲"，是一个不争的事实。左宗棠发达之前，其爱妻常在玩笑时打趣其"大志大言"与现实之间的反差；其死党好友胡林翼说他"过于矫激，面折人过，不少宽假"，又说"其性情偏激处，如朝有争臣，室有烈妇"。咸丰皇帝没有见过左宗棠，但他根据从臣子们那里搜集得来的有关这个湖南不可一日无之的才子的情报，得出了"与人寡合，难以位置"的印象。

中规中矩，恪守中庸之道，是儒家提倡的做人方法，也是儒家宣讲的成功之学。其实，中庸之道在成功学上也是一柄双刃剑，并非只胜不败的利器。这种为人处世之道有助于明哲保身，维持一团和气，但往往令人因回避冲突而不敢奋斗，不敢突破，陷入庸碌无为。左宗棠作为一名儒士，因性格的缘故，未能遵循这一处世哲学。幸好如此，而且唯其如此，他才能以入赘妻家、一文不名的一介寒士，尽管三试礼部不第，却不靠钻营苟且、权谋倾轧，只靠煌煌事功，坦坦荡荡地走入了朝廷的内阁中枢。

靠着狂傲，他在"身无半亩"之时，仍然能够"心忧天下""神交古人"，而未被钱财诱惑而溺陷，未被困境所压垮；靠着狂傲，他总是在众人畏难退缩时挺身而出，力任时艰，在年届六旬之后，敢于不辞万难，舁榇出关，收复新疆；他在跨入古稀之年时，还能领命奔赴海疆，大战法寇，力保台湾；不止一次，纯然是凭着傲气与执着，他在精神和气势上压倒了敌人，以少胜多，反客为主，成为战争史上的一个神话，令英美俄日等国的军事观察家为之折服。靠着刚直，他不屈服于权贵，不畏惧于世界列强，不认输于天灾人祸，顽强地成就了一番伟业；还是靠着刚直，他勇于保全弱势人才，保护无辜民众，做了很多令人感激涕零的功德。靠着偏激，他对中华民族备受外国侵略耿耿于怀，对入侵者疾恶如仇，直到晚年，念念不忘要一吐"四十余年之恶气"，无法像李鸿章那样追求委曲苟安的所谓"理智的外交"，因而成为中国清流派和爱国主义者永世的纪念。靠着夸大，他常常生活在自己的理想和梦幻之中，希望中国迅速地强大起来，于是积极地开展洋务活动，打造中国的第一支近代化的海军，终身为此目标努力而不稍辍。

左宗棠的性格是双刃剑，为他功成名就出了大力，也给他造成了一些负面影响。他因狂而处事不够圆滑，对方方面面照顾不够周全，往往给小人造成构陷的机会，给政敌提供抨击的借口，因此而有性命之虞；他因傲而面折人过，使同事和下属与他难以相处共事；他因偏激而参劾好友与恩人，给一些人造成了"以怨报德"、不近人情的印象，以至于一些友人与部属离他而去，甚至对他多所訾议。他因骄傲自大而遭到谦谦君子们的非议与嘲笑。他因矫激开罪了许多本来可以和平相处的人等，以至于树敌颇多，谤议丛生，生前与身后都是相对地寂寞。但是这一切，都是瑕不掩瑜，失小得大。他的得是为民族为国家的，他的失是属于个人属于亲友的，他的性格带来的结果，是正面远远胜过负面的。即便就个人得失而言，能有如此的造化而名垂青史，左宗棠之灵若天上有知，一定会为自身性格造就的命运感到自豪而无怨无悔。

左宗棠成功的另一个法宝，是他的学识与才干。这个因素与性格相配合，就有了无往而不胜的力量。他在四十九岁时刚刚登上高位，就表现得非常干练，说话办事，一丝不苟，得理不畏强权，敢于和慈禧辩论。慈禧虽然颇为吃惊，但她非常欣赏这种干脆利落的风格，左宗棠凡有所请，她都准奏，有时候，还在一片非议声中，对这位汉人大臣极力维护。左宗棠在朝中说话为什么这么灵？因为慈禧知道这位汉人大臣眼光远大，办事认真，从无私心，忠心可鉴。而且，他不仅不怕内敌，也无畏慈禧曾因畏避而离京的洋人。

凭借着慈禧的信任，左宗棠得以办好几件别人办不成也无意于去办的大事，赢得了朋友的尊崇，也赚来了敌人的尊重，从而成为近三百年来官运亨通的旷世奇才，成为晚清的"第一伟人"（梁启超语），成为一个流芳万古的历史人物，成为值得我们当代的许多有识之士认真效法的楷模。

揭示这样一个人的为官之道，揭示这么一条成功之路，正是本书的趣旨。

一脉相承的关系

常言道：盖棺论定。然而，此话对本书的传主而言并不真确。他不是一个在死后能够得到定论的人物。他和历史上的所有大人物一样，注定要在去世之后，接受纠结不清的是非功过的评议。

常言又说：人死了，就是一了百了。然而，对于本书传主这样的人，这句话只说对了一半。对的一半是：对于已故者，死亡的确是一了百了的事情；不对的那一半是：对于左宗棠这样的人而言，他给后世人留下了太多难了的事，有崇敬的褒扬，也有激烈的非议；有无尽的怀念，也有绵长的反思。

其实，事情并没有这么复杂。要想透彻地了解左宗棠，在我看来一点也不难。他的所作所为，所思所想，使这个两百年前出生于湖南省湘阴县的人物，距离我们如此之近，以至于我们当代人的活动，有很多事情，不过是其言行的翻版或延续而已。

因此，在我的感觉中，诞生于二百年之前的左公宗棠，和我们之间，似乎并无历史的长河阻隔，他那饱经沧桑的身影，仿佛就立在我们身后不远之处。

的确，只要我们稍稍回眸，就会发现，左宗棠一生的操劳与成功，和我们有一脉相承的关系。

他的功业，就其最大者而言，便是在清朝光绪初年，公元19世纪70年代末到80年代初，指挥湘军和其他清军部队，大战新疆，为中国收复了一百六十万平方千米的国土。左宗棠是湖南人，就拿他的籍贯省份来折算，这一片国土，大致相当于八个湖南省的面积。我国领土的面积现为九百六十万平方千米，那么只要做一个简单的除法，就能知道，左宗棠当年收复的国土面积，正好是现在国土面积的六分之一。也就是说，我们的祖国如今得以坐落在一片辽阔的土地上，跟左宗棠有着莫大的关系。

老年的左宗棠，为他的这份无人能及的勋劳而骄傲。他知道，他是中国历史上收复国土最多的将军。

但是，左宗棠在中国大西北留下的勋劳还不止如此。作为一名军人，他用强硬的一手打败了侵略者，而作为一名政治家和经世家，他同时还用温柔的一手治理了大西北。作为陕甘总督，作为督办新疆军务的钦差大臣，在战争的间歇里，在战争结束以后，他在当时疮痍满目的西北三省大抓和平建设，医治战争的创伤。

西北大开发，建设大西北，是左宗棠的一个宏愿。他鞠躬尽瘁，拖着衰病之躯，咯着血，拉着肚子，办了很多实事。他兴办军屯，鼓励民屯，兴修水利，开垦荒地，发展农桑，修路造桥，推行绿化，保护环境，禁止毒品，稳定边防，他还在西北创办了军事工业和民用工业。

这些字眼，我们听起来怎么会觉得很耳熟？那是因为和我们经历中的时事都挂上钩。解放军新疆建设兵团的建立，是共和国成立以后的壮举，有些时日了；至于西部大开发，禁毒戒毒，保护生态环境，以及大搞基本建设，那是近年来媒体经常报道的新闻。

左宗棠的第二大功绩，是他致力于创立中国的第一支近代化的海军。工业史家说，他是中国近代造船厂的先驱，而他造船的目的，就是为了创建中国海军，为之提供蒸汽驱动的军舰。与此同时，他还致力于把洋务运动的成果，体现于中国海陆国防力量的加强。他想让中国成为一个军事强国，豪迈地自立于世界民族之林，不再受外国列强的欺侮。他的这个理想，激励过他身后的无数仁人志士，直到今天，还是我们继续为之奋斗的目标。当今天的军事迷们热烈地讨论中国第一艘航母的时候，他们应该不会忘记，早在一百多年前，左宗棠就无比热情地创办了中国的第一个军舰制造机构。

很多事情，左宗棠先行了一步，我们这些后人跟着他的足迹走下去。他去世之后，历史前行未远，仿佛一场接力赛，我们从他手里接过了那根标志性的接力棒。

所以，二百岁的左相国，仿佛就站在我们身后。

希望本书的记述，有助于更加拉近传主与读者之间的距离。

目

录

第三章 —— 不第亦为国士

第四章 —— 国防军师的预演

第五章 —— 战乱中的抉择

第十九章 —— 筹划出关

第二十章 —— 收复新疆

第二十一章 —— 从辅政到南洋

第二十二章 —— 最后一仗

第一章

神童左宗棠

一桩公案

前言里，我把生生死死的事情说了一些，现在进入正题。

首先，我们要履行一道手续，类似公堂上必经的法律程序，叫做验明正身。验谁呢？当然是验左宗棠。

为什么要验明正身？左宗棠是一位历史明星，总不可能有人做假吧？

世上无奇不有。不错，历史名人不可能做假，左宗棠却有真假之分。

真假左宗棠这桩公案，发生在本书传主的家乡。前面说过，左宗棠是湖南省湘阴县人氏。根据他现年二百周岁的高龄反推，他初临人世，是在清朝的嘉庆十七年，即西历1812年。至于他的生日，是在十月初七日，即西历11月10日。

大家知道，清朝在嘉庆以后，是以道光为年号。而道光年间，在左宗棠的出生地湘阴县，出现过两个左宗棠。这两个同名同姓者勉强可以说是邻居，两人的家只隔着一条湘江，一个住在河西，一个住在河东。

你会想，这是不是一个巧合呢？会不会是取名重复了？

重名的情况当然难免。如今上万人不约而同取一个名字的比比皆是。不过，我可以明确地告诉大家，两个左宗棠在湘阴县河东河西的出现，不是偶然，而是出自一个有意的策划。这两个左宗棠当中，有一个是真正的左宗棠，另一个则是冒名顶替那个真正的左宗棠。

冒名顶替，总是有所图谋，没有甜头，犯不着拿姓名来造假。冒名顶替可以得到的好处不少，枪手替考挣钱，骗子冒领存款或遗产，色狼骗取美人芳心，都可以用上这一招。那么，冒名顶替左宗棠，会有什么好处呢？

我们且来看一看。

道光十二年（1832）以前，湘阴县其实只有一个左宗棠。按照惯例，占名分和占座位一样，谁先注册，谁的屁股先落座，就被视为正主。比如旧时一夫多妻制下的女子嫁夫，先嫁为妻，后嫁为妾。因此，当时湘阴县这个唯一的左宗棠，理应是真正的左宗棠了。问题在于，他是不是我们这本书的主人公呢？

这个真正的左宗棠，住在湘江西岸的文洲围，是一个年近花甲的老监生。他把一生的美好时光，全部奉献给了科举考试的伟业。这份伟业，跟如今的高考与公务员考试一样要命。两者的性质难说是否相同，但考生及其家庭以及学校与社会的重视程度，一点也不比现在低，考生的负荷可想而知。

左宗棠参加的考试，是省一级的科举考试，叫做乡试。考试通过了，就能中举，按照西方研究中国文化的学者所做的类比，这就相当于考上研究生了。

中举是多好的事情啊，迈过了进入仕途的一道重要门槛。可是这个左宗棠是个倒霉蛋，考了一辈子，屡试不中。考研考研，考到快六十了还没通过，也就没什么指望了。范进中举，犹如老年得子，是稀奇罕见的事情。范进了不起，可谓把奥运精神用到了考场上，为了中举，一直考到头发花白，还是锲而不舍，终于如愿以偿，得慰平生。左宗棠没那么牛，他少了那么一股子拼劲，不相信自己能有范进那样的幸运，早已断了再去投考的念头。他把监生证书供在祖宗的牌位旁，证明他好歹拿到了大学毕业证，以此告慰阴司里的列祖列宗。

左宗棠壮心已灰，打算一辈子平平安安地做他的左宗棠，直到寿终正寝。他没有料到会有人希图他的名分。可是，道光十二年的秋天，怪事发生了：湘阴县出现了第二个左宗棠。这个后来的左宗棠，无疑是假冒的。但是，由于真正的左宗棠并未站出来做一番去伪存真的功夫，从此以后，人们在一段时间里面，就很难分清谁是真正的左宗棠，谁是假冒的左宗棠了。

这个假冒案不同一般，其实是君子所为。假冒者并非出于恶意，而且与被假冒者经过了友好协商，虽然未签合约，但毕竟是一个愿打一个愿挨，不算侵权。

话说文洲围的对岸，也就是湘江的东边，有个界头铺镇，境内有一所左家塅大屋。（顺便说一句，界头铺镇如今犹在，这个大屋的位置，离长沙直达湘阴的长湘公路不远，如今成了一所小学旁边的牛圈，没有人去修复。）这里住着一个年轻的后生，名叫左宗樾。这个"樾"字，意指树荫。此人的父亲为他取这个名字，自然是指望他能得到祖宗的庇佑。

这个左宗樾，与住在河西的左宗棠，同为左氏一族的本家，本来就有瓜葛。

道光十二年，左宗樾到了二十岁的年纪，遇上了乡试开科的年份。这是读书人期盼的大喜事，和股民盼来了久违的牛市一样高兴。左宗樾见二哥左宗植正在打点行装，要去省府长沙赶考，不由得心痒痒的，对哥哥说："我也要去。"

左宗植向弟弟扬一扬手里的一张纸，说："老弟，你没有这个东西，去了也是白搭，人家不会让你进考场的。"

这是大实话，略嫌直白，因此未免打击人。左宗樾知道，哥哥说的那张纸，就是生员的证书。二哥有证，他没证，因为他没在官学念过书。这个证太重要了，没有它，就不能参加乡试。

左宗樾脾气倔，有点不信邪，而头脑又非常灵活。他想，难道一张监生的证书，就能把我挡在考场门外？没有准考证，就不能想法子混进考场？这就是说，他想作弊了。放在今天，作弊的方法有多种，办假证的电话满天飞，伪造学历、买个假证或者请人代考……但是，左宗樾的时代民风淳朴得多，造假的手段也没有现在这么高明。左宗樾虽说脑子好使，也没有更多的鬼点子，他能想到的作弊方法，土得掉渣，就是前面所说的冒名顶替。

他想起一件事情。两年前，他跟随父亲到文洲围拜年，在老监生左宗棠家见过他的监生证书，那正是他眼下最需要的东西，而他也知道，那位左老先生无意于再去考研。于是他对哥哥说："宗棠老爹以后不会再投考了，我去把他的监照借来一用，岂不是就可以进考场了？说不定这一去，就会马到成功哦。"

二哥左宗植，当时就是一家之主。左家两兄弟的长兄左宗棫，以及他们的爹娘，先后去世了，只有二哥照顾弟弟。他虽然不愿意伙同弟弟作弊，但是架不住弟弟的软磨硬泡，同意了他的要求。毕竟，弟弟苦读诗书，锐意考试，不是什么坏事情。

于是，兄弟俩一起出马，坐着划子，来到文洲围，找到了左宗棠老爹。他们开始给宗棠老爹洗脑。一个动之以情，请求长者提携后人；另一个则晓之以利，左宗植以家长的身份，表示监照不是白借，他愿拿出三石谷子做回报。在情与利的攻势下，老监生左宗棠终于招架不住，与这两兄弟达成了协议：左宗棠将监生执照有偿转让给左宗樾。

左宗樾拿到了左宗棠的监照，和哥哥一起赶到长沙，混进考场，参加了大比，考取了第十八名，中了举人。从此，在官府的举人名册上，左宗樾就成了左宗棠。而湘阴县内，就有了一老一少两个左宗棠，左宗樾这个名字，从此不复存在了。

那么，这本书写的是哪个左宗棠呢？究竟是真的左宗棠，还是那个冒牌的左宗棠呢？

不用我多费笔墨，大家已经明白，我这本书的主人公，就是冒名顶替左宗棠的左宗樾。假作真来真亦假，当假的左宗棠成为一代名人之后，人们就把他当成真正的左宗棠了。而当年住在文洲围的那位左宗棠老爹，早已被人们遗忘。我们现在把他从浩渺的历史烟尘中发掘出来，也算是还了他一个公道吧。

必须说明，这段掌故，见诸所谓正史的记载，只有寥寥数语：

　　纳资为监生，应本省乡试。

于是有了一点心得：读史若能留意细节，往往发现，记载越简洁，故事越丰富。为史者不愿记或不便记的，也许就是读史者最想看的。

以下为了记述的方便，我会将改名前的左宗樾称为左宗棠，为了读者不至于混淆本书中的人物，特别申明，以下记述的全是本书传主的事迹，而与本节中所述的老监生完全无关。

困境与傲气

上文说到，左宗棠参加乡试，一考就中，可见他天生是个读书的料子。鉴于古代科举成功者中大多都是书呆子，这里有必要指出，左宗棠绝不是死读书的憨子，而是一个有思想、有见解、有主张、有追求的读书人。

左宗棠的出生就很不平凡，他的家人将这个过程定义为"牵牛星下凡"。因为，在左宗棠来到人世的那个夜晚，他的祖母做了一个梦，梦中有神仙从空中下降，落在自家庭院之中，自称是牵牛星下凡。梦醒时，孙儿出生，家中忽见"有光如白昼"，盖过了灯烛之光。一个时辰之后，天就亮了。

古人认为，牵牛星代表的是智慧。因为日月起于牵牛星，从牵牛星这里向左转去，止于北斗。日月起始之处，则是天地间一切术数的发源之地。

果然，左宗棠自幼表现出天资聪慧。他的智慧主要体现在两个层面：一是记忆力超强，过目不忘，读过的书，立即就能背诵；第二是悟性过人，是个对对子的高手，人家出上联，他稍加思索，便能对出下联。这种智力游戏，类似于现在编短信或微信的段子，编得有趣，而又言之有物，堪称才思敏捷。一个孩子能够成为此道高手，自然令人称奇。因此，童年的左总理，应该叫做左神童，而这位神童的过人聪明，已经找到了实用之处。

纵观古今，神童往往产自书香门第。原因很简单，家中无书香，神童之神就无法展示，也难被发现，纵然是神童，也会埋没了。左神童也是如此，其前辈七代秀才，可谓世代相传的书香门第。曾祖父左逢圣是县学生员，以孝义著称；祖父左人景为国子监监生，以遵循儒家修身齐家之道而闻名乡里；父亲左观澜为县学廪生，贫居教书二十多年，以教学严谨而负盛名。

左宗棠是左观澜最小的儿子，祖父和父亲很快就发现这个满伢子非同凡响。左人景偏爱此孙，常常亲自带他到梧塘读书。这位祖父喜欢满孙的聪明，更看好他的胸襟。他带小孙子到住宅后面的山上采栗子，小孙子采了一把，自己先不吃，带回家里，平均分给哥哥和姐姐。这不就是孔融让梨的清代版？左人景认定，这个孙子是左家的福气，有了他，光大家门有望。

但是，祖父的偏爱，并不能给小孙子造就优裕的家境，因为左宗棠的家庭非常清苦。这一家人，有祖辈遗下的几十亩田产，每年可收四十多石谷子，但要养活一个三代十口之家，也只是勉强糊口而已。左观澜不得不为生计而四处奔波，教书挣钱，所得收入，用于维持家计，有时甚至落到缺了束脩就揭不开锅的境地。灾荒年就更惨了，只能"屑糠为饼食之，仅乃得活"。终年种田，养儿育女，全家人却只能吃糠饼、嚼菜根果腹，这和中国人在 20 世纪 50 年代末至 60 年代初所谓"过苦日子"的那种生活没有差别。此种状况，左宗棠后来形容为"寒素"。不仅是他这代人过得寒素，左家历代都是如此，他曾对儿子说：

　　吾家积代寒素，先世苦况白纸不能详。

由此可见，如果因为左家曾经有过几十亩田产，就如某些学者所做的那样，一定要把左宗棠划入地主阶级，而且将之视为那个阶级的代表人物，那也只能说，左宗棠是个从小就备尝穷苦的地主后代。

这个所谓的地主后代从小就难养活，他出生之后，没有母亲的乳汁，也吃不到哪怕是最粗劣的奶粉。他的食物只有米汁，由母亲一口一口嚼出来，喂到他的嘴里。所以，他饿得日夜啼哭，哭得肚脐都鼓了出来，以至于成人之后，"腹大而脐不深"。

可想而知，生长在如此寒素的家庭，左宗棠从小就养成了吃苦耐劳、节俭质朴的生活习惯。而由于生存的艰难，其父决定脱离土地的营生。嘉庆二十一年（1816），左宗棠四岁，父亲决定脱离田地，挈家迁居省城长沙，落户在贡院东面的左氏祠堂，开馆授徒，做一个职业教员，维持全家生计。

左宗棠兄弟三人随父读书，由此可知，左宗棠漫长而繁重的学业生涯始于四岁。左宗棠兄弟三人随父读书，实在是迫不得已，因为家里太穷，请不起教师来管教三个儿子，只好由父亲亲自上阵。

左宗棠那时还只是一个小不点，就跟随两位兄长听课，每每听了父亲的授课，以及哥哥们的诵读，便会"默识不忘"。偶尔提问，他的回答，令人觉得"颖悟异人"。

有一天，左观澜给两个大孩子授课，叫他们朗读《井上有李》一文，读到"昔之勇士亡于二桃，今之廉士生于二李"时，左观澜说："暂停，提个问题。'二桃'的典故出自何处？"

左宗棠坐在一旁，顺口答道："这都不知道啊？古诗《梁父吟》里面就有哇。"

父亲一惊，随后悟道：一定是这个小机灵鬼平时听到两位兄长诵读，就记住了。左观澜为幼子的聪颖而自喜，为其前程设定了坚定不移的目标：应科举，登仕途。

这位为人父者，本身是个秀才，按照西方人所做的类比，就是具有本科学历。但他考研多年，未中举人，于是把自己未能实现的人生希望交给了下一辈，冀望他们考研读博，步入科举的殿堂。

左观澜尽管宠爱幼子，管教仍然严厉，是能够狠下心来的父亲。在他的安排下，左宗棠五岁就正式上学，不是念学前班，而是正儿八经地诵读儒家经典，学习我们这些成年人都需要大名人于丹讲解才能听懂的《论语》，还有《孟子》，以及朱熹的《四书章句集注》。左神童八岁就学写八股文章。左观澜领着儿子提前朝目标进军。这个提前量之大，足以令望子成龙的家长们眼热不已。

如此早读的结果，对左宗棠造成了怎样的影响？且看他自己的评述：

自为童儿时，即知慕古人大节；稍长，工作壮语，实天下事若无不可为。

也就是说，左宗棠早年所受的教育，使他少儿时代就有了狂傲书生的念头，放言天下之事没有自己办不好的。从那个时候起，我们就从小左身上看到了"狂傲夸大"的性格。

就这样，左宗棠一直受教于父亲，其早期学业，完全是在其父亲手中成就的。如果我们考虑到他日后的成就，就不能不对其作为一个教育家的父亲肃然起敬。左宗棠的幸运在于，自己的父亲就是一名特级教师，"教人循循善诱，于课子尤严，数年之间入学食饩，一时从游者甚众"。

尽管父亲严厉，左宗棠因天资聪颖，却并未感到多大的压力，也没有叫嚷着要求减负。他在学习中不觉吃力，没有被沉重的书本压得呆头呆脑，用曾国藩要求儿子的话来说，他仍然是个"活泼泼的"孩子。每天读完父亲规定的课业，就跳跳蹦蹦去玩他的游戏。

文才非凡，不好八股

左宗棠小时候是一个善于思考的孩子，除了完成父亲规定的课业之外，还会发展出自己的兴趣。像八股文那么乏味的东西，不断地向这个聪明的孩子灌输，就会适得其反，他会产生逆反心理。这种心理，通常会令家长们头痛，但对孩子本身的成长是有正面效应的，它往往会令人背离陈腐的追求，寻找到进步的方向。事实上，如果左宗棠仅仅是一个经学优等生，科举制艺的高手，很可能在他成人后就无法成就一番大业。

左神童入学读了几年，就开始抵触传统的学业了。他以写八股文拿手而自负，兴趣却不在这里。说句追新逐异者不爱听的话，新新人类其实并不新奇，每个时代都有。左神童就是他那个时代的新新人类。这个小孩在正统儒生的管教下，变得非常叛逆。他虽能写一手好文章，但他偏不喜欢迂腐的应试教育。用当时的话来说，就是"不好八股，但文才非凡"。

在左神童的时代，有识之士就已经对沉闷的教学氛围叫苦不迭。韩寒一族也有一脉相承，左宗棠算得上一个祖师爷。

左神童的兴趣在于历史，在必修的课业之余，抽空一读史传，便荡气回肠，仰慕历史人物的浩然志气和宽阔胸怀。

在我们的时代，明星多从音频与视频中产生；在左宗棠的时代，孩子们喜欢的明星，却只能从书本中发现。左神童捧读三国，有个明星吸引了他的眼球。他读到诸葛亮的事迹，眼睛就闪闪发光。此人鹅毛扇轻轻一挥，就能指挥千军万马打胜仗，运筹帷幄，高深莫测，一肚子学问都派上了大用场。左宗棠越看越入神，孔明先生的本事太了不起了！上通天文，下晓地理，熟谙兵法，知人善任，于兵器和机械都有心得，还有经济头脑。

左神童说："我长大了，要做孔明！"

这个愿望很普通。仅在清末，在湘军阵营里，就有好几个人期望自己能以孔明自许，曾国藩便是其中之一。

左神童不想做独裁者，只是想做个一人之下万万人之上的丞相。当然，社会所能提供的这种职位，较之皇帝一职，其实多不了几个。能不能照这个定位走下去，还得靠命运的安排。许多人在成人以后就认命了，放弃自己早年的追求。但是，左神童无论在怎样的困境里，都未曾放弃过自己的这个梦想。由于他始终保持着这个高水准的追求，有好几次，在遇到有小官可当的时候，他放弃了机会，所以才能得偿所愿。此为后话。

在少儿时代，左宗棠更是初生牛犊不怕虎，因为小孩子很少思考命运，谁也无法阻止他怀抱这个梦想。他相信只要努力，就可以练就诸葛亮的那一身功夫。但是他很纳闷，孔明的那些本领，应试教育怎么就不教呢？尽读些儒家经典和八股文，真是无趣得很啊。

幸好，左神童生而逢时。晚清时期，读书人的知识结构正在发生裂变和重组。盛行于汉代和宋代的儒家学说，流于烦琐空疏，脱离实际，对百姓的疾苦漠不关心。大儒们身居高位，谈经论典，不关心官风建设，也不搞政绩考核，至于国防问题，更是搁置一边。他们的学问，对朝廷无用，无法提供国家大事的决策依据，不足以保卫疆土，更无助于解救民众于苦难。

左神童通过考究，发现儒家的学问向来分为两端。一个流派强调知识的实用，另一个流派则以务虚为主。儒家的祖师爷孔老夫子是个教育家，收了三千名弟子跟他学习，其中就有七十二个学生"身通六艺"，他们就是经邦治国的有用人才，而这正是孔夫子教导的结果。他对弟子说：你们熟读三百篇诗，叫你们去做官，不会料理政务；让你们出使四方，却又不会谈判。这有什么用处呢？

孔圣人提出的口号有两个，一是"博学于文"，二是"行己有耻"，提倡学习与实践相结合。这就是说，他老人家创立的原始儒学，倡导学以致用的学风。

孔子之后，儒学又发展了两千年。后世的崇拜者背离了朴素的儒家思想，宋明理学崇尚抽象思维，大谈天理，鼓吹天理与人欲的对立，关注人性论和心性论，把孔子倡导的经世之学演绎为空疏的清谈，脱离了儒学注重实践的轨道。

这种学风导致了思想的僵化和学术的滞碍，于是到明末清初，厌恶空谈的学术造反派高声呐喊，要求儒学回归祖师爷的怀抱。思想文化领域有人吹响了通经致用的号角。晚明的思想家高攀龙和徐光启，清初大儒顾炎武，致力于阐明真正的"圣人之道"。同时代的黄宗羲和王夫之也主张治学应该"经世应务"，学术研究是为了实现"经世之大略"。

但是这阵反叛之风很快就刮过去了，到了清朝的乾隆、嘉庆年间，顾炎武的继承者们，打着考证、训诂的朴实治经的旗号，沉入故纸堆里，为考证而考证，为经学而治经学，又把儒学打入不问世事的冷宫。

从嘉庆末年到道光年间，随着盛世转衰，社会危机加深，许多学者重新发掘儒学经世致用的价值，主张冲破脱离实际、烦琐考据的藩篱。刘逢禄首开先河，他的弟子龚自珍和魏源等人继承发扬。一批官员，如陶澍、林则徐等人，实践了这种精神。后来成为湘军大帅的一批学者，就是沿着这条路走来。这批人当中有曾国藩，有胡林翼，有张之洞，而左宗棠则是其中最独特的一个典型。

左神童就是在这样的学术环境下，受到了另类的影响。他加入了学术造反者的行列，使他在学子中享有盛名。左宗棠的口号是，学习必须与实践相结合。他和他那个时代具有开拓精神的学者，持有相同的看法。

魏源说：如果你欣赏五岳的图画，就以为懂得了什么是山，其实还不如砍柴夫在山上走一步；如果你谈论沧海的宽广，就以为懂得了什么是海，其实还不如海上过客看上一眼；如果你能够列出八珍的菜谱，就以为是美食家，其实不如厨师尝一口。

曾国藩说：懂得了一句话，便去实行这一句，才叫做身体力行。

左宗棠说得更尖锐：认得一个字，就要实践这个字，才叫学懂了。整天读书，实践还不如一个村农野夫，只是会说话的鹦鹉而已。

照他们的说法，从古至今，我们的社会，真是充斥着持有大学文凭或硕士学位的文盲。

但是，学术造反派可以在一定程度上改变士子们的学风，却无法改革朝廷开科取士的制度。儒家经典和八股文固然令人生厌，却是科举考试的必读课本。千古不变的制度，岂是你龚自珍和魏源吹两声号角就能吹垮的？

左神童不想读死书，他权衡利弊，决定尽可能合理地配置自己的智力资源。

他的办法是折中妥协。他认为，读书固然要读有用的书，但是要提高自己的社会地位，必须获取功名。社会的现实就是这般无奈，你不去参加科举考试，又怎能出人头地？于是他积极备考，踊跃投考，别人不让他考，他还要冒名顶替去考；另一方面，他又贪婪地摄取经世之学，执着于自己另类的追求。

后来的实践证明，求取功名之路，他只走通了一半，而掌握实用的知识，对于他成就一番大事业，才是根本所在。

第一位伯乐

左神童的特立独行，使他在同龄的学子们当中成为一个非常扎眼的孩子。何况他自负聪明过人，不免年少轻狂，更加吸引了人们的注意。

十四岁那年，他就吸引来了许多眼球。那一年，他进了湘阴县城，参加童子试。考场设在文庙的大成殿，搭了棚子，间隔起来，一名考童独坐一格，偷觑不可能，递条子送短信也很难。

童子试是应试教育的第一步成果验收。地方官府重视教育，专门设了这种初级的考试，对辖区内念书的少年进行摸底，借以了解本地有哪些孩子熟读经书，在应试一途前程远大，或者具备发展的潜力，甚至有什么特长，可以因材施教。

左神童当然不怵这种考试。他虽留心异学，正统也学得不比别人差，甚至常以八股文自夸。他说："八股有什么了不起？本少爷虽不感冒，但一动笔，照样拔得头筹。"后来回忆那段日子，他说自己喜欢逞能，出言不逊，每作一篇八股文，就向同学炫耀一番。

年轻人争强好胜，十分正常，关键还要有逞强的资本，左宗棠无疑是有这个资本的。不过，步入中年以后，左宗棠反思年轻时的骄态，颇为失悔，在给儿子的家书里做了一番检讨，以告诫后辈。原文如下：

近时聪明子弟，文艺粗有可观，便自高位置，于人多所凌忽。不但同辈中无诚心推许之人，即名辈居先者亦貌敬而心薄之。举止轻脱，疏放自喜，更事日浅，偏好纵言旷论；德业不加进，偏好闻人过失。好以言语侮人，文字讥人，与轻薄之徒互相标榜，自命为名士，此近时所谓名士气。吾少时亦曾犯此，中年稍稍读书，又得师友箴规之益，乃少自损抑。每一念及从前倨傲之态、诞妄之谈，时觉惭赧。

这就是说，左宗棠的八股文，确实高人一筹。果然，这次童子试，他交出的考卷，令考官大为赞赏。展卷一看，不仅字写得好（因其平时"留意书法"），文章也有新意，便褒奖有加。

左神童迈过了应试的第一道门槛，爽不可言，决定继续考下去。第二年，左神童十五岁，从湘阴来到省城长沙府，参加府试。这是一种资格考试，通过了，套用现在的学制，相当于取得学士学位，就可以参加省一级的科举考试，也就是博取举人头衔的乡试，我们或可称之为考研。

府试的主考官是长沙知府张锡谦。他是少年左宗棠遇见的第一位伯乐。左神童交卷后，张大人看了一遍，觉得非常喜欢，清清嗓子，对诸位同考官说："这个姓左的少年，他手中那支笔，比我们大家都强，前途无可限量。"

张锡谦这句话出口，令同仁都不免汗颜。一不小心，这些饱读诗书的大人们，就被一位少年超越了。张大人倒不是存心寒碜同事，他确实对这姓左的少年心折，于是把左神童的考卷往前腾挪。眼看这份考卷超越了一份又一份卷子，就要名列第一了。忽然，张锡谦感到挪不动了。

为什么？他撞上了从古至今都起着决定作用的潜规则，所以前路不通。为了搞平衡，另外的考官们想对名次的排列适用多重标准。他们说，有一名老童生，已经参加了许多届考试，精神可嘉，应该照顾照顾他，把他取作第一名。张锡谦说："诸位同仁，你们认为此人的文章比起小左来，高下如何？"大家承认，论文章优劣，老童生无法和左神童相比。但他们自有一番说辞：少年人嘛，将来还有机会，还是照顾一下前辈吧。

发榜时，老童生的名字排在第一，小左的名字排在了第二。张锡谦良心有愧，对其他几位考官说："天下的事情，总难做到真正的公平啊。"他歉意地召见了左少年，着实夸奖一番，以示勉励。

左神童对自己未能排名第一，倒没有十分放在心上。但是，主考官对他的看重，给了他极大的信心。大凡有真才实学的士子，不论处在社会的哪个层面上，总能找到赏识者或知音，他们的认同，是令士子能够持续奋斗的动力，也是他成功路上最好的铺垫。左宗棠一生中得到了许多有识之士的欣赏与支持，他也在适当的时候刻意向自己崇敬的大人物展示学识与才干，从而得到推荐与识拔，这是其一生功名的一条捷径。而张锡谦作为赏识他的第一位伯乐，对他一生奋斗的影响是不可忽略的。

至于当时，左神童经过了县试和府试两次考试，知道自己成绩不俗，信心倍增，一心想参加省一级的乡试，也就是三年一度的所谓"大比"。

读书的有用与无用

被推崇为读书圣人的曾国藩说过一句话，令世人颇为愕然，那是他在晚年为自己拟下的墓志铭："不信书，尽信命。公之言，告万世。"

书生们当然不服气。寒窗十载几十载，怎么会无用呢？简直不可思议！读书人本来不能一概而论。官员有清官和贪官之分，为官清廉者，最怕老百姓说当官的没一个好东西，一竿子打翻一船人；读书人也有优劣之别，那些学以致用的人，最怕老百姓说百无一用是书生，一块砖拍晕莘莘学子。

于是有人高喊：读书要读有用的书！上面说过，在清末，不服气的书生们形成了一个经世济用的读书流派，而左宗棠生逢其时，又具备务实的天性，以及对技术型楷模人物孔明的崇拜，于是他深得其旨。

不管读书无用论最终是否胜出，我们在考察左宗棠这个人物时，却不得不说，他是靠着读书成就一番大业的。他是一个成功的样板，对读书人具有特殊的指导意义。

要吃透这个技术性人才的样板，就得探究一下他爱读的那些书。

且说左宗棠参加了府试过后，进入了一生中最重要的学习时期。他今后的任务，是要拿到大学文凭，成为生员，然后参加获取举人资格（硕士学位）的乡试，即所谓大比。

在左宗棠的时代，不论是考学士还是考研，仍然无非卖弄儒家经典和八股文，这是左宗棠的长项，所以他信心百倍。可是，当他正在摩拳擦掌之时，得到母亲病重的消息。他决定放弃这次进身之机，回到乡下照顾母亲。

左宗棠的母亲余氏，于道光七年（1827）十月十六日去世，终年五十三岁，左宗棠在家为母丁忧，无缘大比，还得等待三年。在此期间，他"益致力于学"。他非常珍惜十六岁到二十五岁这十年人生最佳的学习光阴。他后来根据自己的经验总结道：

人生读书得力只有数年。十六以前知识未开，二十五六以后人事渐杂，此数年中放过，则无成矣，勉之！

就在这段时光里，经世致用的思潮，在全国逐步兴起，一些经世派的著作令人大开眼界。左宗棠以敏锐的嗅觉，备受新思潮的鼓舞。他努力寻找有用的书籍，贪婪地阅读。左宗棠所读的书籍，改变了他的知识构成，丰富了他的知识内涵。这位经世大家的知识体系究竟是如何构建的，非常值得我们关注。他所读过的书籍，和江湖顶尖高手练过的武林秘籍，理当都是抢手货。

左宗棠十七岁那一年，也就是在我们进入高中的那个年龄，他跑遍长沙的书店，买到三本书。那时的书肆里，陈列的多是儒家典籍。淘到这三种书，左宗棠是下了一番功夫的。不仅要找到卖家，还要筹书款。清贫岁月，左宗棠的口袋基本是布贴布。

但是这三种书，一旦找到，左宗棠就是省下饭钱，也要把它们买下。

什么书这么重要？书名并不惊人，作者却都是一代名家。三种书分别是：《读史方舆纪要》，作者顾祖禹，是生活于明末清初的史学家；《天下郡国利病书》，作者顾炎武，明清之交的经济地理学家；《水道提纲》，作者齐召南，比左宗棠早生一百多年的地理学家。

这些书籍的内容，和儒家经典的区别，在于切合实际。左宗棠贪读不止，朝夕钻研，"潜心玩索"，有了心得，便作笔记。这种事在当时居然有些见不得人。同学见了，嘲笑他做无用功。左宗棠倒也挺得住，不跟他们理论。他想：这些人目光短浅，哪知鸿鹄之志！犟劲上来了，不但坚持不辍，还更加勤勉。

顾祖禹的《读史方舆纪要》，有的学者认为是影响中国的百种图书之一。它的内容，包含军事地理学，人地关系学，以及关乎国计民生的历史地理经济学。左宗棠一看这书，便怦然心跳：书中记载的山川险要、战守机宜，令人了如指掌，真是难得！左宗棠在青年时代，就有了强烈的参政意识，心系天下，这本书中的知识，给他提供了思考的依据；而他一旦出仕，行军作战，决策能有根据，又得益于此书不少。当今之世，除专业学者之外，凡为地方官者，读一读这种书，仍然是有益的。对于一些地方的军事指挥官，恐怕也是开卷有益。

顾炎武的《天下郡国利病书》是一部规模宏大的地理著作，内容涉及军事、赋税和水利。一个地方，从地理形势、物产和兴办农业的条件而言，都各有利弊。如果政府在选拔父母官时，注重考核这方面的学识，那是百姓的福音。左宗棠从此书中获取的知识，使他今后当上封疆大吏处理军政事务时，皆能胸有成竹。

齐召南的《水道提纲》，是一部关于中国河道水系的专著。水利是国民生计的要害，左宗棠后来每任一地督抚，都十分关心水利建设和改造，晚年还亲自督导直隶、山东与两江地方的水利工程，造福于民，就因他早已具备这方面的学识。

这三部著作，包含许多具有可操作性的知识，为左宗棠提供了做一个为朝廷办实事的官员所需的学识。左宗棠阅读这些书籍时，第一次鸦片战争尚未爆发，国家"承平日久"，官员们"文恬武嬉"，大多数读书人，除了应试还是应试，哪里懂得实用知识的宝贵。有用的书不见天日，被他们当作无用的文本，有用、无用，就这样被颠倒了。读死书的人窃笑左宗棠，殊不知中国的落后，根子就在于教学的陈陋和愚昧！

有用的知识，无不关乎国计民生。左宗棠涉猎的科目非常广泛，计有历史、地理、军事、经济、水利、农业技术、制造、人事管理。这些科目，都是社会科学和自然科学中的实用学科。在晚清的道光和咸丰年间，这些学科并没有像现在这样细分。那时候，由于列强环伺，内乱频仍，在务实派学子们积极的探究之下，这类学问具备了一个特征，就是注重对于边疆的研究，可以称为边疆史地学。若要再分，可以区分为西北边疆的史地学，和内地边境史地学。研究者以军事为目的，把经济、水利和农业技术融合于其中。梁启超给这种学问起过一个名字，叫做"历史地理学"。

在列强环伺的时代，这些知识对于制订军国大计具有极强的指导性。如此具有实用价值的知识，却被士大夫们瞧不起。这样就给人一种印象：凡是士大夫们宣判为离经叛道的书本，都值得读一读。士大夫们高居庙堂，食古不化，蔑视学以致用，离了他们的经，叛了他们的道，就有一线生机。

又一个伯乐

左宗棠生存的年代，距今并不久远。但在一百多年前，中国的出版业还很不发达，左宗棠要寻觅经世济用的书籍，和沙漠淘宝一般艰难。前面说过，难上加难的是，年轻的左宗棠囊中羞涩。

历朝历代，没钱买书，总是困惑着穷苦的读书人。我们的时代仍然如此。纸张涨价，书价高企，令读书人寒心。如今好歹还有网络和图书馆的免费阅读，左宗棠那时却没这种好事。这个"颇好读书"的青年，"苦贫乏，无买书资"，碰上价格昂贵的大部头书籍，就只好望洋兴叹了。

左宗棠渴求知识，却没有更多的阅读材料。有些书，他听说过作者和书名，也知道书中的内容正是他所求的知识，但是，由于贫穷，那是他无法获取的资源。

然而，左宗棠在十八岁那年，主动找到了一位伯乐。作为一名寒士，他懂得必须拥有比财富更加优厚的资本，那就是学识和见解，这是他争取社会承认，进而跻身于上流社会的一张王牌。他相信，他所崇拜的人杰中，只要对他有所了解，一定会成为他的知己，并为他搭建上升的阶梯。于是，他一方面希求通过考试来获得官方的提拔，另一方面，他通过主动拜访贤达，以求获得知识界和优秀官员的赏识。这一次，他仿效古人的以文会友，要以才识来会高人，就是一个尝试。

那是道光十年（1830）。冬天，善化（长沙县）人贺长龄回家为母亲治丧。左宗棠对这个嘉庆和道光两朝的名臣景仰已久。经世济用学派的领军人物，一个是魏源，另一个就是这位贺老师了。他不仅在学者中倡导经世致用的风气，还在官员中以务实而著称。他主持编纂了《皇朝经世文编》一百二十卷。这套文库，汇总了大清开朝以来所有探求务实学问的著作。左宗棠根据自己对他的了解，说他"学术纯正，心地光明"，听说他回家了，连忙赶去拜访。

左宗棠估计，贺长龄作为一位长辈，作为一位颇负盛名的学者，一定不会拒绝一名穷寒士子的求教。果然，他的到访，未使主人感到唐突。贺长龄之弟贺熙龄在长沙城南书院教书，左宗棠是弟弟的高足。他对恩师的兄长执师生之礼，前来拜望，完全在情理之中。

何况，贺长龄对左宗棠是有些印象的。他弟弟说起过这个名字，赞不绝口。湖南老乡也曾对他提起过这个湘阴的奇才。下面是贺熙龄对左宗棠的评语：

> 左子季高，少从余游，观其卓然能自立，叩其学，则确然有所得，查其进退言论，则循循然有规矩，而不敢有所放轶也。余已心异之。

弟弟对这个年轻人评价很高，难怪贺长龄格外热情地接待了左宗棠。

年轻人拜师，总有意想不到的惊喜，而这正是左宗棠期盼之中的事情。贺长龄与年轻的来客交谈，深为其博学而高兴，竟将他当国士接待。国士，即国家的栋梁之材，全国著名的专家学者。这样的接待规格，是一个强烈的信号，表明这个年轻的在野人士，已经得到部分官员和学者的青睐。

主人是进士出身、副省级的江苏布政使，年届四十五岁；客人是尚未取得生员资格的青年，主客长幼有别，身份悬殊，而主人对客人却如此器重，可见左宗棠于经世学问探索一途，已有了足以得到贺长龄赏识的见解。否则，他也不敢贸然来谒见这么一位大人物。

左宗棠此来，一为求教，二为借书。左宗棠坦言家道衰落，买不起书。面对这个家境贫寒的非凡学子，贺长龄决定，把所有的藏书，包括官府收藏和私人收藏，统统借给他阅读。

不仅如此。左宗棠每次借书，贺长龄一把年纪了，还"亲自梯楼取书，数数登降，不以为烦"。高尔基在当伙计时向某位好心的夫人借书，后来大书一笔，若是跟左宗棠借书时所受的待遇相比，还是差了一大截。

俗话说，"老虎借猪，秀才借书"，就是有借无还的意思。左宗棠有时也会忘了还书，贺长龄也不催促这个后生，他知道，书到了有用的人手里，就是物尽其用。

左宗棠还书时，贺长龄还会询问他的读书心得，并和他讨论，"孜孜矻矻，无稍倦厌"。他还对这位年轻的国士加以勉励："天下方有乏才之叹，幸无苟且小就，自限其成。"这句话，或许令左宗棠增添了几许自负，使他后来不愿做一个小官，而几次放弃无法施展身手的小舞台。

贺长龄的"诱掖末学、与人为善之诚"，深深地感动了年轻的左宗棠。他在贺长龄的热情关怀下，学识大有长进。

左宗棠的知识结构，就是如此打好了框架。为了功名，他继续攻读儒家经典；为了救世济民，他更多地吸收实用的学问。儒家经典随处可得，实用的名著一册难求，被他视为至宝，日夜捧卷阅读，爱不释手。他举着墨笔，在书上勾画批点，"丹黄殆遍"。他后来带兵打仗，施政理财，得益于饱览经世之学，得益于从青年时代开始，就注重培养自己的策划能力和执行能力。

左宗棠之所以总是能够找到伯乐，原因在于，他的确不是一般的饱学之士，在实用科学一途，有别人难以望其项背的造诣。他对中国有史以来历朝历代的版图都能了然于胸。全国各处的军事重地，包括所有的山隘与河卡，他都如数家珍。他的学识，即便在他身后一百多年的今天，也是可以拿出来抖一抖的。秀才不出门，全知天下事，凭的是读书有道。一个人读书，能有如此的成绩，无论如何都是一个有用之才了。

考研风波

前面说过，左宗棠在主动摄取经世之学的同时，并没有耽搁功名的博取，没有荒废必须参加的考试。道光十年（1830），左宗棠因父亲左观澜患病去世，失去了最好的老师，也失去了生活的依靠。他成了吃了上顿没下顿的穷孩子，只能到书院里面读书，吃书院补贴的伙食来填饱肚子。于是，他进入长沙城南书院念书。他没有被生活的贫困所压倒，仍然斗志高昂，发愤学习。他从不叫苦，也不抑郁。应该说，这个在困境中一路走来的学子，具有极好的心理素质。这种素质伴随他终身，帮助他顺利地走出了许多旁人难以忍受的困境。他后来领兵作战，在江西，在西北，都曾陷入身心摧折的水深火热，但是他靠着坚忍不拔的心理承受能力，一次次渡过难关。对于他在年轻时的毅力，他自己的说法是：

> 自十余岁孤露食贫以来，至今从未尝向人说一穷字，不值为此区区挠吾素节。

一个学子，如果连赤贫也无法将之击倒，他还有什么可畏惧的呢？

当时主持书院的山长是贺长龄之弟贺熙龄。这位老师也是一位大官，曾任湖北省的学政（教育厅厅长），而且也是一位经世派的学者，掌教城南书院时，"以立志穷经为有体有用之学"。他批评考据派，抨击崇尚空疏的学风，大力提倡经世致用。左宗棠从他那里得到了如下的指点：

> 读书之所以经世，而学不知要，瑰玮聪明之质，率多隳败于词章训诂、襞襀破碎之中，故明体达用之学，世少概见。

贺氏兄弟，一个勉励左宗棠寻找一个大舞台，另一个叫他不要在八股制艺中堕落，对于这个学子而言，真是难能可贵的影响，为他成长为超一流办事干才的前途定下了基调。左宗棠追随贺熙龄"十年从学"，自己感受到获益良深，对这段学业总结道：

> 从贺侍御师游，寻绎汉宋儒先遗书，讲求实行。

左宗棠学习刻苦，成绩优异。上文说过，贺熙龄对他十分器重，评价颇高。

第二年，湖南巡抚吴荣光在长沙设立湘水校经堂，左宗棠七次参加校经堂的考试，七次名列第一。

为了博取功名，左宗棠学习的部分目标，是要考研中举。第一章说过，道光十二年（1832），他和二哥一起，为自己弄了个监生执照（学士学位证书），参加乡试考研。由于他功底扎实，一考就中。

不过，他的中举，差一点落了空，连别人都为他捏着一把汗。

在考棚内，他写了一篇文章，题为《选士厉兵，简练桀俊，专任有功》。一看标题就知道，他议论的是如何选拔有用的官员，如何训练能打仗的军队，如何重用有功劳的将领。

这篇文章见地不凡，左宗棠走出考场后，立即凭着记忆，抄写一份底稿送给贺熙龄，请恩师给他估分。贺熙龄一看底稿，立刻感到大事不妙。不是文章写得不好，而是写得好过了头。他的评价是：该文言之有物，文采飞扬。

坏就坏在这里。那些考官多半是死脑筋，专门扼杀佳作。越是佳作，越有可能落榜。作文阅卷是软指标，鉴赏水平低的考官就成了作文高手的克星。文章越好，得分越低。遇上了这样的阅卷官，左宗棠能否通过考试，就在未定之数了。

左宗棠见老师直摇头，急忙请教文章错在哪里。贺熙龄说："错不在你。若说有错，就是错在文章写得好。那些考官只看得上一个模子里套出来的东西，你破了他们的规矩，恐怕没有好果子吃。"

果然，阅卷的同考官在左宗棠的卷子上批了"欠通顺"三个字。按照这个死脑筋的意思，左宗棠成了连文章都写不通的弱智。同考官将此卷打入"遗卷"堆里。进了此堆，就等于按下删除键，进了回收站，主考官不会再去取阅。

左宗棠太背了，背得恩师也只能为他抱屈。他在乡试中的落选，似乎已在意料之中。

然而，贺熙龄错了，左宗棠还没有背到头。幸运之神给了他一个机会，也给他安排了一位贵人。这一科考试提前了一年，是为道光皇帝五十大寿特别开设的"万寿恩科"。道光爷一高兴，来个特例特办，湖南录取的名额，奉了钦命，可以超过十七名。额外录取的六名考生，就从遗卷里面挑选。选中者，另列一张副榜，以示皇恩浩荡。此乃研究生扩招，诸位考生又多了一线希望。

对于左宗棠而言，机会是来了，那么贵人是谁呢？

主考官徐法绩，由于副手胡鉴突然病逝了，只得一个人担负起增选举人的重任。好一份苦差啊，要从五千多份考卷中，遴选出六份最好的，只比大海捞针强一点。左宗棠时来运转，碰上了一位勤勉的官员。若是徐大人偷懒，随便看几份，或许就看不到他的考卷。可是徐大人不辞劳苦，硬是把几千份考卷都看了一遍。不然怎么说是贵人呢？

看到左宗棠的考卷时，徐法绩不由大吃一惊。这么优秀的考卷，怎么被批成了"欠通顺"呢？一路小跑，去找写批语的同考官，请他修改一下批语。那位老兄却很执着，偏着头说："中不中由主考大人拿主意，推不推荐是下官的事。大人要让他中，悉听尊便，要下官改批语，恕难从命！"

徐法绩略一沉吟，面孔一板，压低声音说道："你难道不知，我增选考卷，是奉了皇上的谕旨？"这一招很灵，用圣意来拍砖，千钧之重，谁能不被压垮？徐法绩倒没有得理不饶人，拿出了雅量，索性走个民主程序，想让大家口服心服。他把左宗棠的试卷发给其他同考官传阅。

大家犯嘀咕了：徐大人如此关照这位姓左的考生，莫非这是一份温卷？"温卷"，是清朝的说法，我们现在叫做"关系卷"。同考官们互相丢了个眼色：既然徐大人是想避嫌，让我们为他分担走后门的责任，咱们何不卖个好，集体通过了这份关系卷？

顺水人情，人人乐得去做。文章优劣不重要，给徐大人的人情却不能不卖。至于阅卷嘛，敷衍一下吧。可是一看考卷，诸位同考官就懵了。文章且不说，只看那一笔翰墨，就叫人喜爱。这不奇怪，左宗棠从小留意书法，下了不少功夫，他的手迹，时隔一百多年，在我们的时代已成无价之宝，据业内人士透露，他留下的真迹，比曾国藩和彭玉麟遗墨的价值都要高昂许多。

同考官们先把小左的书法夸了一番，讲的都是心里话。再读文章，哎呀，真是写得太好了！是谁批的"欠通顺"啊？若不是对这考生怀有深仇大恨，实在说不过去呀。这个批语必须改，不过，还是不要让阅卷官下不了台，那就一致通过决议：把批语改成"尚通顺"。

徐法绩甩出了圣旨，又尊重了民主，终于把左宗棠的卷子选拔出来，松了一口气。可他心里还是不爽。尚通顺？狗屁！对得起这么好的文章吗？对得起圣上的惜才之心吗？本官不管那些滑头怎么想，一不做二不休，索性把这份考卷塞进正榜案卷吧。

卷子塞进去了，到了深夜，徐大人还是睡不着。他左思右想，最终决定，怎么也要把那姓左的才俊取在正榜的第二名或第三名。

清晨，他爬起床，一路小跑，来到公事房，去正榜案卷中寻找左宗棠的那一份，打算把批语再改一个字，成为"极通顺"，却发现那份考卷不翼而飞了！一问诸位同考官，才知道他们又在搞平衡："徐大人，你也知道，惟楚有才，咱们湖南人才太多啊。左家两兄弟，哥哥取在正榜第一名，中了解元，弟弟就给别人让让路嘛。正榜只有十七个名额，都有人占着，那就让左宗棠屈居副榜第一名吧。"

于是，左宗棠只考取了第十八名。正榜只有十七名，副榜第一名，就成了总名次排列的第十八名。而他的哥哥左宗植，则高中正榜第一名。

左宗棠好歹中了举，获得了参加京城会试考博的资格，算得上一件喜事。更重要的是，左宗棠通过这次考试，在湖南省内已有了若干的知名度，在巡抚大人那里都挂上了号。

这样的结局，伯乐徐法绩也想通了，于是形成皆大欢喜的局面。徐法绩无端背上了推荐关系卷搞不正之风的嫌疑，很快也被洗清了。揭晓中举名单时，湖南巡抚吴荣光起身打一拱手，说："恭贺徐大人为国家选得良才。"连巡抚大人都说此事办得公允，别人还有什么可嚼舌头的呢？

左宗棠虽然屈居第十八名，却也不用别人打气，仍然充满自信。他的学问根底是扎实的，按照常识来想，他是一个准备好了的人才，心理素质也很过硬。只要机会到来，他就可以在求取功名的路上一帆风顺了。

但是，这个机会，却来得太迟太迟。在此不妨预告：在中举以后的六年中，他三次到北京参加国家一级的科举考试，争取博士学位，三次落第，名落孙山。

怎么会是这样的结果呢？命运的不公，是不是太离谱了？

不错，对于左宗棠，命运就如此离谱。

不但功名之路错得离谱，连恋爱结婚也有酸楚的隐衷。

第二章

人穷志大

中举与结婚

谈到左宗棠的考研，就必定要讲讲他的浪漫故事。因为，乡试和婚恋，对他而言，是一个嫁接在一起的有机体。

左宗棠的婚恋，在他所有的名人同事当中，是因其甜蜜和温馨而十分罕见的。而其婚恋的对象，在所有贵为朝廷命妇的那些楚军和湘军巨擘的配偶们当中，又是最为著名的一位。我们知道，曾国藩的夫人尽管因其贤惠勤劳而受到史官褒扬，但她只在史籍中留下了一个"欧阳氏"的称呼，其芳名连其故居陈列室的讲解员都不知道，而根据她的生平事迹，我们只知道她是一个贤惠勤劳、低眉顺眼、循规蹈矩相夫教子的妇人，她与夫君曾国藩的关系，没有丝毫浪漫可言。至于其他湘军大佬的太太，除了胡林翼的夫人陶静娟，因其为名臣陶澍之女而得以名留青史之外，其余那些嫁给湘军大佬的女人们，都只得到了在史传中以"某某氏"称呼之而一笔带过的待遇。左宗棠的夫人则不然，她不仅以才女、贤妇名留青史，还给世人留下了一段甜蜜的罗曼史，以至于如今流传于湘乡一带的美食"湘军八大碗"中，有一碗糖烧子排骨，叫做"甜甜蜜蜜"，其注解就是"象征左宗棠夫妇的恩爱"。

左宗棠一家的夫妻恩爱，既要归功于两人之间的爱情，也要归功于左宗棠颇具家庭民主的意识与作风。他和妻子始终处在平等的位置上，未见其使用夫权压制对方。之所以会有这样的情况，跟这对夫妻从相识到恋爱的经历不无关系。

下面，我们且把这段故事从头说来。

人生的一大乐趣，就是常理之外，总有例外。比如说，按照常理，备考和考试期间不能谈恋爱，否则想要心无旁骛都难。好多没考上大学的孩子，都把落第的原因归咎于异性的吸引。男孩因青春冲动走神的不少，女孩因痴情而荒废学业的更多。这个道理，老师讲，家长信，还有故事演绎。恋爱总被当成戕害考试成绩的元凶。大致上讲，这倒不是欲加之罪，何患无辞。

然而，凡事都有例外。世界之大，不乏考试恋爱两不误的高手，左宗棠就是这样的全才。他没有为考试而冷落心仪的美人，一秒钟也没有。他对日程的拿捏非常巧妙，成功地打了时间差。参考之前，他就拟定了日程表：恋爱，安排在乡试之前；结婚，安排在乡试之后，发榜之前；度蜜月，则是在发榜之后。难得的是，这个计划竟然顺利地执行了。乡试结束以后，还未发榜，左宗棠还没正式成为举人，他就抢在这段空隙里，抱着美人入了洞房。

左宗棠的夫人名叫周诒端，湘潭美女，才貌两全，德艺双馨。

这对新人是同年生，互相倾慕，佳话连篇。

佳话之一，是婚恋节奏超快。左少爷和周小姐，闪电般恋爱，闪电般结婚。

道光十一年春天，左宗棠乡试考研的一年多以前，他在长沙城南书院读书。几名学友来找他，说了一件趣事：湘潭县有个周姓大户，现在面向社会，为大小姐征婚。

左宗棠正在准备明年的乡试，好友们怎么忍心拿这种社会新闻来干扰他呢？原来，这是哥们的一番好意，完全是为左宗棠着想。征婚的这位女子条件太好了，左宗棠若能成就这桩婚事，既可得到一位佳偶，又能改变他一穷二白的现状。而且，朋友们看好左宗棠的实力，商量好了，要唆使他去应征打擂。

征婚的这个家庭，的确不是个寻常人家。大户人家，各地都有，周家大户却是千里挑一，家道厚实是看得见的。湘潭县的隐山，因隐山书院而闻名，书香浓郁。周家住在隐山东麓的辰山，盖了一所大院，取名"桂在堂"。村夫野老不懂此名的雅趣，俗口流传，以讹传讹，说成了"贵子堂"。

周家大院不是一般的大。说出来吓人，占地近一万平方米！这么大的面积，就是只盖平房，也足够安置上百家拆迁户了。

圈地够大，建筑也奇。全院四十八口天井，按八卦图形排列。进得院内，廊道通幽，曲折逶迤，和迷宫一般，不懂易经的人进去，绝对是有进无出，要拍武侠片，这里就是现成的布景。

住在如此夸张的宅院里，这家人究竟有什么背景？大门口竖立的一块青石，公布了重要信息。石碑乃皇帝钦赐，凡来桂在堂的文官武将，见了这块冷冰冰的石头，都得落轿下马，叩首而拜。显见这家人是官宦的后代，只因老爷们已经去世，才显得有些落寞。

左季高（宗棠）少爷听着好友们眉飞色舞的描述，不免纳闷。黄花闺女征婚，放在我们的时代，叫做个性张扬，是见怪不怪了。在一百多年前，却委实罕见。何况是大户人家的女儿，且不论才貌，单是陪嫁的银两之丰，就令人垂涎。这周家小姐是不折不扣的大家闺秀，为何要开门招婿？难道嫁不出去吗？是不是暴丑？或者是小儿麻痹症？

好友欧阳兆熊继续讲述周家的情况，打消了左宗棠的顾虑。

他说："周家的家长王慈云，也就是征婚女子周贻端的母亲，是远近闻名的才女，擅长作诗。你还不知道么？湘潭一地，自本朝以来，就冒出了许多女诗人。郭氏一族的女眷诗人辈出，名冠湖湘，郭步蕴、郭友兰和郭佩兰等人，都是书香一道的著名女流。到了咱们道光年间，又出了周家女眷这个女性诗人的群体，人数多达十三位啊，个个声名卓著。这个要招郎君的周贻端，就是周家女性文学团体的核心！"

季高少爷一听，心中的疑虑释去了一半。欧阳兆熊这番话，不是摆明了告诉他，周家大小姐周筠心（贻端），是个知书达理、性情贤淑的女子么？可是容貌怎样，芳龄几何？

未待季高少爷发问，欧阳兆熊便说，周筠心小姐的容貌，可用"端庄"二字形容。至于芳龄嘛，已度十九个春秋，对了，正好与左季高同年！

"十九岁了？"季高少爷一愣。

这也难怪。十九岁的女子，如今叫女孩，放在左宗棠那时，虚岁二十，就算是大龄未婚女青年了。季高少爷心想：奇怪啊，这个才女，不知道年岁不饶人么？为什么仍然待字闺中呢？

接着，他把这个问题向好友提了出来。

"这有什么可奇怪的？筠心小姐不嫁，就是因为自身条件太好嘛。她不肯随便嫁人，以致耽搁了嫁期。母亲急得团团转，万般无奈，出此下策，开门招聘，为她挑选佳婿。"

才女王慈云要公开招女婿，虽非上上之策，却不是为了炒作，只是希望扩大视野，增加挑选的余地。诗人设擂台，不搞比武招亲，而是比诗招亲。她身兼主持和评委主任，要当面考察有心娶她女儿的男性才俊。

季高少爷的一帮铁哥们，认为他具有很强的竞争力，所以来鼓动他前去打擂，也顾不得乡试在即，他要备考，唯恐别人到周家捷足先登，抢走美人。

听了哥们的一番说辞，季高少爷怦然心动。欲念已被勾起，但不免顾虑重重。在一个贫富不均的社会里，穷人和富人结亲，总有太多的难堪。他只是一介贫民，没有成就功名，拿什么去讨老婆呢？何况对方是个富家千金，湘潭名媛，又是眼光挑剔的才女！周家招婿，据说看重的是才干和人品，但谁知道她们是不是势利眼，会不会嫌弃自己太寒酸呢？万一高攀不上，反受其辱，我左季高可丢不起这个人！

何况，给异性的第一印象怎么样，他有自知之明。相貌不俗，却算不得超级帅哥。

明快果决的季高少爷，竟然踟蹰不前。好友欧阳兆熊，以及未来的连襟张声玠，竭力打消他的顾虑，撺掇他去试一试。他们说：你左季高可是敢作敢为的人，难道就被一个周家大小姐吓得畏葸不前了？

激将法果然有用。季高少爷最大的特点就是不服输。也好，就去试试吧。虽说万般不济，既无银子又无地位，相貌也难比潘安，但还有唯一的胜算，就是才高八斗，志向高远，前程无量。若她周筠心真是个有眼力的奇女子，就会着眼于未来，而不会把他拒之心扉之外。

左宗棠拗不过大家的一番美意，决定勇闯周家的招婿擂台。他把备考的事情暂时搁下，在乡试之前，请二哥左宗植随同欧阳兆熊前往周府提亲。第一关顺利通过了，由于左宗棠世代书香的出身，以及他本身读书人的身份和才子的声誉，周家同意面试。于是他前往湘潭隐山，登门拜访。

他倒要看看，这些女才子名声在外，究竟是否蕙质兰心。

于是就有了佳话之二：相亲。

比诗招亲

关于左季高少爷相亲的过程，民间有很多传说，小说家以此为据，加工出不错的情节。

季高少爷来到隐山，出现在王慈云面前。招婿者不禁眼睛一亮。眼前这个年轻人，英气勃勃，面目清朗，浑身洋溢着傲然正气。她打心眼里暗喜了。

王慈云是过来人，才情不俗，眼光独到。要是由我们当下的女孩子来当评委，季高少爷就惨了。在她们眼里，左公子在外表上未必有什么优势，首先身高就过不了关。左公子身高多少？古籍里找不到这份明星小档案。这也难怪。那时拍板一桩婚姻，靠的是父母之命，媒妁之言，轮不到当事人来定求偶标准。

古籍没有记载，传说还是有的。左宗棠的家乡湘阴流传着他的一个绰号，据此可以推测他的身高。湘阴人称他为"左三矮子"。想必绰号起于左宗棠还是季高少爷的岁月，在他发迹之后，人们如此称呼左大人，那是犯大不敬之嫌的。绰号的来由，自然是说他在左家男孩中排行第三，而且个头矮小。大约也没什么恶意，只是实话实说。乡里乡亲，如此称呼，显得熟络。不过，如此看来，左宗棠的身高，离择偶标准，也许还有些差距。王慈云第一眼就看中了左宗棠的外表，有两个可能的原因。一是她慧眼独具，不存世俗之见；二是清末道光年间通行的择偶标准，建立在另一套价值观之上。

个头高矮究竟要不要紧？我看确与观瞻有关，而与功名关系不大。靠个头成就一番事业的男人并非没有，但不多见，毕竟篮球明星和演艺红人，在男界只占少数。何况一个男人，除了个头，还有很多地方好看。看眼睛行不行？那是灵魂的窗户。季高少爷的两眼，真是又黑又亮，目光炯炯，双眉浓黑，似剑如刷。配上这副眼镜，整个面目就透出一股刚劲。再看眼睛上下，上方印堂饱满，富有光泽，下方呢，鼻梁坚挺。眉宇之间，流露出一股傲气。

王慈云的目光，盯上了季高少爷的双耳。嗯，不错，这对听觉器官又大又厚，耳珠圆润。面相学有云，此是福相。

嘴唇也很关键。这个部位的好坏，取决于厚薄。曾国藩选拔将才，专挑嘴大唇厚、下颚宽圆者。相术将此种面相定义为"忠厚、沉毅，稳重，不误大事"。蒋介石对此也颇有心得，只是在实际运用时不大应手。这套相法现在是否还管用，我等方内人士不敢瞎掰。

王慈云一看季高少爷的嘴，正是王侯之相。她看得心喜，不由连连点头。

这当口，还有另一个女人在打量左少爷。她不是别人，就是周家大小姐贻端。旧时相亲，女当事人照例回避，但偷窥是免不了的。躲在屏风后面，可以尽兴一览，比面对面瞅几眼刺激多了。可以想象，季高少爷刚进周家大门，筠心小姐已经在隐蔽处选好位置窥视了。终身大事，如何决断，在此一窥，此外别无良机。

筠心小姐偷窥的结果，其实并无悬念。母女心意相通，使用同一版本的择偶标准。这个候选郎君，是一段非常养眼的视频。那时还没有几等残废的说法，左少爷的身高没有成为障碍。不过，筠心小姐更关心候选郎君的才具如何。

于是，一切都要由下面的面试来决定。

王慈云夫人备好了考题，前面说过，考的是文才。但是，考评人不想搞得那么正式，先跟左宗棠左少爷拉起了家常。旁敲侧击，很快就掌握了左公子的出身和家境。爱好什么？志向如何？王夫人笑吟吟地把一个个问题抛过来。左公子思路敏捷，对答如流。家境是瞒不过去的，只好实话实说。志向高远也是真的，想装作不高远也不行。

母亲和左公子的对话，周贻端听得真切。咦，这位左公子真是人上之人，谈吐从容，进退有度，一派学子风范。才女敬才子，芳心已动。

答辩一过，面试就进入第三轮。考评人说：家境不好不要紧，暂无功名也不必苛求，只要你真有硬功夫，过得了下一关，本夫人就把小姐许配给你。

硬功夫怎么考？填空。王慈云指着桌上的一些残缺的对联，要求左宗棠填补上联或下联。

考题浮出水面，左宗棠就乐了。就考这个？难道你们不知道，本公子从小就是对对子的高手？不过在未来岳母面前不敢造次，嘴里还得谦虚一番，才能开始显摆所长。

季高少爷在准岳母家，稀里哗啦，对出了一串对联。这里选出三副，供各位看官欣赏。

第一副，有下联缺上联。下联是：

胸藏万卷圣贤书，希圣也，希贤也

季高少爷填补的上联是：

手执两杯文武酒，饮文乎，饮武乎

第二副，有上联缺下联，上联是：

鸿是江边鸟

季高少爷对道：

蚕为天下虫

第三副，有下联缺上联。下联是：

凤凰遍体文章

季高少爷脱口而出：

螃蟹一身甲胄

左少爷露了真功夫，王慈云喜上眉梢。这位公子确是才貌双全啊，所对联语，格律工整，文辞恰当，尤显气势不凡。

试卷答案一出，很快就由用人告知了筠心小姐。这位待嫁者还能说什么呢？还是那句欲盖弥彰的老话："听凭母亲做主。"按照惯例，王慈云亦喜亦悲，双眼潮润，对左公子说："季高啊，你以后可得善待我的女儿！"这种场景，电视剧里见得多了，无须赘述。

左宗棠与周贻端相识的经过，还有另一版本，纯属民间传闻，却也值得一讲。

道光十二年（1832）的某一晚，周家大小姐梦见一条黄龙，盘缠于自家宅院前栋的柱子上。第二天清晨，她睡醒后，忆起梦中情景，连忙起床，顾不得梳洗，跑到前栋一看，只见一名年轻的乞丐爬在柱子上。一问缘故，原来此丐攀高，是为了躲避狗咬。

不用说，这位年轻的丐帮弟子就是左宗棠。周贻端不存门户之见，只因这青年气度不凡，谈吐不俗，就将他收留，以身相许，结为夫妻。

这个版本，把左宗棠打入了社会最底层，虽说有些夸张，却同样展现了周贻端择偶不看衣帽看人品的趣旨，与打擂相亲之说有异曲同工之妙。何况左宗棠虽未沦为乞丐，却也徘徊于赤贫的边缘，以至于赢得了美人芳心，却无经济实力把她迎娶回家。

于是，接下来便是佳话之三：倒插门。

男方的裸婚

季高少爷打赢了相亲的擂台，仍然赶回长沙念书。二哥左宗植做主，把婚期定在下一年。几个月过去，若说他心无旁骛，铁定是假话。心里牵挂着湘潭的未婚美女不说，还有更加烦心的事情。

钱多惹事，钱少办不了事。季高少爷的烦恼属于后一种：他家没钱，怎么操办婚事？四壁徒空，娶了老婆饭都吃不上，岂不是拉着周家大小姐跳火坑？

烦心归烦心，考试还得考。不把眼下的烦恼搁下，怎么抓得住未来的希望？

前面说过，季高少爷仗着读书底子厚，学识功力强，乡试之时，写出了徐法绩大人看好的文章。成绩还未揭晓，他就按照两家的原议，赶回湘潭成亲去了。

左周两家结亲，都不愿延搁婚期。左家生怕错失良机，周家不愿耽搁女儿的花季。两家急在一处，只要没有地震，婚事就要如期操办。

左家穷到了要吃低保的程度，也挡不住季高少爷联姻的决心。东方不亮西方亮。新郎无房无钱无收入，不能迎娶，那就入赘妻家。男穷女富，倒插门是唯一的选择。

周家宅邸里响起了喜庆的鞭炮声。时当道光十二年（1832）八月。左季高面子上有些过不去，心中却有成算：乡试不是考过了吗？只待发榜，我就成了举人，兜里没钱，头脸总算是挣到了。蜜月一过，就该筹备进京会试。若是进士及第，何愁不能把娇妻接回自家？

如意算盘一扒拉，新郎的心情豁然开朗。女婿前程有望，王慈云也是心知肚明。若无行情，谁也不会买股票。作为母亲，她岂肯让女儿的一生白白打水漂！新娘却是一心系在郎君上，无暇去想日后的温饱。左季高是何等人才，还怕挣不到功名？

左季高傍了富姐，在别人眼里，该是春风得意。可是"倒插门"三字，总是梗在他心里，不时泛出一股酸楚。好在蜜月还没度完，中举的通知就到了，进京会试已成定局。太好了！倒插门不是长久之计。别人能在妻家过一辈子，我左宗棠不能。要想迅速地脱贫解困，进京会试考博，乃是最好的机会。身无分文的学子，要想转变命运，哪一个不是指望着功名？明年年初的会试一定要去。只是——只是囊中羞涩，路途遥远，没有盘缠怎么进京？到了北京又怎能住宿吃饭？

进京赶考，既是智力投资，也少不了金钱投入。算一算盘缠，即便紧着花，也得用掉几十上百两。这是个什么概念？相当于一个四五品官员一年的俸禄！折合21世纪的人民币，怎么也值三四万元吧。对没钱娶老婆的人而言，那是一笔难筹的巨款。

左宗棠在岳母家里发愤备考，一边盘算如何筹集盘缠。他给湘阴的亲戚捎了话，请大家帮衬一把。左氏族人这个出三两，那个出五两，为他凑够了一百两银子。

临近启程的日子，周诒端正在为腹内的女儿提前准备衣服和尿片，左宗棠一脸晦气地回到家里。周诒端问："么子事不开心？"

左宗棠唉声叹气，摆摆手说："明年春闱，怕是去不成了。"

周诒端问："一切准备就绪，只待择日启程，怎么突然就说去不成了呢？"

左宗棠回答："唉，盘缠都送出去了。"

这么大一笔银子，等着派如此重要的用场，关系一生的命运，左宗棠说送就送出去了。送给谁了？还有谁比他更穷？

比左宗棠更穷的，是他的大姐左素清。左家大姐嫁了朱姓姐夫。本来左宗棠的穷跟朱姐夫有得一拼，但他入赘妻家，饭是有得吃了，比朱姐夫就强了几分。年关将近，左宗棠去看望大姐。一看家中光景，平日里柴米油盐都难自给，春节也得挨饿。大姐炒菜，无油可放，连盐都舍不得多撒一点。一家老小，啼饥号寒。左宗棠想，自己如今不愁饱暖，姐夫一家惨到如此地步，不能不帮。他心血来潮，把那一百两银子，全部送给了大姐。

周诒端听了此事，默默不语，也不知打着什么算盘。若是一般女子，听说丈夫把赶考的钱都送出去了，即便嘴上不说，生闷气在所难免。周诒端是何等贤淑的女性？她心里自有主张。夜深人静时，她在床上翻个身，忽然对丈夫说："你明天打点行装，赶考去吧。"

左宗棠以为妻子说梦话，把她摇一摇，说："银子没了，怎么赶考？路途遥遥，天寒地冻，车船费都没有，总不能走路进京吧？"

周诒端也不答话，起身披衣，打开柜门，把结婚压箱底的钱拿出来，正好是整整一百两银子。又退下手上的镯子，取下耳坠，抽出发簪，全部交到左宗棠手中。她轻声说："你拿去赶考吧，若是不够，我再去借。"

左宗棠捧着夫人的首饰，好一阵发呆。夫人此举，于无言之中，赞同了左宗棠的义举，又解救了燃眉之急。她把事情办得如此低调，照顾了夫君的颜面。左宗棠对夫人不由刮目相看。他想，夫人看重他的才华，盼着他有出头之日，就是吃糠咽菜，也会乐在其中。于是他发下宏愿，一定要金榜题名。

然而世事难料。即便是最看好的股票，也难保不会一路下跌。现实无情，命运多舛，左宗棠一辈子也没能考中进士。他要改变倒插门的命运，尚须假以时日。那么，他的婚姻何以维持呢？

佳话之四：夫唱妇随。但是，在讲述这段佳话之前，我们先来看一看这位丈夫的考场遭遇。

第三章

不第亦为国士

独异的忧患思维

自从天才论遭到批判以来，某人在本国上千年才出一个、全世界几百年才出一位的提法，已经很少听说了。但是，我们知道，这种对于顶级人才的评价，总是从某个角度而言，并非没有道理。左宗棠就在身后得到过如此的评价。评者为梁启超，评语为：

左公乃五百年来第一伟人！

我想，之所以说左宗棠是五百年才出的一个人，或许是从其卫国的事功而言。五百年中，除了左宗棠，有谁为国家保住过多达一百六十万平方千米的国土？除此之外，是否还可以从其他角度来做定论，且留到本文后面再说。

至于左宗棠的聪明才智，在他身后，有不少人评点。人们将他摆在什么样的级别呢？大家似乎都同意一句四字的点评：旷世奇才。

这个评价，没有瞻前顾后，只就当世而言，不像前无古人、后无来者那么夸张。旷世，是说当代没人比得上；奇才，是说他的思维突破了当代的极限。

左宗棠在其时代几乎无人能及的思维，成型于他的青年时代。上面我们叙了左宗棠的中举和婚恋，现在不妨来看看，在这个二十一岁的年轻举子的脑袋里，究竟发生着什么样的思想活动。

左宗棠在夫人赞助下，第一次进京会试，路经汉口，在那里过年。春节后继续赶路，正月就进了京城的大门。怀里还揣着新婚的余香，他怀念娇妻，也想扬名科场。脑子里还转着其他什么念头，如果他自己不说，谁也无从揣想。

左宗棠想的事情，可谓又大又偏。说它大，那是军国大计；说它偏，那是有关几千里之外的筹划。这样的问题，举中国之大，只有屈指可数的几个人费神去想。

左宗棠思考的这件事，曾由浙江杭州人龚自珍率先提出。此人在嘉庆二十五年（1820）写出了《西域置行省议》，提出在新疆建省。那一年，龚自珍二十八岁，左宗棠只有八岁。

左宗棠是否读过龚自珍的这篇文章，尚须考究。但他在进京会考这一年，重点考虑了龚自珍提出的这个问题。他把自己的想法称为"杂感"，写成诗句，题为《癸巳燕台杂感八首》。其中第三首，专写西域军政大计，提议清廷建省于新疆。

一个身在中国腹地湖南的青年书生，遇到了怎样的契机，竟会对天山之麓的戈壁沙滩发生浓厚的兴趣？这是一个很难回答的问题。那时的中国，清廷只设了十八个行省。新疆地处西北边陲，遥隔几千里，没有一个王公大臣会把新疆设省提上议事日程，就连驻军新疆的大将也未感觉有此必要。

时值道光十三年，西历1833年，国防危机隐伏未发，满朝文武，全国士子，连海疆防御尚未考虑，有谁会去思考西域那一片广袤国土的安危？此人心怀如此忧思，莫非他提前七年预见到了鸦片战争的硝烟，感觉到了西方列强对中华大地的虎视眈眈？

左宗棠当年只是一名青涩的考生，未曾接触任何军政机要，却对大西北的治理，拿出了一份成熟的方案。这件事情，是不是匪夷所思？

青葱岁月的左宗棠写道：

> 西域环兵不计年，当时立国重开边。
> 橐驼万里输官稻，沙碛千秋此石田。
> 置省尚烦它日策，兴屯宁费度支钱？
> 将军莫更纾愁眼，生计中原亦可怜。

过去的君王，时常在西域用兵；立国之初，必会重视边疆的稳定。西部的国防建设多么艰难啊，到处是茫茫戈壁，田地瘠硬，不宜耕种，只有靠骆驼给部队运粮，行程万里，耗时费钱。如果在新疆设立省一级的行政区划，驻扎军队，兴办农垦，生产自给，就能节省国家的额外投入。

左宗棠自问自答，提出一个亟待解决的问题，贡献了一个出色的解决方案。新疆建省和军队屯田，是一等一的军政大事，若是由有关各部委拿方案，不知要召开多少会议，动用多少专家，写出多少万字洋洋洒洒的策划书。左宗棠用几句诗就讲得清清楚楚，这个年轻人简直神了，怎么能把国防思想阐述得如此精辟透彻？

左宗棠来到京城，杂感丛生。茫茫人海，同胞几亿，似乎只有他一人为新疆着急。朝廷里充斥着昏庸的大官，对遥远新疆的认识，还是菜鸟的水平。说起喀什噶尔一带的部落混战，如同听《西游记》里的故事。西部边陲的开发和防御，怎能指望他们的重视？唉，恐怕是后患无穷，永无宁日啊。有什么办法说服道光爷，请他老人家在版图内的这块领土上，设立省级行政机构，由官员进行日常的管理呢？

道光十三年的中国，处在列强环伺之中，危机四伏。国人昏睡未醒，不知危险在悄悄逼近。左宗棠《燕台杂感》的第四章，满篇忧危之词，试图敲响警钟，呼吁国人筹备国防。

> 南海明珠望已虚，承安宝货近何如。
> 攘输齮俗同头会，消息西戎是尾闾。
> 邾小可无惩蛮毒，周兴还诵《旅獒》书。
> 试思表饵终何意，五岭关防未要疏。

春秋战国时代的邾国，是一个可怜巴巴的小国家，常受鲁国欺侮，随时都有亡国的危险。周朝兴盛，周王还得牢记太保的告诫，不能陶醉于外邦的贡献，以免玩物丧志。只有时刻保持警惕之心，从西疆到南海，才能抵御外国的侵略。

先天下之忧而忧是孤独的，真正的意识超前不会有人追捧。那不是一场搞笑闹剧的创意，而是把我们的星球当作小小寰球来把玩的洞见。这个湖南伢子高唱西部国防，曲高和寡，直到几十年后，打动了那个权倾朝野的铁腕女人，才得以从杂感上升为施政纲领。一个多世纪过去了，回顾道光十三年那个赶考书生的忧患意识，不得不折服于他的远见卓识和爱国热忱。他的才识跨越了若干时代，他的得分，应该高于旷世奇才的等级，属于几百上千年才会出现一个的珍稀。

在道光十三年，这个在京城里毫不起眼的湖南青年，用"报国空惭书剑在""谁将儒术策治安"的诗句，抒发了忧国忧民的情感。直到七年以后，鸦片战争的炮声响起。大清帝国的臣民才意识到，二百多年的铁桶江山，已经脆弱得经不起一点敲打。一向沉稳的道光爷居然惊慌失措，放下爱新觉罗皇族的架子，不顾中华民族的尊严，开始书写一段屈辱的历史。即便在这时，也无人为那个姓左的贫寒学子喝彩。无人献花，无人组织粉丝团，更无人抛送飞吻，尽管他一直高唱我们民族急需的国防，尽管他对灾难深重的祖国负有强烈的使命感。

民族的悲剧就是从这里启幕。麻木，愚昧，无知，让国防先锋坐在冷板凳上候场。谁也不会关心一代英豪为什么默默无闻地走过几十年的崎岖之路。为了能够步入容他一显身手的官场，六年里他三次进京赶考，耐着性子去写令他恶心的八股文，直到心灰意冷，极不情愿地让满腔热血任由俗世之风吹凉。

第一次会试落第

当然，左宗棠首次来到北京，不是为了写《燕台杂感》。首要任务，是为博取一纸功名。事实上，那一组七律诗，是在出闱以后写就的。

京城会试，人才荟萃，强手如林。左宗棠虽不怯场，却不能否认竞争之激烈，中选之艰难。考官阅卷水平低，也是很大的障碍。八股文孰优孰劣，都是考官说了算。想到他们任意生杀，委实令人惴惴不安。

三场考试，写了三篇《四书》文，一首五言八韵诗，五篇《五经》文，外加五道《策问》文。所有诗文，一挥而就。主考官徐熙庵看中了，评语尽是好话，"首警透，次、三妥畅，诗谐备"，"气机清适，诗稳"。

徐熙庵欣赏，大部分考官却不喜欢，徐熙庵孤掌难鸣，堵不住科举的破网，只得眼看着人才漏出去，爱莫能助。

发榜以后，左宗棠榜上无名，只得南归。左宗棠的伯乐徐法绩奉命考察河道，左宗棠出京时写信给他，说自己功名未就，并不沮丧，将注重培养实干能力，为国计民生解救燃眉之急。

此次进京，除了写得《燕台杂感》流芳后世，左宗棠还有两大收获。

他在这里会见了一生中最好的朋友胡林翼。两人共论时事，相谈甚欢，关系向死党发展。他们在此时相识相知，奠定朋友之交，对于左宗棠一生的遭遇和发展，具有至关重要的意义。

左胡二人乃是世交。左宗棠之父左观澜，与胡林翼之父胡达源，既是岳麓书院的同学，又是志趣相同的好友。而且，左宗棠与胡林翼还是同年生。对于二人的出生及父辈的交往，左宗棠后来有文记叙：

> 我生于湘，公产于资，岁在壬申，夏日冬时。詹事文学，读书麓山，两家生子，举酒相欢。

道光十三年，左观澜已经去世，左宗棠进京后，作为失亲之子，去胡家拜访父亲的好友胡达源，见到了赴京参加顺天乡试的胡林翼，这是他们第一次相识。由于两人父亲的关系，以及两人都师从贺熙龄学习经世之学，算得上同出一个师门，小左与小胡的交往，便有了坚实的基础。

在世交与同门的基础上，他们继承了父辈的关系，对于彼此的识见非常欣赏，一见如故，成为至交。左胡二人，少年风流，才华横溢，锋芒毕露。左宗棠借宿胡林翼家，在风雨交加的夜晚，把床并在一起，彻夜谈论古今大政，臧否人物，论列得失，慷慨激昂，痛快淋漓。

那时候，左胡二人经历不尽相同，关注社会的焦点也不在一处。如上所述，左宗棠注重如何对付列强，如何保卫边疆；胡林翼则焦虑于整肃内政，此时他已有过在家乡遭到水灾时向富户们劝捐赈灾的经历，官场的贪腐，富人的不仁，令他刻骨铭心，而灾民的流离失所，贫弱无助，仍然历历在目。这两个年轻人虽然在兴趣上各执一端，但他们关心的都不是一己之私，而是国家的衰败，一个深感内政不修，另一个忧虑国防松垮。他们对国事认识的侧重点不同，但方向是一致的。

左宗棠认为，早在明朝，中国已经就南洋藩属国的问题与西方列强发生争执，中国军事力量有限，对那些藩属国鞭长莫及，无力保护，只能对西方列强虚声恫吓，无法采取实际的措施。在道光爷治下，列强逼到了家门口，而清政府并未采取必要的措施来应对，致使边政弛废，都是因为官员的无能与庸劣。

说到官员的不济，就引起了胡林翼的强烈共鸣。他对于贪官污吏深恶痛绝，主张采取果断的强硬措施整肃吏治，以纾民困，遏止乱源。他指出，清朝的赋税本来不重，然而豪强滥收费用，官吏从中舞弊，多方盘剥，导致百姓一贫如洗。

于是他们针砭时弊，畅言无忌，"纵言阔步，气豪万夫"，致使"群儿睨视，诧为怪异"。由于两人性格上的差异，胡林翼对于吏治败坏只是泛泛而言，对事而不对人；左宗棠谈到不平事，却指名道姓地指责。

通过交谈，左宗棠发现，胡润芝（林翼）跟自己的性格大不相同。他们两人的共同点是都很耿直，但胡林翼为人通达，容易与人相处，而左宗棠自己则性情刚毅，略显偏激，颇易得罪人。

小左与小胡的交谈引起了胡达源的注意，他很高兴看到两个年轻人志存高远，关心天下大事，能够看透事物的本质，但又担心他们的慷慨激昂流于空谈，而不去力行践履。他关心故人之子，特意告诫左宗棠：倘若为官，不要性情偏激，要走中庸之道，因为锋芒太露，乃是官场大忌。左宗棠也许当时是唯唯受教，但从他后来的为人处世方式来看，他对中庸之道并不感冒。他一直以明干之才的高调吸引人们的注意，并因不加收敛，在令人们钦佩之余，还会令一些人反感。

落第之后，左宗棠告别胡家父子，离京南归。他沿途考察各地时务，看到了国家经济形势的困难。官员视察看的都是假象，寒儒考察却是眼无遮拦。他发现，应对饥荒的政策和措施，以及盐务、河工与公粮的运输等等，都存在弊端。这次几千里观光，使他的阅历大为充实，对民情了然于胸。他决定寻找探讨这些课题的书籍，并探索掌故，从事研究，找到解决的办法，才对得住国家对士人的培养。

进入湖南境内，左宗棠回了一趟湘阴老家。父亲去世后，家道一年不如一年。祖上遗留的田产，每年仅得租谷四十多担。二哥左宗植终年在外谋生，无法打理。左宗棠将祖上遗产全部交给已故长兄左宗棫的嗣子左世延，自己继续寄居湘潭妻家。

再度会试落第

道光十四年（1834）年底，左宗棠喜得次女左孝琳。女儿出生后，他再次进京，第二次参加会试。他总结上次的经验教训，遵照科举的模式，力图交出能够对上大多数考官口味的卷子。入闱就试，果然是文章似锦，又遇知音。考官之一的户部尚书温葆琛所写的评语，比第一次会试时主考官徐熙庵做出的评价还要高："立言有体，不蔓不枝。次畅。三顺。诗妥。二场尤为出色。"温葆琛拿着这份考卷，向主持会试的大臣力顶。

这位总裁也是高才，本身就有博士后的学历，而且独具一双慧眼。他的评语再次加码，说小左的诗文是大清立国以来少见的文字，可以问鼎状元、榜眼和探花。

内部消息透露出来，左宗棠一听，大为释怀。

然而，组织考核总是免不了令人一惊三咋。立马又传出利空的消息：不少考官在会上说，小左年纪尚轻，头角峥嵘，担心他自视太高。于是力主打压，把他取在最后一名，位列十五。

温葆琛综合大家的意见，虽然觉得未免屈才，还是勉强首肯了这个提议。

内幕泄露，左宗棠只得摇头叹气。好在没有出局，还算不坏的结果。他想，这下总算吃下定心丸了。

第二天放榜，还是出了岔子。时间已到，还不见有人出来张榜。左宗棠骑在石栏杆上，嘴里啃着馒头，一副稳操胜券的神态。可是，左等右等，还是不见张榜的人出来。有人传播小道新闻，说黄榜本来已经写好，临时出了变故，正在改写。

左宗棠万没料到，所谓变故，正是出在自己身上，而且又是老调重弹：湖南人才太多。

湖南人确实令人头痛，尽给考官添麻烦。本科录取进士，湖南的名额又超出一名！天下之大，难道科举是为你湖南一省而开？唉，又得平衡平衡。湖北是个大省啊，怎么没取一名进士？说不过去啊，应该调剂一个名额给湖北。

温葆琛为左宗棠力争，慷慨陈词，也未能扭转局面。

经过修改的黄榜终于发布了。左宗棠依然是榜上有名，但不是进士，而是誊录。誊录者，缮写员也。考官们见他写得一手好字，把他留在官府当个抄写员，一个才华横溢的进士，就这样被平衡成了抄写先生。

这个岗位，左宗棠推辞不就，有两个原因。第一是因他心高气傲，不愿接受不公平的裁断；第二，他记住了贺长龄的告诫：不要在太小的舞台上局限了自己的才干。他有更高的追求，决定几年后重新赴考，再次一搏。

左宗棠虽然不愿屈就誊录之职，但他对温葆琛这位伯乐深为感激，终身执弟子之礼甚恭。温先生八十寿辰时，左宗棠在两江总督任上，前往道贺。他一大早就到了温府，担任接待工作，省级司道官员全部跟去了，府州县中下级官员见这么多上司都在张罗，便在门前徘徊，不敢入内。看门人将此情报告温先生，于是温先生将左总督召至内堂，笑着对他说："我们二人过去是师生关系，可不拘礼。

但是由于你左督帅的缘故，使我怠慢了父母官，还是不行啊。"

于是温先生亲自来到厅堂，周旋一日。此为后话。

背后的女人

一个成功的男人背后，一定站着一个贤惠的女人。

不过，这句话搁在左宗棠身上，倒是一点不假。

左宗棠两次进京赶考，夫人总是在家期盼。可是，左宗棠和夫人的一腔宏愿，和现实一碰撞，便如海浪冲礁，都成了泡影。

周家人原以为大女婿在科场上一展身手，必能出人头地。没想到左宗棠就是没这个命。女婿做官，似乎是指望不上了。一连考了两次，两次都没考中，再考也是白烧钱。于是妻家不免对他冷眼相看，闲言碎语多了起来。她们对周诒端的态度，也跟着发生了变化。

这段记述，有传记为证：

> 诒端始婚，以左宗棠穷，不为家人礼遇。

还有一首湘潭民谣，分明是揭左宗棠的短。小孩子满街唱道：

> 湘阴左宗棠，来到贵子堂。吃掉五担粮，睡断一张床。

无非是说，左宗棠食量大，房事勤。若是住在自家吃自己的，说你吃掉多少粮，睡断多少床，那是夸你身体健康。如果你寄人篱下，那就对不起，分明是损你，刻薄地摧残你的自尊。两次赶考落第，本就超级郁闷。遭周家人冷眼看待，也要忍声吞气。这点糗事还被传唱开了，心里是什么滋味？

左宗棠后来用了五个字，道出当年心中的苦楚：

> 耻不能自食。

这种时候，周诒端的态度，对左宗棠举足轻重。天要塌了，扛不扛得住，就看夫人帮不帮。

周贻端是个用情至深的女子。新婚那年冬天，丈夫离家去京城赶考，不知是哪个没心没肺的家伙，传出一条谣言，说左宗棠半途病重，奄奄一息。周边的人担心周贻端这个孕妇难过，有意瞒着她。哪知她从异样的氛围中隐隐约约嗅出了气味，以为丈夫性命堪忧，竟然忧思成疾。直至接到左宗棠的家书，报知已经启程南归，一切平安，她才心下释然。"肝气上犯"的慢性病，却从此伴随终生，成为亚健康。当年八月生下大女儿左孝瑜，身体又差了一大截。

幸福时日短，蹉跎岁月长。周贻端含辛茹苦，荣辱不计，始终如一，站在丈夫这一边。左宗棠不甘寄人篱下，不堪外人的耻笑，周贻端都看在眼里。为了照顾丈夫的脸面，她宁愿再苦一点，劝丈夫另立门户，外出谋事，她自己在家带孩子。左宗棠向孀居的岳母借了一所房子，独进独出，另外开灶做饭，算是自立了门户。那地方在湘潭的辰山，就是岳母家的西楼。妻子的妹夫张声玠一家，住在隔壁院落里。

分家独立了，左宗棠顿时兴致高昂。他写下一副联语，张挂在书房壁上，陈述处境，表达志向：

> 身无半亩，心忧天下；
> 读破万卷，神交古人。

每日审视这副联语，自觉"志趣不凡"。

对联明志，左宗棠已经确定了自己的社会定位：其一，人穷志不短，自命不凡，以天下为己任，一旦登上仕途，就要施展抱负。"心忧天下"，是经世之才的座右铭。其二，"神交古人"，要做中国优秀传统文化的忠实继承者，要效仿古代贤圣。

他对妻子谈了一个想法。他手头有不少古今地理书籍，还有几份地图，若能据此绘出一份全国地图，然后再绘出各省地图和各府地图，加上详细的注解，岂不是大功一件？

周贻端一听，大为赞同。她扩大了丈夫的构想，提议绘出当代的地图之后，再上溯到古代，把明朝、元朝、宋朝直至更远朝代的地图，全部绘出来。

真是锦上添花！左宗棠兴奋不已，地图工程当即立项。两人分工：左宗棠负责画草图，周贻端负责描绘。

周贻端是个正儿八经的诗人，一生著有《饰性斋遗稿》，收入古近体诗一百三十五首。她嫁给左宗棠以后，便从诗坛隐身，放弃本业，充当丈夫的助手。其实她本人不仅会写抒情诗，还熟读历史，写过几十篇咏史诗，评论古代人物，从秦始皇批评到明代的张居正，足见她不是一个凡俗的女子。

左宗棠这个穷寒半生的才子，娶了这样一个妻子，命运就多了许多幸运的色彩。怀才不遇固然是一大不幸，但是，能有红颜知己贤惠内助，那是一般人无缘修来的福分，可谓三生有幸。左宗棠大器晚成，过了不惑之年，命运才有转机，终于能够成就一番伟业，关乎他与周诒端这位奇女子令人艳羡的缘分。

左宗棠此次回家后，住进周家西楼，一头扎进地理学中，和夫人一起启动地图工程。他通过考证，指出一些图志的弊端，对历史地图力求精确，附加文字说明。每作一图，交给夫人影绘，经过一年多的辛勤努力，终于完成了这项艰难的工程，但这还是第一期。后来左宗棠去安化教育未来的女婿，从陶家的藏书中发现了新的资料，夫妻二人及时补充修改，完成了第二期工程。周诒端把地图描绘下来，用湘绣的工艺，把地图绣在绢布上。遗憾的是，这些地图竟没有流传下来。此亦为后话。

国士之遇

道光十七年（1837），湖南巡抚吴荣光派人找到左宗棠，召他去醴陵渌江书院任主讲。左宗棠为了家里的生计，也为了报答巡抚的赏识，应召而去。

书院有学生六十人，学风有些问题。左宗棠按照朱子的《小学》，订立八条规章制度，每人发给一本日记。每天下课后，锁上教室门，学生将读书笔记交他审阅。每月初一和十五开班会，或表扬或批评，督促勉励。学生违反校规，便要斥责或除名。经过几个月的努力，学风大大改善。

恰在此时，两江总督陶澍到江西阅兵，由于圣眷正隆，他向朝廷告假，回家乡安化扫墓，途经醴陵。

陶澍是左宗棠心仪已久的经世派官员和学者。他在总督两江期间，手下有一个出色的团队，其成员都是一时人杰，其中包括江苏巡抚林则徐，江苏布政使贺长龄，以及睁眼看世界的先行者魏源和经世学者包世臣等人。在这个团队协助下，陶澍在吏治、河工、漕运、盐政、荒政等方面做出了较大的成绩，又以提倡经世致用的实学在世人中享有盛誉。

陶澍这次途经醴陵，左宗棠有了一个和他结识的机会。但是，不论古今，一位部长级的高官和一个穷教员，是很难凑到一块的。可是，醴陵知县作为东道主，却能把两人撮合到一起。不过，这需要左宗棠本人做出适当的努力。

知县得知陶大人经过此地，连忙安排馆舍。知道左宗棠是对联高手，又写得一手好字，便请他撰写楹联。左宗棠用了一番心思，想以自己所撰之联打动陶大人，给他留下深刻的印象。何况，他早已景仰陶大人的政绩，许多掌故谙熟于心，便挥笔写道：

春殿语从容，廿载家山印心石在；
大江流日夜，八州子弟翘首公归。

左宗棠写罢，又在一幅画上题写了一首诗，试图以此加强陶澍的印象。

果然，陶大人下得车来，走到馆舍大门前，见了贴在两旁的对联，不由面露微笑，连连颔首。

这副对联，含有一个掌故，陶大人是当事者，自然知晓。左宗棠是局外人，凭着博闻强记，竟然可以信手拈来。他在给贻端夫人的信中，解释了这副对联的寓意。

陶澍家里有一所印心石屋，进京觐见时，他曾把此事奏闻道光爷，请皇上御笔亲题"印心石屋"四个字。道光爷准其所请，这是陶澍一生引以为荣的大事。左宗棠在上联中，采用纪实的手法，把此事记载下来。陶澍读了，一是高兴世人都知道他跟皇上的君臣之谊非同一般，二是诧异醴陵这个小小的地方，怎么竟有人读得懂他的心思？

下联的意思比较直白，夸赞陶大人在所有封疆大吏中声望最高，湖南人对他的返乡都极为盼望。恭维得恰到好处，没有拍马屁之嫌。

陶大人心里暗暗称奇，兴致高涨，对这副楹联"激赏之"。

知县将陶大人延入馆舍，进得客厅，一幅山水画扑进陶大人眼帘。上面题有两句小诗：

一县好山为公立，两度绿水俟君清。

又是同样的手笔，同样的文采。陶澍激动了：小小醴陵，一定有老夫的知己！他说这里的山山水水，都是老夫一腔正气的见证！

陶澍一扫老年的迟缓，也顾不得总督尊贵的身份了，追问道："此人是谁？写这些对联的是谁？老夫一定要见见他！"

知县答道："回大人，此人名叫左宗棠，是一名年轻的教员。"

此人竟是个后生？陶澍暗自惊诧，连连催促，要他把左宗棠请来。

就这样，二十五岁的左宗棠走到了五十七岁的陶澍眼前。宾主坐下，寥寥数语，便觉投机，忘了时间，竟然谈了一个通宵，订下忘年之交。

陶总督和左宗棠有三十二岁的年龄差，阅人无数，但他被这位青年的人格魅力深深打动，对他的不凡见识甚感钦佩。

陶总督对左宗棠，可谓惺惺惜惺惺。他也经历过左宗棠这样的成长阶段。少年家贫，随父念书，而他读书学习，也是崇尚实务，因此为官以后，在四川取缔私人贩盐；在安徽治理水灾，赈济灾民，安顿了几十万流离失所的百姓；在江苏大兴水利，疏浚河流。

左宗棠的激动也不下于陶大人。巴结权贵非他平日所愿，陶总督主动召见，引为知己，可见自己估计不错，此公的确是礼贤下士。他请求陶大人允许他以老师相称，表示要毕生仿效。陶公爱才，欣然应允。

这次会晤，陶左二人及其家庭结下了终生不解之缘。

会见过后，左宗棠写信给笃心夫人，心潮澎湃，洋溢于字里行间。他没有掩饰自己的骄傲，说陶澍大人想见他，急不可耐，"敦迫促见"。见面以后，又将他"目为奇才"，和他"纵论古今，至于达旦"。

通过这次会晤，左宗棠再一次证实了自己的想法是对的：只要有真才实学，一定能够得到高层有识之士的赏识。

左宗棠与陶澍的忘年交，和他结识胡林翼一样，对他一生的影响是无可估量的。由于陶澍和胡林翼的关系，左宗棠引起了他心目中的大英雄林则徐的注意，而他与林则徐的交往，则奠定了他一生最大的志向：建立一支强大的海军，加强国防建设，并且一定要底定新疆，完善塞防。

第四章

国防军师的预演

第三次落第

左宗棠与科举的缘分，于道光八年（1838）终结。这一年，他第三次进京赶考。

这是第三次赶考了，路还是那条老路，时间还是那个时间。左宗棠照例在汉口过春节，因此而会合了好友欧阳兆熊。此人是他青年时代的死党，前面说过，左宗棠打攂娶妻，他是主要教唆者之一。欧阳年长左宗棠五岁，中举却比左宗棠晚了四科。左宗棠最后一次赶考，正好遇上他成了公车。

两人按时践约，故交异地相见，格外兴奋。左宗棠说："小岑，此次船过洞庭湖，我去祠堂拜了洞庭君，作对联一副，念给你听听：迢遥旅路三千，我原过客；管领重湖八百，君亦书生。"

欧阳兆熊赞道："书生意气，自比湖神，独领风骚，意态雄杰，由此可见。"

见面当天，两人各自给家里写信，一夜无话。欧阳第二天过船探视左宗棠，主人不在。只见书案上摆着几页信笺。欧阳心想：季高定是上岸溜达去了，这几页纸想必是他写好的家书，他既不避人，我无妨偷觑几眼。

拿起来一看，果然，那是左宗棠写给夫人周诒端的家书。信中说，他昨夜熟睡之中，忽听得舱外有些动静。悄悄起身，蹑手蹑脚走到舱外，只见一伙蒙面人上了跳板，向舱室摸来。他仓促之间找不到武器，拿起一枝船桨，高喊一声，朝盗贼冲去。盗贼不知船上有多少人，居然仓皇逃上岸去。左宗棠得意地写道：我乃一介书生，谈笑之间，就将强敌吓退。你们尽可放心，我在外面，完全可以照顾自己。

这封家书，看得欧阳兆熊一头雾水：强盗？我怎么不知道？左季高深夜斗强盗，总会有些声响吧？可是昨晚水上和岸边悄无声息啊！难道我睡得太死？即便如此，今天怎么没听人说起呢？

正巧船老大走进船舱，欧阳忙问："昨晚来强盗了？我怎么不晓得？"

船老大一愣，想了想，笑道："哪里有强盗啰，是左公子做梦呢。昨夜不知哪个误扯了他的被子，他便大喊捉贼，邻船的人都惊起了。左公子现在说话都嘶哑着呢，一会儿看见他就晓得了。"

话音刚落，左宗棠步入船舱。欧阳劈头喝道："季高，我素来认为你是个诚信君子，却不料你谎话连篇！"

"在下做错了什么吗？"左宗棠一脸无辜。

"你连老婆都骗，瞎吹牛，还配谈'诚信'二字？"

"哦，知道了。"左宗棠轻描淡写地说，"你偷看了我写给筠心的信。这可是你不对呀。"

"对不起，你摊在桌上，我就看了。"

"看了就看了，我都不怪你，你又何必大惊小怪？"

"你把子虚乌有的事情当成真事告诉家人，就不怕她们为你担心？"

左宗棠正色道："小岑啊小岑，亏你饱读诗书，怎么还如此低幼呢？你想想，巨鹿大战和昆阳大战，够轰轰烈烈了吧？可是看来看去，也只有班固和司马迁能描写得绘声绘色。没有生花妙笔的铺排，那就是另一番情景了。事实究竟如何？只有天知道！这跟做梦有什么不一样？天下事，难道不都是可以搬入梦境，又从梦境中搬出的么？"

欧阳本来要兴师问罪，却被左宗棠绕了进去。声讨欺骗老婆的大罪，变成了不同维度意识的讨论。左宗棠认为梦也是人生一境，可以视同人生体验，并非没有道理，因为人在不同的意识空间里，会看到不同的场景。两人谈笑一番，就此作罢。

两位好友结伴北上，途经正定的栾城，到街上观光，见到桂知县发布的告示，劝百姓从事农业，讲授种植木棉和薯芋的好处，甚至介绍备荒的招数，无微不至。

左宗棠对欧阳说道："如今还有这般爱民的好官？"

"是真是假，问问百姓就晓得了。"欧阳答道。

两人向居民打听当今县令为官如何，众人都说桂知县爱民出于一片至诚，连过去的清官都比不上。左宗棠心仪这位好官，铭记在心。进京以后，遇见知交故友，逢人便说此事。在京城做官的长沙人劳崇光告诉他："那位桂县令，名叫桂超万。"左宗棠从此牢牢记住了这个名字。若干年过去，左宗棠仕途发迹，同治二年（1863）出任闽浙总督，八十多岁高龄的桂超万以道员身份代理福建按察使，成了他的下级。左宗棠敬重他为人刚直，在他去世后，专上一道奏折，请求朝廷为他在史馆立传。此为后话。

左宗棠进京之后，照例应考。榜上无名，第三次落第。左宗棠在家书中写下几行字，向妻子发誓，自己已绝意于科举：

> 榜发，又名落孙山。从此款段出都，不复再踏软红，与群儿争道旁苦李矣！

中国人对数字三素来颇为讲究。重复做一件事情，三次似乎就是极限。那么，三试不第，也应该罢手了。他受够了，不会再去咀嚼科举的苦果。他在京城穿街走巷，买下一大堆农业书籍。看这架势，他决定做一个有文化的农民。

左宗棠提着大包的农业书籍，决定绕道金陵回家。

金陵之行的安慰

左宗棠在绝意于科场的时候，并没有灰心丧气。他对自己的社会价值有充分的认识，而且具有强烈的参政意识。青年时代的左宗棠，已经进入他年幼时崇拜的诸葛亮的角色，不是演戏，而是效仿。

他知道科名的有无，不能代表自身素质的高低。用他自己的话说：

> 读书当为经世之学，科名特进身阶耳。

他的意思是，读书要能造福于社会，混迹于科举考试只不过是为了提高社会地位。科班出身不是唯一的资本，扛着锄头去种田，也不是辱没自己的理由。

虽然在科考场上连败三次，左宗棠的自信却丝毫也未受到打击。他以诸葛孔明自居，把那位蜀国丞相的名字和别号都用上了，自称"卧龙""今亮"，给人写信，署名都用"亮白"二字。

这样还不过瘾，索性写一副对联自喻：

文章西汉两司马；经济南阳一卧龙。

论文章，可与西汉的司马迁与司马相如媲美；论才干，直比等待明主的卧龙先生。他把自己当成了军师和丞相，居于一人之下，万万人之上。

左宗棠在物质上一无所有，但其狂傲的性格使他自信满满，他从来没有忘记，他有两样最得力的资本，其一是满腹经世致用的学问；其二是刚正清高的品格。

不过，左宗棠究竟是不是诸葛亮的传人，还得有社会的承认。如果仅仅是孤芳自赏，他就不只是狂傲而已，会给别人留下半桶水淌得狠的印象。

左宗棠文思敏捷，是得到公认的，他在同龄学子中早已如鹤立鸡群。如果这还不够权威，那么府试主考官张锡谦的评语，总是官方对他的承认了。乡试主考官徐法绩也充分地肯定了他的才华。至于会试考官温葆琛和那位总裁大人，更是把他夸为不可多得的文士。

但是，对左宗棠而言，这还不够，远远不够。八股写得好，只是制艺有成，和诸葛亮扯不上关系。卧龙先生那会儿还没有这种令人发晕的文体。

左宗棠需要的认同，必须是经世学派大师的肯定。因此，道光十八年（1838）春天，左宗棠第三次会试落第后，绕道金陵，观光散心。他去金陵的主要目的，是要去见在那里任两江总督的忘年交陶澍先生，向他倾吐心中的块垒，也想再次得到这位知己的认同。

果然，左宗棠在金陵受到了礼遇。两江总督陶澍时年六十，官高位尊，政绩赫然。陶大人在道光十七年在醴陵见过左宗棠之后，便将这个二十六岁的年轻人引为知己。此时，他见左宗棠科场失意奔自己而来，立即安排他住宿在官署内。怕他冷清，找来幕友和亲故，与他谈今论古。

总督大人如此礼遇一个刚从考场败下阵来的家乡学子，官署中人都不免对左宗棠多瞧几眼，对他的态度，也是殷勤有加。陶澍本人也把公事搁下，跟他单独晤谈。

陶总督说："季高老弟，你我之间有忘年之谊，也不妨以同辈论交。我现在为小儿陶桄向你求亲，令爱孝瑜若能下嫁，我们就是亲家了。"

左宗棠惶恐之余，把这桩婚事应承下来。陶澍提亲这件事表明，两江总督大人对左宗棠这个会试落第而又确有真才实学的士子极为器重。这件事进一步增强了左宗棠的信心，从此他不再把科举之事放在心上。从金陵回家以后，他阅读从京城买回的农书，钻研农业科技，提倡区种，写出了《广田区图说》。

从此以后，科举考场上再也不见了左宗棠的身影。他读书的路数更野了。他对西北的事情仍然非常热心。他写信给京城考棚中结识的朋友徐松，请对方为自己借书。他开的书目中，就有《汉书》中的《西域传》，以及徐松自己的著作《西域水稻记》。

左宗棠神交古人，不再泛泛而交，锁定一个诸葛亮，师法这位三国名臣，专心钻研实用科学。他已清醒地看出，当朝政治腐败，国运衰颓，列强环视，战端将起。倘有孔明传人，何愁国防不保！

这个三试不第的才子，藏身于家乡的山水之间，目光纵横天下，寻求挽救国家颓运的途径。他争分抢秒继续研究军事地理学，他还不辞劳苦按部抄录经史。当年的六月，他抄录了《畿辅通志》，接着抄录《西域图志》与各省通志。对于山川关隘和驿道远近，分门别类地做了记录，共有几十大册。如此，地理学与军事学知识与日俱长。

这时候，左宗棠的家庭生活仍然是温馨的。几年以来，左宗棠在家的日子不多，为了自食其力，他出门授徒。一个教书匠，收入可怜，勉强可以自给，日子依然清寒。常年在外，"非过腊不归"，春节才是回家团聚的日子。连襟张声玠在外面打工，左张二人同试礼部，同是落第而归，关系融洽。每到腊月回家，把酒对饮，切磋学问，评论文章，谈论应办的时务，谈笑风生，兴致勃勃。

春节一过，左宗棠就成了一个不回家的男人。周贻端不担心他有外遇，只挂念丈夫形单影只，落寞孤单。她拿起枕套，绣上一幅《渔村夕照图》。一叶轻舟，系在绿杨树下，远山笼翠，碧水含烟。

绣完了，凝神片刻，在画边绣上情诗一首：

> 小网轻舠系绿烟，潇湘暮景个中传；
> 君如乡梦依稀候，应喜家山在眼前。

左宗棠出门，这个枕套夜夜都睡。客居异乡，孤枕寒衾，乡愁涌上心头，难以入眠。侧身抚一抚那幅绣画，默念诗句，便会安心睡去。此枕催眠，比磁疗枕见效快，比褪黑素还要灵。

周贻端身子太弱，总未见好。念左家"子息不繁"，担心难以延续左家香火，她力劝丈夫纳妾，把贴身丫鬟张妹子给了他。一妻一妾，"茹粗食淡"，她们的劳作，比乡村的堂客们还要辛苦。周贻端出嫁以后，就自觉地完成身份转换，老老实实做她的寒士之妻，不再以富家千金自居。她以幽娴贞静的态度，处变不惊，完满地担负了贫家主妇的角色。左宗棠伉俪的生活清贫忙碌，温馨愉快。这种快乐，多半是周贻端给他带来的。

男人最怕温柔乡，一入其中，雄心尽蚀。左宗棠备享天伦之乐，他的奋斗若是到此为止，他的一生除了这段佳话，就无可再书了。但他未能忘怀见用于世的抱负，周贻端也无意于把丈夫锁在身边。这个男人是公认的才子，他的妻子都不甘就此认命。怀才不遇的苦恼，一直啮咬着这对夫妇的灵魂。周贻端一直鼓励丈夫：老公啊，你要耐心，耐心，命运一定会有翻盘的那一天。

意外的人生轨迹

道光十九年（1839）初春时节，左宗棠从湘潭来到长沙碧香宫，在二哥左宗植家中小住。左宗植此时辞去了在桂东县担任的教谕一职，住在长沙府城，走上父亲的老路，"课徒自给"。

左家兄弟一碰头，碧香宫就热闹了。读书人凡事都要辩个明白，意见不合便争吵起来。加上邻居邓显鹤与邹汉勋这两个新化人，辩论之风盛行。

南边的广东时有消息传来。鸦片毒害国人，官员们居然引领吸食之风，上行下效，时事堪忧。左家兄弟谈古论今，时常彻夜争论。家人劝不住，只得拿出酒来。

"来来来，别争了，喝几口，吃点菜。"

酒菜也堵不住口舌。几杯酒下肚，吵声又起。只有喝醉了，才会平静一时。

碧湘宫畔，更阑烛灺，雨声断续，尊酒对谈。

从左宗棠的这段记载看，那是一段值得留念的日子。

每剧谈竟夕，争驳不已，家人乃温酒解之。酒后或仍辩难，或遂释然。虽谐语常露憨态，回思多可笑者。

左宗棠这时已认识到自己生性粗豪率直，火气太大，为克服"气质粗驳"的缺点，注意从"寡言、养静二条实下功夫，勉强用力"。但是江山易改，本性难移。尽管他常常有意于改造自己的秉性，往往又会故态复萌。

左宗棠与林则徐的神交，就是始于这一年。林则徐从四月二十二日开始在虎门销烟，同时大力整顿海防。左宗棠从这位禁烟大臣身上看到了一线希望。这时候，他考察西方列强侵略中国的历史根源，了解到英国为了倾销鸦片，企图以武力要挟，开通商埠；俄国人则垂涎我们的领土。西方列强认为中国是好欺侮的，林则徐此举，对他们发出了一个强硬的信号。

左宗棠想道：辞章之业无用，风花雪月损志。只有像林大人这样务实御侮，中国才能自立于强国之林。别了，空洞的辞章。这个时代急需经世致用的人才。地理图说对于国防万分重要，这是一门尖端的军事科学。军事统帅务必明晰山川道里和疆域沿革，历代战例都必须参考。为此，左宗棠决定把全部精力都投入军事科研。当他给自己放假的时候，他也不去钻研制艺，而宁愿去干一点实事。他回到湘潭，在辰山种下千株桑树，教家人养蚕治丝。

这一年发生的许多事情，将改变左宗棠人生的轨迹。他的忘年交陶澍在这年六月份去世，左宗棠失去了一个新知己，林则徐则失去了一个老上司。这对左宗棠而言是一个重要的事件。陶澍薨于金陵任所之后，左宗棠的老师贺熙龄转告他：陶大人临终前把七岁的儿子陶桄托付给他，请他到安化的陶家设馆授徒，并且重申前约，一定要结为儿女亲家。

左宗棠孤傲的性格使他一度迟疑不决，担心别人说他乘人之危，攀交官宦人家，从中获利。但他考虑再三，认为做人不能只顾一己的名誉，而应该多为他人着想。他毅然决定，不负陶公所托，把陶桄培养成人，然后收为女婿。他决定在次年前往安化县小淹镇的陶家，承担起教育陶桄的责任。

秋天，又一桩变故发生。恩师贺熙龄和左宗棠一起安排了陶桄的抚育问题，要进京了。朋友弟子十几人聚会钱别。左宗棠作诗，汤鹏作画，依依惜别。左宗棠与罗汝怀渡到河西，将老师送到江边。他们站在岳麓山上，挥手送别，目送画舫远去。怅然回到河东，一夜未眠。

贺熙龄船抵九江，作诗寄怀左宗棠，写在一把扇子上：

六朝花月豪端埽，万里江山眼底横。

开口能谈天下事，读书深抱古人情。

贺熙龄为此诗写了一条注脚，暗示弟子左宗棠已有将相之才。

季高近弃辞章，为有用之学，谈天下形势，了如指掌。

强烈的参政意识

道光二十年（1840）春天，正是鸦片战争前夕，广东那边的火药味越来越浓。英国人公然触犯林则徐颁布的鸦片禁令，摆明要诉诸武力了。

左宗棠在这时来到了安化的小淹村。他来履行自己对陶澍的诺言，在陶家宅邸任塾师。从这一年起，直到道光二十七年（1847），他投入八年的时光，隐居在这个资江之畔的山馆之中。

山庄僻静，只有江水的哗哗声作伴，日子如出家人一般寂寞。但这寂寞是有价值的，它提供了一个读书思考的绝佳环境。陶家藏书颇丰，还有官宦生涯的公私档案，清朝宪章，为左宗棠提供了一个从事研究的资料室。

陶桄很听话，也堪雕琢。左塾师是公子未来的岳父，所以在授书之余，帮同料理家务。

但是，左宗棠身居宁静的乡野，心情却无法平静。他在寂寥的山馆之中，仍然密切注视西方列强的动向。在这个时期，后来叱咤风云的楚军和湘军人物，没有一个像左宗棠一样，对于国防问题做出了积极而强烈的反应。所以，楚军和湘军将帅们之中，多为在内战中大显身手的能人，只有一个左宗棠，继承林则徐与魏源的志业，始终以对付外国侵略者为己任，只有这个湘阴人具有贯穿始终的国防使命感。左宗棠在第一次鸦片战争时期的表现，令我们不能不得出这个结论。

这次对外战争时期，从左宗棠积极制订中方战争方略的作为来看，从他在战时各种爱国的情怀表达来看，曾国藩与胡林翼等楚军和湘军大佬对于这场战争的关注，显然是远远不及这个湘阴举人的。湘乡人曾国藩在道光十八年（1838）高中进士之后，发誓要成为一名鸿儒与圣哲，当时正在努力加强自己的个人修养，大有躲进小楼成一统的倾向。益阳人胡林翼固然忧国忧民，对中国面临的困局耿耿于怀，而外国的侵略素来也是他的心头之痛，但他只有无限的仇恨，却无积极的对策。他甚至有意避谈抗击列强侵略的问题，因为他未能像挚友左宗棠一样建立打败侵略者的信心。另一个湘乡人李续宾，和胡林翼一样为时局所困扰，在鸦片战争中忧心忡忡，一言不发，却未能贡献出自己的御侮之计。至于曾国藩的弟子，未来跟洋人打交道最多的清末大臣，安徽合肥人李鸿章，当时还只是一个十七岁的少年，在家乡研读儒学辞章，没有表现出对军国大事的兴趣。

左宗棠在对外战争中是积极而充满自信的。他在鸦片战争前夕便已发现，英国人动武的预兆越来越明显。他因应时势，为自己新开几门课程：西洋历史，外国地理，现代军事学。他对着陶澍家所藏的《康熙舆图》和《乾隆内府舆图》，悉心考究，依据新得的资料，修订往年所绘地图的错误。

陶澍的女婿胡林翼对这位死党佩服得五体投地，到处宣传。

左孝廉品高学博，性至廉洁。

其体察人情，通晓治体，当为近日楚材第一。

道光二十年（1840）五月，英国军舰侵入广东海面，鸦片战争爆发。这场战争，或许引起了全国士子的普遍关注，但很少有人像左宗棠这样具有强烈的参政意识，为本国的政府和军队提供出色的建议，并对错误的做法提出激烈的批评。

左宗棠在资江岸边的居所里听到战况，急得背着双手，在房子里走来走去，急切地思考对策。他抬头仰望夜空中的"妖星"，发现它闪烁不定，预言英国人会吃败仗。这个无法奔赴前线的书生，看星星，卜国事，聊以自慰。

山馆无聊，言念时艰，不胜愁愤！惟夜望妖星明灭，以此卜西寇剿除之期耳！

他从陶澍的藏书《图书集成》中，查阅到了英国人在中国的活动。他了解到，西洋各国与中国远隔重洋，本来不是我们的属国。康熙时代官方书籍记载了英圭黎派使者来进贡，他根据《图书集成》推断，这个英圭黎就是现在所说的英吉利。

当时的许多书籍，不知往日的英圭黎就是当时的英吉利。左宗棠这个考证纠正了一个错误的认识。大家认为英吉利是在雍正年间才与中国通商，左宗棠说，这个公然炮击中国的强盗国家，就是康熙年间请贡来朝的英圭黎。左宗棠"僻居山馆"，从陶家所藏的文籍中得知了敌军的真实身份。这种情报工作，属于资料分析一类。

左宗棠又发现，英国是西方列强中最富强的国家，一贯四处掠夺，包藏祸心已久，决不可轻视。英国人用武力对付中国，就是为了能够继续倾销鸦片。

左宗棠指出，"鸦片"这个名词，中国早在明朝末年就有了，李时珍的《本草纲目》就有记载。只不过，大家先前还不了解吸食这种东西的严重后果。英国的奸商一开始和中国做生意，就居心不良地把鸦片带到了中国。当时由于上瘾的人不多，所以鸦片并不出名。直到雍正年间，鸦片被列入药材，收取关税，才公开拿到市面上交易，引起关注。

他从文献中查到，道光年间，新疆喀什噶尔驻军报告，有英国商人从边外经过新疆北路售货。但他此时还无从查考英国人的企图。直到后来，他才知道，他们是暗中在与浩罕人交往，觊觎我国的新疆。

左宗棠搜集了古今中外的许多信息。当时广东有一位名叫潘仕成的绅士，将洋人雷壬士所制的水雷进呈朝廷。朝廷令天津镇总兵向荣监同演示，发现威力很大。这件事，也引起了左宗棠的注意。

总之，从道光十九年（1839）起，凡是唐宋以来的史传、别录、说部及清朝地方志所记载的官方文件和民间著作，只要是有关海疆的事情，他都广泛涉猎，了解了前因后果。他很想把明朝抵御法国与荷兰的战略战术，以及海防的筹划部署和武器装备，与现在的见闻两相比照，著书立论。但他很清楚自己人微言轻。一名乡村塾师，如此纸上谈兵，当局者恐怕看都不会看一眼。他想：算了，还是别去碰钉子吧。

世事就是如此无奈，一个乡村塾师，掌握了有助于抵御外侮的各种知识，却只能无所作为。怎么办呢？他描述自己的无奈：

> 夜坐独思，百感交集。

他是时代的骄子，渴望为国建功，却因用人制度的僵死腐朽，在国家最需要他的时候，被迫独坐深山。他靠着想象，把自己当成了前线统帅的参谋长，分析敌情，制订作战方案。他指出，英国军队劳师远征，舰船有限，兵员不多，补养不足。只要我方严阵以待，坚持抗战，是可以打败英军的，决不能屈辱求和，更不能不战而降。

左宗棠不仅看出了敌军的弱点，而且提出了抗敌制胜的具体办法。他指出，正规军应该增设碉堡，训练精兵，改造船炮；还要发动海上的渔民和水勇，乘坐小艇，用木炮趁着黑夜袭扰英国军舰。开展人民战争，胜算更大。

对付侵略军，他有一肚子的办法。可是，他能给谁进言呢？前线的抗敌军队如何才能得到他的指点？对了，把作战方略写下来，寄给恩师贺熙龄吧。恩师虽然只是个监察御史，或许还是有办法上达天听，转给广东的林则徐大人也行。

左宗棠摊开纸，奋笔疾书，一口气写下六篇军事方略。

第一篇为《料敌》。左宗棠指出，打仗要知己知彼，对敌国要有全面准确的了解：其国力怎样？其兵员几何？他们使用哪些武器装备？运输是否便利？后备力量强不强？

第二篇为《定策》，指出对付敌人光有军事策略还不够，还要采取外交策略。

第三篇为《海屯》，指出沿海地区的军舰、炮台和兵员必须相互配合，合理配备。

第四篇为《器械》，强调必须增强军舰、枪炮和弹药装备。

第五篇为《用间》，指出谍报工作非常重要，必须重视情报和侦察，了解敌人的虚实与动向。

第六篇为《善后》，提出应该预先考虑战争的善后事宜。

写完之后，他觉得还有不足，又补充一份提案，建议开设工厂，制造炮船与火船。

这个未经朝廷任命也未到任的参谋长，指出最高统帅机关在军事上的失策。他说，朝廷每当接到海防警报，便把远近的官兵都调去防守，而这些部队对于海防并无经验，还没开战就溃败了。部队由于换防而降低了质量，军饷由于太多而难以筹措。如果一个省的兵力能够负责本省的防守与攻战，那就节省了兵员和军饷，足以打一场持久的防御战。

为了对付英国军队的"出奇制胜"，左宗棠针锋相对，提出固守持久的方略。具体的办法是：练渔屯，设碉堡，简水卒，练亲兵，设水寨，省调发，编泊埠之船，建造船之厂，讲求大筏、软帐之利，更造炮船、火船之式，火药归营，修合兵勇。以上办法并举，"以之制敌，即以之防奸；以之固守，即以之为战"。

如果前方的将领认真地按照这位虚拟参谋长的意见去办，鸦片战争获胜的一方很可能就是大清帝国了。事实上，左宗棠这些主张，与林则徐在广东前线备战御敌的举措乃是大同小异。林钦差在广东海口设兵防守，增设炮台，购买和仿制外国船炮，整顿水陆各军，招募渔民，编练水勇，并组织人才翻译外国书刊，收集情报，取得了九龙、穿鼻洋、官涌、长沙湾、磨刀洋、关闸、矶石洋一系列战斗的胜利。

无奈的是，林则徐因功得祸，而左宗棠这个参谋长是自拟的，他真实的身份只是一名乡村塾师。他的声音过于微弱，无法影响战局。贺熙龄官太小，无法把这些作战方案摆到天子的案头上。他爱莫能助，为左宗棠报国无门而惋惜。

那么，真正的参谋本部在干什么呢？

英军在广东遭到林则徐的打击，七月下旬至九月中旬掉转船头北犯，相继攻陷厦门、定海、镇海、宁波，逼近大沽。左宗棠闻讯，更是忧心忡忡。他没有料到，道光爷的参谋本部害怕了，把英军北犯归咎于林则徐"措置失当"和"办理不善"，决定罢免林钦差，派琦善赴广东与英军议和，以图换取英军的退兵。道光爷的思路很清楚：你们不喜欢林则徐，说他挡了你们的财路，朕就把他撤掉，换上琦善做两广总督，你们总可以停战了吧？

可是，英国人还有更大的企图，要求租借香港，于是继续用武力施压，攻陷了沙角和大角，沿海大震。

左宗棠听说林则徐罢官，还被指责为"误国殃民"，恨得直拍桌子，手掌都拍红了。

> 是非颠倒如此，可为太息！

冷静下来一想，原因何在？因为臣子们欺骗皇帝，致使皇帝分不清谁是好官谁是坏官。

> 时事之坏，只是上下相蒙，贤奸不辨。

左宗棠心寒了。这件事使他这个"草莽之臣"成为持不同政见者。他在写给贺熙龄的信中，表达了他的愤慨：

> 事卒支离至此，令人愤懑。……彼族轻我甚矣，率数十艇之众越重洋九万里而来，屡战而屡利，我屡却而屡受其侮。……不识谋国者复将何以待之？此草莽之臣所为日夕皇皇而不能自释者也。

他多么希望朝廷重新起用林则徐这个贤臣！一个林则徐，只要他能复出，足以稳固岭南千里的国防，而这也是天下人的期盼。

左宗棠对琦善在广东的作为极为不满，他从不隐讳自己的观点，指名道姓地谴责琦善。他说，御侮卫国之事，误于琦总督之手，此人实为"奸谋误国，贻祸边疆"，致使西洋人都有了轻视中国之心，而将士"无自固之志"，东南沿海恐怕做不到几十年都无战事了。因此，琦善的罪过，"不可仅与一时失律者比"。他呼吁道光爷派出钦差大臣，将琦善斩首于军前，将他丧权辱国的罪行布告中外，"以壮三军之气而寒彼族之胆"，而这是最好的战胜之策。

道光二十一年（1841）正月上旬，英国单方面宣布《川鼻草约》，派兵强占香港。清廷逮问两广总督琦善。清军作战多次失利，英国战舰进逼广州。

琦善是下台了，但左宗棠知道，朝廷言路堵塞，林则徐复出希望渺茫。他仍然心存一线希望，因为他知道，没有一个人的声望比得上林公，如果朝廷开恩，重新起用这位禁烟大臣，事态一定会有转机。此时他已吃透了林则徐的御侮思想。他认真研读林则徐有关禁烟与抗敌的所有奏疏，认为自己在这方面的见解与之多有一致之处。于是，他写下"海邦形势略能言"的诗句，作为自勉。

然而，事态的发展，与左宗棠的愿望背道而驰。琦善不但没有得到军前斩首的处罚，反而无罪开释；林则徐不但未被重新起用，反而加罪遣送伊犁军台效力。皇侄奕山在广东向英军投降，另一个皇侄奕经在浙江被英军击溃。道光爷决定不再抵抗，在经过痛苦的思考之后，决定对外妥协，签署屈辱的和约。

左宗棠看出了朝廷的腐败，对整个统治机器都失望了。他对清廷和误国大臣们的批评，带有其耿直豪爽的特色：

> 洋事日浸不佳，江东复作败局。……以一二庸臣一念比党阿顺之私，令天下事败坏至此，百尔君子，未闻有以公是公非诵言于殿陛间者，仕风臣节如此，古今未有也。

左宗棠无法在鸦片战争中发挥自己的才干，只能把一腔热血充注到诗句中。他一气写成了四首《感事诗》，抒发胸中的愤懑。

> 爱水昏波尘大化，积时污俗企还淳。
> 兴周有诰拘朋饮，策汉无谋徒厝薪。

一怒永维天下祜，三年终靖鬼方人。

和戎自昔非长算，为尔豺狼不可驯。（其一）

他以此诗告诉世人，历史的经验告诉我们：对付掠夺成性的侵略者，一味地寻求和议，绝不是长久之计。

司马忧边白发生，岭南千里此长城。

英雄驾驭归神武，时事艰辛仗老成。

龙户舟横宵步水，虎关潮落晓归营。

书生岂有封侯想，为播天威佐太平。（其二）

左宗棠以此诗写出了民族英雄的胸襟：林则徐和邓廷桢抗击英国侵略，并不是为了拜相封侯，享受荣华富贵，而是为了传播国威，保卫和平。

王土孰容营狡窟，岩疆何意失雄台。

痴儿盍亦看蛙怒，愚鬼翻甘导虎来。

借剑愿先卿子贵，请缨长盼侍中才。

群公自有安攘略，漫说忧时到草莱。（其三）

左宗棠以此诗抒发自己的忧愤与无奈：祖国领土不容侵犯，卖国贼却在为虎作伥；我想请缨杀敌，可惜身无一官半职，无能为力啊。

海邦形势略能言，巨浸浮天界汉蕃。

西舶远逾狮子国，南溟雄倚虎头门。

纵无墨守终凭险，况幸羊来自触藩。

欲效边筹裨庙略，一尊山馆共谁论？

此诗表达了左宗棠对战胜列强侵略的信心，以及他对言路堵塞的怅惘：海洋阻隔了我国与外国，西洋的战船到来，我们有险可凭，即便我们不善于用计，他们也会有来无回。我想为国家筹划防御，但在山间学馆，我能跟谁讨论呢？

当时，湘潭人黎吉云当上了翰林，上朝谏议国事，敢于直言。左宗棠劝诫他说，进言必须有次序，论事必须考察缓急。当战局日益危迫时，黎吉云写信给他，询问应该如何进言。左宗棠重申了自己的看法：请你告诉皇上，必须严厉惩处主和玩寇的官员，将纵兵失律的将领治罪，否则人心无法振作。

这段时间，贺长龄在贵州巡抚任上，再次写信召左宗棠前往辅佐，还寄来了路费。对于这样一条入仕的出路，左宗棠似乎不感兴趣。他既身系陶家前约，又对清廷深为失望，宁愿岩居川观，没有应聘之意。

睁眼看世界

在左宗棠所处的时代，中国人，尤其是中国的官员与学者，就普遍的情况而言，对外部世界是完全闭塞、麻木和糊涂无知的，而由于列强对中国的侵略，国人只是被动地接受由武力所强加的信息，做出进一步禁锢与守旧的反弹，却无意于主动探索和借鉴国外的文明。唯有极少的几个仁人志士，开始睁开眼睛看世界，倡导向西方学习，形成了一股开明、清醒、寻求革新的思潮，使沉闷的中国吹起了一丝清风。在这些人当中，左宗棠的忘年交林则徐当数第一人。据记载，他的睁眼看世界始于道光十九年（1839），具体的措施是："日日使人刺探西事，翻译西书，又购其新闻纸"，加以研究，以掌握外国的情报，达到"知己知彼"的目的。此后，林则徐将翻译的外文书报编成《四洲志》草稿，介绍世界各大洲的情况。他悄然地给闭关锁国的中国打开了一扇观察世界的窗口，为也在睁大眼睛看世界的湖南隆回人魏源编辑世界史地大全《海国图志》提供了基础的材料。

魏源是在国人的一片昏睡中觉醒的一个湖南人。与此同时，还有一个湖南人，也面对着用枪炮来叩中国之门的外部世界睁大了眼睛，他就是本书的传主左宗棠。

上文说到，在鸦片战争爆发前后，左宗棠与林则徐所处的位置虽然差之千里，但他们的做法不谋而合。林则徐在前线搜集外国的情报，左宗棠也在后方从唐宋以来史传、别录、说部以及清朝的志乘、载记与官私各种图书中搜寻考察"有关海国故事者"。

作为清末开放改革思潮的开启人与忠实实践者之一，左宗棠在林则徐、魏源等人构成的这个开明群体之中，其实是最不容易的一位。林则徐身在广东，魏源时在江苏，他们处在"西学东渐、西力东侵"所先到之处，被外部世界的响动震醒，相对容易得多。在领风气之先的开明学者当中，《瀛环考略》的作者徐继畬身在福建，《海国四说》的作者梁廷枏也在广东，而《康輶纪行》的作者姚莹则身处台湾，他们都在列强最先叩门的东南沿海省份。左宗棠则不然，他没有这种近水楼台先得月的地理条件，他是远离沿海千里之遥的山馆塾师，他只能在山村僻馆之中，遥隔闭塞的千里山川，越过群山与海洋去放眼世界。而且，他既不像魏源、梁廷枏和姚莹那样好歹有个一官半职，更不如林则徐与徐继畬那样身为封疆大吏，这就意味着他不具备同道们所有的那种相对良好的研究条件，因此，他要把探索的目光投向西洋的文明，似乎需要更大的睿智和更多的努力。他面对着当时无法逾越的一些障碍。他虽然看到了"敌之所恃，专在火炮，能制其长，即可克日蒇事"，但他当时无法涉足轮船与火炮的仿制，甚至无法想象中国造洋船铸洋炮是否可行，因此他无法像林则徐那样提出"师敌长技以制敌"的措施。他想到的制敌所长的措施是中国的土办法，即在城根置放"水帘、丝网、生牛皮各物，为之屏障"。同时，他对外国史地的认知也犯了一个错误。他把美国当成了海中的一个小岛，没把这个西方大国放在眼里。他在写给贺熙龄的信中说："米里坚即明之洋里干，西海中一小岛耳。乃亦俨然以敌国自居，思蹑英人故辙，实为可笑。"

这种局限和错误，发生在闭塞的中国疆域内的一个更加闭塞的内陆省份，发生在涉外研究条件极为困难的左宗棠身上，是完全可以谅解的。而且我们可以看到，左宗棠对于美国的认识，在他得到较多的资讯以后，就已经得到修正了。几年后他阅读了魏源编纂的《海国图志》，得以拨开笼罩外部世界的重重迷雾。这种拨开迷雾见到真容的感觉，使他赞叹此书具有"创榛辟莽，前驱先路"的作用。他评说道："默深《海国图志》于岛族大概情形言之了了，譬犹禹鼎铸奸，物形无遁，非山经海志徒侈恢奇可比。"

按照魏源的说法，他编纂的这部海图新著，其不同于以往同类著作之处，在于不以"中土人谭西洋"，而是"以西洋人谭西洋也"。而他写作此书的目的，是为"以夷攻夷而作，为师夷长技以制夷而作"。

左宗棠热烈地响应了魏源的倡导，在向西方学习的想法上发生了共鸣。当他拥有了较好的研究条件之后，他就不再通过唐宋以来的史传、别录、说部等书中"中土人谭西洋"的材料来看世界，而是通过《海国图志》记载的"西人谭西事"探索和学习西方的文明。

魏源的"师夷长技以制夷"分为两个层面。第一个层面是强调要向西方学习，第二个层面是提出要把学习的成果用于抵制西方的侵略和压迫。对于魏源的这种思想，清末的洋务派重要人物，似乎都不如左宗棠那么热衷于鼓吹和实践。以洋务派巨擘著称的李鸿章，只继承了魏源思想的第一部分，提出"取外人之长技，以成中国之长技"，而不是像左宗棠那样，把"制夷"作为"师夷长技"的目标，因此而导致两人在对待列强态度上李弱左强、李软左硬的两极分化。

除了左宗棠以外，以洋务派自居的清末大员们，对魏源的思想都没有给予足够的重视和推崇。既然如此，《海国图志》在鸦片战争后的二十多年中，备受腐朽清廷的冷落，就不足为奇。而渴望富强的日本人对此书给予了极大的重视，与清朝统治者自安自得、将此书束之高阁的态度形成鲜明的对比。只此一端，中国的发展落后于日本的原因便昭然若揭。当我们反思中国在清末未能迎头赶上世界潮流的教训时，不得不为林则徐、魏源和左宗棠一脉相承的开明思想而叫好，也不能不为他们的思想未能成为影响中国的大流而遗憾。今天我们纪念左宗棠这个中国闭塞时期的历史人物，自然要高度评价其睁眼看世界的先驱作用。

人生小结与自我鉴定

前文说到，在左宗棠睁眼看世界的时候，其人生发生了诸多变故，令他感慨万分。他在人世上走过了二十九个春秋（虚岁二十九），接近而立之年，已经完全成熟，虽有办事大臣的本领，却没有一官半职，所以在军国大业上仍然是一事无成。此时他的心情是矛盾的，既想见用于世，又对现实颇为失望，想在仕途之外享受平民的清闲。

一个友人为他画了一幅肖像，他凝视着这幅画，抚昔感今，写了八首七律诗记述自己的历程，题为《二十九岁自题小像》。这些诗是一段自传，像一个小型电视连续剧的剧本，回顾物质匮乏的童年，壮志难酬的青少年时代，以及怀才不遇的现况。

> 犹作儿童句读师，生平至此乍堪思。学之为利我何有？壮不如人他可知。蚕已过眠应作茧，鹊虽绕树未依枝。回头廿九年间事，零落而今又一时。（其一）

快三十的人了，还在教小屁孩念"人之初"。人活到这个份上，也该反思一下自己了。都说念书就会有出息，我读破万卷，又得到了什么好处呢？蚕子休眠之后也该作茧了；喜鹊绕着树枝飞翔，也该有个较高的落脚点了。可是我左宗棠回首过去，飘零二十九载，竟然还找不到一个像样的舞台！

锦不为弢自校量，无烦詹尹卜行藏。君王爱壮臣非老，贫贱骄人我岂狂。聊欲弦歌甘小僻（史馆誊录，积劳得叙，例与一令），谁能台省待回翔？五陵年少劳相忆，燕雀何知羡凤凰。（其二）

我左宗棠没能成就一番大业，无须算命先生来指点前程。君王希望臣子年富力强，本人精力正旺，虽然身处社会底层，仍然胸怀大志，怎能说是轻狂？要我去当一个小小的誊录官，辛苦一阵子，自然可以弄个县令当当，可是谁会愿意做了京官以后又回到小地方呢？富豪子弟说我太骄傲，他们胸无大志，怎能理解高远的追求？

只恐微才与世疏，圣明何事耻端居。河渠贾让原无策，《盐铁》桓宽空著书。学道渐知箴快犊，平情敢忘赋枯鱼。幽娴岁月都无累，精舍优游乐有余。（其三）

我只是担心自己的才干不能见用于社会，当不当官又有什么关系？贾让治理水灾其实并无良策，桓宽编纂的《盐铁论》也只是空头理论。我已经知道学习不能如同吃快餐，说话不能直言无忌。不入仕途毫无牵挂，修身养性乐在其中。

十数年来一鲜民，孤雏肠断是黄昏。研田终岁营儿哺（父授徒长沙先后廿余年，非脩脯无从得食），糠屑经时当夕飧（嘉庆十二年，吾乡大旱，母屑糠为饼食之，仅乃得活。后长姊为余言也，伤哉）。五鼎纵能隆墓祭，只鸡终不逮亲存。乾坤忧痛何时毕，忍属儿孙咬菜根。（其四）

父母撇下我们而去已有多年，令我常怀失去双亲的悲痛。我们全靠父亲当教书匠的收入养活，可是仍然难得温饱，有时只能吃糠饼度日。我纵然能够用五鼎烹食祭祀父母，却未能让两老活着享用一只鸡。上有无法孝敬父母的忧痛，下有抚育儿孙的艰难，只能走父亲的老路当个教书匠，勉强维持一家人的生存。

机云同住素心违，堪叹频年事事非。许靖敢辞推马磨，王章犹在卧牛衣。命奇似此人何与，我瘦如前君岂肥。来日连床鸡戒晓，碧湘宫畔雨霏霏（兄所居，五代马氏碧湘宫废址也）。（其五）

二哥，我们都未能实现平生的大志，过去的岁月命运不济。我们一个像许靖，未发迹时靠推马磨为生；一个像王章，在长安求学时生病，穷得没有被子盖，只能睡在牛衣里。我们兄弟的命运如此乖舛，又有什么办法？改天再到碧湘宫来看你，陪你聊个通宵吧。

九年寄眷住湘潭，庑下栖迟赘客惭。娇女七龄初学字，稚桑于本乍堪蚕。不嫌薄笨妻能逸，随分斋盐婢尚谙。赌史敲诗多乐事，昭山何日共茅庵（素爱昭山烟月之胜，拟买十笏地，它日挈孥老焉）。（其六）

我把老婆孩子寄在湘潭岳母家，已经长达九年。入赘的女婿久久不能独立，满心羞惭。大女儿孝瑜都七岁了，已经开始学写字，小桑树也开始长叶，可以喂蚕。多亏妻子不嫌我又穷又笨，自得其乐，小老婆也懂得安分随缘。一家人争论历史，唱和诗词，生趣盎然。盼望有一天能在昭山买下一块小地，盖几间茅屋，就有属于自己的家了。

旅馆孤怀郁不舒，屋梁见月更愁余。可怜禽鸟犹求友，独隔关山只寄书。楚泽凉风吟别夜，燕台斜日恶初归。安能飞梦四千里，人海茫茫一执裾。（其七）

朋友啊，身在旅途，更想见到你。禽鸟尚且要成群结队，而我们隔着千山万水，只能书信往来。我们在洞庭湖的凉风中吟诗道别，在京城的夕阳下依依分手。但愿我的梦能飞越四千里，在茫茫人海中见到你！

唐初身判原无格，汉室侏儒例免饥。仕宦何心争速化，人材似此不时宜。秋山缀石灯前影，春笋闻雷颌底髭。只待它年衰与老，披图聊得认参差。（其八）

唐玄宗为了得到杨玉环，不拘翁媳之礼；小矮人在汉代宫廷里诙谐逗趣，也能填饱肚子。想要当官何必心急，真正的人才不必如此。灯前的身影，孤独如点缀秋山的黄石；下巴上的胡子，如听到惊雷的春笋一般嗖嗖冒出。等到年老衰迈的时候，打开画卷一看，还能依稀找出当年的雄姿。

湘潭的朋友罗汝怀读了他的《自题小像诗》，看出了这位友人怀才不遇的怅惘，与之唱和，有心安慰一番：

> 捂地九州归指掌，匡时五亩树蚕桑。

罗汝怀还特意做了注解：

> 君专治地理学，近又种桑治丝。

左君啊，你两手就把地球捂住了，天下大势，尽在掌握之中。尽管如今还未能登上军政大舞台，可是你在五亩地上栽桑养蚕，不同样是为了解救百姓的困难吗？

贻端夫人读了丈夫的《自题小像诗》，也写诗唱和，以慰夫心：

> 清时贤俊无遗逸，此日溪山好退藏。树艺养蚕皆远略，由来王道重农桑。

相公啊，像你这样的才俊，是不可能被社会埋没的。在溪水清凉的山间隐居一阵，照样能有一番作为。栽树养蚕都是长远的规划，自古以来的帝王，岂不是都很重视农业的发展？

其实何须别人安慰？左宗棠一直未能摆脱贫贱的社会地位，难道这个倔傲的汉子认输了吗？没有。从他一生的经历来看，他心中总有一股匡时济世的热情，驱使他决不向命运低头。

第五章

战乱中的抉择

湘上农人

道光二十二年，西历 1842 年，中英《南京条约》签订。清廷屈辱求和，宁愿付出本不应该付出的代价。对于这个严酷的事实，左宗棠"远殊深怅"，心情从沸点降到了冰点，写信给贺熙龄说：

> 时事竟已如此，梦想所不到，古今所未有，虽有善者，亦无从措手矣。

还未出山的英雄，仿佛已走到了末路。

世事茫茫，前途黯淡，他自然想起了隆中高卧的诸葛亮。隐居去吧，选择一个"人迹不到之处"，"买田数十亩"，亲自耕种，以逃避现实。仿效诸葛亮"苟全性命于乱世"，做一条不折不扣的"卧龙"。

左宗棠报国无门，但通过提供有偿服务，自己的生活毕竟有了改善。他在陶家坐馆教书，每年有二百两银子的年薪。他省吃俭用，攒起银子，指望建立一份家业。

几经查勘，他放弃了在昭山建房的想法，改在老家左家塅以西十多里处的柳家冲，花掉全部的积蓄，买了七十亩田土。此地现称作湘阴县樟树乡巡山村，距长沙市约一百里。

预感到乱世即将来临，他在选地时侧重考虑治安条件，是否利于躲避兵祸。他买地是为了起码的生存，新房只盖一所，其余的田土用于耕种。

设计规划是自己做的，一座小型的庄园很快建成。园内有稻田，有坡地，还有水塘。（这座庄园如今已经被湘阴县人民政府重修，对游客开放。）

左宗棠看着自己的房子，笑道："哈哈，我左宗棠总算有个家了！"

这是道光二十三年，西历1843年，左宗棠成了一个有产业的人。第二年秋天，左宗棠携带妻小，从湘潭周宅移居湘阴柳庄。他唯恐别人误会他是暴发户，在屋门前的门楣上亲笔题写"柳庄"二字，让大家知道，他是以五柳先生陶渊明自比，要隐居山野了。

左宗棠家住湘阴，上班却是在安化，两地相距三四百里，乘车坐船，单程跑一趟都要一两天。这样的上班族，是敬业的典范，那时真是罕见。偶尔回家休假，他也不会闲着，监督农庄的工作，用平时钻研的农业技术进行实验。他每天都在田地上巡视，又给自己取了一个外号，叫做"湘上农人"。

农民有什么不好？至少一家人的温饱有了着落。从此就做个规规矩矩的老百姓吧。

> 但愿长为太平有道之民，则幸甚耳。

读过书的农民，就像鸡变凤凰再变回鸡，还是跟原来不一样了。耕读耕读，是一种非常令人羡慕的生活方式，既有田园乐趣，又有诗书馨香。当岳母想念女儿和外孙女时，时常带着孙儿来到柳庄，抽空教外孙女和孙儿念书。夜晚，孩子们坐成一排，琅琅读书声，传到户外很远的地方。

村民们经过这里，听到读书声，肃然起敬：柳庄就是柳庄，这里住的，不是纯粹的泥腿子。

在这个阶段，左宗棠虽然视"农事为人生第一要务"，虽然饱尝了田园之乐，却仍然抛不下对国家的忧怀。

> 时事日不佳，殊深忧虑。

他已经把考究的目光，投向了整个世界。他不仅考察英国和法国，还注目于美国。可惜，对美国的情况，他并未掌握完整的信息。

米里坚即明之洋里干，西海中一小岛耳，乃亦俨然以敌国自居，思踵英人故辙，实为可笑。

明朝 1683 年就灭亡了，美国 1776 年才建国。其实，明朝时的洋里干，不同于当时的米里坚。美国领土广袤，是一片大陆，不是西海的一个小岛。但美国企图步英国后尘，也到中国来经营一番，这个基本估计是对的。清朝末年的信息闭塞，导致了左宗棠的误解。

这是一种非常独特的生活。一个乡间的"太平有道之民"，一边栽茶种桑，一边课徒守业，同时又以警惕的目光探视着国际大势，思考着中国如何才能自立于世界民族之林。这个时候，他一点也不谦让，完全把自己当成了诸葛孔明，而且有意显露出这种自况。据说他在小淹陶家的后院搞了一些布景，很像如今的电影棚。院落里筑起了一个园子，又在园子中央开凿一方池塘，喂养几百条鲤鱼，将此池命名为"武侯池"。凿池挖出的土则堆积为山，栽些青篁松柏，命名为"卧龙岗"。在这小小的卧龙岗下，建竹篱茅草房一所，房内摆设古琴一张，壁上挂一幅隆中对古画，又将此茅屋命名为"隐贤庐"。武侯池畔，立着一头雄武的石牛，双眼圆瞪，蹬蹄弓身，弯角冲天，象征牵牛星下凡的左宗棠勇于负重的抱负。

乔迁新居的一年很快过去。左宗棠在安化陶家授馆进入第六年，即道光二十五年（1845）。秋天，胡林翼来到小淹，参加陶澍夫人的葬礼。他与左宗棠晤谈十天，巩固了两人的友谊。此时的胡林翼已在仕途上走了麦城，赋闲在家，凭自己的亲身经验，和左宗棠谈论为官之道。他相信左宗棠是自己最真心的朋友，告诫左宗棠虑事不宜过于周密，论事不宜毫无遗漏。左宗棠说："谢谢，你一针见血，指出了我的毛病。"但是，左宗棠对胡林翼称言谈要不着边际为好的说法并不赞同。他认为，一个人的言行应该是有的放矢。

左宗棠此年开始撰写《朴存阁农书》，意在传播农业知识。第二年，他将知识付诸实践，从古代农业技术中采取当时便于操作的办法，试行耕种柳庄的农田，充分发挥地利，扩种茶树、桑树和竹子，取得了不俗的效果。茶园产生的收入，足以付清国家的税收。他在农业方面的探索和实践，虽然没有袁隆平那样的成就，对湘阴农业和林业的革新，也起了开创性的作用。三儿子左孝同后来在《先考事略》中回忆道：

府君于柳庄栽茶种树，期尽地利。湘阴茶产，实府君为之倡。

通过辛勤的劳动，左家的日子过得舒坦了一些，左宗棠生个男丁传宗接代的愿望也在这时实现了。道光二十六年（1846）八月，天气久旱不雨，左宗棠身在安化，做了一个梦，只见雷电绕身，大雨如注。过了几天，接到柳庄的来信，才知道他做梦的那天喜得长子左孝威，于是依梦境而为之取名"霖生"，孝威之名应该是后来改的。更巧的是，刚刚有了儿子，立马就定下了儿媳，还是一个名门闺秀。原来，在当年冬天，左宗棠的恩师贺熙龄逝世，临终前留下遗命，将二女儿许配给左孝威。

左宗棠在家境好转的日子里，感受到了天伦之乐，这是他茹苦含辛多年的结果。但是，这种安稳的日子又似乎是靠不住的。他对自己所处的时代，对自己置身于其中的社会，总是有一种隐忧，在田园生活中挥之不去。他听说本省南部的宁远县有个胡有禄揭竿而起，而距宁远不远处的东安县又有个叫王宗献的人闹事。他感到自己命运不济，刚刚有了一点小小的产业，乱世就要来临了。他不得不钻研筑墙掘壕和修建碉堡的办法。他认为，住在乡下，学会自保，和学习农业与畜牧业同样重要。

在社会动乱日益逼近的时候，道光二十七年（1847），农人左宗棠家里又添一丁，次子左孝宽在四月出生。妻妾连生男丁，左宗棠喜不自禁，可惜妻子体弱，无法哺乳，两个小少爷的哺乳都由张氏承担。她先奶周夫人所生的大少爷，再奶自己所生的二少爷。好在，左宗棠现在有更多的时间照顾自己的家庭了。他已经完成陶澍遗留给他的使命。当年八月，他兑现了与陶澍的盟约，将长女孝瑜嫁给了陶桄。完成了这件大事，他于秋后结束在陶氏家馆七年多的塾师生活，返回柳庄。

八年教书生涯，左宗棠进步巨大。他在小淹的陶澍家博观纵览，知识精进，连博士后也望尘莫及。他细心研读了陶澍与林则徐等务实派官员的书信往来，从他们处理过的军政要务中吸取了丰富的经验。这时的左宗棠，只要给他一个舞台，他就能差遣百官千僚，指挥千军万马，治理一方疆土。

以赈灾为己任

左宗棠结束在陶家教书育人的工作时，社会动乱的信号越来越强烈了。湖南南部的新宁县爆发了瑶民雷再浩领导的造反运动。新宁的书生江忠源组织乡勇，会同清军镇压雷再浩，取得成功，被大吏保升知县，进京候补。此事在左宗棠看来似乎是人生的一条出路，书生带兵打仗，立了战功，便因此而进入了仕途。战事如此频繁，军事学似乎大有用武之地。事实上，江忠源因军功受到保举而入仕的遭遇，不止令左宗棠有所触动，还打动了湖南省很多怀才不遇的书生。

然而，左宗棠并没有仿效江忠源的意思，因为那个新宁书生关心的是如何对付内乱，而左宗棠更着意的是如何抵御外侮。不过，左宗棠同意江忠源的看法，他也预见到大规模的动乱即将到来，战争势所难免，于是他把更多的精力投入了军事研究。

他又为自己想到了另一个人生定位：

> 古人谓："不为良相，即为良医。"
> 弟则谓："不为名儒，即为良将。"

兵荒马乱的世道越来越近了，农家的田园生活上空覆盖着一层阴云。正在这时候，自然灾害又来添乱，将农民推进苦海。道光二十八年（1848），湘阴在连年大旱以后，忽然大水成灾，柳庄也不例外。庄稼被淹，人闹饥荒，家人皆病。采菊东篱下的日子，已被洪水冲走。

左宗棠说，那是他一生最困难的时光之一。

> 生平境遇最苦者有二。道光二十八年，柳庄耕田遭淫雨之害，谷尽发芽，典质罄尽，而一家十二口无不患病者。尝吟杜老《同谷歌》"男呻女吟四壁静"之句，戏语党人曰："吾欲改'静'为'空'。"

他回忆的那种境况是令人绝望的。老天没日没夜地浇下雨水，稻田被淹，谷子都发芽了，家里值钱的东西都进了当铺，一家十二口都成了病号。为了制造一点轻松的气氛，跟同乡开个玩笑，说他要把杜甫的诗句"男呻女吟四壁静"改一个字，变成"男呻女吟四壁空"。

不仅是左宗棠一家，当时的湘阴是饥馑遍野，人们缺乏营养，免疫力下降，导致疾疫流行。在困境中，左宗棠首先想到的是更需要帮助的那些人。强烈的参政意识，以及对人间疾苦的关怀，使他十分关心公益。他素以儒家学者自居，而他认为，信奉孔子儒学，行善是第一要义。他对捐赈的行为给予极高的评价，认为"捐赈是古今通义"。他自封为赈灾领导小组的组长，有空就往外跑，劝富有人家捐粮捐款，办理赈灾事务。

他向富人们反复灌输一个理念：捐赈是传统的美德。据他统计，长沙、善化、湘阴、湘潭和宁乡各地捐献的银钱谷米，折合银子，不下五十多万两。清朝农村的基层社会靠乡绅自治，而左宗棠这位穷绅在安抚饥民、维护稳定方面所起的作用，超过了许多富绅。左宗棠对医药的爱好与研究，使他在赈灾时起了更大的作用。他开设了家庭病床，救治得病的灾民。

灾荒的惨状令左宗棠陷入深思。他想，经过了两年的苦旱，又碰上一年的大水，谁敢说明年就一定没有天灾？救济只能起一时的作用，应该想一个长久之策，使人们有备无患。于是他想到一个办法，劝左氏家族的人们储备粮谷，以备饥荒。各家拿出一些粮食，存放在一个粮仓里，遇到灾荒，便开仓自救。这个粮仓需要管理，于是仁风团的构想呼之而出。

这是一个具有预见性的备荒措施，属于官员们应该关心的"荒政"。官府没有过问此事，庶民左宗棠在民间发起。在他的劝说下，左氏一族纷纷响应，一个救灾基金就这样处于酝酿之中。

左宗棠在救灾安民的同时，心里还牵挂着军事。灾荒往往是战乱的前奏。种种迹象表明，政局不稳，民心混乱。当一个名将，定国安邦，或许是一条必行的道路。他给此时身在北京任内阁中书的二哥左宗植写信，自称在军事上的造诣已超出了纸上谈兵的水平。

年来于兵事颇有所得，自觉倘遭时命，假我斧柯，必能实实做到，绝非纸上之谈。

左宗棠家乡遭到自然灾害的侵蚀，"湘上农人"深受其害，种田都吃不饱肚子，为了养家糊口，不得不另谋生业。他决定继承父亲的衣钵，去府城发展，课徒授业。道光二十九年（1849），左宗棠来到长沙，在朱文公祠开馆授徒。他收的第一个学生就是女婿陶桄，其他学生都是今后的干才。其高徒有益阳少年周开锡，在左宗棠入仕后，跟随他大有作为。长沙少年黄瑜、黄上达和黄济兄弟，都随左宗棠游学。

黄家三兄弟的父亲是个了不得的人物。此人名叫黄冕，参加过鸦片战争，曾在浙江带兵防堵英军，在余姚海口击沉英国军舰，捕获英国军官突德等人。由于他作战英勇，在害怕得罪英国人的清政府看来，罪过也就不小。他的命运跟林则徐一样，被发配到新疆的伊犁，跟着林则徐兴办屯田。他们干得出色，开垦了四十多万亩农田。得到清廷赦免后，他从新疆前往东海之滨，办理海运，革除漕运弊端，每年为清廷节省几十万两银子，并加运京城的仓储粮食三十多万石。黄冕多才多艺，还会制造火药武器。他又是一流的围棋高手，当时被誉为国手第二、湘手第一，跟后来的聂卫平相差不远。

左宗棠喜欢黄冕，因为他是个实干家，更因为他是林则徐的旧交。而年长左宗棠十几岁的黄冕也信得过左宗棠，把三个儿子都交给他培养。

左宗棠虽然离开了湘阴，但他并没有摆脱自然灾害的影响。道光末年的湖南真是天怒人怨，左宗棠离开湘阴的这一年，家乡又遭大水。他身在长沙府城，也没有忘记水灾作孽多么可怕，心里惦记着邻里乡亲，决定再次投身于捐赈。他给二哥写信，忧心忡忡。

> 弟一家不足忧，唯如此奇荒，邻里之颠连者必多。倘不急筹赈济，则大乱即在目前，其可忧又不但贫也，其受害又不止一家也。

当大雨连绵预示着水灾即将到来的时候，左宗棠向学生的家长们预支学费，回到乡下，买下一些谷粮，一半接济左家塅老家的族人，另一半接济柳家冲新居的同乡。

然而，需要救济的灾民，远远不止这些人。逃难的灾民源源不断地经过柳庄。柳庄距湘江只有十里，又靠近湖滨，处在重灾区的边缘。每一天，成百上千的饥民取道门径口，前往高乡求食，而柳庄则是必经之地。路边到处是饿死鬼，满眼都是可怜人。左宗棠不忍心看着不管，和周夫人一合计，把粮仓里的谷子全部搬出来，煮成稀饭，散发给饥民。家里的粮食很快就送完了，再买也难买到。那一年，不仅湖南发大水，东南各省也成了汪洋泽国。大米奇缺，每斗卖到六七百文钱，道路上都是逃荒的饥民。

疾病在饥民们当中蔓延。看着病倒于途的灾民，左宗棠和家人组成救灾医疗队，想尽办法施救。他掌握了一些单方，对医治流行病颇有心得，买来药草，做成药丸。不用打点滴，照样妙手回春，保全了许多人的性命。

柳庄的居民忙成一团。左宗棠在灶边熬药，周夫人和张氏率领仆妇站在门口指挥护理。没钱买药了，就把发簪和耳环当掉。当铺成了左宗棠经常光顾的取款机。他们缩减家里的粮食供应，省下口粮，尽可能救活更多的灾民。柳庄一个小小的农庄为救灾尽了全部的力量，如此爱心，较之富户们捐出家产的小部分，不可同日而语。

灾荒夺去了许多成年人的性命，把大批孤儿和孤寡老人留在人间。左宗棠凑了2000两银子，捐给家乡的育婴会；孤寡老人只能靠敬老院来养，他又兴办了养老会。

即便是在受灾时期，左宗棠也没有耽搁育人，坚持操办希望工程。实在没钱了，卖掉田产，来办义务教学。

左庄主那一段时间真是累坏了。长沙的学生要读书，课不能不上。课业一完，马上和湘阴同乡一起，四处奔波，劝富裕人家捐赈。这个没有一官半职的庶民，倾尽全力，打造以民众受益为基调的和谐社会。

赈灾好不容易告一段落，左宗棠松了一口气，在柳庄过了一段短暂的宁静生活。回想所做的公益事业，感到十分满足。内心的愉悦与安宁，就是他所需要的报偿。

湘阴的仁风团义仓在道光三十年（1850）建立。左宗棠一家节衣缩食，捐出所有值钱的物品，作为表率，筹备积粮。他亲手制订章程，报官府备案。先与周夫人惨淡经营，后来选择公正人士主持。此后很久，乡民们受惠于这个粮食基金。

湘江夜话

左宗棠一生崇拜两大偶像，一位是古代名相，另一位是他那个时代的英雄和伟人。他在年轻时崇拜诸葛亮，自称当代卧龙。而从虎门销烟开始，林则徐就成为他的当代偶像。

粉丝和偶像之间，存在距离和高下。左宗棠与林则徐的差距，在于平民与高官的身份。但他没有想到，林则徐主动向他伸手，把世俗的鸿沟缩短为零距离。

历史留下这一段佳话，应该感谢胡林翼。这个热心的益阳人，一直自愿为左宗棠做免费的经纪人，向他钦佩的高官们推荐这个贫寒的湘阴士子。道光二十八年（1848），左宗棠身在柳庄救灾并觉得自己已有将帅之才的时候，胡林翼找到了一个力挺左宗棠的机会。那一年，道光爷良心发现，在林则徐被发配到新疆九年之后，赦免了这个有功无过的大臣。林则徐复出，任云贵总督，胡林翼在他手下做官，代理贵州安顺知府，十分得力。他禀告林总督：湖南有个左宗棠，品学为湘中学者第一。林则徐爱才，也知道此人是已故老上司陶澍的亲家，又是胡林翼的同窗好友，忙要胡林翼转告左宗棠，请他来云贵总督署任职。林则徐的复函如下：

> 承示贵友左孝廉，既有过人才分，又喜经世文章，如其嗜肯来游，实所深愿。即望加函敦订，期于早得回音。

左宗棠因家事缠身，未能前往。他写信向胡林翼道歉，说他早已从师友的言论和林则徐与陶澍的来往书信中，得知林则徐的事功和为人。特别是从鸦片战争以来，自己时刻关注林大人的行踪，对他极为敬仰。他因故不能受聘，无法得偿所愿，西望滇黔，孤怀怅结。

胡林翼给别人写信时说起这件事情，另有一个说法：

> 林翼曾荐（左宗棠）于林文忠，因林文忠引疾，故未果行。

左宗棠自己说他未能前往云南，是因为家事拖累。据记载，林则徐患病是在下一年冬天，胡林翼在此信中的说法应当是一个托词。他掩盖真相的原因，大约是不想让别人知道左宗棠拒绝了林总督的邀请。由此可见，胡林翼办事非常细心，对于上司的面子照顾周全。

左宗棠拒绝了林则徐的邀请，林则徐却没有忘记这个才子。一年多时间过去，林则徐来看左宗棠了！道光二十九年十一月二十一日（1850年1月3日），六十五岁的林则徐到了长沙。他从云贵总督的位置上退下来，在儿子林汝舟兄弟陪同下，要回福州老家养病，身边还带着夫人郑氏的灵柩。

林则徐只是路过长沙，并没有打算在这里久留，不想惊动湖南的地方官。但他想在这里会见那个神交已久的湘阴人。这一年左宗棠三十七岁，仍是一介布衣。但是，林则徐这个在国内外赫赫有名的大人物，竟然为了见他一面，决定在长沙停泊。为了什么？就是因胡林翼的推荐，要跟他切磋经世之学。常言道：酒香不怕巷子深。一个有真才实学的小民，就如同一坛好酒，只要香味飘了出去，一定会得到社会的赏识。

湖南的巡抚衙门，仓促间接到路单——通知大员即将驾到的官函，赶紧拨出码头，供林大人的画舫停靠。巡抚骆秉章连夜通知僚属，准备为林大人接风。

林大人到了，派人上岸去找左宗棠。那一日，本应该在长沙教书的左宗棠却不在长沙，回湘阴柳庄去了。林则徐连忙差人给骆巡抚送去一封信，声明文武百官一概免见，只请骆大人拨出两匹快马，林则徐自己派出一名专足（通信员），专程赶赴湘阴，要把左宗棠请来船上一见。

林大人的专足快马加鞭，直奔柳家冲，把左宗棠从柳庄请了出来。左宗棠听说是他视为"天人"的林则徐大人有请，心情万分激动，赶紧跟随专足前往长沙。百里狂奔，赶到长沙小西门码头。嗬，眼前黑压压一片，人头攒动。林大人的官船附近，已经是人山人海，不亚于一百多年后刘德华的演唱会。

原来，林则徐派人到巡抚衙门借马，他来到长沙的消息就不胫而走，长沙为之轰动，市民们都想一睹民族英雄、禁烟大臣的风采。地方官员唯恐落后，打算上船拜见林大人，却无法穿过密密的人墙。

左宗棠下马，随着专足钻进人墙，船上的跟班眼尖，看到了他们，对舱内喊道："大人，左先生来了！"

地方官员一听这声叫喊，个个傻了眼，百姓也在纳闷：这个左先生是什么样的超级粉丝？林大人谁都不见，为什么独独要见他？

林则徐的跟班见左宗棠无法穿过人墙，叫了一只渔划子，驶到码头上游去接他。左宗棠登上划子，想到马上就能和偶像面对面，心潮起伏。划子刚刚靠上画舫，江波推涌，颠簸几下。左宗棠迫不及待，抬步过船，一个趔趄踏了空，扑通一声，跌进江中。几经挣扎爬上船，浑身滴水。林则徐将他一把挽起，笑道："这就是你的见面礼？"

承蒙偶像器重，若无意外，左宗棠本来会行跪拜叩头之礼，结果此礼行得如此生猛，竟然跪进了江里，礼数未成，反而献了一丑。林则徐出语调侃，立刻化解了尴尬，放松了心情，拉近了距离。

落汤鸡一般的左宗棠，心情仍然不坏，也说了一句俏皮话："晚生拜见林大人，岂能失礼？听说古人对待士子有三熏三沐之礼，现在三沐我已拜领了，三熏则还未受领。"

林则徐笑道："还讲什么礼数啊？快快更衣，免得着凉！"

左宗棠换上干衣，与林则徐重新施礼相见，又见过了林汝舟兄弟。宾主坐定，林则徐打量着眼前这个中年人，身材矮胖，一副儒雅之相，举止倜傥。圆圆的面庞，机警的双眼，不时投出两道探究的目光。从他上船时的几句交谈，可知他反应敏捷，口才不俗。

林则徐说："季高贤弟，看来你跟老夫一样，是个急性子。老夫任江苏巡抚时，曾手书匾额于听事之堂，曰'制一怒字'，颇有受益。"

左宗棠揖道："大人雅量，宗棠领教了。"

初次对面，如见故人。英雄识英雄，林则徐对左宗棠"一见倾倒，诧为绝世奇才"。接着，他们举行了著名的"湘江夜谈"，"谈论竟夕"。

左宗棠事后久未平静，给友人写信，对这次夜谈如此描述："江中宴谈达曙，无所不论。"

这两个彼此心仪已久而首次见面的朋友，虽说是无所不论，但谈话的内容还是有所侧重。

道光末年的中国，笼罩着对外战败的阴影，然而，在腐朽的社会制度与科举制度之下，积极探索国防问题的读书人犹如凤毛麟角。那一刻在长沙碰头的林、左两位经世大学者，便是全国国防研究的代表人物。他们很快就进入圈内的话题，着重讨论东南海防和西部边防。世人皆醉，二人独醒，同道切磋，兴致盎然。两人说出彼此的共识：中国必须加强军备，保卫漫长的海岸线；西域有大片的国土，迫切需要国家派人经理，不能闲置，更不容落入他国之手。

林则徐既是海防的先驱者，又是当代研究西部国防的第一人。他真是没有料到，左宗棠这个"湘上农人"，竟然以巨大的热情，不懈地探索他所关心的国防课题，关注着西方列强的动向。一介寒儒，抱负宏大，目光高远，才华毕显。林则徐眼睛湿润了，心想此人一定能够实现自己未竟的心愿。他激动地说："老夫在新疆考察，对西北情势略知一二。老夫担心的是，中国的忧患，恐怕不在英国，而在俄国啊。胡润芝说你左季高二十一岁就提议在新疆置省，真令老夫钦佩！"

左宗棠答道："不才俗务缠身，未曾涉足大西北，新疆的情况，还望大人赐教一二。"

林则徐转向大儿子："舟儿，你把为父在新疆期间搜集的材料，还有为父预拟的战守计划，以及沙俄在中国边疆的动态，全部拿出来，我要送给左季高！"

左宗棠知道，林大人在流放新疆之前，在路经扬州时，曾将他在广东执政期间搜集的英文报纸和地理书籍，以及大量的翻译资料，全部交给了魏源，用于编纂《海国图志》，得以流传下来。如今，林大人又把西部的资料全部交给自己，可见对自己寄予了怎样的厚望！

林则徐亲手把一个个饱含自己心血的卷宗交给左宗棠，注视着对方的眼睛说："东南洋夷，或许有别人能够抵御，而日后西定新疆，非君莫属！"

那一刻，他从左宗棠眼中看到了狂喜，看到了激动，也看到了真挚的承诺。他发觉自己跟这个湖南的后生有太多的共同语言。

湘江夜话，言犹未尽，天已破晓。宾主依依惜别。临别前，林则徐写了一副对联相赠：

苟利国家生死以，岂因祸福趋避之。

为了表达对左宗棠的敬重，林则徐上款书"季高仁兄先生大人法正"，下款署"愚弟林则徐"。

清末的国防论，被人为地分成两个流派，即"海防论"和"边防论"。论者声称，前者以李鸿章为代表，主张亲俄防英；后者以林则徐为代表，既主张防英，又强调防俄。其实，林则徐是中国海防建设的先驱者，如果说李鸿章对海防有什么贡献，也只是一名后来者。至于左宗棠，在林则徐身后，他继承这位海防先驱的遗志，同时又强调保卫大西北的重要性，有人认为他只看重塞防，与李鸿章偏重海防相对立。其实，作为林则徐的传人，在左宗棠的头脑里，并无海防和边防孰轻孰重之分，他在最终击败太平军之后，立即着手创立中国的近代化海军，就是明证。将他作为"边防论"的领军人物，说他不重视海防，是一种不应该产生的严重的误解。

湘江夜谈对于左宗棠今后的发展至关重要，为他一生中两个最大的功业打下了思想基础，一是创办福州船政局，二是收复新疆。这件事给了我们一个启示：那些尚未发达的有才之士，如果能有机会接触自己崇仰的大人物，将有助于奠定一生事业的基础。

林则徐不仅给左宗棠注入了思想，提供了资料，还向朝廷举荐这个人才。回到福建后，他身染重病，自道来日无多，命次子徐聪彝代写遗书，向清廷一再推荐左宗棠，对他给予极高的评价。

从此，左宗棠这个名字，进入了最高层的视野。

对现实的让步

和林则徐会晤之后，左宗棠得到消息，广西的局势越来越乱。南方的内乱，把林则徐也牵了进去。道光三十年（1850）夏天，广西动乱加剧，引起了朝廷的关注。十月初，林则徐奉旨前往广西指挥作战，在途中去世。

当年冬天的一个深夜，左宗棠在黄冕家中忽闻林则徐逝世的噩耗，手捂胸口，目瞪口呆。

> 十一月二十一日夜午，在黄南坡长沙寓馆，忽闻宫保尚书捐馆之耗，且骇且痛，相对失声。

这件事来得太突然了！去年，正是在这个日子，他在湘江边上船拜见了林公。

往事历历在目，左宗棠一一翻忆。

那天夜里，为了找个清静的所在，林公吩咐解缆开船，乘着乱流，渡到河西，停泊在岳麓山下。自己与林公的儿子林汝舟兄弟一起，陪侍林公左右，把酒而谈。

除了国防问题，他们还论及人才。林公说，云南的张亮基，贵州的胡林翼，都是他的好帮手。左宗棠问："张公擅长什么？"林公回答："此人开朗爽快，聪敏干练，非常难得。"

谈到仕途不顺的贺长龄贺老师，林公说他未能整顿好云南的治安，便已去世，必然不能瞑目。言毕，感叹此人是一位大人君子。

林公又说，带兵的统帅，贪得无厌，是军政的蠹虫。所以，总督这个官位，最容易产生腐败。林公谈到，新疆是个好地方，可惜屯田没有办好，土地没有充分利用，肥沃丰产的地区也没有富强起来。吐鲁番素来丰产粮食，如果新疆南八城都像苏州和松江一带兴修水利，广种稻田，粮食产量不会低于东南。他在发配新疆期间，曾在伊拉里克及各城办理屯田，大兴水利，可惜还没完工，就奉旨入关了。

江风吹浪，舵楼嘎嘎作响，仿佛在回应船舱里传出的人语声。黎明的更鼓敲响，一阵阵催促，左宗棠方才告别林公，离船上岸。没想到，才过了三百多个日子，林公已成千古！

> 人之云亡，百身莫赎。悠悠苍天，此恨何极！

左宗棠在悲戚中挥笔，写下痛悼林则徐的对联：

附公者不皆君子，间公者必是小人，忧国如家，二百余年遗直在；
庙堂倚之为长城，草野望之若时雨，出师未捷，八千里路大星颓。

在对逝者的哀悼中，听说林公生前奉旨戡乱之处的广西，已经乱得不可收拾，而湖南已感震动。看来，朝廷的旗兵与绿营兵，是无望于将乱萌遏止在广西一省了，一场大的战乱实在是难以避免。左宗棠与同县人郭嵩焘周游湘阴东山，寻找避乱的落脚点。他们来到周礤岭，约定在此结庐，比邻而居，以避战乱。

这是一个计划了十年的心愿。自从林则徐在第一次鸦片战争中罢官以后，左宗棠就感叹国运衰败，预料天下将乱，已经心灰意冷。他留心避难之所，在湘阴东山寻找山地。左氏家族必须保全，需要一个险僻的去处营造居所。只要有田可种，有柴可烧，有红薯芋头果腹，有园子可以种桑，有山可以栽竹，有羊可以放牧，就可以做个山民，优游于山野之间，安享天年。

他记得，明朝末年有个孙夏峰，领着几千名读书人，跑进易州五公山，发挥各人的特长，部署防守。天下兵戈纷扰，他们搞了个独立王国，力争有个太平之境。还有本朝的魏敏果，曾经带着母亲潜入蔚州的德胜砦，幸免于难。康熙朝宁都人三魏和邱邦士，带领弟子们守卫乡间要塞，抵抗山寇。山寇一来，就挺矛交战，山寇一退，就读书弹唱。这些君子明哲保身，值得效仿。

左宗棠的确有远见，而且做了一个不错的选择，企图在内战中保持中立，只图自存。未雨绸缪，总是聪明的做法，他们刚刚找好藏身之处，大规模的内战便接踵而来。可惜的是，即便在周礤岭的白水洞，他也躲不开战争的追踪，无法置身于人间的纷争之外。

何况，左宗棠身怀绝学，无法见用，还是心有不甘。他既对时局失望，想做一个隐士，终老乡里，又觉得一辈子无所作为，空耗自己的聪明和学识，实在可惜。湘江夜话言犹在耳，时刻在鼓舞他的斗志。他知道，国家需要他这样的国防人才，而且是舍己无他。如今林公已逝，他自己年近不惑，孤身茕立，无人为伍，如果再不出山，很可能真会终老乡里。林公对他的嘱托，他将无法去承担去实现，他怎能面对林公的在天之灵？

这个怀才不遇、万般无奈的国防人才，这个满怀韬略的清高之士，已有了向现实妥协、向世俗屈服之意。左宗棠的五世外孙梁小进先生不久前提供的证据，表明左宗棠在咸丰元年有捐官入仕的意图。其实，左宗棠这样做是很自然的事情。一个怀才不遇的人，正当盛年，又得到社会贤达的认可，决不会自甘寂寞。即便他自己愿意，家人也不会听任他去做一名隐世高人。所以，左宗棠和家人执行了一个方案：筹得足够的银两，由身在北京的二哥左宗植操作，准备为左宗棠捐一个官职，此事曾国藩也有耳闻。这个捐官之举当然没有进行下去，否则左宗棠的仕途可能就会大不相同了。至于为什么会罢手，也许是因为太平天国运动的发展，致使左宗棠决定继续做一名乱世中的隐士。这可以说明，左宗棠在社会大动乱中的最初选择是避乱，他是无意于跟太平天国为敌的。

柳庄胸怀

道光三十年十二月初十日，西历 1851 年 1 月 11 日，洪秀全在广西桂平县金田村率会众起事，随后建号"太平天国"。此时，清廷的新皇登基已近一年，即将改年号为咸丰。奕詝与洪秀全差不多同时登基，两个政权的新国主，开始了长达十三年的角逐。

左宗棠的选择，在两大阵营之外。他决定做一个闲人，不到内战当中掺和。这年春天，他从长沙回到柳庄，随时准备逃避战乱。生活在田园之中，吃几筷子山中小笋，呷几口自己培植的新茶，"风味正复不恶"。他很想邀几位知心好友，来柳庄聚会畅谈。

左宗棠此时对京城里发生的事情颇有兴趣。他不喜欢道光，因为这个皇帝对外软弱，丧权辱国。但他对新皇帝咸丰寄予了一点希望。新旧更替，能否出台好一点的政策，就指望这个关口了。乡间消息闭塞，他给友人写信，希望得到京城的消息。

战火暂时还未延及湖南，谷子的价格稍有回落，刚刚经历过灾荒劫难的百姓，略为有了一些生意。湖南春季多雨，这一年难得以晴天居多，便于农作。若非流行病剥夺了一些人的生命，这个春天应该是美好的。

左庄主忙于劳作，每天与佣工在田头打转。秧苗刚刚长起来，田旁的沟渠流水琮琤，树上鸟声婉转。湿润的土地上长出了青翠的新草，田园风光，生意盎然。面对此山此景，深深吸一口气，真想从此再也不出山了。

此时发生了一件事，既是新皇改元的利好消息，也表明左宗棠不仅是个公认的才子，其德行高尚也得到了家乡社会的公认。为了展示新的气象，清廷颁发特诏，开设孝廉方正特科。这一科举项目，是为了提拔品行优良的读书人，也就是道德标兵。湘阴县从前无人应举。左庄主孝顺廉洁，品行端方，为公众办了许多好事，本县有些头脸的人士，由郭嵩焘牵头，联名推荐他应举，已经将先进事迹的材料报了上去。大家知道左庄主口袋里没几两银子，决定免了他的参评费，连文具费也不用交了。左宗棠如此描述大家对他的好意：

> 具见主持公道之盛心，奖拔寒儒之雅意。

由此可见，公道自在人心。虽然身不在官场，但只要急公好义，仍然不会埋没。

但是，左宗棠委婉地拒绝了保送。为什么呢？《湘阴县志》说，左宗棠没有应举的原因，是张亮基请他去做幕僚。事实上张亮基的邀请，是在下一年才向左宗棠发出的。左宗棠本人的解释，是自认达不到道德楷模的标准。

> 惟是宗棠抚躬循省，字字疚心，深愧无以副兹嘉命。

这也可以说是左宗棠的肺腑之言。在荣誉面前，左宗棠素来低调，一反平日的狂傲之态。哪怕在他晚年"入赞纶扆"之时，他并未当仁不让，而是口吐谦词，与李鸿章孜孜于名利形成鲜明的对照。而这一次是在咸丰元年，左宗棠身处乱世，无心去出风头，也在情理之中。

与此同时，在新宁家中为父丁忧的江忠源，奉调前往广西前线，与太平军作战。他是清廷的官员，由于参与过镇压雷再浩领导的造反，已经成为湘南会党的死敌，立场非常鲜明。左宗棠虽然没有站在清廷一边对付会党，但江忠源的为人素为他所敬重，此人的作为，也引起了他的关注与思考。

洪秀全的部队越战越强，于当年八月份从广西武宣挺进永安，湖南官府施行戒严。战争离左宗棠越来越近。胡林翼也把战争的气息通过书信传给了左宗棠。这位死党已处在战争的前线，因为他调任贵州黎平的知府，那里与广西交界，太平军随时有可能杀到。胡知府是朝廷命官，守土有责，不能和左宗棠一样，在这场内战中作壁上观。他在给左宗棠的信中，谈到他在黎平实行保甲团练，颇有成效。

左宗棠给胡林翼回信，这是他第一次跟地方官员探讨南方动乱的问题。他认为，在官军无法依靠的时候，如何组织民兵来保卫一方乡土，关系到当地百姓的利益，是一个很值得探讨的军事问题。他说自己在这方面虽无亲身经验，却密切地观察广西的内战，随时加以研究。他这个旁观者，比清军的前线统帅清醒百倍。他把自己的见解，提供给胡林翼参考。

他指出，团练乡民保卫桑梓的办法，之所以在广西未见成效，是因为团练只适合对付小股的盗贼，如果碰到如太平军这样强大的对手，既要防卫，又要出击，那就必须加上一个条件，就是要有碉堡。

团练加碉堡，是左宗棠提出的著名公式。他说，所谓团练，是让乡亲们团结起来，以免被非政府武装夺去财物，抢人入伙，这一点并不难做到。谁不愿意保卫家乡的平安呢？人心一致，熟悉地形，便于设计陷阱，不必是聪明人，也能出奇制胜；不必是勇猛者，也会奋起反抗。这就是民兵的有利条件。

左宗棠的分析真是入情入理，地雷战，地道战，麻雀战，都是民兵发明的，具有颇大的杀伤力。男人们在家门口保卫老婆孩子的时候，会变得聪明过人，勇猛异常。

左宗棠又指出：民兵也有其不足之处。如果要求他们离家几十里，与聪明的对手来周旋，情况就非常不利了。民兵毕竟只是一些乡民，不懂行军布阵，难以遵守纪律，又不熟悉外乡的地形，遇到强敌，必然慌乱，逃的逃，伤的伤，死的死，胜算很小。

此外，民兵负担也重。不打仗时，他们要竭尽财力供养正规军，打起仗来，又要以自己的生命代替正规军冒险杀敌，但因缺乏训练，每战必败，牺牲太大。凡是有良心的官员，怎么忍心让他们离乡作战呢？因此，民兵不适合用于近攻硬拼，只能攻击敌军的小部队，或者进行远距离骚扰。官员不能对民兵提出更高的要求。若要提高民兵的成效，必须配上碉堡。只要有堡，就可以安顿老弱妇女，放置米粮器具。一有战事，就转移到堡内，人心自然就稳定了。在堡垒四周各建一碉，民兵住在碉内，配备弩、铳、炮、石各种防守武器。堡的面积方圆不过一里，可以隐蔽几千人。一堡配有四碉，登碉防守的民兵，只需几十上百人。需要的人不多，就能轮流作战，昼夜都不松懈。如果在靠近敌占区的地方，到处都有团练，而所有团练都有碉堡，声势连成一片，长达几百里，官军择要驻守，营垒也做成碉堡的式样，为团练的碉堡声援，那么敌军得不到外援，通不了情报，何愁不能将他们消灭？

从左宗棠给胡林翼的复信看来，他对广西的战况是了如指掌的。他已经知道，太平军的计谋和勇猛都非同一般，朝廷的正规军和民兵屡次失利，太平军反而安然地驻扎在根据地，以逸待劳。官军缺乏军饷，大将束手无策，谋士们乱出计策，不得要领，还有人干脆说太平军勇猛而官军胆怯，太平军狡诈而官军愚蠢。

左宗棠指出，之所以发生这种情况，真正的原因是太平军常常掌握着主动权，而官军往往处于被动。他分析官军与太平军的几次战斗，阐述了太平军如何抢占先手。他说，太平军抢先攻占了罗渌洞，官军围攻几个月，太平军没有轻率地攻击官军，而官军几次进攻却屡屡失利；接着，太平军又攻占新圩，也不轻易攻击官军，而官军几次进攻又屡屡失利；现在太平军分兵占据永安州，又是采用一样的策略，官军又没有占到上风。这不是官军士卒不行，而是将领无能。太平军经常掌握战场的主动权，官军老是被动，所以太平军从容不迫，官军手忙脚乱；太平军得到了休整，官军则疲于奔命；太平军设下陷阱等待，官军则每每中计。

左宗棠说，其实官军想要取胜，只要按照兵法所说的去做，"谋定而后战"，"致人而不致于人"。具体办法很简单：调拨公款，令民兵在太平军根据地附近修筑碉堡，正规军则驻扎在险要之地，修筑壁垒，步步为营，同时推进，逼近其根据地。太平军知道官军合围，一定集中兵力来攻，这时他们被动，官军就主动了。另外，官军扎营之处必须深沟坚垒，有了防护设施，胆气自然就壮了，而太平军的藤牌火罐都失去了长处。

左宗棠接着批评清军官兵纪律涣散，赏罚不明，将领不懂得分合奇正的战术，在上峰严责之下勉强轻易出战，以求速胜，又不善于使用谍报人员，所以不明敌情，老是陷入太平军的埋伏圈。太平军派出了大批的探子，而官军却无法提供假情报，以混淆他们的视听。

最后，左庄主将胡林翼夸奖勉励一番，谦虚几句。

> 时事方殷，需才孔急。如老兄者，或不能无借重之日，勉思奇策，以副倚寄。山中散人，萧闲之笔，未必有当，惟教其不逮，则幸甚耳。

从这封信可以看出，左宗棠已经找到了清军失败的根本原因，也看出了扭败为胜的关键。他身在山中，对战局了如指掌。虽然他自称"山中散人"，并未表明自己的立场，但无论他加入哪个阵营，都可谓知己知彼，会为他加入的阵营增加胜算。

他为清廷一方设想，已经看重民间武装的作用，而且考虑了基本的战法，只是没有进一步思考，把地方武装发展为正规军。

这年冬天，他赋诗一首：

> 柳庄一十二梅树，腊后春前花满枝。娱我岁寒赖有此，看君墨戏能复奇。便新寮馆贮琼素，定与院落争妍姿。大雪湘江归卧晚，幽怀定许山妻知。

由此可见，左宗棠身在柳庄，却无心如陶渊明一般赏花度日，而是以卧龙岗上的诸葛亮自期。

左宗棠与焦亮

洪秀全揭竿而起，不是普通的会党起事，而是要改朝换代，必然掀起规模空前的内战，战火随时有可能从邻省广西烧到湖南。左宗棠的命运，无法摆脱这件事的影响。

这个湘阴人心忧天下，身未居官，心已参政，一忧外侮，二忧内乱。如今洪秀全领导的农民运动要跟清廷分庭抗礼了，他将何去何从？

内战迅速地在社会上撕裂人群，划分阵营，许多人被迫自描自己的政治面貌，明确政治站位。

左宗棠希望中国强大，足以对付西方列强的侵略，所以他不喜欢乱世，但他对于搅乱时局的太平天国，起初并无鲜明的态度。

太平天国的领袖洪秀全其实也是秀才出身，由于家贫，他和左宗棠处于同一社会层面，和左宗棠有一些共同点。他也读过许多儒家经典，积极参加科举考试，却总不得志。左宗棠好歹中了举，而他连读研都无指望。因此，他对科举制度的失望更深。他跟左宗棠一样，懂得人间疾苦，很想建立和谐的社会。他提出的有田同耕，有饭同食，有衣同穿，有钱同使，无处不均匀，无人不饱暖，也是左宗棠正在家乡通过从事慈善事业企图实现的理想。

但是，洪秀全生活在受西洋影响颇深的广东省，接触到了基督教，从这种教义中找到了造反的依据。他把科场失意的窝囊气统统砸向孔老夫子，转而信奉洋人的宗教，又将基督教改编成中国的版本，把当时的中国统治者妖魔化，用信仰来点燃降妖的战火。他改认了祖宗，又妄称天神，自命天父之子，耶稣之弟，选择的道路，是用暴力用战争来改朝换代，同时扫荡中国的传统文化，而且迫不及待地自立为天王，几乎听不进有识之士的劝谏。他的这种做法，跟愿做"太平有道之民"的左宗棠是大不相同的。他的做法不仅令所有遵循儒家传统的国人非常郁闷，而且把国内那些清醒而痛苦着的穷书生弄得十分困惑，无法想象跟着他去造反算不算一条出路。他有大批为了改变穷苦状况而盲目跟从的追随者，却无法调动大多数书生造反的积极性。

因此，洪秀全发起的战争，在中国读书人的心中打了一个大大的问号。在左宗棠这样的忧国忧民之士看来，洪秀全的很多做法是值得商榷的。你反对腐败的政治，救民于水火，那是好事。可你为什么要否定本国的传统文化？你为什么要信奉洋教，在所到之处焚烧宗庙，把土地文星菩萨全部打倒？灭绝传统，斯文扫地，你想把中国折腾成什么样子呢？

左宗棠对洪秀全有没有同情？未必没有。想不想跟这位造反的首领理论一番？未必不想。野史传说，当太平军打到长沙城外时，左宗棠去太平军大营会见了洪秀全；当太平军杀到湘阴时，他又去会见了石达开。他找这些太平天国权贵谈话，只想表达一种劝谏：放弃洋教，尊重传统，保护文化。而根据野史的描述，天王和翼王身处高位，没把这个湖南的穷书生放在眼里，对他的劝谏充耳不闻，更没有请他辅佐军机大政的意思。

在这件事情上，野史是不可信的，左宗棠事实上没有见过洪秀全与石达开。不过，野史的特点不是无中生有，而是捕风捉影。左宗棠没有做过这件事，但是与他很相似的一个人做过。这就是风声和影子，足够野史作者来为左宗棠编造一个段子了。

这个段子的影子叫做焦亮。他比左宗棠小十一岁，怀才不遇的境遇却非常相似，而且比左宗棠更为坎坷。在湖南南部的资兴，焦亮是人气很高的书生，但他跟洪秀全一样，连举人也未考中。焦亮痛恨科举考官没长眼睛，也恨官府腐败无道。他放弃八股，专攻有用之学。熟读兵书，研究地理，自以为对天下形势都了然于胸。学识和社会地位的反差，令他愤懑不平。凡此种种，都和左宗棠惊人地相似。所不同的是，他未能得到高官和学者的知遇，也没有为社会提供无偿的服务而被评为时贤。他借酒浇愁，酒醉之后，就大骂官府，抨击时政。

慢慢地，焦亮把自己摆在了清廷的对立面，树立了推翻清廷的志向。道光末年，天地会在湖南、广东和广西纷纷起事。焦亮走入黑道，在天地会里开了个山堂，号称"招军堂"，密谋起事。

洪秀全在金田起事之后，军势颇为强盛，摆开了与清廷分庭抗礼的架势。焦亮想跟洪天王一起打天下，便来到大黄江，与洪秀全共议宏图大举。他以天地会头目身份的加入，加强了太平军的领导层和战斗力。焦亮纵论用兵方略，分析军政形势和人心向背，颇有一番见地。令洪秀全最感兴趣的是，焦亮说，太平军只要占领了一个省份，向全国发出文告，就可以令全中国归附。

至于具体进攻哪个省份，焦亮把目标设定为湖南，他自己的家乡。他自告奋勇，请求率领湖南的天地会打前锋。他得到加入太平军中的天地会党人的拥戴，由于谋划得方，屡著战功，一度进入太平天国的领导核心，大有与洪秀全平起平坐之势。他取名为洪大全，又用了天德王的尊号，外人以为他是洪秀全的兄弟，又以为他是明朝皇帝的后裔。

但是，焦亮与洪秀全政见不同。焦亮主张军政立国，属于理性派，洪秀全搞的是宗教立国，属于狂热派。焦亮不赞同洪秀全把权力的逻辑建立在宗教迷信之上，他得到了理性建国派韦昌辉、石达开等人的支持。他和左宗棠性情相仿，心有所想，犹如骨鲠在喉，不吐不快。他对洪秀全说：要成就一番拯救万民于苦海的大业，怎么能用自称天神这种可笑的把戏来蒙蔽军民呢？为郑重起见，焦亮还几度上疏劝谏。

洪秀全看了焦亮的奏疏，好一阵透不过气来。他想：此人太不懂事，居然劝我要用文才武功治理属下，而不要依靠妖言惑众！还说张角、孙恩和徐鸿儒等辈不足效法，开天辟地以来，未曾听说过有人用妖术获得了成功，应该立即改正，这岂非哪壶不开提哪壶，挠痒抠到了伤疤上！你焦亮懂什么？基督教是我的立身立国之本，为了以教义服众，杨秀清假称天父附身，萧朝贵谎言天兄着体，以此来挟制我，我和冯云山都不敢戳穿，唯恐坏了大局。如今得到这么多上帝的信徒拥戴，我才能以天王之尊率众与清妖作战，而你却劝我放弃宗教，难道你要我打自己的耳光？

焦亮的建议得罪了杨秀清和萧朝贵这两个靠宗教狂热进入权力中枢的既得利益者，洪秀全对二人有所顾忌，不便表态。焦亮见洪天王没有反应，心知犯了忌，却没有顾虑天王的心情，又提出不要反孔，不要修改历法。他说：造反就造反，何必模仿秦朝的皇帝呢？他历数洪秀全的错误，其实其中有些是杨秀清的主张：

秦始皇自诩功德盖过三皇五帝，你洪秀全呢？鄙夷伏羲和神农，非议尧舜。

秦始皇以十月为一年之始，你洪秀全也不示弱，把闰月从年历中删除了。

秦始皇挖了孔墓，你洪秀全鞭挞孔子的遗像。

秦始皇焚书坑儒，你洪秀全把经史投入污秽之中。

焦亮说：我把你和秦始皇如此对比，都是为了你好。你必须了解，你做的这些事情，都不利于获得民心。

焦亮弄得洪天王郁闷升级，但他不想开罪于这位天地会的兄弟。

焦亮和左宗棠一样直愣，大有"面折人过"的气概。天王不跟他计较，他还不知趣，又提建言，指责天王大事未定，就迫不及待地建国称王，乃一大失策。而天王图享清闲，把军政大事委托给东王杨秀清掌管，简直就是罪过。

他说：古代有教训，袁术在淮南，董昌在浙西，都占着几十座城市，妄自尊大，很快就灭亡了。洪天王啊，你现在只占着巴掌大的地方吧？为何就追求虚名，而不顾实际付出的代价呢？你身居宫殿，设立三十六宫，供自己取乐，而将军政大事交付庸人，过错超过了李闯王和张献忠，怎么可能成就大业呢？

这真是挑战洪天王的修养。度量再大的人，也容不得别人把自己涂成漆黑。于是，太平天国高层的宗教派领袖们在制定一个计划，要巧妙地将焦亮从领导层排除，同时跟天地会决裂。

焦亮算是为太平天国尽心尽力了，他多么想跟志同道合的人一起涤荡社会的一切污浊，可惜洪秀全这帮人不听忠言，反而要将他清理出去。太平军从永安突围时，焦亮随萧朝贵的后军行走，不料萧军被清军金玉贵所部击溃，韦昌辉欲救焦亮，萧朝贵不让。焦亮未能逃脱，成了清军的战利品，被押解到已被太平军放弃的永安城，在审讯中自称洪大全。

不久，太平军兵临桂林城下，清廷的钦差大臣赛尚阿担心年轻的咸丰皇帝责怪他贻误军机，将他斩首，便将焦亮押送清廷，向咸丰皇帝献俘，声称他抓到了太平天国的魁首之一，希图以功抵过。咸丰二年（1852）三月，焦亮被解送到京城，咸丰命大臣审讯后，于当年四月下旨，将焦亮在街市处以磔刑。

焦亮的悲剧，暗含着左宗棠命运的玄机。野史作者看出了这一点，抓住焦亮的影子，杜撰出左宗棠与太平天国首脑会晤的故事，不是纯粹为了供人消遣，多少有些寓意。野史作者的意思很明显：如果左宗棠真的走了焦亮那条路，他岂不是也成了一场悲剧的主角？反过来说，如果洪秀全能听进焦亮的忠告，那么太平天国运动无疑会比较健康地发展下去，而且会吸引一大批知识分子投身这场运动，其中包括左宗棠这样的穷秀才。

不过，正如人们常说的，历史没有如果。所以，左宗棠与洪秀全没有共事一场的缘分，而相互为敌却有很大的可能，因为他的才干和见解，将得到江忠源、曾国藩、胡林翼、罗泽南、彭玉麟等一大批楚军将帅的钦佩，而又为张亮基和骆秉章等封疆大吏所看重。清廷一方镇压太平天国的若干关键人物，总是设法延请或敦促左宗棠出山，因此，若按"士为知己者死"的逻辑，左宗棠理应会倒向太平天国的对立面。

同意出山

咸丰二年（1852）四月中旬，太平军攻进了毗邻湖南的全州城。他们夺得几百艘民船，打算顺湘江而下，奔赴长沙。江忠源率其从乡间山农中招募的楚勇，在蓑衣渡大败太平军，洪秀全被迫从陆路挺进湖南永州，被江水阻隔，只得挥师南下，攻占了道州，湖南为之震动。

左宗棠打算实施早已制定的避乱计划，组织家人去白水洞避乱。忙乱之中，家里来了个不速之客。此人名叫左纯州，是左宗棠的远房侄儿，一直在广西做生意，每次回家，都要来看看季高叔叔。

左纯州一来，左宗棠就警惕了，问道："纯州贤侄，你从广西来，那边可是乱得厉害啊！你这一路是怎么过来的？没碰到太平军么？"

"碰到啦。"侄儿轻松地回答，"其实太平军没有官府说的那么坏。咱们不是做官的，也不是财主，干吗要怕太平军？"

左纯州这次来找左宗棠，是有备而来。他想劝说叔叔投奔太平军。

"季高叔叔，您才高八斗，谁不知道？可您一直不得志啊。满人入主中原以来，一直歧视压迫汉人，哪个汉人不切齿痛恨？太平军很快就要打到长沙了，难道叔叔没有一点想法？"

原来纯州侄儿是来做说客的？左宗棠心里一惊。侄儿的话，当然不无道理，可是这种话乱说不得，左氏家族性命攸关。对于太平天国，他还要看一看。他板下面孔，教训侄儿："左氏家族几代读书人，不能造反，去干大逆不道的事情。快住嘴！难道你想给全族带来灭门之灾？"

左宗棠没有接受侄儿的劝告。他听说清军已将洪秀全围在道州，决定暂时不离柳庄，看看官军能否挡住太平军的步伐。然而，由于官军指挥调度不灵，道州之围形同虚设，太平军东进北上之势难以阻遏。洪秀全在道州休整了一个多月，便分兵攻取了江华和永明。六月二十五日，太平军从道州东进。五日之内，连克嘉禾、桂阳州二城。七天后，郴州又被洪秀全占领。很明显，太平军将从郴州北上，剑指省会长沙。

左宗棠想，照这种速度推算，要不了一个月，长沙就会燃起战火。柳庄看来是待不下去了。

惊惶的何止长沙和柳庄，北京的咸丰皇帝都坐不住了。他决定换掉湖南巡抚骆秉章，令其进京，从云南调张亮基到湖南上任。转念一想，临阵换将，担心交接出现真空，又令骆秉章暂不要动，留下部署长沙的防务，等张亮基到了再启程。他还令在家丁忧的前任湖北巡抚罗绕典也从安化速赴长沙，与骆秉章商议防守。

不出左宗棠所料，太平军进兵果然神速，西王萧朝贵带领前锋，冒着酷暑，抄小路袭击安仁、攸县和醴陵，于七月二十八日直抵长沙城下！

太平军离柳庄只有一百里了！快跑！快跑！八月中旬，左宗棠举家离开柳庄，搬迁到湘阴东山的白水洞，砍茅草筑屋，隐居起来，以求自保。亲友多数随他到此避乱。

不久，由于萧朝贵在长沙城下中炮身亡，洪秀全和杨秀清要为他报仇，率主力抵达长沙，集结驻扎在城南，大举攻城。

左宗棠离开柳庄之后，张亮基于八月二十四日来到长沙。新任湖南巡抚的行李箱里，放着几封胡林翼的信函，都是向他推荐左宗棠的。胡林翼向张亮基推荐七位湖湘人才，声称其中只有左季高是他最了解的，其才能和品格可谓超群，他曾三次向张亮基推荐。此人廉介刚方，秉性良实，忠肝义胆，不同凡俗，胸中自有古今地图和兵法，精通时务。他还说，张亮基一见左宗棠，必然会十分欣赏，而且，左宗棠即使为张亮基谋划有功，也不会接受奖赏，更没有世俗的利欲。

张亮基此时需才孔急，既然胡林翼向他举荐如此的高人，既有胸中韬略，又有高风亮节，一如古时的诸葛孔明，他怎不急切地想把左宗棠延请到帐下！他行抵常德时，迫不及待，派快足前往湘阴东山白水洞，恳请左宗棠出山。

可是，左宗棠不为所动，快足带回来的是一封辞谢信。张亮基想：这位左季高，果然有些卧龙先生的风范，不是轻易请得动的。他有所不知的是，前一年，清廷为了对付广西省内的天地会，曾任命在原籍湘阴的前两江总督李星沅为钦差大臣，而此人已经年迈，很想延揽能人，曾邀左宗棠去他帐下"参戎机"，左宗棠也未即刻答应。不久李星沅病逝于广西钦差大臣任上，左宗棠也并无遗憾地抛却了"出山之想"。

再说白水洞这边，张亮基派来的快足没走几天，江忠源也派人送信来了。这位楚军统领向左宗棠告急，声称长沙危险。信中说，他跟在洪秀全大队之后赶到长沙城外，好不容易抢占了蔡公坟的制高点。江忠源指出：长沙要靠湖南人自己来保卫，绿营兵是指望不上了，那是一群酒囊饭袋。绿营将领不会打仗，还不听劝告。他在道州和郴州两次力主围歼太平军，可他官职太小，没人肯听。江忠源恳请左宗棠快去长沙，并说只要有他协助张巡抚，长沙就有望保住了。

左宗棠有些动心了。江忠源与太平军作战已有一年多，熟知清军与太平军双方的情况，而且在他指挥下，楚军在粤湘两省交界处的蓑衣渡取得了官军针对太平军的第一次大捷。他的邀请，分量很重。何况身为湖南人，左宗棠似乎没有理由坐视长沙被困。城内还有他的学馆，还有他的很多学生。可是，张亮基此人如何？他心中没底。他曾拒绝过贺熙龄老师与林则徐大人的邀请，此二人都是他尊敬的师长，他都没去应聘，凭什么张亮基一请，他就非去不可呢？于是他决定还是等一等、看一看为好。不过，由于张亮基的信中有"思君如饥渴"之语，左宗棠的自尊心已经得到了很大的满足，他已有几分动心了。

左宗棠刚刚拿定主意再等等，便有人自贵州来，带来了胡林翼的书信。胡林翼虽与左宗棠是同年生，但他尊称左宗棠为先生，有时也称其为"季丈"，因为他是陶澍的女婿，自从左宗棠的女儿嫁了陶澍的儿子，左宗棠在他跟前的辈分就见长了。

胡林翼抓住左宗棠崇拜林则徐的心理，在信中说：张中丞是在道光年间被林则徐"应诏举贤良"而举荐的好官，他两次派专人带着礼物来请先生，一次被敌军阻拦，另一次想必已经把信送到了先生那里。昨天接到中丞八月廿三日从乔口船上送来的信，说他对你的想念如饥似渴。中丞肝胆血性，举世无双，先生最敬服林大人，而他的确是林大人那一流的人物啊。

读了这些话，左宗棠为自己推辞张亮基之请感到有些不好意思了，而胡林翼还有一段话，更是说得左宗棠有些无地自容。他说：季丈啊，不是我胡林翼想害你，家乡的战祸，就摆在你的眼前！如果你委屈一下自己，去拯救湖南的百姓，民众得到了好处，相比之下，你的损失就小了。如果你不能体谅我这番诚意，还是不肯出山，你自己是保全下来了，难道你忍心看着本朝两百多年的和平毁于一旦吗？张中丞也是不世奇人，虚心延访，请你做他的宾客和师爷，为他运筹于帷幄之中，也不至于辱没了你嘛。如果湖南全被洪秀全占领，难道唯独柳家庄梓木洞能够幸免吗？

左宗棠读罢此信，想道：这个胡润之，把话说得好实在。柳庄是我的生计所在，一家十来口，就指望那几间房子和那几亩薄田活命了。教书挣的那点钱养不活我一家人，要是柳庄毁于战火之中，我靠什么抚养后代？一个人活在人世间，若是连肚子都填不饱，还谈什么抱负？天下苍生，和我一样，没有和平，哪来温饱？润之这次铁了心，硬要把我老左推出去。我要是再不出山，他岂不会指责我是自私自利的小人？

正在犹豫间，二哥左宗植来到了白水洞。本来，左宗棠之所以不肯出山，受了二哥的一些影响。左宗植于咸丰元年（1851）应召进京，被授为内阁中书。咸丰二年（1852），由于太平军北上，左宗植对家室放心不下，于夏天开缺回家，从此绝意仕进。这是他第二次辞官回家了。由此可见，左氏兄弟在太平军打进湖南时，并无积极抗御的意思，其态度可以说是比较消极的。

然而，已离官场的左宗植，此时也来劝说弟弟出山了："宗棠，如今世风日下，很久不见公卿大夫礼贤下士了。张公诚心邀你出山，你应该成全他的这番美意嘛。"

夫人周贻端接口道："张大人既是林大人一流的人物，他诚心相邀，也不算委屈相公了。"

郭嵩焘和郭崑焘兄弟随左宗植同来，二人也在一旁相劝。

郭嵩焘说："季高兄，纵然你有一肚子的才学，可是不出去办差，又怎能帮助天下苍生呢？"

在众人七嘴八舌的劝说之下，左宗棠已无招架之功："好吧，你们别劝了，我去就是。不过有个条件，崑焘要跟我一起进入张公的幕府。"

郭崑焘一愣，随即腼腆地一笑，说："行！"

第六章

初试锋芒

巡抚的师爷

一个韬略在胸的实干家，未出道时，就是所谓准备好了的人才。当时势需要干才之时，这种人会有众多的机遇，并成为抢手的宝贝，接到来自四面八方的邀请，身边人也会极力劝说他走入世之路，即便他本人想当隐士，也很难如愿以偿。

胡林翼有一段名言：国之需才，如鱼之需水，鸟之需林，人之需气，草木之需土，得之则生，不得则死。才者无求于天下，天下当自求之。

在清廷遭到太平军沉重打击的时候，负责御敌的官员，和左宗棠这种干才之间的关系，诚如胡林翼所说，有得之则生不得之则死的利害关系。这种时候，人才市场上卖方占了优势。左宗棠已届不惑之年，一直怀才不遇，因逢乱世，有了施展才干与抱负的机会。四十年来，他不懈地增长学识，磨炼才干，没有消沉，没有沮丧，才增德进。因此，当时机到来时，只要他有心干一番事业，不论这一次胡林翼是否向张亮基举荐，不论张亮基是否听信胡林翼对他的赞誉，他仍然会有很多的机会见用于世。他的事例告诉我们：一个优秀的技术性人才，只要在上进途中持之以恒，在机遇到来时，一定不会没有用武之地，这是必然之理。至于在谁的手下当差，那就是偶然的事件了。

咸丰二年（1852）八月二十五日，在张亮基抵达长沙的第二天，左宗棠来到长沙城下。城门紧闭，防卫森严。通报姓名后，城墙上甩下来一根绳子。左宗棠把绳子系到腰上，城上有人拉拽，他攀着绳索登上了城头。

张亮基坐在巡抚公署，一听左宗棠来了，连忙出迎。宾主握手，如见故人。军情紧急，也顾不得说许多闲话，左师爷当即出外考察城防，部署兵力，调配武器弹药。张亮基见他如此干练，将全城的军事全部交他指挥。对当时的情形，他在给女婿的信中记述道：

> 比见石公于围城中，握手如旧，干以数策，立见施行。

左宗棠视察城防以后，赶紧去见江忠源。两人见面，左宗棠作揖道："岷樵兄，宗棠遵嘱赶来了。"

江忠源回揖，说道："季高兄能来长沙，真是太好了！我在郴州就给程制军写信推荐你，可是没有回音。"

江忠源说的程制军，是湖广总督程矞采，江忠源追赶太平军至郴州时，曾写信向他举荐左宗棠。其实胡林翼也向程矞采举荐过左宗棠，而程矞采也曾请左宗棠出山，但因"程请不坚，左亦漠然不愿"，遂做罢论。由此我们可以得出两个结论。其一，当湖南吃紧时，大家都想起了这个湘阴才子，举荐者不少；其二，左宗棠对于参与镇压太平天国的行列，真的是很不积极。

此刻，左宗棠听到程矞采的名字，不屑地哼了一声，说："这位程大人部署不力，我看他也混不了几天了。其实他也曾叫我出山，但我没有答应！"

寒暄过后，左宗棠问道："城外这许多民房，怎么都不曾烧毁，倒让粤贼占了，构筑坚固的工事，岂不是办了糊涂事吗？"

"是啊，我到长沙时，也觉得奇怪，当局怎么连这种常识都没有？"江忠源回答，"听说是罗大人不忍拆毁民居，才弄成这样。"

"哼！看来这罗大人也是个庸才。"

左宗棠讥诋的罗大人，就是丁忧在家奉旨来长沙帮办军务的前湖北巡抚罗绕典。左宗棠就是这种性格，对于贻误公事的人，敢于指名批评。江忠源也是个磊落的汉子，听了此话，觉得左季高的脾气跟自己很对味。

第二天，左宗棠已将城防部署妥当，开始为张亮基起草奏章。张亮基说："此番到长沙接任，由于手中无兵，途中等待援兵到达，拖延了许多时日，使皇上对我的印象大打折扣，现在真是后悔啊。"

左宗棠笑一笑，说："不才试试，或许能为张大人挽回一些不好的影响，也未可知。"

左师爷略一凝思，提笔代巡抚撰写奏疏。他写道：官军已经击毙两名太平军首脑。据俘虏供称，萧朝贵于八月二十二日出来察看地势，被官军炮击左肩，伤重未愈，已经一命呜呼；韦昌辉则已在郴州病故。

这是长沙大员第一次向朝廷报告如此重大的战果，自然有助于扭转皇上对张巡抚的印象。其实这条奏报并不准确，萧朝贵也许在七月底就已负伤，而韦昌辉在长沙还活得好好的。但如此奏报还是有根据的，俘虏的供词中有此一说，不管消息是否确切，呈报到朝廷，足以令皇上和军机处的大臣们宽慰一阵，并改变对张亮基的印象了。

左宗棠接着写道：臣（张亮基）一到长沙，立刻向北门外增派了一千五百多名驻防兵，以保障通讯和饷道的畅通。这一条奏报，表明了张亮基办理军务的干练。

张亮基阅罢奏疏草稿，心中暗暗称奇，口里则赞不绝口。他对左宗棠的心思缜密和奏报技巧大为钦佩。这个在野的书生，对于揣摩皇上的心思，对于拿捏什么该奏、什么不能报的分寸，以及对于奏疏如何措辞方为妥帖，已经是炉火纯青了。第一次代写奏章，就是如此出手不凡，连张亮基这个居官已久的大臣都自叹不如，真可谓盖世奇才。但在左宗棠看来，这不过是自己的一点雕虫小技，他的才干岂止如此！

左宗棠一到长沙，就发现地方官员们过惯了太平日子，武官懈怠，文官对军事一窍不通。长沙城外，只有楚勇统领江忠源与绿营总兵和春积极部署防御，城内则只有老前辈黄冕稍知兵法，在他到来之前，城内的防御都是这个已无官职在身的老人打点。黄冕天性喜欢鼓捣制造，城防所需的器械，多数是从他家里搬来。左宗棠接管防御以后，连忙去找黄冕，与他商量战守机宜。他是黄冕三个儿子的老师，两人说话办事，自然非常方便。

黄冕问道："季高做了张中丞的师爷，来见老夫，有何事吩咐？"

"服周兄，"左宗棠说，"我们要把城内能够作战的人都调动起来，但用人就要发饷，所以现在最重要的是军饷，要向有钱人家征集捐款。"

黄冕说："师爷放心，我马上去办。"

左宗棠毫不停顿，再次去找江忠源。

"岷樵兄，你在道州和郴州就想聚歼洪逆全股，未能如愿以偿。现在洪秀全的全部兵力都集中在长沙城外，被压迫在江东一隅。只要能够说服张大人调兵堵住湘江西岸，江东的兵力压缩包围圈，就能实现你的愿望了！"

江忠源道："季高所言，正合我意。这也正是皇上的圣意。"

"哦？圣上也有此意？那就太好了！"左宗棠欣慰地说，"岷樵兄，此事不难嘛。洪逆的伪南王冯云山在蓑衣渡被你的楚勇击毙了，伪西王萧朝贵，依在下之见，是洪秀全手下最厉害的将领，足智多谋，打仗勇猛，可是，就连这名悍将也死在了长沙城下。洪逆刚刚封了五个伪王，转眼间只剩下三个。杨秀清与石达开两人，还算得上我们的劲敌，只要除掉这两人，洪逆就会元气大伤。岷樵兄的楚勇威震敌胆，足以担此重任。可惜你腿伤未好，无法领兵，我们还得请中丞另外调兵过江。"

江忠源道："中丞对季兄你言听计从，我们这就去找他，请他部署兵力吧。"

两人来到巡抚公事房，掩饰不住内心的激动。

"中丞大人，我巡视长沙城防，已弥补了所有破绽。"左宗棠说。

"有劳二位了，请坐，请坐。"

左宗棠刚刚落座，便说："我们有更重要的事情向大人禀报。张大人想不想一举歼灭洪逆全股？"

"二位认为有此可能？快快请讲！"张亮基眼睛一亮。

左宗棠说："粤贼背水面城，我军援兵已到，扼断了敌军东北面，令其自趋绝地。但是，西路要隘在湘江对岸的土墙头与龙回潭，粤贼不时过江掠夺粮食。我们先派一支部队渡到河西，阻其逃路，便可将其一举聚歼！"

"对呀！"张亮基轻轻一拍书案，"不过，那向荣如今总管军事，他知道我曾与吴中堂（吴文镕）联衔弹劾他，记恨在心，我说的话，恐怕他不会听。赛中堂（赛尚阿）对他言听计从，兵力调动，还得跟他们商量着办。"

张亮基说的是实情。那个时候，长沙城内外，清廷高官云集，五位省级军政首脑（新旧三位巡抚和两名提督），全是与张巡抚平起平坐的人物，十名总兵（师长）也是难缠的军爷，大家互相观望，推诿责任，仗势托大，保存实力，致使军队的管理和调动乱成一团。张巡抚无法调动这些人手中的部队，想要说服他们做点什么，更是难上加难。

左宗棠想，张中丞纳谏如流，倘若皇上任命他为钦差大臣，事情岂不就好办多了？只要给他统一指挥部队的权限，让他手握尚方宝剑，有我左宗棠和江忠源辅佐，何愁不能将洪秀全那点军队一举荡平！

左宗棠的大手笔计划虽然无法立刻执行，但他出山来到长沙，这里的军务立刻有了起色。自比为当今诸葛亮的左宗棠，此年出山，年龄为四十周岁，而诸葛亮是二十七岁出山，左宗棠出山的年龄比他晚了十三岁；但左宗棠的社会阅历比诸葛亮刚出隆中时丰富得多。不过，他的起步比孔明低，同是军师，后者一上手就是国师，而左宗棠还得从省长的师爷干起。但这个起点比起未来的很多楚军和湘军大佬来还是高了许多，而左宗棠一生的功名便是从此启幕，史家说，清末湖南官府委任绅士筹饷治民，抵御太平军，也是从左宗棠这里开始。

左宗棠进入长沙城后，黄冕这个好帮手雷厉风行，很快就筹集了四万两银子。有了钱，左宗棠办事更加得心应手。官军和太平军双方都进行了几天的休整和部署。在短暂休战的几天内，官军未能及时派兵控制湘江以西的要点，为太平军的西渡留下了机会和空间。

功亏一篑

左宗棠认为湖广总督程矞采很快就要下课，他的猜测没有错。由于此人御敌不力，咸丰皇帝果然将他革职，仍留军营办理粮台事务。湖南剿匪的重任全部交给了原两广总督徐广缙。咸丰让徐某接任钦差大臣，并代理湖广总督，所有军营及地方文武，统统归他节制。

官军换帅并未改善其指挥系统，长沙的官军仍然没有占领湘江以西的要地。倒是太平军的翼王石达开和左宗棠一样，看出了河西是必争之地。洪秀全接受了石达开的提议，一面向城东发起猛攻，一面派兵渡向河西。左宗棠接到探报：太平军已在湘江上游扎营，派出小股部队渡江，袭击河西龙回潭一带的村庄。左宗棠最担心的事情果然发生了。龙回潭有路可通宝庆和常德，距湘潭县城只有五十多里，太平军有此通道，可以向多个方向进兵。杨秀清和石达开显然已经意识到那里是一个军事要地，正在设法排兵布阵。

左宗棠接到探报，立刻去找张亮基，强调事态的严重性。张亮基决定不顾个人脸面，主动去拜访向荣，请他领兵到西路督战，赶在太平军之前，迅速占领龙回潭和土墙头。

向荣作为一名沙场老将，不会不知道这点利害，但他因不久前被张亮基参劾，皇上罢免了他的提督职务，至今尚未复职，故而仍在闹情绪。他哼一哼鼻子，答道："向某如今无官无职，逆贼从这里逃走，账也不能算在向某头上！"

由于向荣的渎职，而太平军又致力于攻占河西阵地，围歼太平军于长沙的希望越来越渺茫。太平军的意图在左宗棠看来已经十分明显，他们已把军力分为两部，东王杨秀清留在长沙城南指挥攻城，执行西渡任务的首领则是翼王石达开。此人率部渡到龙回潭一带后，见到一条东西向的小河，向当地人讨教，知道名叫见家河。石达开下令渡到见家河以南，驻扎在阳湖等村。当地向导说，此地离坪塘镇只有几里，而坪塘镇是从湘潭进至长沙的必经之路。

石达开西渡可谓一举数得。阳湖一带盛产大米，他们可以从这里得到补给；同时控制了湘江两岸渡口，可以从容往来。更重要的是，诚如左宗棠早已指出的，他们占领了撤退的前进基地，随时可以从西岸撤走，而进军的方向，可南可西可北，又会给官军留下巨大的悬念，令官军无所适从。

左宗棠要走的几步关键的棋子还未走到位，由于统兵将领拖拖拉拉，已经露出了破绽，都被石达开看穿了，等于提醒对手填补漏洞。石达开迅速陈兵河西，令左、江二人围歼太平军的企图已很难实现。左宗棠情急之下，再次向张亮基强调："中丞大人，我军不能错过最后的机会。龙回潭已被逆贼占据，但土墙头不能再落到敌军手中。"张亮基再次督促向荣，后者还是不肯派兵渡江。一念之差，太平军又控制了土墙头。

张亮基气得团团转，对左宗棠说："我亲自率兵渡到西岸，驻扎龙回潭，阻击逆贼西进，你看怎样？"

江忠源道："如此甚好！忠源愿为中丞详细策划，并率楚勇开路，筑好壁垒，再请中丞前去坐镇指挥。请中丞大人将宝庆和湘乡的团练调到西路会师，以增强兵力。"

左宗棠摇头叹道："向荣这老家伙，只顾个人意气，全不把大局放在心上。官场和军队，若不大力整治，官军只会一败涂地。"

江忠源听了，频频点头。

不久，向荣因接到圣旨，官复原职，终于派兵渡到河西。但他的部队遭到石达开的打击，连吃败仗，未能夺回战略要点。这种形势给清军将领们提供了拖延作战的借口，几名总兵商议，决定等到向荣将河西敌军全部歼灭时，再在河东发起更大的攻势。

左宗棠不赞成等待，他说："我已派出很多探子，得到可信的情报。那洪秀全虽然号称有三万多人的兵力，但真正的中坚力量只有几千人，其余都是临时扩招的。这三万多兵力，战斗力并不很强，分别驻扎在湘江两岸，河东约有两万多人，河西有一万多人。他们在江上搭建了三道浮桥，沟通两岸，互相声援。我方城内有五千兵力，城外援兵陆续开到，已经抵达长沙周边的兵力就有三万多人。如此阵营，足够在湘江两岸把三万多敌军包围起来。即便他们从局部突围，也难逃在长沙附近被歼的命运！"

咸丰接到长沙的战报，认为官军完全有力量在长沙全歼太平军。皇帝的想法和长沙的师爷不谋而合。问题是徐广缙迟迟未到长沙，前线大员们没能统一思想。如果咸丰早一点起用左宗棠和江忠源这些小人物，这场内战很可能会提前结束。但在当时，这只是一个无法实现的假设。

向荣过河以后，行动仍然拖拉，给石达开提供了更多的机会。为了牢牢控制河西一线，太平军不断向西增兵，增修了几座营垒，控制了见家河至岳麓山脚一线，营垒连接长达十多里。向荣被石达开的阵势所吓倒，不敢挥军出战。

太平军对长沙的攻击已经长达五十天，咸丰天天盼望徐广缙赶到长沙统一指挥官军，整顿军纪，惩处畏葸不前的将领，鼓舞全军，一举消灭洪秀全的武装，可是徐广缙带头畏葸不前，大大影响了官军的士气。

左宗棠自向荣带兵渡江后，便开始部署长沙城东的防堵。张亮基下令，官军各营盘之间的空当必须赶挖长濠，以防敌军突出。同时，左宗棠请巡抚给向荣送去密信，叮嘱向荣一定要扼截河西敌军的去路。

左宗棠认为，长沙城的最大危险隐伏于西南角。官军始终未能在这里立足，太平军得以为所欲为。那些郴州加入的矿工，以其不凡的专业素质，迅速地挖成了地道。他向张亮基建议道："要防敌军穴地轰城，我军须对准地道来路预修月城，开凿内濠，派壮士攀绳下城，围绕城墙开凿外濠，防止逆贼挖掘地道。"

张亮基立刻首肯，官军依计而行。太平军知道这一招厉害，对准挖濠的官军开火射击，将开凿外濠的人大部分击毙。左宗棠在城上观看，见官军吃了亏，忙说："把竹板捆扎起来，做成盾牌，蒙上湿棉絮，斜靠在沟壕上，子弹打在上面，便会滚落下去。"

左宗棠的办法果然奏效，沟壕终于挖成，破坏了太平军的七八条地道。但到夜深人静时，守军仍然可以听到城外传来锄镐的声响，说明太平军仍未放弃挖地道的努力。果然，九月二十九日，南城西边一阵巨响，地雷爆发，四丈多长的城墙立即塌陷。太平军二三千人向缺口冲来。但是，由于守军兵力调配合理，官军打退了这次进攻，很快修复了城墙。

十月二日，南月城外的官军正在加挖壕沟，突闻一声巨响，金鸡桥下地雷爆发，离城根只有一丈多远。土石迸裂之后，太平军二三千人冲上前来。官军鏖战一个多时辰，保住了缺口，再次阻止了太平军的攻势。

向荣经营河西战局，久未攻占要点，左宗棠和江忠源知道无法指望他了。江忠源再次请张亮基前往西岸。张亮基叹息道："我当然知道，守城容易，但要堵住决心突围的贼寇，则很难办。我倒是不怕困难，无奈已经错过了时机。当时和你们商量时，逆贼还没有轰炸城墙。如今呢，十天内两次地雷爆炸，魁星阁的守军还能听到挖地道的声响，闹得城中人心惶惶。现在我若出城，渡到西岸，大家一定会说我这个巡抚是为了逃命外出，我怎么能够洗清自己？"

左宗棠与江忠源听了这番话，也就不再坚持己见了。左宗棠知道，希望的逝去，完全应该归咎于钦差大臣徐广缙。他一想到这位统帅，心里就火气直冒。徐爵帅啊徐爵帅，你接到圣旨以后，八月二十四日从广西梧州出发，不过一千多里地，却走了一个多月，十月初二才走到衡州；又走了八天，不过一百多里，十月初十才到湘潭。你这样的速度，比乌龟快得了多少？你身为统帅，如此拖延行程，你就不怕别人说你胆小如鼠么？你连长沙都不敢靠近，何谈对洪秀全发起大规模的反攻呢？张中丞派岷樵兄亲赴湘潭请你带兵来长沙，又再三咨请，都被你拒绝了。我左宗棠建议张中丞调你的部将提督福兴迅速出兵河西，扼住龙回潭，福兴却敢按兵不动。你这样的大帅，怎么对得起皇上对你的信任？你自己胆小也就罢了，只要你像张大人这样明爽果断，放手让下面的人来决策，那也算得上你的功德。可你偏偏又把权柄攥得牢牢的。你不发话，大军就无法调动啊！

左宗棠虽然生气，仍然把长沙的城防办成了铁桶一般。太平军攻打长沙已有八十天，两次埋地雷炸垮城墙，仍然无法攻入城内。官军经常出兵破坏浮桥，威胁到他们湘江两岸的交通。杨秀清、韦昌辉和石达开紧急碰头，决定不在长沙与官军久缠，以免陷入官军的长围。他们制订了一个悄然撤离的计划，为了迷惑官军，决定派间谍传递假情报，同时对城墙实施最后一次爆破。如果能够借着这次爆破冲进城内固然更好，若不能进城，也可以蒙蔽官军，以为他们还在力图攻下长沙。

十月十八日黎明，官军正在挖掘壕沟，太平军从旧有的地道中斜穿一洞，忽然将南城轰塌一段，宽至八丈有余。紧接着，他们向缺口发起冲锋。官军第三次死守缺口，击退了太平军的进攻。

杨秀清见攻城未果，便在第二天执行了欺骗官军的预谋。一名自称姓刘的太平军投到江忠源营中自首，称太平军正在对准天心阁挖掘地道。江忠源连忙派人进城报告张亮基，叮嘱城内守军严加戒备。可是转眼之间，那个姓刘的投诚者不见了，四处搜索不得。江忠源想，此人一定是逆贼的间谍，故意来谎报军情。但他说逆贼在挖掘地道，是想让官军产生什么错觉呢？莫非逆贼要撤围了？想到这里，他连忙派人进城给左宗棠报信。

当夜二更，长沙城南起火，空中刮起一股旋风，挟带几点急雨而过。杨秀清一声令下，太平军从长沙撤围，从浮桥渡过湘江，向西推进。他们取道龙回潭，分队抄小路行军，很快就消失在丘陵之间。

城内的文武大员们得到消息稍迟。四更时分，城里人看见了城外南面腾起的火光，一些人登城瞭望，只见左宗棠孤身一人立于城楼上，注视着城外的动静。他在高处看得明白，太平军已经全部撤到河西。他双眼布满血丝，捂着口不断地打哈欠。自从进入围城之后，他很少睡眠，日夜巡视城防，观察防卫部署的每个细节。他的才干、冷静和勇气，吸引了许多人的注意。他虽然没有司令权，缺乏权威，但他的观察、指正和建议，都得到了张亮基和其他大员的认同。

身后传来一阵杂沓的脚步声，张亮基、骆秉章和罗绕典匆匆登上城楼。左宗棠指着城外对他们说："逆贼全从河西跑了。"

骆秉章问道："他们会逃向哪个方向？"

左宗棠说："逆贼定会北上，不过会布置几路疑兵。"

骆秉章又问："向荣会向何方拦截？"

左宗棠道："除了东面，三面都须扼守，我想向军门应该明白。"

"那可难说哦。"骆秉章讥讽地说道，"徐中堂到了湘潭就止步不前，不敢北上长沙，不是出乎我等意料吗？此次防守长沙，城内城外，河东河西，兵勇共有六七万人，还有一位中堂，三位巡抚，三位提督，十二名总兵，湘潭和衡州还有两位总督，若是让逆贼跑了，真是不甘心呀！"

左宗棠嘿嘿一笑，说道："岂止是徐中堂，还有福兴之流的那么多将领不听调遣。这么多大员凑在一起，让谁来指挥都难得心应手啊。"

长沙保住了，但左宗棠一点也高兴不起来。保住了长沙算什么大捷？洪秀全的部队元气未伤！这些官僚兵痞，怎么是洪秀全的对手！他想到自己初次出山，殚精竭虑，却无法调度布局，满心怅惘。尽管张亮基与他情同骨肉，他也无法挽回大局。他想：还是回湘阴去吧，继续做我的湘上农人，高枕山林，逗弄小儿，浊酒三杯，与邻居共话家常，做一条永不腾空的卧龙。

左宗棠什么也不愿再想了，赶紧跑回衙署，倒头呼呼大睡。

几天后，陶桄在安化连续接到岳父的来信，知道岳父心情十分纠结。信中说：如今军务都由昏庸的徐爵帅一手办理，张中丞时时写信给他提建议，他概不采用，"真令人闷煞"。看这架势，若不杀掉误事的大将，便不足以鼓舞士气。

左宗棠见了张亮基，言语间流露出去意。

"什么？季高先生要走？"张亮基一听就急了，"我知道你不痛快，这次放走了洪秀全，我也非常懊恼。可是洪逆在湖南走了这一遭，到处都是会党起事，你得留下来，帮我收拾乱局啊。我张亮基没能执行你的战略计划，算我对不起你了。等到各地会党肃清，我们再从长计议，如何？"

左宗棠是性情中人，听了张亮基这番肺腑之言，怎么也拉不下脸面走人。公司要破产了，怎么也得帮董事长再撑上一阵子，怎么好意思在危难之际闪人？

于是他决定再待一阵，先把本省各地趁机起事的会党都镇压下去，恢复社会治安，也算不愧对张亮基的知遇之恩了。

左江联手

咸丰二年十二月初四（1853年1月12日），从长沙撤走的太平军，在北上之后，攻克了湖北的省会武昌。洪秀全的这一胜利，令湖南各地的会党备受鼓舞。张亮基保住了省城，主要任务就是维护全省的治安，而这也是师爷左宗棠的要务。

有一天，张亮基把左宗棠找来。

"季高先生，你知不知道浏阳有个征义堂？"

"征义堂？有所耳闻，那是个贫民组织，我想想——此堂在道光十四年就有了。那时钟人杰在湖北通城造反，距离浏阳不远，浏阳东乡人周国虞以兴办团练抵抗反贼为名，召集乡民，练习刀矛，制造枪炮，形成自己的势力。浏阳有很多百姓加入征义堂，历任县官担心征义堂闹事，不敢过问。中丞怎么问起此事？莫非征义堂要造反？"

张亮基叹了口气，晃了晃手里的一份公文，说道："这是军机处转下来的一份奏折，浏阳的一桩杀人案惊动了皇上，批给我来查处，此事恐怕征义堂脱不了干系。我已犹豫很久，不知该不该发下去办理。征义堂是不是会造反，我问过浏阳的赵知县，他说该堂只是为了保卫家园，没有异心。"

作为一名刚刚经历过战火的清廷大员，区区杀人案，在张亮基眼里根本算不了什么，他更看重的是全省的防务。如果为了一桩杀人案而得罪了征义堂，逼得他们造反，那就非同小可了。可是，如果对此案不闻不问，皇上追究下来，又如何交差呢？于是他请左师爷拿主意。

"季高，你先看看案卷，给我拿个意见。"

左宗棠接过案卷，迅速浏览。御史的奏折上说，太平军刚进湖南时，征义堂首领周国虞虽然没有跟着起兵，但他派人与太平军暗通消息。太平军包围省城长沙时，派密使给周国虞写信，让他起兵响应。此信落到了浏阳团总王应苹手里，征义堂怕他向官府告发，便将王应苹杀人灭口。

左宗棠看完案卷，说："此事容我想一想，再禀报中丞。"

和所有务实的官员一样，左宗棠注重调查研究，没有足够的情报可供分析之前，他不会发言。他派人把典史孔昭文和武举人诸殿元叫来，说："有件机密公务，须得你二人去办。浏阳有个征义堂，有些事情需要你们去调查。你们脱下官服，乔装改扮，去浏阳暗访，不要惊动地方官，更不要打草惊蛇。务必摸清他们有无造反的迹象，侦察该堂根据地的交通和地形，把该堂大小头目的姓名住址一概查明，登记造册。"

几天后，左宗棠交给张巡抚一份调查报告。孔昭文和诸殿元此去，深入到征义堂的根据地古港、山光洞和宝盖洞等地，查明周国虞手下有两万多名会众，平时劫掠私斗。太平军进入湖南后，周国虞派密使来往于长沙与浏阳之间，但他为人谨慎，征义堂并没有轻举妄动。

但是，浏阳团总王应苹所部勇丁捕获了太平军的信使，周国虞等人给太平军的回信落到了王应苹手里。太平军从长沙撤走以后，王应苹由于仇恨周国虞，到官府举报他私通洪党。周国虞不甘坐以待毙，派侄儿带领三百名会众进入浏阳县城，声称协助正规军保卫仓库和监狱，表明他的部众不是造反军队，而是民兵组织。周国虞这一手，也是为了威胁王应苹，让他不要再去告状。

周国虞的确不想造反，只图自保。但他手下的头目曾世珍和邓万发，比龙头老大的胆子还要大，集结部众烧毁了狮山书院，杀死王应苹，并且抢了一些富裕人家。各乡团勇要为王应苹报仇，在浏阳县城东北七八十里处的踏浒镇（今达浒镇）集结，打算进攻征义堂。周国虞派出六十人的先锋部队，驻扎在踏浒附近的构形村阻遏乡勇，又调动会众准备出击。不久，周国虞的先锋被乡勇消灭，他便率领会众，集中在浏阳以北的古港、穴山坪和宝盖洞一带扼险自守。

赵知县非常懂得为官之道，也深知征义堂势力强大，担心自己惹不起，害怕事情闹大，便把王应苹一案压着不办，一再向上面辩解，说周国虞并没有造反的迹象。没想到，王应苹的家人和朋友把这个案子捅到了北京。

这就是王应苹被杀一案的始末。从调查报告看来，赵知县说征义堂没有造反迹象，掩盖了事实真相，是对会党的纵容姑息。

张亮基看了调查报告，沉吟半晌才说话："季高，征义堂人多势众，缉拿周国虞那些人，非得兴师动众不可。赵知县说，县衙里有很多下属都是征义堂的成员，省城也有其党徒，据说我身边都有该堂耳目。真要发兵攻打，牵扯面很广。我看犯不着为了一个杀人犯大动干戈吧？是不是写个折子，把此意奏告皇上？"

"不妥。"左宗棠断然回答。

"为什么？"巡抚吃惊地问道。

"理由有四条。其一，征义堂确实跟洪逆有联系，又杀了个团总，如果中丞置之不理，恐怕皇上会怪罪于中丞。其二，省城附近存在这么强大的一股势力，甚至渗透到了县衙和省署，怎么说也是一个不安定的因素，必须要将其瓦解。其三，如果中丞压着不办，王应苹的手下也不会答应，要是再发生武力冲突，征义堂没了退路，极可能揭竿而起，那时就难平息了。其四，征义堂会众虽多，铁了心要造反的不过几百号人，只要制住了这些骨干，其余会众不打自散。这么便宜的事情，中丞怎能不办呢？"

"有道理有道理！"张亮基如梦初醒，明白了此事必办，而且不能拖延。但既然征义堂势力强大，必得想一个高招对付。于是，他又得请教左宗棠了："季高先生有什么妙法，能够既将征义堂一举铲除，又不把事情闹大呢？"

"办法早就有了。"左师爷微微一笑，看来他已胸有成竹，"只是，在下有两个不情之请，不知中丞能否应允？"

"请讲请讲，一切照季高先生说的办。"张亮基连忙说道。

"此事必须绝对保密才能办好。除了中丞和我，还有郭意城（郭崑焘）三人，不能让任何人知道。只要走漏了风声，恐怕就办不成了。这是其一。"

"这个嘛——依你就是。其二呢？"张亮基追问道。

"有一支部队我必须秘密调用，还要借用中丞的名义，但不发公文，请允许我便宜行事。"

"哪支部队？请师爷明示。"张亮基急切地说。

"就是江岷樵（江忠源）的楚勇。此时岷樵在湘北镇压晏仲武的附逆之军，想必已大功告成，我想让他即刻赶往浏阳，对外宣称是去平江追剿晏仲武余部，才不至于惊动征义堂。该部开到浏阳之后，又对外宣称要去江西剿匪，暂驻浏阳，等待补给。只要征义堂不轻举妄动，等到岷樵完成部署，一切都尽在掌握之中了。"

左宗棠提的两个条件，张亮基都答应下来，因为他感到这是一条奇袭征义堂的好计。一张大网，神不知鬼不觉地向浏阳撒去。张亮基坐在巡抚公署作秀，配合左宗棠的部署。

张亮基为什么要作秀呢？因为他要装作对王应苹被杀一案不闻不问，借以麻痹征义堂的耳目。受害者王应苹的亲友们发现，他们派代表进京告了御状，也无法促动湖南的官府审理此案，于是浏阳的团丁来到省城告状。张巡抚只是打几句官腔："我已派通判裕麟去了你们浏阳嘛，此案还要调查研究嘛，你们等着吧，本部院自会秉公断案。"

浏阳人上访碰了软钉子，以为张巡抚被征义堂买通了，有意包庇杀人凶手，只得通过关系，求助于邻省江西的官府。此案惊动了江西巡抚张芾和在籍兵部尚书陈孚恩。两位大人义愤填膺，给张亮基发来公文，请他发兵捕治征义堂。他们说：张大人一向爱民如子，官声极佳，对待上访的群众，怎么摆出一副官僚的嘴脸呢？

张亮基爱惜自己的名誉，有些沉不住气了。但他想起左宗棠的叮嘱，不得不对兄弟省份的同僚也打起了官腔，还是顶着不办。征义堂派到省署和县衙的卧底，打探到了巡抚和知县的态度，不断给征义堂的头目发回"一切平安"的信号。

这时，身在岳阳的江忠源，接到左宗棠派人送去的一封绝密函件，里面附有浏阳县地图和有关征义堂的各种情报。左宗棠告诉江忠源：这虽是一封私信，却是传达抚台张大人的命令，只因事属机密，不能下发公文。望他接信后，火速带兵赶赴浏阳，目的是收拾征义堂。但是进军目的不能暴露，只说是去平江追击晏仲武余部。楚勇抵达浏阳后，将兵力部署停当，再张贴告示，利用强大的宣传攻势和武力威慑，力争招安。遇有反抗，立即镇压。正式的公文，等江忠源到了浏阳，他再补发过来。左宗棠再三叮嘱：此事万万不可泄露，切记切记！

十二月十四日，楚勇从巴陵出发，经平江抵达浏阳。虽然楚勇此来的真实意图并未走漏，但赵知县还是多了个心眼。他想：江忠源部此来，莫非是为了镇压征义堂？他连忙拜见江知府。

"江大人，贵军进驻敝县，在下无比欢迎。敢问贵军是长驻此地，还是路经敝县，向别处进兵？"

江忠源道："江某是奉抚台大人之命前往江西剿匪，只等长沙运来粮饷，部队就会开拔。"

赵知县放心了。不料过了两天，江忠源在县城东边的冯家岭扎营，张贴告示：

> 本官奉令前来办理征义堂一事，必捕之人，惟首犯而已，其余人等一概不问。若能将首恶缚献于官府，本官决不出兵。

楚勇扎营时，征义堂的邓万发和曾世珍等人混在人群里围观，打探江忠源的形迹。百姓认出来了，也不敢指认他们。邓万发等人回去后，对部众说："原以为官军都是壮汉，今天一见，个个骨瘦如柴，如同乞丐。哼，一群乌合之众，混饭吃的！我们征义堂内刀矛、拳棍和枪炮样样精练，吃掉他们又有何难？为什么不敢迎战！"

赵知县得知了江忠源的真实来意，又听说征义堂要大动干戈，急得连连跺脚，一狠心咬破指头，写下血书，上呈巡抚，以身家性命担保：征义堂不会作乱。他又说，如果把事态闹大，他负不起这个责任。

血书呈到张亮基手上，巡抚再次迟疑不决。他召见左宗棠与郭崑焘，说道："季高，意城，非得取缔征义堂吗？难道就没有别的法子了？"

左、郭二人说："请中丞不要犹豫，按既定方针办。一定要相信江岷樵，他的楚勇足够对付征义堂。"

巡抚的工作做不通，赵知县又去找江忠源，说话时带着哭腔："江公，你素以诚信闻名，这次为什么骗我？你了解征义堂吗？他们占据了东乡周边十里宽的地盘，有几万人哪！难道我不知他们为恶十多年，可是谁敢拿他们怎么样！现在大军都到湖北追赶洪逆去了，而江公你只带一千多名疲弱的士兵来这里，你自己想想，凭你这点兵力，能把征义堂打下去吗？我都一把年纪了，我还怕死吗？我是担心坏了大局！只要征义堂举兵起事，长沙就保不住了哇！"

江忠源笑道："赵大人，我的确对你隐瞒了实情，多有得罪了。兵不厌诈，江某身负重托，也是不得已而为之。再者，我怎不知道情势危急？只是箭在弦上，不能不发了。至于江某的区区一千人是不是对付得了征义堂，很快就能见分晓了。"

赵知县求告无门，只得听任江忠源为之。不过，为了保险起见，他又向张巡抚告急，请求给浏阳增兵几千，筹饷几万两。张亮基接到报告，与左宗棠相视一笑，不予理睬。对于楚勇以少胜多的战斗力，赵知县不知，他们却是完全了解的。何况，张亮基已经调派援兵到浏阳外围堵截，他料定江忠源必胜无疑。

又过了两天，征义堂憋不住了，策动三千多人，分三路扑向冯家岭楚勇营地，白旗上面大书"官逼民反"，宣布武装造反。会众漫山遍野地杀过来，刀矛林立，喊声震天。左路出击詹家岭，直逼江忠源的大营。

曾世珍欺负江家军兵少，以为很容易对付，却没料到对方是一支精兵，面对强敌，一点也不慌张。江忠源事先已派守备李辅朝率领一营兵力驻扎在县城内，以防内变。他自己督率两营兵力打阻击，在营外设了三重伏兵。会众冲到离营半里处，发现营中毫无动静，起了疑心，不敢贸然进攻。江忠源派出几十名骑兵诱敌，会众果然上当，蜂拥而进。

江忠源一声号令，伏兵杀出，将会军截为几段。会军首领手持大刀，一阵砍杀，连伤几名楚勇。楚勇毫不慌乱，一齐挺矛刺杀，将会军首领戳死。

杀向县城的会军遭遇也很不妙，他们遭到李辅朝所部抗击，落败而逃。

会军一战失利，全军撤退。江忠源令部队全部出击，一直追杀到双江口，才收队归营。

此一役，楚勇斩杀征义堂几百名精锐，俘虏一百多人，缴获大量炮械和旗帜。经过核查，得知被刺杀的征义堂首领名叫张大武，是会众的教头。

江忠源趁势再出告示，声称凡愿脱离征义堂者，可以领取良民牌，不予追剿。当夜，征义堂五千多人到楚勇营中领取良民牌。第二天早晨，领取良民牌的达到一万多人。

江忠源知道征义堂的势力已经瓦解，连忙分兵，直捣三坪洞和山口两处会军根据地。张亮基调来的援军由云南总兵经文岱等人率领，冒雪向平江的卢洞、十八盘和福石山进军，抵达征义堂根据地的东北部，防止会军撤离。浏阳团练和平江团练出动几千人，配合楚勇扼守各处要隘。经过几天部署，楚勇进占古港，江忠源下令进攻。楚勇一举击败曾国珍和邓万发的阻击部队，周国虞所部退守三坪洞。

江忠源决定在春节前结束战斗，除夕夜，楚勇追逼到征义堂的根据地双江口，抓获首领二十多人，全部斩首。征义堂最高军事指挥曾世珍负伤潜逃，也被抓获斩首。楚勇斩杀七百多名会军，俘虏六百多人。江忠源令征义堂余部投向楚勇的兵营领取免死牌，各自回家。当晚，楚勇解散了几千名会众，周国虞逃往汉阳鹦鹉洲。周国虞和邓万发两人这次都幸免于难，后来才被清军捕获。

江忠源在浏阳用兵十二天，称雄于浏阳几十年的征义堂被楚勇一战解除。赵县令大为惊诧，对江忠源刮目相看，连忙去军营祝捷。

"江大人真是雄才伟略，下官佩服得五体投地！"

"赵大人，你认识左宗棠吗？"江忠源问道。

"左宗棠？他是何人？恕下官孤陋寡闻，还望江大人指点。"

"赵大人，有些话不便明说，你只要记住这个名字就行了。对付征义堂，就是他一手策划的。"

史官有论：湖南的官府征讨会党，就是从这一仗开始。

倡导组建勇队

在左宗棠对付征义堂的这段时间里，湖南的军政人才逐渐向长沙汇聚。

咸丰二年（1852）十一月底，湘乡人曾国藩奉旨在湖南帮办团练。在此之前，张亮基根据左宗棠的提议，已下一纸调令，将罗泽南、王鑫、罗信南所练湘乡团丁一千人檄调省城，以备防守。

由于咸丰皇帝给曾国藩的圣旨是由湖南巡抚转达的，左宗棠自然看到了这道上谕。于是，他开始注意曾国藩其人。其实，他已从各种渠道得知，曾国藩为官清廉正派，敢于负责。他听说，湖南的穷苦读书人客居北京，如果不幸去世，曾国藩必会去送挽联，江忠源必会帮忙买棺木。这两人操节最佳，古道热肠，在京城的官员和学者中有口皆碑。

但曾国藩更令左宗棠瞩目的是他现在所任的这个帮办团练大臣的职位。左师爷自从参佐戎幕之后，一直力主用团练部队对付会党，轻易不会调派正规军参战。他认为，绿营将士不服调度，贪生怕死，目无军纪，劳民伤财，把这样的部队调上前线，无异于自找麻烦。团练部队能够吃苦耐劳，作战勇猛，服从命令，爱护百姓，左师爷对他们格外青睐。因此，当张亮基向左宗棠请教如何与曾国藩合作时，左宗棠力主将团练的组建和训练，以及全省的社会治安，全部交给曾国藩办理，让他放开手脚，才能有一番作为。他还表示，他会积极地为曾国藩推荐人才，献计献策。

曾国藩一进省城，第一站自然是拜会本省巡抚。圣旨是叫他"帮办团练"，他要帮助的人就是巡抚张亮基。他的一切活动，都得跟张巡抚商量。

张亮基听了左宗棠的忠告，已经胸有成竹。曾国藩一来，他便说："曾大人，你是湘省人士，人脉广布，省情熟悉，团练和治安这两块，就劳你多费心了。曾大人尽管放手去办，亮基全力支持。"

曾国藩满口谦词，心中暗喜：张石卿果然爽快！不过，这么一来，究竟谁是谁的帮办呢？

从左宗棠的年谱来看，他第一次会见曾国藩，应当是在这个时候，他们在青年时代其实并无过从。此年左宗棠四十岁，曾国藩四十一岁。在此之前，左宗棠只是一介布衣，曾国藩则已经做了十二年京官，是从侍郎的官位上丁忧回家的，他们分别属于不同的圈子。只是因为有共同的朋友，如郭嵩焘兄弟和胡林翼等人，对于彼此的情况，总会有所风闻。

在张亮基的署衙，左宗棠见到了曾国藩。曾国藩主动说道："季高兄，久仰大名，人才难得啊。不才奉旨帮办团练，恐难胜任，若能罗致季高这般的高才，心里就踏实了。"

"涤公如此爱才，殊为难得。"左宗棠说，"在下倒是看中一个武才，不妨荐给涤公。此人身在绿营，却如鹤立鸡群，虽然只是个候补都司，却知兵善战，可为涤公训练团勇。"

"季高说的是塔齐布吧？"张亮基接口说道，"此人确是不凡。季高向我举荐，我已奏请朝廷提拔，令他暂代抚标中军参将。涤公奉旨兴办团练，百事待举，不妨借这个满人将领之力，统带训练一支部队。"

曾国藩听了左宗棠的话，留心考察塔齐布，发现他果然是个将才，不由赞叹左季高慧眼识人。在他的提携下，塔齐布很快成为楚军第一名将，出任湖南的最高军事长官。

一番交谈，左宗棠对曾国藩有了初步的印象。他在给女婿的信中写道：

> 曾涤生侍郎来此帮办团防，其人正派而肯任事，但才具稍欠开展。

左宗棠说话从来无所顾忌，开出的评语，应该是他真实的想法。他对曾国藩始终以兄弟相称，并不称其官名，可见他自视甚高，眼睛长在头顶。曾国藩自见到这位才子开始，就有了这种高攀不上其眼光的感觉。不过，左宗棠没有因为觉得曾国藩才具不够，就看不起这位高官。在给女婿的同一封信中，他说能与这位侍郎相处融洽，颇感自豪。他还说，他与曾侍郎相处很好，可惜曾侍郎出山太迟了。他既指出了曾国藩的弱点，也表达了相见恨晚的心情。左宗棠和曾国藩的社会地位当时高下悬殊，而且曾国藩的官声、文名和口碑都是很好的。左宗棠能得到他的友谊，觉得自身的价值又一次得到认同。

左宗棠与曾国藩初交时对他的评价，有褒有贬，褒的是德，贬的是才。说白了，他认为曾国藩是个书呆子，执行力不够。

此话怎讲？曾国藩的才干，是得到了公认的。在他生前死后，乃至今天，人们对他才干的评价，恐怕不亚于对左宗棠的评判。蔡锷编辑《曾胡治兵语录》，蒋介石将之用做黄埔军校的教材，已经表明崇仰之意。毛泽东在青年时代说过："吾于近人，独服曾文正。"

但是，左宗棠就有这么狂傲，敢于率直地说出自己对这个德高望重之人的认识，批评其经世之才不如自己。近年来盛传左曾二人的一段轶闻，虽然真实性很值得怀疑，但颇能表明左曾两个湖南人彼此都不服气。

话说曾国藩在京城里做了几年侍郎以后，一年冬天回家省亲，从湘乡返京时，在长沙盘桓几天。昔日岳麓书院的同学们轮流做东，请他吃饭。一次宴请，在座的有左宗棠、郭嵩焘和江忠源等人。

左宗棠是个屡试不中的书生，平日里最怕别人点到自己的这个痛处，和曾国藩坐在一起，眼看着他只比自己大一岁，木讷寡言，才干显然不如自己，却已经做了好几年的京官，而自己三十大几了，还什么都不是，心里不是滋味。

恃才傲物是文人的通病，何况左曾二人都是心气极高。饭桌上谈论国家大事，左宗棠自然要有所表现。他博闻强记，议论时引经据典，观点标新立异，又能自圆其说。他滔滔不绝地讲话，曾国藩只有听的份儿。左宗棠成了聚会的中心，令曾国藩心中不快。他想：哼，这个左季高，一介布衣，湘阴的一个农家子弟，竟然喧宾夺主，狂放不羁。我得让他出出洋相。

大家趁着酒兴出对联时，曾国藩念出一条上联：

季子自季高，仕不在朝，隐不在山，与人意见辄相左。

"左季高"三字，嵌在此联之中。左宗棠一听，气得脖子都粗了：好你个曾涤生，居然直戳我的痛处。我老左无缘进士及第，做山民又不甘心，还要卖弄才学，那又怎么了？且看我怎么损你吧！老左我反正不在官场，无求于你，管你什么京官不京官，怕你个屁！他略一思索，念出更为刻薄的下联：

藩臣当卫国，进不能战，退不能守，问你经济有何曾？

此联嵌着"曾国藩"三个字。曾国藩想：哈哈，这个左季高，真不是吃素的。我不懂军事，缺乏经世济民的学问？你还不是纸上谈兵！他还想反击一下，转念一想：酒席上的话当不得真，我堂堂一个侍郎，与他斤斤计较，倒显得我没有肚量了。此事便就此作罢。

野史的含义，无妨见仁见智，各得其旨。左宗棠在务实人才奇缺的年代，对曾国藩才干的评价，低于一般评论的水准线，虽是性格的因素使然，但究其原委，还是因为两人之间知识结构的差异造成的。这个段子，准确地表达了知识结构不同导致的认同障碍。

左宗棠和曾国藩活到不惑之年的时候，知识结构差异颇大。左的学识较实，曾的学问较虚，而学问向虚，是中国文人的通病，17世纪的大学者王夫之说：

中国之睿智运于虚，外国之聪明寄于实，弃虚崇实，以使中国日新月异焉。

船山先生指出的这个问题，不但历朝历代有，清朝有，直到我们的时代，这个问题国人仍然无法回避，也无法取得一致。船山先生倡导务实精神，仍然具有警示的作用。

曾国藩以性理之学而闻名，潜心研究宇宙观、本体论、存在论、认知论、人性论和道德学，对于经世济用之学，他虽寄予关心，但比起痴迷此道的左宗棠，还是小巫见大巫。

左宗棠的知识结构比较新进。作为积极的务实派，他热衷于钻研应用科学，为此花费了巨大的精力，他与曾国藩的知识结构有许多无法重合之处。而曾国藩作为清廷的二品大员，以文章道德享誉朝野，但在实用知识方面不及一介布衣左宗棠，也是无可置疑的。

左曾二人同为楚军的两个超级大佬，但他们的知识构成，决定了他们进入军事领域后的价值取向，也为社会对他们的评价留下了巨大的争论空间。即便现在，崇左族和捧曾族仍然自成派别，导致对于整个楚军体系的评价，也形成了百家争鸣的局面。

不论曾国藩在玄学领域里的造诣多么高，当他作为军政大员要为清廷挑起大梁的时候，他不得不积极地摄取经世之学，也不得不网罗各个实用领域的饱学之士。所以，他对左宗棠是颇为尊重的，而左宗棠也乐于向他献计献策。尤其在楚军和湘勇初建的阶段，左宗棠与曾国藩在建军方略上罕见地达成了一致。

由于未能在长沙围歼太平军，而眼见得太平军轻易地攻占了武昌，左宗棠和江忠源、曾国藩、胡林翼等人一样，进一步看清了清廷正规军作战能力极为低下。处在湖南巡抚师爷的位置上，左宗棠设想借鉴江忠源、罗泽南、王珍等人的经验，在本省组练一支由地方绅士统领的勇丁队伍来筹办防剿。这个设想，可见于他在当年十二月十九日为张亮基草拟的《筹办湖南堵剿事宜折》：

> 委明干官绅，选募本省有身家来历、艺高胆大之乡勇一二千名，即由绅士管带，仿前明戚继光束伍之法行之。所费不及客兵之半，遇有缓急，较客兵尤为可恃。

左宗棠起草此疏在前，已被清廷任命为帮办团练大臣的曾国藩来到长沙在后。曾国藩进入省城后，用他自己的话说，"日与张石卿中丞、江岷樵、左季高三君子慷慨深谈"，"盖无日不共以振刷相勖"。在"深谈"之后，曾国藩有如下一折上奏：

> （绿营）所用之兵，未经练习，无胆无艺，故所向退却也。今欲改弦更张，总宜以练兵为要务。臣拟现在训练章程宜参访前明戚继光、近人傅鼐成法，但求其精，不求其多，但求有济，不求速效。

有趣的是，曾国藩还说，他与张亮基熟商，意见相同。这间接地表明，他与左宗棠就此事的意见是一致的。

左宗棠和曾国藩所拟的以上两份奏疏，都包含三个要点：第一，要建立一支由绅士管带的勇队；其二，勇队的兵源为招募的乡勇；其三，要采用戚继光成法进行编练。也就是说，他们要在朝廷正规军之外建立一支新军，采用不同的方式来招募训练。由此看来，在省城组建一支大型勇队的想法，最早是由左宗棠提出来的。但左宗棠由于不久就随获得升迁的张亮基去了湖北，未能亲手操办，于是曾国藩独立承担起编练湘勇和楚军的任务，将左宗棠以巡抚名义已经檄调至长沙的罗泽南等部一千名湘乡团勇作为他的基干力量。

第二次隐居

在楚军处于草创阶段的时候，曾国藩非常谦谨地听取各方意见。左宗棠很热心地为他参谋。不过他们在初次会见后很快就分手了，因为左宗棠跟随老板张亮基离开了长沙。

咸丰二年底（1853年初），清廷下诏，调张亮基代理湖广总督。左宗棠因防守湖南有功，得旨以知县用，并加五品同知衔。

左宗棠的辅佐，令张亮基政绩斐然，军功卓著，这位巡抚引起了皇帝的高度重视。朝廷只知道张亮基善于作战，并不关心是否有高人辅佐。当太平军已在湖北立足以后，清廷决定派他去收拾烂摊子。但是，圣旨还在路上的时候，洪秀全已于咸丰三年（1853）正月初二下令全军开拔，放弃了九省通衢，挥师向东杀去。

张亮基接到拔擢他的圣旨，立刻对手下人说："快请左先生！"

左宗棠来了，张亮基忙说："季高先生请坐。"

"中丞有何吩咐？"左宗棠问道。

"适才有圣旨到，令我署理湖广总督。"

"恭喜制台大人！"左宗棠打一拱手。

"喜从何来？"张亮基蹙眉反问，"如今全国军政，就数湖北最为棘手。事情难办啊，除非——"

"大人何时启程？我也收拾回家。"左宗棠快人快语。

"季高先生，你听我说。长沙怎么守住的？晏仲武是谁打败的？征义堂是谁收拾的？全靠先生的谋划，岷樵的果敢！二位还得助我一臂之力，否则我这个总督如何当得下？"

经过一番动员，张亮基如愿以偿。正月十二日，左宗棠随张亮基离开长沙，前往湖北。路上行走十天，张总督与左师爷抵达任所武昌。这时太平军撤出湖北省城不过二十天，武昌城内满目疮痍，官衙和民房都已烧毁，公私财产荡然无存。

新总督上任，百废待兴，任务艰巨。唯一值得张亮基庆幸的是，湖北省一级的官员都很得力。广东花县人骆秉章得到恩旨，署理湖北巡抚。湖南溆浦人严正基署理湖北布政使。张亮基奏调江忠源署理湖北按察使。这些人都是名噪一时的官员，加上崭露头角的左师爷，大家凑在一起，锐意改革，决定革除官场长期以来积累的弊端和陋习，修缮城墙，筹集军粮，开市通商，抚恤难民，惩治会党，抓捕逃犯，大事小事一起抓。

汇聚在湖北省城的这些人才当中，最辛苦的还是左师爷。他没日没夜地批答公文，为总督大人草拟奏疏。但他最关心的还是全国的战局。

太平军撤离武汉以后，帆幔蔽江，衔尾数十里，炮声遥震，沿江州县莫不望风披靡。天国水陆大军下九江，克安庆，过芜湖，直捣金陵。二月十日，太平军攻入金陵城内。只用了九天时间，洪秀全与杨秀清便决定定都金陵，改称天京。四月初一日，杨秀清派林凤祥领兵北伐，二十六天后，又派赖汉英率部西征。

左宗棠听到太平天国定都金陵的消息，叹息一声，抬手在额头上重重地拍了两下。忽然，他腾身而起，一路小跑，来到张亮基跟前。

"制军大人，若想把洪秀全困死在金陵，只要有一支兵力扼守东西梁山，使他们的船队无法溯江而上，就能切断金陵的供应。似此良机，千万不可错过！"

"好主意！季高，把这条建议写进奏疏，请皇上调兵部署吧。"

张亮基拜发奏疏之后，左宗棠焦急地等待上谕批复，同僚王柏心和他一样焦急。可是此疏犹如石沉大海，他的建议似乎已被清廷束之高阁。

郁闷。郁闷。他提笔给贺熙龄的次子贺仲肃写信：封疆大吏身负征讨逆贼的责任，却没有过人的才干，满清江山怕是保不住了。写到这里，左宗棠惊出一身冷汗，连忙补上一笔：此信看完，一定要付之一炬。

好在张亮基让左宗棠放手办事，令师爷感到毫无拘束。他在信中表达了这种快感和感恩之情：

（张制军）事无巨细，尽委于我，此最难得，近时督抚谁能如此？

可是，这么好的张总督，为左宗棠提供的舞台还是太小了。洪秀全的军队东冲西突，长驱北进，一个只能管辖两省的军政长官，怎么制得了他？

希望渺茫。还是急流勇退吧。左宗棠拿定主意，决定找个机会向张大人辞职。三月份，他接到一封家书，对王柏心说：左某三子左孝勋出生了，我是不是该回去看看了？

王柏心说："季高君，湖北少不了你啊。刚接到紧急公文：通城的刘立简率众起事。先把这团火扑灭了吧。"

左宗棠说："这个简单，请岷樵兄走一趟就行了。"

江忠源遵照总督之令，率部前往通城，斩杀了刘立简，事态平息。湖北虽已无事，但南方各地警报频传，左宗棠仍为之心烦。福建和上海的小刀会揭竿而起，湖南郴州的朱九涛率会党起事，对这些动乱的地区，左宗棠鞭长莫及，枉自嗟叹。他对清廷的信心，如同泼在沙土上的水，正在迅速地流失。

这时候，胡林翼来信了。他很为好友的健康担忧，听说左宗棠每天伏案处理公文，喘气都没功夫，建议他请张亮基聘请一名精通办公程序的秘书，帮师爷处理日常公牍。他要左宗棠专管重要的奏折和批文，腾出精力，筹划全局。

太平军的北伐西征和各地的会党起事，又鼓舞了湖北的会党。四月份，湖北的崇阳和嘉鱼有熊开宇率众起事。左宗棠接到军报，说："又得辛苦江岷樵跑一趟了。"

江忠源率楚勇迅速前往崇阳，刚把熊开宇摆平，还没来得及休整，接到清廷上谕：着江忠源赶赴江苏，去向荣的江南大营帮办军务。

正在此时，骆秉章也离开了湖北，在进京陛见途中奉到旨意：回任湖南巡抚。当左宗棠在长沙辅佐张亮基时，骆秉章在一旁冷眼观察，早已相中了左宗棠这个人才，有意将之笼络到自己身边。当他奉到回任湖南之旨，立刻上奏追论左宗棠平定征义堂谋划有功，请旨将他以同知直隶州选用。左宗棠此时已无心为官，闻讯后写信给骆秉章，请他不要举荐，可是清廷已经批准了这项任命。

湖北本来有一个坚强而能干的领导班子，无奈清廷苦于没有人才，硬生生地拆散了这个精英团体，把强者派到各地，去应付不断出现的困境。然而，湖北的形势也不轻松，会党起事彼伏此起，当局需才孔急。

黄州的广济县向张亮基发来告急信：方四象和宋关祐领导会众抗粮杀官，人数多达上万。张亮基马上想到了皇上调走的江忠源，问道："江岷樵东下了吗？"王柏心答："已经启程。"左宗棠说："不要紧，我派快马给岷樵送个信，请他顺路办了这件差事。"

当左宗棠得知太平军北伐和西征的部队冲破了官军的封锁，他不由深感失望。他预见到了这样的局面，而朝廷却不采纳他的建言努力加以预防，使他对这样的中央政府失去了信心。

的确，清廷对于全国的战局缺乏有力的掌控，当林凤祥的北伐部队袭掠安徽时，该省巡抚向朝廷告急，清廷立刻改变主意，令江忠源前往安徽赴援。左宗棠苦笑一声：朝中这般无人，一支部队调来调去，岷樵成了救火队长！

然而，江忠源的去向还是未能确定，因为楚勇刚刚上路，就发现太平军的几千艘船只驶到江西彭泽，威胁到江西与湖北。江忠源想：安徽还是别去了，我必须留在九江，阻止他们西进。

虽有江忠源挡在前面，但湖北东部仍然兵力空虚，左宗棠不得不防。六月份，他跟随张亮基赶赴黄州，在田家镇部署防御。左宗棠在江边视察工事，对张亮基说："制军大人，长江一水如练，洪秀全的水师往来其上，如入无人之境。沿江各省务必制备战船，武装水师，控制长江。此事定要奏告朝廷，千万不可拖延！"

"是啊，"张亮基答道，"此是当务之急，务请朝廷下旨督办。季高，还是劳你起草一疏吧。"

左宗棠提出这个建议时，江忠源与郭嵩焘正在南昌守城，深感太平军的水师厉害。这两个湖南人听说左宗棠倡议组建水师，拍手叫好，江忠源也上疏附和。事实上，左宗棠是楚军中鼓吹创建水师的第一人，而后来由于曾国藩抓紧落实此事，所以曾侍郎成了楚军水师的创建者。

左宗棠通过在湖南和湖北两省的军政实践，发现了清政府一个最大的弊端，即各省各自为政，缺乏统一调度和指挥，谈不上彼此之间的合作。因此，他大力呼吁省际的协作。当太平军攻打江西时，他对张亮基说："制军大人，江西有难，湖北不能坐视不管。如果各省只顾自己的辖地，就会被洪秀全各个击破！"张亮基赞同他的看法，让他立刻派都司戴文澜率两千人前往南昌协助守城。

湖北援助南昌的部队派出不久，太平军北伐部队吉文元所部因在河南遭清军堵截，未能渡过黄河北进，转而南下，威胁到湖北的北部边界。左宗棠令按察使唐树义领兵赶赴应山与孝感防御。由于军情紧急，张亮基每晚将总督关防交给左宗棠，叮嘱道："军情一起，便是燃眉之急。关防放在先生这里，紧急时先生可先发公文，再向我报告。"

左宗棠料定吉文元部必定会从麻城、黄冈的内河进入长江，上攻武汉，便令唐树义手下的许连城等部从河口赶赴黄安阻击。许连城所部抵达麻城，吉文元率几千人刚从河南开到。许连城兵分两路，将吉文元击败。

吉文元所部继续推进，进入武昌以北的黄安（今红安县）。唐树义的通讯兵快马加鞭，深夜将告急信送到左宗棠手中。左宗棠还未就寝，急调省会城防部队三千多人，全部交给都司黄玉龙和同知张曜孙率领，星夜急行军，前往鹅公颈集结，全力扼守武昌以东的团风镇（今团风县）。清军到位不过一两个小时，吉文元部便分水陆两路杀到，企图夺船入江。清军打了他一个措手不及，太平军大乱。清军分两路追赶，将吉文元斩杀于阵中。这支太平军除两三百人从罗田逃往安徽英山与胡以晃的太平军西征军会合以外，全部被歼。

左宗棠调兵遣将，并未惊动张亮基，捷报传来时，这位总督才知道吉文元部已经报销。在写给女婿的信中，左宗棠提到铲除征义堂以来直到防守团风镇为止的各次战役，不无炫耀之意。也许，向亲友报告他亲自指挥的胜仗，就是左宗棠人生最惬意的时刻。

> 是役甫及八日，非制军相信之坚，断不能有此奇捷。……用兵无他，训练得法，谋略须先贼一着，自然应手。
>
> 仆自去年佐制军平浏阳土匪，解长沙重围，今年平通城、广济土匪，剿此股贼匪，颇有阅历，其实与平时所论相合，尚有见到而未能行者。

左宗棠太得意了！他已经完成了从理论到实践的过渡。他平日纸上谈兵，如同在电脑上模拟作战，纵然精彩绝伦，却没有战场实践，难以取信于人，落得个被人讥笑吹牛的下场。如今几仗打下来，指挥调度，都是神来之笔，验证了他的才干。还有一些军事行动，是他已有筹划却来不及实行或没有条件实行的，都已经证实他的学问不是空谈，完全具有可操作性。

这些例子具有极强的说服力，诸葛亮的再世，已经活生生地摆在世人面前。在成功的鼓舞下，左宗棠已不满足于当一个省级高官的幕宾，有了出幕为官的愿望。他在信中说：

> 若朝廷与制军以钦差大臣剿贼，吾与岷樵佐之，老贼何遂猖狂至此。

这些话，虽然表明左宗棠自我感觉非常良好，但他并非夸大自己的成绩。这一点，有张亮基给胡林翼的信为证：

> 全恃季翁为我部署，此君天下奇才也。办土匪，歼粤匪，以战则克，以守则固，进贤进能，激励兵将，以残破之两湖而渐有生气。仆何能为，皆季翁之力。吾兄为我请其出山，则此功当与吾兄共之。

左宗棠就是这么一个人，他爱吹嘘自己的功劳，或者说爱吹嘘自己，但别人除了指责他爱吹之外，却无法否定他的才干与成就。

左宗棠打完团风镇之役后，又遇到新的挑战。围攻南昌的太平军解围驶出湖口，溯长江而上，攻击田家镇。督粮道徐丰玉率部抵御，左宗棠调董玉龙和张曜孙所部协助防守。九月初一日，连战几场，将太平军击退。

从这时的情况看来，如果左宗棠继续留在湖北，清军绝不至于丢掉田家镇这个战略重地；如果左宗棠走了，太平军就有了攻占这个锁钥进而重占武昌的希望。而恰在此时，左宗棠有了一个回乡隐居的机会。

田家镇防御战的三天后，张亮基接到谕旨，奉调补山东巡抚，即将赴任，湖广总督由吴文镕接任。左宗棠趁此机会向张亮基辞职。这一次，他是真的灰心了，去意已决。无论张亮基如何劝说，他也不肯继续奉陪。他说："制军大人，朝廷把你调来调去，宗棠跟着你跑，劳累难堪，却难干出一番惊天动地的大事啊。"

王柏心的家乡就在湖北监利，他也跟左宗棠一起辞归。张亮基长叹一声，只得听从其便。

左宗棠归心似箭，辞职当天就登船离开武昌。船过监利，王柏心盛情邀请，左宗棠却之不恭，便在王柏心的"莲园"短暂停留。他在这里阅览了王柏心的几十种议论国家大政方针的著录，颇受启发。

王柏心是左宗棠的一个忠实拥趸，为左宗棠无法得到发挥才干的大舞台而叹息，赋诗一首。

> 吾子天下才，文武足倚仗。谈笑安楚疆，借箸无与让。建策扼梁山，事寝默惆怅。复议造戈船，进破万里浪。鄂渚临建康，扪搤等背吭。从此下神兵，势出九天上。赞画子当行，麾扇坐乘舫。

诗中谈到左宗棠建议分扼东西梁山，未被清廷采纳，因此洪秀全的西征军得以溯江而上江西与安徽。而他造船争夺长江险要的建议，也是英明的赞画。令王柏心感到遗憾的是，由于张亮基调任，湖北未能造船。这个计划，直到曾国藩在衡州创立水师，才得以在湖南实现。左宗棠对此给予了全力的支持。此为后话。

第七章

幕府韬略

三顾茅庐

左宗棠离开武昌后，于咸丰三年（1853）九月二十二日抵达湘阴县城，次日归居东山白水洞。不久，他得到消息，在他离开湖北仅九天时，愚蠢的清军指挥官没有扼守半壁山，导致兵单将寡的江忠源在田家镇溃败，把"失败"二字强塞进了江忠源的军事履历，致使江忠源被清廷降了四级。

太平军又回到湖北了。湖北门户洞开，武昌岌岌可危。左宗棠摇摇头，用蒲扇扇着风，闭上眼睛，心想：还想这些干什么？我已归隐山林，世事与我无干。

可是，树欲静而风不止。在那个英雄辈出的乱世，左宗棠名声在外，即便躲在白水洞，还是不得一日清静。

左宗棠回乡，对骆秉章而言是一个天大的喜讯。他早就看中了张亮基身边的这个师爷，对张总督羡慕不已。如今左师爷回家了，只要把他请来辅佐，何愁治理不好湖南！他认为，只要有左宗棠辅佐，因防御不力而被革职的霉运，再也不会摊到他头上了。

一匹快马，把骆秉章的使者郑司马送到白水洞。郑司马见到左宗棠，手托一包东西，气喘吁吁地说："左先生，这是骆巡抚带给你的银两，区区薄资，望勿见笑。骆大人说，先生见信后若能随在下去省城，他就是三生有幸了！"

左宗棠没有接过那包东西，而是拱手一揖，说道："郑司马有劳了。请回禀骆中丞，宗棠辱承厚爱，只恐才薄识浅，无助于中丞大业。中丞的厚赠，更是不敢领受。司马请回吧。"

骆秉章第一次邀请，碰了个钉子。左宗棠说他"礼意优渥，实为可感"，但动摇不了他的决心。骆秉章没有死心。他想：左季高啊左季高，不管你还想不想做诸葛亮，老夫却一定要学一学刘备。茅庐须得三顾，第一次请不来算什么？老夫还要再请三请！想到这里，他又修书一封，放下笔就喊道："来人啦！找个稳妥的人送到白水洞，看看左先生怎么说。"

然而，给茅庐中的左宗棠送来邀请函的人，岂止骆秉章一个，又岂止是三顾而已！

江忠源兵败田家镇以后，接到朝廷谕旨，将他升为安徽巡抚。新的顶戴还没换上，他马上派人送信给郭嵩焘，请他探探左宗棠的口气，能否请出这条卧龙，为天下人而出山。信中写道：

> 季兄天下士，归伏梓木洞，固于吾楚有益，忠源欲要赴皖省，未敢启齿。弟为我代探之，非为忠源而来，为天下而来也。

此信送出后，他还是觉得不放心，索性直接写信给左宗棠，"用词弥苦"，苦苦相求。

在左宗棠心中，江忠源是个重量级的人物。但他知道，此公临危受命，兵单力薄，疲于奔命，前途未可乐观。他狠下心来，对于所有的邀请，一概回绝。

江忠源请不动左宗棠，曾国藩来帮他请。湖南帮办团练大臣请左宗棠组训三千名勇丁，训练好了，就带着这支部队去增援江忠源。

这个诱惑比较大。在乱世当中，谁都希望自己手中握有枪杆子，何况左宗棠本来就是带兵打仗的料子。可是，在左宗棠看来，单单是拥兵三千，还是无法挽回颓局。他拒绝了这个诱惑。

胡林翼又来信了。他始终保持一副热心肠，力劝死党建功立业，可惜他自己只是一个地级市的市长，根本就没有资格向中央组织部门推荐一名下岗的副市级干部去当部长以上的大官，不然他早就给皇帝写推荐信了。

出山的呼声如此之高，左宗棠充耳不闻。他对于打内战确实并无多大的热情，而且他认为扶助一个行将毁灭的皇朝是一件没有价值的事情。他对夫人说：左宗棠这个名字，从此以后要在尘世间消失了。

此时，他跟出家人的距离，只有一步之遥。

可是，人算不如天算。出家人不是说当就能当的，总得有座寺庙待着才行。如果连寺庙都被人拆了，和尚尼姑都得还俗。

咸丰四年（1854）春天，左宗棠在湘阴失去了立足之地。

从年初开始，一个又一个令人惊心的消息传到白水洞，弄得左宗棠坐立不安。

咸丰三年十二月十七日，江忠源战死庐州。咸丰四年正月十五日元宵节，太平天国西征军攻克黄州，新任湖广总督吴文镕战死。四天后，太平军再克汉口与汉阳，随即南下进攻湖南。二月初一日，太平军攻克岳州。五天后，太平军占领湘阴。

太平军离左宗棠越来越近，终于来到了他的家门口。从县城逃出的难民经过白水洞，对左宗棠喊道："快跑吧！长毛贴了布告通缉你，还说要进山搜捕！"

左宗棠本是一个穷书生，若要划成分，无疑是洪秀全的阶级兄弟。可是他一时心软，答应了张亮基，指挥清军守住了长沙。此后一发不可收拾，打垮了一大批造反派，于是就成了洪秀全革命的对象。太平军视之为眼中钉，肉中刺。

左宗棠感到了恐惧。太平军的到来，威胁到他的自由和生命，威胁到他的老婆和孩子。

与事无涉，与世无争，已经成为不切实际的幻想。他不能耽溺于一厢情愿的超脱，而坐视血光之灾到来。他必须有所行动。

几天后，左宗棠写信给曾国藩的幕僚刘蓉，开始给楚军大帅出主意。他请刘蓉务必转告曾国藩：如果楚军从湘江东西两侧同时北攻太平军，必获大捷。

这封信刚刚送出，太平军已离开湘阴，进克距离长沙仅五十里的靖港，并派兵绕道西行，攻占宁乡。但是，左宗棠的提议还是得到了重视。曾国藩派靖州人储玫躬率部增援宁乡，骆秉章则派王鑫率所部前往湘阴。

二月十三日，储玫躬战死宁乡，但其所部将太平军击退，而王鑫也在靖港击败了太平军。太平军以为楚军主力大举反攻，惊慌之余，全部撤退。

胡林翼这时也带领一支部队来到了鄂南和湘北参战。三月初六日，他率部在上塔市击败太平军，塔齐布所部于同一天在白港取胜。第二天，塔齐布挥师攻占通城，王鑫率部攻克岳州。

曾国藩用左宗棠之计，击退了西征太平军对湖南的第一次攻击。他见左宗棠心已动了，在楚军从衡州大举出兵时，派人送信，邀他出山。左宗棠犹豫了一阵，还是婉言辞谢。

左宗棠已经打算出山了，但他不想跟着曾国藩干。在给胡林翼的信中，他说出了真实的想法：

> 涤公才短，麾下又无勤恳有条理之人。

在左宗棠还在选择出山的途径时，好友王柏心也来信劝他出山建功立业，功成后再学张良归隐。信中附诗一首：

> 武库森然郁在胸，归来云壑暂从容。
> 人从方外称司马，我道山中有伏龙。
> 多垒尚须三辅戍，解严初罢九门烽。
> 何当投袂平妖乱，始效留侯访赤松。

三月初八清明节，骆秉章第三次派使者携币前往白水洞，敦请左宗棠出山。左宗棠知道已无法置身于战乱之外，感念骆秉章一片至诚，随来使赴省城，再次进入湖南巡抚的幕府。

从此以后，左宗棠就再也没有归隐山林的机会了。

骆秉章的三顾茅庐，野史有一个版本，讲得头头是道。

话说骆秉章第一次派人去请左宗棠，空手而回。他便亲自微服私访，来到左宗棠家，也没能说动卧龙出山。他回到长沙，心想：此人才高八斗，脾气太牛，看来劝是劝不动了，只能设计赚之。想到这里，他高喊道："来人啦！"

"巡抚大人，有何吩咐？"

"马上带一队人马，去安化的小淹，把陶桄给我抓来！"

"所为何事？"

骆秉章笑道："绑票！"

两天后，一封快递从长沙送到白水洞，邮差是个衙役。左宗棠接过来一看，原来是女婿写来的信函。信中说：岳父大人，小婿被巡抚骆大人抓到了长沙，快救救小婿啊。骆大人说长沙战局危急，官绅应该有钱的出钱，有力的出力。陶家世受国恩，又是富户，理应为省城的官民做出榜样，我必须在五日之内筹集十万两银子交给官府，以供军需。岳父大人，你是知道的，陶家哪里去找这十万两银子啊？岳父大人若不出手相救，小婿这回就死定了。

"好你个骆秉章！"耿直的左宗棠怒道，脖子上青筋直暴，"还真是没有王法了，堂堂朝廷大员，想要银子，竟用上了黑道的手段！我左宗棠还怕斗不过你？老姜，备马！"

左宗棠风风火火地赶到长沙，一头闯进巡抚公署。只见骆秉章慌慌张张地跑了出来，脚上的鞋子是左鞋套右脚，右鞋套左脚。他一把握住左宗棠的手，上下直摇晃。

"两次请先生都没请来，老夫只好用计将先生赚来了！"

"陶桄呢？"左宗棠连忙质问。

"岳父，我在这里！"

不知什么时候，陶桄已站在骆秉章身后，衣着光鲜，神采奕奕。

"女婿，累你受苦了！"

"岳父何出此言？骆大人客客气气地把小婿从安化请到长沙，好酒好菜招待我。他出于一片至诚，要小婿给您写信求救，嘿嘿，岳父您果真来了。"

"臭小子，你也跟着算计你岳父！"

左宗棠知道自己上当了，但他恨意全消，感念骆秉章求贤若渴，出自肺腑，于是答应做他的师爷。

这个段子既像小说又像戏剧，而左宗棠的书札中，只有骆秉章"再三招之"的记载，三顾茅庐的说法，是更接近事实的。不过这个段子也并非凭空捏造，《骆文忠公自订年谱》中有一段记载，证实左宗棠确曾陪同女婿到长沙捐款，而且就是那时被骆秉章留下的。

> 上年冬，左季高先生自武昌回湘阴，屡次函请到省帮办军务，不就。四年三月同婿陶桄到省捐输，极力挽留，始允入署襄办，仍不受关聘。

野史讲过了，还要交代一句：左宗棠第二次到湖南巡抚公署正式报到上班的时间，是咸丰四年三月初八日，西历1854年4月5日。

左宗棠跟曾国藩一样，是靠镇压太平天国起家，因此人们很容易忽略一个事实：他对打内战其实并无很大的热情。内战在广西爆发前后，他既没有像江忠源、胡林翼、罗泽南、王鑫、李续宾那样积极地团练乡勇，也没有如曾国藩、胡林翼一样主动向当道者贡献计谋（他给胡林翼的忠告，只是朋友之间的讨论）。从他的上述这段经历看，咸丰二年（1852），当张亮基请他出山来辅佐自己保卫长沙时，他曾犹豫再三；咸丰三年（1853），他离开张亮基从武昌回乡，骆秉章请他当师爷，他又一再推脱，同时拒绝了江忠源和曾国藩请他领兵出战的邀请。从他此后的经历看，他在出山后的前八年，尽管他有带兵的机会，却并未如许多湖南书生一样领兵打仗，而只是充当了湖南巡抚的师爷。左宗棠不愿在内战中出山，你可以理解为草根寒士清高摆谱的矫情，也可以理解为诸葛亮要考验刘备有无诚意，但更好的理解方式是从正面入手：左宗棠就是不大愿意去打太平军。

左宗棠是个不折不扣的军事奇才，他不大情愿参与镇压洪秀全造反的内战，那么他愿意投身怎样的战争呢？只要看一下他四十岁以前的经历，就已经有了答案：他渴望参加抵抗外国侵略的卫国战争。

当头棒喝曾侍郎

左宗棠再次出山，挽救了一家人的性命。而保住身家性命，正是他出山的初衷。

就在他下定决心再度出山的同一天，王鑫率部从岳州出发，前往崇阳与通城，打算与塔齐布会同作战。前锋开进羊楼司，中了埋伏，铩羽而归，驻守岳州。

王鑫不甘失败，打算死守岳州，旁人怎么劝也劝不动。结果，太平军主力杀来，重创王鑫所部。王鑫羞愤难当，举剑自杀，被部属救下。

三天后，太平军再次攻占岳州，进占湘阴。曾国藩派船把王鑫所部救回，全军退保长沙。太平军随后进逼靖港。听到这个消息，左宗棠忽然间心慌意乱。他急匆匆地闯进骆秉章的公事房。

"籲门公！"左宗棠喊道，"快给我一队士兵，我要回家一趟！再迟一步，只怕就来不及了！"

"别慌，别慌。我给你写个手令，你到抚标营中调兵就行了。"

左宗棠亲率一百人入山，发现三十多名会党已经抵达梓木洞，正在搜山，距白水洞不远了。左宗棠挥军冲杀，把家人救出，命人送往湘潭辰山。

几乎与此同时，太平军因骆秉章和左宗棠在长沙防守严密，决定由国宗石祥祯扼守长沙以北的靖港，由春官又副丞相林绍璋率主力向南推进，再次取道宁乡境内奇袭湘潭。如此看来，左宗棠的家人很可能在湘潭遭遇太平军，也有可能被太平军扣下。左宗棠为此忧心如焚。

这时，长沙城的上下游几十里处到处都有太平军，城中官民惴惴不安。塔齐布率领的楚军陆师刚从湖北回援，还在路上。曾国藩召集水师将领，商议向何处发兵。大家都主张先攻靖港的太平军大营。

左宗棠坐在一旁，一个劲地摇头。

"季高兄，莫非你另有高见？"曾国藩问道。

"依我看，发逆定已攻下湘潭。湘潭一失，我水陆大军就丢了后路。发逆南北夹攻，长沙危如累卵。因此，湘潭不能不争。只要湘潭有官军驻守，即便长沙失守，还可以退守衡州，徐图反攻。"

曾国藩对彭玉麟说："雪琴，众将主张打靖港，季高力主援湘潭。北进还是南下，你来决断。"

彭玉麟略一思索，说道："左季高畅晓军机，我等当听从他的高见。"

曾国藩下令："前令塔齐布所部增援宁乡，现速令该部改援湘潭。褚汝航、彭玉麟、杨载福听令：尔等率水师五营，明晨向湘潭进发；我自率水师五营于后日跟进。"

三月二十七日，太平军攻占湘潭。两小时前，周贻端一行刚刚离开湘潭县城。他们跟太平军之间只有十来里路的距离。如果稍微拖沓一点，恐怕就无法离开县城了。左宗棠事后得知，后怕不已，接到夫人的平安信时，"喜极而泣"。

太平军在湘潭立足未稳，便被塔齐布所部打了个措手不及，缩进城内。楚军水师随后开到，水陆夹击，将太平军船只焚烧几尽，于四月初三日收复湘潭，歼灭太平军一万多人。太平军被迫北撤。

楚军的湘潭大捷，是楚军出师以来所打的第一个大胜仗。湘军史把湘潭大捷称为"第一奇捷"。奇在哪里？战果大得惊人，震动朝野，这是第一奇。获得如此大的胜利，连楚军将士本身都没有预见到，是为第二奇。

湘潭战役的组织和发生，从整个过程来看，没有经过精心的策划和预谋，是交战双方各级指挥员根据战场上的变化随机部署兵力和指挥作战的结果。但是，这是左宗棠极力主张的战略步骤。如果没有左宗棠的主张，没有彭玉麟的赞同，湘潭战役很可能不会发生。

太平军的失策，也为楚军提供了条件。李秀成在多年后被捕，在其自白书中将湘潭之战列为太平天国的十大军事错误之一。这支太平军的主将林绍璋轻率深入敌后，麻痹大意，放纵官兵，犯下了极大的错误。他的部队攻占湘潭以后，军纪涣散，发生了抢掠屠杀市民的行为，导致市民产生严重的对立情绪，而林绍璋既没有长期立足湘潭的打算，也没有谋划对省城发起有效的进攻，这恐怕就是李秀成所说的失误所在了。

在楚军方面，对湘潭之战虽然并无把握，但作战将领塔齐布、褚汝航、彭玉麟和杨载福，勇猛善战，足智多谋，成为楚军获胜的重要因素。

湘潭之战是楚军的生死劫，如果楚军此战落败，与曾国藩的靖港失利相叠加，就足以宣判曾国藩团勇部队的死刑。湘潭之战也是不利于太平天国的一个转折点。推而广之，已经腐朽的清王朝，在它行将就木的时候，还能有一个咸同中兴，与楚军在湘潭之战中的获胜有着必然的因果关系，而左宗棠力主楚军增援湘潭，则是这个转折的起始。左宗棠以巡抚幕宾的身份列席作战会议，发表了重要的意见，又能够被彭玉麟所赞同，而曾国藩则能纳谏如流，说明楚军上层讨论问题是有民主氛围的，这种环境适合于左宗棠一类的奇才生存下来，并发挥积极的作用。

湘潭之战还有一个有趣的部分，即它是在曾国藩没有参与的情况下进行的。

曾国藩的五营水师按原计划应该向湘潭开进，但长沙的士民担心楚军全部南下，太平军会从北面的靖港进军省会，请求曾国藩攻打靖港。曾国藩得到假情报，以为靖港的太平军兵力不强，便于四月初二日即楚军收复湘潭的前一天挥师北上，进攻该地。靖港之战，首先因情报有误，其次因风向不利于水师，加上部队素质不高，导致曾军惨败，曾国藩气得脑门充血，羞愤难当，仰天长叹，两次跳进湘江，幸亏都被亲兵章寿麟救起。

曾国藩正在寻死觅活之时，忽然有快使来报：塔齐布收复了湘潭，歼灭太平军一万多人。听到这条消息，曾国藩不再坚持下水了。他收拾残部，回泊长沙南湖港。但他在靖港失去了苦心经营的五营水师，几乎是楚军水师的一半实力，心情沮丧。

由于湘潭大捷，省会军民松了一口气，局面安定下来。官员们又神气起来了，湖南官场为按察使陶恩培荣调山西布政使举办盛大宴会，弹冠相庆。以骆秉章为首的众官僚送陶恩培到江边登舟北上，那个码头离楚军水师大营近在咫尺，却无一名官员顺便过来，安慰一下受挫的楚军统帅。

曾国藩亲身经历了靖港惨败，同时接到湘潭的捷报，大悲大喜令他感慨万千。尽管湘潭大捷为楚军挽回了面子，但正因为这个大捷没有曾国藩的份，而靖港的败仗却是他自作主张所致，所以他觉得没有面子活在世上。加上他目睹世态炎凉，不忍受辱，死念再起。他召集幕友李元度和陈士杰吩咐后事，交代完毕，就要自裁。李元度和陈士杰拼命阻止，拉拉扯扯，僵持许久，曾国藩还是不肯苟活，命人去为自己买棺材。

左宗棠在长沙城内听说曾国藩吃了败仗，攀着绳索爬出城墙探望他。他来到南门外曾国藩隐居的妙高峰，见到了曾国藩。眼前的楚军大帅，"所着单襦沾泥沙，痕迹犹在"，瞪着一双三角眼，也不说话，向幕僚要来纸笔，记下所存的炮械、火药、弹药与其他武器，请左宗棠代为点检。由此看来，此人似乎仍然怀抱死志，并为没有遵循左宗棠所献之计作战而懊悔。左宗棠认为，"事尚可为，速死非义"，心里本想安慰几句，不料脱口而出的竟是一顿痛骂。

他说："涤生兄，你口口声声尽忠报国，遇到一点挫折就垮了，哪里还像个男子汉？你要死，我老左不拦你，只是请你想想那些已经牺牲的将士，那些要跟随你杀贼报国的书生，他们冤不冤哪？你死了不要紧，楚军也就散伙了。我老左想要做大帅都不能，你却吃了个败仗就认输，你真是太自私了！"

这正是左宗棠的风格，本意是帮助别人，安慰失败者，却成了面折人过，说出来的话都是硬邦邦的。左宗棠说着，从怀里掏出一封信来，交给曾国藩。这是湘乡那边刚刚送到巡抚公署的。曾国藩接过一看，竟是父亲的来信。信中写道：儿啊，你要死，出了湖南，到处都是可以死的地方；但你如果死在湖南，为父我不会为你掉一滴眼泪！

左宗棠的一席话，父亲的来信，令曾国藩极为震撼。他愣了一阵，终于缓过气来。

"季高兄，让你看笑话了！"

"胜败乃兵家常事，涤兄何须多想。来来来，我跟你一起收拢余船和枪炮，以图再举吧。"

此后二十多天里，尽管有湘潭大捷垫底，但曾国藩仍然觉得颜面无存，思想斗争极为激烈，其间甚至又起过自裁的念头，拟了一封遗折，陈述内心的惭愧，还向皇上推荐了一批能人。左宗棠每天过来，都要陪他闲聊。

"季高兄，籲门中丞那边，是不是都在等着看险哪？"曾国藩问道。

左宗棠回答："风言风语总是难免的，何必挂怀！湘潭大捷，不是明摆在那里的吗？"

"湘潭我没去，自作主张去打靖港，功不抵过啊！皇上那里，真不知如何交代！"

"这道坎难道就过不去了吗？莫非你还有轻生的念头？这么多人相劝，就只当是耳边风吗？那天我翻过城墙来看你，就是指望楚军大帅早日振作啊！早知你如此作践自己，大家何苦如此费心！世上哪有一帆风顺的事情，栽个跟头就爬不起来了？如此又怎么建功立业？算得上什么大丈夫？”

左宗棠劝着劝着，又激动起来，忘了自己的本意，站起身来说道："你不是叫人给你买棺材吗？也罢也罢，我就去给你买来！"

这一通骂，终于把曾国藩骂醒了。"好汉打脱牙齿和血吞"，他决心振作起来。

保护受挫之将

湘潭靖港之战后的这段时间，左宗棠成了曾国藩的座上客。他们密谋楚军出省作战的计划，商定由曾国藩率楚军北上，攻打湖北，而左宗棠则在后方湖南为曾军提供补给。

曾国藩是楚军大帅，而左师爷是军事奇才，又是热心肠，而且自视甚高，认为曾国藩太需要自己的建议了，所以三天两头跑到楚军大营献计献策。他给女婿写信说：幸亏涤公对我的话还听得进去，军事上才有了几分起色，近来别人也不再嘲笑他是书呆子了。研究曾国藩的人往往忽略了这个事实：曾国藩头上那顶"书呆子"的帽子，是左宗棠帮他戴上去的，也是左宗棠帮他摘下来的。

左宗棠在致严正基的信中说：

> 涤公自岳州归后，无一日不见，无一事不商。

总之，在曾国藩还未率领楚军打出湖南的那些日子里，左曾二人的合作进入了蜜月期。左宗棠是骆秉章请来的嘉宾，还没同意签署劳动合同，他不是楚军大营的白领，也不在曾国藩的银库里开工资，说话可以无所忌惮，不像那些要看老板脸色的打工仔。左宗棠毫不掩饰他的看法：曾国藩为人质朴厚道，论忠诚，论勤恳，论笃挚，当时找不出第二个人；他的短处，在于"少阅历"三字。

左宗棠承认，在太平军的攻击下，湖南能够"危而复安"，全靠骆秉章和曾国藩；但是他又指出：曾国藩的幕僚虽然都是正人君子，却"不知兵不晓事"，他们出的主意，大多数行不通。幸亏曾大帅的整个班子都有自知之明，听到不同的意见，立刻"虚怀开纳"，这才是正人君子的做派。

左宗棠指出曾国藩在军政实务方面的才干不如自己，是狂而不妄，因为曾国藩及其幕僚确有不如左师爷之处。而且，左宗棠的出发点是好的，态度是真诚的，无非恨铁不成钢而已。若是换了别人，谙于世故，毕竟人家是高官，何必一味逞能，使对方脸上无光呢？左宗棠却是心直口快，把他的看法公之于众，曾国藩即便大肚能容，想必心里也不会十分痛快。

另一方面，对于犯过错误的人，左宗棠是不会不分对象、不问场合一概加以指责的。例如王鑫因岳州兵败而遭曾国藩痛斥，左宗棠却对他爱护有加。

曾国藩痛斥王鑫时，他自己尚未经历靖港之败，不懂得一个有血性的书生打了败仗之后心里是多么难过。王鑫是何等自负！他身为湘勇的创始人之一，湘乡的勇丁许多都是他亲手训练出来的。平日里他口若悬河，谈的都是兵机战法，还撰写过《练勇刍言》等著作，后来的事实表明，他是一个真正的兵法家。然而，在刚一上阵的时候，他就栽了跟头，丢人现眼，真有以死雪耻之心。

曾国藩骂王鑫，第一是气他不听自己的号令。他给骆秉章写信说：璞山是个勇敢的将领，如果归我督带，就必须听我的指挥；如果不归我管，我就不能带他同行。如今大局糜烂，我不是要仗自己的官大而压制别人，也不是妒忌别人的才干和功劳，只是担心一名将领不听指挥，其他将领也会仿效，部队离心离德，怎能打胜仗呢？如果听任璞山自成一军，骆公最好先行奏明。时世大乱了，纲纪却不可乱。

既然曾国藩说了这番话，骆秉章也不讲客气，就真的把王鑫罗致在自己手下。于是，曾国藩很恼火王鑫不尊重他的权威，而在湘勇当中独树一帜。曾国藩骂王鑫的第二个原因，就是王鑫在羊楼司的失败，令楚军第一次北上的挫败雪上加霜，使得曾国藩很没面子。

王鑫本是一条血性汉子，在偶然受挫之时，多么需要安慰和鼓励。曾国藩却劈头盖脸骂他狂妄，说他只配对付小股的会党，还奏请朝廷削了他的官职。王鑫的情绪，已经落到了谷底。

这时候，左宗棠出现在他面前，对他说："璞山，这次轻敌冒进，是因敌情不明，以后吸取教训就是了。你的部队训练有素，那是公认的，你的谋略也非一般人可比。曾公要率楚军主力出省作战，骆公守土有责，正需要你这样的人才，你就留在湖南吧。只要骆公重用你，还怕没有立功雪耻的机会？"

王鑫感动了。他紧紧握住了自己摔倒时向他伸来的这双温暖的手。后来，他在写给左宗棠的信中说：

> 岳州败归，蒙殷勤告诫，虽骨肉无以加。嗣后四奉手书，语语从至性流出，而入人心坎。鑫何幸而得此知己乎！

左宗棠勉慰了王鑫，又去找骆秉章，说："籲公，王鑫虽然新败，但此人是带兵打仗的好料子，籲公若委以重任，他一定会感激图报。"

于是，骆秉章护着王鑫，使他丢了官职却未失兵权，受到国士的待遇。王鑫对骆秉章感恩戴德，痛思失败的原因，深求万无一失的制胜之道，大有心得。

塔齐布的陆军与彭玉麟等人的水军取得湘潭大捷之时，王鑫正在湘潭附近，已经收集所部数百人，见到从湘潭败退的太平军向上游逃跑，他立即率部截击，歼灭了一些太平军。十天后，骆秉章与曾国藩联衔拜发的关于靖港和湘潭两仗情况的奏疏中，提到了王鑫的两次阻击战，其中写道：

> 管带湘勇已革升用同知直隶州知州王鑫追贼至云湖桥，杀贼四十二名。初六日设伏于鲁家坝，杀贼三百余名，生擒二十余名。

这份奏折最后的定稿人是左宗棠，据说关于王鑫战功的这一段，比曾国藩看到的草稿，将王鑫的战功拔高了许多，有把一场小胜仗夸大之嫌。须知这同一份奏疏中报告了曾国藩在靖港的战败，而曾国藩讨厌的王鑫却以胜利者的面目在其中出现，令曾国藩颇为不爽。他对左宗棠擅自修改奏稿很有意见，因为左宗棠只是骆秉章的师爷，根本无权向皇帝奏报战况。他修改奏稿的目的，无疑是出于对王鑫的同情和爱护，这就有故意跟曾国藩作对之嫌。这就是左宗棠耿介的秉性，他不会顾及高官曾国藩的感受，却会体谅小人物王鑫的心情，他不惜得罪曾国藩，也要袒护处于弱势的年轻人。据说这就是曾国藩与左宗棠失和的最初起源。

左宗棠也许的确是将王鑫所打的胜仗夸大了，由此可以看出这位师爷所站的立场，与在籍的高官曾国藩有所不同。当时的他，对清廷还谈不上有绝对的忠心，也许他觉得犯不着对一次胜仗的大小如此较真。既是打了胜仗，夸大一点也无妨，可以为王鑫这个年轻人邀功请赏。而曾国藩则不同，他是京官出身，自命要对皇帝负责，认为绝对不能对圣上讲一点假话。二人在立场上的分歧，似乎与个人关系无关，却导致曾侍郎对左师爷心生了芥蒂。

回护好友与弱者

在楚军获得湘潭大捷之后，靖港的太平军虽然打了胜仗，但听说友军在湘潭大败，知道楚军定会乘胜反攻，于是赶紧北撤。他们夺得船只，从岳州西进，攻占龙阳（今汉寿），打败驻防清军周凤山所部，又于五月十六日攻占常德。从陆路北撤的太平军，借道江西的萍乡和万载，绕向湖北，与通城的驻军会合，再次南进。

湖南仍然受到太平军的威胁，而楚军正在休整。左宗棠建议骆秉章动用湖南本地驻军，竭力推荐他重用的死党胡林翼，并给胡林翼没有着落的部队供饷。

胡林翼手中此时只有一支弱小的部队。先前，他率领一支六百人的黔勇，奉命增援武汉，后因武汉失陷，他失去了进兵的目标，便与曾国藩、骆秉章取得联系，奉二人之命，移军平江与崇阳，配合楚军作战。三月份，在太平军再次进攻湘中时，曾国藩曾派他进军安化，镇压当地起事的会党。现在，曾国藩得知太平军攻占了常德，便与骆秉章会商，派胡林翼统率赵启玉、周凤山、李辅朝部两千人前往常德进击太平军。由于胡林翼不是楚军创始人，又势单力薄，周凤山、李辅朝不把他放在眼里，不听从指挥，擅自出战，结果在龙阳被太平军名将曾天养部击败，损兵折将，师出无功。胡林翼为部将所累，只好收集残兵败将退保益阳。左宗棠作为胡林翼的姻亲和密友，见胡林翼处境如此狼狈，一方面对周凤山十分恼火，另一方面为胡林翼捏着一把汗。他放下架子，向曾国藩求情，曾国藩又拨了一千人归胡林翼节制，使胡林翼稍稍自立。

在胡林翼向西进军时，左宗棠通过骆秉章发令，调江忠源之弟江忠淑从平江攻击通城的太平军，曾国藩则令塔齐布率部从湘阴攻向岳州。太平军为了死保岳州，将常德驻军调来，于是太平军于六月初一日撤出常德。

六月十三日，楚军休整完毕，曾国藩令罗泽南所部湘勇从新墙出发，与塔齐布会合，他亲自督率十营水师跟进。闰七月初一日，楚军攻克岳州，随即进入湖北，水陆两路连日攻战获胜，楚军乘胜北上。六天后，江忠淑所部楚勇攻克通城。如此一来，湖南境内的太平军已经肃清。左宗棠趁此机会，去向骆秉章告辞。他说："当初省城危急，籲公留我暂时襄理军务。如今涤公所部节节取胜，发逆一时半会是进不了湖南了，在下也该回去图个清闲，特来求准回乡。"

骆秉章一听此话就急了："季高啊，你看你看，这是从何说起？我当初就要正式下个聘书，是你不肯嘛。你是不是觉得我还不够放权？你要是觉得我干预太多，直说出来，大事小事你看着办就是了。"

左宗棠此次辞行，并非打定了主意要走，而是觉得骆秉章还不敢让他放开手脚大干一场。多年以后，他在给郭嵩焘的信中说了当时的情况：

> 弟自入居湘幕，骆文忠初犹未能尽信。一年以后，单主画诺行，文书不复检校。

所以，这个性格狂傲的才子，觉得在这样的人手下干事没有意思，打算"更名隐姓，窜匿荒山"。很明显，左宗棠这是以退为进。作为一个无权无势的干才，他在职场中与老板讨价还价的利器，只有提出告辞、作势要走这一招，而在博弈中往往成为赢家。但他要争取的并非个人名利，只是老板的"尽信"，得到充分的办事权而已。

果然，左宗棠提出要走，骆秉章就改变态度了，对他"推诚相与，军事一切，专以相付"，使他"不得不留此共相支撑"。

左宗棠留下了。从这时起，直到咸丰十年（1860），六年之间，左宗棠事实上成了湖南的一把手。

湖南刚刚遭到战乱，民物凋耗。北部的岳州，要防太平军再次南攻；南部的郴州与桂阳州地接广东，连通韶关；永州和宝庆则地接广西的全州与桂林。湘南会党蜂起，时时图谋北上，与太平军会师。他们转移根据地，互相靠拢集结，与内地会党互相呼应。巡抚公署一天数次接到告警。

湖南的良将精兵，大部跟随曾国藩的大军北进东征，而曾军又全靠湖南供给粮饷、船炮和武器。左宗棠责任重大，他要谋划省内防御，筹集军需，运给在外省作战的楚军。

左宗棠素来看重吏治，把这看作军政事务能不能正常运行的关键。他认为，要完成自己的重任，必须澄清湖南的吏治，而奖廉罚贪是整饬吏治的关键。他替骆秉章拟写奏折，弹劾十八名失守防地的镇道以下官员。在廉政方面，他和在京城担任过监察御史的清官骆秉章亲自带头，"以廉俭率下"，在各州县建立起了威信，基本上遏制了贪污浪费的风气。左宗棠"天下切要之政莫如讲求吏治"的政治思想，在他入幕之初，就在张亮基治下体现出来，而在骆秉章幕中，则日益从其理政的措施中体现出来。

这时候，胡林翼移军驻扎常德，刚刚从大败中喘过气来。曾国藩率部向武汉挺进，觉得还需网罗人才，打算奏调胡林翼带勇随军征战。左宗棠闻讯，怂恿骆秉章奏留胡林翼驻防岳州。他强调湖南北大门岳州的防御十分重要，又说胡林翼驻守岳州，可遥为曾国藩大军声援，使曾军无后顾之忧。实际上，左宗棠是为胡林翼着想，不让他那支弱小之师参与进攻武昌而冒险犯难。左宗棠刻意保护胡林翼，一方面给他供饷，另一方面又不想让他去当大敌。

王鑫的部队在此时已成为省内防御的中坚力量。左宗棠令他率领五百名湘勇驻扎江华，增援绿营，阻止广西的会军进入湖南。又令李辅朝率领九百名楚勇驻扎宜章，增援知府王葆生的南勇，阻止广东会军入湘。

长沙开设了绅局，制造船炮，由岳麓书院山长丁善庆、黄冕和李概等人负责，左宗棠亲自监督。这是一个信号，说明左宗棠注重起用绅士任事，致力于扩大绅权，发挥民间学者的作用。他和骆秉章、曾国藩等人努力培植湖南汉人在军政界的势力，大量起用湖南的在野士子，形成新的官绅结合的社会管理体制，动员知识分子的力量来为清廷服务，取得了不错的成效。而他在长沙开设绅局，是一个重要的发端。

接着，左宗棠与郭嵩焘等人"力定越境剿贼之计"，请骆秉章派部队增援湖北。援军尚未派出，曾国藩指挥水陆楚军已于八月二十三日攻占武昌和汉阳。倒是湖南的局势恶化了，此年秋季，两广的会军侦知楚军出省作战，本省兵力空虚，多股会军在不同地点趁机越境，攻城略地。由于左宗棠事先已做好部署，又有王鑫等生力军在他的调配下努力作战，湖南各地得以保全。

"报！广东仁化土匪攻打桂阳！"

左宗棠说："慌什么？知县吴清鹏的团勇足以抵抗。"

"报！广东乳源土匪攻打宜章！"

左宗棠说："我早已部署兵力，李辅朝与知县王宏谟已严阵以待。"

"报！广东连州土匪攻打临武！"

左宗棠说："无须增援。周金城的南勇自会抗击，参将赵永年也会用兵。"

果然，赵永年将会军引诱到城边，发起攻击，将会军击退。

"报！广西灌阳土匪包围道州！"

左宗棠说："檄令知州冯崶顶住！令王鑫和周云耀从江华增援！"

灌阳的会军兵力强大，道州的情况最为危险。左宗棠指挥王、周两部大战会军，道州迅速解围。灌阳会军转而袭击江华，王鑫率部先抄小路进城迎战，将之击退。这股会军从广西招来恭城、栗木屯与灌阳的党羽，令他们袭击零陵，结果在水口山被游击骆元泰所部击败。王鑫决定打击会军的巢穴，越过省界攻击，击败栗木屯的会军，烧毁军营，领兵挺进龙虎关。从江华与道州逃走的灌阳会军招来广东连州的同党一起攻击宁远，兵力多达万人。王鑫与周云耀闻警，星夜赴援。会军虽占据险要阻击，却阻挡不住官军的攻击。王、周二部进至宁远城下，斩杀两千名会军，俘虏四百多人。

这边战事刚定，又有广东会军大举攻击蓝山。在宁远落败的会军赶来会合，广东会军势力增强，王鑫与周云耀两军又从宁远赶赴蓝山作战。此时，江忠源之弟江忠济从庐州返回湖南，左宗棠令他招募一千五百名楚勇前往蓝山，共同将会军击退。江忠济挥师追杀会军余部，一直进入嘉禾境内。王鑫率部追杀逃向宁远的会军，于十一月份接连获胜，搜杀无遗。湘南大致安静下来。

郴州和永州是湘南的两大重镇，左宗棠为了巩固湘南防务，令江忠济所部赶赴临武，会同李辅朝部防守郴州和桂阳州；令王鑫增募兵力，会同周云耀部防守永州。

南边的捷报送到府城时，左宗棠摘要给骆秉章念了几句，然后说："璞山此人，籲公以为如何？"

骆秉章忙说："诚如季高所言，乃是上上之选啊。"

左宗棠非常得意，接着就开始讲笑话了："曾涤生每次感叹人才难得，我都暗中偷笑。涤生问我为什么要笑，我说：'你的水陆大军有一万多人，你却说手下无人，难道这一万多人都没用得上的吗？十个人当中，就有一个比较能干的，我让他做其他九个人的头，那九个人必然无话可说。依此类推，千人万人，都是如此。我所用的人，都是涤公你没有用完的，或丢弃了不再起用的，王璞山就是其中之一。涤公见我用了有效，又往往发现了他的长处，想用一用了。然而涤公丢弃的人才，岂不是太多了吗？'"

这番话传到曾国藩耳中，曾国藩也只能苦笑一下。从这番话里，我们发现左宗棠在用人方面与曾国藩有很大的不同。曾国藩由于自己的执行能力较差，必须广纳一流的办事人才，加以笼络，以德服人，若是像王鑫那样不买账的人，就会不堪其用；左宗棠则不然，由于他自己的才干非常强大，办事能力超强，只要是可用之才，不管一流二流乃至三流，他都用得上，大家只要遵照他的调度办事就行了，无往而不利。手下人由于折服于他的才干，心甘情愿听命于他，正如关羽、张飞、赵子龙等人折服于孔明。久而久之，大家达成共识：只要按照左宗棠说的去办，就一定会打胜仗，而这样就形成了凝聚力。

王鑫是很佩服左宗棠的，他听从巡抚师爷的调遣，致力于湖南的防御作战。他的部队不过一千人，在省内奔波，常常几天吃不上饭，靠着精神的激励，转战于湖南与两广交界的崎岖山区，以少胜多，以弱胜强。左宗棠经常写信给他，加以指导和勉励，并对他给予极高的评价。他说：道州、江华、永明、宁远、蓝山几次大捷，说明你心思缜密，勇敢顽强，都是近来少见的品质，大家都感叹才干不如你。依我看，你的义烈之心，即便在古人中也不多见。自从你岳州败归以后，从前赞美你的人，没有一个不诋毁你，而现在却又个个称赞你了。毁誉不足道，功名亦不足道，我们只要尽心办好自己的事情就行了。

左宗棠担心王鑫打了胜仗会忘乎所以，接着又谆谆劝诫：部队屡次获胜之后，必然渐渐产生骄气，轻视敌人，请你千万注意！

湘南省界稳定以后，已经进入冬天。左宗棠着手禁止大钱，废止户部发行的钞票。这个行动的意义，在于制止滥发货币，控制货币贬值，以稳定市场。

骄兵必败

曾国藩率楚军攻克武汉之后，接连攻下黄州、兴国、蕲州各城，并在田家镇大败太平军。曾国藩令胡林翼率部到前线会师，进逼九江。这个时候，左宗棠看出楚军已露破绽，很为曾国藩担心，连忙写信告诫。他指出：楚军东征，为天下人所仰望；所以楚军攻克岳州以后，直捣九江，节节得手，军威大振。然而将士渐渐骄傲，主帅的谋略渐渐乱了章法，曾国藩作为大帅，必须提高警惕，有所反思。

左宗棠总是这样。作为一个战略家，一个军师，当前方的将帅节节取胜时，他就开启了逆向思维，担心他们被胜利冲昏了头脑，干出懊悔不及的傻事来。

此时开启了这种思维的人，不仅左宗棠一人而已，还有一个人在为曾国藩担心。此人的地位远远高于左宗棠，他是坐在北京龙椅上的咸丰皇帝，大清帝国所有军队的最高统帅。

早在曾国藩率部离开武汉时，咸丰就为他的兵力单薄而担忧。楚军不过一万多人，沿长江向东挺进，如果分为南北两岸进兵，每边的兵力都不足一万人，而他们面对的敌人至少在十万以上。如果推进太快，被太平军抄了后路，就有全军覆没的危险。

湖广总督杨霈为了表现自己的忠心和能耐，主动提出负责北岸的进攻，其实他根本没有进兵，只是空喊了口号而已。在北岸没有援助的情况下，楚军攻打田家镇，本身就是一着险棋。但曾国藩对自己的水师大为得意，充满信心，连皇帝的告诫也听不进去，沿着南岸直杀下去。由于楚军将士用命，田家镇一役，楚军有惊无险，把太平军赶到了北岸。楚军打进了江西境内，颇为顺利，表面上看来，咸丰和左宗棠的担忧，似乎都是多余的了。

但是，曾国藩本人偏偏就在跟随水师进扎九江城外的前后，有了一种不祥的预感。他后悔没有听从皇帝和左宗棠的劝阻，导致孤军深入，背上感到了一丝丝凉意。

他想起来了，自从攻下田家镇之后，左季高接连给他来信，劝他不要轻敌冒进，他都没有理睬。军务繁忙是一个方面；一心东进，急功近利，不愿受到干扰，是更重要的原因。

左宗棠把曾国藩前后的态度加以比较，知道这位大帅是因为一路打了许多胜仗，已经听不进自己的逆耳忠言了。他给友人写信说：

> 涤公自田镇以后，弟数与书而不一答。

曾国藩不回信，左宗棠并不见怪，也没有放弃努力。个人意气事小，军国大业要紧，楚军的命运尤为重要。于是他给曾国藩的幕僚们写信，劝他们冷静一下发热的头脑。湘勇大将罗泽南收到了他的来信，不便作答。直到后来，才写信向他致歉。

> 前此九江之书，未及裁答，知阁下必疑泽南忌其言之太直。此身日在过中，力求药石而不得，敢忌医乎？敬读复书，吾人刻刻以圣贤自励，却不可以圣贤自许。骄之弊，宜若易免，然时时对勘，亦正为难。诚有道之言。

楚军在进入江西之后，后方已经空虚，兵力已经疲惫，曾国藩感到了危机，却已无法挽回。他给咸丰上疏，开始强调所面临的困难。他说，他有两点忧虑：其一，太平军过去在水战中屡次战败，是因全部使用民船。近来他们吸取了教训，在安徽仿照楚军的船式，制造出三十多艘战船，加上从江西缴获的官军战船四十多艘，势力大为增强。如果这支船队梗塞在鞋山与姑塘之间，那么楚军虽与江西内地只有咫尺之遥，却无法进入；其二，太平军分别驻扎在长江南北两岸，楚军陆师兵力单薄，在南岸顾不了北岸，在北岸又顾不了南岸。如果往来渡江，疲于奔命，就会消磨掉锐气。所以，他必须等到杨霈的部队到来，才有兵力防堵北岸，然后令楚军陆师全部渡江，集中兵力攻击九江。

咸丰（或许还有懿贵妃叶赫那拉氏）读了这份奏疏，知道自己担心的危局已经形成，颇为楚军担忧。为了补救危局，皇帝下诏，令湖北和江西两省派兵配合楚军。于是，杨霈带兵东移，抵达广济，桂明率部驻扎黄州。

湖广总督到达湖北边境，守着江西和安徽两省通向湖北的大门，颇有专心致志于湖北防御的态势。而湖北的上游地区，则由荆州将军官文主持军务。但是，接下来的情况表明，清军的这种花架子，根本就抵挡不住太平军的一轮冲击。

曾国藩为了自固，不得不调用胡林翼所部。他令胡林翼从岳州进入湖北，取道咸宁、蒲圻、大冶和兴国，东进江西瑞昌，来到楚军作战的前线，助自己一臂之力。

也许，对于曾国藩而言，最好的办法是及时抽身，退守湖北，重新布局。但他是个完美主义者，爱惜荣誉，认为楚军只能前进，不能退却，因此决定继续留在江西，保持对太平军的攻势。

但是，无论是咸丰还是曾国藩，仍然大大低估了对手的作战实力。他们没有预见到太平军在九江以下长江流域的防守是多么坚固，更没有想到，石达开的部将会把楚军死死地挡在九江城外，并把楚军主力久困于江西，导致曾国藩东进战略计划的流产，并导致楚军从咸丰五年（1855）开始，进入了一个长久的低潮。

曾国藩很快就尝到了轻敌冒进的恶果，他的水师小划快速部队被石达开引诱到鄱阳湖内，堵死退路，水师的大船在长江上丧失了机动能力。湖口的楚军大营遭到太平军攻击，水师和陆师都无法及时援救，曾国藩气得投水自尽，又跟靖港那次投水时一样，被手下人救起。

胡林翼为楚军水师的挫败总结了三条教训。第一条为"雪琴之躁"，即水师大将彭玉麟（彭雪琴）有欠冷静，不肯稍事休兵，急不可耐地派水师机动部队攻打姑塘，结果小型船队被太平军关在鄱阳湖内，与长江的大型战船分隔；第二条为"霞仙之狂"，即太平军夜攻楚军大营，烧毁曾国藩的座船，曾国藩侥幸逃生，来到陆军营中，幕僚刘蓉（刘霞仙）有心挽回败局，献了一计，建议乘敌军过年没有防备，集中兵力攻打湖口，以解救陷入内湖的水师，这个提议其实是个傻主意；第三条为"涤帅之误"，即水师认为湘勇中营战斗力太差，主张用湘勇右营与塔齐布所部参战，曾国藩轻信刘蓉，不知太平军不过中国的传统春节，批准了这个方案。湘勇将士已经十分疲惫，不愿在过年时作战，湘勇大将李续宾了解官兵的想法，提出反对意见。此事议了三天，曾国藩决定还是要战，结果军心大变，导致惨败。

左宗棠不大同意胡林翼的以上看法。他认为，曾国藩的骄傲才是导致失败的根本原因，他曾一再劝阻楚军冒进，却被视为"狂直"之人，实在是太冤枉了！而曾国藩的幕僚们智虑不及曾国藩，又对曾大帅一味顺从，不敢直言，所以酿成了苦果。

> 润之于水师之挫归咎于霞仙，霞仙本不知兵，无足怪。涤公自田镇以后，颇露骄愎之气，弟数与书而不一答，盖嫌其太直也。师胜气骄，即非霞仙，亦当小挫。况在其幕中者，惟知一味将顺，毫无匡救之意；又其智虑皆出涤公之下，如何有成？此弟早详言之而深虑之者，诸君以狂直目我，冤哉冤哉！

无论如何，曾国藩和他的部队，由于一系列的失误，不得不备尝苦果。他们将在江西备受煎熬，苦苦挣扎。甚至可以说，如果楚军摆脱不了江西的纠缠，这支曾经的劲旅就无法再次振作。因此，王闿运说：江西对于楚军而言，可谓生死之地，得失之林。而楚军能否在江西和湖北两省挺下去，在很大的程度上，取决于左宗棠能不能为这支湖南人的军队提供足够的后援。左宗棠的作用日益凸显出来，连美国学者贝尔斯都看出了这一点。他在《左宗棠：旧中国的军人与政治家》一书中写道：

> 左宗棠在平定太平天国的过程中扮演了重要的角色。对这场运动的研究越是深入，这个角色就会越显重要。在这场运动的前期，湖南省政府给予曾国藩楚军的援助，哪怕少了一点点，对帝国的事业而言无疑都是致命的。而在那几年中，左宗棠处在该省政府中准官员的位置上，成为湖南省政府中最具影响力的人物。他的影响对于支持楚军是不可缺少的。

第八章

事实上的湖南巡抚

"屹然强国"的湖南

事实给左宗棠的预言打了满分。由于楚军无法从江西自拔，这支湖南人的军队陷入了长期的困境。战争双方在江西与湖北的绞杀，使这场清廷本以为很快就可以结束的战争，朝着持久战的方向发展。

在太平军阵营里，翼王石达开对曾国藩楚军的弱点看得十分清楚，他得出了与左宗棠看法一致的结论，认为楚军"将士皆骄"，"甫攻九江，即围湖口，兼击彭泽"，"兵分势单，易生罅隙"。石达开针对楚军的破绽部署战役，在湖口大败楚军，扭转了太平军在湘潭之战后节节败退的被动局面。他命令林启容死守九江，牵制曾国藩所部，派秦日纲、陈玉成率主力进攻湖北。太平军将杨霈所部逼退汉口，分路进兵，东路攻克黄梅和广济，中路从小池口袭击黄州与蕲州，向长江上游推进，然后分兵渡江，西克兴国、通山、通城与崇阳，并攻击江西的义宁。咸丰五年（1855）正月初七日，太平天国西征军攻占汉阳。十天后，太平军第三次攻克武昌。

左宗棠担心的事情终于发生了。太平军上自武汉下至金陵，在长江上连成一线。他们在湖北和江西的进展，直接威胁到湘北和湘东。

太平军发起第二次西征，其势力席卷湖北和江西，湖南的清廷官府感到了来自北面和东面的压力，开始急切地操练后备楚军，倾尽全力从军事和经济上支援江西与湖北。后人总结这段历史，认为是"失之东隅，收之桑榆"。的确，如果没有湖南巡抚骆秉章及其师爷左宗棠倾尽全力支援楚军，曾国藩也许就再也无法从江西的泥潭中拔出来了。

当自己预言的危险已成现实的时候，左宗棠没有怨天尤人，而是一心一意地为楚军解困。他说：

> 涤公为今时办贼之人，岂可使有差失？

楚军于咸丰五年（1855）初在九江湖口地区遭到惨败时，湖广总督杨霈所部也在黄州溃败，湖北告急。这是左宗棠最害怕的事情。楚军后方一旦动摇，就会首尾受敌。他急令守备鲍超和王明山招募一千多名水勇，运送物资和粮食前往增援。鲍超从此留在湖北，后经胡林翼提拔，成为楚军的头号猛将。此外，左宗棠认为楚军陷入困境，杨霈负有不可推卸的责任，骆秉章接受他的提议，上疏弹劾杨霈。

在这个紧急关头，左宗棠死党胡林翼的作用也凸显出来了。胡林翼做过京官，其故旧文庆此时在朝，力荐他升职，他虽无赫赫战功，却被朝廷任命为湖北按察使。此时他身在江西，见湖北危急，认为自己作为湖北大吏，守土有责，自请率部增援。曾国藩感于他不畏艰险，勇挑重担，于是给他增兵，并派李孟群和彭玉麟率领水师赴湖北策应。曾国藩分兵之后，收拢内湖水师，进入南昌，罗泽南率部跟随，只留下塔齐布所部五千人驻扎九江城外。

由于湖北局势大坏，清廷令胡林翼改任湖北布政使，不久又令他代理湖北巡抚，寄希望于文庆举荐的这位干才。如此一来，战局虽然对清廷不利，但对湖南人在军政界势力的扩展形成了一个契机。左宗棠经营湖南这个后方基地，胡林翼经营湖北，曾国藩经营江西，形成连片支持、互相呼应的格局，为湘人势力在这三个中部省份蓬勃发展打下了基础。

左宗棠此时身负三大任务：第一，打击湖南本地以及从外省进入湖南的会党，稳定本省的社会秩序；第二，积极支持胡林翼收复湖北的失地，支持曾国藩在江西与太平军较量；第三，在湖南整饬吏治，调理财政，增加收入，以支持大局。

为了办好第一个任务，左宗棠重新调整本省的兵力部署。鉴于太平军已攻入鄂南，湘北吃紧，他首先要加强湘北的防务。他把江忠济的楚勇从湘南调至湘北，令其会同候补桌司魁联的宝庆勇驻扎岳州。胡林翼在湖北配合行动，令何忠骏率领平江勇抵抗通城的太平军。

左宗棠刚从湘南抽走一支劲旅，两广的会党得到消息，便趁机起事。这样一来，楚军在省外的失利直接影响了湖南，左宗棠每月都会接到各地的报警。所幸他留在湘南的部队仍然不弱，所以广东仁化的会党刚进湖南，便被清军击败。此前被王鑫击败的桂阳会军奔向广西富川，不久又进入湖南，攻击永明，再次遭到王鑫所部的痛击。这股会军退回广西灌阳后，王鑫所部会同广西清军主动攻击，迫使他们放弃灌阳城，奔赴湖南道州。王鑫回师阻击，会军主力越过零陵，直奔东安，攻占东安县城。左宗棠知道王鑫兵力不足，令赵焕联等人招募一千五百名湘乡勇，协助王鑫攻打东安。

来自广东的另一股会军在占据湘南门户宜章之后，于五月份北袭临武与嘉禾，其首领何禄率部随后赶来，攻占了郴州，几路清军退保永兴。左宗棠见郴州战情严峻，连忙调兵驻扎安仁，阻扼会军要冲，又派水师扼守衡州，以防会军北上。

湘南情势危急时，湘北又向左宗棠报警：太平军从湖北通城杀入湖南临湘，处死知县姚荣卿，向左宗棠的家乡湘阴推进。左宗棠增派杨虎臣、刘腾鸿率领一千名湘乡勇前往岳州，增援江忠济的驻防军。

左宗棠不断起用新人招募和统领部队。他用的这些新人，各有瑕疵，大多数老板都不会将之收入人力资源库。他当时起用的将领多是二三流的人才，学历不高，名望不大。这也难怪，因为一流人才都被楚军大老板曾国藩聘走了，他只好捡些剩余的，用他自己的话来说，这些人"皆涤公唾余也"。

曾国藩不愿使用的这些人，左宗棠称之为"中才"。但中才并不等于平庸，相反，有棱有角，都是有争议的人物，楚军人事部门考察时，总是对他们不满。但是仔细追问他们究竟有什么缺点，犯过哪些错误，人力资源的主管们又说不上来。例如王鑫、萧启江、刘培元、杨虎臣等人，后来都是湘勇名将，但考核时都被莫名其妙地打入了另册。

左宗棠用自己的用人实践，宣扬一种全新的人才观。他说，用人就像烹调，原料是用同样的蔬果，只有好厨师才能做出美味。对于中等人才，重在鞭策鼓励，加以磨炼。既然人才缺乏，就要放宽标准。只要他们没有泯灭天良，就是有用之才。原则上，察人颇严，用人颇缓，信人颇笃，就能把握好分寸。

左宗棠用了这些中才，用起来得心应手，于是非常得意：哈哈，骆中丞让我独掌人事权，我就能让各种人才为朝廷效力，使他们各尽所长。

由于两广和湘南的会军活动频繁，左宗棠尽管起用了不少新募之军，还是感到本省驻防兵力不够用。他决定起用江忠源的旧部刘长佑。这个新宁书生不仅作战勇猛，而且爱动脑筋。他以前在楚勇中的地位，相当于江忠源的军师。

时值郴州的会军分兵攻占桂阳州城，袭击永兴，王鑫所部被牵制在东安，无法增援郴州。左宗棠令刘长佑招募一千名新宁勇助攻东安，尽快抽出兵力前往郴州。

骆秉章见左宗棠把部队全部派到了湘南和湘北，省城兵力空虚，不免有些紧张。

"季高，兵都派出去了，还是不够用哪。"

"中丞，我正为此事犯愁呢。涤公在江西，润之在湖北，楚军两线作战，湖南就是大后方。若湖南不保，楚军断了供给和增援，那就离死期不远了，何谈东南大局！为今之计，中丞当奏请朝廷，将罗泽南所部调回。"

"我完全赞同，有劳师爷快拟一份奏折！"

左宗棠在奏疏中写道：湖南周边一千多里，南边要防两广，北面要防湖北，东边要防江西，西面要防贵州。一个省份，要对付五省的敌寇，就是本省的兵力全部调动起来，还是无法面面俱到。何况本省的精兵，已经调往江南和安徽大营，剩下的又跟随曾国藩和塔齐布东征，例如代理湖北巡抚胡林翼的部队，也多数是从本省招募。一省的兵力，由四省调配，又要打击和防御五省的造反武装，无论如何也分布不过来。如今湖南的兵力捉襟见肘，望朝廷恩准将罗泽南所部调回本省剿匪。

奏折拜发了，骆秉章和左宗棠却未能如愿。罗军正在与太平军争夺江西义宁，无法调回。加之塔齐布因九江久攻不下，气死在浔阳城外，罗泽南只得返回湖口整顿死者的部队。

罗泽南虽然指望不上了，但刘长佑不负左宗棠所望，果然迅速地组建了一支劲旅，给王鑫以强有力的增援。七月底，王鑫与刘长佑所部攻克东安，会军分别撤向新宁与祁阳。王鑫在东安的这场恶战打了四个月，至此方才取胜。王鑫率部追赶会军，在四明山捕获会军首领胡有禄，而刘长佑所部也在新宁击败会军。这样一来，湖南的局势有所松动。

但是，东南西北四面，仍然存在非常不利的因素。

在湘南，由于湖南官军的劲旅无暇顾及郴州，这里的会军没有碰到对手，胆子大了起来，于是出兵袭击安仁，北攻茶陵州。挺进永兴的会军也抵达耒阳，企图集结兵力，向衡州与长沙推进。一时之间，省会告急。

在湘北，湖北境内崇阳和蒲圻的太平军时常出入湖南的巴陵县境。

在湘东，江西义宁的太平军拥有一万多兵力，威胁与之接壤的平江和浏阳。

在湘西，贵州镇平的苗民军影响到沅州和晃州。

四方告急，都向左宗棠请求增援。

在这个关键时刻，罗泽南自告奋勇，请求率部挺进崇阳与通城，增援武昌，同时减轻湘北的压力，曾国藩思考再三，批准了这个动议。左宗棠令江忠济督率刘腾鸿等部，从岳州北进，与罗泽南所部会师。湘南方面，他令王鑫招募五百人，扩充兵力，从祁阳增援郴州与桂阳州。王鑫奉令后，首先攻击耒阳会军，左宗棠令李辅朝所部从兴宁前往会师。湘东方面，他令王葆生所部攻击茶陵，征调萧启江招募湘乡勇，从醴陵前往茶陵会师。

经过一番部署，到九月份，各地都有捷报传来。湘北，江忠济会同罗泽南攻克了通城；湘南，王鑫接连挫败耒阳会军，会同陈士杰的团练部队攻克了桂阳；湘东，王葆生等部攻克了茶陵。经过沉着冷静的应对，左宗棠终于扭转了湖南的战局，会军对长沙的威胁已经消除，他大大地松了一口气，他的第一个任务有了初步的成效。

左宗棠的第二大任务，就是支援胡林翼与曾国藩。

杨霈兵败之后，清廷根据骆秉章的奏劾将之罢官，任命官文为湖广总督。胡林翼集结湖北的水师和陆师，驻扎金口，起用杨载福统领水师。湖北的楚军初步组建成型，但几乎无力作战，因为粮食和武器弹药奇缺。左宗棠看在眼里，不待胡林翼伸手，就积极筹资，为他提供全部的军饷和装备。一个省的巡抚，完全依靠邻省的财政供养军队，是前所未有的事情。由于有左宗棠在湖南坐镇，胡林翼得以首开先河，依靠湖南支撑湖北的战事。

左宗棠在湖南本省镇压会党取得成果之后，刚腾出手来，便着手筹备对江西的增援。曾国藩的处境一天不如一天。石达开自九月初西援武昌，于十月份从湖北突入江西，连克该省的瑞州、临江、袁州等地。这些赣西重镇都与湘东毗邻，左宗棠不得不加强防御。他要求湘南各部迅速解决战斗，奔赴湘东驻守。同时，他向骆秉章献策，打算组建一支六千人的援赣军，只是苦于无处筹饷，暂未实行。

为了增援江西，左宗棠急于结束湖南境内的战争。他令王鑫从桂阳移师攻打郴州，王鑫接连攻破会军的坚固壁垒。广西灌阳的会军再次越境攻击湘南，先后斩杀清军将领周云耀与赵永年，湖南绿营驻防军的两员能战之将都在湘南丢了性命，绿营武功已废。左宗棠在湘南只剩下王鑫的湘勇和刘长佑的楚勇这两张王牌，他令王鑫分兵赴援各地。增援江西的任务，只得暂时拖延下来。

左宗棠的第三大任务是增加湖南的财政收入。湖南一直是楚军用兵的提款机，财政负担日益加重，左宗棠力任其难。他深知："筹兵非难，难在筹饷。"他很乐意接受这个挑战。

当时，湖南除了接济湖北的军饷，还要养活本省的部队。军饷的来源，全靠本省各地的捐款。但是，此时有大量的货币涌进市场，导致货币贬值。户部主张铸造大钱，让大面额的货币流通。不久，又改由私人铸造大钱，致使通货膨胀加剧。左宗棠不得不下令禁止。接着，户部连金属都舍不得用了，索性发行钞票，使货币进一步贬值。

骆秉章说："面额为一百文的大钱，含有一两五钱的铜，百姓都不愿使用，现在拿一张纸来抵三两银子，怎么能够流通？"

左宗棠非常赞同，并一针见血地说道："大钱和钞票是没有诚信的货币。"

在军费快要枯竭的时候，左宗棠决定另开饷源。除了委派绅士劝捐以外，从咸丰五年（1855）四月开始，他仿照扬州清军江北大营的做法，在本省向商人征收商品税，税率为商品价值的百分之二。他认为，商人不会做不赚钱的生意，收取商品税，不是向商人索取他们本来就没有的东西，所以是可行的。他将绅士黄冕派到常德搞试点，成功以后，在全省各个口岸和城市推行，由左宗棠统一部署。

军队向商人伸手要钱，就得维护商人的利益，保障他们的安全。左宗棠把水师战船派到各地，训练勇丁，护卫商旅。他采用刘晏的廉政措施，招募廉洁朴实的士绅管理税务局，亲信人等一概不用，一扫官场旧习。为了加大政务的透明度，商品税收支的数额，每月张榜公示。他在长沙设立厘金总局，由长沙知府裕麟总管，将税收转入军需局。

左宗棠确立了商品税的制度，又着手剔除粮食税的弊端。

湖南的粮食税，规定按每石谷子交纳六两银子。而当时稻谷跌价，一石谷只能卖四百钱。又因货币贬值，二千四百钱才能换到一两银子。农民用谷子换钱，再用钱换银子来交粮食税，苦不堪言。一个家庭，一年收入一百石谷子，折合成银子去交公粮，要用掉三分之一的收入。农民交不起粮食税，就只好拖欠着，长年积累下来，成为死账。左宗棠下令，各州县要废除旧的规章制度，采用切合实际的办法。

不久，湘潭举人周焕南建议：我们按照财政部规定的指标，多交一些粮食税行不行？每石谷子交纳三两四钱银子，其中包括户部规定要交的公粮，折合钱币的一两三钱，另外土地税和人头税每两多交四钱，增缴一两三钱支助军需，还多交四钱归县里使用。

左宗棠一看这个提议，就懂得了周举人的用意，大加赞赏，提请骆秉章批准实行。

但是，很多人不能理解周举人的用意。这就怪了，百姓本来就觉得赋税太重，怎么会自愿多交税呢？左宗棠深知其中的原委。他在为骆秉章起草的奏疏中做了分析。百姓自愿给税收加码，其实是为了减负。原来，虽然户部规定了纳税的额度，但各地政府层层加码，把各种费用摊派到税收中，所以百姓宁愿明里支持政府，而不愿吃亏吃在暗处。

这就说明，改革的最大障碍就是官僚。这项改革，减掉了州县官员从税收中挪做办公开支的部分，于是，厅局级以下的官员们听说要改革了，纷纷抗议，不肯执行。但是，左宗棠强制推行这项改革，几个月后，各地税收便已达到指标，各县的父母官纷纷请求仿照实行。左宗棠要求各地根据自己的收入加减定额。这种办法，既减轻了农民负担，又增加了实际的财政收入。此后，湖北与江西都仿照执行。

左宗棠推行的两项经济改革措施，为楚军的大后方打下了比较牢靠的财政基础。

声名远播

曾国藩在江西焦头烂额，左宗棠由于一直派不出兵力增援他而耿耿于怀。不过，刘长佑的出场，很快就为他解决了这个难题。

江忠源死后，其忠实部将、楚勇第二号人物刘长佑一直没有融入曾国藩的楚军体系。此人也是曾国藩用不了的人才，左宗棠将他抓在手里，让楚勇成为本省防务的生力军。如上所述，刘长佑所部很快成为左宗棠手中的另一支劲旅，和王鑫一起打击省内的会党。

咸丰五年底（1856年初），刘长佑所部从酃县扫平撤出茶陵的会军，回师南下，包围郴州。城内的会军粮食耗尽，突围而出。楚勇进占郴州，追到桂阳州境内，歼灭会军五千人。会军分兵奔向宜章与临武，刘长佑下令分路追击，斩杀会军首领何禄，会军余部溃散。刘长佑追到广东连州的潭源洞莽山，留下李辅朝所部驻守，主力回驻黄沙堡。

这时候，贵州战事纷起，影响到湖南西部边境，湘西连连告警：贵州铜仁的苗军攻占松桃，再次挺进湖南镇箅城；贵州思州的苗军攻占湖南晃州，继而进攻沅州，分兵攻占麻阳。左宗棠不得不考虑用兵于湘西，肩上的担子进一步加重。

值得左宗棠庆幸的是，素以强悍著称的湘西镇箅兵多少还有些实力，不等左宗棠派兵增援，已将苗军击退。但麻阳事出紧急，左宗棠不得不从长沙派兵增援，令守备田宗蕃率一千五百名镇箅兵前往。湘西驻防军接连攻克麻阳和晃州，撤向永绥的苗军也被清军总兵荣山所部击退。清军守备吴永清率部越界，会合黔军攻克松桃厅，然后会合田宗蕃等部乘胜攻克铜仁。湖南的援黔军从此形成，左宗棠的影响延伸到贵州。

茶陵的会军战败以后，进入江西的永新与分宜。左宗棠令萧启江率湘乡勇驻扎浏阳备防。此时，石达开在江西的主力与会军会合，包围吉安。对于曾国藩而言，江西的形势进一步恶化。左宗棠正愁手头无兵可调，得悉王鑫与刘长佑两支劲旅追击郴州会党之后已返回省内，联手攻击江华与永明的会军。

左宗棠想，是时候了，增援江西势在必行。"江西全局岌岌"，他十分焦虑，"为涤公危，亦为吾乡危"。于是，他去找骆秉章商量："籲公，洪逆在西北不得志，打算经营东南。湖南东部边境，一千多里与江西接壤。江西若有闪失，则江苏、浙江、福建、广东都会落入洪逆手中，而湖南也就危险了，东南大局不可想象！以时局而论，没有比增援江西更急迫的事情了。"

骆秉章说："我刚奉到上谕，令我们派一千五百人增援江西。能不能派王璞山（王鑫）去？"

左宗棠答道："璞山走不开啊。永明的贼党到了江华，两股合为一股，璞山正在围攻。我已令刘荫渠（刘长佑）返回省城，准备增援江西。赣西战线太长，一千五百人太少了，杯水车薪啊。索性派六千人过去，怎么样？"

骆秉章一听，不由得笑起来，说道："如今的督抚，个个只求自保，谁肯派兵支援外省？我们倒好，皇上只让派一千五，我们却派六千人。哈哈，也算是办了一件奇事。痛快啊！季高，你干的这些大事，已经有人盯上了。你认识御史会稽宗稷辰吗？"

"宗稷辰？没听说过呀。"左宗棠一脸茫然。

"你不认识他，他却知道你！宗御史向朝廷举荐人才，把你列为第一人选。他说你地位很低，功劳巨大。如果让你独当一面，业绩决不会在胡林翼等人之下。

皇上要我写一份切实的考核意见，将你送部引见。据说如今外官入见，凡是认识你季高的人，皇上都要垂询你的情况呢。"

左宗棠心内自然很高兴，说道："惭愧，我与此人无一面之缘，无一字之交。"

骆秉章所言不假，左宗棠由于整顿湖南，援助湖北、贵州与江西，已经名声在外。咸丰皇帝连连接到大臣们举荐这个湘阴奇才的奏疏。这些大臣当中也包括兵部侍郎曾国藩。这个湘乡人尽管看不惯左宗棠的做派，却也被此人的热情感动了。他在咸丰六年（1856）初上疏为左宗棠请功，感谢他接济军饷。咸丰有旨：左宗棠以兵部郎中使用，赏戴花翎。

刘长佑奉左宗棠之命增援江西，很快离开了湘南，留下王鑫孤军攻打江华，将会军逼出了县城。王鑫随后引军追击，抵达宁远与嘉禾县境内，会军残部从宁武逃入广东连州。湘南眼看就要稳定下来了，不料，撤向广西富川的会军杀了个回马枪，再占江华白芒营。左宗棠派守备黄辅鼎将会军击败，湘南再次平定。王鑫选拔精兵，越界进入连州，搜捕会党余部。

左宗棠平息了湖南的战乱，踌躇满志，向东西两线派出增援部队。西线的援黔军攻克铜仁后，没有全部撤回，留下部队协助黔军防守；东线的援赣军大举进兵江西。刘长佑的楚勇已经充实兵员，左宗棠又将浏阳驻军萧启江部湘勇交给他指挥，总兵力为五千人。

五千人援赣，绝对是雪中送炭。曾国藩得知援军即将到来，不由感叹不已。他的处境实在太难了。他眼睁睁地看着石达开攻占了吉安，赣西全成了太平军的领地。胡林翼虽然在湖北站稳脚跟了，但尚未攻克武昌，太平军从湖北的崇阳和通城向江西涌来，势不可挡，南昌告急。太平军攻占了南昌周边城市，设置官员，不少士民投靠天国。半年时间内，石达开占领了江西的七府四十七县，封锁了道路，曾国藩驻节南康，与各地文报不通，只能派谍报人员搞地下活动，把信件藏在蜡丸中传递，还经常被太平军截获。曾国藩连求援信都无法送达朝廷和友军，不由"魂梦屡惊"。他知道自己陷入了绝境，遗书都写好了，忽然有情报递到：湖南派出了五千人，即将入境！暗夜沉沉，突现一丝光明！曾国藩想道：左季高，够义气，你是好样的！

从此时起，左宗棠密切关注江西的战况，研究援赣军作战方略。这一天，他在巡抚公署，凝注着地图，把一颗棋子按在袁州地界，对郭嵩焘说道："意城，此处与吉安接邻，刘荫渠增援江西，应先攻占袁州。由此向东北发展，可以增援瑞州和临江；向东南发展，则可以增援吉安。"

"你认为荫渠应从何处出兵？"郭嵩焘问道。

"从浏阳和醴陵分两路进发，攻取萍乡及万载！"

咸丰六年（1856）二月初六日，刘长佑所部从长沙发兵，途经醴陵，六天后就攻占了江西的门户萍乡。同一天，萧启江所部从湖南浏阳攻打江西的万载。可惜的是，曾国藩未能接应，他调去增援吉安的周凤山所部在樟树镇被太平军击败了。这支部队是曾国藩的主力，原由塔齐布统领，塔齐布上年郁愤而死，曾国藩派周凤山任该军统领。

太平军打败了左宗棠根本不看好的周凤山，乘胜攻占抚州与建昌，控制了南昌的东南部。曾国藩从南康移驻南昌，调发湖口的部队增援江西内地。太平军随后进占南康。曾国藩丢失了基地，唯一的指望，就是左宗棠派来的援军了。

这时候，湖北传来噩耗，湘勇大将罗泽南在武昌城外负伤，不治身亡。这对曾国藩而言，更是雪上加霜。他原指望罗泽南攻下了武昌，便回军救援江西。正是他的这种愿望，令罗泽南不顾伤亡，不计得失，拼死作战，结果导致自己的早亡。

死亡的阴影笼罩着楚军。无论湖北还是江西，湖南的增援，是全体楚军将士的希望。

援赣军初战告捷，确实攻下了一些城市，但因曾国藩的主力作战失利，无法与之会合，援赣军暂时只能孤军作战。左宗棠为了迅速救援曾国藩，决定加大筹码，增派少年勇将田兴恕所部协助萧启江。两军于四月二十九日攻克万载。在这种有利的形势下，刘长佑所部进攻袁州（今宜春）。太平军不甘示弱，为保袁州，又向江西增兵。

为了对付增援赣西的太平军，左宗棠不得不再添筹码，增募勇丁，将刘长佑所部兵力充实到八千人，又令湘东沿边州县严密戒备，防止太平军袭入湖南。部署刚定，太平军果然分头攻击浏阳、攸县、茶陵、酃县、龙泉和桂东。湖南驻防军早有防备，太平军未能得手。

尽管左宗棠一再加派援兵，在湖北与江西，死神仍然翱翔在楚军的头顶上。继罗泽南以后，湖北又折一员大将。太平军从江西义宁袭击湖北通城的楚勇军营，江忠济寡不敌众，力战而死。胡林翼再次向骆秉章求援，请派驻军湘北的刘腾鸿部湘勇增援瑞州。左宗棠毫不犹豫，令刘腾鸿部从咸宁开往通城，派佘星元与洪定升率领二千人出防岳州。

刘腾鸿于五月份抵达通城，太平军却从湖北攻入湖南，从平江和巴陵袭击湘阴，攻击浏阳与醴陵，威胁长沙，企图断绝湖南援赣部队的饷道，以应援袁州城内的守军。袁州太平军得到鼓舞，趁机猛扑刘长佑军营，而杨秀清又从天京派出一万兵力增援万载。左宗棠面对危局，冷静思考，迅速应对，调余星元所部回头援救浏阳与醴陵，派彭定太等部从长沙出兵会合，又提醒袁州和万载的援赣军坚壁合围，防止城内太平军突围。

刘腾鸿所部追击太平军，抵达长沙。左宗棠并不留其自守，而是采取积极的攻势，仍令该部前往浏阳，急攻江西的新昌与上高，挺进瑞州。不久，余星元等部将太平军压迫到攸县，一直逼入江西。萧启江也打败了增援万载的太平军，援赣军在袁州会师。刘腾鸿按照左宗棠的部署，接连攻克新昌与上高，乘胜进军瑞州。

湖南为了对外省东征西援，新的部队一支接一支组建，老的部队一次又一次扩编，对军饷的需求处于饥渴状态。左宗棠为了扩展饷源，开设湖南盐茶局，这个机构负责对运往两广的盐征税。左宗棠还在郴州和桂阳州开征茶税。以骆秉章名义拜发的奏疏中，向朝廷奏报了盐税和茶税的征收办法。左宗棠发表了自己的看法：商号交税利公利己，一举两得，不仅是尽了公民义务，还能得到一个九品芝麻官的官衔，有助于提高商人的社会地位，打破重农轻商的风气。这时候，一贯强调"以农为本"的左宗棠，已经表现出了重视工商业的倾向。

左宗棠手中派出劲旅援赣，把王鑫所部留在手上，以应不时之需，所以底气颇足。王鑫所部于年初进入广东追击会军，三月份从连州抵达阳山和英德。广东清军赶来，把湘勇替下。王鑫留下黄辅鼎和萧荣芳率六百人驻扎江华，防备广西会军，他自己率主力返回衡州。他和他的部队都已精疲力竭，左宗棠令其抓紧休整，增募勇丁。至于湖南境内澧州、宁乡先后发生的会党起事，左宗棠派非主力部队前往镇压，都将会军击溃了。

但是，湖南最后的劲旅王鑫所部，左宗棠也无法将之长久留在本省，因为石达开所部太平军的异动，导致战场局势大变。咸丰六年（1856）二月，已将曾国藩逼到穷途末路的石达开，忽然奉召率部返回天京，夹击清军江南大营。石达开离开江西后，曾国藩的处境稍微宽松，但仍处在困局之中。石达开在回京途中，天京城内发生了太平天国领导集团的内讧，太平军战斗力大打折扣。但是，由于石达开回援，太平军仍然攻破了清军江南大营。正在此时，胡林翼猛攻武昌，石达开接到武昌守军的求援信，挥师溯江而上，增援武昌，令胡林翼顿时紧张起来。他的部队久攻武昌未下，伤亡颇重，全靠湖南输送船炮，络绎不绝，才支撑下来。

现在石达开又杀了过来，怎么办？他想：曾涤生自顾不暇，指望不上，还得请左季高设法救援。

一封信，十万火急，从湖北送到左宗棠手中。胡林翼在信中说：季高，不得不再次求助于你，请湖南增派援兵。

左宗棠想：谁叫我们是死党呢？我把湖南第一虎将王鑫派给你，够交情吧？

左宗棠给胡林翼回了信，一边给王鑫送去快信：应润之所请，请速到长沙，扩充兵力，增援湖北。

左宗棠不但无私地增援湖北，还要趁着太平军在江西兵力减少的机会，继续向江西增派援兵。他要实现自己曾经制定的援赣方略。这个方略的大意是，湖南增援江西，应分三路出兵，从南至北，一路从鄠县和茶陵攻击吉安，一路从浏阳和醴陵攻击袁州，一路从平江攻击义宁，直捣瑞州。援赣军现已派出两路，分别挺进袁州与瑞州，唯独因兵力缺乏，攻击吉安的南路援军未曾派出，其原因在于军饷不够，部队没有募集。

左宗棠正愁无兵攻打吉安，曾国藩的九弟曾国荃见大哥在江西的处境实在窝囊，应新任吉安知府黄冕之请，同意招募两千兵力前往吉安。左宗棠大喜，握住他的手说："曾老九，我将周凤山新募的两千名道勇交给你，你从萍乡出发，取道安福，赴援吉安。你看如何？"

曾国荃说："军饷从何而来？季高兄，你也负责供给吗？"

夏廷樾和黄冕在一旁说："沅浦莫急，第一批军费，我等就去募捐。"

左宗棠这些急人所难的义举，胡林翼都看在眼里。他深知这位老友有求必应，不仅办事能力极强，而且为人义道。他于七月份向皇帝奏报：左宗棠有能力兼顾江西与湖北的楚军，为我和曾国藩谋划军事，确是难得的将才。

王鑫办事素来雷厉风行，接到左宗棠的命令后，当月就率部开抵岳州，编练巴陵与临湘团练。此时，石达开增援湖北的部队已经败退，王鑫便越过省界，进军崇阳与通城。

左宗棠刚刚部署了援赣与援鄂的兵力，湘黔边界又出了问题。他得到报告：贵州铜仁的会军再次起事。左宗棠急调岳州驻防军侯光裕所部一千多人防守沅州与晃州。会军攻打铜仁府城，被驻防军击退，企图转攻镇箕，由于驻军防守严密，无法攻入，只得返回铜仁县境内。在铜仁会党起事的鼓舞下，松桃与石岘有苗军向永绥推进，而永从的苗军攻击通道与黎平，六洞的苗军联合本地会军攻占古州，获得厅城所储藏的军火，武力增强，越界攻击湖南靖州边界。湖南西部的防守，南北两路告急。

左宗棠与骆秉章商量："籲公，铜仁的会军和苗军不同，他们早就煽动苗民起事，这股力量不可小看啊。他们从沅水进兵，几天就可以越过辰州，我们不得不防！"

为了一举解决湘黔边界的问题，左宗棠连夜调集军力，先后有九千五百人开到湘西。湘西的防御很快就得到了进一步的巩固。

左宗棠正在为增援三省而忙碌不停，忽然得知英国制造"亚罗号事件"，联合法国，挑起侵华的第二次鸦片战争。他从战报中看到，广东的乡团杀死了两名英国军官，歼敌几百名，高兴得直拍桌子，对骆秉章嚷道："籲公，你家乡的团练，最喜欢跟英国人打仗。只要官府支持，他们就能打赢！你我关起门来说句话：如今朝廷只有依靠民间武装，才能站得住脚啊。"

骆秉章嘿嘿一笑，说："季高，那叶名琛也算个铁腕人物，天地会的克星，有时日杀千人。他稳坐广东督抚之位，有八九年了吧？官位之稳，创造了全国纪录。他还是个出了名的倔脾气。你看这一回，他打得过英国人吗？"

左宗棠叹息一声，摇头说道："我看够呛。我们败给夷人，从来是因为内部奸人太多。叶总督虽不致卖国，可惜昏庸无能，信道好仙，靠占卜来决定军事，终会贻误广东抗英的大局。"

左宗棠历来视抗击外国侵略为己任，而且将之当作一生中最重要的课题，但他此时仍然只是一名师爷，无法在对外战争中发挥作用，而且又陷身于内战之中，整个楚军集团的命运系于一身，于是他只得一边关注着广东的战情，一边继续指挥他所派的援军在各省的战事。

湖北方面，王鑫所部于十月份攻克通城，斩杀太平军将领张庸忠，然后攻克崇阳与蒲圻。太平军集结兵力攻打崇阳，被王鑫大败。王鑫进兵通山，攻克县城。王鑫一军援鄂，已经扫清鄂南，为胡林翼解除了后顾之忧，因此，胡林翼所部得以于十一月二十二日攻陷武昌与汉阳，接着很快就肃清了湖北境内的太平军。

王鑫的战功非常显眼，湖广总督官文，作为朝廷安排在两湖的满人权贵和亲信，一直有意于扩充自己的势力，很想把王鑫延揽到自己帐下，于是奏请朝廷，将王鑫加赏按察使衔，以道员留用，企图将王鑫所部湘勇置于自己的控制之下。官文没有料到，这件事遭到了小小巡抚师爷左宗棠的抵制。左宗棠为了不让官文遂心如愿，致信王鑫："此公（官文）为众所不与，润公（胡林翼）已与构隙。"他说，如果王鑫留在官文手下，实在是"明珠暗投，固已太辱"。于是，他将王鑫从通山调回岳州驻防。左宗棠此举，得罪了两广总督，为自己将来埋下了祸根。此为后话。

江西方面，到十月份为止，刘长佑所部围攻袁州已达五个月，太平军不断派兵增援瑞州、临江与吉安，都被援赣军力战击退。田兴恕于十月二十四日攻克分宜，太平军被迫停止对袁州的增援。十一月初一日，中路援赣军攻克袁州，取得了第二步的胜利。

贵州方面，援黔军击破三角庄的会军军营，捕获会军首领陈福林等几十人，无一遗漏。铜仁战事平定。左宗棠将援军各部调回靖州，防备黎平的苗军。

同月，广西会军向湖南边境推进，被黄辅鼎及萧荣芳所部在雷口关击败，湘南防御未被动摇。

遥控江西军事

由于胡林翼底定了湖北，而援黔军也肃清了铜仁，两军都撤回了湖南。现在，左宗棠所要关心的问题，就只有援赣军的作战了。

由于太平天国的内讧，太平军战力大减，楚军在江西也取得了节节胜利。咸丰六年（1856）底，援赣军南路统领曾国荃从江西发来战报：已经攻克安福。

左宗棠拍案叫好："籲公，曾老九站住了脚，我们就要扩大战果。我们给曾老九增点兵，如何？从萧启江手下抽调刘培元所部交给曾老九吧。这还不够，我即刻发文，令赵焕联从茶陵出兵攻打永宁；令余星元等部从酃县出兵攻打永新；令刘拔元、胡兼善所部攻打崇义与上犹。"

这时，太平军主力集结在南昌西南方一百多里处的临江镇，征召临江以东抚州与建昌的友军，与瑞州和吉安的驻军互相呼应，以阻挠援赣军的攻势。由于援赣军在袁州已经得手，左宗棠令其分路东进，攻取太平军临江大营。刘长佑所部进兵新喻，攻打临江西南；萧启江所部进兵上高，攻打临江西北。十二月初九日，刘长佑部攻克新喻，留下黄三清所部驻守，左宗棠增派杨虎臣所部驻扎万载，以固后路。

湖南大批军队增援外省，驻守边界，左宗棠手里几乎没有机动部队。为了落实全省的治安，他采取一个方略：给各地父母官加码，责成他们管好自己的责任田，防守自己管辖的疆域。他在官场开展整风运动，选拔能人担任地方长官。他所任用的知府当中，宝庆的朱孙诒、衡州的陆传应、常德的葆亨都是能人；州县一级官员中，道州的冯崀、邵阳的邵绥名、湘乡的唐逢辰、东安的赖史直都有声望。这时，清廷有诏，要求地方推荐胜任道府一级行政长官的官员，左宗棠在骆秉章的奏疏中陈述了朱孙诒等七人的政绩。

左宗棠正在部署军事，整饬吏治，接到北京发来的战情通报，打开一看，不由目瞪口呆。

"籲公，真不敢相信，叶总督竟被英军劫持到了军舰上，送到印度加尔各答去了！广东军政大员竟被逼到观音山躲避。欺人太甚！欺人太甚！我早就说过，叶某只会安内不会攘外，人家的炮舰都开到广州了，他还在设香案，拜菩萨，好不糊涂！"

左宗棠为两广总督叶名琛未能抗击英军而气愤，又接到援赣军的一份败报，不由更加气恼。原来，咸丰七年（1857）正月，刘长佑干了一件傻事，导致了援赣军的重大失利。

中路援赣军的势头本来很好，但左宗棠对其作战部署有所不满，多次指出：在坚城之下驻扎部队，不是上策；应当选择要地，构筑牢固的军营，分兵四出，肃清周边县份，才能常有争锋逐利的胜仗，得到反客为主的优势，而不至于被太平军困死。曾国藩赞成这个意见，向中路和北路援赣军表达了自己的看法。

可是，刘腾鸿与刘长佑轻敌疏忽，漠视了这些忠告。刘长佑部从新喻挺进临江太平圩，萧启江所部攻占上高，驻扎鹦哥岭，与瑞州驻军互相援应，在他们看来是不错的部署。然而，太平圩一地没有遮拦，易攻难守，结果被太平军抄袭。太平军于二月十七日夹攻刘长佑军营，将刘部击溃，刘长佑仅以身免。幸亏刘长佑素得当地百姓爱戴，在民众的援助下，逐渐收拢了余部，才得以退守新喻。

江西的作战真可谓祸不单行，刘长佑部刚刚受挫，曾国藩派驻赣东的部属李元度又吃了败仗，率部撤退到贵溪，太平军从贵溪突围，向福建边界推进。云南人毕金科被江西的官员戏弄，逼迫他孤军攻打景德镇，由于寡不敌众而阵亡。江西东部又乱成一团。

刘长佑所部的败报传来，左宗棠痛心疾首，但他对于江西局势的恶化不能坐视不管。于是，他派江忠义率领新练的一千名楚勇补充刘长佑的兵力，又痛下决心，调王鑫的三千名岳州驻军星夜赶赴江西，作为机动作战部队。

把王鑫派到江西，左宗棠真是把老本都掏出来了。他希望王鑫这支机动能力很强的湘勇大有作为，能够使援赣军彻底扭转江西的战局。

就在这个重要的关头，又有一件事令左宗棠颇为焦心。曾国藩的父亲在此时去世了，左宗棠对曾国藩寄予很大同情。他给王鑫写信说：涤公现在恐怕已经听到噩耗，可是战局如此艰难，如果他离开军营，回家丁忧，恐怕朝廷不会允许，可想他心中是多么痛苦！

左宗棠没有料到，曾国藩率部从南昌到瑞州与北路援赣军会师，听说父亲去世，没等朝廷批准，就擅离职守，披星戴月，回家奔丧去了，把楚军大营丢在江西不管。曾国荃也是如此行事，不顾南路援赣军尚未对吉安合围，他也告假回家去了。

对于曾氏两兄弟的行为，左宗棠非常吃惊。几万将士正在浴血奋战，努力挣脱困境，楚军大帅怎能丢下大家不管，擅自回家办私事呢？这是严重的渎职行为！按照他的脾气，他真想面对面地把楚军大帅训斥一通。转念一想，还是委婉一点，写信给他的九弟吧。他在给曾国荃的信中说：沅浦，涤公此事办得委实唐突，不合大义。军事重大，不像官员平时外出，可以自己做主。如果一个大兵因父母去世，不管上级是否批假，就跑回家去了，军官会对他放任不管吗？何况涤公是受朝廷之命，正在与逆贼作战呢？自古以来就有明文规定，类似情形是不能随便回家的。如今战局这么危险，他怎么能说走就走呢？

写信给曾国荃，算是迂回批了曾国藩一回。左宗棠还不解气，他一贯的作风是"面折人过"。所以他又写信给曾国藩本人，竭力说服他不要回家。信中说：宗棠也有父母，何尝不懂孝道？但就眼下的情况来看，你没有任何理由离开军营！

左宗棠的正面劝告也没起作用，曾国藩还是回家了。由于左宗棠对曾国藩此举大肆批评，而朝廷大臣对此也颇多非议，曾国藩一时感到压力极大，从此落下了失眠之症。

但是，左宗棠和所有的大臣都是瞎操心，皇上在接到湖南巡抚关于曾国藩之父去世的报告后，不等曾国藩的请假折呈到，就已经批准了他的假期。由此看来，左宗棠的批评就有点像狗拿耗子，自然令曾国藩有所反感。

左宗棠知道自己又得罪曾国藩了。在给刘腾鸿的信中，他说：我已听说涤公对我见怪了，但我出于一片至诚，也只能听之任之。唉，我左宗棠就是这个脾气，看到涤公什么事情做得不对，就会直接给他指出来。一片好心，总是被人当成了驴肝肺啊。

曾国藩兄弟离开了江西，左宗棠因批评曾国藩而得罪了这位楚军大帅，但江西的烂摊子还得靠左宗棠来收拾，而左宗棠也是当仁不让。他开始担负起对各路入赣楚军的遥控指挥。

曾国藩走后，抚州与建昌的太平军猛力突围，企图增援吉安，不倒翁刘长佑所部将之挫败，军势再次振作。王鑫的部队在咸丰七年（1857）三月份赶到了新喻，这时刘长佑已在罗坊击败太平军，中路援赣军得到增强，重新取得战局的控制权。太平军对萧启江所部的攻击，萧启江也在瑞州驻军的合作之下猛力抵抗，将之击退。

在左宗棠调度下，各路援赣军会师，向临江挺进，江西巡抚派出刘于浔的水师与援军会合。由于左宗棠的努力，湖南的援军在江西军力中已占主流，大有反客为主的趋势。左宗棠派往江西的援军，单是由湖南提供军饷的部队，共计达到一万六千多人，每月消耗湖南九万多两银子。

湖南倾全力增援江西，使江西军务刚刚有了起色，然而，广西那边又出了大麻烦。左宗棠得报：该省重镇柳州已被会军攻占。左宗棠的第一反应是加强湘南防御，急调段莹器率领祁阳勇，会同黄辅鼎所部防守永州。不久，广西发来了告急文报，于是向南方邻省广西派出援兵的课题，又摆在左宗棠面前。

左宗棠找到骆秉章，说："籲公，刚接到广西公文，粤贼正扑向省会桂林。"

"有这等事？莫非又出了一个洪秀全？"

"此人名叫朱洪英，势力不小，若不制止，任其坐大，只怕真会再出一个洪逆了！粤西兵单财绌，是无力自顾的，看来还得我们派兵过去。若是让粤贼在广西得势，湘南将防不胜防啊！不如先走一步，在广西境内把火扑灭！"

骆秉章叹道："唉，要是荫渠和璞山有一人在就好了！现在还有谁能担此重任呢？"

左宗棠说："倒是有个人自告奋勇。湘乡人蒋益澧，籲公是否识得？"

"蒋芗泉？听说此人虽能打仗，但性格粗豪，是从李迪庵（李续宾）军中淘汰出来的将领嘛。"骆秉章有些迟疑。

左宗棠劝道："籲公有所不知，其实芗泉的名望与迪庵相当，只是两人不合。罗罗山（罗泽南）去世后，他遭到排挤，愤而卸甲归田。此人吃亏在没有读过书啊。若是经历一番磨炼，将来能独当一面，也未可知呢。"

既然师爷已有定见，骆秉章不再多言，批准了蒋益澧的申请。左宗棠把援助广西提上议事日程，令蒋益澧编练一千五百名湘乡勇，将段莹器的一千人和八百名永州勇调到他的麾下。于是，蒋益澧向广西全州进军。

左宗棠的身份，仅是湖南巡抚的一名师爷，却能调度和指挥增援湖北、江西、贵州、广西四省的战争，并为湖南派出的外援军队筹措军饷，提供军械，其影响所及，不下于督抚封疆大吏，三年多来，已在军政界形成了极大的影响，朝廷自然多有风闻。皇恩浩荡，咸丰皇帝在此年五月份颁下上谕，专门垂询左宗棠的意向。

> 湖南举人左宗棠，前经曾国藩奏保，以郎中分发兵部行走；复经骆秉章奏，该员有志观光，俟湖南军务告竣，遇会试之年，再行给咨送部引见。现当军务需才，该员素有谋略，能否帮同曾国藩办理军务，抑或无意仕进，与人寡合，难以位置？着骆秉章据实陈奏。钦此。

这道上谕，说明皇帝对左宗棠已经有了较深的了解，不仅了解他的才干，也清楚他的性格与为人。皇帝很想了解此人的意向，以便做出合适的安排，更好地发挥他的才干。

此时的左宗棠，是否有为官的意图，我们不得而知，但骆秉章肯定是舍不得放他离去的。他想：曾国藩需要左师爷帮同办理军务，我骆秉章就不需要吗？湖南已派兵增援四个省份，千头万绪，左师爷一走，我怎么照顾得过来？他连忙上疏，说湖南军事紧急，请将左宗棠留在湖南。

有骆秉章挽留在前，左宗棠似乎也不愿离开家乡。骆秉章让他辅佐五省的军事，有足够的舞台发挥才干，他乐得继续做这个师爷。但他非常感念皇帝的关怀。他说：

> 圣意委曲体念如此，亦旷世难逢之奇遇。

这时候，左宗棠对咸丰皇帝，第一次生出了感恩之心。他与咸丰夫妇的君臣之谊，就此开始萌芽。

曾与左宗棠同为张亮基幕僚的湖北监利人王柏心对左宗棠佩服得五体投地。他想：一个军政全才，统筹几省全局，谋划无不恰当，才略名闻天下，连天子都等着他去出任高官，可是他并不以功劳自居，宁愿寄身军府当一名幕客，如此的胸怀和见识，绝不下于范蠡与张良！

左宗棠在皇上那里挂了号，骆秉章更加不敢怠慢。为了让他安心留在长沙，和胡林翼一起，资助他五百两银子，在长沙司马桥购得一所宅邸，将全家从湘阴柳庄迁移到新居。这里距密园不远，在文正祠堂附近，过去是辛弃疾练兵的地方，既叫"飞虎寨"，又叫"司马桥"，都是遗迹的名称。

左宗棠受到皇帝和巡抚的高度重视，出于感恩之心，更加用心指挥援军在外省的作战。他在江西的用兵方略，力争控制南昌以南、赣州以北的江西腹地，将攻取瑞州与临江作为重中之重。他说："以江西大局论，非瑞、临速得，不能望转机也。"

王鑫领会了左宗棠的用兵意图，他与刘长佑会师后，援赣军以强大的军力开始攻打临江。左宗棠给王鑫发去情报：太平军已大举增兵吉安，将对南路与中路援赣军构成威胁。他令王鑫攻击援救吉安之敌。王鑫不敢迟延，领军东渡赣水，在水东大败太平军，烧毁五座军营，然后移师攻击万安的太平军增援部队。这时，他得知太平军的另一支援兵拥有几万兵力，从宁都进入永丰境内。王鑫回师大战沙溪，将这支援兵击败，斩杀敌将胡寿阶。王鑫再接再厉，第二天击败万安的太平军。不久，宁都太平军又派几万名后续部队增援，王鑫率部迎击，在韶源将之击败，然后追出四十里。但是，太平军在宁都的驻军仍然兵力强盛，王鑫便挥师进攻钓峰军营，迫使太平军渡江，然后挥军攻击，将太平军全部击溃。

王鑫屡次大败太平军的援兵，太平军视之为"王虎"，不敢与他交战。围攻瑞州、临江和吉安的援赣军，形势大为振作。

进入夏季以后，王鑫所部追击从福建撤回的广昌太平军，接连获胜。这支敌军驻扎头陂，号称十二万人。王鑫整军攻击，又获大胜，敌军余部奔向建昌。六月初五日，王鑫分兵攻取乐安，刘拔元、胡兼善所部同时攻取龙泉。但是，曾国藩的部将周凤山再次坏事。他在围攻吉安时被守军击败，全军退到安福，使王鑫成为孤军深入，只得回师永丰。

七月初，抚州和建昌的太平军再次发起反击，大举攻打乐安，王鑫所部驰援，在龚陂将太平军击败。七月十五日，王鑫又在崇仁凤冈圩击败太平军，斩杀一万人。当天，刘腾鸿所部在攻打瑞州时勇猛冲锋，遭到太平军顽强抵抗，刘腾鸿中炮阵亡。刘腾鸿之死激起湘勇的愤慨，他们在死者弟弟刘腾鹤的指挥下，一鼓作气夺下了瑞州。湘勇以一员大将换来一城，付出了沉重的代价。

援赣军折损一员大将，左宗棠痛心不已。天气炎热，疾病流行，王鑫所部三千人也减员不少，左宗棠连忙给他补充兵员。王鑫所部休整之后，继续跟太平军周旋，连获胜仗。但是，王鑫连续带病坚持作战，在酷暑和疾病的双重打击下，终于挺不下去了。八月初四日，这位湘勇名将在乐安病逝。援赣军连折两员大将，而王鑫是左宗棠最珍爱的一位，他的去世，令左宗棠付出了惨重的代价。左宗棠着力保存王鑫旧部，令其部将张运兰与王开化统领部队。

王鑫一死，太平军趁机反扑。吉水的太平军北攻峡江，企图绕过临江，分兵攻打袁州和瑞州两城，夹击围攻临江的楚军。援赣军连失大将，军心沮丧，抚州、建昌和吉安的太平军势力重新抬头。

曾国藩离军之后，江西的楚军没有了大帅，只能在左师爷遥控之下，互相协调，各自为战。为了阻遏太平军新的攻势，普承尧的瑞州驻军开往峡江阻敌，刘长佑从临江派出三营部队协助。普承尧出师不利，被迫退守罗坊，刘长佑的三个营也随之撤退。张运兰与王开化将部队带到分宜，与杨虎臣的驻军会合，驻扎新喻，以保袁州。临江城内的太平军听说楚军战败，日夜填壕，接应援兵。

不久，几万名太平军逼近太平圩，随时可能对围城的援赣军发起攻击。刘长佑密约驻扎在秋田的萧启江所部联合作战，攻破太平军的四十七座壁垒。第二天，张运兰与王开化攻击罗坊，将太平军逼退到阜田，压制在峡江以西，暂时稳住了阵脚。吉安的援赣军也攻克了吉水城，得以水陆相保。

赣西刚刚稳定，赣东局势又趋于紧张。将军福兴与李定泰所部在乐平和东乡落败。石达开率部从景德镇南下抚州，再次占领乐安各城。

左宗棠一直为失去王鑫而伤感。他原指望这员虎将澄清江西战局，然后回湖南为他支撑本省的防务，不料这个刚刚三十出头的年轻人竟撒手而去。左宗棠为他的死而自责不已，直到九月份，他的第四个儿子左孝同出生，他的心绪才稍为平复。

石达开此次开入江西，是独立于太平天国之外的军事行动。天京事变之后，他脱离了洪秀全集团。左宗棠一直视石达开为劲敌，密切注视着这位"游侠骑士"的动向。他从截获的敌军来往信函中得知，江西的太平军一直盼望石达开到来。他认为，这说明太平军已是好手无多了，楚军只要坚持作战，一定能扭转战局。

石达开从景德镇南下，引起了左宗棠的警惕。十月份，石达开所部开到吉水，吉安和临江的楚军大为震惊。左宗棠决定以赣水作为自然屏障，阻挡石达开西援。援赣军张运兰部奉令扼守三曲滩，率部拼死抵抗。石达开没有水师，无法强渡赣江，只好退回抚州，再作计较。

当月，援赣军对乐安发起攻势，接连夺取会军关隘，斩杀上万人，然后围攻府城，于十一月初八日攻克此城。黄辅鼎与彭玉山捷足先登，中炮而亡，援赣军又以两员干将的性命换得一座府城。

在咸丰七年（1857）左宗棠指挥的战争中，湖南的援黔军在夏季攻克了锦屏，分两路挺进黎平，接连攻破堡寨，不久即攻克永从。援桂军也取得了很大进展。蒋益澧首先进军全州，朱洪英的造反军在灵川和兴安集结抵抗，蒋益澧感到兵力不足。左宗棠增派江忠浚所部一千名楚勇协助攻击。七月中旬，援桂军攻克兴安，朱洪英南下平乐。左宗棠令蒋益澧从恭城出兵，会同黄辅鼎和萧荣芳所部攻打平乐。蒋益澧焚烧敌军战艇，逼近平乐而克之，因功擢升道员，赐号额哲尔克巴图鲁，加按察使衔。广西巡抚劳崇光上疏请将蒋益澧留于广西补用。从这时起，蒋益澧在广西站稳了脚跟，而左宗棠在广西的影响也确立下来。

第九章

宝庆大会战

运作曾国藩二度出山

石达开离开洪秀全集团以后，无心在洪秀全的战区内恋战。他在赣水碰了壁，并不打算继续留在江西，而是开始东进浙江，企图开辟自己的地盘。他不但自己要东进，还鼓励江西的太平军和会军跟他一起东迁。

驻守临江的太平军见增援无望，打算向援赣军投降。不过，由于内部意见分歧，互相猜忌，不久又改变了主意。左宗棠据此知道临江守军军心不稳，便令援赣军加大攻击力度。

咸丰七年（1857）十二月初八日，临江守军粮食告罄，突围出城。援赣军进占临江，合力追击，捕杀甚多。太平军余部奔向瑞州，在途中溃散。

临江克复后，刘长佑于咸丰八年（1858）正月请病假回乡。左宗棠令刘坤一代为统领楚勇，与萧启江所部湘勇一起从新淦攻取崇仁，以图抚州；张运兰与王开化的老湘营则奉令从永丰攻取乐安，以图建昌。

这时，石达开本人已进入浙江，他留守抚州的部队，听说楚勇主力渡过赣水而来，便乘清军后方空虚，从樟树镇向临江镇运动，却被田兴恕率轻骑击败。楚勇无后顾之忧，主力挺进崇仁，老湘营进军乐安。太平军收兵入城，企图死守。但老湘营于二月十五日将乐安攻克，又于三月初四日攻克宜黄。两天后，楚勇攻克崇仁，进军抚州。太平军分三路阻击，都被楚勇击败。建昌太平军见楚勇逼攻抚州，企图牵制楚勇兵力，暗派一军前往龙骨渡，袭击崇仁；另派一军前往瓷圭圩，袭击宜黄。两支部队约期同时攻击，以阻挠楚勇增援部队。刘坤一侦知敌军企图，立刻出兵龙骨渡，将其偷袭部队击退；老湘营同时在瓷圭圩击败另一支敌军奇兵。抚州民团的团长汪波率领团勇，协助楚勇搜捕城市附近的太平军。

援赣军很快在赣东站稳了脚跟，石达开闻知此情后，无心恋战江西，决定集中全力打开浙江的局面。左宗棠连忙跟进，将援浙大计拿出来讨论。他与胡林翼通信协商，后者主张将援赣军全部调往浙江增援，但左宗棠没有轻易答应。此时，他心中还牵挂着对付外国侵略军的问题。他见江西大局已定，便为骆秉章起草奏章，向朝廷报告广州失陷的情况，提出对抗英法侵略的对策。他主张派一支劲旅护卫天津，与英法联军决一死战，借以扭转被动的态势。

针对外国列强的侵略，左宗棠是坚定的主战派。他给胡林翼写信，满纸忧心。他说：若是王公贵族、勋臣老将侈谈议和，干扰皇帝的决心，事情就难办了。叶名琛辱国太甚，他的过失在于既没有备战，又丧失了人心。他叹息道：京城里的大员们对付洋人一筹莫展，接任的总督恐怕也无能为力了。

左宗棠于四月二十六日又致信曾国藩，提出反抗侵略的根本办法。他说：我从道光十九年（1839）以后，就开始留心海疆国防。以当下的局势而论，讲和是难免的，但必须先抗击，后讲和，才能掌握主动权。不战而言和，只是苟且偷安，无法根除外患。

曾国藩丁忧在家，对这个提议没有表示积极的支持。左宗棠的意见在高层得不到积极的反响。他无法说服清廷对英法两国采取强硬的态度，只能眼睁睁地看着不平等条约陆续出笼。这年五月份，中俄、中美、中英、中法《天津条约》先后签订。

左宗棠得不到支援，无法参与反对外国侵略的战争，只能继续指挥部队打内战。在他积极思考如何抵御外侮的时候，赣东的战局已进入决定性的关头。抚州的太平军处境日益困难，计划弃城突围，跟随石达开入浙。可是，刚刚加入太平军的本地会党不愿放弃此地。萧启江得知守军意见不一，互相猜疑，趁机加紧攻城。王开化所部则南攻南丰，然后进攻建昌。五月二十九日，老湘营和楚勇一起攻克抚州。建昌太平军接连被援赣军击败，也弃城撤走。六月二十五日，援赣军进占建昌。

援赣军此时已深入江西腹地，攻克四座名城，赣江东西两岸，只有吉安尚未攻取。而此时湖北的湘勇也有了巨大的进展，胡林翼给左宗棠发来捷报：李续宾所部已攻克九江，乘胜进军长江以北。左宗棠想：我得在吉安加把火了。

对于由谁去增援浙江，左宗棠终于考虑出一个成熟的方案。他对骆秉章说："籲公，请你看看这份疏稿，如果你同意，就可以拜发了。"

骆秉章接过疏稿一看，原来是他自己奏请朝廷起用曾国藩统率援浙的楚军，同时建议由湖南和湖北每月给曾国藩提供四万两银子的军饷。

骆秉章说："想得好，想得好！我怎么就没想到写这么一份奏折呢？"

想到这里，他忽然问道："季高，你看我还像不像湖南巡抚？"

左宗棠一愣："籲公何出此言？"

"皇上圣明，知道我骆秉章一把年纪了，除了管湖南，还要管湖北，管了湖北又管江西，管了江西又管贵州，后来连广西也管了，天津的海防也管了，如今又要管浙江。管了这么多省份，怎么说也是大学士兼领军机大臣的格局了吧？哪是什么湖南巡抚呢？"

左宗棠一笑："难说，难说！谁叫籲公巡抚楚南呢？"

两人谈笑一阵，骆秉章拜发了这份奏疏。

解决了援浙的问题以后，左宗棠决定增派兵力围攻吉安，他令余星元和陶藻率一千七百人前往增援。与此同时，他决定从中路援赣军中抽调兵力，增强贵州的军力，于是田兴恕所部奉令从江西开往贵州黎平，协助兆琛的部队作战。

清廷很快就批准了骆秉章的奏请，再次起用曾国藩。曾国藩接到谕旨后，于六月七日从家乡启行，过湘乡，抵长沙，与骆秉章及左宗棠会商军事。此时见到曾国藩的人，无不发现他变得和蔼谦逊了。据说他刚到长沙就想好了十二个字的做人方针：敬胜怠，义胜欲；知其雄，守其雌。这说明他开始疏远法家，接近老庄柔术。他说："我的学问，以禹墨为体，庄老为用。"

曾国藩不仅拜访湖南的地方官员，还特意向多次批评他的左宗棠示好，请他书写篆联，表明曾国藩此时有了更加开阔的胸襟。曾左二人在冷战之后又回到了往日的好时光。左宗棠为了共同的事业着想，参与了奏请曾国藩出山的运作，而曾国藩此举，正是为了表明他对左宗棠不计前嫌的谢意。

曾国藩在长沙盘桓几天，六月下旬乘舟抵达武昌，又听取胡林翼的意见，"事无巨细，和衷商度"。接着，他从九江进入江西。左宗棠按照原订计划，把老湘营交到他的麾下，另加新编练的吴国佐一营。曾国藩要求三支部队按时在浙赣交界处的铅山县河口镇集结。

但是，曾国藩刚刚准备朝浙江进兵，石达开却率部从浙江南下福建。左宗棠根据新的形势，又提出让曾国藩所部改援福建。

曾国藩于八月八日抵达河口军营，很快就得到消息：曾国荃的部队终于攻克了吉安。从曾国藩离赣回家奔父丧时算起，到这时为止，左宗棠运筹帷幄，遥控指挥，援赣军仅用一年半的时间，先后克复江西六府，将太平军西征军开辟的江西根据地大部夺回。而九江的克复，也是左宗棠与胡林翼合谋的结果。楚军势力完全控制了江西，左宗棠在其中起了巨大的作用。他派出的援赣军完成了使命，老湘营已全部由曾国藩接管。

广西方面，事情也已明朗化。前面说过，该省巡抚劳崇光经朝廷批准，把蒋益澧所部留下了。湖南援桂军入驻省会桂林，劳崇光为其规定了下一步的任务，令其攻打浔梧和庆远的会军。蒋益澧回湖南增募水师，左宗棠对他说："芗泉，我知道广西太穷，湖南每月协助你两万两银子做军饷吧。"蒋益澧大喜过望，在长沙造好六十艘战船，从水路开拔。不久，援桂军攻占柳州，将朱洪英赶向古州。援桂军在广西扎了根，接受广西高层的指挥。左宗棠完成了援桂的使命。

江西的战局扭转之后，左宗棠仍然在关注着石达开所部的动向。此时，刘长佑病愈后回到了抚州军营，正值石达开部从福建返回江西，接连攻占泸溪、安仁、崇仁和宜黄。曾国藩进驻建昌迎击石达开，派张运兰攻击安仁，夺回县城。刘长佑所部大战新城，斩杀石达开部一万人。石达开被迫退回福建。江西的战事全部平息。刘长佑所部因患流行病，返回湖南休整。

左宗棠为几省战区所做的运筹和调度，已经取得显著的成绩，是有目共睹的。骆秉章于九月份奏保左宗棠。咸丰下诏，赏加左宗棠四品卿衔。

这时候，援黔军也取得了战果，解了黎平之围，向古州进军。而苗军又攻占了镇远，思州与思南一带，苗军和教军蜂拥而起，分别进攻铜仁与湖南晃州。左宗棠增派张由庚和田宗蕃所部分头赶赴思州、玉屏、清溪和邛水，协助援黔军作战。

在江西暂时摆脱了战火的时候，胡林翼所部湘勇发生了极大的变故。湘勇大将李续宾克复九江后，奉朝旨增援安徽庐州。由于胡林翼回家操办母亲的丧事，鄂系湘勇指挥失灵，李续宾孤军北上，在庐州附近的三河镇遭到陈玉成和李秀成联手打击，几乎全军覆没，李续宾及其手下一批将领阵亡。这是湘勇史乃至楚军史上发生的最大惨剧，致使太平军在安徽与湖北迅速转为优势。咸丰重新起用胡林翼，令他指挥黄州一路的军事。

左宗棠鉴于安徽与湖北两省形势危急，代骆秉章起草了一份奏疏，奏请朝廷派曾国藩率领张运兰和曾国荃两部增援安徽，每月军饷增加到三万两。萧启江留在江西，监视石达开的动静。圣旨下达，同意骆秉章所奏。曾国藩遵旨令张运兰所部进军景德镇，进取安徽南部；令曾国荃所部开向安徽与湖北交界处，听候调遣。

但是，石达开所部待在福建，对于江西的楚军而言，总是一个时时可能爆发的危机，心思缜密的左宗棠，时时都在对他提防。十一月份，驻守江西的萧启江给左宗棠送来急报：石达开攻击江西的南安与崇义，当地会军起而响应，石达开有可能进军湖南。

左宗棠接报，急令湘南各州县积极备战，派刘培元、彭定太和崔大光率一千五百人防守桂阳，令刘长佑在新宁集结旧部待命。

一场大战即将在湖南揭开帷幕，而左宗棠将再一次扮演孔明的角色，运筹帷幄，决胜于千里之外。

一份要命的参折

永州是湘南的重镇，辖境内多有关隘，左宗棠在各关都有布防，阻止广西的会军北上。咸丰八年（1858），在这里驻守的清军将领是永州镇总兵樊燮。但此人是个问题人物，省府不断接到有关他的骄横跋扈、贪污公款、欺压下属与百姓的报告。

咸丰八年冬天，湖南巡抚骆秉章决定参劾樊燮。他拿着几封上访信，对左宗棠说："季高，你看看，樊某太不像话了！仗着权势，作威作福。身为高级将领，连起码的军纪都不懂！这些信里说，他平日出门从不骑马，要摆文官的谱，非坐轿子不可。偏生他又脑满肠肥，体重接近二百五，轿子沉得像一块巨石，得有八名士兵抬着。有一次检阅新兵，竟让侍从把轿帘掀起，坐在轿子里面阅兵。永州百姓说他什么？编了一条歇后语：樊总兵阅兵——坐着看。有一年——"

"籲公，"左宗棠打断他的话，"樊某的那些糗事，件件桩桩，我比你还清楚！"

"那好，我不多说了，请你写个折子参他！"

"这个折子，还是暂且不要写吧？"左宗棠沉吟道。

"季高，你这是怎么啦？平时你天不怕地不怕，怎么一个樊燮就把你吓住了？"

"我怕什么？"左宗棠说，"我是为籲公您着想啊。永州知府黄文琛那些人告他，不止一次了，案卷都有一大摞。去年樊某到长沙来，给各个衙门发了帖子，司道均不答拜，可见樊某不得人心啊。可是人家有官文总督罩着，我们何苦去硬碰硬呢？"

"季高啊，我不是故意跟制军大人过不去，只是这樊燮——嗨！如今石逆又有进攻湘南的趋势，可是樊某还在那里搞腐败，跋扈擅权，永州防线迟早会垮在他手里！再不管一管，出了大事怎么办？皇上怪罪下来，你我都没好果子吃！"

"我想想，我想想。"左宗棠说着，来回踱步。

樊燮的劣迹，左宗棠心里有一本账。其实他早就想动员骆秉章参樊燮一本。但是，此人大有来头，且不说他是朝廷的二品大员，还是湖广总督官文五姨太娘家的亲戚。官文心术不正，是个小人，对于这样的人，不能不防。

其实，左宗棠自己是不怕官文的。他非常瞧不起这位湖广总督，还常常与之为难。咸丰五年（1855），官文派人到湖南劝捐，左宗棠从中作梗。上文说过，咸丰六年（1856），官文想把王鑫收入帐下，又为左宗棠所阻。左宗棠认为，尽管他是钦差大臣、湖广总督，节制两湖，但他对于军事没有上心，且毫无定见，哪里向他求援，他就敷衍哪里。而且，根据左宗棠的观察，官文治下的湖北官场，"政以贿成，群邪森布"。左宗棠还指出，自从张亮基调走后，湖北就没有一任好总督，"近闻大官专以酿乱为事，尤恐一击不中，恶焰盖张"。胡林翼在湖北巡抚的位置上，为了行事方便，笼络官文，搞了个"满汉一家"的样板，左宗棠早就看不惯。他说话口无遮拦，早有爱打小报告的人把他犯上的言论传到了官文耳里，官文总督早已对他怀恨在心。何况，他在为骆巡抚拟写致官文总督的咨文中，秉笔太直，对总督多有冒犯，那是明面上的事情，官文小肚鸡肠，岂会容得下他这个师爷！

左宗棠知道，官文对自己有一肚子怨恨，之所以隐忍未发，是因为咸丰五六年之间，太平军着力经营湖北，官文要借助骆秉章与自己的支持，把太平军赶出湖北，以保住他的顶戴，所以装出一副大肚能容的姿态，"不惟不咎秉笔者，即主政者亦并不怪"，令人觉得他"廓然大公，所见者大"。但实际上，他是在等待时机，准备对自己实施致命的报复。

左宗棠想到这里，思想斗争十分激烈。他想：现在籲公参劾樊燮，官文一定会记恨籲公，而且可能把这笔账算在我老左身上，会使用什么阴招对付我，真是难以预料。我老左为了办几件实事，得罪的人多不胜数。我一个师爷，无权无位，不少官员不计我的功劳，反而说我有罪无功，都想找碴整我。我平生未受国家寸禄，却必为世所不容。我老左在湖南，有籲公撑腰，权势如日中天，其实心里是如履薄冰啊。查处樊燮一案，弄不好连我的性命和籲公的前程也会搭进去！

但他转念一想，又有些自责：且慢！且慢！我老左今天是怎么啦？忧心忡忡，满怀私心，不以公事为重。这不是我的为人！

想到这里，左宗棠在心里列数樊燮干的那些坏事，越想越气。左宗棠查过樊燮的种种劣迹，查得他胆战心惊。有几件事，暴露了这名无赖武夫的丑恶面目。

其一，他有次要上阳明山观光，在山道上，抬轿的士兵被石头绊倒了，轿子歪了下来。回到城里，他让部下把那士兵活活地打死。

其二，这家伙尽管营养过剩，非但不去想法减肥，还嫌自己胆固醇不够高，竟然动用军饷，去北方购买黄牛鞭给自己进补，弄得官兵无饷，连吃饭都成了问题。樊燮还把军费拿去做他的日常开销，把军饷拿去买绸缎，把军官的养廉薪俸拿去给自己盖房子。这样一来，他的官兵平日里都饿着肚子。

其三，各省的武官吃空额，中饱私囊，那是见怪不怪的事情。可这樊某却是无法无天到极点，令人匪夷所思。樊某手下共有二千多名士兵，分布在各处，留在永州城内的，名义上有四百多名，但实际兵力只有三百人不到。就连这二百多名官兵，樊某都不放过，抽调一百多人替他干私活。樊燮府中的各色匠作，举凡厨师，挑水夫，花匠，点心匠，剃头匠，轿夫，都是正规军的官兵来担任，而他手下的军官几乎都是他的仆佣，千总给他当管家，把总为他当采购。真是弄得怨声载道，军心动摇。剩下在州城里担任军务的官兵，不过几十人而已。樊某这么干，若是在和平时期倒也罢了。可他身为总兵，担任着湘南的重大防务。湘南会党活动频繁，一旦杀到永州，多则有几十万兵力，少也有几千人，樊燮用几十个人去抵抗，只能给人家当瓜切，三两下就砍光了。

其四，樊燮勒索虐待部下。他看戏时，千总还得给戏子发赏钱，若是发不出，樊燮就令人打他几十军棍。厨房的煤烧多了，管理厨房的军官也要挨棍子。管轿子的士兵两手哆嗦点不燃油灯，也要打几十军棍。这样一来，好端端一个军营，就被樊某折腾成了人间地狱。

想到这里，左宗棠质问自己：这等劣官，籲公出以公心，参他一本，是大快人心，我老左干吗要从中阻拦？何况樊某的倒行逆施，已经影响到湖南的安危，风险再大，这一本也参定了！

左宗棠打定了主意，向骆秉章表态：他支持巡抚的正义之举。他马上拟写奏折。奏疏中说：樊燮声名恶劣，同城员弁兵丁无不訾怨。不久，骆秉章进京陛见，将这份参折呈给了朝廷。

这件事情，诚如左宗棠所料，为左宗棠的前程埋下了地雷。本来具备升腾之势的左宗棠，将因这件事酿成的后果而栽一个大跟头。

事有玄机

上文说到，骆秉章进京参劾了樊燮。他本人自然没有想到，此举给左宗棠的前程设下了一大难关。然而，就在这件事发生不久，京城里发生的另一件事情，又为左宗棠解除灾厄预设了一道开解之门。

咸丰八年十二月初三日（1859 年 1 月 6 日），咸丰皇帝在养心殿西暖阁召见左宗棠的老乡与好友郭嵩焘，召对的内容，与左宗棠关系颇大。

那一天，咸丰说话的语气温和，召对的气氛很像随意聊天，可见天子心态比较休闲。这种状态是难得的，咸丰是个多灾多难的天子，自登位之后，内忧外患，从无一日安宁。他每每阅看各地前线的战报，心烦气躁的时候居多。所以，皇上今天的状态，令郭嵩焘觉得有些意外。不料皇上说出来的话，竟然令他摸不着头脑。

皇帝问道："你认识左宗棠吗？"

郭嵩焘想：今天刮什么风，皇上怎么问起我家乡的那位生死之交了？

嘴里连忙奏答："从小就相识。"

皇帝又问："自然有书信来往？"

奏答："有信来往。"

皇帝说："交给你一件差事，你得给朕办好了。"

郭嵩焘心里一紧：左季高犯什么事了？

嘴里答道："请皇上吩咐，微臣一定尽力。"

"你给左宗棠写信时，把朕的意思告诉他：应当出来为朕办事。左宗棠不肯出山，究竟为了什么？朕想，大概是淡泊功名吧。"

郭嵩焘松了一口气：原来是好事！皇上此言，肯定是指上次有关左宗棠如何安排的圣谕下达之后，由于骆秉章的挽留，左宗棠未曾出来做官，天子对此颇为挂怀。想到这里，他连忙奏对："左宗棠自认秉性刚直，与别人合不来。他在湖南办事，与抚臣骆秉章性情契合，彼此都不肯分开。"

皇帝把话题一转，问道："左宗棠才干怎样？"

郭嵩焘连忙抓住机会力挺好友，奏答："左宗棠才干极大，料事明白，没有办不好的事情。尤其难得的是，人品极为端正。"

皇帝又问："左宗棠多少岁？"

奏答："四十七岁。"

咸丰不无惋惜地说："再过两年，就五十岁了，精力就衰减啦。要趁现在精力还算旺盛，出来替朕办事，不要糟蹋自己。你要好好劝他。"

郭嵩焘心想：左季高在湖南做师爷，也是为朝廷办事嘛，难道皇上不知道么？我要让皇上了解此中情形。于是，他答道："臣也曾劝过他，只因他性情刚直，眼睛里揉不进沙子，所以不敢出山。不过这么多年来，他天天都在本省办事，现在湖南四路征剿，贵州广西筹兵筹饷，多半是左宗棠在出力。"

皇帝说："听说他想参加会试？"

奏答："有这个意思。"

咸丰倒也爽快，一语道破科举制度的无用，说："左宗棠何必以进士为荣呢？文章报国与建功立业，哪一样收获更大？他有这么大的才干，一定要出来办事才好！"

郭嵩焘心想：季高的心大得很，皇上要他出来办事，须得给个大官才行啊。

于是，嘴里奏答："左宗棠为人是豪杰，每当说道天下事，感激奋发。如果皇上降下天恩，对他委以重任，他万万没有拒绝的道理。"

郭嵩焘说完，抬眼观察皇上的神色，希望咸丰嘴里吐出一个重要的官职来。

谁知咸丰就此打住，似乎对此事已有定见，开始垂询其他国事。

不过，咸丰想要左宗棠出来当大官，意思是非常明显了。世界上的事情往往是，读书人求官，皇帝不给。到了左宗棠这种狂士这里，关系似乎颠倒了：左宗棠不愿做官，皇帝反而一再叮嘱臣子劝他出来做官。咸丰为了对付造反武装，真是放下架子求能人帮忙了。而左宗棠以干才著称，又未显出汲汲于功名之态，令君主感到意外，倒是使得君主颇为牵挂。

郭嵩焘出宫之后，连忙把此事写信通知左宗棠和曾国藩。后者写信向左宗棠道贺：从皇上与郭老弟的交谈来看，天子对你很有好感啊。现在人才奇缺，你很快就有出头的日子了！他信中的原话如下：

> 筠仙召对，圣意殷勤，垂询阁下，将来自不免一出。特世变相寻而日多，人材分布而日绌，终恐趋于不支。

这个消息传播得很快。胡林翼也写信向左宗棠报喜：我的幕僚都已知道天子看中你了，湖北人说，只有把你劫持到湖北，委以重任，将来我调走之后，湖北才能保住。

大家都为左宗棠庆贺，而左宗棠得到天子的关怀，也颇为高兴，更加怀有感恩之心。然而，大家都没有想到的是，天子对左宗棠的赏识，将会为郭嵩焘等人所利用，替左宗棠挡住由湖广总督官文和总兵樊燮射向他的一支致命的暗箭。

大战湘中

正当命运为狂傲师爷左宗棠前途的大落大起暗埋伏笔时，咸丰九年（1859）正月，石达开开始向湖南进军了。翼王的前锋从江西南安进兵崇义，然后击溃湖南驻军，攻占桂阳。尽管左宗棠已有一定程度的戒备，但石达开的这次突袭仍然令他有些措手不及。

湖南援赣军萧启江部在赣南孤军奋战，于此年二月夺回南安。石达开主力放弃江西，全军东进，开入湖南，人马过了六天六夜，络绎不绝。湖南边界大为震动。

左宗棠似乎看清了石达开的意图。这位太平军硕果仅存的老王爷，企图取道湘中，奔赴湖北与四川。他预料，地处湘中的宝庆，很可能是石达开军锋所指。因此，他的军事部署都是以这个基本判断为前提。

要在本省对付石达开这支号称三十万人的大军，左宗棠根本没有足够的兵力。湖南连年用兵于外省，将领每攻占一地，便留下协助防守。本省战端一起，仓促间遣将调兵，各部到位，尚需时日。在左宗棠调兵之际，石达开接连攻下了湘南的宜章、兴宁（今资兴）、郴州与桂阳州。

左宗棠向各地发出征调令，刘坤一的楚勇最先到。左宗棠首先要保省会无事，其次要保交通枢纽衡州的安全。他令楚勇会同王勋的湘乡勇扼守茶陵和安仁，阻止石达开进兵长沙与衡州。刘坤一与王勋赶赴安仁的龙海塘驻扎，赵焕联所部驻扎茶陵的江口洲。左宗棠又令谢泰平的水师扼守衡州。

石达开部攻占桂阳州后，果然从常宁向衡州推进。太平军行至九孔桥，忽听一声炮响，桥头树林里旗帜飘扬。前军将领派人报告石达开："翼王，我军遭到阻击。要不要硬攻？"

石达开说："此为楚军主力，我们不能硬拼，要保存实力，去四川发展。"

九孔桥头，清军一方的广武军首领陈士杰对副手魏喻义笑道："好险！刚才真是捏着一把汗。我们这点营勇，真要打起来，不是鸡蛋碰石头吗？没想到人家把我们当成了主力，这下没得仗打了。"

石达开被桂阳营勇吓退，绕道攻占嘉禾，分兵攻击新田、临武和宁远。但是，这三座城市已有防备，进行了有力的抵抗。石达开下令："尔等无须恋战，移师袭击祁阳，包围永州，攻打东安，分两路向宝庆推进！"

长沙，巡抚公署内，左宗棠在紧张地阅览各地的探报。情报使他进一步认定宝庆是石达开进军之地。他对骆秉章说："石达开虚虚实实，进而不战，我看他攻击祁阳是假，包围永州也是调虎离山之计，真正的目的是攻取宝庆。军事必占先机，现在顾不得许多了，必须将田兴恕所部从贵州调回宝庆驻防，萧启江所部也要从江西调回，令其驻守茶陵与攸县。湘南防线也须巩固，将佘星元、杨恒升、李金旸的边防军全部调往永州吧，统归刘长佑指挥。我们还需要水师将领，就把王明山、萧庆翰、邹汉章等人从湖北召回吧。"

左宗棠这一番部署，虽然未必能遏止石达开进军的步伐，但已在各个要点构成了应对石达开攻打宝庆的态势。四月初，刘长佑奉令抵达永州督战。石达开果如左宗棠所料，其意非在争夺永州。他撤掉城围，挥师挺进祁阳。同时，他又使用疑兵之计，分兵南下，袭击宁远与道州，扬言要打回广西，暗中将主力向西绕攻东安，以打通由此地通往宝庆的道路。

东安守军拼死抵抗，知县李石文战死。左宗棠令刘长佑阻止石达开由东安与祁阳两路向宝庆推进。刘长佑派佘星元等部，会同何绍彩、段莹器各部增援祁阳，他自己督率楚勇增援东安。石达开得报，决定加大祁阳这边的筹码，下令增兵攻击祁阳，打通关隘，挺进宝庆。

左宗棠针锋相对，也往祁阳增派兵力，令周宽世、陈湜、周达武等部火速增援。与此同时，他担心石达开声东击西，又加强东安的防御，令刘坤一赶赴东安，分兵驻防新宁与武冈。果然，石达开不久便分兵挺进新宁，江忠义率部驰援家乡，迫使太平军撤围而去。

四月初五日，太平军突然弃东安不顾，向北挺进，刘长佑率部在木山拦截。

刘长佑此次出山，所带的都是新勇，部队连续作战，十分疲劳，又饿又渴，在蓝山遭到太平军三万人猛攻，楚勇纷纷突围回家，营垒全被攻陷。刘长佑已无力拦截太平军，只得收拢残部，回新宁守卫家园。

石达开突破了宝庆周边的防线，挥师向宝庆进发。左宗棠已有先着，虽然刘长佑失利，但田兴恕所部已经到位，扼守九巩桥阻击。石达开部被迫退驻黄塘。

四月十七日，石达开的一支部队突然从崀山攻击武冈，江忠义获悉敌情，率部抢先进入武冈城部署防守。太平军攻城七天未果，决定撤围，去宝庆与主力会师。

石达开派往道州与宁远的疑兵，此时绕道全州，乘虚再攻新宁。刘长佑与刘坤一所部与太平军五次交战，终将太平军击退。这股太平军也向宝庆靠拢。

如此一来，石达开各部都向宝庆集结，领先拉开了宝庆大会战的态势。

左宗棠在宝庆集结了水师和陆师一万三千人，石达开的兵力则在不断增强。左宗棠令陈士杰与魏喻义率广武军从衡州驿道出兵，攻击太平军南侧；又令赵焕联所部从衡州抄小路行军，攻击太平军北侧；之后，又派飞马送信，请赵焕联分兵扼守沙滩和熊罴岭，不许太平军踏上衡州通往宝庆的道路。

陈士杰与魏喻义进兵神速，前据熊罴岭，击退太平军的多次进攻。赵焕联所部从白地绕驻沙滩。四月初十日，太平军再攻熊罴岭，守军各部全体出击，将其击退。太平军忽然绕到守军后方，袭击岭上的军营。赵焕联接到警报，从沙滩回师援救。石达开抓住这个空隙，率部从沙滩钻过官军封锁线。四月十八日，太平军从沙滩西进宝庆，守军分路追赶。

战机瞬息万变，前线各部只能根据情况自行决定进止，没有人能够统一指挥，步调无法一致。左宗棠心急如焚，对骆秉章说："籲公，让我上前线，在军营里调度指挥吧。"

"不行！"骆秉章斩钉截铁地回答，"你走了，省会没人坐镇指挥，出了状况怎么办？你就安心待在这里吧。等到李续宜从湖北赶回，再作计较。"

"那就先请刘岳昭出征吧，"左宗棠说，"让他带上杨安臣和朱品文所部增援宝庆。"

骆秉章问道："桂阳有人来报：广东英德的土匪向郴州和桂阳边界推进，我们怎么办？"

"萧启江所部刚好抵达桂阳，叫他驻守临武与宜章。陈士杰和魏喻义的营勇有胆量，竟敢阻击石达开，让他们返回郴州，保卫家园！"

湘南的形势比骆秉章得到的报告还要紧张。石达开的进军鼓舞了两广的会军，广东连山的会军于五月份攻入临武、蓝山与宁远，袭击道州，占据永明。与此同时，广西贺县的会军向岭东推进，攻占江华，接着弃城而袭击江蓝厅而去。左宗棠现在没有兵力顾及湘南，把那里的防务交托给萧启江与陈士杰。

石达开冲破官军的封锁后，对宝庆实施大合围，连营一百多里。左宗棠决定对石达开部实施反包围。他令祁阳一带的部队追向宝庆，在东路扎营，不再前进。他认为西边一路非刘长佑莫属，于是写信安慰刘长佑，劝他不要因一次失利而灰心，鼓励他增募新勇，从武冈和新宁出兵，逼近太平军西侧。刘长佑本是不倒翁，从来不因挫折而趴下，而且恢复能力极强，接信后便依计而行。

这时，李续宜从湖北回到了湖南，他奉胡林翼之命率五千人渡湖而来，已经抵达益阳。他轻骑简从，赶到长沙，与左宗棠相见。

"希庵，你来得太好了！"左宗棠握住李续宜的手，热情地说道。

李续宜无心寒暄，直截了当地说："季高兄，听说你要上前线？万万不可！你走了，骆中丞左右无人，万一有什么变故，谁来应付局面啊？"

"既然希庵也劝我留下，我就只好从命了。"左宗棠答道，"那么，前线一切，就拜托给你了。不好意思，明知你舟马劳顿，还得请你快快起程。宝庆以东的各路部队群龙无首，等着你赶去统一指挥。"

李续宜听了此话，不觉一愣："续宜资历尚浅，恐怕难当此重任啊！"

左宗棠说："军情紧急，请勿推辞。荫渠乃楚勇宿将，名高望重。抵宝之后，可多听他的意见。拜托拜托！"

李续宜在兄长李续宾战死三河之后，刚刚执掌兵权，头角崭露。左宗棠要他指挥众多楚军宿将，对他的压力委实不轻。他立刻下令发兵，取道安化和蓝田，向宝庆急行军。当时宝庆一带官军兵力薄弱，田兴恕驻扎在府城东南部。左宗棠派水师西扼资江，防止石达开向西突进。

五月初三日，石达开找到楚军的薄弱部，派出主力，扑向赵焕联的军营。守备洪定升率部力战，当即阵亡，但因楚军顽强抵抗，太平军也未能得手。五月十七日，石达开改变主攻方向，从西南方攻击城外壁垒。田兴恕和赵焕联分头出击。当时大雨倾盆，石达开派出一支兵力，抄到田、赵两部后方，修筑壁垒，排列于东北方，形成包围圈。刘长佑率楚勇从武冈西南赶来，又绕道北出新化，企图对石达开形成反包围。

五月二十五日，刘岳昭赶到宝庆，与佘星元等部会师，驻扎洪桥。六月初二日，洪桥守军留下二千人驻防，主力五千人挺进宝庆城东北方的柳家桥。石达开见洪桥兵力减弱，立即下令攻击，一举攻占洪桥。刘长佑所部刚刚渡过麻溪，听说洪桥失守，兼程急进，在高冲驻扎，令各军挺进半边街。

六月二十五日，湖北援军从蓝田开到，李续宜单骑赶赴刘长佑营中，求教进军方略。赵焕联从包围圈中送信出来，主张从北路进兵。

石达开见楚军援兵从外围日益进逼，担心陷入楚军长围，打算速战速决。他令蓝江铺的部队急攻高冲和半边街，李续宜急调部队，与刘长佑部协同迎战，将其击退。硝烟尚未散尽，李续宜登上高处瞭望，对刘长佑说："荫渠兄，我看石逆把兵力集中在东路，西北方兵力空虚。焕联兄所言不错，我的部队应该渡过资江，攻其薄弱部位，老兄以为如何？"

刘长佑说："此议甚好。左季高让你统领各军，没有看错人啊。"

李续宜打一拱手，说："那就请荫渠兄号令半边街的各支友军严加防守，牵制敌军主力。"

"放心吧，大家都知道应该怎么办。"刘长佑说。

六月二十八日，几万名太平军逼攻半边街军营，刘岳昭等部鏖战一整天，拼死不退。李续宜所部于清晨渡过酿溪，直攻田家渡的太平军，连破七座壁垒，在太平军的包围圈上打开了一个缺口。城内城外，楚军齐声欢呼。

石达开试图把楚军从缺口部赶走。当晚，东路太平军集结西渡，通宵吹号，响声不绝。第二天，石达开出动主力，向李续宜所部压来，逼近湘勇营垒列阵。李续宜稳住阵脚，暂不出战，暗中派出一支部队，绕向太平军后侧。太平军再次逼近时，李续宜一声号令，湘勇前后催动，奋力夹击，斩杀八千多人，太平军大溃，攻势瓦解。

李续宜两战得手，率部东渡资江。七月十四日，他集结各路部队，分三路发起反攻，太平军全面溃退。七月十六日，石达开命令各部分路撤离宝庆。李续宜率部追到水田铺，石达开率部回斗，又被击败。太平军无心恋战，全部撤向东安，半路遇到刘长佑拦截，石达开又下令绕行，全部退往广西兴安。

宝庆大会战历时三个半月，左宗棠调集四万兵力参战，在关键时刻委任李续宜统领各军，湖南终于解除了警报。刘长佑所部已经疲惫，在东安驻扎不动。李续宜也不再追赶，下令回师湖北。左宗棠调萧启江所部越界追击石达开，令田兴恕所部赶赴靖州，防守湘黔边界。

宝庆会战激战犹酣时，广西贺县的会军再次从灌阳杀进湖南，由于魏喻义的营勇扼守道州，会军改道奔向永明，于八月份袭击江华。左宗棠调黄淳熙与陈品南所部前往攻击，在广东乳源击败会军。与此同时，有广东会军攻击宜章，遭到胡国安所部抗击后，被迫返回连州，大部分在星子司集结。为了湘南的防御，左宗棠从曾国藩那里调回张运兰的老湘营，协同各部作战。

石达开未能实现从宝庆西进的意图，被迫撤向广西以后，首先占据了兴安。他的另一支部队会同恭城与灌阳的会军，向桂林发起攻击。萧启江的部队追进广西，在大溶江击败石达开，迫使他撤向义宁，萧启江则率部增援桂林。刘长佑招募了一批新军，随后南下广西，于九月初十日解了桂林之围。石达开不得不继续南撤，抵达柳州。不料柳州本地会党拒不接纳，于是他改道西奔庆远。左宗棠将萧启江的部队调回湖南，将刘长佑所部留在广西，清廷任命刘长佑为广西按察使。从此刘长佑有了实任的官职，真正步入官场。

陈士杰和黄淳熙在对付石达开进攻时都有出色的表现，左宗棠决定依靠他们巩固湘南的防务。陈士杰再接再厉，从江华出兵，攻击广西贺县的会党。黄淳熙则从蓝山出兵，攻击广西灌阳的会党。张运兰部从宜章跨出省界，攻击广东连山的会党。三支部队相继获胜，湘南防务稳定下来。

石达开发现他的部队集体行动目标太大，行动不便，于当年十二月份开始分兵四出。左宗棠令湘南各部分头防守郴州和永州边界，以防石达开游击部队的袭击。

宝庆大会战的结果，令左宗棠十分得意。加上援黔军的兆琛与周洪印所部在十月份镇压了六洞的苗军，攻克镇远府卫城，左宗棠更是为楚军而感到自豪。他自负的性格，使他不免把自己的运筹和湘勇的作战吹嘘一番。他在给李续宜的信中写道：

> 宝郡为湖南腹地，左右伸缩，均足有为，故逆贼必欲甘心于此。若有差失，则吾楚将旰食不遑，而东南大局直不可问。台麾一指，虏焰旋销，其为功桑梓，造福东南，殊非浅鲜。

左宗棠虽爱宣扬自己的成绩，但所言不虚，这段评价之中，并无夸大之处。

第十章

命途多舛

把持湘抚衙署

咸丰九年（1859）三月，正在左宗棠调兵遣将对付石达开之际，骆秉章参劾樊燮的奏折得到了清廷的批复：将犯罪嫌疑人樊燮拘押候审。当月底，樊燮被押到长沙，只等黄文琛等一干证人到庭作证，就能做出判决了。但是，左宗棠那时暂无精力过问贪官劣吏，他必须全力以赴地对付石达开。

樊燮得到了喘息之机，趁着左宗棠一心料理军务，暗中托人去找官文，请他到朝廷里活动，反咬左宗棠一口，企图将这位师爷置于死地。

宝庆战役结束前后，樊燮企图为自己洗脱罪过，受到别人唆使，向总督官文告状。他还托人到京城的都察院递状子，控告永州知府黄文琛勾结侯光裕，买通巡抚的师爷左某人，联手陷害他，又指控左宗棠以幕僚的身份把持湖南军政事务。

在这个过程里，官文的五姨太估计把枕头风吹到了七八级。官文的抗风能力本来就不好，加上他对左宗棠素来憎恶，而且妒忌骆秉章这个巡抚大出风头，名声盖过了自己，于是对五姨太的这个亲戚，不但"一意回护"，还倒打一耙，把骆巡抚和左师爷告到了皇帝那里。

而骆秉章这一方，在宝庆会战后再次上疏参劾樊燮，双方的斗争变得白热化了。

官文和樊燮为骆秉章与左宗棠罗织的罪名，有两个关键词，第一是"劣幕"，第二是"一印两官"。这样的罪名如今已经绝迹了，在左宗棠的时代其实也很少见。

劣幕就是恶劣的幕僚。清朝末年，高官纳聘幕客，俗称师爷，已经形成风气，朝廷也是默认的。但幕客是私人请来的，不是朝廷命官，没在组织部门挂号，从来没有听说过有个几品师爷的官衔。师爷们可以给高官出出主意，却不能执掌实权。所谓劣幕，就是越过了这条界线，骄横跋扈，越权干政。这是极为犯忌的事情，可谓罪大恶极。

一印两官，就字面意义而言，是很好理解的。这句话杀伤力最大。试想一下，湖南只有一颗巡抚的官印，但是却有两名巡抚在使用，一个是真正的巡抚骆秉章，另一个则是假冒的巡抚左宗棠。假冒朝廷高官，这是多么严重的罪名？

这两个纠劾，并非不实之词，也就算不得诬告。身为幕僚，却能够越权干政，这正是左宗棠的特点，也符合他愿意管事、不怕负责的性格。而且除了他这样的高手，恐怕没有几个人总揽大局能达到这样的段位。左师爷和别的师爷不一样，不喜欢藏在幕后，爱到第一线处理公务。他不但运筹帷幄，还要应对公堂，成了不挂名的巡抚，百姓送他一个绰号，叫做"左都御史"，其意思是，骆秉章作为巡抚，照例兼任右都御史，而左宗棠比他更高一级，压他一头。而且，骆秉章的那颗巡抚印，确实是左宗棠用得比他自己还要多。左宗棠按照自己的意思写奏疏拟公文，以巡抚的名义发出，盖的印是巡抚的，这都是事实。

左宗棠把持湖南巡抚的衙署，这种说法得到了当时一些记载的认同：

> 文武官绅非得左欢心者不能得意，而得左欢心者无不得意。

王闿运在《湘军志》中写道：

> 巡抚专听左宗棠，宗棠以此权重，司道州县承风如不及矣。

由此看来，左宗棠无法否认官文的指控。之所以形成这种局面，一是因为左宗棠喜欢任事，需要老板充分的信任，而且不容老板干涉；二是因为骆秉章对待他的信任和放纵，比张亮基有过之而无不及。这位广东老人把左宗棠当作心腹和股肱，"话无所不允，计无所不纳"。骆秉章的性格与左宗棠刚好是互补的，作为巡抚，他是多一事不如少一事，有人替他揽权担责，他乐得逍遥自在。左宗棠入幕之后，有一段时间，下属有事，总去请示骆秉章，骆巡抚却说："你们去问左师爷吧！"久而久之，大家有事，直接去找左宗棠禀报请示，左师爷的决断，骆巡抚绝不干涉。因此，有人如此描述左宗棠的地位："湖南是幕友当权，捐班用命。"所谓捐班，是指没有通过科举以捐钱粮换来官职的人。

骆秉章与左宗棠的关系，由野史稗官说出来，就更有意思。有个段子，说左师爷代骆巡抚草拟奏章，写好了，自己读一遍，得意无比，一时兴起，也不管夜深四更，风冷霜重，硬是去把饱享齐人之福的骆巡抚从小老婆暖暖和和的床上提溜起来，呈上奇文，让他共同欣赏。妙就妙在骆秉章不但不生气，还拍案叫绝，跟着起哄，又搬出半坛美酒，与师爷一醉方休。

骆秉章事无巨细，都委托给这位铁笔师爷，任由他全权定夺。左宗棠过完了手握一省大权的瘾，还要调侃一下给他撑腰的老板："公犹傀儡，无线以牵之，何能动耳？"他把老板比作木偶：没有我用线牵着你，你怎么能动得了啊？

一天，骆秉章正在府内休息，忽听得校场放炮。骆秉章一听这炮声，估计是师爷往北京送折子了，忙问左右是也不是，左右答道：确是左师爷拜发奏折。

左宗棠回到府内，骆秉章小心地问道："你刚上的折子，能不能给我看看啊？"

看来，骆秉章权力全被架空了，还是自愿的，他乐得当个甩手掌柜。

野史虽野，并非毫无根据。左宗棠自己也承认了越权干政的事实：

> 湖湘之事，一身任之；即东南之事，亦一心注之。

左师爷既管湖湘，又插手东南，其实西南的贵州与广西，他也都插手了。湖南的将领们多数都看他的脸色行事。他在省内整顿社会秩序，对外省给予经济和军事援助，使湖南显示出一个强省的风范。《湘军记》的作者王定安评道：

> 宗棠刚明有智略，幼读书究心舆地，夙以诸葛亮自负。秉章资其赞画，内绥土寇，外协邻军，东征兵源、饷源倚之为根本，湖南屹然强国矣。

后人总结这段历史，得出一个结论：如果骆秉章不听任左宗棠主持大计，湖南恐怕很快就会被太平军占领。而清廷一旦失去湖南，曾国藩和胡林翼的楚军最终也会困顿溃散，无法自保。

另有评论家说：左宗棠善于谋划，骆秉章敢于用人，都是一时贤达。

然而，评论家的话，不能代替大清律令。左宗棠越俎代庖，实属违法乱纪。据薛福成记载，咸丰皇帝阅罢官文弹劾左宗棠和骆秉章的奏章，龙颜大怒：一省的军政大计，竟然不是由朕委任的官员定夺，岂不乱了纲纪！于是，他诏令官文密查，"如左宗棠有不法情事，可即就地正法"。

最高指示下达，就摆在官文的案头上。官文暗笑几声：左宗棠啊左宗棠，你的小命，就捏在本部堂手里了！湖南布政使文格也对左宗棠嫉恨在心，大发阴功，为樊燮声援。骆秉章乱了方寸，一官两印的罪名，他也撇不清！

樊燮的主攻目标是左宗棠。他到最高检察院要求申冤，也没有把矛头指向骆秉章。樊燮为什么如此仇恨左师爷呢？是不是怪错人了？弹劾樊燮的不是左宗棠，而是骆巡抚啊。

野史提供了一种解释：左师爷和樊总兵曾经结下私仇。这个私仇，说起来也不是杀父夺妻的大恨，更不是职场的恶性竞争，纯粹是个性的碰撞。左宗棠得罪樊燮，完全是狂傲书生刚直的性格使然。

话说樊燮有一次路过省城，自然要谒见巡抚大人。骆秉章让他去见见左师爷，算是礼节性的拜访。樊燮碍于骆巡抚的面子，去跟左宗棠见面。但他是朝廷二品大官，没把巡抚的幕僚放在眼里，行止傲慢，更不会使出请安的礼数了。而左宗棠偏偏自视甚高，尤其在他眼里，樊燮不过是"一贪纵无赖之武夫"，见他如此没有礼貌，看不起读书人，便压着怒气，教训道："武官见我，无论大小，都要请安，你凭什么摆架子？快快请安！"

樊燮不肯服输，把官方制度拿出来压人。他说："朝廷体制，没有规定武官见了师爷要请安的。武官怎么啦？我也是朝廷的二品官员！"

左宗棠见到这个无赖竟敢顶撞自己，怒火填膺，拍案而起，骂道："滚出去！"

另一版本说，左宗棠掴了樊燮一巴掌。还有更生猛的版本，说左宗棠把樊总兵踹了一脚。樊总兵身子笨拙，口才也不好，居然没有反抗，又羞又恼，退了出去。

野史说，左师爷和樊总兵之间就是如此结下了梁子。于是，在有人向省府控告樊燮时，左宗棠便唆使骆秉章参劾樊总兵。而樊燮为了反扑，去京城告状，也是以左宗棠为靶子。

这个段子，不管是不是事实，都令人觉得颇为可信。左宗棠疾恶如仇，性情耿介，见了樊燮这样的贪纵武夫，肯定不会给他好脸子看。但是，要说左宗棠仅仅是因为樊燮得罪了自己，就唆使骆巡抚参劾樊燮，未免把左宗棠的器量说得太狭小了。

总之，樊燮的案子是一桩公案，如果说左宗棠这方面掺杂了私仇，纯属猜想。官文与樊燮拿左宗棠开刀，自然因为他们二人都对左宗棠心怀恨意，又因骆巡抚毕竟是朝廷高官，不大好对付，而左宗棠地位卑微，又有一印两官的把柄可以捏拿，他们认为乃是最佳的突破口。

军机处传达的上谕中，指定了专案官员，由当时身在湖北的考官钱宝青讯问左宗棠，命左宗棠对簿武昌。左宗棠身在长沙，要他前往武昌，有两个办法，一是押解，二是传讯。胡林翼极力劝解，官文才暂时未将左宗棠公然逮捕，但仍在暗中对他监视。

官文找到了机会，便要把左师爷往死里整。圣谕给了他"就地正法"的方便，他何愁罗织不了罪名？不过，官文要整死这个人，还需要雷霆手段。他知道，此人树敌虽多，朋友也不少。胡林翼老是替他说好话，据说也是他的死党。骆秉章也不会袖手旁观，因为左宗棠的罪名若是坐实了，他自己也洗脱不清。皇上对此人也曾多次垂询，还有提拔他的意思。必须趁着皇上还没清醒过来，先把他捏死。于是，官文把左宗棠定为诬陷朝廷命官的主犯，最先揭发樊燮的黄文琛等人倒成了胁从。

黄文琛等人原是樊燮为非作歹一案的主要证人，都是性情中人，他们在官文的高压之下，也不愿见风使舵。左宗棠跟他们本无私交，更谈不上就案情私下沟通。黄文琛为人直率，敢于直言，以前曾感到左宗棠对他的压抑，现在却挺身而出，为左宗棠辩白。因此，官文没有找到足够的理由逮捕左宗棠，但他仍在暗中筹划，只要看准机会，就会对左宗棠实行密捕。

左宗棠失去了安全感，这个"劣幕"，他一天也做不下去了。在巡抚公署多待一天，就多让人家握一天把柄。他觉得，被官文这个小人盯上了，乃是性命攸关的事情，还是赶紧逃命要紧。

左宗棠的同情者都劝他挺下去，说什么就算对簿公堂也不要紧，相信公道自在人心，结果不会糟到哪里去。左宗棠对官场的黑暗心知肚明，心想：武昌不能去，我不会傻到送肉上砧板。他不愿拿自己的脑袋当儿戏。三十六计，走为上计，他相信，只有离开是非之地，才能保全性命。

走，走到哪里去呢？溥天之下，莫非王土。最令他伤心的是，这一次，咸丰没有给他撑腰。其实，他有所不知，咸丰担心官文所参不实，还是派了大员到湖北暗查。由于左宗棠不知就里，他心中十分抱屈。他想：不错，我是越权干政了，我也确实是独揽大权。我不但干了湖南的政，还把手伸到了其他省份。可我这么做是为了谁？还不是为了皇上的江山社稷？都什么时候了，大清都只剩下半壁江山了，还讲什么资格文法，官场规则？我就不信，当今圣上会糊涂到如此地步！一定是听信了谗言，一定是受了蒙蔽。我就是死，也要见皇上一面，把话当面说清楚！

既然如此，那就以进为退吧。进到哪里？进到京城！他盘算着：若是落在官文手里，必死无疑。在事情没有澄清之前，躲到哪里都是白搭。唯有直接进京，尚存一线生机。

左宗棠冷静下来，分析此次进京，有两种可能。

第一种可能，他可以名正言顺地说，进京是为了参加会试，弄个进士出身。皇上不是几次说过要他进京引见么？他到了京城，不难找人把消息递进宫里。郭嵩焘不是在南书房当值么？开个后门应该不成问题。如果皇上下诏，将他送部引见，他就可以御前对质，把事情的原委照实奏告。皇帝问一句，他就据实答一句，决不多话。这样，皇上就会知道他是个山野之人，懒得跟他计较，放他回到乡下。不过，如果只能见到那帮公卿大夫，他就一言不发，省得人家误会了他的意思，到皇帝那里乱说一通，令他"断送头皮，气破肚皮"。

第二种可能，要是皇帝不召见他，那又怎么办？圣意难测，他心里对此真还没底，因此还得做第二手准备。他决定，若是如此，他就不等引见，请人递个信上去，就说他要告病还乡。如果皇上同意了，官文也就拿他奈何不得了。

左宗棠想：这样看来，进京是有利无弊。就这么决定了。只要路上可以躲开官文的追捕，顺利抵达京城，我左宗棠就有救了！

寻找容身之地

咸丰九年十二月二十日（1860年1月12日），左宗棠辞别湖南巡抚骆秉章的幕府，推荐刘蓉取代他做师爷，结束了第二次幕宾生涯。骆秉章给他发了公文，让他可以赴京参加会试。

咸丰十年（1860）正月初十日，他开始了北上的逃亡旅程。他打算摆脱官文的羁绊，进京参加为咸丰皇帝三十岁诞辰而特设的"恩科"会试。

女婿陶桄说："岳父大人，我跟您老一起走。您老一个人进京，倘遇不测怎么办？"

左宗棠眼含泪花，点点头，同意了。他想：性命攸关时，还是家人靠得住。

他们走得如此急迫，连元宵节都不能跟家人一起过了。左宗棠知道，不早走不行，他料想官文一定派出了捕快，要寻机将他捉拿。

不论是直觉还是推理，左宗棠所料不差。在左宗棠辞职回家后的若干天，在武汉的湖广总督署，一名巡捕头目匆匆走进署内，向官文禀报："制军大人，密探来报，左宗棠已逃离湖南巡抚衙门，下官以为可以下手了！"

官文说："多派密探和捕快，沿途拦截，一定要把他带到武汉，本部堂定要将他审讯正法！哼，看你还威风什么，你已经成了在逃通缉犯！"

幸得左宗棠走得快，未与巡捕碰上面。湘江上一只带篷的小船上，左宗棠在寒风中哆嗦。他想：真惨啊，想我左宗棠，在籲公手下风风火火干了六年，竟落得如此下场！润之（胡林翼）和希庵（李续宜）劝我换个省份去当师爷，谁能像籲公这样容得下我呢？官文那小人会罢手吗？涤公劝我到军营中暂避，可是我怎能连累别人？好汉做事一人当。我跟润之说了，朋党之嫌不能不避。就算官文抓到我，刻意陷害，我宁愿一死，也不牵连好友，不以党锢连诸正人，致有一网打尽之惨。官文想把湖南的干才打成谋逆集团？想都别想！

左宗棠和女婿经历过了洞庭湖的风浪，进入湖北，发现这里遭遇了罕见的风雪与寒雨。二月二十六日，两人抵达荆州。左宗棠的心，比外面的风雪还要冷。他对陶桄说："贤婿，我们要小心，这里官文的耳目更多。那些大官都是一丘之貉，朝廷真有可能将你丈人治罪。如果连我都成了刀下鬼，从此以后，不会再有草野书生，不顾身家性命，来为朝廷挽回颓亡的大局喽！"

三月初三日，左宗棠翁婿二人抵达襄阳。这里的天气仍然是大雪纷飞，他们只得找家客栈，暂且歇脚。这时候，出现了古装电视剧里常见的一幕：一个身影来到客房门前，机警地左右一瞥，闪进房内，食指竖在唇前，轻嘘一声，从怀里掏出一封信来，交给左宗棠。

来人道："在下毛鸿宾，职任襄阳道，是巡抚大人派来的。"

左宗棠展开胡林翼的密信，见信中写道：官文根本无意收手，派人搜捕，网罗四布，再往前去，非常危险。胡林翼还说，官文"方思构陷之策，蜚语已满都中"，北京是去不得了。

胡林翼的提醒，证实了左宗棠对自己处境险恶的推测，他觉得自己陷入了一个巨大的陷阱。"侧身天地，四顾苍茫"，"帝乡既不可到，而悠悠我里仍畏寻踪"。中国之大，竟没有他的立锥之地！

往北去，官文在京城已经有备。就算一定要铤而走险，想去也去不成了，因为北上的路已被风雪封锁，路上行人几断。

左宗棠以掌击额，叹道："天，我将何去何从？"

左宗棠又走到了人生的十字路口。命运对他何其不公，已经活过四十七岁的人了，还得再次谋划一条生路，免得陷落虎口。他想：如果朝廷能对我既往不咎，我就回乡当个农民。可是这阵子，老家肯定被人监视着，家是回不去了。首要的考虑，就是保全性命。

突然，他脑子里闪过一个念头：重新投靠籲公？也算一条路。籲公肯定会保护我。等这阵风过去，再做计较。师爷是不能再做了，发誓不再蹚这个浑水。请籲公给我几百名士卒，让我当个营官，我就战斗在第一线，要不战死疆场，要不立下战功。

这个念头，忽然令左宗棠感到有了一线生机。他想：为什么从前没有想到带兵打仗呢？湖南那么多书生带兵驰骋疆场，我怎么就没想过投身战场，却甘愿去当一个智囊呢？大约是因为，我以前不够大胆。带兵可不是儿戏，没有丰富的经验，很难带好部队。一名营官，领着几百号人随同大部队作战，一定要经过几十仗的磨砺，才能识别部下人才的优劣，才会逐渐有把握打胜仗。贸然带兵，必定遭受许多挫折，不但误国，兼以自误。除非到了不得已的时候，才能走这条路，还要经历一个学习的阶段。

左宗棠回忆，自己在过去这些年里，冷眼旁观国家大局，深知官场为倾轧争夺之所，拘牵挂碍，不足有为。而他秉性粗豪，性刚才拙，不能随俗俯仰，在官场里是混不下去的，所以他宁愿藏身于幕府之中，我行我素，进退自如。这个想法，其实皇帝也是知道的。自己为什么甘心做幕僚？是想做诸葛孔明！自己平生所愿，就是效法那个上通天文、下晓地理的智多星，手下虽无一兵一卒，胸中自有雄兵百万，轻轻一摇鹅毛扇，就能运筹帷幄，决胜千里。自己不适合火线冲锋，适合自己的位置是大本营的参谋长。

左宗棠又想：智者千虑，必有一失，看来我还是打错了算盘。幕府也不是藏身之所，我老左的性格不像孔明先生，我刚直有余，柔曲不足啊。即便当个师爷，也难免成为众矢之的，以至于惹来杀身大祸。为了保命，现在只剩下冲上火线一条路了。在刀头上舔血，勉强还能把握自己的命运，决定进退存亡。死在枪林弹雨之中不可怕，比死在小人手里强多了！

在左宗棠寻思的这会儿，毛鸿宾喝了几口热茶，接着开口说话了："在下不只是邮差，还兼有特务的身份，有密情相告。湖北的楚军攻克了太湖与潜山，涤公（曾国藩）驻军宿松，润公（胡林翼）驻军英山。两人商议，分三路收复安庆。曾沅浦（曾国荃）率朱品隆和李榕所部进军集贤关，多隆阿部进军桐城，李希庵率部作为援兵，协助沅浦和多公。润公催促季高先生过去参与决策，命在下一路照顾。"

左宗棠听了此话，叹道："唉，前面无路，东边有路，那就回舟汉川，沿长江而下，游历一番吧。"他心里盘算道：在湖南闷了这么些年，也该去会会前方的将士了。军营之中，应该另有一番景象。先去英山大营吧，会一会润之，但他那里不能久留，要提防官文的耳目，以免连累了润之。让润之派人送我去投靠涤公，此公深得朝廷器重，在他的庇护下，想必没人敢找我的麻烦。方才毛观察说，涤公和润之正一起图谋安徽，正是扩兵买马之际。我求涤公给一个营官当当，应该是没有问题的吧！也罢也罢，身上的盘缠还有不少，不如趁此机会，到楚军各个军营遨游一番，既增长了见识，又能一吐心中的怨气。

于是，左宗棠随毛鸿宾上路，三月十八日，经过汉口。在这里搭船，顺江而下，翌日夜晚抵达兰溪，弃舟登岸。左宗棠问道：此去英山，还有一百八十里山路，山高林密，官文会不会派兵埋伏，等我掉入陷阱呢？

毛观察说："一路有楚军将领接应，季高先生不必担心。"

他们一行三人到得英山，进入胡林翼的大营。左宗棠来到这里，见到老友，一颗久悬的心总算放下了。胡林翼握着死党的手，连连道歉："季丈，让你受惊了！都怪林翼没用，这点事情都摆不平！"

"都什么时候了，你我之间还客套什么！快送我去涤公的大营吧。我在这里，要是被官文发现了，你就得替我背黑锅了。"

"季丈此话差矣。"胡林翼正色说道，"为朝廷办差，是臣子之道；为季丈排忧解难，乃是友人之道。季丈暂歇几日无妨，总督署的人，还不至于敢到楚军大营造次！来人啦，把酒温上！季丈尽管放心，我已给京城的郭嵩焘、王闿运写信，请求他们设法到朝中活动，让皇上明了真相。"

左宗棠说："哦？这么说，此事果然并非皇上本意，皇上只是受了蒙蔽？"

胡林翼说："当然！"

接下来，他给左宗棠讲述了最近发生的一件事情。

原来，郭嵩焘在京城接到胡林翼的信函后，得知左宗棠有难，非常关心这位老友的安危。他给胡林翼回信说：皇上担心官文为浮言所惑，在左宗棠这件事上所奏不实，特派都察院湖广道监察御史富阿吉到湖南查访。胡林翼看了回信，认为有机可乘，连夜派自己最信任的管家北上拦截富阿吉。管家在京杭运河山东段遇上了富阿吉一行，于是出高价买下一艘大船，在船上陈设豪华的器物和美味佳肴，邀请富阿吉的仆从上船吃喝玩乐。仆从回到富阿吉身边，劝其改乘胡林翼管家的大船南下。

五品御史富阿吉是个贵族子弟，不学无术，平生最爱吃喝嫖赌。上了大船之后，很快就迷上了胡府管家花钱从妓院买来的歌女，坠入温柔乡，把皇上交给他的差事忘到九霄云外去了。船家经胡府管家授意，故意拖延行程，足足用了三个月才抵达武昌。

胡林翼特意去码头迎接，将富阿吉迎入官府，为他设宴洗尘。酒足饭饱之后，胡林翼说："钦差大人，您此次为查办左宗棠而来，林翼我有所不解。素闻左宗棠宏才大略，值此宇内纷扰，湖南一省能够安稳，以军饷军械支援四方，固然是骆中丞之功，但也靠左宗棠赞襄之力。此人生性刚直，疾恶如仇，不免得罪小人，以至于遭受诋毁。那弹劾之词，纯属子虚乌有，望大人为保全人才计，在圣上那里为左宗棠美言几句。"

富阿吉一开始并不买账，答道："本官奉命访察案情，自会秉公办理，不会存丝毫私心，中丞大人不妨静候本官调查个水落石出。"

胡林翼说："林翼正是出以公心，欲为国家保护人才。钦差大人何苦再往湖南去，不如就在敝处盘桓几日，林翼已为大人拟好复命之奏稿，为左宗棠辩诬，请大人在武昌拜发，再回京复命。"

富阿吉一听此言，顿时沉下脸来，摆出公事公办的架势，说："胡中丞叫我不去湖南，岂不是陷我于不忠？那可是欺君罔上，本官绝不答应。就此告辞了！"

胡林翼道："且慢！"一边将富阿吉按在座位上，一边从袖中抽出一份奏稿，摆在富阿吉眼前。富阿吉瞄了几眼，顿时脸色煞白。

原来，那是胡林翼参劾富阿吉的奏稿，上面写道：富阿吉出京以来，骚扰民间，强占民女，耽于享乐，迁延行程。胡林翼还说，人证物证俱在，铁证如山。

胡林翼此举，并无把握能够镇住富阿吉，只是赌一把而已。幸好富阿吉年轻，缺少历练，居然被胡林翼唬住了，态度软了下来，按照胡林翼的要求，把他代自己拟写的奏稿拜发了。

胡林翼做好了富阿吉的工作，又给官文写信，称左宗棠与自己自幼为好友，又是姻亲关系，此人性气刚烈矫强，历年与湖北交涉，所拟文稿，有失礼于总督之处，请官文海量包容。如樊燮一案有牵连左宗棠之处，请中堂大人格外垂念，不要牵连左宗棠。胡林翼指望官文收到此信后，也许会同意放左宗棠一马。

左宗棠听到这里，不禁蹙起眉头，说道："宗棠惹出事来，连累润之你办了这么难为之事，依宗棠的意思，何必去求那官文！"

胡林翼道："权宜之计，必要之时，不得不用，季丈不必挂怀。"

酒到酣处，二人说话也就越来越没有顾忌了。左宗棠换了个话题："我感到涤公此次出山以后，朝廷每下谕旨，对他似乎不如从前那么倚重了，是不是也有什么人在朝廷与涤公之间挑拨离间呢？"

"难说啊……是不是得给涤公提个醒？"胡林翼答道。

"我说话太直，恐怕涤公难以接受，"左宗棠说，"你不妨委婉地提醒他：天子之心未可测，还得防着点。"

"季丈放心，我会关照。"

事实上，曾国藩自从咸丰七年（1857）因父丧丁忧之后，直到咸丰八年（1858）再度出山，一直很想继续十六个月前未竟的事业，回到攻克金陵这个终极目标的正题上去，但他此次出山，所带之兵只有张运兰与萧启江两部，并未统辖楚军陆师主力与水师，而执行的任务主要是对付石达开流动于福建和江西之间的部队，对于建军之后便立志一肩挑大任的曾国藩来说，这个任务未免偏题了，他必须把自己的位置挪到长江之滨，才能回归核心的使命。值得他庆幸的是，朝廷认同了他的沿长江向东节节推进的主张，令他等到南方战区局势稍微松缓之时，再挺进湖北与安徽交界之处，着手筹办大局。曾国藩奉到上谕，开始踌躇满志，不料朝廷的意图又有了变数。由于石达开从江西进入湖南，包围了宝庆，湖广总督官文探知石达开有进入四川的意图，奏请朝廷令曾国藩带兵赶赴四川夔州一带择要扼守。朝廷决定采纳他的提议，令曾国藩前往湖北，走江路奔赴夔州。

这次调动明显不利于曾国藩实现终极的目标。他的目标在长江的东端，而他现在奉旨向长江上游开进。而且他心里还有另一种委屈：此次出山，朝廷没有给他任何名分，他既非封疆大吏，也非钦差大臣，连团练大臣、兵部侍郎都不是，他的官印只能刻上"前兵部侍郎"数字。朝廷在多个战区都靠着他一手编练的楚军与太平军作战，却不让他这个楚军大帅手握大权，而且还把他当个救火队长使用，东调西遣，难道他多年潜心谋划，吃尽了苦头，就落得一个走卒的下场？此时他情绪颇为低落，行为更加低调。他手下的萧启江所部已经增援宝庆去了，他索性令张运兰也返回湖南，打算只带六千人溯江西上，到宜昌驻扎，守住两湖的西路。

曾国藩的遭遇，令很多人感到寒心。胡林翼起初赞同官文的意见，以为朝廷派曾国藩去四川，一定会任命他为四川总督。但是，朝廷只要曾国藩西行，却舍不得给他总督的官位，真是又要马儿跑，又要马儿不吃草。

咸丰九年（1859）的夏天对于曾国藩是非常关键的时期，他在思考如何主导自己的命运。他与胡林翼沟通希望向东进兵的想法，希望能够得到好友的帮助。胡林翼与官文磋商，请他奏请将曾国藩留下，合力向安徽进攻。于是官文向朝廷奏报：宝庆已经解围，石达开南逃广西，四川已有备无患，请令曾国藩暂缓入川，驻扎江西湖口，与湖北官军一起，分四路进攻安徽。于是，曾国藩在进川途中奉到上谕，令他暂驻湖北，调回湖南各军，大举向东推进。曾国藩大喜，于当年八月二十三日抵达武昌，与官文会商军事，逗留了十来天，随即返回黄州，与胡林翼筹备进兵。胡林翼慷慨地拨出十营兵力交给他指挥。曾国藩于九月五日在巴河登陆，坐镇陆军营垒，随即催调萧启江火速前来，会师东下。

曾国藩之所以能够扭转局面，一是因为有胡林翼在他和官文之间斡旋，二是因为他现在已经放下了傲气，为了实现自己的最终目标，不惜虚心下气去求官文，争取这个满人高官的支持。

灵活运用传统学术的各种流派，以达到自己追求的目标，正是曾国藩的可贵之处。如今他看到了柔术的好处，对内有利于他游刃于充满倾轧的官场，团结一切可以团结的力量，对外则有利于他瓦解敌军，涤荡敌军的意志。为此，他愿意改变自己以往的做派，以崭新的面目出现在世人面前。与此形成对照的是，左宗棠却依然未改本色。由于他不愿向官文低头，所以他在咸丰十年（1860）遇见了危险，还有性命之忧。

左宗棠与胡林翼对饮时，想到曾国藩的处境，似乎圣眷不如从前了，有几分替他担忧。他与胡林翼都没有料到，其实曾国藩的大运即将到来，他的人生和仕途即将发生巨大的良性转折，而左宗棠也将跟随曾国藩的升腾，迎接自己的人生飞跃。

此时的左宗棠，还是前路茫茫，感觉到危机四伏。谈到曾国藩的仕途塞塞，他便联想到自己落魄的命运。他说："润之啊，你要是不怕牵连，就让我留在英山，给我几百人，让我干个营官！"

胡林翼仗着酒力，一拍桌子，激动地说："季丈小看我胡林翼了！你平时说我处世圆滑，有些笼络人的手段。其实我也是从大局着眼，否则何至于跟官某人称兄道弟！我胡林翼也是个顶天立地的汉子，岂容他官某颠倒黑白，戕害忠良，难道还怕牵连不成？"

左宗棠一听胡林翼这话，知道自己说错话了，忙道："润之息怒，这般小人，不值得与他计较。这么说，你是答应让我带一支队伍了？"

"这件事嘛，林翼恕难从命。让季丈来做营官，如此屈才的事情，林翼岂能干得出来？季丈无妨隐居一段时间，皇上那里，涤公与林翼自会替你陈情。若要季丈再次出山，朝廷一定要明降谕旨，让季丈堂而皇之地大干一场！"

"冲你此言，再干一杯！"听了胡林翼这番知己的话，左宗棠胸中又腾起一股豪气。

咸丰十年三月二十四日，左宗棠辞离英山。两天后，他抵达宿松曾国藩大营。

京城里的运作

俗话说，世事难料。在左宗棠提心吊胆的日子里，他的案子已经有了戏剧性的变化。他的人生苦药中有新的反应剂参与，一种崭新的物质生成了。

这个变化，在京城里悄悄发生。

为了讲清楚事情发生的过程，我们且将叙述的时间拨回到咸丰十年正月上旬。那时候，樊燮指控左宗棠一案已为朝廷受理，咸丰皇帝发下了可将左宗棠"就地正法"的那道上谕。这件事，引起了三个人的关注，他们是：军机大臣肃顺，左宗棠的老乡郭嵩焘，以及郭嵩焘的同事潘祖荫。

俗话说，三个女人一台戏。其实，三个男人也能唱一台好戏，或许还能比女人唱得更好。

满洲镶蓝旗人肃顺一贯主张重用汉人，他曾耳闻左宗棠才学过人，秉性刚直，疾恶如仇。他也知道，左宗棠的生死，与他支持的楚军集团关系极大。他听说皇上要办左宗棠，第一反应就是想去说服皇上收回成命。但他转念一想，自己实在不便出面。他一个满人大臣，怎么会牵连上左宗棠这个汉人小官呢？如果他去为左宗棠说情，皇上一定会起疑心。

肃中堂老谋深算，他还有更好的办法。他要引起一场多米诺骨牌的效应，只是必须设计一个流通环节，让这个消息进入该去的渠道，然后就必定会有人行动起来。

肃顺回到府内，首先把这个消息透露给门客高心夔。他知道，这个江西人嘴上没锁，一定会过话给相关人等。这样一来，肃顺等着看连锁反应就行了。

高心夔走进了王闿运的房间。这个湖南人，也是肃顺的门客。他做过曾国藩的幕僚，跟左宗棠也有交往。江西门客和湖南门客咬了一阵耳朵根子，两人面色都很紧张。

高心夔离开后，王闿运一刻也没有耽搁，马上出门了。他去的地方，一点悬念也没有，正是郭嵩焘的住处。这个郭嵩焘，是左宗棠的同乡、好友加姻亲。当年向张亮基推荐左宗棠，他是最积极的一个。他能看着好友遭难，见死不救么？何况他官居翰林院编修，又在宫内南书房当值，要向皇上进言，有的是机会。

差不多在同时，郭嵩焘接到了胡林翼的来信，知道左季高祸事临头，但他还不知道皇帝下了那么可怕的旨意。当他听到王闿运传来的信息后，便积极活动起来。他悄悄来到肃顺的府内，求他到皇上跟前为左宗棠美言。肃顺心想："这个书呆子，怎么来找我呢？你不知道这个球就是我发出去的么？你把球给我踢回来，我还得把它踢出去！"

于是，他对郭嵩焘说："筠仙，你跟左某人是同乡，你去找别的大臣保荐他，名正言顺嘛。只要皇上动了心，我就方便在一旁敲边鼓了。"

郭嵩焘想了想，碍于和左宗棠的姻亲关系，自己不好出面，只得避亲就疏，找了同在南书房当值的侍读学士潘祖荫。郭嵩焘对他讲了左宗棠在湖南所起的支柱作用，然后说："左君一出事，湖南就支持不下去了，必定垮台，东南大局也就没有指望了。"

江苏吴县人潘祖荫以见义勇为而著称。他听了这番话，便上了一道奏本，大意是：湖南的军队在本省立下大功，又增援江西、湖北、广西和贵州，所向无敌，固然是因骆秉章调度有方，实际上却是因为左宗棠运筹决胜，这是天下人都能看出来的，而皇上也早已有了洞察。去年石达开窜到湖南，兵力号称数十万，湖南用本省的军饷和本省的兵力，几个月内就肃清了全省。那时石达开的部队纵横几千里，都在左宗棠的掌握之中，如果这事发生在别的省份，局面肯定不可收拾。所以说，国家不可一日无湖南，而湖南不可一日无左宗棠啊。左宗棠为人自负刚直，疾恶如仇，妨碍了湖南的不法官员攫取私利，所以早就有人对他恶意中伤。

湖广总督官文听信了不实之词，未免捕风捉影。左宗棠是一个在籍的举人，他个人的去留无足轻重，但湖南的形势却关系国家大局，不得不为国家珍惜这个人才。

潘祖荫连上三疏，终于打动了咸丰，救了左宗棠的性命。三道奏疏中，就数这第一道最著名，因为其中写出了那句现已流传一百多年的名言：

国家不可一日无湖南，湖南不可一日无左宗棠。

这句夸张的名言，把咸丰皇帝雷到了，使其有了收回成命的意思。潘祖荫也沾了这句话的光，左宗棠时来运转之后，为了报答这份旧恩，尽管手头并不宽裕，每年都给潘祖荫送去一千两银子的"炭敬"。那还不算什么，潘祖荫借此在湖南吃香了一百多年，湖南人至今还经常念叨他老人家的名字。

这么夸张的一句话，居然非常贴切地道出了左宗棠与湖南省以及湖南省与全中国之间互相依存的关系，潘祖荫这个江苏人怎么想得出来？他跟左宗棠素昧平生，对这个湘阴人并无很深的了解，彼此也没有利害相关，他对湖南，对左宗棠其人，不可能有如此深刻的体会。根据当时的情况推想，最有可能说出此话的人，应该是郭嵩焘吧？郭左两家，故交加亲戚，咸丰二年（1852）躲兵时，两家还比邻而居。郭嵩焘一贯对左宗棠推崇备至，他和曾国藩与胡林翼也是莫逆之交，营救左宗棠，也是为了维护楚军集团的利益。这次营救，他的动力是最大的，他也是最有可能写出这种句子的。

野史按照这个思路编排，就有了一个搞笑的段子，名为"潘祖荫被郭嵩焘戴笼子"。

话说同治七年，西历1868年，左宗棠早已封了爵位，无限风光地进京觐见。一见潘祖荫，就给他跪下了，说道："我今日一拜，拜的是潘大人那两句话！"

潘祖荫连忙把左帅扶起，谦谨地回答："爵帅，潘某枉受如此大礼了！我那个折子里，没有一句话不是郭筠仙所说的呀。"

"此话怎讲？"左宗棠问道。

"说来话长。爵帅有所不知，咸丰十年，筠仙为了抢救爵帅的性命，怕时间来不及，又担心潘某写的奏章分量不够，事先就把折子拟好了，在潘某进殿叩见皇上时，从袖子里抽出奏折，交给潘某。潘某面呈圣上的折子，其实是筠仙代拟的。"

这段趣闻是否属实，无从查考，但是郭嵩焘为救左宗棠忙得焦头烂额，确是实情。而且，郭嵩焘常为劝过左宗棠、救过左宗棠而得意扬扬，晚年提及这段历史，还大书了一笔：

> 他们出将入相，都是我在关键时刻出了大力，也算奇了。

左宗棠根据自己的推测，也觉得这件事很像郭嵩焘所为。他在给儿子孝威的信中说：官文因了樊燮而想诬陷我，当时没人敢说一句话替我喊冤，潘祖荫却直言不讳，告诉皇上：这是官文吹毛求疵。于是皇帝垂询各位大臣，我的朋友们才说我是个可用之才。潘祖荫怎么会了解我呢？肯定是郭筠仙告诉他的。郭筠仙与我交往较深，我无法揣摩他对潘祖荫究竟说了些什么，因为他从来没有对我提起此事，他知道我不会因了这份私情而感谢他。这种友谊，现在的人已经没有了！

潘祖荫的这句话，或者说郭嵩焘教他说的这句话，虽说夸张，却有相当高的写实度和可信度。若是胡言乱语，万岁爷岂能采纳？咸丰不是好糊弄的，懿贵妃也是极精明的女人，这两口子看过道光爷那一朝的档案，知道一代名臣林则徐给左宗棠所下的评语：

> 才品超冠，忠肝义胆，与时俗迥异，胸罗古今地图、本朝国章，精通时务，谙经世致用之学，实为栋梁之材。

咸丰和叶赫那拉氏都知道，左宗棠是栋梁之材，这个评价绝无水分。但是，咸丰心想："我堂堂大清，难道就少不了一个左宗棠吗？"但他不得不承认一个事实，他手下的那班权贵们确实是江郎才尽了，无法挽回东南大局。想到洪秀全刚在金陵周边再次击溃江南大营，把和春与张国梁两员大将赶到了镇江，这种现实摆在眼前，如果不依靠能人，他手里这个烂摊子就会崩盘，再也无法收拾。他心念一动：连曾国藩和胡林翼都说这个左宗棠本领过人，朕不依靠他，还能依靠谁呢？此人做出一点出格的事情，朕也能容得下！

想到这里，他垂询肃顺："肃中堂，你看此事怎么办？"

"皇上，人才难得，自当爱惜啊。"肃顺顺水推舟。

"那就替朕拟旨，朕要赦免左宗棠，还要给他加官！"

肃顺连忙回答："嗻！"

一匹快马，将开恩的上谕送到官文手里。官文一看，气得两手发抖。他想：

老夫小看了这个左宗棠。皇上说我轻信了不实之词，这是给我一个台阶下，要是再斗下去，恐怕就会落个陷害忠良的罪名了。姓樊的小子，老夫帮不上你了，只好拿圣旨给五姨太一个交代。唉，我一个满人总督，居然斗不过一个汉人师爷，认栽吧，这件事我是不能过问了。胡林翼那里，我就答应他不再过问此事了，也乐得做个顺水人情。

这时候，左宗棠已在宿松大营住下，曾国藩备了酒菜，为他压惊。他们等待胡林翼从英山赶来聚首。

"季公，此行还有什么打算？"曾国藩举杯问道。

"我想北上看看希庵。"

"在润之处是否商讨过进兵之策？"曾国藩又问，他最关心的是东进方略，真心想听听左宗棠的看法，"沅浦进兵安庆，多隆阿进兵桐城，希庵驻扎青草塥，鸿裁如何？就等季公一锤定音了。"

"蒙涤公看重，我看此策甚好。只是，我还有个不情之请。"

"请讲。"曾国藩说。

"望涤公给我一支部队，让我做个营官，遂了我的心愿。"

"呵呵，原来是这件事！"曾国藩笑道，"此事我已就商于润之和籀门公，我等认为，季公若行此举，纯属画蛇添足。为今之计，季公只需隐居下来，静观其变，料想不久便有变数。何况这打仗嘛——唉！"

左宗棠听出了曾国藩的话外之音，连忙问道："涤公此次奉诏督军，意兴似乎不如从前，不知为了什么？"

"我辈读书人，身逢乱世，不得已而投身戎行之间，何谈意兴哟。"

"唉，涤公此言，说到了在下心上。樊燮案若能善了，还是回归田垄去吧。"左宗棠想到自己的际遇，也是意兴索然。

一日，曾国藩正与左宗棠对饮赏雪，忽报朝廷有上谕寄到，左宗棠暂且回避。然而，不一会儿，曾国藩就把他叫了出来，口气颇为激动。

"季公，这道上谕，乃是皇上为你颁下的特旨！"

左宗棠一听，立马脸色煞白。怎么回事？难道夺命的圣旨追到这里来了？

曾国藩忙说："季公，喜从天降呀！天子为你昭雪冤案了！皇上说，官文听信了不实之词——嗨，你自己看吧！"

左宗棠接过圣旨，将信将疑地拜览。他简直不敢相信自己的眼睛，咸丰皇帝真的为他平反了！这位君主对他不是一般的关心，对他的"频年怫郁之隐"深为关切，对他的身世履历，向曾国藩垂询再三。左宗棠想：这是怎么回事？我不是在做梦吧？

左宗棠的命运从此有了根本的转折。一桩冤案，令坏事变成了好事。他虚惊一场，当了一回通缉犯，代价虽高，却换来了当今圣上的垂青。从此，仕途上有一架直升机等着他去搭乘。

左宗棠既是命途多舛的才子，又是中国几千年封建社会中罕见的幸运儿。《湘军记》的作者王定安说：官场波涛险恶，几千年历史中，像左宗棠这样刚直不阿、脾气倔强的能人干才，不知有多少人含冤掉了脑袋，几乎没有幸存者。左宗棠却能逃脱厄运，真是一个奇迹。

其实，左宗棠的遭遇也非纯粹的幸运。尽管他的脾性很不适合生存于清末的官场，但他已经以杰出的才干和辛勤的作为，为自己在社会上打下了坚实的基础，既赢得了朋友们真心的钦佩，又得到了朝廷的重视，特别是他已成为楚军集团的核心人物，必定会受到这个集团中人的保护。若非如此，当他遭人构陷时，绝不会有人出面来为这个狂傲的书生鸣冤叫屈，而咸丰夫妇也绝不会为这个"难以位置"的湖南牛人颇费心思地开辟一条出仕之路。因此，左宗棠的逢凶化吉，是他的才干及其不懈的努力所造就的。

贪官酷吏战胜正人君子的例子，随手可以拈来。樊燮与左宗棠的较量，却以恶人一方失败而告终，也算奇事一桩。樊燮被革去了官职，但对他来说，未尝不是好事。此人还懂廉耻，从这件事吸取了教训。他认为，一介书生左宗棠，之所以能够打败他这个后台很硬的二品总兵，是因为占了读书人的优势，而他吃亏就吃在没有文化。秀才遇见兵，有理说不清，但是皇帝喜欢的还是这些读书人。

樊燮把洗刷耻辱的希望寄托在后代身上。他革职回家以后，写了个木牌，称为"洗辱牌"，上书"滚出去"，供在祖宗牌位下。他让儿子看着这个牌位，全身里里外外都穿上女人的服装，立下一条家法：考中秀才进了学，才能脱下女外装；中了举人，才能脱下女内衣。他认为，儿子中了举，功名就与左宗棠相等了。如果儿子中了进士，点了翰林，他就可以把六字洗辱牌撤掉，告慰先人：我们为祖宗争了气。

他的儿子樊增祥倒也是个争气的孝子，果然在光绪三年（1877）考中了进士，点了翰林，外放后，历任陕西按察使和江宁布政使，一直升到代理两江总督。西北大学的前身陕西大学堂，就是樊增祥在陕西时主持兴办的。他出身武官家庭，却成了一代文士，颇有诗名。辛亥以后，他作为名士，先后在湖北的督军府等处任职。

当然，樊增祥在历史上的名气，比起左宗棠来，还是望尘莫及。但是，左樊之争，导致樊家人如此发愤，也算是坏事变成了好事，留下一段佳话，仍然是令人感佩的。

左宗棠这次在宿松曾国藩大营住了二十三天，不啻参加了一次群英会，与他聚会者有曾国藩、胡林翼、李元度、李鸿章、李瀚章等人。而且，这次聚会所谈的内容以东征为主，对于楚军的前途和清朝的存亡十分重要，可谓一次决定国家命运的会议。其间，曾国藩与左宗棠交谈几十次。他们不仅谈国家大事，也谈私人交谊，甚至彼此开玩笑打趣。事后，曾国藩在写给郭嵩焘的一封信中谈了聚会中的一件趣事。他对左宗棠说："意城（郭嵩焘）说你怕老婆。"左宗棠答道："意城自己怕老婆，反而说别人！"

这次聚会大大改善了左宗棠与曾国藩的关系，并且统一了对局势的认识，巩固了湘系集团的团结一致。左宗棠离开宿松后，曾国藩写信给其弟曾国潢说："左季高在余营二十余日，昨已归去。渠尚肯顾大局。"又写信给沈葆桢说："四月之季，胡润帅（胡林翼）、左季高俱来宿松，与国藩及次青（李元度）、筱荃（李瀚章）、少荃（李鸿章）诸人畅谈累日，咸以为大局日坏，吾辈不可不竭力支持，做一分算一分，在一日撑一日，庶几挽回于万一。"胡林翼则在宿松有信给郭嵩焘，其中写道："季公之事，天心大转。然此身已公之于国，不复可据为己有。"

左宗棠本来可以在宿松多住些日子，但他接到家中来信，称其长子左孝威为他的安危担忧致病。左宗棠最爱此子，又见他对自己如此挂怀，决定提前回家，于四月十八日动身。曾国藩这一天的日记中写道：

> 早饭后，与胡、左二公畅谈。辰正，送左公归去。

人生的飞跃

左宗棠一生中遇到的知己，若论地位之高，非咸丰皇帝夫妇莫属。他的感恩之心，真是难以言喻。"忠君报国"四个字，在别人也许只是口里说说而已，但在左宗棠这个快言快语的汉子身上，却体现为报答对君主知遇之恩的满腔热忱，以及对国家对民族的无比热爱。

左宗棠素怀将相之才，可是在四十八岁以前，未曾得到施展身手的舞台。若非全国的造反武装风起云涌，逼得咸丰皇帝求才若渴，不拘一格任用贤才，他的最佳出路，恐怕就是默默无闻地终老山野了。

前面说过，左宗棠的名字引起咸丰的关注，是在咸丰五年年底。那时候，御史会稽宗稷辰向朝廷荐举人才，把他的名字排在第一位，说他"不求荣利，迹甚微而功甚伟。若使独当一面，必不下于胡林翼诸人"。

胡林翼是咸丰深为倚重的楚军大帅，在带兵打仗的湖南书生中，他是继江忠源之后第二个成为封疆大吏的重臣。他的身膺封圻，比曾国藩还早了几步。咸丰非常重视胡林翼，听到有人说左宗棠的才干不下于胡林翼，自然会眼睛一亮。他当时就有心提拔左宗棠，开始履行组织程序。他令湖南巡抚写出确切的评语，报送中央组织部门，引见这个人才。从此，凡是湖南籍和湖北籍的京官上朝，或者是两湖的地方官觐见皇帝，咸丰都要垂询他们是否认识左宗棠。答曰"认识"，咸丰便会刨根究底："左宗棠究竟是个什么人呀？"

咸丰听到的反映，肯定不是清一色的好话。左宗棠才识过人，本就容易招人妒忌；偏生他又是个直肠子，不但不会巴结权贵，还难免得罪了皇亲国戚。这样一来，官场上顶他的人少，拍砖的很多。夸他的人夸上了天，贬他的人把他说得一无是处。咸丰不知应该相信哪种评价。多亏湖南巡抚骆秉章是左宗棠的雇主，上奏力挺，咸丰才偏向于相信左宗棠的忠心与才干。

骆秉章唯恐皇帝听了不实之词，不愿接见左宗棠，还帮左宗棠捏造了一个心愿，说他很想进京观光，即去参加会试。其实左宗棠已有三次会试落第的经历，对进士出身已经断了念想，去北京，除了皇帝的接见，对他没有特别的吸引力。但皇上却信以为真，在同年的五月份再次颁发上谕，要求在会试之年引见左宗棠。上谕中写道：

> 经骆秉章奏该员有志观光，俟湖南军务告竣，遇会试之年，再行给咨送部引见。

湖南"军务告竣"遥遥无期，左宗棠也就一直没有进京。直到樊燮一案发生，由于樊燮的控告与官文的参劾，咸丰决定把左宗棠的事情弄个水落石出，因此既派钱宝青明里审案，又派富阿吉暗中访察。此案由于富阿吉在胡林翼逼迫下奏报了有利于左宗棠的结论，又由于肃顺、郭嵩焘、潘祖荫等人的积极干预，促使咸丰夫妇决定为左宗棠平反，并加以重用。

于是，咸丰十年（1860）四月二十日，咸丰下发谕旨，令左宗棠以四品京堂候补，随同曾国藩襄办军务。这意味着，左宗棠不再是某位高官私人聘请的师爷。朝廷给了他四品京官的身份，委派他到楚军统帅部，协助大帅指挥作战。

左宗棠此时人在宿松。前文说到，在此之前的四月初一，即在左宗棠抵达宿松楚军大营的第六天，咸丰皇帝就左宗棠一案颁下的特旨中，曾就左宗棠的任职问题垂询曾国藩。圣旨说：左宗棠熟悉湖南的形势，战胜攻取，调度有方。眼下洪贼势力大大扩张，两湖也是他要夺取的地方。左宗棠此人，是否令他仍然在湖南襄办团练，或者是将他调到你的军营，让他可以发挥所长呢？这件事由你酌量办理。

四月十三日，曾国藩"驰折复奏"。从特旨颁下，到答复特旨，只有十二天的时间差。那时最快捷的通讯方式也就是马匹和风力加人力驱动的快船，这种速度完全是特快专递的级别了，由此可见曾国藩办这件事的效率之高。他对皇上的答复是：

> 左宗棠刚明耐苦，晓畅兵机。当此需才孔亟之时，或饬令办理湖南团防，或简用藩、臬等官，予以地方，无论何项差使，惟求明降谕旨，俾得安心任事，必能感激图报，有裨时局。

曾国藩这次的建议提得很干脆：要不任命左宗棠任湖南团练大臣，要不将他提拔为省级大员，给他一块地盘。曾国藩还提了一个条件：不论给左宗棠什么任命，都请皇上明发上谕，让他觉得名正言顺，脸上也有光彩，就会安心办差，感激图报了。

这时候，曾国藩本人也置身于人生的巨大飞跃之中。四月十九日，清廷命他代理两江总督，兼管江西军务。第二天，清廷下发谕旨，令左宗棠以四品京堂候补，随同曾国藩襄办军务。在这个本来应该会给人带来狂喜的时刻，左宗棠却是一喜一忧，因为他得知长子左孝威病重了。左宗棠是一个非常爱家的男人，他又最看重此子，所以无心继续游历，放弃了看望李续宜的计划，匆促离开宿松返湘。

在此关头，左宗棠尚未收到对他任命的谕旨，他的人生究竟飞跃到怎样的高度，他还在等待皇帝的表态。为了帮左宗棠敲定前途的问题，胡林翼继曾国藩之后，于五月初三日上疏，极力保荐左宗棠及刘蓉。他说：左宗棠精熟方舆，晓畅兵略，在湖南赞助军事，收复了江西、贵州、广西各府、州、县的失地，名满天下。但他的功劳引来诽谤，他刚直激烈的性格使他不免遭到陷害。而他筹兵筹饷，殚精竭虑，即便办过一点错事，出发点总是好的。我与左宗棠是同学，又有姻亲关系，咸丰六年曾向皇上保奏他。他在湖南的情形，皇上早已洞察。请皇上开恩，对他量才重用，让他立即在湖南招募六千名勇丁，以挽救江西、浙江和皖南的疆土，相信他必定能够做出业绩。

胡林翼的提议说得更加具体，而且向皇上挑明了他跟左宗棠同学加姻亲的关系。这种举贤不避亲的姿态，显示出胡林翼强硬的一面，他让朝野都知道：他是左宗棠的死党。

在等待朝廷旨意的期间，左宗棠于五月初五日端午节回到长沙。一家人劫后重聚，唏嘘不已。左宗棠与家人重逢后，积极考虑自己事业上的前途。咸丰的那道上谕，完全打消了他归隐山林的念头。他在宿松看到，曾国藩复出后，手下只有一万一千人，兵力少得可怜。这点兵力，根本不是太平军的对手。他决定帮衬这个当时"意兴索然"的楚军大帅，为楚军训练一支新的部队。他的打算是：

拟募选二千五六百人，训练成军，聊助涤公一臂。

当时战场的形势已经倒向洪秀全那一边。太平军击溃清军围攻天京的江南大营以后，接连攻占常州和苏州，又从苏州进攻浙江，攻占嘉兴。左宗棠鉴于当时的形势，似乎为自己选好了定位，逐渐进入"襄办军务"的角色，开始襄助曾国藩。他马上提笔写信给曾大帅，提出自己思考的东进方略。他从当时的形势出发，提出派一支部队包围浙江，以此为根据地图谋江苏。他指出：如果太平军的势力蔓延到浙江，在江苏与浙江连成一片，首尾呼应，楚军不仅丢失了一个重要的饷源，而且很难对付太平军的兵势，因此要做到后方无忧，当下的急务是立即整顿江西，加强军事，多筹军饷。

在这封信中，左宗棠难得地说了几句客气话，感谢胡林翼和曾国藩的回护之情，同时请他们在万岁爷那里继续为他美言。

五月初八日，即左宗棠返回长沙以后的第三天，他收到了朝廷对他的任命，他同时得知，曾国藩首次成为朝廷的封疆大吏，一下子就总揽了安徽、江苏和江西三个省份的军政大事。这对左宗棠意味着什么呢？很简单，只要他跟着曾国藩作战，只要曾国藩愿意提携他，他从此也可以平步青云，扶摇直上了。所以，左宗棠心中颇为激动，感到"恩遇优渥，实非梦想所期"。这就是左宗棠人生的第一个飞跃，也是他对清廷态度的根本转折点。士为知己者死，从此以后，他铁下心来为清朝君主效命了。

曾国藩代理两江总督后，决定南渡长江，在皖南的祁门立下大营，提出由湖南、湖北和江西协同防守的方略。他给皇帝分派给他的助手左宗棠发来一道公文，同时知会湖南巡抚，要求左宗棠迅速招募训练一支五六千人的军队，尽快赶到皖南，参与对太平军的作战。

曾国藩提出的募勇人数，比左宗棠预想的多了一倍，这是曾胡通气的结果。

左宗棠终于有了正式的身份，终于盼到了出头之日。但是，他感到肩上的担子太重了。任命到了，盛衰荣辱，就看他干得怎么样了。他给曾国藩回信，谈了他的战略思考。他指出：如今唯有楚军才是太平军的对手，所以，楚军对付太平军应该从远处着眼，而不能急功近利，追求短期效应。

形势明显地利好，并没有冲昏左宗棠的头脑。他不是一个幻想家，不会没有自知之明。他知道，自己没有带兵打仗的实践经验，而实践是检验真理的唯一标准。因此，他对招募训练勇丁这件事，处理得十分慎重。他心里开始患得患失，既激动兴奋，又担心一战而败，毁掉一世英名。他认为自己最好还是先当一名小学生。首先，他要广泛联络身在湖南的楚军宿将，张运兰要请，王开化要请，陈士杰也要请。他们愿意出山更好，若是不愿跟他出征，也要请他们推荐良将健卒。这些人身经百战，都是可靠的干才，若能让他们为自己带兵，胜算就大多了。王开化是亲家，看在他跟王璞山是旧交好友的份上，应该会助他一把。他决定请王开化统领一支部队，用半年时间来带他这个徒弟。

于是，他给王开化写信，语气非常谦恭：梅村老弟，请你来为我统领一支部队吧，我跟在你后面学习打仗，也是平生一大幸事。如果你觉得军旅劳苦，不想久待，那就事先约定：以半年为期限，等到我稍微掌握了打仗的路数，马上用车子送先生回家，决不会找借口把你强留下来。

左宗棠向曾国藩汇报自己的想法，信中仍有颇多谦词，表现得非常虚心。但在这些谦词背后，他显示出强烈的开拓精神。他报告说，他的部队要有别于楚军的其他序列，番号就叫"新楚军"。他要让大家都知道，他组建和率领的是一支湖南人的新军。

左宗棠用"新楚军"这个番号，还有另一层深意。根据湘军研究学者胡卫平先生考证，在咸丰十年时，湖南叫做"楚省"或"楚南"，并未简称为"湘"。曾国藩等楚军大佬和北京朝廷，都将湖南的勇队称为"楚军"，而"湘军"仅是针对湘乡勇队的称呼。"湘省"之称，当时还处在萌芽阶段，而左宗棠正是最早将湖南称为"湘省"的人之一。因此，左宗棠很清楚，只有"楚军"这个称呼，才是泛指湖南的军队，他使用这个番号，正是要将自己的部队区别于湘乡勇队，因为他招募的兵员来自整个湖南，如长沙、湘乡、郴州、沅州、湘阴等府县，而不是仅仅来自湘乡一县。

左宗棠组建部队还有一项改革，他为此而向曾国藩谢罪，说他初次募军，不得不违背楚军"书生带兵打仗"的原则。曾国藩要求"带勇之人第一要才堪治民"，换言之，就是要用文员带兵，但左宗棠为了保证部队的战斗力，从实战出发，挑选的营官和哨官，文武掺杂，而且以武官为多，"不尽朴实之选"，只要能够拼命打硬仗就行了。他说，他初次出征，只能打胜，不能落败。为了打胜仗，顾不得那许多条条框框了，打胜仗才是硬道理。用这种改革了的用人手段，左宗棠保证了新楚军具有较强的战斗力，但因许多将领并非出生于文员，尽管战功卓著，却很难升任封疆，使得左宗棠在官场上不如曾国藩、李鸿章那样得势，政治势力相对薄弱，此为后话。

此外，左宗棠还告诉曾国藩，他在招兵时避免了曾国藩所部"尽用湘乡勇丁"的弊端。他的解释是：一个湘乡县很难提供如此之多的兵源，而且，如果军中全是湘乡人，那么一处打了败仗，各处都会受到沮丧的感染，导致士气不振。

左宗棠向曾国藩报告，新楚军的营制一半继承了江忠源楚勇的营制，另一半则继承王鑫老湘营的营制，其独立的作战单位分为两种，一种是营，另一种叫总哨。总哨是王鑫确立的建制，王鑫已逝，左宗棠对此人总是难以忘怀，也许是爱屋及乌吧，他要重用王鑫的手下，而这样一来就要采用他们所熟悉的营制。王开化和王开琳都是王鑫的弟弟，管理营务的王勋则是王鑫之兄。左宗棠把王鑫生前训练的副将们全部网罗到帐下，收编其旧部一千四百人，由王鑫之弟王开琳统领，行军布阵都遵循王鑫定下的规矩。左宗棠的部队善于使用城墙、梅花和大鹏等阵法，抵御强大的骑兵，都是继承了王鑫的遗产。

左宗棠说，老湘营在他的手下复活了，为了照顾将领们的感情，他仍然按照老湘营的编制来管理。他的部队成了一军两制，希望曾国藩不要见怪。

左宗棠又详细报告了所部将领和各营人数。他说，他对将士的要求，以勇敢朴实为原则。崔大光、李世颜、罗近秋、黄有功、戴国泰、黄少春、张志超、朱明亮、张声恒等九名将领，都已入选。他们四出选募官兵，建立四个营，每营五百人，外加四个总哨，每总哨三百二十人。另外建立一支精锐部队，兵力为两百人，分为八队，作为亲兵。

这样，新楚军全军共五千七八百人，由王鑫的堂弟王开化（梅村）总管营务。宁乡人刘典（克庵）和湘乡人杨昌浚（石泉）做副手。这三个人，就是新楚军的骨干。

至于新楚军的财政预算，左宗棠报告：一个月大约需要六七万两银子的军费。他起用了湘乡能人杨昌浚为部队提供后勤保障，此人是罗泽南旧部，罗泽南死后，他就回到家乡，撰写罗泽南的战斗经历，不再出山。他性情温和，对人亲善，精明能干，可是他无意于仕途，更不想再次从军。左宗棠跟他磨嘴皮，许诺他只干三个月就放他回家，杨昌浚才答应下来。可是，杨昌浚这次出山之后，欲罢不能，一干就是几十年，尝尽了官场的酸甜苦辣。

左宗棠建军非常俭省。他请杨昌浚来管后勤，就是为了精打细算。胡林翼劝他不要过于克扣自己，帮他算了一笔账，确定每月的公费开支不能少于七百两银子。胡林翼还请骆秉章每年从盐茶局调拨三百六十两银子给左宗棠家用。他说，这点钱是微薄的酬劳，湖北的一个营官，家室安在湖北的，每年给家里的钱都不止这一点，何况左宗棠还没有养廉银可领呢？

胡林翼说，军营中的公费，必须多一些预算，军队用财养贤，是正当的途径。世上没有不用钱的豪杰，也绝没有自贪自污自私自肥的豪杰。他称颂左宗棠廉洁奉公，从小处着眼，名望妇孺皆知。他说：既然你不拿公家一文钱，不用公家一文钱，谁又会怀疑你不会用天下的财富办天下的事情呢？

可是，胡林翼怎么劝都不管用。左宗棠统军之后，他的部队就成了楚军集团中勤俭节约的楷模。

一切准备停当以后，左宗棠就开始大练兵了。六月初二日，左宗棠的新楚军出驻校场，"日事训练，昼夜少暇"。六月二十四日，该军又从校场移驻金盆岭，从早到晚大练兵。

金盆岭这个地方，长沙人都很熟悉，如今是市区之内的一个高校区，高楼林立。但一百多年前左宗棠进入金盆岭时，那里还是一片荒郊野岭。新楚军的进驻，为金盆岭带来了前所未有的生机。左宗棠从湖南各地招募和征调而来的壮勇健卒，几千人荟萃一地，勤操苦练，喊声震天。

左宗棠订下严厉的军规，苦练精兵。他规定：开小差的杀头；偷懒的打四十军棍。尤其是八队亲兵中的二百名勇士，都是他严格挑选出来的，"以奋勇著名者为其队长"。亲兵队既是预备队，也是敢死队，准备用在最危险的时刻，最危险的地方。

新楚军还组建了一支洋枪队，以此为基础，开始军队的现代化建设。

站在金盆岭上，看着眼前的这支威武之师，左宗棠不免踌躇满志。家中的老仆姜志美听说老爷有自己的部队了，跑来看看热闹。

"左三爹！"姜志美喊道。

"不许乱叫！"左宗棠制止道，"如今我不仅是朝廷命官，还是一员大将！这个称呼，当着外人就别叫了吧。走路要挺起胸膛，要有军人气质，干什么都得讲个派头嘛。"

新楚军在训练的当口，石达开所部从贵州挺进四川，"天府之国"的总督和将军向清廷告急。一些官员想起左宗棠指挥宝庆战役得心应手，对付石达开颇有经验，提议将他调往西部督办四川军务，清廷也在认真考虑。官场真有一架直升机在等着左宗棠，只要他登了机，就成了专管一省的中央军事特派员，就连四川总督和成都将军，都得听他的意见。

这时候，曾国藩深恐左宗棠会丢下自己不顾，领军向西而去。胡林翼也劝左宗棠："公入蜀，则恐气类孤而功不成。"其实，左宗棠本人并不想青云直上，他还想爬几个台阶，一步一步登上去，心里比较踏实。何况他是个重信义的君子，答应了曾国藩要去帮忙的，不能过河拆桥。他连忙写信给楚军大帅：新楚军刚刚组建，我不想独自负责一方军务。于是，根据左宗棠本人的意思，胡林翼和曾国藩联合上奏：江西和安徽军情紧急，请留下左宗棠所部增援安徽。

曾国藩此时确实面临着十分危迫的形势，急需左宗棠的协助。太平天国在击溃清军大营以后，相继进行了东征与西征。干王洪仁玕在天京解围后，提出乘势攻取长江下游城镇，下游得手之后，便攻取长江上游。洪秀全批准了干王的计划，太平军东征于咸丰十年四月份开始，由忠王李秀成率军东下，连克丹阳、常州、无锡、苏州、嘉兴、太仓、常熟、松江等地，并进攻上海。清廷及华东官府大为震动，上海的外国商人也惶恐不安。美国冒险家华尔在上海道台吴煦的支持下，组织起一支雇佣军，抵抗太平军的进攻。李秀成在长江下游取得了胜利，成功地建立了以苏州为首府的苏福省，开辟并经营苏南根据地。六月份，英王陈玉成率军从江苏宜兴攻入浙江，攻克临安、余杭等地，兵锋直指杭州。不久，因湘勇围攻安庆甚急，陈玉成回军援救。太平天国不仅要死保安庆，还计划发起西征，兵分两支，一为南路，攻入江西，一为北路，挺进湖北的蕲州与黄州，两支兵力相约合取湖北，目的是占据长江两岸。

八月份，李秀成与陈玉成果然按计划行动，分南北两路大举西征，打算于下一年三月会师武昌，逼迫围攻安庆的湘勇回援武昌，放弃对安庆的攻势。与此同时，侍王李世贤、辅王杨辅清、定南主将黄文金、右军主将刘官芳等人也随李秀成南路大军行动，在皖南和赣北展开了攻势。太平军的攻击非常有效，曾国藩将左宗棠奏留下来不久，他们就相继攻占了广德与宁国，东南局势进一步吃紧。

在这种形势下，清廷找不到别的出路，只能实心依靠楚军来"澄清东南大局"。咸丰十年，清廷先已任命刘长佑为广西巡抚，而就在新楚军出驻金盆岭的同一天，清廷实授曾国藩为两江总督，任命他为钦差大臣，督办江南军务，大江南北水陆各军，统统归他节制。至此为止，楚军系列的人物中，已先后有江忠源、胡林翼、刘长佑和曾国藩成为封疆大吏，已形成"湘人督抚半天下"局面的开局。

曾国藩移营祁门，本来是为了稳定皖南的局面，摆出东进江浙的架势，表明他这个钦差大臣不畏强敌，已经推进到前敌的位置，足可令朝廷看出他忠于职守，也可令华东的官绅得到鼓舞。但是，在李秀成发起西征之后，曾国藩驻军祁门的作用就变成了防守，所起作用为阻止浙江与江西的太平军西援安庆，以确保曾国荃在江北对安庆的围攻。由于祁门靠近赣北的景德镇，而楚军的粮饷与军需物资都要从南昌经景德镇运往祁门大营，于是景德镇就成为曾军大营的后方重镇，曾国藩绝对不能让它落到太平军手中。他意识到："不患贼之逼我前，而患贼之抄我后。"于是，曾国藩决定让左宗棠率新楚军拱卫赣北，以保祁门大营的后路。于是，左宗棠进入了楚军作战的关键部位。随着楚军进入全盛期，他也步入了人生的新阶段。

就在新楚军练成之时，左宗棠得知英法联军通过扩大侵华战争，不仅进占了天津，还进而劫掠京师，咸丰皇帝仓皇北逃热河行宫。朝廷由于"燕都夷患逼近，征调川楚勇丁赴援"，左宗棠为外侮日盛而深陷忧虑，慨然表示："我既挺身任事，亦不敢有所推诿，竭吾心力所能到者为之而已。"其实左宗棠真正的心愿就是抵抗外国侵略，他极想率师北上勤王，向他的上司曾国藩提出申请。曾国藩一方面对他的"慷慨勤王之志"表示"敬仰无既"，另一方面却有自己本位主义的算盘，不愿奏荐左宗棠领兵北上。曾国藩本人也不愿北上跟洋人作战，他此刻在一意对付皖南的太平军，当他接到清廷令其派兵勤王的上谕时，他请求清廷在他与胡林翼两人中指派一人领兵北上。他的奏疏和上谕批复一来一往，需时一月，他就可以拖延一些时日，看看形势的发展再做定议。所以，他对左宗棠的答复是：如果他追加一疏，就只能自荐北上，而不好奏请另派骆秉章或左宗棠，因为那样一来，朝廷就会以为他在推诿责任了。事实证明，曾国藩的拖延政策确是"老成持重"之举，因为恭亲王奕訢很快就在京城办成了"抚局"，朝廷寄谕曾国藩：抚议就绪，无庸北行。曾国藩非常高兴，说他得以专心对付东南的太平军，是一个很大的幸运。左宗棠却颇为失望，因为他北上抗击外国侵略的希望成了泡影。对于中国与英国于九月十二日互换和约成为第二次鸦片战争的结局，他为中国受辱太甚而深为悲痛。

由于"抚局"已定，左宗棠只能领着他创建的新楚军，前往东南前线，去听曾国藩的调遣了。

第十一章

保卫曾国藩

谦逊的左统领

养兵千日，用在一时。左宗棠的新楚军没有被养千日的幸运，却有用在一时的急需。由于曾国藩的祁门大营不断遭到太平军攻击，形势岌岌可危，左宗棠的新楚军只"养"了五十多天，就要拉上前线了。

左宗棠对这次率部前往江西非常重视。他在家书中说：

> 我此去要尽平生之力，轰烈做一场，未知能遂其志否。

咸丰十年（1860）八月初八日，左宗棠亲率新楚军从长沙出发，向醴陵推进。六天后，中秋节前一天，新楚军进入江西的西大门，开抵萍乡，分批向江西东北部挺进。

八月二十六日，新楚军抵达南昌，奉令向祁门进发。部队还在中途，就听说太平军占领了徽州，曾国藩大营危急，将鲍超所部调到渔亭驻扎，将张运兰所部调驻黟县，阻遏太平军的前锋。

新楚军加快行军，于九月十六日从南昌抵达乐平，四天后抵达景德镇。

左宗棠初次领兵打仗，离前线越近，心里越是忐忑不安。他在路途中所写的信函中说：本意是带领五百人学打仗，没想到一出师就带了五千多人的大部队。

看看我这副模样，真是书生骑劣马，丑态百出啊。怎么觉得自己就像个乡下的土老财？弃农经商，起手就开了一家大店铺，生意表面上做得很顺，其实经验缺乏，很可能大亏其本。

左宗棠什么都缺过，但从来不缺乏自信，而且由于过度自信，常常令人觉得他"大志大言"，十分骄傲。但凡事都有例外，左宗棠身上如今丝毫没有了狂傲之态。他怎么会如此焦虑，如此患得患失呢？这也难怪。内忧外患，中国已经到了危亡的时刻！

前面说过，这段时间，第二次鸦片战争的战火已经烧到北京，就在新楚军从长沙开拔的那一天，皇上领着后妃和一批官员，仓皇逃往热河，皇弟恭亲王奕訢留守北京，负责和议。八月二十九日，英法联军从永定门攻进了京城。九月十一日，奕訢与英国全权代表额尔金签订了丧权辱国的《中英北京条约》。

不仅如此，沙皇俄国趁着英法联军得手，也强迫清廷在十月初二日签订了一份不平等条约，将乌苏里江以东约四十万平方千米的中国领土强行划归俄国。

左宗棠心中想道：林大人，宗棠愧对你的在天之灵！我没有完成你的嘱托。皇上已经开始重用我了，现在千万不能有什么闪失。我一定要登上高位，执掌重权，说服皇上加强国防，抵御外侮，才不会辱没你对我的信任！

清廷此时正是内外交困，因为内战也到了紧要关头。湘勇主力曾国荃所部与陈玉成的劲旅相持于安徽战场，李世贤与杨辅清所部太平军在八九月间相继攻占皖南的宁国、绩溪、徽州、休宁等地，企图抄袭曾国藩祁门大营的后路，朝廷唯一能够依靠的军事力量就只有楚军了。左宗棠肩负着增援前线的重任，稍有差池，不仅扭转不了颓局，还可能满盘皆输，难怪这位新楚军统领的心情如此凝重。

新楚军刚到景德镇，就不得不进入战斗状态。情报显示：广东韶州的会党军队已经南康、赣州、贵溪向饶州与景德镇推进。左宗棠首先去了一趟祁门，与曾国藩商讨军事。曾国藩见了这位老友，发现他"精悍之色更露，议论更平"，不像平日那样咄咄逼人了，又感念这位素来自负的湖南老乡，不远千里赶来护卫自己的祁门大营，不由生出佩服和感激之情。

左宗棠去祁门报到后，立刻返回景德镇驻守。他派王开琳率四旗老湘营在周坊迎战，三战连捷，迫使会军撤向弋阳。

十月十九日，李秀成率军攻占了距祁门仅六十里的黟县。祁门大营仅有三千人守卫，如果李秀成乘势进攻，完全可以一举击溃曾国藩所部。但李秀成不知敌方虚实，在黟县改道浙江，进入江西。

十月二十六日，左宗棠赶赴祁门，再次与曾国藩共商军事。

曾国藩说："季公，祁门大营后方空虚，我整天提心吊胆啊。新楚军一到，我就安心了。"

左宗棠一反常态，不但没有显摆自己的重要性，反而把曾国藩夸了一通。他说："涤公进驻祁门，高瞻远瞩，全算在胸，敬佩敬佩！宗棠自当为涤公当好后卫。"

"少荃（李鸿章），你听听，"曾国藩说，"季公高人，这才是至论。你们老是跟我念叨祁门危险，却不知这步险棋，搅得洪逆坐卧不宁！呵呵，楚军大营的后大门就交给季公了。皖南与赣北这一片，勾连江浙，是洪逆劲旅往来的要道，又是我军运饷的捷径，还屏蔽着江西的腹地，就你这点兵力，担子实在是太重了！危急时刻，我会让鲍超去助你一臂之力！"

"请涤公放心，新楚军一定不负重托！"左宗棠说罢，顿了顿，又谦谨地说："鲍将军的霆字营威名素著，剽悍勇猛，洪逆视为劲敌，宗棠乐得借用鲍将军的名人效应。"

曾国藩眯缝起眼睛，打量着眼前的这个当世孔明，心想：真是太阳从西边出来了，一向恃才傲物的左季高，如今收敛了傲气，夹着尾巴做人，对我恭谨有加了！看他的态度，跟本帅帐下的其他将领毫无二致。真是士别三日，当刮目相看啊。

曾国藩想到这里，又是呵呵一笑，说道："季公，你我二人合作，看来是进入蜜月期了！"

左宗棠说："依宗棠之见，洪逆的部队从东向西全线出击，是为了把沅浦（曾国荃）从安庆调走，以为安庆解围。宗棠所部进驻景德镇，捍卫祁门大营后路，可为涤公把守后门，挫败洪逆各部的攻势，使洪逆的计谋无法得逞。待到沅浦攻破安庆坚垒，楚军的东征就可一日千里了！"

"少荃，你听听！明白人就是不一样，如此谈兵，真乃人生一大乐事啊。"

左宗棠料定广东会军必定奔袭德兴，力争与太平军会师，他在祁门期间，已令王开化和杨昌浚率领四营兵力开抵香墩拦截。广东会军刚从枫岭开抵德兴，意外地遭遇新楚军主力。王开化挥师奋击，广东会军大败而逃。老湘营则从弋阳追杀过来，合力攻打德兴。城内的太平军仓皇撤走，新楚军于十一月初一日进占德兴。

尽管新楚军初战获胜，但其他几支太平军仍从东、西、北三面对祁门形成围困之势，曾国藩大营只剩下南面景德镇这一个出气口，而拱卫此处的左宗棠，身上的担子有千钧之重。

太平军从德兴撤出后，收拢余部，北上安徽，攻占婺源。

根据美国军人贝尔斯的研究，左宗棠在楚军中是唯一具有积极进攻军事理念的大将。他从出兵伊始，就不愿消极防御，总是采取主动出击的战略。他得到太平军攻占婺源的情报，当即派通信兵传令，命新楚军各部星夜急行军，奔赴婺源。几千名太平军在城外抵抗，新楚军分两路进攻，太平军战败，撤进城内。婺源城两面濒水，新楚军呐喊登城，太平军夺门而出，新楚军扼守浮桥，将大批太平军逼到水中，溺水而死。十一月初三日，新楚军进占婺源，太平军退向浙江。

第二天，左宗棠返回景德镇。同一天，楚军的局势更加恶化，杨辅清和黄文金所部攻占了建德，切断了祁门大营北面与安庆城外曾国荃所部的联系。左宗棠得到此讯，决定继续主动出击。新楚军在婺源已站住脚跟，他挥手向北一指：攻打徽州！

景德镇战役

洪秀全见到太平军在皖南被左宗棠所部挫败，决定向那里增兵。池州的太平军猛将黄文金奉命率所部挺进赣北，以图牵制左宗棠的兵力。黄文金在建德击败清军普承尧所部之后，五天内接连攻占彭泽、浮梁、都昌与鄱阳。左宗棠深知，景德镇"为江西省前门，涤公祁门后户，倘有疏失，不堪设想"。他立刻放弃对徽州的攻击，将各部调回景德镇，扎稳脚跟，当好门卫。

黄文金号称"黄老虎"，是太平天国堵王。此人只有三十来岁，却是金田起义的老将，十年军龄，战功卓著，在击溃清军江南大营的战役中，他是主将之一。他根据天国的战略部署，力图控制赣北地区，以切断皖南曾国藩楚军对外联系和运输粮饷的孔道。

于是，左宗棠与黄文金不可避免地要在景德镇展开一场厮杀。

左宗棠率部西回，迎面碰到黄文金的大军，下令在马鞍山扎营，分兵凭河扼守，将主力驻扎在西瓜洲。十一月十四日，左宗棠不顾双方兵力悬殊，趁黄文金立足未稳，发起突袭。黄文金抵挡不住，翻山撤走。新楚军进占浮梁。

黄文金以勇悍坚忍而著称，岂肯认输？他一挥马鞭，指着景德镇说："不拔掉这颗钉子，我誓不罢休！"

十天后，黄文金点起两万兵马，开到景德镇一带。左宗棠分兵防守婺源和浮梁，指挥部队沿河修筑河墙，借助自然屏障，增强防御工事。

黄文金仗着人多，把部队分为五路，截流渡河。他说："左妖兵力不多，我以数路劲旅攻之，要叫他防不胜防！"

但是，黄文金的五路进攻都没占到便宜，各路都遭到新楚军顽强阻击。

第二天，黄文金改变打法，搞了个声东击西。他派一千多人从左宗棠防线的中间渡河，大造声势，牵制新楚军，派主力上万人从上游悄悄渡河，直奔景德镇。这一招确实厉害。左宗棠的兵力平均分布，只有丁长胜部扼守上游的李村，遭到黄文金主力袭击，眼看就要招架不住。丁长胜身负重伤，继续力战，所幸的是，部队没有溃散。

黄少春接到警报，急忙率部驰援，绕到太平军后侧攻击。丁长胜见援兵到来，挥师出击。黄文金的主力遭到夹攻，大败而逃，被新楚军逼到河边，溺死者数以千计。

黄文金派去进攻浮梁的部队，在当天也被驻军李世颜所部击败。黄文金没辙了，下令撤退到鄱阳和建德地界，以便整军再战，向上游攻击。

曾国藩知道左宗棠兵力不够，便履行前约，于十一月二十八日调派鲍超所部增援景德镇。左宗棠非常高兴，立刻增强了击败黄文金的信心。他对鲍超说："鲍军门来得正好！你我联手，把黄老虎吃掉怎么样？"

"左公，你足智多谋，你说咋个打嘛！"

左宗棠早已胸有成竹，说道："你我兵力都不多，不宜分散，还是合作一处吧。下大雪了，我军不宜进攻，我部进扼梅源桥，请贵部进扎洋塘。我们先与黄文金对峙，看他还敢怎样！"

"要得！"鲍超爽快地回答。他记得，在祁门临行前，曾国藩曾反复交代："左公谋划精密，远在我与胡中丞之上，你事事都要向左公请教。"鲍超一生最佩服和他结拜了兄弟的胡林翼，而曾国藩说左宗棠比胡公还要厉害，这个老粗自然不敢造次，事事听从指挥。

左宗棠出兵皖南与赣北，首战告捷，曾国藩将他收复婺源和浮梁两城的战功奏报清廷，请求提拔。十二月十七日，清廷颁发上谕：左宗棠以三品京堂候补。这说明，左宗棠一旦出山，战绩不俗，在官场的升迁，就具备了一飞升天之势。

左宗棠很高兴在初次领兵作战时能借鲍超霆军的威名，以提高新楚军的威望，令敌军胆寒。同时，他对鲍超这位常胜将军如何行军扎营颇感兴趣。他前往鲍超的军营，四处看了一下，就明白这位四川将领十分胆大。他想：这个鲍超，扎营也不利用地势，就这么扎在空旷处，四周毫无遮拦！真是一介莽夫，全靠勇猛得胜啊。不行，我还得替他提防着一点。于是，他高喊道："传罗近秋！"

"末将在！"新楚军九虎将之一的罗近秋得令后连忙跑来。

"你把部队驻扎在鲍军门军营侧边，护卫他的侧翼，以防不虞！"

"遵命！"

由于天气恶劣，双方一个多月没有战事，黄文金早已按捺不住。到了咸丰十一年（1861）正月，天仍然下着雨雪，黄文金不再忍了，挥师进逼洋塘对岸的鸡公坡，修筑壁垒，一直延伸到谢家滩，绵亘二十里。

左宗棠冒着雨雪，策马来到鲍超的军营，商量作战机宜。

"鲍军门，霆军乃楚军劲旅，可否请你率部出战？我新楚军沿河保护贵部军营，另派一队人马埋伏在洋塘左边，防备黄文金抄袭。你攻我守，定能挫败黄文金！"

"要得要得，鲍某愿打冲锋！"鲍超自恃勇猛，很高兴左宗棠看得起他。

正月初九日，黄文金兵分三路发起攻击。霆军分路出兵，在鸡公坡阻击。果然，黄文金以为鲍超的军营空虚，另派一支奇兵，从谢家滩悄悄渡过西河，企图袭击中军大帐。新楚军力扼河口，将黄文金的奇袭部队死死挡住。鲍超没有后顾之忧，挥师渡河，奋力纵击，大败黄文金，斩杀四千人。

第二天，新楚军与霆军联合反攻，黄文金招架不住，分路退向青阳与彭泽。但他还不甘心，召集建德的驻军杀个回马枪。鲍超在前方迎战，左宗棠派出四营兵力增援。正月二十六日，霆军在黄麦铺大败黄文金，攻占建德。黄文金负伤，连夜逃走。该部太平军损失惨重，只得退回芜湖休整，无法参与争夺皖南与赣北的战事了。

新楚军和霆军各部完成了作战任务，返回景德镇驻守。

左宗棠初次与太平军劲旅对阵，始终捏着一把汗。战役结束之后，他给刘长佑写信，认为此战赢得侥幸，若非将士用命，是不可能以五千多人打败四五万太平军主力的。他说：我为涤公把守祁门后户，一有疏失，不堪设想！我领着一支新军，对抗强大的敌寇，侥幸守住了重镇，真是胆战心惊！

对于此战，曾国藩尤感惊心动魄。他坐在祁门大营，已被太平军三面包围，唯有景德镇这一面，左宗棠和鲍超保住了楚军大营的一线生路。新楚军大捷之后，曾国藩两次上疏向朝廷陈述战况,清廷少不得下诏嘉勉左宗棠。

新楚军配合霆军赶走了黄文金,但景德镇争夺战尚未结束。左宗棠刚刚松了一口气,忽然得到情报,大局已经更加恶化:太平军南北两路的西进已经发动。李秀成所部从广信西攻抚州与建昌,分兵指向吉安与瑞州。陈玉成从安徽北部发起攻势,率三万兵马南下,攻击正在围攻安庆的曾国荃部,又分兵西进,进取湖北英山,向蕲州与黄州推进,抢占北面的德安。

在左宗棠的战区内,皖南形势严峻。太平军李世贤所部主力占据徽州与宁国,每天出兵攻打守岭的湘勇。池州太平军刘官方部在祁门以西用兵,对曾国藩的大营构成威胁。

在这种大形势下,鲍超奉令救援赣东。他派人给左宗棠送来口信:左公,恕鲍某无法奉陪,曾公命我增援抚州与建昌,对付李秀成去了。

霆军一走,景德镇只剩下新楚军孤军一支。太平军仍想拔掉左宗棠扎在景德镇的这颗钉子。黄老虎败下阵去,李世贤又杀了过来。

二月初二日,张运兰所部湘勇攻克休宁,李世贤从这里撤出,攻破婺源,开抵清华街,向浮梁与景德镇推进。他的主力开入乐平与鄱阳,对左宗棠所部形成合围之势。

李世贤是太平天国的侍王,忠王李秀成的堂弟,地位很高,而且掌握着一支大军,在后期的太平军中担任左军主将,李秀成则是后军主将,李家兄弟是太平军的两根顶梁柱。打仗亲兄弟,他们有先天的资源优势,哥两个相互支援,要兵有兵,要饷有饷。

左宗棠仓促迎敌,派王开琳和罗近秋两部攻打婺源以北的清华街,自己率部奔赴婺源。左宗棠还在行军途中,婺源太平军已全部从中云开向景德镇以南的乐平。左宗棠急忙领兵到景德镇以东三十里处的柳家湾拦截,在柳家湾以南的涌山和敌军遭遇,一战而胜。李世贤输了一局。

新楚军主力离开了景德镇,左宗棠放心不下,不敢去增援王开琳,于二月十二日率部返回景德镇。不料王开琳等部在清华街中了埋伏,将领陈明南阵亡,王开琳余部趁夜回撤。李世贤扳回一局,其主力全部开往乐平。鄱阳的太平军趁势向东开进。

左宗棠和李世贤一交手,就知道遇上了劲敌。他对此人的评价是:勇猛非凡,而更以心计见长。此时左宗棠的兵力捉襟见肘,曾国藩急调驻防建德的皖南镇总兵陈大富所部增援景德镇。陈大富一到,左宗棠便率本部兵马迎战鄱阳开来的太平军，在金鱼桥部署防御。

二月二十九日，新楚军在筈丹街与李世贤交手，小胜一局。第二天，李世贤下令从乐平开拔，走小路行军，以优势兵力攻打景德镇。陈大富抵挡不住，所部溃散，他本人跳水而亡。由于景德镇失守，新楚军有被围歼的危险，左宗棠只得退保乐平。

桃岭乐平战役

李世贤不愧为太平天国优秀的军事家，占据景德镇后，立刻兵分两路，一路袭击祁门，一路攻打乐平，企图分头歼灭曾国藩楚军与左宗棠新楚军两部。

曾国藩此时正如困兽犹斗。他听说景德镇失陷，知道祁门大营已粮断路绝。为了扭转危局，他不顾幕僚们的劝阻，亲率所部从祁门东进休宁，试图攻取徽州，打开通往浙江的饷道，结果吃了败仗，狼狈地逃回祁门。皖南赣北的战局因其轻率之举而进一步恶化。对于曾国藩而言，这一地区的战局似乎已无可挽回。他在绝望之中写下遗嘱，交代后事，坐以待毙。如果左宗棠也无力回天，那么曾国藩的性命注定是要在祁门断送在李世贤手中了。

且说左宗棠退到乐平后，召集众将议事。

"诸位，我等的首要任务是守卫祁门大本营。现在侍逆分兵去攻祁门，我们不能再退了，必须在乐平狠狠揍他一下，迫使他把进攻祁门的部队撤回！"

九虎将之一的宁乡人黄少春一听此言，挺身而出："左公，让我打前锋吧。我们已和侍逆交过几次手，我看那李世贤手下也不是什么王牌军，只要不怕死，不怕打他不垮！"

"好！"左宗棠拍案而起，"为今之计，也只好决一死战了！"

三月初五日，李世贤的前锋抵达乐平的桃岭，左宗棠领军在马家桥迎击。太平军主将李尚扬令各部在山谷扎营，遍地都是营帐。左宗棠将几千人分成若干路主动出击，交战只一个时辰，新楚军奋力冲杀，太平军招架不住，向桃岭撤退。李尚扬高踞岭峰阻挡退兵，黄少春挺矛冲锋，刺杀李尚扬身旁的十几名悍卒。李尚扬孤身一人，不敢恋战，丢下舆盖就跑。主将一退，部卒纷纷狂逃。新楚军一气追到太围，斩杀三千人。

第二天，李尚扬收拢残部返回景德镇，李世贤听到败报，把攻击祁门的部队全部调转，打击卷土重来的新楚军。左宗棠知道祁门又避过一险，大大地松了一口气。李世贤则憋足了一股恶气，发誓要攻下乐平，扫荡新楚军。三月初八日，左宗棠接到探报：李世贤兵分两路进攻桃岭。左宗棠不慌不忙，将众将招来，布下几支奇兵，将两路敌军击退。

三月初十日，李世贤增派兵力进攻。左宗棠将部队分为三路，严阵以待，挑选精兵设下几重埋伏，作为应援。刚刚部署停当，敌军几万人在龙珠列队，抛火焚烧民居，引诱新楚军急战。左宗棠下令：没有中军将令，谁也不许出击，违令者斩！

楚军坚壁不出，拖到黄昏，太平军有所松懈，左宗棠传令出击。九虎将中的张声恒率部直杀而出，另两员虎将崔大光和黄少春分左右两翼进攻。太平军轮番抗击，新楚军也轮番出兵接战。虎将罗近秋深入太平军阵内，中炮身亡，新楚军大愤，士气激昂，一鼓作气，将太平军击溃，追逐二十多里，斩杀一千多人，夺得许多器械和物资。

但是，李世贤并未放弃吃掉新楚军的企图，仍在积极准备反攻。三月十二日，是上文所说曾国藩率部攻打徽州的日子，其四营兵力全被太平军击溃，只得退驻休宁。但是，楚军大帅此刻心里还惦记着左宗棠，令鲍超所部增援景德镇。然而，在鲍超尚未赶到时，李世贤已经领兵直捣乐平。左宗棠积极应战，此战将决定赣北和皖南的战局，也将决定曾国藩大营的存亡。

乐平是一座小城，且已坍坏。左宗棠调团练部队进城驻防，令新楚军各营在城东南修筑壕垒，引来长畈水，塞堰堵防太平军的骑兵。李世贤的前锋逼到外濠时，团练勇丁害怕了，趁夜全部逃了回去。左宗棠只得调一支新楚军进城，而令其余部队分守外濠。

三月十三日，李世贤主力开到。这时新楚军在壕内的兵力为五千人，而李世贤手下号称十多万人，将乐平围困几十重。李世贤派部队轮流向壕垒攻击，新楚军寂静无声，军士们凭濠站立，等到太平军逼近，才骤然发起抗击。太平军屡进屡退，两军相持到深夜，进攻仍未停止。左宗棠与王开化更加严厉地约束部队，防止军心动摇。

第二天晌午，太平军从东北方向西城逼近，仰攻更加激烈。守濠的新楚军伤亡不断增加，前面的倒下，后面的替补而上。

新楚军打退了敌军几个回合的进攻，左宗棠说："是时候了，开始反击！"

只听得一通鼓响，王开化率部奔向西路，王开琳率部奔向东路，左宗棠自己与刘典率部从中路出击。新楚军都持短兵器，根据太平军的聚散而分合。

鼓声越来越紧，新楚军一齐越濠而出，大声呼喊，挥刀斩杀。太平军大惊，军心涣散，新楚军锋刃争下，个个一以当百，太平军大败而逃，横尸十几里。这时天气突变，大风大雨，畈水骤涨，太平军人马互相踩踏，大批官兵溺水身亡。李世贤见大势已去，易服潜逃。

这一仗，新楚军斩杀五千人，一战成名。左宗棠从前以谋略闻名天下，现在又以骁勇善战而著称。李世贤残部向东撤退，从婺源奔向广信和玉山。

几天后，鲍超所部开到，浮梁与乐平已全部平定。

曾国藩在给李续宜的信中描述了这一段日子的艰险，他指出：新楚军与李世贤殊死拼搏，终于扭转危局，对楚军的整个战局起了至关重要的作用。

> 自二月中旬至三月二十，文报粮路断绝，景镇沦陷，陈公阵亡，左军隔断，徽州两挫。此三旬危险之际，鄙人不肯移岭外，逮左公大捷，鲍军亦到，侍遂远遁，饶、景、浮、乐一律肃清，即定计移驻东流，鲍军渡江救援集贤关。

曾国藩在家书中，也对左宗棠的战功做了如下描述：

> 凡祁门之后路一律肃清，余方欣欣有喜色，以为可以安枕而卧。

曾国藩在给清廷的捷报中对左宗棠给予了极高的评价：

> （左宗棠）以数千之众，破十倍凶悍之贼，因地利以审敌情，蓄机势以作士气，实属深明将略，度越时贤。

清廷接报后，赏给左宗棠白玉扳指、翎管、火镰、小刀、荷包。曾国藩再次上奏，请求任命左宗棠帮办军务。四月十七日，清廷上谕：令左宗棠帮办两江总督曾国藩的军务。"襄办"变成"帮办"，只一字之差，但左助理变成了左副统帅，距离封疆大吏的位置，只有一步之遥了。

左宗棠在江西作战，惊险万状，体尝到了前线将领的艰辛。往来江西的太平军大将，除了李秀成、黄文金和李世贤，还有林绍璋、古隆贤、朱衣点、彭大顺，都是响当当的人物。新楚军所面对的太平军，兵力最多时达到十多万人，左宗棠的兵力始终没有超过七千人。曾国藩多次令他增募勇丁，他因苦于缺乏军饷，担心部队饷匮哗变，不敢贸然增兵。

预备东进

祁门解围后，曾国藩听从众幕僚的劝告，率楚军大营移驻东流，离开了凶险万状的祁门，于是各部兵力不再为祁门拖累，他可以调鲍超所部渡江增援安庆了。

左宗棠现在也免去了对祁门的牵挂，所以在李世贤撤退时，他率部从德兴向东追赶，直达广信，李世贤所部被迫撤往浙江。此时，池州太平军刘官方所部乘虚再次攻占建德，分兵进入鄱阳枧田街，距景德镇仅六十里。左宗棠闻警，领兵回援，于四月十五日回到景德镇。刘官方因此而不敢进兵，主动撤走。左宗棠派王开琳等部从桃树店截击刘官方，大战橱树岭，将其击败，建德城内的太平军闻风撤走，新楚军于四月十七日进占建德。

当月，徽州的太平军也弃城奔向浙江。已经入浙的太平军，从江山越过衢州，接连攻克龙游、汤溪，占据金华，袭击遂昌至义乌一带，又攻破处州。

虽然赣北和皖南业已肃清，但浙江又成了清廷的心病。清廷下诏，授予左宗棠太常寺卿官职，令他率部增援浙江。曾国藩则担心皖南再次陷入太平军之手，上奏说，楚军刚刚收复徽州，为了巩固防御，请求留下左宗棠部驻守婺源。

浙江的局势恶化，首先是由于左宗棠苦战赣北，牵制了太平军的西征兵力，不仅为曾国藩确保对安庆的围攻起了重要的作用，也直接导致太平军王爷黄文金和李世贤两部遭受重创，分别撤至皖东与浙西。其次，李秀成所部绕道江西腹地，挺入湖北，却未能完成与陈玉成部会师的计划，后者因安庆告急，已于两月前从湖北撤兵去救安庆。李秀成在湖北独力难支，招募了一些兵员，经江西回撤，在李世贤之后开进了浙江，于是，浙江成为太平军麋集之地。而该省的防军太弱，无法抵挡太平军的涌入，省会杭州危急，巡抚王有龄送信向曾国藩和左宗棠求援。左宗棠主动提出发兵增援浙江，但曾国藩令他不要轻举妄动。由于曾国荃对安庆的围攻已经到了关键时刻，其兄曾国藩担心皖南赣北空虚，以至于影响攻打安庆的大局，所以不许左宗棠移师东进。因此，左宗棠只能眼看着太平军在浙江经营根据地。不过，他准备随时入浙，为了方便东进，他留兵驻守景德镇，自己于六月初二日率领四千人移驻婺源。

左宗棠在婺源视察，看到一代名儒朱熹的祖居之地历经战火摧残，满目苍凉，人烟稀少，不由大发悲悯之心。他自命为程朱之徒，尤其痛心名胜古迹荡然无存，名家弟子离散流亡。于是，他开始救死扶伤。其间，他结识了当地教谕夏炘，读了他的著述，与他讨论朱子之学，倡导复兴程朱理学。

这一年七月十五日，咸丰皇帝驾崩。左宗棠接到哀闻，感念先帝恩遇，悲戚不已。他向曾国藩请示该用什么样的仪式吊唁先皇。曾国藩说，你是统领军队的九卿，应该全部采用军营的仪式。他在信中说：

> 大丧典礼，军中大员素服三日，于营外设次，其弁勇照常办事，不素服，不蓝印，不蓄发。弟与学使、府县官相处，故参用地方官仪制。公以九卿治军于外，宜全用军营仪制也。

左宗棠在军中举行哀礼，但军中官兵照常办事。

进入秋季后，新楚军由于在酷暑中长期作战，入秋后军士病倒一半多，病逝者多达近千人。左宗棠本人也患了疾病，感慨湖南的子弟兵千里从戎，还乡无日，军饷奇缺，病者只有粗糙的药品，死者只能草草入棺埋葬。作为一支部队的最高指挥官，他亲眼看见了战争的残酷，进一步经受艰难困苦的磨炼。

据左宗棠自己说，他此时进入了一生中第二个最艰苦的时期。第一次是在道光二十八年（1848），柳庄遭受特大洪灾，他把杜甫的诗句改成"男呻女吟四壁空"的时候。这次情况更惨。部队欠饷已达五个月，军中流行的疾病比"非典"还严重。军营成了医院，医生扎堆，药味弥漫，到处响起求生的祷告声。新楚军能作战的兵力不足三分之一。左宗棠自己身体虚胖，精力不济，还要保持高度的警觉，预防流动作战的太平军发起突袭。

由于左宗棠在赣北皖南的坚守与鲍超的游击战牵制了太平军的援兵，曾国荃得以一力围攻安庆，终于在八月初一攻克了这座坚城。这标志着楚军在两江地区转为主动，也意味着太平军新一轮西征战略的破产。曾国藩各部在安徽取得一系列胜利，迫使太平军全部撤向江苏和浙江。新楚军死保赣北和皖南的战略任务已经完成，得以休整，但仍然无法迅速恢复元气。

也许是因为战争杀戮太重，悲戚的事情接踵而至。胡林翼从太湖回援湖北，于八月二十六日在武昌病逝。他只比咸丰幸运一点，因为他毕竟看到了安庆攻克，自己与曾国藩的谋划推进了一大步。但这位与左宗棠同年的楚军大佬寿命太短，他由于忧国忧民，积劳成疾，又因在长江之畔见到外国军舰横冲直撞，受到极大的刺激，以至于咯出血来，不久一命呜呼，享年只有四十九岁。左宗棠接到噩耗，哀哭不已。追忆死党交谊，呕心沥血，写成一篇祭文。曾国藩阅罢，大为叫好。

> 祭润帅文，愈读愈妙，哀婉之情，雄深之气，而达以诙谐之趣。

　　大家都知道左宗棠在这段日子里建立了奇勋，但很少有人知道这段日子他是怎样挺过来的。多亏八年的师爷生涯，提供了渡过难关的资本。首先，他把猎头的本领发挥到极致。多年调兵遣将，脑子里有了所有楚军将领的数据库。此时他成了湖湘名将的经纪人，跟各省督抚交易人才，为自己网罗良将，保证了部队的战斗力和凝聚力。其次，他牢记兵马未动、粮草先行的硬道理，为了筹饷，不厌其烦地与江西巡抚毓科信函沟通，晓以利害，用战场上的胜利来交换钱粮和药物，才保住了部队的生存。第三，他跟太平军交手，发现对方的骑兵占有优势，来去如风，他不甘示弱，立刻在新楚军中建立了这个新的兵种。他磨破了嘴皮，说服各方大员给予支持，迅速地建立了一支骑兵，使步兵、骑兵和水师三个兵种协同作战。

　　由此总结左宗棠这一阶段的军事指导思想，可以总结为三条：第一条为选兵先选将；第二条为后勤保障是取得战争胜利的先决条件；第三条为多兵种协同作战。

　　楚军初步休整以后，于八月份南下德兴。这时候，鲍超所部已将李秀成所部赶到了浙江，李秀成和李世贤两兄弟率领西征的两大主力，锐意实施东征计划，联手经营浙江，相继攻占严州与绍兴。另一方面，楚军水师已经攻克池州，东南战场上，由湖南人指挥的所有军队都取得了东进的良好态势，而整个江浙都将为太平军所占的局面，也决定了楚军和新楚军必须尽早东征。

　　左宗棠自告奋勇，提议以全军增援浙江。他对曾国藩说：不援浙江，就无法整合军力。曾国藩认为此话有理，将他的意见奏报朝廷：

> （左宗棠）平日用兵，取势甚远，审机甚微。近日屡与臣等书函，毅然以援浙为己任。

但是，左宗棠最倚重的王开化，由于病重，于九月份告假回乡，左宗棠失去了最得力的助手。他与王开化洒泪分别。他一生最敬重王鑫的这个堂弟，倚为左膀右臂，对他的每一句话从不辩驳，这在狂傲刚直的左宗棠而言是非常难得的事情，也许是唯一的例外。他欣赏此人器量端伟，性行淑均，刚毅木讷，心地仁厚，称赞其"为一时所无"。王开化离开后，左宗棠经常伤感地回想起他的种种好处：王梅村以善战闻名，其用兵以少击众，在枪林弹雨中意态安闲，毫无反常，冲锋陷阵，飙举电发，涤公赞他勇敢绝伦，超过了古代勇士孟贲和夏育；他从军后转战八年，功绩最多。可惜他体质太弱，将会不久于人世了。

左宗棠与王开化分别之后，时常挂怀，心内惆怅，不下于苏东坡对弟弟苏辙的怀念。不经意间，他诵出了东坡先生那首送别的《满江红》。

清颍东流，愁来送、征鸿去翮。情乱处，青山白浪，万重千叠。孤负当年林下意，对床夜雨听萧瑟。恨此生长向别离中，雕华发。

一尊酒，黄河侧。无限事，从头说。相看恍如昨，许多年月。衣上旧痕余苦泪，眉间喜气占黄色。便与君，池上觅残春，花如雪。

左宗棠的预感很准确，王开化不久便病逝了。左宗棠深受打击，哀痛日久，挥之不去。

军中无事，与石泉辈话梅村旧事，犹不觉泫然涕出。

就在左宗棠为王开化伤怀的那些日子里，京城里发生了一件大事。九月三十日，慈禧太后与恭亲王奕訢发动政变，六岁的载淳正式即位，改原拟年号"祺祥"为"同治"，慈禧开始左右政务。

不过，此次改元更号，对楚军地位并无影响，左宗棠是否继续升迁，并无多大悬念。慈禧太后掌权后，进一步重用湖南的地方实力派，使曾国藩、左宗棠等人的势力不断膨胀。就清廷而言，慈禧的选择无疑是正确的。因为在她主政之后不久，东南大局又趋恶化，太平军攻占了宁波与台州，李秀成围攻杭州，攻势一天比一天凌厉，江浙战区军情危迫。清廷一些大臣，如侍讲学士颜宗仪、给事中高廷祜等人，纷纷上疏，要求朝廷令曾国藩密保干员，取代浙江巡抚王有龄和江苏巡抚薛焕。有趣的是，王有龄自认无能收拾局面，主动奏请由左宗棠督办浙江军务，后来又保荐左宗棠接任自己的巡抚一职。他甚至发誓自己说的是真心话："倘有虚言，有如此日。"

垂帘听政的两宫皇太后此时可谓从谏如流，十月十六日，清廷任命左宗棠督办浙江军务。两天后，朝廷令曾国藩统辖江苏、安徽、江西和浙江军务。如此将军权集于一个汉人之手，是清廷空前的决定。曾国藩本人却不想树大招风，有意于分权卸责，于十一月上疏，请将徽州与广信的驻防军全归左宗棠调遣，用婺源、景德镇与河口三个地区的农业税与商业税供给新楚军。

在清廷尚未命左宗棠援浙之前，清军在浙江的地盘越来越小，除省城杭州以外，只剩下衢州、温州与湖州。太平军的包围圈断绝了温州和湖州与外界的联系，只有衢州与江西接壤，还能透一口气。浙江巡抚王有龄为了自保，早已奏请起用平江勇的首领李元度招募八千人增援浙江，号称"安越军"。可是，李元度部开到龙游便遭阻遏，无法进驻江山。短期内，浙江已经无法指望援兵到来，因为鲍超在将李秀成赶到浙江之后，便率军离去了，新楚军移驻广信，填补空缺，向浙江靠拢了一些，却未进入该省。此时，曾国藩与左宗棠议定，以巩固徽州、保卫饶州和广信为根本，再图向东发展。

十一月二十六日，左宗棠奉诏督办浙江军务，专折奏报。慈禧催促他早日开拔。左宗棠接到上谕后，长长地舒了一口气。清廷终于给了他专折奏报的特权，这是他盼望已久的话语权，如今终于到手了，他感到自己终于熬出头了。有了这条中央专线，他就可以直接向朝廷奏报自己的战略意图和施政纲领，不用再说服别人来替他转述了。

左宗棠受宠若惊，连忙写信给江西巡抚毓科，封上二十两银子，向他购买黄白两色的折子和封套，还有黄布包和印花纸等等。他想：不能与最高统治者对话，还叫什么诸葛亮？有了这个话语权，就可以直接给最高决策者洗脑，影响国家的政策了！

此时，左宗棠对咸丰的两位垂帘听政的遗孀产生了感恩图报之心。两宫皇太后的心思明摆在那里，她们发下的两道上谕，不但继承了亡夫的用人方略，而且迫不及待地提拔亡夫看重的人才，让湘楚豪雄为自己所用，而左宗棠就是她们最看重的人才之一。

就在左宗棠奉诏的两天后，即十一月二十八日，李秀成攻占了杭州。清廷在浙江的军政全部瘫痪，必须组建新的班子。左宗棠接到战报，顿时感到肩上压力增重。而曾国藩则争分夺秒，迅速呈上一份密疏，奏请提拔左宗棠为浙江巡抚。

曾国藩在安庆给左宗棠送来一封急信，给他透露了自己的意思：

> 目下经营浙事，全仗大力，责无旁贷。

曾国藩为左宗棠设下了更上一层楼的台阶。

初次对话君主

杭州失守之后，左宗棠为了报告浙江省城失陷的经过，陈述他收复全省的方略，开始给朝廷上折子了。这一次撰写奏疏，感觉很不一样：折子的署名不是张亮基，不是骆秉章，而是他左宗棠自己！

左宗棠的第一份奏疏，没有官场的虚文，讲的都是实话。他告诉慈禧，新楚军已经整装待发，很快就要进驻浙江的玉山。他本来已令各营严装以待，不料在十一月二十九日夜晚，忽接徽州防军驰报，太平军辅王杨辅清集结大部队从浙江回攻安徽，突然袭击徽州的界口和深渡等处。据俘虏供称，杨辅清意在南攻江西。左宗棠认为徽州一地关系到皖南与江西的大局，而且是新楚军进入浙江的后路，绝对不能让杨辅清得逞。他当即派兵相机增援徽州，拦截杨辅清来路。如果可以速战速决，各营马上从婺源开入浙江，也不算绕了弯路。而随他留驻广信的各营共三千人，将立即进驻玉山，等到江西的欠饷解到，发给口粮，便火速继续推进。

接着，左宗棠话锋一转，讲述了不能轻敌冒进的道理，阐明节节攻剿、诱敌野战的战略构想。他说，浙江全省的局势非常糟糕，自从金华、严州和处州失守以后，绍兴、宁波和台州相继沦陷，从江西进入浙江的道路，四处都是太平军。新楚军必须节节攻剿，否则无法深入。但节节攻剿，又担心旷日持久，饷竭兵疲，先已自困，所以必须乘虚蹈瑕，引诱敌军野战。

关于江浙两省的兵力部署，左宗棠谈了自己的构想，认为应在皖南守卫徽州和池州，攻取宁国和广德；应在浙江防守衢州，进取严州。他要求闽军严密扼守敌军从浙江窜向福建以绕道攻击江西之路，以便疏通饷道，使米粮军火接济无误。他指出：各路部队互相照应，一意进剿，得尺则尺，虽然见效稍慢，但一定可以收到实效。

左宗棠在报告杭州失陷的经过之后，直率地指出：浙江军务之所以败坏，由于历任督抚不懂军事。一开始，他们竭尽本省的饷源接济金陵大营和皖南各军，企图借外省的兵力作为本省的屏障，而对于本省选拔将领、训练军队漫不经心。自从金陵和皖南的局势恶化以后，他们又广泛地收容残兵败将，用重饷留住这些人，指望他们在浙江重新振作。结果呢？兵力日增，军饷日绌，军令有所不能行，用来防守便逃跑，用来进攻便吃败仗。官兵们不知感恩，不知惧威，局势更加混乱，直至垮台。

针对这个弊病，左宗棠提出他自己督办浙江军务的措施。第一，他要认真节制提督与总兵，严格淘汰现有的兵力，用营制来加以约束；第二，严明赏罚，发给实饷；第三，另行调募兵员，对现有部队预先置换和补充。

左宗棠指出，足够的军饷，是落实这些措施的必要前提。由于官府还欠着部队很多军饷，淘汰遣散冗员会有困难；如果不能继续提供饷需，调拨兵力就有障碍；如果经费不足，就无法增募和补充兵员。这样一来，他名义上有了指挥权，其实连营官和哨长都呼叫不动，得不到下属的任何帮助，却徒然遭受他们的催逼干扰。虽有能将，却拿不出军饷，怎能驾驭士卒？虽有谋臣，手下没有士卒，又怎能打败敌军？

左宗棠阐明了饷需供应的重要性，接着毫不掩饰地陈述军饷无法落实的现状，以及有关官员办事的推诿与荒唐。按照朝廷旨意，闽浙总督庆端应该按月给新楚军筹拨十万两银子的军饷，还要接济军火，他派了个代理道员办理此事，但这位道员现在反过来向左宗棠请领米粮军火弹药，简直是故意刁难，事同儿戏！左宗棠指出：新楚军开进浙江之后，不知到何处寻找军饷，兵勇饥饿，难免溃散，军火也会供应不上。所以，他恭请朝廷命令有关各部的大臣，查明各省应该协助浙江的款额，以及福建与其他各省拨解援浙军饷的各种款项，赶紧直接送到广信府，交给新楚军后路粮台，以应急需。如各省拨解超越期限，或者办事人员逗留贻误，他将随时知会各部大臣，查取办事官员的职衔和姓名，向朝廷参奏，候旨查办。

就这样，左宗棠的第一份奏疏，就向两宫皇太后告了闽浙总督庆端一状，说明了没有军饷的难处与后果，并要求朝廷动用至高无上的权威为他催饷。

在论及饷事这个根本问题以后，左宗棠要求朝廷支持他解决兵力不足和将领缺乏的问题。他首先强调，他手中仅有的七千兵力，无法在一千几百里的范围内对付几十万敌军；接着，他又指出自己手下军事人才不够。他指名要求调一些他看好的干才充实新楚军，其中最重要的人物是广西按察使蒋益澧。上文中说过，左宗棠在湖南巡抚幕府时，曾推荐此人领兵去增援广西。关于此人，他此次在奏疏中写道：

> 广西皋司蒋益澧，才气无双，任事勇敢。本年春间，以臣军太孤，愿率所部助臣讨贼。臣比函商曾国藩奏调赴皖，尚未具奏，旋蒙简放广西皋司。
>
> 应请旨敕下广西抚臣刘长佑，速催蒋益澧统带所部，挑募勇丁，合成数千，并敕副将戴盛宽速带所募一营，星速前来，以当一路。

接着，左宗棠要求朝廷调湘勇将领刘培元率三千水师来浙江，出任代理衢州镇总兵。

综上所述，左宗棠的第一份奏折，虽有谢恩之情，却无谄媚之辞。他没有照顾慈禧急于求胜的心理，陈述节节攻占、步步为营的战略思考，希望清廷不要逼他挥师冒进，以免新楚军陷入太平军长围。他刚任浙江的督军，就无所顾忌，指责浙江的历任督抚不懂军事，要对浙江清军严加挑选裁减，增强纪律，严明赏罚。这份奏疏有助于让最高统治者保持清醒的头脑，认识客观的军事规律。其语气越到后面越是咄咄逼人，他强调各地供饷不能马虎，如有官员故意推诿、玩忽职守，他要指名参奏，这是公然向各省的官场陋习挑战，给他们一个下马威。

奏疏写好了，正要拜发，左宗棠又犹豫了。他想：这个和朝廷对话的特权，是涤公为我争取来的。过了河，桥不能拆。对了，我把奏疏交给涤公，请他转呈朝廷，这样做不是很漂亮吗？

于是，曾国藩替左宗棠拜发了他的第一道奏疏。慈禧览奏之后，爽快地同意了左宗棠的奏请。这也不奇怪。慈禧早就知道，汉人大臣中很有几个敢于对清廷说"不"的人，曾国藩就是一个，现在又出了一个左宗棠。曾左二人都有自己的主见，不能出兵时，你就是连发几道金牌，他们也会用几句委婉的托词给你轻轻挡回去，而你还找不出由头申斥他们。左宗棠在奏疏中表现出来的干练和一丝不苟的精神，给慈禧留下了深刻的印象。

在议论左宗棠这份奏疏时，东太后慈安说："哟，妹妹，这个左宗棠，好像比曾国藩还强硬几分呢。"

"嗯，"慈禧回答，"此人说话是硬了一点，不过人家占了理，咱们姐妹还得依了他。奕訢，准了这份折子吧。"

第十二章

蚕食浙江

当上封疆大吏

左宗棠率领主力出驻玉山以后，浙江太平军李世贤所部大举进军遂安与开化，并从开化的马金街攻击皖南的婺源，以响应徽州太平军所采取的攻势。左宗棠为了早日进驻浙江，必须打退来攻之敌。咸丰十一年（1861）十二月初九日，他派王开来率老湘营从白沙关扼守华埠，他自己率部开往婺源。此时，太平军已逼近大庸岭，左宗棠所部翻过山岭，再次迎战李世贤。

就在左宗棠准备入浙期间，两宫皇太后的垂帘听政稳定了清廷内部，群臣踊跃上书言事，纷纷夸赞楚军立下了大功。小皇帝的两位年轻的母后，更加倚重曾国藩和左宗棠。

于是，左宗棠时来运转，连连升官，好运气门板都挡不住。咸丰十一年十二月二十四日，西历1862年1月23日，清廷任命左宗棠为浙江巡抚。

新任浙江巡抚简直有恍若隔世的感觉。咸丰十年初，他还是一名被通缉的师爷，时间刚过两年，他就当上了浙江这个富庶大省的最高军政长官。这种奇迹般的飞跃，究竟是怎样发生的？

有人说，这是命。熬了五十年，也该熬到头了。但是，又有多少能人志士，到了五十岁还熬不出头！一句话丢了脑袋，甚至株连九族，是常见的事情。所以说，左宗棠这颗下凡的牵牛星，之所以大器晚成，是有命运之神在帮着他。

的确，左宗棠是几千年封建社会的漏网之鱼。连他自己都认为，他秉性耿直，疾恶如仇，官场的潜规则容不下他。可是，他在得罪了一大帮高官之后，竟然保住了聪明的脑袋，还得到清廷的擢拔。九牛一毛，左宗棠就是那根幸运的毛。

又有人说，这是积累。倘若没有几十年寒窗苦读，没有对于实用学问的执着追求，没有心忧天下的参政意识，没有指点江山的气概，没有多年的战略思考和纸上论兵，没有八年师爷生涯的运筹帷幄，调兵遣将，左宗棠就是有再多的幸运，其命运也不可能发生如此的飞跃。

的确，左宗棠的学识沉淀和追求执着，是他成功的重要因素。作为一个成功的榜样，如果说他幸运的那一部分无法复制，他人为的这一部分却是可以仿学的。

也可以说，左宗棠的为人处世之道，是其成功最重要的原因。因为在慈禧看来，这个能人的才识积累，其建功立业的强烈愿望，以及他所立下的赫赫战功，是朝廷重用他的唯一原因。慈禧在做贵妃的时候就留心政治，也许她从丈夫奕詝那里，就曾听说过左宗棠这个湖南的强人。咸丰九年年底潘祖荫在奏疏中写出的那句惊世骇俗的话，即"国家不可一日无湖南，湖南不可一日无左宗棠"的论断，或许也令阅览奏章的慈禧感到了震惊。也许就是从那时起，这位女强人就记住了左宗棠这个名字。

慈禧在咸丰十一年登上军政舞台，还只有二十七岁。孤儿寡母，需要军队做靠山。在她的视野里，爱新觉罗家族在国内的敌人，太平天国还在，捻军势力强盛，广西、贵州和云南，武装造反者燃起的战火风起云涌。臣子们纷纷上书，都说楚军是朝廷最大的依靠，小皇帝载淳的两位年轻的母后，继承和发扬老公的既定国策，在军事上更加倚重湖南人。于是，主张重用汉人的肃顺虽然死了，他曾力挺的楚军，包括左宗棠，却继续为处死他的慈禧效力。曾国藩保荐任何人，慈禧都会准予提拔。

正在这个当口，左宗棠已经完成从师爷向领兵大将的身份转变，在江西和皖南战功赫赫，慈禧看出他还有更大的潜力。她已经知道，她那已经过世的老公没有看错这个人。

从这时起，左宗棠不断得到慈禧的提拔，直到后来成为清朝集团的 CEO。

所以说，慈禧急于提拔左宗棠，是有充足理由的。首先，左宗棠有曾国藩的举荐；其次，她也是继承先皇老公的遗志。须知左宗棠的第一次人生飞跃，即他从一名在逃的嫌疑犯变成襄办军务的四品官员，正是在慈禧的先皇老公咸丰的眷顾下实现的。

不过，慈禧一点也不含糊。对这个汉人的任命，绝对不会白给。她给了左宗棠一块地盘，但这是一块没人敢去承包的责任田，因为它在敌人手里，谁想要耕种，先得冒死夺过来。慈禧发给左宗棠的只是一张委任状，外加一颗官印。军队是左宗棠自己筹募的，人才是左宗棠自己寻觅的，军饷也不是中央财政供给的，而且少得可怜。左宗棠分到这块地盘，必须自力更生，去把它打下来。因此，左巡抚其实是一名白手起家的创业者。他给大儿子写信，大谈创业的艰辛，以及作为巡抚的责任感。

他告诉儿子：自从进入军营，除了宴请宾客，没有用过大碗菜。寒冬腊月，他还穿着一身夹袍。但他认为，与士卒一同吃苦自有乐趣，也担心享受多了，折掉祖上遗留的福气。当了浙江巡抚，就要对这里的土地和百姓负责；有了督办的职务，就要把东南大局时刻放在心上。每天都要反省自己的过错，而看不到有什么功劳。

然而，慈禧让左宗棠做了封疆大吏，又同意他把蒋益澧调到浙江，满足了这位大臣的一切要求，作为交换，她所需要的是即刻见效的战功，而并不在意前线将士的艰苦。在任命左宗棠为巡抚的圣旨中，她催促左宗棠立即入浙，坐镇衢州，发兵攻打严州与金华。

但不论慈禧如何催促，左宗棠在入浙之前，必须击退李世贤对皖南的攻击。十二月二十六日，那道圣旨还在路上的时候，左宗棠在婺源境内迎击李世贤所部。他令朱明亮率部直逼张村，在岭上修筑壁垒。太平军从四面发起攻击，黄少春与张声恒所部横出迎战，将太平军击退到马金街。当天，徽州驻防军在岩寺击败太平军，解除了威胁。

在清廷的不断催促下，刚刚上任的左巡抚不能不克服困难，遵旨进军。同治元年（1862）正月十五日元宵节，左宗棠率领九千名新楚军，从汪口跨越大庸岭，进入浙江境内，攻击开化的太平军。正月十八日，新楚军抵达箬岸，击败据险防守的几千名太平军，然后驻军开化的张村。太平军环绕马金街修筑壁垒，绵亘十几里，阻挡新楚军的进路。

新楚军入浙后，实际情况和左宗棠预计的一样。太平军在浙江势力太大，官军只能步步为营，逐渐推进。慈禧要左宗棠赶赴衢州，他绝对不肯。让新楚军陷入太平军的包围圈中，那是瞎指挥，傻子才会执行。他上奏陈明自己的战略：新楚军决不冒进，以免陷入太平军的长围。稳步推进，防备后路，保障粮饷的运道，才能立于不败之地。如果轻敌浪战，首尾不顾，就难免受挫，以致有损军威。现实的困难是兵员短缺，军饷难筹，所以不能急功近利。

左宗棠令部队分路进兵，又令各部在到达位置严阵以待，不要急于进攻。他派出一支奇兵，悄悄绕到登横岭，从太平军背后夹击。李世贤的驻防部队见新楚军开到，正要列队抵抗，忽见对方主力从岭上冲下，大为错愕，丢弃军械，狂奔而走。各路新楚军推锋并进，斩敌五千名，将栅垒全部捣毁。太平军分路奔赴遂安与常山，新楚军进驻马金街。左宗棠令王开来所部留守开化。

这时候，朝廷已调派几路兵力增援浙江。左宗棠挂上地图，将各路援浙军的态势标记如下：福建派遣军驻扎处州、松阳、龙泉与政和，另有秦如虎所部驻扎温州；江苏派遣军渡海而来，攻取定海；仙居民团起兵攻打台州各县。如果各路兵力稳步推进，就能对浙江太平军形成夹击的态势。

李世贤坐镇金华，闻知新楚军占领了开化，仗着兵多，决定两线作战。一方面，他向遂安增兵，企图夺回开化，包围左宗棠所部；另一方面，他亲自领兵从金华进军龙游，攻击清军在浙西的最大据点衢州。

浙江的军事是清廷军机处关注的焦点，而当时的浙江西部，只有衢州一城还在清军手中，该城的四面八方都为太平军包围。那些只会纸上谈兵的大臣们见衢州府城一再告急，担心失去这个重要据点，总认为左宗棠行军迟缓，又在慈禧耳边唠叨。两宫颁下严旨，老调重弹，催促新楚军先进衢州，攻取金华与严州。

这一天，在马金街新楚军大营，杨昌浚急匆匆地闯入中军营帐。

"石泉，什么事如此慌张？"左宗棠问道。

"又有圣旨送达，恐怕还是催我们进军衢州吧？我们一走，马金街这边怎么办？李世贤占了开化，岂不断了我们的后路？粮饷都没法运输了！"

"唉，"左宗棠叹道，"庙堂诸公，总以为衢州将会不保。其实衢州城防坚固得很，那里有李定太的八千兵力，李元度的七千多安越军也在从龙游返回衢州途中，难道还少了我们这几千人不成？不急不急，先接旨吧。如果真是催促令，我再写个折子，给朝廷解释清楚！"

深夜，左宗棠起草奏疏，不厌其烦地解释蚕食战略的合理性，说明自己以开化作为入浙突破口的理由。他说，太平军每当遇到防御严密的城市，总是取远势包围，将守军困死，然后攻而占之。这是他们多年来在东南经常采用的战法，每次都用得非常成功。若要破解此法，必须避开他们的长围，预防后路被断，首先保住实力，才能将敌军制服，而不被敌军消灭。

左宗棠指出：新楚军如果先进衢州，不但无法巩固江西和安徽的边防，也无法从外部为衢州声援，又坠入了敌军长围的陷阱，陷入粮尽援绝的绝境。所以，他才决定率领亲兵营从婺源入浙，首先击退开化之敌，扫清徽州后路。他又令所部老湘营从白沙关渐进，扼守华埠要冲，以保卫广信，巩固衢州城。所幸三战都获大捷，开化肃清，婺源无警，饶州和广信两城相庇以安，而杨辅清又屡次为徽州守军所创，败溃宵遁，新楚军已无须远道增援徽州，更是喜出望外。他本人虽然没有前往衢州，但开化的敌军根据地已经扫荡无余。新楚军现驻开化县城、马金街两处，正好兼顾衢州城，并没有故意拖延，自招重罪。

看了这份奏疏，两宫皇太后发现，左宗棠的战略意图思虑周详，合情合理，而奏疏中的说词也是条理清晰，何况新楚军入浙后初战告捷，确实令朝廷无话可说。面对着这位娴熟兵略的大臣，两宫皇太后势必要收回成命，两个女人又不免议论一番。

慈安太后说："妹妹，怎么这个左大臣，跟曾大臣说的都是一样呢？他二人就像商量好了似的，听起来很像老成谋国的意思。可是，咱姐妹叫他快速进兵衢州，却被他驳回了，咱们的话，他到底是听还是不听？"

慈禧答道："姐姐，满朝文武，谁敢对咱们说个'不'字？可是有谁打得过长毛？偏偏就怪了，这几个吃了豹子胆竟敢顶撞朝廷的湖南人，他们一上阵，咱们姐妹就能省心。有些个事情，咱们在深宫内廷看不到，只能听身边这班老臣瞎叨咕；他们呢，在前线看得清清楚楚，自然有不同的见地。人家的功名是拿命搏来的，要是不稳着点，只怕是早就死无葬身之地了。要说他们抗旨，怎么这抗旨的话从他们嘴里说出来，又好像替朝廷着想呢？那曾国藩不是说了吗？左宗棠布局善于从远处着眼，不会急功近利。咱们急于收复浙江全境，乍一看，恨不能马上把省会杭州攻下来，可经他这一说，为了最终夺得杭州，还得把杭州先放一放，逐步肃清了浙西和浙东，杭州就孤立了，然后回过头来，向杭州步步逼近，直到取得浙江全境。我琢磨，这话也有几分在理。唉，依妹妹看，咱们还是先准了他吧。今后若是看着不对，咱们再作计较。"

左巡抚冒犯天威，经两个寡妇这么一议，也就不算一回事了。皇帝批准了他的用兵方略，他就得以按照自己的意志放手去干了。

网罗人才

左宗棠的好友胡林翼有一段名言：

> 国之需才，如鱼之需水，鸟之需林，人之需气，草木之需土，得之则生，不得则死。才者无求于天下，天下当自求之。

关于人才的重要性，左宗棠和胡林翼一样明白。他知道，自己能否成为浙江真正的主宰者，关键在于他能否延揽一批可用之才。所以，他在坚持循序渐进战略的那份奏疏中，呈递了一个附件，请调一批能人到他的帐下。他开列的名单如下：

胡光墉，江西候补道，急公慕义，勤干有为，现已行抵江西，可以委任他办理后勤。此人是浙江绅士，办理浙事熟悉情况，一呼百应。如果令他立即到新楚军大营听候差遣，必然能起很大的作用。

李云麟，汉军正白旗兵部候补主事，刚明耐苦，在湖北有多年带兵的经验，曾立战功，毫无军营习气，质地实堪造就。

邓绎，湖南在籍员外郎、候选知府，留心经济，立志不苟。

夏献纶，江西丁忧在籍兵部主事，安详练达，器识宏远。

谢大舒，湖南候补同知，曾在江西万载本籍办理团练，品正才长。

张岳龄，湖南平江县在籍五品衔候选知县；周开锡，湖南告假在籍湖北候补知府。此二人才识均优，具备领导能力。

成果道，湖南湘乡县五品衔候选教谕。

魏良，宁乡县在籍光禄寺署正衔候选训导。

吴国佐，湘潭在籍候选主簿。

邹寿璋，廉明勤干，志趣甚正。

严威，湖南溆浦县举人，抱负甚伟，饶有识略。

陈友诗，湖南临湘县举人；田钰，候选训导。此二人性行淳朴，才具亦长。

葛铖，候选训导；夏鸿先，候选从九品未入流。此二人遇事勇敢，胆气殊优。

马寿华，安徽桐城县文生，世袭云骑尉，才气豪迈，节概卓然。

易方，湖南湘乡县候选县丞；陈彝爵，候选光禄寺典簿。此二人沉毅有为，深明方略。

这个名单，是左宗棠多年搜集的人才信息，其中囊括的人才，文武具备，特别是胡光墉和邓绎这样的经济型人才占了主位，表明左宗棠格外重视军队的饷需和武器供应。

人才决定一切，浙江巡抚手下，一个强大阵营的确立，就是从这里开始。当左宗棠起用这些人才之后，新楚军的军饷立刻得到了改善。

新楚军在江西时军饷就已非常困难。进军浙江之后，各部拖欠官兵的军饷多达一年的数额。任何一个企业的员工都知道，一年不发工资，公司会是个什么情况，恐怕早就散伙了。何况是一支军队，人人都不知道能不能活过明天，谁会愿意不拿钱白卖命呢？

左宗棠很清楚，清廷当时的财政，不但要赔款给外国列强，还要供给军队在十几个省份作战，银库肯定是空了，无法指望。但他知道，有了人才，就会有资金。他在这份奏疏中请调的第一个人才胡光墉，就是来为他解决军饷难题的。此人就是后来非常著名的红顶商人胡雪岩。左宗棠看中他，是因为他最擅长官商勾结。

这个安徽人和左宗棠一样，所走的人生之路，都很奇特。左宗棠步入官场，走的是师爷从政治军这条路，不是正规的仕途。胡雪岩的路子也不正规，但有所不同，叫做"贾而优则仕"，先做商人，赚了银子，再用银子来铺一条做官的台阶。这个路子很新，比左宗棠那条路还要离谱。

晚清的商品经济不发达，商人地位不高，从商界进入政界的人确实不多。当时花钱买官的人不少，如上文所述，左宗棠在咸丰元年也差一点捐了个小官，但是，捐官的人当中，商人只占很小的比例。何况大部分人买官，只是买了个空头衔，并没有实权，更不可能像胡光墉这样混来一个红顶子。如今我们进入了商品社会，老是传说什么官商一体、官商不分和官商勾结，确实有不少为官者发了财，但似乎还未听说哪个富商用钱买了个市长、省长来当。所以直到今天，胡雪岩的事迹，仍然吸引着很多想在入仕途中闯出一条新路的有钱人。

胡雪岩生于道光三年（1823），比左宗棠小了十一岁。他的出生地，是一个很著名的小地方。他是安徽绩溪人。绩溪县虽小，却是人杰地灵，人才辈出。国学大师胡适和当代曾任国家主席的胡锦涛都是绩溪人氏。

胡雪岩出身贫寒，没有上过学，早年的那点学问都是父亲教他的。父亲教他到十二岁就去世了。一家人失去了依靠，长兄为父，胡雪岩得养活三个弟弟。为了支撑这个家，他只好外出打工。托亲戚介绍，背井离乡，来到杭州的信和钱庄当学徒。

钱庄就是我国早期的银行，业务比较单纯，主要办理存款和贷款。胡雪岩进了钱庄，可不像现在的银行职员这么跩。他得从学徒做起，唯唯诺诺，岂敢像如今坐在玻璃窗后面的小姑娘一样对顾客使脸色。

钱庄学徒干的全是苦差，跟男保姆差不了多少，甚至连用人都不如。他不但要学习钱庄的业务，还要打水、扫土、倒尿壶。凡是出了脏活重活，老板就会想到他。

不过，这些都难不倒胡雪岩。他聪明伶俐，嘴巴甜蜜，又会察言观色，见风使舵，深得老板欢心。他不但会做人，业绩也是不俗。老板认准他是块好料子，便把他升为伙计。这就是银行办事员了，只是没穿西装革履。这个升迁，在胡雪岩看来算不了什么。他是个野心勃勃的年轻人。他想：我有经商的天赋，三天两头梦见自己开了钱庄；我天生是当老板的料，我要做个金融家。

这个梦想虽好，却有点像痴人说梦。一无文凭，二无背景，三无资本，他凭什么实现人生的飞跃？后世许多人探讨胡雪岩的商业哲学和谋略技巧，说出很多道道，写成一本本厚书。说来说去，胡雪岩能够成为暴发户，根本原因只有一个：他找到了军政靠山，和官员勾结上了。他的生意经引起广泛的注意，就是因为他的发财诀窍在官本位的社会里很有启发意义，堪称商人走上歪门邪道的入门指南。

胡雪岩在钱庄站稳脚跟之后，就着意钻营官府，笼络官员。他与浙江巡抚王有龄之间的关系，有野史铺陈，也有小说演绎，说他对王有龄的仕途注入一笔投资，得到了丰厚的回报。那时王有龄尚未发迹，处在人生最低谷，胡雪岩偷偷从钱庄里拿了五百两银子给他进京赶考。硬投资虽然只有五百两银子，附带的软投资则是无可计量的。他在王某身上押上了自己的前程，因为他被赶出了钱庄。这个投资，可谓倾其所有，是一笔极大的赌注。

这个故事最有看头的地方，就是王有龄果然发迹了。他在天津遇到故交何桂清侍郎，经何大人推荐，到浙江巡抚门下当了粮台总办。王有龄讲良心，饮水不忘挖井人。但他违背公务员守则，利用职权回报私情，不断为胡雪岩提供方便。他官运亨通，一直做到浙江巡抚，胡雪岩也跟着大捡便宜，生意像滚雪球一般越滚越大，成为富甲一方的商人。王有龄觉得对恩人还不够意思，又让他当了江西候补道。

野史小说是否可信，我们姑且不论，但胡雪岩跟王有龄的确是铁哥们，靠着这层关系，在生意上获益匪浅。王有龄在任湖州知府期间，让胡雪岩代为经理湖州公库，创办丝行，用公款扶助农民养蚕，然后就地收购蚕丝，运往杭州和上海，脱手变现，再把本金归还浙江省的藩库。说白了，就是挪用公款周转生意，自己赚取利润，但本金还是归还公家。这个主意真是想得好，只要没被发现，不法经营就能继续下去。胡雪岩创造了经典案例，对后世起了垂范的作用，成为中国腐败智慧中的经典案例，所以如今会有那么多人利用职务之便，挪用公款去做生意，或者圈地炒房，或者投资炒股。

胡雪岩通过王有龄结交官场中人，拓展了官商勾结的范围和级别。他说服浙江巡抚黄宗汉入股开办药店。战争期间，又值瘟疫流行，谁有药品，谁就发财。何况公司里有官员的股份，行政部门帮你垄断市场，也不怕物价部门给商品限价。这种生意做起来，哪有不顺手的？我们现在有许多公司宁愿把股份拱手送给官员，不就是为了财源滚滚吗？

官商勾结，是胡雪岩暴发最根本的路子。第二条路子就是搞定洋场。胡雪岩所处的时代，很多外国资本进入了中国，这些资本急于输入到中国人手中，以换取更大的利益。如此便有一些中间人，斡旋于洋场人员与中国官商之间，两头吃回扣，牟取暴利，胡雪岩也看准了这个行当。

胡雪岩搞定洋场也很顺利。他通过上海滩的买办和英国汇丰银行建立了合作关系，趁机结识了各类洋行的经理和中方买办，为他后来轻而易举成为上海所有洋行和著名买办人物的官方经纪人奠定了基础。

事实证明，胡雪岩的思路是可以发大财的。他搞定了官府，攀上王有龄，利用这个关系，从浙江海运局借支二十万两白银，开办了"阜康钱庄"。这样，他就完成了伟大梦想的第一步，摆脱了打工仔的身份，摇身一变，成了董事长。

王有龄真是知恩图报，把浙江的财政收入交给胡雪岩的钱庄管理。浙江当时是国家的财税大户，胡雪岩保管调度这笔巨款，想不发财也难。他很快就成为全省首屈一指的金融家。历史记载说他"岁获利数倍，不数年，家资逾千万，富甲天下"。

这个时候，胡雪岩还不认识左宗棠。他虽然已经富甲一方，但还没有形成大气候。他在商界的真正崛起，还要仰仗左宗棠。

王有龄是个短命巡抚。他吃亏就吃在只算小账，不算大账，没有跟楚军大帅搞好关系。浙江战事吃紧时，他向曾国藩求援。曾国藩给他派来援兵，不料浙江战事稍微松缓，他硬是把楚军挡在境外，因为他舍不得出那点军饷。曾国藩一气之下，再也不去救他。前面说过，左宗棠想去救，曾国藩也不让。因此，在李秀成的部队打到杭州时，王有龄咬破指头写血书，恳求楚军来救，却是为时已晚，曾国藩是想帮他也帮不上了。而他又不愿成为太平军的刀下鬼，只得悬梁自尽。

王有龄一死，胡雪岩就失去靠山了。如果不是左宗棠的新楚军开进浙江，给了他一个机会，他就不可能成为富甲天下的巨商。

野史说，胡雪岩见旧靠山已倒，主动找到左宗棠，要为他效力。但在我看来，左宗棠先找胡雪岩比较可信。胡雪岩想发财，有结交权贵的动机，固然不错，但那时缺钱的大官到处都有，不见得一定要把钱砸在左宗棠这里。在没有摸清左大人的底细以前，他是不会轻易解囊的。而左宗棠需要军饷，求之若渴，他更有寻找财源的动力。听说谁有大把的银子，他就会主动找上门去。

左宗棠早就听说胡雪岩是个富商。进了浙江，又听到大量关于胡雪岩勾结官府的传闻。当然，士民们对胡雪岩看法并不好，官商勾结，人人讨厌，加上仇富心理，大家多少都有一点。左宗棠收到一些禀帖，向他告状，说这个当地首屈一指的大商人，在杭州还没沦陷之前，过着暴发户的奢靡生活，豪宅名车，包二奶只是小菜一碟。

富埒封君，为近数十年所罕见，而荒淫奢侈，迹迥寻常所有。

左宗棠是个生活俭朴的人，但他心态很好，并不妒忌有钱人。他做师爷的时候经常劝富人捐款，如果天下的富人都死光了，还能找谁捐款去？这个穷当官的，偏偏就喜欢有钱人。钱越多越好，只要能慷慨解囊，让部队有饭吃，有军火供应，管他是不是投机倒把，是不是攀交权贵，左巡抚只用一个标准衡量他。

所以，左宗棠描述的胡雪岩，绝不是一个见利忘义的奸商，而是"急公慕义，勤干有为"，做他的后勤部长，那是再合适不过了。前面说过，他在当上浙江巡抚之后，就请求清廷迅速将此人调到他的大营听候差遣。据他所奏，胡雪岩当时所任官职为江西候补道，人已"行抵江西"，换言之，此人逃跑了。当时整个浙江几乎都被太平军占领，他这个亦官亦商的身份，在太平军的占领区是待不下去的。

左宗棠出于军务需要，急需起用胡雪岩其人，没有疑义。官面上的理由，是"以浙江之绅办浙江之事"，更为方便，骨子里就是看中了他的钱包，以及他的投资于官场的理念。

胡雪岩经过一番考量，发现左宗棠是文武全才，这棵大树好乘凉，比他以前的靠山王有龄强了不知多少倍。他没有太多犹豫，就开始为左宗棠效力了。这个决心一下，就促成了胡雪岩日后巨大的成功！

胡雪岩初见左宗棠，带了一份丰厚的见面礼。左宗棠的军营里忙乱了好一阵，才把这份礼物收下。他给左宗棠送来的是军粮，二十万石大米！左宗棠比自己得了金砖元宝还要高兴。在饥馑和疾病肆虐的岁月里，有钱也难买到食物，大米比金子还要贵重。

战争岁月，粮食无价。上一年，太平军攻打杭州时，把十座城门死死围住，守军又饥又饿。城中弥漫着恐惧的气氛。粮食奇缺，一石米卖到一百两银子。居民给军队捐钱十万两，却无米可买。路边都是饿死的人，草根、浮萍和蕉叶都吃尽了，只好把皮笼煮来充饥。因此，这二十万石大米，对于新楚军，比雪中送炭还要珍贵。

胡雪岩的大手笔，把礼送到了左宗棠心坎上。左宗棠和他聊到中午，留他吃饭，用夫人周贻端亲手制作的腊肉招待他，规格极高，宾主尽欢。

事后，左宗棠对这个蓝顶商人赞不绝口。

> 胡雪岩，商贾中奇男子也。
>
> 胡雪岩人虽出身商贾，却有豪侠之慨。前次浙亡时，曾冒死力相救。

请注意，在此时，即同治元年（1862），胡雪岩还只是一名蓝顶商人。他跟左宗棠的交往刚刚开始，他要戴上红色的顶子，还需要一段时间的努力。

以蛇吞象

一个人想要吃掉桌面那么大的一张饼，必须一口一口地啃，而且没有三两天的时间，是无法吃完这张饼的。左宗棠经营浙江，就仿佛是一个女人，只生着一张樱桃小嘴，却被逼迫着去啃特大号的烧饼。他要用区区九千兵力的小部队，吞食几乎遍布浙江的几十万太平军，只能背靠江西和皖南，一刀一叉，不厌其烦，用坚强的毅力，来消化眼前的这顿大餐。

同治元年（1862）二月初六日，新楚军以开化为基地，向东北方约九十里处的遂安（今淳安县姜家镇附近）进攻，在该城外面二十里处扎营。太平军集结在城西的杨村，侦察到新楚军到来，出动一千多人在山冈上列阵，观察了一阵，主将有些胆怯，又收兵进城。

当晚，新楚军分几路攻打杨村。左宗棠声东击西，先派一支部队从北路佯攻县城。黎明时分，新楚军抵达杨村外，负山傍水而进。太平军察觉以后，为时已晚，但还是做了有效的抵抗。他们发出呐喊，沿岸抵抗新楚军的仰攻。张声恒和刘璈所部首先渡到水西压制太平军的反攻，黄少春和朱明亮横向拦截，陶鸿勋与丁长胜两军越过山岭，从背后出兵，三面合击，将太平军压缩到包围圈内。太平军终于抵挡不住，四下溃散，损失上万人。城内的太平军更是胆寒，全部撤走。新楚军进占遂安。

新楚军这种稳扎稳打的战法，得到了夏炘的赞赏。他从婺源写信给左宗棠，认为新楚军以五千兵力攻击大敌，必须首尾相顾，以前浙江大帅的做法，应当引以为戒。

为了应对新楚军的攻势，左宗棠的老对手李世贤决定攻打遂安以南大约一百里处的衢州，以牵制左部兵力。他的部队已逼近衢州东北方，分兵西攻招贤，切断衢州以西江山与常山的运道。李世贤本人挥师西南面，奔赴江山，占据江山以南的石门与花园港。

左宗棠于二月十二日入驻遂安。六天后，部将王文瑞抵达军营，左宗棠急忙召见他，吩咐道："文瑞，我军每占一地，必须坚守，以保障后路。你领一军就地驻守，千万不能麻痹大意！"

"文瑞一定不负左公厚望！请教左公，下一步我军将向何处攻击？"

左宗棠沉吟一会，答道："我军兵力不足，要避免与侍逆主力作战。侍逆坐镇金华，在该城设了重兵，此地介乎衢州与严州之间，如果我军直攻金华，严州之贼必由淳安、寿昌一带潜出包抄，所以这不是好办法。我想避开侍逆主力，占据淳安与寿昌，然后直捣严州，以规杭州，你看如何？"

王文瑞说："此计甚妙！"

于是，左宗棠按照既定决策，留下驻军，亲率主力进发到开化以南的常山水南，先将招贤的太平军击退。但是，李世贤又攻左宗棠之必救，向江山加派兵力，分兵袭击梧竹街和毛村。果然，左宗棠担心太平军进入江西，于二月二十一日率部抵达四都，增援梧竹街，太平军闻风而走。不出左宗棠所料，李世贤又趁着新楚军主力从遂安开拔的机会，从严州发兵攻打遂安，以牵制左宗棠回救，但其攻击部队被王文瑞部拼死击退。

左宗棠避免与太平军主力作战，李世贤却缠着新楚军不放，左宗棠不得不积极应战，先与李世贤在衢州一带绞杀。三月十三日，江山的安越军李元度部进攻毛村，太平军绕道攻击峡口，福建派遣军吃了败仗，南退浦城，太平军势力大振。左宗棠不得不与李世贤正面交锋，于三月十五日率部进军江山，在石笏扎营，令广信驻防军顾云彩部协同作战，在清湖击败李世贤，差一点将李世贤抓获。接着，新楚军分路进攻石门和花园，于三月十八日攻破石门的七座太平军营垒，但进攻花园失利，太平军回头占据石门。

三月二十三日，新楚军再次攻破石门新垒，花园的太平军赶来阻击，被新楚军大败。左宗棠部乘胜进逼花园军营。两天后，李世贤下令放弃花园，向东北方撤退，返回龙游、寿昌与兰溪驻扎，分兵袭扰江山以东的遂昌，被福建派遣军林文察部击退，李世贤率部返回金华驻守。左宗棠坚守后路，步步进逼，遏止了太平军对衢州的攻势。

曾国藩接到战报，欣喜异常。新楚军在浙江作战，坚守后路，也就挡住了李世贤再次闯入江西的通道，为曾大帅减少了烦恼。他认为曾国荃接连攻下长江两岸九座城池，还比不上左宗棠在浙江抵挡强敌的战功。他写信给左宗棠说：

> 侍逆两年之内两为雄师所挫，皆在二三月间。浙贼虽多，要以侍逆为剧寇，从此当不敢再犯颜行，浙事必渐次旋转。沿江两岸，连克九城，弟不敢引以为喜，独阁下捍御强寇，不令江西东北再遭蹂躏，却是非常之喜。不独吾辈饷源所在，民间亦不复能堪矣。

此时，左宗棠决定收拾衢州城下的太平军。但是，太平军总是抓住左宗棠后方兵力不足的软肋，屡屡发兵攻其所必救。宁国的杨辅清所部从淳化南下攻击遂安，迫使左宗棠照顾后路。他只得从常山回师开化，派刘典所部从开化以南的华埠开往昏口。

刘典抵达开化以北的马金街（今马金镇）后，正在攻击遂安的杨辅清部闻知新楚军援兵到来，连夜撤走。王文瑞率部追到淳安，斩杀捕捉几百人，杨辅清从昌化退回安徽宁国。龙游和寿昌的太平军侦知新楚军主力回援，当即分头撤走。

这时候，清军在浙东的战事有了一些进展。宁绍台道张景渠从定海招募海盗攻克了镇海。四月十二日，该部会同英法联军攻占宁波，随即由该地组织中外混合的常安军和常捷军。而在浙江的东南部，仙居的民团将太平军赶出了台州。

清军在浙东的胜利，与外国将领率领的雇佣军参与作战有很大的关系。前面说过，首开此风的是美国冒险家华尔和上海道台吴煦。现在，洋人参与中国内战的情况在浙江发生了。让洋人率领雇佣军协助清军作战，即所谓的"借师助剿"，是清廷在同治改元后新订的国策，左宗棠一开始就十分反感，对此持不同的政见。这对左宗棠而言是顺理成章的事情。他从青少年时代开始就对西洋列强环伺中国保持着高度的警惕。经历了两次鸦片战争后，他更是投入巨大的精力，研究和思考抵御外侮的对策。对于中央政府借外国人组建的雇佣军协助镇压太平天国的做法，他持慎重的态度，担心会有前门驱虎、后门进狼的后果。下文是他对此事的一段思考：

> 沿海各郡自五口既开之后，士民嗜利忘义，习尚日非。又自海上用兵以来，至今未睹战胜之利，于是妄自菲薄，争附洋人。其黠者且以通洋语、悉洋情猝致富贵，趋利如鹜，举国若狂。自洋将教练华兵之后，桀骜者多投入其中，挟洋人之势，横行乡井，官司莫敢诘治。近闻宁波提标兵丁之精壮健者，且多弃武籍而投洋将充勇丁，以图厚饷。此常胜一军所以增至四千五百人也。若不稍加裁禁，予以限制，则客日强而主日弱，费中土至艰之饷，而贻海疆积弱之忧，人心风俗日就颓靡，终恐非计。

参与攻打宁波的常捷军是由任宁波海关税务司的法国人日意格与法国海军军官勒伯勒东招募中国勇丁组建的部队，先有一千兵力，后来增至三千人。法国公使照会清政府，免去勒伯勒东在法国军队中的参将军职，让他专任中国军职，即代理浙江总兵，"听浙江巡抚及宁波道节制"。这支部队得到了清廷的承认，上谕令浙江巡抚"给付札凭，以一事权"。左宗棠突然多了一个洋人下属，作为浙江巡抚，他对此事采取冷处理的办法，声言"宁波距上海近，距臣军远，中隔贼氛，暂难兼顾"，主张"勒伯勒东札凭应由李鸿章就近发交，方资控制"。左宗棠已经得知，李鸿章在上海对借师助剿一事颇为积极，主张对洋人"曲意联络，冀为我用，以助中国兵力所不逮"。只要不影响到自己的权力、名望与金钱收入，李鸿章是愿意让洋人组建的雇佣军在清军前面去冲锋陷阵的。

左宗棠想把借师助剿的皮球踢给李鸿章，但宁波是他的辖地，对于那里发生的事情，他不能不管。他连忙派人把杨昌浚找来，和他商量对策。

"石泉老弟，真是对不起呀，"左宗棠说，"原本说好请你帮衬三个月，没想到，时间一晃就过去一年多了。贤弟本无意仕进，是我把你拖累了。"

"左公人手不够，昌浚不忍遽然离去。"

"浙事纷繁，还得倚重你石泉老弟呢。最近宁波那边洋人折腾得厉害，我得派两名得力的官员过去，你看有谁合适？"

杨昌浚思考片刻，答道："常州人史致谔可担此任。"

"好吧，就让他去。"左宗棠说，"常安军和常捷军，还得请你加以关注。我就不明白，洋将招兵，怎么会有那么多中国人响应呢？"

"我会盯着宁波的，请左公放心。"杨昌浚说罢，告辞而去。

与此同时，左宗棠决定逐步裁撤空耗粮饷的部队，于四月二十五日拿李元度的安越军开刀，裁掉五千人。这一刀下去，节省了许多军饷，供给具有战斗力的部队。左宗棠说，这是不得已而为之的平衡策略，让好吃懒做的人自食其力，让劳苦功高的人填饱肚子。

在左宗棠进入浙江之后不久，曾国荃所部也在大举东进。五月初三日，曾国荃的湘勇主力逼攻天京，扎营雨花台。清廷对太平天国的作战，初步形成了由曾国藩体系衍生的三个集团军。曾国荃集团军主攻金陵，不久前开到上海的李鸿章集团军负责淞沪，左宗棠集团军主攻浙江。在三个集团军中，左宗棠负责的作战区域最大，兵力最少，饷源最为贫乏，负担也就更重。

左宗棠再次巩固新楚军的后路之后，重新进军衢州，驱赶李世贤围攻衢州的部队。他于五月初四日驰抵衢州西北面的沐尘，督率新楚军与李世贤大军鏖战。

五月十三日，左宗棠在衢州以北二十里处的云溪扎营，然后出外视察，发现太平军已修筑几十座壁垒，将衢州团团围住。这时，刘培元派人来报，他的新军开到了常山，距衢州不到六十里。左宗棠令他会同广信的驻防军王德榜、屈蟠所部南进江山，攻击衢州西南面，令衢州总兵李定太凭河遏阻东路的太平军，又分派各路部队从北路进击，连破峡口和莲花屯。但此时河水大涨，使进军延搁。

在这种情况下，左宗棠颇为焦急，因为衢州之围尚未解除，浙江北部的重镇湖州又被太平军攻占。他于六月初五日率部大举进攻衢州北路，一天内攻破三十座壁垒，城东南的太平军全部放弃军营撤走。四天后，新楚军终于解了衢州之围。

短短几个月，新楚军已经在浙西取得一系列突破。左宗棠被迫与李世贤缠斗几月，发现这位对手兵力虽多，却并不如想象的那么可怕。于是，他决定改变"直捣严州，以规省会"的用兵方略，索性首先扫清金华周边的太平军据点，压缩太平军的势力范围，进而克复金华。他的用兵方略变成了先占金华，再复杭州。他说："杭州守贼无多，贼之大势趋重金华，自应并力先将龙游、寿昌、兰溪、汤溪等处次第攻剿，撤其藩篱，犁其巢穴，然后分兵严、处蹙之，以取破竹之势。"

李世贤的地盘越来越小，他发现，还是只有用老办法，即占领新楚军的后路，切断新楚军的供应线，才是遏止左宗棠攻势的最佳办法。他几次调兵攻击遂安，都被王文瑞所部及时击退。李世贤还不死心，当他侦知新楚军已进军龙游，扎营潭石望，便乘虚出兵淳安，再次争夺遂安。左宗棠岂肯放弃后路要隘，接到警报后，分派四千兵力赶赴遂安，又令刚从湖南开到的魏喻义所部从常山直扑华埠，扼守边界重镇马金街和昏口。

六月十八日，李世贤的几万兵力猛扑遂安城，王文瑞率部死守，将其击败。两天后，左宗棠所派的援军开到，两军联合追击，将太平军赶回金华，新楚军后方重新稳固下来。又因当月鲍超所部攻克了安徽宁国，新楚军的后方更加牢固。

后方一稳，左宗棠就有了胆气，决定打响龙游攻坚战。为了进一步汰劣存优，他于七月份将李定太所部裁撤，令刘培元代理衢州镇总兵会同眭金城所部向东进兵约五十里，抵达龙游城西的圭塘，又令崔大光等部进军龙游城北的茶圩。左宗棠率领王德榜及屈蟠各部相继推进，又派刘典率五千兵力驻扎龙游以北十里处的高桥，阻击从兰溪西援的太平军。

七月十六日，刘典所部对油埠发起攻击，击杀一千多人，太平军奔向裘家堰军营集结。这场攻坚战起手不凡，而且得到了浙南清军的响应。福建记名提督秦如虎所部于七月十九日收复了位于金华南面的处州府，使太平军的金华防御失去了一道屏障。浙东方面也有捷报传来，宁波的清军在常捷军配合下攻克了宁波西北面的余姚。

刘典所部得到浙南与浙东捷报的鼓舞，于七月二十四日分路攻击敌营，眼看就要得手，衢江南岸的太平军出兵接应，于是裘家堰的太平军又回营抵抗。八月十五中秋节，龙游驻军向圭塘壁垒发起反击，被刘培元所部击退。八月二十九日，守军再次出城反击，崔大光从北岸拦截其后路，眭金城领兵急进。太平军绕城而走，新楚军发起逼攻，城上炮石如大雨倾下，新楚军被迫撤回。

第二天，李世贤派出五千兵力，从兰溪和汤溪西援龙游。左宗棠亲率各部奋战两个多小时，才将李世贤的援兵击退。新楚军发起追击，斩杀一千几百人。李世贤为了把左宗棠的兵力从龙游调开，从兰溪永昌镇出兵，推进到寿昌的上方岭，企图再次攻击遂安与衢州。

左宗棠兵力实在不够使用，致使新楚军各部来回奔波。如此下去，部队过于疲乏，恐怕难以支撑。但左宗棠胸有成竹，他在期待一支新的劲旅。

添了一员大将

同治元年（1862）八月，浙江布政使蒋益澧率领新军抵达衢州，左宗棠大喜。

前面说过，蒋益澧是从罗泽南湘勇中淘汰下来的将领，后来为左宗棠看重，将他派往广西。他在那个风景如画的省份再次经历了官场浮沉，仿佛劫后余生，脱胎换骨，变得更加成熟，能够力戒鲁莽，折节下士，同时给自己进行文化充电。曾国藩楚军序列里淘汰出来的这个人才垃圾，被左宗棠从回收站捡回来了，现在要在浙江大显身手了。

左宗棠在进军浙江急需补充兵力时，第一个想到的就是他。蒋益澧也很乐意到左宗棠手下效力。他故意借道广州，拜望在广西时的老上司。两广总督劳崇光感激他过去给自己解了危困，便甩给他几十万两银子做军饷。因此，蒋益澧带到浙江的八千人，是一支装备精良、精神抖擞的部队，比新楚军的兵力还要强。

左宗棠握住蒋益澧的手，高兴地说："芗泉，你来得太及时了！"

蒋益澧知道左宗棠兵力紧张，便说："左公，军情紧急，请分派任务吧！"

"那好，"左宗棠也不讲客气，"请你赶紧派一支部队从梅岭出兵，直攻寿昌；另派一支部队扼守上方岭。有劳你自己东出兰溪，会同刘典攻打裘家堰！"

蒋益澧顾不得休整部队，令部将高连升率三千人赶赴寿昌，令副将熊建益也率三千人扼守上方岭，他自己率两千人与刘典会师。

左宗棠新添劲旅，腰板更硬了。为了整肃军威，他于当月奏请朝廷，将前任布政使林福祥和代理提督米兴朝在军前斩首，罪名是玩忽职守，丢失重地。他又指控庆端督战不力，建议其总督一职由福州将军耆龄取代。在慈禧的支持下，左宗棠得以采取这些严厉的措施，令浙江官场风气一新，将士不敢懈怠。宁波清军在常捷军协助下攻克慈溪后，左宗棠奏调秦如虎代理浙江提督，进驻宁波。

蒋益澧这支生力军的到来，立刻影响到战局，左宗棠的龙游攻坚战迅速取得了进展，而且使左宗棠有足够的兵力发起对汤溪的攻击。闰八月十三日，高连升所部攻克寿昌，李世贤大为恐慌，集结兵力防守裘家堰军营。闰八月十八日，蒋益澧部与新楚军合力进攻裘家堰，攻破四座坚垒。太平军虽然受挫，但主力驻扎南岸，兵力仍然强盛。蒋益澧所部渡河攻击，太平军分别据守罗埠与湖镇。蒋军逼近罗埠，太平军将领李世祥派人来约投降，蒋军与他里应外合，立刻攻破五座壁垒。湖镇的太平军见大势已去，主动撤走。

取得这些战果之后，左宗棠令蒋益澧全军从罗埠攻打汤溪，令刘典所部移驻湖镇，阻击敌援。闰八月二十九日，蒋军进攻汤溪，太平军从城垒中开炮抵抗，大批湘勇士卒受伤。蒋益澧增派兵力围攻，但因守军抵抗顽强，进攻受阻。蒋军的进逼使汤溪和兰溪的守军都向金华求援，蒋益澧所部再攻兰溪，重创了该城守军。

九月初二日，左宗棠移营距龙游城仅五里的新凉亭，部署对金华外围据点的攻击。他令蒋益澧、刘典与高连升分攻汤溪的北、西、东三面。九月十五日，新楚军夺得龙游城东的塔岭，修筑壁垒。九月二十二日，左宗棠分兵攻击城垒，将火弹抛入垒中。太平军大乱，新楚军攻破一座军营，歼灭其中的太平军，获取大量旗帜和军械。太平军集中兵力保护其他军营，新楚军肉搏攻击，七百人负伤，被迫收兵。从此太平军伏在营中，不敢出击。

龙游与汤溪久攻不下，左宗棠非常焦急，担心"旷日持久，致滞戎机"。他急于在两军的对峙中寻找新的突破口。不料就在此时，双方的力量对比发生了显著变化，左宗棠从俘虏口中得知：李世贤将金华外围各城部队全部调到金华驻守，他自己则从桐庐北返江苏溧阳。

原来，由于曾国荃所部湘勇加紧围攻天京，洪秀全严令李秀成从上海一带回援国都。李秀成率十万大军抵达天京城南，与曾国荃部展开雨花台大战，决心一举歼灭曾国荃部，调李世贤率七万人赶赴江苏参战。李世贤率大军离开金华，使得与左宗棠所部对垒的太平军立即失去了兵力上的优势。

左宗棠知道时机难得，急忙调整战略部署，计划"俟龙游、汤溪攻克，缓攻金华，急攻严州"。他的企图显然是要攻克金华北面的严州（今建德市梅城镇），对金华实行合围。他急令魏喻义所部从遂安东移至淳安的铜关，伺机攻取严州。魏喻义奉令行动，接连攻破驻守洋溪的太平军。

李世贤的离浙，虽然使左军在金华战区的局面有所改观，但大批太平军集中于江苏，皖南的太平军备受鼓舞，出兵攻占宁国县城，对徽州构成威胁，左宗棠的后路再次出现了破绽。曾国藩催调蒋益澧所部前往皖南增援，左宗棠说：蒋军正在攻打龙游，无法抽身。他派王文瑞所部翻越山岭，驻扎休宁和歙县交界处的草市，将江西的王沐所部调防遂安。

曾国藩似乎没有因此而不高兴。他在给左宗棠的信中写道：季公，其实你那里比我还要吃紧，而你却从来不向别人提出不可能满足的要求，和你比起来，我自觉惭愧。

正当左宗棠必须首尾齐顾，颇感为难的时候，在浙江协助清军作战的西洋将领也来捣乱了。他们向清廷告状，说左宗棠派到宁波的道台史致谔没有给他们应有的奖赏。清廷将此案发给左宗棠办理。

左宗棠在复奏中仍然对借师助剿持保留态度，他说：史致谔是个明白人，应该不会克扣给予洋人的奖赏。相反，值得注意的是，沿海城市出现了一些极不正常的现象。自从西洋人在五口通商以后，这些城市的居民见利忘义，风气一天天败坏。自从我国与英法在海上开战以来，国人至今还没有见到本国军队打胜仗，于是妄自菲薄，纷纷攀附洋人。聪明人学会了外国语，熟悉了西洋的情况，就可以成为暴发户，于是人们疯狂地角逐利益。

他还指出：洋人将领率领中国兵勇，给予高薪厚饷，比清军兵勇的待遇高出几倍，对于沿海的一些游民具有很大的吸引力，无异于与清军争夺兵源。但是洋人募集了军队，他们自己并不出钱，军饷还得依靠中国人的捐助。中国的饷源几尽干涸，再背上这个包袱，结果会在海疆留下许多不安定的因素，削弱中国的海防。

左宗棠说，据他调查，自从西洋将领开始教练中国兵丁以来，就用丰厚的薪饷加以利诱。胆子大一点的中国人，踊跃加入洋人统领的部队，借着洋人的威势，横行乡里，欺压百姓，官府不敢盘查治罪。近来又听说宁波的提督标兵中，凡是稍为壮健者，很多人退伍，宁愿不要军籍，投到洋将手下当勇丁。常胜军之所以扩充到四千五百人，原因就在这里。如果朝廷不加以裁禁，不予以限制，那么客人日益强大，而我们主人逐渐衰弱，用本国本来就很拮据的军饷，招致削弱海防的弊端。人心风俗日益颓靡，结果是很难预料的。

左宗棠第一次向清廷明确提出要裁减洋人统领的"常胜军""常安军"和"常捷军"。他报告的情况，引起了清廷的警惕。如何对待洋人将领，清廷也多了个心眼。

同治元年十月，宁波清军在洋人统领的军队配合下，攻打上虞和嵊县，太平军主动撤走，清军进占两城。宁波由洋人统领的部队，有一千人隶属英国将领，一千五百人隶属法国将领。攻克上虞之后，清廷下诏，令左宗棠通知法国将领：必须用中国军队的纪律约束部队。这时，不少人鼓动史致谔扩大战果，利用洋人的军力一举攻克绍兴。左宗棠不让史致谔轻举妄动。

他给史致谔写信说：士良，现在宁波的军队非常复杂，部队的领导权没有掌握在官府手中，能够保全自己，已经算是万幸了。不要轻信一些士民的要求，不要急于攻打绍兴，你现在还没有这个实力嘛。就算洋人将领能打胜仗，就算他们的轮船威力大，但是你想想，洋人一进绍兴，把好东西都抢走了，我们得到的不过是一片荒土，那是得不偿失的。

然而，浙东的清军按捺不住，于十月二十二日再次"借师助剿"。左宗棠发布命令，对"常捷军"和"常安军"采取限制措施，裁减两部兵员，规定他们只能配合清军作战，强调在占领地不得抢掠，否则将按中国军法予以制裁。

攻克严州

左宗棠决定攻打严州的同时，也在加紧进攻龙游、汤溪和兰溪。左军与太平军交战几十起，互有胜负。由于太平军"各城及附城诸垒坚不可拔"，他们"死守城垒，穴墙开炮"，导致"官军逼攻愈猛，伤亡愈多"，左军时常不得已将攻击部队撤回营内休整。左宗棠不由叹息："攻坚之难如此！"

但是，左宗棠的作战素以顽强著称，往往其执着的进攻，在精神上会压倒敌手。尽管他的部队在龙游、汤溪、兰溪三城之下伤亡颇多，他还是没有放弃猛烈的攻击。他指出："龙游、汤溪两城为金华要道，必两城下、后路清而可攻金华；兰溪一水直达严州，必兰溪下、饷道通而后可攻严郡。"同时，他强调严州的重要性，认为太平军"以金华为老巢，恃严州为掎角。严州地势，外通皖南徽、宁两郡，内达杭州，形势尤重"。他原以为攻取严州会付出很大的代价，没想到其部将魏喻义因其爱动脑筋，捡了个天大的便宜。

魏喻义也是左宗棠挽救的一名人才。左宗棠奉命领兵出山时，魏喻义正在广西被朝廷革职，听候查办。他的罪名是滥杀裨将邓南金，而他杀此人，是因其吞蚀军饷。左宗棠认为魏喻义"才实可用"，且为"朴干之士"，他杀邓南金，虽未免草率，但邓南金确实是死有余辜，所以也未杀错。左宗棠觉得此人废弃可惜，于是专疏奏调，将其延入自己帐下。魏喻义对左宗棠感激知遇，"每思立奇功以自效"。

这个魏喻义善于跟群众打成一片，情报非常灵通。左宗棠先前让他率领两千人驻扎淳安，未见太平军前来攻击，他就蠢蠢欲动了。他去谒见左宗棠，汇报自己的想法。

"左公，李世贤去江苏了，谭富代替他指挥浙江的军事。这个谭富，抽不出兵力来对付淳安。他不理我，我可以悄悄向他靠拢，冷不防打他一下，说不定能捡个便宜。此事重大，请左公示下。"

"魏将军打算怎么办？"左宗棠问道。

"我想只留一半兵力驻扎淳安，抽出另一半向严州运动。蒋军固然得力，我们新楚军也不能守株待兔啊。请左公批准！"

左宗棠觉得魏喻义此计可行，便说："魏将军雄心可嘉，此议可行。千万不要让谭富察觉，如果淳安告警，你得马上给我撤回来！"

"遵命！"

魏喻义亲自率领一半兵力缓慢行军，每次开拔只走十里二十里。经过一个多月乌龟式行军，抵达铜关，太平军没有发觉。此地距离严州只有六十里，若要攻击严州，从水路可以迅速抵达。魏喻义就在此地驻扎下来。

严州城外就是富春江，对岸的西山形势险峻。进山以后，却是另一番景象，好像世外桃源，良田错落，民居密布。山民不喜欢太平军打扰，百姓组织民团，集结扎寨，保卫乡里。西山民团的首领叫做林三，多次率团抵抗太平军，与他们势不两立。

魏喻义部悄悄来到铜关，立刻有人报告林三。林三狂喜：有正规军撑腰，我还怕你谭富不成！他赶紧派人下山，与魏喻义商议合作。

"魏将军，林团总说，我们靠近严州城，就是大军的耳目，随时给将军通风报信。"

魏喻义大喜，忙道："请你转告林团总，我们军民一心，何愁严州不克！"

林三隔三岔五送来情报，魏喻义消息更加灵通了，在民团配合下，连连突袭，攻克了严州城北的三座壁垒。严州的太平军兵力不足，却很想把魏喻义从铜关赶走，他们鼓足勇气出城试探。魏喻义早已得到情报，在钟岭设下埋伏，击败太平军前锋。太平军主力赶紧收缩，回头攻击西山民团的军营，也没讨到便宜。魏喻义不想暴露自己兵力不足，也不追赶。

魏喻义建立的军民鱼水情，很快就使民心归附。一天，军士来报：有一位女子求见，自称王姑娘。魏喻义好生奇怪：我一个湖南人，在这里无亲无故，怎么会有姑娘来找我？但他一贯亲民，不想将来访者拒于门外。

王姑娘走进营帐，魏喻义一看，分明是个已婚的中年妇女。他又纳闷了：明明是一位大嫂，怎么会自称姑娘呢？

"将军休要疑惑。"王姑娘说话了，"本地风俗，女子吃苦耐劳，水上的徭役都由女子承担。常年在外行走，都以姑娘相称，嫁了人，生了儿女，称呼依然不变。”

“那么，王姑娘有何见教？”魏喻义问道。

“本姑娘是船总，掌管严州的水上徭役。那太平军到来后，三天两头派给我们任务。姐妹们都很辛苦，不想受外人强制。贵军若能将他们赶跑，我等女流之辈，也愿助一臂之力！”

魏喻义一听，马上兴奋起来，催促道：“王姑娘有何办法，快快请讲！”

“据我观察，严州城内兵力空虚，贵军突袭，定可攻克此城。我等的船只水上往来不受盘查，愿为贵军运兵。”

魏喻义觉得好事从天而降，忙说：“如是甚好！请姑娘时时严密监视，若能探得城内的兵力部署，就能确保一击成功了。我这就派人报告左大帅，咱们分头行动吧。”

左宗棠接到魏喻义的报告，也是颇为激动。但他担心魏喻义兵力不足，连忙对杨昌浚说：“速令驻守淳安的一千人全部开往铜关，令刘典所部攻打兰溪，牵制谭星的兵力。兰溪守军将领谭星是严州守将谭富的兄弟，兰溪遭到攻击，谭富是不会袖手旁观的！”

同治元年十月二十一日，西历 1863 年元旦，王姑娘的使者来到铜关，向魏喻义报告：“魏将军，王姑娘说，那谭富痛恨林三夺了他的米船，打算明晚偷袭西山。到时候，严州城内守备空虚，贵军就可以动手了！”

“好机会！”魏喻义说道，“请你转告王姑娘，我们明天一定出兵，有劳各位继续监视。”

使者道：“王姑娘明天会派船来运兵，魏将军就等着吧。”

使者一走，魏喻义当即令部队准备攻城器械。忽报：林三派人求见。

魏喻义命人将来使延进军帐，问道：“林团总那里有什么消息？”

“魏将军，我们从城内得到情报，谭富明晚将派兵偷袭西山，林团总请贵部支援！”

王姑娘和林三两边的情报对上了。此情传开，新楚军营内顿时沸腾起来。将士们自命为西山百姓的子弟兵，个个奋勇，自愿前往。魏喻义顿时充满信心，对林三的使者说：“请你回报林团总，我们明晚攻进城后，一定增援西山！”

第二天，王姑娘如约带来几十艘民船，迎接魏喻义的部队。魏喻义一声令下，一千名军士带上攻城器械登船。午夜时分，逼近严州城下，城头更声断续，并无燎火照明，守军毫无防备。

魏喻义下令：“敢死队登梯！”

一批军士向西门猛扑，搭梯登城，杀死更夫，取而代之，继续打更。持斧者劈开城门的大锁，打开城门，后续部队迅速进城，高声呐喊。守军惊醒，出营搏战，城墙上的守军仓促间拾梯而下，仓皇迎战，虽是短兵相接，却毫无斗志，很快溃散。

谭富率部偷袭西山，不料西山民团早有防备，无法得手。掉头正要回城，见城内火光有异，急忙奔赴城下，发现城头飘扬的竟是新楚军的蓝色旗帜！其部众哄然一声哗喊，转身飞逃。

十月二十三日，新楚军进占严州。捷报传出，除了左宗棠，其余将领都很惊愕。各部正与太平军相持，求胜极难，却在无意中收复一座大城，真是喜出望外。

左宗棠召集诸位部将议事，说道：“魏将军只用一千兵力就拿下了严州，敌军的虚实，诸位心里应该有底了。他们的战斗力与我军相比，不会有更大的优势。我们再加一把劲，就能攻下更多的城市！”

围攻杭州

严州失守，金华北面的屏障已失，令太平军士气低迷。左宗棠却信心大增，对战局非常乐观。他说：“现在严郡既克，金华右臂已断，如能速克兰溪，则严州之水运通，金华孤而杭州亦震，龙、汤两城之克亦当不远。”蒋益澧趁势加大对汤溪的攻击力度。

太平军在生死存亡的关头，决定发挥人数的优势，驻扎在湖州与绍兴的戴王黄呈忠、首王范汝增和梯王练业坤一齐出动，率十多万人增援金华战区，部队犹如一条长龙，从金华城西排列到古方，绵延到开化村和白龙桥，连营几十里。还有一些部队远道增援，从金华东北面的浦江、诸暨、嵊县和新昌开来，与兰溪的太平军会合，西援龙游。汤溪守军得知有大批援军开到，勇气倍增。代替李世贤指挥金华战区各部的太平军忠裨天将李尚扬，亲临汤溪前线指挥反击，于十二月十六日领兵出城攻打左宗棠大营，被熊建益的部队击退。兰溪的太平军也渡河出击，被蒋益澧死死拦住。第二天，蒋益澧和刘典两部联手大战罗埠，击败谭星的部队。但是，太平军的援兵到来，使其暂时稳住了阵脚。

这时皖南的太平军也发起了攻势，从旌德出兵攻击太平，进占祁门，企图牵制浙江清军。王文瑞所部前往皖南增援，左宗棠担心后路有失，令刘典的兰溪驻军协助他。刘典所部尚未开到，王文瑞已攻占祁门，刘典回师兰溪。

新楚军击退太平军的反攻以后，蒋、刘两部于十二月十八日在古方击退太平军增援部队。魏喻义从严州出兵，潜行东南，突袭兰溪，焚烧七十多座壁垒。与此同时，在浙东的宁波，清军在"常捷军"协助下进攻曹娥江，企图攻取绍兴。

左宗棠要求蒋益澧不要一味攻坚，要灵活调动兵力，歼灭敌军的有生力量，这样才能以少胜多，动摇敌军的防线。但是，蒋益澧以为汤溪指日可克，不肯分兵游击，而是部署兵力强攻。他没有料到，由于太平军继续向金华集结兵力，增援龙游与汤溪，左宗棠兵力不足，顿时攻坚失利，渐渐落入下风。左宗棠一拍桌子，说："这样不行！这个蒋芗泉，只知道攻坚，不懂灵活用兵。他把兵力用于开挖地道，攻打城垒，就是不听我的劝告，不肯分兵四出，吃掉敌军的有生力量！"

杨昌浚说："敌军援兵到来时，左公叫他趁着敌军立足未稳，主动攻击，吃掉几股，可他还是不听。如今他挖的地道都被城内守军发现，敌军援兵从金华西进白龙桥，修筑了坚固的壁垒，连接几十里，他已经非常被动了！"

蒋益澧面对强敌，发现自己的处境不妙，不由害怕了，写信给左宗棠，请求议罪。左宗棠怒气冲冲地挥笔写信。他说：芗泉仁弟，你拥有一支战斗力很强的大军，可是三个月都没攻下一座城市。先是骄傲，以为坚城可破；后是胆怯，被敌军援兵吓倒。如此不听劝告，固执己见，辜负了我的一片期望！

蒋益澧接信后，对众将说："我蒋某人愧对左帅，大家先别攻城了，分头对付敌军援兵！"

蒋军回头出击，接连几仗，大奏功效，迅速将增援的太平军击退。汤溪守军见增援无望，部分动摇，守将彭禹兰于同治二年（1863）正月派代表来到湘勇军营请降。蒋益澧与其约定：在城外击杀强硬派将领。二月初四日，蒋益澧接到城内的情报，派兵埋伏在城墙外的壕沟内。李尚扬等八名太平军将领出城视察，蒋军伏兵突起，将李尚扬等人活捉。大部队从西门杀入城内，斩杀六千多人，夺得汤溪城。

此时，高连升和熊建益在外线配合，急袭白龙桥的太平军增援部队，一战获胜。高、熊二部火速进军金华，城内太平军黄呈忠部闻风撤走。

与此同时，龙游守军已经断粮，被迫突围。新楚军发起猛烈攻击，将守军困在城内。二月初五日，王德榜率部逼到城下，修筑三座壁垒，城西设伏备战。不久，守军果然从西门撤出。余佩玉和刘明灯所部拦截，将出城的守军击溃。城内守军当晚发生内讧，第二天带着所有抢夺的物资突围东进，新楚军分路追击，斩杀过万。

龙游太平军残部不知汤溪已经易手，来到该城时，见城头飘扬着蒋军旗帜，不由倒吸一口冷气，掉头奔向金华。来到金华城下，又见城门大开，高连升所部冲杀出来，这支太平军再也无路可逃，全部被歼。

谭星见大势已去，下令放弃兰溪，奔向浦江。他们前脚刚走，刘典后脚就进了兰溪城。于是，左宗棠忙着搬家，先是移营兰溪，接着又东移金华。

与此同时，在金华以南的武义和永康，以及以东的东阳和义乌，太平军也无心守城了，在福建清军将领林文察所部的进逼下，从以上四城撤走。

二月十二日，黄少春和刘璈所部攻克金华东北面的浦江，两军合力北攻诸暨。该城民团起而响应，守军献城投降。五天后，新楚军进占诸暨。

左宗棠进驻金华以后，摊开地图，把进攻的箭头直向北指，目标是富阳与杭州。

由于金华失守，该府辖境内各县的太平军都站不住脚，北撤桐庐，而宁波清军已向西推进到北官渡。左宗棠令蒋益澧协助宁波清军攻打绍兴，令魏喻义会同水师攻取桐庐，遏止太平军向西推进。二月二十日，宁波清军攻打绍兴，城内百姓举火为内应。守军无力支撑，西撤桐庐。三天后，新楚军水陆并进，攻克桐庐。

至此，左宗棠所部平定了浙江西部的郡县。战局之所以发生如此骤然而出人意料的变化，并非因为太平军不够强大，也不是因为左宗棠使了什么巧计，更不是因为太平军遇到了天灾人祸。他们之所以会迅速地转为劣势，是因为他们在左宗棠部坚定不移的攻击下，已经失去了士气，失去了获胜的希望。左宗棠作为一名军事统帅，从来不会因为一战失利或陷入困境而在情绪上掉进低谷，他犹如一名打不倒的武士，决不会在跌倒后趴下，总是迅速地一跃而起，以昂扬的气势战斗下去。这是左宗棠领兵作战之后表现得非常明显的特色，在这一点上，他与楚勇统帅刘长佑非常相似。他的部队有了这样的统帅，自然具有压过对手一头的气势，即便在吃了败仗的时候，也会令对手觉得碰上了一支极为顽强的劲敌，因而失去再战的信心。

另外，左宗棠领兵的攻击性与机动性，也是其得以获胜的一个特质。美国军人贝尔斯评论道："他的小部队显示出很强的机动性，大大超过了官军在十年内战中的表现。这说明一支部队的机动性在不小的程度上取决于指挥官。他有几次宁愿跟敌军野战，也不愿在围城中打防御战。他表现出强烈的攻击精神，这是一种价值观，不愿等待攻击，而要把握先发制人的主动权。"左宗棠率部在金华地区的作战，为贝尔斯的这种观察结论提供了极好的事实注解。

李尚扬等部在金华战区防御上的迅速瓦解，使太平军的杭州驻军大为震惊。他们在富阳集结兵力，企图阻遏左宗棠向北的攻势。此时蒋益澧所部已进抵临浦的义桥，在杭州南面一百多里。刘典从诸暨一路追击，抵达富阳，距杭州八十里。两军将士跃跃欲试，要乘势攻取杭州。

左宗棠把手一扬，说："暂停。"

左宗棠不战而得金华，是他始料未及的。李世贤选择金华作为太平军在浙江的军事中心，令左宗棠觉得此人很会布局，因为"金华府城最得地势，城垣坚固异常，考历代浙中兵事，均以此为关键，攻取之难，十倍他郡"。所以，他在给朝廷的奏疏中说："此次乘胜而克，实非愚臣意料所到。"他还说："浙事转机或在于此。"

但是，面对这个得之过于容易的胜利，左宗棠头脑并未发热。他清醒地认识到，除汤溪以外，金华地区各城的太平军是主动撤出的，其有生力量仍未遭到重创，因此，他的部队必须有效地遏止太平军的势力，才能顺利地攻克杭州。

在军事会议上，他说："诸位，洪逆在皖南势力仍然很大，谭星丢失浦江以后，已从於潜和昌化撤出，可能纠集太平与石埭的逆贼抄袭衢州与严州，再次进攻江西。为此，我命令，各部以歼灭敌军有生力量为目标，不要贪图攻克省城的眼前之功，一定要顾全大局，耐下性子，不怕曲折险阻。"

左宗棠定下战斗方略之后，接到夏炘来信，此人的意见，竟然与他的决定不谋而合。夏炘说：如果不把皖南的太平军势力打下去，即便攻占了杭州，也很难守住。

于是，左宗棠做出了稳妥的兵力部署。刘典在左宗棠推荐下，出任浙江按察使。为了巩固后路，左宗棠分出八千兵力交给他统带，令他会同王文瑞所部防守徽州。此外，他还安排刘培元驻守开化，王德榜驻守淳安，扼守太平军的必经之地。他又令蒋益澧全军接替刘典所部会攻富阳，令蒋锡光所部扼守新城。左宗棠本人从金华进驻严州。

作为封疆大吏，在收复失地之后，左宗棠马上想到了民生的艰难。为了恢复农业生产，他必须立即整顿社会秩序。由于连年战乱，一些地方的清廷官吏早已逃命去了，左宗棠不得不重新委派官员。他奏调熟悉的二十多人，其中有顾菊生、周开锡、吴大廷、夏献纶等人，派往各地，又举荐浙江士人丁丙、陈其元、吴观礼等人分别任职。

左宗棠所部刚刚进占的州县，满目凋残，田土荒芜。一片片黄茅之中，白骨森森，几十里看不到炊烟。春耕时节，找不到一件农具，看不见一头耕牛，粮食种子无处可购。活着的人已奄奄一息，白天跑到荒野中摘野菜果腹，晚上靠在断壁残垣下栖息。受苦的人们如同行尸走肉，麻木不仁，生死不惧，哀乐不分。骨肉相连的人在身边死去，也漠然以对，毫不动心。

这就是战争。这就是动乱。人已经不再像人，泯灭了起码的希望。左宗棠的任务，就是要唤醒百姓生的希望。新楚军在所过之处给百姓散发钱米，但军饷有限，救不活多少人。左宗棠不由一阵阵心酸，在给友人的信中说：

> 弟师行所过，华屋成墟，骸骴遍野，痛心疾首，无泪可挥。

为了拯救黎民百姓，左宗棠签发严厉的命令，张贴告示，逼迫富民拿出钱来，广购粮食，发给饥民。他同时命令部队就地耕垦，广招邻省农民从业，发给耕牛种子，使其得以投入生产。

部队开荒种地，遇到尴尬的事情。有的田地，主人已经人间蒸发，部队种了粮食，主人又突然冒了出来。左宗棠爽快地对部下说："军民关系最重要，我们开荒是为了救济饥民，不是要占田当地主。主人来了，就把收成交给主人，或者给主人交租。你们记住，百姓是天，绝不要跟百姓争夺利益。"左宗棠所部采取的临时救济措施，感动了部队驻地的群众。当部队开拔时，妇女儿童团团跪拜，哭泣致谢。

二月二十七日，左宗棠给清廷呈递一份报告，陈述浙江百姓的疾苦。他说，去年搞了个《浙江补救条例》十二条，现在做了增补，希望能够及时拯救饱受战灾的黎民。为了官员们切实负起责任，左宗棠奏劾府道以下官员及失守将吏十七人，使官场中人无不惕厉自勉，为百姓解忧排难。

收服一名法国人

左宗棠一边督师作战，安置灾民，一边思考如何处置外国将领统率的雇佣军。这个对外国列强侵略中国积着一肚子恶气未吐的封疆大吏，只要"常捷军"和

"常安军"还存在一天，他就感到犹如芒刺在背，不得安生。何况，在他的辖区内，洋人将领确实闹得不像话。他桌上有几份文件，都是反映他们的部队胡作非为、掠财扰民的报告。

宁波清军和"常捷军"联手攻克绍兴府城时，法国将领率"常捷军"入城，搜括城内的粮食和财物，据为己有。接着，他们勒令绅民将这些东西作价买下，否则就要运往别处。官员和绅士与他们争辩，险些被他们害掉性命。

左宗棠还记得，宁波清军攻打萧山之前，法国将领德克碑请求增募一千人"助剿"，左宗棠干脆地回答："不行！"但是，据报告说，清军进占萧山以后，太平军遗留的财物，全被"常捷军"席卷一空。更为嚣张的是，"常捷军"怀疑先进城的清兵藏了财宝，居然对他们搜身，清军兵勇敢怒而不敢言。

看了这些报告，左宗棠怒不可遏，提笔批道：

> 洋人在内地强横之状，实有不可以情理论者！

他放下笔，想道：唉，去年冬天，我给史致谔细说了洋将带兵的弊端，叮嘱他不要使用洋人的雇佣军，以杜绝肇事的源头。可叹宁波和上海的那些富绅既没骨气，又无脑子，一心指望西洋将领保全他们的财产和性命，结果怎么样？惹祸上身了吧！

左宗棠虽然讨厌"常捷军"，但他此时不想跟他们计较，以免滋生衅端，又要连累百姓。但是，他认为，必须让朝廷和地方官员都明白，中国军队已经足够部署在各地，不能再让洋人带兵随同作战，以免再次发生摩擦。好不容易收复一个地方，黎民百姓刚从战祸中解脱出来，刚刚喘了一口气，怎能让他们再受西洋人的侵扰？那些洋将稍有战功，就更加骄横傲慢，日后还会进行更多的要挟！

想到这里，他把杨昌浚招来，说道："石泉，禁止洋将领兵作战之事，不能再拖下去了。给史致谔发个公函，令他趁着我军兵威正盛，将洋将的部队陆续撤遣！"

杨昌浚答道："史致谔报告说：英国人教练的绿头勇一千名，也就是'常安军'，正打算调回宁波，分别遣散；法国人训练的花头勇和黄头勇各一千五百名，也就是'常捷军'，时日已久，喧宾夺主，比较麻烦一点。他们的统领德尔梅，以两名法国将领阵亡为借口，屡次要求进攻杭州，已革道员张景渠婉言劝阻，才算作罢。"

左宗棠道："告诉史致谔，不要怕麻烦，这些部队必须早日撤遣，才可保地方安宁，节约宝贵的军饷。"

杨昌浚又道："史致谔还说，如果不先撤'常安军'，法国人不会服气。绍兴的那些土豪劣绅，竟然听任法国人摆布，从他们手里回购粮食，核定价格为十一万元，还立下了字据，分五个月支付。这笔款子没有付清，法国将领决不会同意撤遣。"

左宗棠沉吟一会，说："这样吧，先将绿头勇妥善撤遣，一面由史致谔与宁波绅士筹商，由宁波方面设法筹措款子，代绍兴劣绅先行还款，使法国将领没有借口不撤。"

在法国人将领中，最令左宗棠气恼的是德克碑。此人在协助宁波清军攻克绍兴之后，向士民索取犒赏，多次与当地官府发生摩擦，态度十分蛮横。以左宗棠高傲的脾气，是绝对容不下这种洋人的。他不会让此人在中国大员跟前趾高气扬，无理取闹。他接到报告后，一气之下，立刻通过总理衙门向法国公使指控德克碑，要求公使另派将领取代他。

但是，左宗棠冷静下来后，经过一番考量，改变了主意。他本来决定，等到绍兴的劣绅将回购粮食的款子还清之后，立即撤遣"常捷军"；但他转念一想，洋人贪的是钱，招募的花头勇和绿头勇，多数是宁波、慈溪、绍兴一带的游民。部队裁撤以后，这些人无所事事，必然去当土匪。东部的海防兵力单薄，又跟洪秀全的势力交错在一起，这些人弄不好会进入太平军的阵营。所以，要办裁撤一事，不宜操之过急。而且，绍兴的劣绅毕竟还欠着"常捷军"的四万元未还，德克碑昼夜向官府逼索。代理绍兴府知府杨叔怿虽然勉为其难地把这笔债务应承下来，但他还是没有办法弄到这么大一笔款子。于是，左宗棠决定："常捷军"暂缓撤遣。既然如此，他还得把德克碑留下，另外想个法子制服这个法国佬。

左宗棠刚刚改变主意，打算先不撤换德克碑，不料总理各国事务衙门回信了：通过交涉，法国政府决定把德克碑撤回，另派实德棱接管"常捷军"。与此同时，杨昌浚来禀：德克碑坚决要求来严州，声言要找左总督告状。

"找我告状？"左宗棠想，"正好，我老左要教训一下这个法国佬。"

于是，他对杨昌浚说："告诉德克碑，本部堂同意接见！"

杨昌浚道："左公，那个奉命接替德克碑的实德棱，也不是什么好鸟。他刚到宁波，就向官府索要五千两银子的旅差费，与史道台争执不休，可见是个利欲熏心之辈。"

"哦？实德棱也是一路货色？"左宗棠眉头一皱，"那我还得考虑一下，是否让德克碑继续留任。这个德克碑，已经知道总理衙门向法国公使告了他一状，恐怕惶愧得很呢！对我们也有些畏惧之心了。只要他诚心悔罪，愿意接受约束，会比实德棱更容易驾驭的。"

"左公打算怎样教训他呢？"杨昌浚问道。

"我看，首先不向他透露法国政府的人事安排，等到他来参见时，观察一下他的表现，再作决定。"左宗棠想了想，又说："你去告诉他：既然他暂时出任我国的总兵，接受我的管辖，就要按照总兵见总督的礼节参见。至于他要脱帽握手，也可以听任他遵用法国的礼制。"

杨昌浚笑道："季公一向讨厌繁文缛节，这次怎么如此讲究见面的礼节呢？"

左宗棠"嘿嘿"一笑，说："繁文缛节也并非一无是处嘛。左某摆点架势，给他一个下马威，杀杀他那股邪劲。"

杨昌浚立刻执行左宗棠的安排，于是德克碑来到严州，见到了左总督。大约他早已听说过左总督的威名，进了总督署，收敛了平日的骄横之态，谦恭地说："总督大人，卑职德克碑前来参见。"

"德总兵，本督也很想见见你呢。"左宗棠说，"请坐吧。你在绍兴索要犒赏，动静闹得很大呀。怎么？听说贵总兵还要到严州来闹？如此不守规矩，难道还要本督给你撑腰不成？实话告诉你，本督正想通过外交途径，跟贵国公使谈谈德总兵的表现。"

德克碑一听此话，自知理亏，马上说道："总督大人，卑职去道台衙门吵闹，确实做得不对，还望大人宽宥。"

"德总兵，听说你打仗还有几下子，但你既在我国做官，就该遵守朝廷的规制，为我大清皇帝效力。"左宗棠又教训道。

"卑职知罪，卑职知罪！"德克碑一迭连声地说，"卑职愿出死力报效中国，谨受节制。"

"俗话说，空口无凭啊。"左宗棠得理不饶人，"德总兵是否愿意写一份文书，保证以后不再节外生枝？"

"卑职愿意。"德克碑说。

"好吧，你写好之后，做个汉文与法文对照的文本，本督要存档备查。"

"卑职照办。卑职这就告退了。"

"走好，不送。"

第二天，德克碑又来到总督署。嗬，左宗棠眼前一亮：这个洋人改穿了中国的官服，将连鬓胡须都剃掉了。由此可见，他不愿以外国人的面目出现在上司面前。左宗棠想：此人痛思悔改，经过调教，或许还能为我所用。此刻他拿定了主意：留下德克碑，把实德棱退回去。

德克碑入座之后，说道："制军大人，保证书写好了，请大人过目。"

左宗棠知道此人已经心悦诚服，便好言说道："德总兵，本部堂知道你是真心悔过。实话告诉你，贵国已派实德棱来顶替你，本督念你随军作战已有一些时日，不忍将你炒掉，你就留下效力吧。本部堂令你率所部一千五百人，防守萧山县小泗渡及下游一带。不过，先要跟你说明，我大清的军队如今声威正盛，用不着外国人来帮忙，你这支部队迟早是要解散的。本部堂和总理各国事务衙门正在筹议撤遣外国人的部队，等到将来经费充足时，还要仿制轮船，定下保卫海疆的长久之计。你且下去吧，跟杨大人议定，将来需要多少遣散费，立个字据，保证不再提出额外的要求。那么，绍兴绅士擅自答应付给你的犒赏费，我也同意全部由官府垫发，不留尾巴。"

左宗棠恩威并施，德克碑心服口服，他说了句"多谢制军大人成全"，就唯唯告退了。

德克碑走后，左宗棠备好公牍，咨呈总理各国事务衙门，请其照会法国水师提督。他还叮嘱：不要将德克碑自定的条约对外公布，要给他留个面子，以免他恼羞成怒。

从此以后，德克碑成为左宗棠的打工仔，对老板十分敬畏，俯首帖耳。他的部队裁遣以后，他本人被左宗棠聘为福州造船厂的高管，算得上中国企业的第一代洋人白领。

三帅争饷

左宗棠用了半年多的时间，占据了金华府城，肃清了金华地区。为了巩固后路，他向皖南和赣东北增派了兵力，不用担心后院起火了。如此一来，他就着手扫清杭州外围，第一个攻击目标便是富阳。

太平天国方面，其浙江根据地已经丢失金华和绍兴两大战区，只剩下杭州与湖州两个重镇。杭州战区西南以富阳为前沿，北面以余杭为依托。他们的部队从金华、龙游、严州、温州、台州等处撤出后，在富阳集结，以对付左宗棠的攻势。杭州的太平军还向富阳增派水师战船，增强了富阳守军的战斗力。杭州守将汪海洋亲临富阳督战，李秀成则从江苏派陈炳文部驰援富阳，命其统帅杭州战区各军，可见天国对富阳的防守极为重视。

左宗棠对太平军增派水师非常重视，决定以船制船。二月二十九日，杨政谟和罗启勇根据他的命令，率领水师从桐庐驶往富阳。太平军的几百艘战船排列在城下，四周有炮船护卫。新楚军前队绕到南岸，拦腰攻敌中路，后队迎战敌军前锋。霎时间，火炮四射，火箭乱飞。太平军以前俘虏的清军水师战船全部投向了新楚军，罗启勇令他们掉转炮口，发炮轰击。太平军阵脚大乱，战船几乎被新楚军烧光。新楚军登岸，扫平守军的两座坚固堡垒，在富阳南岸扎营。当天，蒋益澧部会同魏喻义部渡过富春江，驻扎新桥，构成对富阳的双重威胁。

汪海洋面对严峻的局势，于三月十七日从杭州派出几万人增援富阳，逼近新桥扎营。左军在富阳一带与太平军激战，总是未能得手。在一次交战中，蒋益澧督率亲军埋伏在田垄，派高连升、熊建益分左右阻击。熊建益所部陷入左路太平军的阵中，吃了败仗；蒋军中路遇到埋伏，惊骇奔逃；高连升从右路穷追太平军，派精兵抄袭其后，其部将王宗元中枪阵亡。蒋益澧见高连升有险，亲自上阵搏战，高连升得以与大军会合，挺矛回斗，将太平军击退。太平军增强壁垒，与蒋军抗衡。

太平军在左宗棠后路皖南的争夺也很激烈。他们兵分两路，一路袭击徽州和休宁，企图越过婺源，进入江西德安和乐平；另一路占据黟县，企图越过祁门，进入江西浮梁与景德镇。幸亏左宗棠已在皖南增投了刘典所部八千人。王文瑞与刘典所部一万多人，大战几场，阻止了两路太平军的进攻意图。

左宗棠所部在富阳与皖南两地与太平军缠斗，作战十分艰苦，但其斗志丝毫未减。清廷通过考察，深信左宗棠是个可靠的军政大员。作为浙江巡抚，他扫清了太平军在浙江的中心金华地区，又在不到一个月的时间内接连进占武义、永康、东阳、义乌、浦江、诸暨六县，而浙江东部也跟着全部肃清，他的部队已进入攻击杭州的位置，如此看来，其功劳是很明显的。慈禧看准了左宗棠大有可为，清廷于三月十八日将他补授为闽浙总督，原总督耆龄调任福州将军。清廷同时任命曾国荃为浙江巡抚，而曾国荃在攻打天京，不能到任，左宗棠兼代理浙江巡抚。

慈禧一给左宗棠加官晋级，左宗棠就感到了压力。他很清楚，西太后的意思，是要他加紧发起对杭州的总攻。但他知道，他以现有的实力，要一举攻下杭州，恐怕还得等个一年半载。曾国荃打金陵，李鸿章攻苏、常，也不是马上可以得手的。他这里刚刚动手，苏、常那边的太平军就会派兵来援，他的这点兵力就穷于应付了，倒是给李鸿章减轻了压力。他想：这个道理，还得给西太后说清楚。升官的手续是办过了，打仗还得一步一个脚印。

左宗棠所料不错，他在杭州周边发起的攻势，使守军感到了恐惧，急切向苏州与湖口求援。太平军援兵于四月十五日从余杭攻击新城，驻军赖锡光部无力抵抗，左宗棠令魏喻义率两千人增援，于十天后在板桥击败太平援军。但太平军在当晚继续增兵，魏喻义招架不住，只得退保新城。

左宗棠看到太平军又来抄他的后路，令蒋益澧迅速增援新城。四月二十七日，蒋益澧留下熊建益所部驻守军营，自率高连升等部赶去增援。蒋军主力一到新城，太平军便撤走了。

蒋益澧主力开拔后，新桥太平军对湘勇军营发起猛攻，熊建益率部出战，挫败了太平军的攻势，乘胜进击敌垒。眼看就要得手，一颗炮弹飞来，将熊建益击毙，部队撤回兵营。蒋益澧得到报告，连忙率部回营。他折了一员大将，非常郁闷，若非高连升于闰四月一日在桐岭大败太平军援兵，形势就会大不利于蒋军了。

左宗棠是一位攻击型的大帅，他见太平军急于抄他后路，连杭州驻军都出动了，他索性命令水师乘虚而进，直逼杭州城下。罗启勇和杨政谟率战船驶向闸口，放火烧毁守军的几十艘战船，顺风并进到杭州望江门。水师将士登岸强攻，捣毁两座敌垒。城内的守军发生恐慌，急令援兵返回守城。

尽管左宗棠把一把尖刀插到了杭州城下，但他认为向杭州发起总攻的时机尚未来到。为了打消慈禧的疑虑，他向朝廷奏报不能立即总攻杭州的原因，称其发起杭州战役，是为了打压浙江太平军的势头，而李秀成从苏州和常州派兵火速增援杭州，本在其意料之中。敌军援兵直向新城攻来，满以为可以抄袭其军后路，只是雕虫小技，其实不难对付。他已派重兵驻在此，以主制客，以逸待劳，敌军再多，敌胆再大，也不能把他怎么样。不过，要想一举攻克杭州，必须有重兵从新城与临安直捣余杭，才能扼死杭州的脖子，重击富阳的背脊。他原计划等到刘典一军肃清皖南之后，便从分水和临安直捣余杭，但现在看来，皖南虽已肃清，江西又很吃紧，刘典一时还无法脱身。他手下的兵力总共只有三万人，增援安徽去了一万多人，攻打富阳又分去一万多人，还要分兵到新城、桐庐和绍兴一带，分防衢州、金华与严州，实在是捉襟见肘。因此，他现在要抓紧对前任总督耆龄的部队进行整顿和训练，才能寻找战机，尽可能提早发起总攻。

左宗棠虽然劝告慈禧心急吃不了热豆腐，但他仍然感到重任在肩。他在取得慈禧的谅解之后，继续将主力分开在两线作战。皖南和江西一线是曾国藩的地盘，左宗棠为了保守后路，不得不投入兵力；杭州周边一线，由于兵力不够，军中流行疾病，部队疲惫，只能边休整边作战。

正在左军疲惫不堪的时候，不料军饷又出现了更大的缺口。这个缺口，是曾国藩给他挖开的。曾国藩写信给他，祝贺他荣升闽浙总督，而以此为由头，提出要跟他彻底分灶吃饭。曾国藩说：你现在有浙江、福建两省作为饷源了，而婺源、景德镇与河口是我两江的辖地，这里的厘金（商业税）收入我得收回，供给江皖的部队了。实在对不起，我现在手头太紧，养不活自己的部队，不得不出此下策。

曾国藩当然不是无端叫苦，故意刁难新上任的闽浙总督，而是因为整个楚军集团确实都缺饷。江西巡抚沈葆桢为了保留本省的军饷，甚至跟上司曾总督闹矛盾，官司都打到了慈禧那里。但是，虽说大家都缺饷，这个集团中最穷的当家人恐怕要数左宗棠。在此之前，广东已经冻结了他的资金来源。为了军队能够存活下去，他简直操碎了心。他为了节省军饷，勤俭节约，到了无以复加的程度。他写信对江忠义叫苦，谈到自己的寒酸：

行营无一幕一吏足以代劳，军书、吏牍皆一手经理。

堂堂闽浙总督，主管两省军政，竟然因为发不出工资，把秘书和勤杂工都炒了鱿鱼，是不是困难到了极点？如果大家做官都做到了这个地步，恐怕考公务员的人就寥寥无几了。

左宗棠对自己的克扣就更不用说了。他所得的养廉银，除了寄给家里二百两银子以外，全部用于赈济草根阶层。在他任总督之前，宁波海关设了巡抚的小金库，存了八千两银子，按照惯例，海关把这笔款子送了过来。左宗棠叹息一声，说："我这个巡抚不需要小金库。这笔款子本来可以裁减，但是，如果我把它裁掉了，我的后任就没钱开支了，我不能为了自己当模范，而让别人来受穷。还是收下吧，全部转给慈善机构。"

左宗棠手头已经够紧了，现在曾国藩又断了他的一个老饷源，真是雪上加霜。对此，左宗棠没有抱怨。他知道，大家都不容易。他在信中写道：

用兵日久，各省均以饷绌为苦，亦无怪其然。

他想：涤公欠着军队的薪饷，确实也难迈过这道坎。唉，实在想不出更好的办法，派人回家乡吧，做做工作，或许能求老乡捐点大米。

左宗棠派人去了湖南，没想到，曾国荃的人跟着也到了湖南。左宗棠想：家乡也穷啊，怎么忍心如此搜刮？我还是放弃了吧。

曾国荃手头确实很紧，左宗棠退出湖南以后，他居然要求左宗棠把广东的捐助也让给他。左宗棠想：广东欠浙江而应拨给我的粮饷，已达一百多万两银子，曾沅浦再到广东插一脚，岂不是要了我的命？

财政如此窘迫，左宗棠与曾氏兄弟之间产生矛盾，自然是难免的了。但他对此事没有过多地计较，而是自己在浙江设法，多打商人的主意。他将粮台迁移到衢州，更改商业税收的政策，在温州行运瓯盐，奏请截留宁波的新关税，勉强维持部队的温饱。

其实，左宗棠不能从两江辖地得到粮饷，却要常年派兵在两江辖地皖南作战，说起来多少有些不公。若是曾国藩能把皖南治理好，刘典与王文瑞两部一万多人就可以调回浙江作战，杭州地区的战役就会轻松多了。但是，皖南的局势总是反反复复，成为左宗棠的一块心病。同治二年（1863）六月份，刘典和王文瑞所部与两江的部队合作，与太平军反复绞杀，才把皖南的太平军挤入了安徽。

恰在此时，左宗棠又与李鸿章为饷事发生了争执。事情发生的时候，左宗棠正患疟疾，发冷发热，全身哆嗦不停，上下牙直碰撞。杨昌浚来到他身边，报告李鸿章淮军挺进浙江的动向。他的语气迟缓，似乎有什么顾忌。

"季公，淮军开进本省后，对嘉善发起攻击。嘉兴的逆贼北上增援，与淮军相持于枫泾。"

"知、知道了。说、说下去。"左宗棠磕着牙说。

"西塘一仗，淮军获胜后，在城内纵火，大肆抢掠。"杨昌浚说话还是颇为谨慎。

"什、什么？是谁、谁的部队？"左宗棠急切地问道。

"这个——"杨昌浚颇为犹疑。

"快、快说！"左宗棠催促道。

"据说，是李帅六弟率领的。该部纪律涣散，士卒都不听禁令。"

"畜、畜生！简直败、败坏官军的名、名声。李、李少荃怎样处理？"左宗棠愤然说道。

"他把嘉善的汤县令撤职查办了。"

"岂、岂有此理！"左宗棠无力地一拍几案，"完、完全是找替、替罪羊！这汤、汤成烈是他委任的，我、我只是替他发、发了个委任状。这、这件事，我要写信给涤、涤公讲一讲。"

左宗棠披衣坐起，颤颤抖抖，提笔写信。他对曾国藩说：我与少荃并无深交，以前听郭筠仙（郭嵩焘）对他大为称道，又因他是出自你涤公门下，以为他必有什么过人之处。但近来观察他的作为，宗棠实在不敢佩服。

左宗棠写了淮军在西塘干的坏事，越想越激动。他早就对李鸿章侵占浙江军饷不满，只是碍于曾李二人的师生关系而隐忍未发。此刻他在火头上，丑话说开了头，索性把憋在肚子里的火全发出来。他说：湖州的蚕丝和盐，产生的利益，都是浙江应该拥有的，却全被李鸿章占去。嘉兴与杭州的富户，以及当过乡官的土匪地棍，都被他引诱过去，罚他们交纳捐款。浙江的百姓对此意见很大。湖北协助浙江的军饷，每月一万两，官文要求用江关与海关的洋税抵付，朝廷已经批准，下发了文件，李鸿章也置之不顾。淮军所欠的军饷不到一个月，浙江所欠的军饷已多达一年，李鸿章凭什么还要如此霸道呢？难道浙江丢失了，唯独上海可以保全？真是可笑！

李鸿章把手伸得过长，侵占了浙江的饷源，又克扣浙江的军饷，还放任下属抢掠百姓财物，令左宗棠对此人非常反感。李鸿章集团军背靠商贾云集并有海关收入的上海，饷源是最丰富的。但是，此人从来是希望财源广进，不会放过任何可以搜刮到的钱财。但是，他不敢向曾国藩伸手，因为曾是他的老师、上司与官场中的保护人，他非但不能伸手向那边要钱，还得送钱过去。但是左宗棠就不同了，得罪此人，对自己升官捞钱毫无影响，所以，他和他的亲友把捞钱之手伸进了左宗棠的辖区。左宗棠认为自己完全有理由为此事责怪曾国藩，因为李鸿章是他的弟子，左宗棠认为曾国藩这个老师对弟子管教不严。因此，曾国藩的掐断饷源，曾国荃的争饷，加上李鸿章的越界捞饷，使从咸丰十年以来一直未对曾国藩红过脸的左宗棠，又有了故态复萌的趋势。此时的三帅争饷，也为一年后曾左大闹一场、断绝音问埋下了嫌隙的种子。但显而易见，左宗棠虽然脾气不好，但他对曾氏兄弟与李鸿章的不满，纯粹是为了公事，为了部队不饿肚子，与私情丝毫无涉，而李鸿章则是把人际关系看得很透，在争饷时因人而异，对曾国藩和左宗棠采取了不同的措施，甚至不惜对左宗棠做得很过分。左、李一为办事之人，一为经营人际关系之人，两人的分别，在此已可见一端。

总攻杭州

左宗棠的部队经过一段休整，刚刚从流行病中恢复元气，左宗棠就继续发动杭州战役。由于德克碑已经改变了态度，甘愿受闽浙总督节制，左宗棠决定调他来会攻富阳。左宗棠看重的是德克碑手中的洋炮，通过观察，他对洋炮的威力已经有了深刻的印象，决定用这种重武器来轰垮太平军的壁垒，以减少部队的伤亡。因此，他令"法国总兵德克碑酌带洋炮并熟习洋枪之勇丁前赴富阳，为轰攻城垒之计"。

八月初一日，左宗棠命令水陆各部大举进攻富阳，"常捷军"用大炮轰垮了城外的营垒。第二天，徐文秀、张志公所部渡江夺取鸡笼山的坚固军营，大举攻打城西壁垒，于夜深时分攻破。由于攻击部队火力猛烈，富阳城内的太平军于八月初三日黎明逃散，左宗棠命令部队进城。

富阳得手后，左宗棠命令部队再接再厉，兵分两支，攻打余杭与杭州。蒋益澧的湘勇为一路，攻打杭州；杨昌浚的新楚军会同粤军康国器部为另一路，进攻余杭。

蒋益澧接到命令后，派高连升和刘清亮率领精兵驰攻新桥，攻破二十座壁垒，在新桥驻扎，然后联合水师长驱直下，直捣杭州。高连升攻破杭州清波门的太平军壁垒，左宗棠将德克碑的部队调给他指挥，进驻万松岭，蒋益澧的主力则驻扎留下。

杨昌浚得令后，派魏喻义和康国器两部从新桥进军余杭。杭州和余杭两城之间相距六十里。太平军决定在余杭设立一道屏障，从杭州增修壁垒，连营四十里，通向余杭。新楚军和粤军在此将面临一场硬仗。

皖南的太平军得知杭州吃紧，向王文瑞所部发起新一轮的攻击，企图牵制左宗棠调军救援，以解杭州之危。王开琳代替王文瑞统领部队驻守祁门，击退了青阳的太平军。不久，石埭与太平的太平军又从绩溪攻击徽州，刘典所部迅速开到，与王开琳所部联合迎击，迫使太平军撤向宁国。皖南的保卫战打得不错，使左宗棠未从杭州地区撤走兵力。

曾国藩为了彻底扭转皖南的战局，令鲍超从芜湖挺进南陵，又令江西的江忠义所部挺进青阳。他想对皖南太平军发起夹攻，给浙江发来公文，要求新楚军越岭会师。

左宗棠接到咨文，连忙制止新楚军加入皖南的行动。他对杨昌浚说："皖南的逆贼被逼急了，就会南下浙江，影响我们的杭州战役！速速传令：刘典所部移军绩溪，王开琳所部移驻屯溪，一定要阻止皖南逆军南下！"

左宗棠安排好了后路的堵截，方始放下心来。

杭州太平军虽已被围，仍然拥有强大的战斗力。陈炳文为了赶跑城外的湘勇，于九月初二日派出一万兵力攻打万松岭军营，高连升部在"常捷军"的炮火支援下，击退了陈炳文的进攻。两天后，高连升分兵进驻天马、南屏诸山，形成掎角之势。

与此同时，杨昌濬的攻击部队在余杭方面也有进展，他们在城东的花牌击败守军，夺得宝塔岭，进兵驻扎。

皖南的太平军果然不出左宗棠所料，仍然企图救援杭州，宁国太平军于九月十五日分路奔赴昌化和於潜。黄少春所部及时从昱关岭回援，一战将此军击退。此股太平军改攻孝丰，挺进临安，企图攻击余杭的杨昌濬所部。刘明灯等人率部于十月初三日从新城拦截，将其击退到湖州。但是，太平军仍然没有放弃救援计划，八天后再次向余杭的新楚军发起攻击，从天水桥以西增修四座壁垒，为余杭声援。

杭州战区形成了短时的胶着状态，左宗棠颇为心焦，而李鸿章的淮军于十月二十日在江苏取得重大进展，攻占了苏州，对左宗棠更是一个刺激，因为他担心李鸿章所部以腾出的兵力插足浙江的战事，对嘉兴发起攻击。因此，左宗棠一方面决定加快杭州战役的进程，另一方面向清廷建议，让淮军缓攻嘉兴，理由是"苏州既克，杭州之围正急"，所以浙江海宁与嘉兴的太平军不足以对苏州构成威胁了。换言之，他希望身为江苏巡抚的李鸿章去做分内的事情，帮助曾国荃早日攻克金陵，而不要到闽浙总督的地盘上来搅局争功。

那么，如何加快杭州战役的进程呢？皖南的太平军杀进浙江以后，左宗棠看清了杭州战役的重心。皖南太平军增援之地为余杭，这个余杭挡在杭州北面，又能从嘉兴和湖州得到增援。所以，不砍掉杭州的这个掎角，战役就无法顺利推进。拿下余杭，进占海宁，就可以掐断嘉兴和湖州为杭州提供的接济！

左宗棠有了定见，心想：看来，我得到前线鼓鼓劲了。他于十一月初五日率部移驻富阳，靠近前线。五天后，他轻骑简从，在杨昌濬陪同下，来到余杭前线视察。他们在一座山头驻马。左宗棠下马时，感到头晕作呕，一个趔趄，差点摔倒。

"季公小心！"杨昌濬一声惊叫，连忙将他扶住。

"唉，"左宗棠叹道，"大病初愈，血气大亏，竟成了这个样子，可叹我无法跃马杀敌了！石泉啊，传我的命令，将富阳各部调往余杭西南面，令黄少春从分水进军新城，扼守余杭西北！"

左宗棠在余杭待了十四天，对前线做了详尽的考察。然后，他返回富阳大营，从蒋益澧围攻杭州的兵力中紧急调来九个营，会同杨昌浚等部进逼余杭城下，大战一天，杀伤甚多，击伤守军将领邓光明。但是，由于劲敌汪海洋指挥太平军死守，左宗棠未能摧毁余杭守军的防线。汪海洋下令连夜增修壁垒，挖掘长濠，连通瓶窑，以通饷道。左宗棠不得不从长计议，令蒋益澧部还驻留下。

这时候，江苏又传来淮军的捷报，李鸿章在枫泾突破了太平军的防线，嘉善、平湖、乍浦和海盐的太平军全部投降。淮军日益逼近杭州，左宗棠更加焦急，督令各部加紧攻击。

在左军猛攻余杭仅六天以后，高连升所部猛攻杭州的凤山门，守军分路出兵迎击。高连升趁对手阵脚未稳，纵兵攻击，击破九座壁垒。与此同时，水师也攻克了一座濒江石垒。蒋益澧终于取得了关键的进展。第二天，高连升部逼到杭州城下，包围四道城门。但陈炳文仍然坚守古塘壁垒，顽强抵抗。

余杭方面，黄少春等部于十一月二十七日攻破城东的七座壁垒。十二月十九日，左宗棠将指挥所推进到余杭的横溪头，给前线将士鼓劲。八天后，新楚军开始大举进攻，杨昌浚部进营城北，康国器部进营城东，魏喻义等部在城西北列营，攻破陡门坚垒，以分散守军兵力。黄少春部绕攻瓶窑军营，未能攻克。第二天，各部越过城北，攻打临清堰。汪海洋率部背水抵抗，打得十分顽强。新楚军贸然深入，遭遇埋伏，副将余佩玉阵亡，折损士卒三百人。

杭州战役打得十分艰苦，这是陈炳文、汪海洋与左宗棠的意志较量。这时候，皖南相持的战局有了松动，因为太平军名将古隆贤率部投降，献出了石埭、太平和旌德，楚军得以进驻东坝，接连攻克建平、高淳与溧水，皖南的太平军防线顿时崩溃。浙北海宁的太平军将领蔡元隆知道大势已去，向蒋益澧请降。在新楚军大举进攻余杭的同一天，蒋军进占海宁州。左宗棠将蔡元隆改名为"蔡元吉"，留下他手下的四千人，令他率领旧部进攻桐乡。

天京周边的战局发生不利于太平天国的重大变化，洪秀全感到天京即将不保，急召李秀成回天京商议对策。李秀成提出放弃天京，洪秀全不准，指望李世贤能挽救国都，令他坚守溧阳与句容，与广德太平军互相倚靠，不许皖南楚军与曾国荃所部会合。这样一来，也为天京守军保留了一条逃亡的生路。

左宗棠身在余杭前线，考察东南全局，看出广德一地最为重要，如果攻占了此城，既能打通浙江清军与曾国荃所部的通道，阻遏洪秀全的逃跑之路，又能借势肃清浙江北部，打掉太平军增援杭州战区的根据地，是一个一举两得的机会。他连忙派人火速给曾国藩送信，信中说：皖南的楚军若能从宁国攻击广德，他的部队可以配合行动，分别从昌化和於潜挺进孝丰，进取湖州，一举肃清浙江北部，同时击破李世贤部署的军事隔离带。

　　左宗棠敏锐地看出了棋局上的关键杀着，这个计划在战略上的价值确实不菲，若能实现，他就可以摆脱前门打虎、后门拒狼的困境，而正在围攻金陵的曾国荃也没有了后顾之忧，曾国藩、李鸿章与他的三个集团军，就此可以连成一片，而将三个战区的敌军分割包围，不难一举聚歼，使之无处遁形。

　　然而，曾国藩的回答却很令他失望。曾国藩说：季公，你的主意虽好，可惜我的部队缺乏机动兵力，只能驻守江皖城隘，无法分兵出击广德。

　　李鸿章方面，则对皖南兴趣不大，因为那是老师的地盘，是动不得的。但他又邀功心切，所以一心想染指浙江。他和左宗棠在军界都是后起之秀，表面上看，两人都是曾国藩提携起来的封疆大吏，所以他不怕得罪左宗棠。淮军在不久之后攻克了无锡，李鸿章从迅速肃清苏南的角度出发，提出各方增兵，攻下浙江的嘉兴，然后淮军和新楚军联手攻下常州，与曾国荃部连成一气，以为曾国荃增添后援之力，其示好于曾氏兄弟的嘴脸昭然若揭。

　　如此看来，楚军集团的三位大帅都感到自己兵力不够，希望能够得到友军的配合，肃清各自的辖区，同时减少曾国荃所部的危险。但是，左宗棠的提议，是从改善金陵、苏常、杭州三大战区的大局出发，是为了把事情办得更漂亮，而李鸿章的考虑，却仍然是注重人际关系，特别是要讨好而不能得罪自己仕途上最为有力的奥援，即恩师曾国藩。如此看来，如果说左宗棠为"办事之人"，那么李鸿章就是"玩人之人"了。当然，李鸿章向朝廷提出的战略建议，也有冠冕堂皇的理由，慈禧不知该听谁的，将他的提议发交曾国藩与左宗棠讨论。左宗棠建议淮军缓攻嘉兴和常州，抽出兵力配合曾国藩作战，实施他提出的攻占广德的战略大局构想，防止江苏的太平军取道句容、溧阳和广德一带逃出。

　　但是，李鸿章不按左宗棠的意图出牌，一意孤行，断然进军嘉兴与常州。曾国藩虽然接受了左宗棠的提议，但他的兵力集结尚需时日，各部没有到位，而广德的太平军钻了这个空隙，从宁国出兵攻占绩溪。对于左宗棠和三个集团军而言，一个绝好的时机逝去了。

在这场有关皖南和浙北用兵方略的争论中，三位大帅各执己见，未能密切配合，终于未能如左宗棠所愿，将三个集团军连成一片，因此，金陵与杭州两个战区的战局未能迅速扭转。

另一方面，从这时起，左宗棠从大公的角度，对如何结束杭州战役有了新的思考，开始寄望于杭州的和平收复。他不想损失更多的将士，也不想让这座美丽的城市再遭战火摧残。他派人进城劝降，一再推迟总攻时间。

为了迫使杭州守将陈炳文投降，左宗棠必须把杭州城四周的袋子口扎紧。按照他的部署，同治三年（1864）正月初三日，蒋益澧湘勇进占杭州以北的桐乡，令何培章率所部三千人驻守乌镇，控扼杭州通向嘉兴的孔道。

但是，左宗棠的后路没有肃清，始终是一块心病。他要和平进占杭州，就得拖延一些时日，而这样一来，他就要为实现这个心愿付出若干的代价。由于广德的太平军占领了绩溪，此军随时可以进兵浙江，打击杭州地区的清军。他们搞的一次突袭，给左宗棠造成了很大被动。该军突然奔袭昌化，守将刘明珍不知大兵团压境，只带几百人迎战，几乎全军覆没。坐镇余杭的汪海洋如果在得知援兵打了胜仗之后，令该部乘胜前进，将会搅动左宗棠的后方，使他穷于应对。但是，汪海洋此时犯了疑心，因为这个胜仗来之太易，他认为，对付左宗棠不可能占这样的便宜，左宗棠一定还有大军在后，他决定谨慎一些为妙，于是命令该部采取守势，退驻昌化西北面的各山。

汪海洋援兵的暂时撤退，使左宗棠有了时间调配兵力。他令魏喻义部从新城移驻严州，令喻德成部驻扎金华，令戴奉聘部驻扎衢州；又令援徽军王开琳部从屯溪下行，增援淳安；令黄少春部从余杭出发，与之会合，阻截敌军前路。

汪海洋很快就发现自己犯了大错，趁着王开琳还未到位，急派部队赶到淳安。守军唐连胜部死守威坪，太平军改从深渡奔赴遂安，绩溪的太平军也抄小路赶到遂安的昏口。王开琳接到情报，连忙赶到临溪阻击，听说对手已经东进，便绕过白际岭，前往遂安截击。

正月初十日，王开琳与太平军大战昏口，斩杀一千多人。黄少春部行军到严州，接到警报，火速进入遂安城，太平军主力开到城下时，已经晚了一步。正月十二日，黄少春部开出城北，分三路出击，重创敌军。王开琳追杀昏口败军，抵达遂安，与黄少春会师出击，斩杀七千人。第二天，黄、王二部再次出击，大获全胜，太平军余部一千多人撤向开化的华埠。

左宗棠得到捷报，大大地松了一口气。但据探报，绩溪的太平军兵力还有不少，仍然对浙江构成威胁。左宗棠令王开琳回师淳安，令黄少春赶到华埠追击。

左宗棠巩固了后路的防线，又担心江西与福建的防线不够结实。此时，他预见到了未来战局的发展：当太平天国全线崩溃之时，汪海洋一旦从广德撤兵，由于浙江防守严密，无缝可钻，他们必定奔向江西与福建。当他接到朝廷简报，得知张运兰出任福建按察使，正要率领所部湘勇增援两广时，连忙上奏：请调张运兰所部赶赴福建任上，起用在家养病的刘典招募八千人防守江西。他认为，只有江西和福建两省布好了防线，才可能彻底歼灭太平天国战败后的残余。

左宗棠对杭州的总攻因和平解决的愿望而拖延了一些时日，但听王陈炳文还是想做最后的挣扎。正月十七日，湖州与杭州的守军联合派兵攻击乌镇。高连升趁着杭州守军分兵外出的时机，于正月二十日夺取了望江门的三座壁垒。

另一方面，淮军开始攻打浙北重镇嘉兴。左宗棠认为有必要让自己的部队参与对嘉兴的攻击。派谁去呢？他觉得这是一个机会，可以将投降的太平军派去，做出重用降将的姿态，表示信任和诚意，借以感化杭州守将陈炳文。正月十八日，他派遣降将蔡元吉和叶炳忠率部会同淮军攻打嘉兴。

此时，由于太平军在各地的据点多有瓦解，左宗棠辖区内的湖州成为太平军的一个避难中心，各地的太平军不断向这里集结。淮军攻破宜兴与溧阳以后，李世贤觉得宁国并不安全，也率部撤向湖州。湖州太平军势力大盛，增派兵力援救嘉兴，企图搬动乌镇这块拦路石。他们不断加大攻击力度，从乌镇到双桥，连营几十里。

左宗棠接到军报，得知乌镇吃紧。二月初四日，他令蔡元吉所部回援乌镇。初八日，蔡元吉在乌镇左手中枪，裹创力战，攻破十座壁垒。三天后，他又攻破陡台军营，迫使太平军退驻高桥。此时，淮军和蒋益澧的湘勇完成了对嘉兴的包围，开炮轰垮几十丈城墙，淮军将领程学启率先登城，进占嘉兴。高桥的太平军得知嘉兴易手，只得撤回湖州。

蔡元吉投降后受到左宗棠重用，拼死效力，令杭州的太平军守将陈炳文很受震动。他知道大势无可挽回，派人参见李鸿章约降。李鸿章如何能够决定杭州太平军的命运？他哈哈一笑，对请降使者说："你们找错人了，赶快去见左大帅！"

使者来到余杭，见了左宗棠，后者叫他回去准备，听候通知。没过几天，城内传来密报：一些内应已被捕杀，情况有变。左宗棠担心机会稍纵即逝，立即派人通知陈炳文：现在可以受降。与此同时，他督促蒋益澧急速攻城。

二月十五日，蒋军水陆两路攻破杭州城外的四座壁垒。二月十八日凌晨，蒋军分路攻打五座城门，另派部队牵制十里街驻扎的太平军。城内城外的太平军出动互救，鏖战到下午，天下大雨，蒋益澧暂且收兵。雨停后，继续纵兵大战，又重创守军。

蒋益澧此时动了个心计。他想：守军兵势已困，定会设法突围。于是他下令收兵回营，却悄悄沿城设下伏兵，以待时机。夜半，城内人声鼎沸，蒋军伏兵急起攻城。陈炳文开启北门逃遁，蒋军争门而入，一通砍杀，死伤者填满沟堑。

二月十九日，蒋军进占杭州。陈炳文一走，汪海洋知道余杭守不住了，为了保存实力，下令弃城。守军空城而出，与杭州撤退的部队会合，奔向瓶窑。左宗棠率领亲军追逐，令罗大春和简桂林打前锋，太平军殊死抵抗。新楚军步步进逼，将太平军赶至安溪军营，然后并未停下攻势，太平军不支，分别撤向德清和武康。左宗棠不再前进，重新部署兵力。

左宗棠的辖区内，现在以湖州为太平军的重要堡垒。不但陈炳文与汪海洋退到了湖州，各地撤退的太平军精锐都集中在此。太平军企图在湖州负隅顽抗，于是湖州战区迅速形成。左宗棠认为，太平军"以武康、德清为湖州屏障，石门为通杭、湖要道"，所以，他决定"先克此三城，而后可进图湖州"。于是，他令杨昌浚督率亲军攻打武康，令蒋益澧所部攻打德清，令蔡元吉所部攻打石门。

第十三章

左曾断交

两线作战

同治元年（1862），在左宗棠向浙江进军的同时，清廷倚仗楚军、新楚军和淮军，在与太平军进行最后的决战。决战地域分为三大战区，投入决战的部队分为三个集团军。第一战区是金陵周边地区，由曾国荃集团军负责；第二战区为松江、上海、苏州和常州，由李鸿章集团军负责；第三战区在浙江省，由左宗棠集团军负责。在这三大战区中，左宗棠的责任区域最大，但他的集团军兵力最少。

前面说过，左宗棠集团军实际上是跨战区作战。他把一半兵力分布在皖南和赣北，在两江总督曾国藩的辖区内作战。他这样做，是为了保卫新楚军进军的后路，但在客观上给了曾国藩很大的帮助。

封疆大吏各有职责，左宗棠只有把外省的太平军挡在边界之外，才有可能完成对本省的蚕食。皖南地区太平军活动频繁，多走几步，就跨入浙江省界。为了后路有一个安定的空间，左宗棠宁愿抽调一半兵力到皖南作战。但是，当浙江军情吃紧时，那就对不起，不管曾国藩多么想留下新楚军，左宗棠还是只能咬咬牙，狠狠心，将部队撤回两省边界。曾国藩请他再次出兵皖南，他也只好置若罔闻。曾国藩想要慈禧向左宗棠施压，左宗棠也只好向太后辩解。

那时候，左宗棠的话说得颇为激烈。他请两宫太后明鉴：浙江的部队，应该以防守浙江为主；曾国藩是谨慎过头了，在皖南不攻只守，作战不力，才会导致被动的局面。

左宗棠给过去的老板骆秉章写信时，话说得更难听。他说：涤公既不会灵活用兵，又不善于筹饷。宗棠为了顾全大局，只能勉强迁就。这么做实在辛苦啊，谁能体会个中滋味？

封疆大吏为了完善自己的辖区，把责任分清，不吃大锅饭，是理所当然的事情。由此而闹摩擦，也是家常便饭。慈禧当然不会偏袒任何一方，手心手背都是肉，对于两位肱股大臣，西太后只能调和矛盾。她想：两位汉人大帅只是争个理字，不会有损大局，时过境迁，自然不了了之。

然而，由于三个集团军在收尾之战中未能形成默契和谅解，仍然出现了颇为复杂的局面。

此时的左宗棠，总算渡过了最困难的时期，他在浙江的战略构想一步步实现了。他首先肃清了浙西和浙东，然后东西对进，攻克了杭州，下一步的任务就是肃清浙北了。

左宗棠于三月初二日进入浙江省城。他的入驻，标志着太平天国从此失去了浙江这个大后方。

左宗棠在湖南的师爷生涯中，已经表明他是一个和平治理一方疆土的高手。他进入省城之后，为了迅速地从大乱过渡到大治，立即发布命令，禁止部队抢掠，不许军士进入民居，规定妇女和财物各随其主，如果有人从太平军中抢人掠财，一定严惩不贷。传闻说，他亲自在城内巡视军纪，见有士兵从民家出来，当即下令将其斩首；又传闻有士兵在街市上抢食物，吃进嘴里，尚未咽下，头已落地；由此可见左军维护军民关系的纪律之森严。

部队没有扰民，省城就有了基本的安定。但是，省城民生凋敝，必须尽快恢复繁荣。杭州城内先前有八十一万居民，经过战乱，只剩下七八万人。

左宗棠一刻也未耽搁，下令开设赈抚局，收养难民，招商开市。他上奏朝廷，请求蠲免全省本年的农业税，停止收取杭州的关税，筹资收购茶、笋、废铁，修浚河道，开设书局，刊刻经籍。一时间，杭州人心稳定，有了希望。

左宗棠在浙江的"文治"，很快就取得了显著的成果，得到了百姓的热烈拥护。对此，一向和他交恶的赵烈文做出的评价，是最有说服力的。

在浙江，绍兴居民皆已复业，萧山诸境民船夜行，橹声相应也。杭省百废俱起，复城未两月，已议及海塘。各郡之漕皆减定，颂声大作。以此观之，

左之吏治实胜李（鸿章）十倍。

左宗棠在加紧文治的同时，也在继续发挥武功。他派出追逐太平军的部队，到三月初五日为止，陆续攻克了德清和武康。石门的太平军觉得逃跑也是枉然，索性在当天投降献城。

湖州的屏障已经扫除，湖州城暴露在左宗棠军锋之下。前文说过，此地是太平军的坚强堡垒，苏州、常州、宁国和广德的太平军，在战败之后，都把湖州当作避难所。李世贤、黄文金等天国大佬全部聚集在这里。余杭城破时，陈炳文逃到德清，汪海洋逃到武康，李世贤从湖州出来与他们会合，打算奔赴孝丰。刘明灯和李耀南两部在荻浦拦截，大获全胜，解散几千名百姓。

李世贤等部仍有几万人，打算各奔前程。此时，天京以外的太平军已经支离涣散，左宗棠要对付这些游击部队，必须及时捕捉动态，快速做出反应。

在太平军离散之时，高连升认为机不可失，趁机进兵湖州，击毙几千人，烧毁船舶一千多只。李世贤所部绕道昌化，突袭绩溪，取道湖州，进入江西。汪海洋、陈炳文所部傍靠徽州，从深渡进击淳安与遂安，遭到王开琳所部阻击，企图退向浙江腹地。

在这种时候，左宗棠决不允许本省的太平军再次进入浙江腹地，也不容许外省的太平军越过浙江边界。他增派刘明珍和刘清亮两支部队，加强严州和衢州的防卫。汪海洋闻风而退，返回屯溪。湖州剩下了黄文金与杨辅清两部，营垒跨越菱湖、茅山、东林和菁山，拉起一道从东南到西北的屏障，又从长兴延伸到安吉，连营几十里。

左宗棠在部署好边境的防御之后，决定对湖州发起总攻。各攻击部队接到他的书面命令：湖州四面临水，必须先破菱湖，才能西进，实行合围。兹令高连升、王月亮、蔡元吉所部从德清进军灵山，攻击西南；刘树元、何培章所部从石门进军埭溪，攻击东南；刘连升、罗启勇率领水师作为先遣部队，攻击菱湖。

在湖州总攻战即将开始的时候，左宗棠的地位又有了提高。杭州的克复，加重了左宗棠在朝堂之上的威望，慈禧对他更为倚重。三月十二日，清廷下诏，赏加左宗棠太子少保衔，并赏穿黄马褂。他麾下的将士都得到不同程度的擢拔。

由于太平军在湖州精锐荟萃，左军的湖州战役仍然打得非常艰苦。三月十四日，新楚军水师攻破菱湖太平军一座营垒，但此后十天未有新的突破。湖州守军还有力量反扑，于三月二十五日出动几万人攻击高连升的军营，另派一万人从张村抄袭军营后方。高连升用兵谨慎，不敢贸然出击。他登高瞭望，只见敌军阵势后方密集，知道设有埋伏，不许部队轻率迎敌。双方相持到黄昏，太平军手举火炬进攻。高连升收兵回营，在壁垒旁密布火器，暗中发射，太平军受创，方才撤退。高连升令全军出动追杀，太平军自相踩躏，伤亡惨重，尸体枕藉。抄袭张村的太平军遭到从武康出兵的罗大春部打击，也被迫而退。

左宗棠在攻打湖州的同时，备受外省太平军的压力。由于清军未能按照左宗棠的提议占据广德，该地成为江苏太平军南下的孔道。淮军攻占常州以后，太平军兵溃四方，金陵周边的太平军无处安身，广德与宁国的太平军决定南下。他们取道徽州与婺源奔赴江西，队伍络绎不绝。只要浙江边界的防御有所疏忽，这些太平军势必涌入浙江。左宗棠下令，坚决把这些敌军挡在浙江界外。新楚军各部在边界转战五天，把企图东进的太平军全部挡在江西境内。

于是，左宗棠在攻克杭州之前就预见到的情况出现了。江西省内一下子涌入这么多太平军，那里的清军抵挡不住了，很快就丢失了南丰和新城。太平军攻击福建边界，延平与邵武告警。这样一来，太平军跑了那么远，还是来到闽浙总督的辖区。左宗棠抽不出部队南下，只得命令福建清军勉力应战。

为了尽快抽出兵力保卫闽浙辖区，左宗棠下令加紧攻克湖州。四月初二日，蒋益澧湘勇分水陆两路对菱湖发起攻坚战。十天后，蔡元吉所部逼近菱湖东南扎营，于四月十四日渡河，攻破十座壁垒，进占获港。刘树元、何培章所部大战长生桥，高连升所部会同水师攻破东林，正打算向西转移到妙喜镇，不料从常州溃败的太平军大批杀到，包围了高连升的两营先锋部队，战役陷入僵持状态。

这时候，宁国和广德的太平军开始第二批大转移，取道绩溪，攻击昌化。左宗棠坚持一个宗旨：不许他们立足浙江。张福齐和周绍濂所部扼守深渡，顽强阻击，太平军只得从婺源奔赴德兴。王德榜和刘明珍两部在广信的沙溪联手攻击，在广丰的洋口击败太平军，将他们赶到铅山。太平军在浙江边卡连连碰壁，纷纷涌向江西。李世贤所部驻扎崇仁，汪海洋所部驻扎东乡。赣水以东，到处都有太平军。

三个集团军都把太平军赶出自己的战区，致使江西成为新的战区。可是，这个战区没有形成得力的集团军，清廷得到报告，颇为忧虑。左宗棠早就预见到了江西的这种局面，也早就在为江西谋划。此刻，他拜发奏疏，请两宫皇太后下令在江西组建新的集团军，把太平军困在江西境内，不许他们返回皖南，救援天京。他认为江西本省没人能够胜任总司令，推荐杨岳斌督办江西和皖南的军务。他说：

此人是曾国藩的水师统领，忠勇无双，确实可以独当一面。他从自己手下提供了另一个人才，推荐刘典担任副总司令。慈禧看得出来，左宗棠此议，绝非为了培植自己的势力，而是出以公心，于是准了左宗棠的折子。

左宗棠在奏议江西增兵时，已派自己的部队到江西作战。四月二十五日，王德榜所部在弋阳全歼从德兴开来的太平军，左宗棠又增派王开琳部坚守边界防线。

湖州守军主将杨辅清和黄文金都是顽强的斗士，具有极强的攻击性。他们在湖州被围以后，不但死守，还屡屡出兵反击。五月初十日，杨辅清又率部出城，大举进攻荻港，蔡元吉不得不拼死抵抗。蒋益澧水师和陆师联合作战十多天，方才进克袁家汇壁垒，而黄文金又从太湖塘的杨溇攻击刘树元的军营，守军付出很大代价，方才将其击退。

五月二十四日，湖州守军又添援兵，因为淮军攻克了长兴，那里的溃军向湖州靠拢，逃入四安和梅溪的军营。蒋军将领们见长兴已破，提议全军从湖州东南发起攻击。左宗棠说："我军在东南已驻重兵，若从此处攻击，会加速逆贼西进。把本省的逆贼驱赶出去，使之侵扰外省，乃我所不忍。传我的命令：刘璈等部从黄湖攻打孝丰，杨昌浚部进军铜岭，攻取安吉。派快马送信，约淮军攻打四安，将逆贼之势截断！"

左宗棠不忍把湖州之敌驱入江西，因为江西集团军正在组建之中。江西巡抚沈葆桢是林则徐的女婿，于公于私，左宗棠都不想增添他的负担，还继续让自己的部队在江西积极协助作战。王德榜和王开琳所部会师，在铅山和湖坊将太平军击败。刘典现已出任江西将领，率部开抵临江，等待浙江的部队开到贵溪会师。

湖州攻击部队按照左宗棠的命令行事，刘璈等部于六月初三日抵达湖州西南的孝丰。太平军没料到新楚军会杀到这里，仓促凭城抵抗。谷香山和刘端冕冒着炮火与滚石搭梯登城，一举将守军击溃，斩杀敌将陈荣。第二天，新楚军攻克孝丰，留部驻守。蔡元吉所部深入挺进湖州西北部的东埠，两军形成对湖州的钳形攻势。

湖州太平军对蔡元吉部感到犹如芒刺在背，于六月初八日围攻该部军营，派劲旅绕到思溪和双福桥，断绝其运饷道路。蒋益澧湘勇从水陆两路赴援，被太平军战船抄击，无法前进。杨辅清和黄文金分头攻占湖州东南的袁家汇与荻港，湖州战役再次陷入僵局。

太平军死守湖州，意图非常明显，是为天京保留其周边的最后一个据点。李鸿章集团军把太平军赶出了自己的战区，曾国荃集团军不让太平军接近天京包围圈，左宗棠集团军继续在两线作战，攻坚与防御必须并举。由于军饷不足，他无法扩充兵力，承受的压力可想而知。因此，直到曾国荃攻克金陵为止，湖州这个顽强的堡垒仍然屹立在三个战区的交界处，成为太平军的最后一个避难所。

惹恼曾国藩

左宗棠在浙江防守边界、攻打湖州期间，洪秀全于五月初八日在天京病逝，也可能是因绝望而自杀。其子洪天贵福被李秀成等人推为幼主，继位为天王。

洪秀全的去世预兆着天国的灭亡。六月十六日，曾国荃所部攻克金陵，太平天国失去了国都。以此为标志，历时十三年的太平天国运动进入了尾声。

金陵攻克之后，左宗棠与曾国藩这两位大帅应该都松了一口气。可是，他们继三帅争饷之后，继续处在紧张的状态中，而且双方的争执骤然加剧。这个时候，曾大帅有些恐慌，左大帅则很气恼。

当时，曾大帅面对着两桩公案。善于断案的曾国藩一点也威风不起来，因为他此刻站在被告席上。

第一桩公案，是若干朝廷大员指控曾国荃集团军在金陵烧杀掳掠。一支军队要在已经占领的地盘上放火，通常是为了毁灭罪证。大火能吞噬一切，当然也能烧光劣迹。太平天国积累的财富不见了，证人蒸发了，发泄仇恨的杀戮也消泯于无形了，你可以说是被这把火烧掉了，但他也可以说这把火只是烧了几间房舍。这把火，再加上太平军焚烧王宫的那把火，更加烧出了一个不明不白。

但是，传闻是烧不掉的，疑心也是烧不掉的。于是曾国藩成了舆论的靶子。在那些指控曾国藩的折子里，左宗棠也署上了姓名。尽管慈禧没有下令开庭审案，但曾国藩仍然有好些日子坐卧不安。

第二桩公案，与洪秀全之子洪天贵福（也称洪福瑱）有关。这个少年人在曾国荃攻占金陵时逃跑了。他这一跑，太平天国就有了继承人，天国的军队就可以在他的旗帜下重新集结，太平天国运动就可能延续下去。因此，洪天贵福的逃脱，对于清廷而言，是一个严重的事件。

洪天贵福能够逃出金陵，当然不是曾氏兄弟的过错。无论多么厉害的军队，都不可能在混战中把敌人一网打尽。但是，如果你向朝廷吹牛，说你已将敌人斩杀干净，一个都没有漏网，而事实上却没有做到，那就是谎报战功，这可能就是一个很大的罪过了。如果皇帝想拿谁开刀，有了这个罪名便已足够。

曾国藩在攻克金陵之后的奏疏中，正是声称已将太平军"余孽"一网打尽，而洪天贵福又确实是从金陵逃脱了。洪天贵福的逃脱是左宗棠发现的，因为从金陵逃到浙江的难民，向他的部队报告：幼天王从江苏的东坝逃到了浙江的广德，被堵王黄文金迎进了湖州府城。

左宗棠接到禀报，认为此为重大军情，不能不向朝廷奏报。于是，朝廷从他这里得知了实情。虽然他并未指控曾氏兄弟谎报军情，但主观愿望与客观效果很难一致，在各方面看来，他实际上等于提出了这条指控。

左宗棠对此百口莫辩。他确实不想指控曾国藩谎报战功，因为对于这种事情，曾国藩一般不会有意瞒报，只是不知情而已，充其量只能算误报，或者说是漏报。他可以指控曾国荃纵容部下烧杀抢掠，因为他对这种行为非常气愤，但他没有必要指控曾国荃抓不到洪秀全的儿子。他很清楚，曾老九已经杀红了眼，决不会心生恻隐，故意把这个小孩放走。

事实上，曾国藩确实有理由相信洪天贵福已经死在金陵城内。护送幼天王的李秀成已经被捕，一个小孩还能逃到哪里去呢？何况，从金陵逃走的几百名太平军，逃到淳化和湖熟以后，已被湘勇擒杀。为首的将领有名有姓，名叫李万材，难道这还会有错吗？

可是，洪天贵福真的是出现在浙江了，这也是毋庸置疑的。左宗棠揭穿了真相，曾国藩必须承担责任。

当然，既然左宗棠的奏报实情变成了对曾国藩的控告，那么在这场官司中，被告就享有为自己辩护的权利。曾国藩的辩护是锋锐的，成了对左宗棠的反击，令人感到他已被左宗棠完全激怒了。他没有直接为自己的行为辩解，而是向裁判者指出，左宗棠的部队攻克杭州时，有十万太平军从杭州城内逃出。他指出：当时并没有谁弹劾该为此事负责的左宗棠，那么，这次金陵只有几百名太平军逃走，就更不应该弹劾谁了。

砰的一声，如同打排球，他把球捶到了原告那一边。左宗棠素以辩才著称，自然不会没有还手之力。他请两宫皇太后注意，杭州之所以有漏网之鱼，那是因为他兵力单薄，无法对杭州合围。漏网的敌军不能说不多，但曾国藩说多达十万，依据何在？李世贤从湖州、广德、绩溪前往徽州，然后由婺源进入江西，人数多达十几万，当时曾国藩曾奏报朝廷，说"皖南诸城岌岌"，说明太平军余部主要是从湖州撤走的，而其主力显然不在杭州和余杭两城之中，因此，从杭州地区逃出的太平军并非很多。曾国荃没能把金陵的敌军一网打尽，却是另一码事情。他的部队已将金陵围得水泄不通，不应该有人漏网嘛。总之，杭州和金陵，不可相提并论。左宗棠最后提出一条最有说服力的辩解：杭州的敌军首领漏网了，他是如实向朝廷汇报了的；而曾国荃没能在金陵抓住洪天贵福，却隐瞒了事实，没有上报。

左宗棠的辩论，可以说是点到了要害。但他申明，他的动机不是打小报告踩压同事，只是认为乱报军情会贻误战机，他向朝廷奏报只是为了揭晓真相。至于以后的公事，他还是会跟曾国藩和衷商办，断不敢稍存意见。

慈禧左一份奏折右一份奏折比照着看，既觉得这场辩论大赛很有看头，又不想做出是非评断。事实上，无论是偏袒哪一方，对她都没有好处。她决定给两边都说说好话，调和他们的矛盾，也显得朝廷爱惜人才。于是，上谕说道：

> 朝廷于有功诸臣，不欲苛求细故。

这时候，慈禧还打算进一步重用左宗棠，以抑制曾国藩过分膨胀的势力，为此，必须让左宗棠对朝廷感恩戴德。于是，上谕中又赞扬左宗棠的奏报是对朝廷负责，鼓励他发扬这种作风。圣旨上给了他一个评价：左宗棠胸怀开阔，不愧为一代名臣。

这时候，在湘系集团中，唯有左宗棠和曾国藩权势最大，拥兵最重，通过这次争执，两人的矛盾已经激化，而左宗棠又显露狂傲的秉性，公开与曾国藩分庭抗礼了。

追捕幼天王

朝廷上谕对左宗棠的慰勉，表明慈禧对他多有倚重。事情很明显，在左曾之争发生的时候，朝廷依赖的三个集团军总司令，此刻只剩下左宗棠还在忙碌。

曾国藩进入金陵之后，处在众目睽睽之下，不愿拥兵自重，立即裁撤本部湘勇。曾国荃集团军基本上解散了，他手下的将领们带着大笔的银子，回家买地置业、娱乐休闲去了，明智一些的将领，则在家乡大办教育。与此同时，李鸿章集团军也肃清了苏常战区，喝高了庆功酒，踏着仕途拾级而上。唯独左宗棠集团军还得昼夜作战，不知道哪一天才能歇下，他们的统帅左宗棠还置身于战火硝烟之中，为湖州战役而操心。

在湖州前线，左军与太平军僵持到六月十九日。左宗棠把蒋益澧派到菱湖督战，令李邦达部攻击思溪，令高连升部攻击双福桥，另派张景渠部会同淮军郭松林、潘鼎新、张树声等部攻击晟舍。从这一天直到六月二十七日，八天之内，湘勇、淮勇频繁进战，屡屡失利，只得增修壁垒，与守军相持。

此时，蔡元吉所部陷入太平军包围，眼看就要全军覆没。蒋益澧看重义气，发誓要将该部救出。他令部队于七月初二日在思溪结扎浮桥，向包围蔡元吉之敌进攻。部队渡到中流，遭到太平军攻击，伤亡几百人，被迫撤回。蒋益澧遭到左宗棠的训斥，说他不动脑子。左宗棠指出：思溪和双福桥既难攻下，就应该改图荻港与袁家汇，进军长超山，敌军必定回顾。那时，蔡元吉部就可趁机杀出。

蒋益澧遵照左宗棠的指示，令高连升部于七月初八日改攻荻港，击破三座军营。当晚，太平军水师将领投降，湘勇水师行动自如，从太湖抄袭袁家汇，高连升等部从陆上继进。正如左宗棠所料，太平军果然全军回援。

蔡元吉在压力减轻后，于七月十三日派遣杨应龙率五百人首先突围，杨应龙力战而死。蒋军各部加紧攻击袁家汇，进一步牵制太平军兵力。当晚，蔡元吉率部涉水突出。蔡元吉部被围三十天，粮食吃尽，煮桑树皮为食，军士陆续饿死，但无人叛逃。该部虽然损失了四分之三的兵力，但余部看出了左大帅对降将一视同仁，感念左大帅对他们的顾念。左宗棠此举，较之李鸿章背信弃义在苏州的杀降，可谓天壤之别。左宗棠又念蔡元吉死守有功，奏请清廷赦免他损兵折将之罪。

蔡元吉突围的当天，张景渠会同淮军攻破晟舍。太平军起初以全力围攻东埠，没想到蔡元吉部突围以后，晟舍又被攻破。至此，湖州太平军士气低迷，军士们不愿再战。七月十六日，思溪和双福桥的太平军全部撤走，湖州守军陆续出城投降。

此后，左宗棠部持续围攻十天，刘树元部攻拔升山军营，高连升部急攻袁家汇。战至第十天，忽然湖州城内起火，太平军狂奔而出。蒋益澧湘勇追逼到城下，守军已经溃散。蒋军急忙绕城西截击，斩杀二千多人。水师从四面进入城区，将太平军战船全部烧毁。

第二天，蒋军进占湖州，太平军分别撤向广德和孝丰。第三天，杨昌浚部攻占安吉，一路追杀，抵达孝丰，遭遇从湖州撤出的太平军。新楚军联合追击，将太平军逼到宁国。蒋益澧督率各部沿四安、梅溪歼敌一万多名，解散几万人。左宗棠令衢州和严州的驻军加强边界防备，调王德榜、王开琳所部东返，扼守婺源。

八月初三日，刘端冕部从宁国出兵追击，击毙黄文金。太平军余部奔赴昌化，分兵进军淳安，其余部队西奔绩溪。左宗棠派罗大春从临安与於潜出兵扼守昌化，该部到达指定位置时，昌化驻军刘光明部已经与太平军交手，罗大春挥师夹攻，太平军败走昱岭关。进军淳安的太平军抵达蜀口，遭到黄少春、刘明珍各部拦击，折损黄文英以下一百多名将士。

八月十四日，新楚军在黄金岭击败太平军，追逐五十多里，斩杀六千人，释放一万多名百姓。太平军余部奔入徽州、歙县境内。八月十八日，新楚军各部赶到建口拦截，接收三万人投降，收缴七千杆洋枪，太平军余部分散奔向遂安与开化。他们所到之处，无不遭到新楚军攻击，连喘息之机都没有，侥幸脱逃者，傍靠江山和常山奔向江西的广丰。

湖州一克，蒋益澧湘勇和新楚军一齐发力，迅速将太平军溃部全部赶到省界以外，浙江全境战事平息。这时候，对于左宗棠而言，最理想的局面就是将太平军余部在江西境内解决掉。于是，他指示各部在赣东追击作战。

王开琳奉到左宗棠之令，于八月二十四日率部从玉山拦截洪天贵福，差一点抓住了幼天王。四天后，黄少春会同王德榜追到铅山，王开琳追到上饶，都有斩获。太平军余部分头奔向贵溪和新城，企图与瑞金的太平军会合。

新楚军追到贵溪后，得知已有江西清军刘典所部在此扼守，新楚军各部已经完成任务，陆续撤回浙江。曾国藩麾下的鲍超霆军在许湾重创了太平军，追到东乡，迫使陈炳文投降。太平军余部退至江西、福建、广东交界之处，全部在瑞金集结。但是，陈炳文的投降导致李世贤与汪海洋反目，他们开始各自为战。

这时候，清廷决定重用在江西督办军务的杨岳斌，令他出任陕甘总督，对付西北的回民军。朝廷将张运兰从广西调到江西，会同霆军攻打瑞金，未能将太平军歼灭于江西，太平军余部败退广东，左宗棠在江西境内全歼太平军余部的愿望未能实现。

李世贤的太平军余部进入广东后，仍在左宗棠的辖地之外，处于左宗棠死党郭嵩焘的辖区，此人当时正在广东巡抚的任上。但是，李世贤部在广东待了不久，便从大埔等地攻占福建东南部的漳州，而汪海洋则进军至福建西南部的长汀、连城、上杭一带。张运兰率轻骑驰达闽西南的武平拦截，被太平军包围在永定，突围未果，成为太平军的囚徒，被处以死刑。太平军在福建连胜几仗，除漳州以外，还接连攻克了闽西的龙岩与闽南的南靖。这样一来，烫手芋头又回到了左宗棠的手上。

作为闽浙总督，左宗棠不得不把抚治战争创伤的工作交给下属们去办，亲自部署对太平军的最后一战。左宗棠做梦都想从事和平建设，他已将浙江的外国雇佣军遣散，带领德克碑和日意格投入和平的事业。他们考求西方国家的机器制造，仿造出蒸汽小轮船，已于九月十六日在西湖试航。航行成功了，但航速有待提高。他还有太多的事情想做，他要整顿吏治，兴办洋务，改造水利，恢复农业生产，迅速改善民生。但是，战争仍然缠着他不放。闽浙总督本来是个大有可为的职位，可是轮到他来当的时候，就得整天面对战争和死亡。

左宗棠无奈地继续调兵遣将，命令林文察所部扼守泉州，康国器所部增援漳州。他令黄少春率四千五百人从衢州南下延平，又令刘典的八千新军从建昌挺进汀州，还叫高连升率三千五百人从宁波泛海开赴福州。一时之间，福建省的东西南北，都有左宗棠麾下的军人向那里开进。这一次，左宗棠不用再取蚕食战略，他要取远势，张大网，将太平军逼到一隅，加以聚歼。

陈炳文的投降导致太平军在江西失利，幼天王洪天贵福和干王洪仁玕未能与李世贤会师，当李世贤等人进入福建之时，他们还在江西逃窜。楚军席宝田部在泸溪拦截天国的这颗种子，未能得手。席宝田随后一路追击，直达石城，终于将小天王和干王捕获，押到南昌，处以磔刑。

清廷为了酬答左宗棠的前后战功，鼓励他打好对付太平军的最后一仗，于十月十一日诏封他为一等伯爵。左宗棠懂得，头衔和荣誉都是包袱，上疏固辞。慈禧不许，还给他赐名"恪靖"。从此，左宗棠的部队有了新的名号，叫做"恪靖军"。

左宗棠晋爵了，自然不能亏待共过患难的部属。他奏请任命蒋益澧护理浙江巡抚，杨昌浚代理浙江布政使。接下来，他不用慈禧催促，主动向福建进发，去指挥歼灭李世贤与汪海洋的最后战役。

李元度公案

同治三年（1864）十月，朝廷下诏，对曾国藩参劾李元度一案，要求左宗棠查核是否属实。

李元度是何许人？他本是曾国藩的幕客，也曾当过曾国藩麾下的战将。那么，曾国藩为什么要参劾自己的下属呢？因为曾国藩曾经对他寄予厚望，要他领兵防守安徽的徽州，但是李元度辜负了他的厚望，没有守住。不过，有很多人，包括曾国藩的高足李鸿章，都认为责任不在李元度，而在曾国藩自己。

李元度是个不懂军事的书生，纸上谈兵还可以，真刀真枪就不行了。这一点，明眼人都能看出来。左宗棠早就说过，曾国藩的幕僚，都是这么一批眼高手低、只会纸上谈兵的秀才。左宗棠眼里的李元度，颇似诸葛亮眼中的鲁肃。李元度善良、顺从、知书达理，对主公忠心耿耿，但并不是个军事干才。在曾国藩最困难的日子里，李元度一直陪伴在他身边；在曾国藩寻死的时候，李元度对他耐心地开导。李元度是个很好的保姆，却无法帮助主公挽救败局。

曾国藩却偏偏要把这个保姆培养成大将。李元度在他的鼓励下，学着领兵打仗，有胜有败，但在最关键的时候吃了败仗。人家是勉为其难，又是初学，跌倒是难免的，按理说，曾国藩应该原谅他。可是，曾国藩偏要参劾他。所以，那一次参劾，许多人为李元度求情，李元度没被清廷治罪。

李元度本该吸取教训，不再染指军事。可是，曾国藩先前的那番鼓励，弄得他头脑还在发热。他还把自己当作能征善战的将领，以拯救浙江为己任，打起"安越军"的旗帜，回家招募八千名平江勇，领兵增援浙江。曾国藩当惯了他的上司，见他没有请示自己就干了起来，将他此举定性为擅自行动。结果呢，安越军没能安越，杭州还是丢失了。曾国藩抓住这个把柄，再次参劾这个昔日的部下，罗列了四条罪状。

由于李元度现在属左宗棠管辖，所以清廷要听听闽浙总督的意见。

左宗棠回复道：两宫皇太后明鉴，曾国藩参劾李元度的四条罪状，只有一条成立，其余三条都是莫须有的罪名。

第一条罪名：徽州失守。

左宗棠意见：不成立。

左宗棠说，李元度固守徽州，守了三天，但因太平军兵力太多，李元度兵力太少，所以没有守住。曾国藩说李元度在徽州失守前弃城逃避，是不符合事实的。

第二条罪名：擅自招募勇丁增援浙江。

左宗棠意见：不成立。

左宗棠说，李元度不是擅自做主，也不是别人唆使的，而是奉了前任浙江巡抚王有龄的奏调，而朝廷也是下了谕旨批准的。对于曾国藩的这条参劾，李元度一直感到冤枉，是情有可原的。

第三条罪名：援救杭州不及时。
左宗棠意见：不成立。

左宗棠说，李元度率领安越军进入浙江时，金华和严州两城已被太平军占领，浙江东部到处都是太平军。太平军对龙游的防守固若金汤，李元度在城外驻兵，两个月都攻不下来。他权衡轻重缓急，打算放弃对龙游的攻击，先去增援杭州。但是，他放眼一看，前去杭州，征途漫漫，坚城要隘，都在人家手里，进兵之路早已断绝，他是想进也进不了的。新楚军进入浙江之后，都花了两年多的时间，才能攻克杭州，李元度当时孤军一支，未能深入，完全可以理解。如果把丢失杭州的责任怪到李元度的头上，说是由于他的逗留不前而造成的，不足以令他服气，也不足以说服别人。曾国藩说李元度没有努力援救杭州，完全是出于对他个人的成见，没有尊重客观事实，没有体谅别人的难处。这条指控是不足为凭的。

第四条罪名：擅自招募勇丁增援浙江时，假报攻克义宁等城。
左宗棠意见：冒功之罪，可以成立。

左宗棠说，当时李秀成从皖南和江西进军湖北，意图收罗部众，扩张军力。他扩军之后，又借道江西和皖南回归金陵。李元度从平江和通城尾随李秀成东返，在李秀成撤出后进驻各城，却吹嘘是自己收复了各城，实在近于无耻。他曾就此事诘问李元度，得到的回答是：当时安越军只是看见了太平军的旗帜。由此推断，两军确实没有交战。而李元度却写信报捷，致使湖北和江西的官员都根据他的报告上奏朝廷。因此，这条罪名，是可以成立的。

左宗棠在议论了曾国藩为李元度所拟的罪名之后，自己又给李元度加了一条罪名。

第五条罪名：不顾大局，因私误公。
原告人：左宗棠

左宗棠说，李元度率领安越军来到浙江之后，固守江山一地，分出八营兵力随他作战，颇为出力。他对李元度倍加奖励，期望李元度与他共度时艰。当时，他手下除了留守遂安的部队，随同出战的只有五千人，面对的敌人是李世贤的全军，加上谭星等人的花旗军，就是二十多万的大军，众寡悬殊，正指望李元度助自己一臂之力，不料李元度闹情绪了。这个平江人听说曾国藩弹劾自己，致使自己罢官，心烦意乱，大发牢骚，嚷着要走人。左宗棠想：你要走就走吧，可是欠饷无从筹措，恐怕不能一时全撤。所以，左宗棠考虑暂留几营，缓期裁撤，等到军饷能够周转时再说。李元度却坚决不同意，要求全部裁撤，而且把左宗棠指名要留下的几个营撤去，以表示自己的决绝。

左宗棠指出：在这件事情上，李元度做得太过分，明知当时浙江大部分被太平军控制，新楚军得不到军饷，陷入困境，还天天逼迫他发还军饷，不依不饶。他不得不申斥道："国家有什么对不起你，你竟然如此无情！"李元度仍然不听劝告。

左宗棠说，李元度一介书生，蒙朝廷恩典，擢升皖南道，辖境失守，革职拿问，又蒙恩擢升浙江臬司。再次革职后，奉旨交给他差委，当浙江军事危险时，竟因自己心情郁闷，如此不顾大局，这是可以成立的第二个罪名。

不过，左宗棠在奏折的末尾，再次指责曾国藩初次参劾李元度有负于曾国藩和王有龄，是出于"臣僚情义之私"，而不是出于"国家刑赏之公"，所以他不敢附和曾国藩的意见，请皇上将此案发到吏部按律定罪处罚。

由此可见，左宗棠断案，完全没有顾及当事人的情面。他敢于指陈曾国藩弹劾下属的无理，体现了他刚直的性情和处事的公正，即他自己所说的"刚明"。

第十四章

天国末路

奔赴任所

李世贤和汪海洋进入福建以后，刚刚因金陵克复而松了一口气的清廷，又开始紧张起来。左宗棠为了彻底解除后顾之忧，亲自前往福建督战。他在离开浙江时，还牵挂着这个省份的民生疾苦。浙江百废待兴，除匪安良、剔除痼弊、修复水利三件大事，刚刚起步。他嘱咐蒋益澧和杨昌浚，请他们将这些应办未办之事，一定要尽快办好。

同治三年（1864）十月二十八日，左宗棠从杭州出发，取道金华和衢州南下福建。他途经各个州县，眼见得战乱之后，百姓又遭水灾。乡民们听说总督到来了，在行舆前团团跪下，请求蠲免税收。左宗棠行舆受阻，问明缘由，喊道："停轿！大家听听百姓的疾苦。我们每经一地，尽可能不要地方花费。叮嘱地方官，要多做些有益的事情，时时以苍生为念！"

左宗棠走走停停，行了十九天，于十一月十六日抵达福建蒲城。前来迎接的福建官员报告：李世贤占据了漳州，分兵攻占龙岩、永定、南靖、云霄与平和；汪海洋驻扎在南阳乡，纵兵袭掠长汀、连城和上杭等县辖境。太平军两部总兵力多达二十余万。林文察攻打漳州，驻扎万松关，遭到袭击，当即阵亡。当地会党趁机起事，局面更加混乱，波及泉州与厦门。

左宗棠问道："我军各部是否已抵达指定位置？"

"回制军大人，各部都已抵达。"

左宗棠担心李世贤从漳州北进，攻占福建省会和总督驻地福州，又得知各部已抵达攻击位置，当即调大将高连升部赶赴同安，以保泉州和厦门；调虎将黄少春所部赶赴长泰，以攻取漳州；又令刘典所部进军连城，攻打龙岩，对付汪海洋。

左宗棠发布命令后，感叹道："我们三万兵力，要对付二十万逆贼，又是一场苦仗啊！敌军流动性大，我军不能疲于奔命，还得从远处取势，不要急功近利，贻误大局。王德榜已补授福建按察使，不妨随刘典所部继进，合力攻打龙岩。亲军随我挺进延平，策应各路。"

十天之后，左宗棠进驻延平。又过了几天，他接到军报：太平军在闽西南的漳平包围了康国器所部，刘典从连城东援，轻敌冒进，被太平军抄袭，丢失军营，只得退保连城。

福建之战开手不利，左宗棠并不感到意外。他已有心理准备，打算在福建打一场持久战。他深知李世贤与汪海洋的战斗力不可低估，而自己的兵力太少，"欲求聚而歼之，势有不能矣"。他预计，这两股太平军余部今后的动向，"非入江西，即入粤东"。后来的事实表明，太平军余部确实既入了江西，又进了广东。

同治三年（1864）十二月，左宗棠的各路兵力都抵达前线，王德榜、王开琳两军抵达指定位置，会同刘典所部进军龙岩；高连升、黄少春两部逼近漳州，与太平军相持。

正在这时，左宗棠得到一个情报，颇为吃惊。有迹象表明，李世贤企图买通英国人，乘轮船北上天津，杀进京城，夺取皇位！

情报说，十二月中旬一天夜晚，厦门海关的官员林针发现一名老头形迹可疑。这老头在海关前徘徊了很久，见了洋人，便跟在身后。林针看在眼里，便上去盘查。

"你是什么人？深夜来海关干什么？"林针问道。

"这个——我没、没干什么呀。"老头吞吞吐吐。

林针见他说话结结巴巴，更加疑心，叫来兵士搜身，搜出一封署名为李世贤的书信，上面还盖着天国侍王的密印。

林针喝道："原来你是逆贼！叫什么名字？"

那人不再结巴了，挺直腰杆说："既然被你们看破了，大爷也不用隐瞒了。大爷行不改名，坐不改姓，陈金龙是也。"

"陈金龙？在逆贼中身居何职？"林针追问道。

"你大爷原来名叫陈九里，后来加入天国，改名陈金龙。可笑你们这些狗官孤陋寡闻，你大爷本是天国大将，侍王李世贤的拜把兄弟。我正要替大哥送信出关，既然落到了你们手里，要杀要剐，随你们便吧！"

林针虽是海关的一名小官，但他一看那封密信，便知兹事重大。他经过周密考虑，做出了双重保险的处置。他将原信抄录一份，送给厦门海关税务司休士。这个休士是英国人，正是李世贤这封密信的收信人。至于密信原件和人犯，林针一并将其押解到兴泉永道衙门，交给道员邓廷楠处置。

李世贤给休士写信，是为了向外国求援。他许以重金，又写了许多恭维话，希望得到休士的帮助，借来轮船，杀向北方。邓廷楠接收了人犯，看罢密信，觉得事关重大，不敢怠慢，当即升堂审案。陈金龙招供，他是福建永定县南雷乡人，现年六十岁。咸丰元年（1851），他去广西看地，与洪秀全、李世贤、胡以晄等人结拜为兄弟，一起在广西起事，给太平天国领导人支助了银两，然后返回福建家乡，从此隐居未出。

几个月前，李世贤攻占了漳州，陈金龙闻讯，非常高兴，连忙进城去看拜把兄弟。二人相见，把酒言谈。李世贤唉声叹气，说道："天王已死，国都也没了，秀成哥也被抓住了，金龙兄，我看这次是没指望了。"

陈金龙安慰道："世贤何必如此悲观？为兄给你指条路，包你能够转败为胜！"

"金龙兄有何妙策？快快讲来！"李世贤问道。

"依愚兄之见，你们须得跟洋人握手言欢。只要有洋人帮助，乘上轮船，就能从海路杀向天津。"陈金龙说。

"洋人？洋人能帮我们吗？"李世贤不大相信。

"怎么不能？只要给钱，他们岂会不肯？有钱能使鬼推磨嘛。"

李世贤听了陈金龙的话，觉得有些道理，只要抓住这根救命的稻草，必定能够东山再起。他当即写下密信，托陈金龙送给洋人。陈金龙走到海关洋楼前，见有洋人在一旁，打算把信递出去，不料遭到林针盘查，搜出了密信，被捕入狱。

邓廷楠在陈金龙签供画押后，下令将他处死，首级传送漳州，悬挂大道上，希望太平军的探子看见，回去报告李世贤，以示对他的警告。

左宗棠阅罢案卷，起身来回踱步。看来，李世贤已经山穷水尽，打算与外国人勾结，进兵海上。陈金龙是多年漏网的要犯，竟敢挺身而出，帮李世贤拿主意，递密信，为他沟通洋人，真是事出意外。

由于鸦片战争的原因，左宗棠对英国人素无好感，但他认为，休士这个英国人算得上深明大义，发现不利于我国政府的事情以后，及时报告了地方政府。也是多亏林针警惕性高，尽了职责。他想：这件事情来得好，我可以趁此机会，提醒西太后：千万不要相信英国人！英国人最狡诈，得了我国的好处，仍然不怀好意，竟然与逆军余部来往。他由这件事而联想到，中国必须自强，除了修明政事，训练精兵，还必须仿造轮船，建立强大的海军，剥夺列强在军事上的优势，这是在战事结束后他要抓紧办理的第一件要事。

左宗棠此次赴任，来到福建，见到的是一个贫瘠的省份。他一辈子都跟穷字有缘分，已经花了半辈子的心血治理贫穷，现在他又得跟贫穷打交道。福建是一个穷得当当响的省份，他有预见在先，已经为这个穷省带来了一份见面礼，规定浙江每月要筹办十四万两银子，支援福建的军饷。

左宗棠深刻地认识到，贫穷是一切困难的根源，会导致吏治的腐败，官场的混乱。同治四年（1865）正月初四，他写了一份奏疏，向慈禧陈述福建的惨状。他说，要把福建治理好，首先就要理财。而理财靠什么？要靠一个强干的政府，所以必须起用一批能干的官员。他请调新授浙江督粮道周开锡、记名道吴大廷、按察使衔福建补用道胡光墉、刑部员外郎张树茨来福建，由他差遣委派，慈禧同意了他的人事安排。左宗棠识拔的这些经济人才到任后，福建的政务渐渐有了起色。

李世贤收买英国人的谋划破产以后，打算突破官军的包围。同治四年（1865）正月早春，他分兵攻占漳浦，向汪海洋发出邀请，请他到龙岩会师，集中兵力攻击长泰与安溪，抄袭恪靖军背后。由于王德榜部在庙前扼守，汪海洋部无法推进。康国器接连攻击龙岩，挫败李世贤的部队。

在突围无望的情况下，李世贤不顾拜把兄弟陈金龙已被处死，仍在尝试寻求英国人的帮助。于是，左宗棠又接到邓廷楠的报告：正月十八日，英国人驾着三艘小夹版船顺潮驶过，边防军官前往查询，他们不听劝阻，直接驶入新桥李世贤所设的关卡，登岸进入漳州。邓廷楠当即照会英国驻厦门领事柏威林。三天后，柏威林邀集厦门的文武官员发布消息，称前次李世贤派人送信到厦门，被洋人海关捉拿，押送地方官正法，李世贤在信里说了什么，他不知晓。正因为如此，他要亲自去漳州会见李世贤。以后他和李世贤书信往来，中国官府不许拦阻，有什么事情，他自会知会官府。现在，他带了太平军的一名军官，就在战船官金顺的舱内，打算过几天将他送回漳州。如果中国官府和百姓企图在港内截捕，英方必定开仗。至于照会中提到的三艘小快艇，是他驾驶进入漳州的船只，不必再查。

一个英国领事，竟敢如此猖狂，左宗棠气得直拍桌子。他对刚刚调来福建的胡雪岩说："你看看，刚刚查到与李世贤做贸易的两名英国商人，正在照会英国领事惩办，居然又发生这种事情！哼，我已经听到传闻，说柏威林去了漳州会见李世贤，已令海关和商务官员照会英国驻福州领事有雅芝，以及税务司美里登，令他们写信查问此事。有雅芝和美里登倒是给了明确的态度，称柏威林这件事确实做得无理。但他们又说，他们的级别跟柏威林相等，无权管他，应该由驻京公使将柏威林撤回。"

胡雪岩说："如此一来，就只好请总理衙门照会英国公使了。"

"对，我们当然要提抗议！"左宗棠说，"各国驻我国口岸的领事，职责本是约束洋人不得闹事，现在柏威林借口前次为李世贤送信的犯人被海关拿解地方官正法，他便要亲自前往侍逆大营与之会面，经邓廷楠等人再三婉劝，他竟不接受，反而带着逆贼头目藏在战船上，故意违反与我国的和约，居心叵测，很难揣度。雪岩，我这里先给总理衙门写信，你去传我的命令：对于此类事情，有关文武官员要严加防范，多出主意，妥善办理。"

"遵命，我马上就去行文。"

"等等！"左宗棠把胡雪岩叫住，"北京那边发照会，需要一些时间，我们这边还得拿个紧急应对的办法。柏威林不是贪财吗？我们不妨将计就计，暗中收买他。请徐树人中丞速速派人前往厦门，与柏威林和休士等人商谈，给他们一笔重赏。如果他们能把李世贤骗出来，重赏也值嘛，还可以请朝廷给他们嘉奖。我要让李世贤知道我们也在收买洋人，他就会心存疑虑，不敢再跟洋人交往。"

左宗棠布置的这件事情很快就由手下办妥了，他的对策有了效果。他得到报告：英法领事多次派兵搜查，缴获了洋人为李世贤提供的武器。

李世贤在求助于洋人的同时，决定将兵力向海滨集中，于正月二十四日放弃龙岩，转移到漳平。左宗棠令恪靖军进占龙岩，派刘明珍部前往平福里阻击。这时候，汪海洋也打算挪个地方，从新泉奔赴漳州，企图与李世贤会合。

左宗棠决定阻止汪、李会合，令王德榜和刘典中途拦截。两部联手攻击马阳洞，击败汪海洋，斩杀六千人。

正月三十日，李世贤攻破丹州。高连升火速出动，掐断其归路，发起痛击。李世贤折损精锐过半，慌忙退回漳州。这次打击似乎摧毁了李世贤部的士气，左宗棠很快接到报告：二月初三日，李世贤逼迫乡民给高连升和黄少春送来文书，语气之间有投诚之意。

左宗棠赶紧派人给李世贤送去一份劝降书，劝他珍惜生命，并说其母其妻现在江苏溧阳，希望他不要轻举妄动。但是，李世贤最终打消了投降的念头，由于无法实现跟洋人联手的企图，他决定硬着头皮死守漳州。

一场恶战即将在漳州地区爆发。

淮军援闽

李世贤退缩到漳州地区的同时，汪海洋也决定放弃南阳乡，于二月初二日向上杭转移。左宗棠令杨芳桂和戴奉聘等部追逐，汪海洋集结兵力，死守上杭的白沙。

二月初七日，王德榜与刘典两军联合猛攻汪海洋，斩杀几千人。汪海洋飞速逃命，到了茶树下，忽见一将拦在前面，原来是老对头王开琳赶来了。汪海洋只得与恪靖军缠斗一阵，但根本不是对手，于是抽空逃走。汪海洋想，这次若想逃生，必须甩开王开琳。他想了个牵制王开琳的计策，分兵袭击永定，王开琳果然不得不去救援，于是汪海洋得以逃脱。

李世贤缩到漳州以后，决定固守待援，从东关向北增修壁垒，又增兵向南边的石码推进，要求漳平的太平军从北路攻击长泰。这时，另一支太平军从平和攻占了海滨的诏安。汪海洋为了与友军抱团，改奔龙岩与漳平。

左宗棠立即调兵遣将，阻止太平军各部靠拢。他令刘典扼守龙岩和漳平，令高连升、黄少春进逼漳州东北面，令刘清亮会同王德榜驻扎和溪与华峰，作为援应。李世贤得不到增援，只能设法自救。他连连派兵出击，试图突围，都被高连升和黄少春挡了回去。过了几天，李世贤部又通知南靖的太平军一起发动反攻。

但是，恪靖军没等南靖太平军行动，便于三月初四日越过赤岭，重创该敌，斩杀四千人，杀伤者数以万计。同时，刘典在龙岩、漳平交界处的奎洋击败汪海洋。几天后，刘典又会同康国器、张恒祥攻破汪海洋的军营，王开琳则屡次挫败永定的太平军。

左宗棠认为，汪海洋若想逃亡江西，前面已经无路，恪靖军从东面和北面合力攻击，汪海洋一急之下，则会南下广东。而太平军已占漳浦和诏安，他们更有撤向海上的可能。于是，他令水师分别扼守铜山与硿口，又致书广东当局，即他的好友与老乡郭嵩焘，请他派兵防守大埔和饶平。

左宗棠现在已经完成了钳制布局，但无足够的兵力将敌军围歼。他正在为兵力不足而发愁，李鸿章派出的郭松林与杨鼎勋所部八千人，从海路抵达福建。这支淮军虽然算不上海军陆战队，毕竟是从海上登陆的劲旅，选择登陆地点很方便，而且能够出敌不意，对左宗棠很有帮助。左宗棠新得援兵，决定发起总攻，歼灭漳州地区的太平军。他令淮军分路推进到海澄与漳浦，肃清漳州以南；派刘明灯所部赶赴漳州以北，与王德榜、刘典两军共同攻打南靖。

李鸿章这次援助福建，做得非常漂亮，不但派出的部队是精锐，而且由江苏提供军饷，这就解决了左宗棠的两大难题。左宗棠兵少，不是缺兵源，而是因为招多了勇丁供养不起，李鸿章看准了这一点，既派人又供饷，显然是想改善与闽浙总督的关系。左宗棠为此非常感谢李鸿章，对他此举给予了很高的评价：

> 此次苏军援浙，尤为心折。

淮军的来援，使左宗棠有了击败李世贤的把握。为了就近指挥漳州地区的战斗，他于四月十五日从延平南下，进驻福州。这时候，他所预料到的事情发生了。由于刘典会同康国器接连在奎洋的苦竹击败汪海洋，后者在福建挺不住了，果然逃向广东的大埔。汪海洋的这个举动，为广东巡抚郭嵩焘带来了颇大的压力。

左宗棠抵达福州五天后，即四月二十日，王德榜和刘清亮开始攻打李世贤的乌门营垒，未能攻克。高连升提议坚决要将乌门拿下，因为此地与漳州城东北的楼内寨互为犄角，要克漳州，必先攻占楼内；而要攻占楼内，必先攻克乌门。

第二天，恪靖军与淮军大举进攻乌门，高连升分出兵力牵制楼内寨的守军。乌门遭到围攻后，守军犹作困兽斗。恪靖军守备何世载首先攻破一座壁垒，各部一并发力，将所有壁垒攻破，斩杀多达万人。这时天气也来助力，风云突变，风大雨急，使得楼内寨守军也抵挡不住恪靖军凌厉的攻势。高连升增派部队，冒雨转战楼内，黄少春所部开赴北尾桥助攻。恪靖军顺风放火，迫使太平军突出寨外。高连升挥师攻进漳州城，李世贤率死士投入巷战，拼死抵抗，但也只撑得了一个时辰，就率部从西门撤往南靖，恪靖军随即进占漳州。

李世贤还未抵达南靖，此地便于四月二十二日被王德榜和刘清亮攻克。该城守军逃出后，与李世贤会合，逃向漳州西南面的平和。恪靖军跟踪追抵羊城，斩杀五千人。四月二十五日，恪靖军在五凤山追到李世贤，再次给予重创，李世贤退入楚磜军营。

四月二十七日，恪靖军乘胜进攻，李世贤下令殊死抵抗。高连升所部绕到军营后面攻击，并以所有精兵大举冲锋，太平军再也支撑不住，大败而逃，李世贤斩杀几百名后退的军士，仍然无法制止。溃军逃到平和，也不进城，绕城而走。城内守军一见这个阵势，立刻慌了手脚，哪里还顾得上守城，索性弃城出逃，又被恪靖军各部捕杀几千人。李世贤率领残部，也向广东的大埔奔去。李世贤和汪海洋都进了广东，郭嵩焘的负担骤然加重。

与此同时，郭松林的淮军拿下了漳浦。当晚，云霄的太平军接到败报，不攻自溃。第二天，水师吴鸿源部轻松攻占云霄。

四月二十九日，左宗棠将指挥所推进到兴化。高连升所部在平和拦截云霄溃军，大获全胜，斩杀大将黄隆芸以下几十人，接纳几千人投降。王德榜追赶到广东大埔境内，遇到更多的太平军前来投诚，为纳降而忙了好一阵。

五月初一日，淮军攻占福建南部海滨重镇诏安，太平军大将丁太洋逃往平和，恰遇王德榜从大埔回师，又遭到一通痛击。丁太洋率部向西转移，前往闽西南的坎市。他恼羞成怒，很想发泄一下火气。他知道刘典的部队都是新兵，向其军营发起攻击，不料刘典毫不畏怯，挥师迎击，迫使丁太洋投降。

左宗棠虽然无力阻止太平军南逃广东，但他不愿让其西逃江西。王开琳所部遵照他的命令驻守永定，堵死了汪海洋西进之路，而江西省为了保住本境不受侵扰，派出新湘九营补充他的兵力。王开琳的兵力增加了，粮饷供应却跟不上来。汪海洋得到情报：恪靖军丁长胜所部已饥疲无力。他决定赌一把，从大埔返回福建，在猎射坳攻击丁长胜。这支恪靖军忍饥挨饿，力战两昼夜，丁长胜精疲力竭，死于阵中。汪海洋赌赢了，乘胜攻击永定城。康国器闻讯，火速赶来增援，解了城围。

李世贤濒临绝境，听说江西边界有望突破，相继撤到永定境内，但他遇上了恪靖军部将张福齐与萧雅泗，他们将李世贤逼到猎射坳，予以重创，迫使他的一万名部属投降。李世贤在战斗中负伤，部队破散。几天后，太平军大将何春贵又率两万人来到永定，参见王开琳，向恪靖军投降。

汪海洋虽然赌赢了一把，但他仍然无力西进，只得奔向上杭的中都。

改变战略

恪靖军入闽之后，几个月打下来，左宗棠发现，他在进军福建时对所部能力的估计过于保守了。虽然他兵力有限，但因调配得当，奇正并用，反客为主，分路突击，恪靖军各部进展非常顺利，攻势发动以后，两个月就控制了福建的局面。

左宗棠觉得战局豁然开朗，大大松了一口气。他向慈禧报告：他已有了速胜的把握。他原本担心各路部队来自不同省份，将领繁杂，指挥权无法统一，没有想到，各位将领和衷共济，谋定而战，有条不紊。部队分散于各地，却能遥为呼应，关键时刻，都能如期而至。战事进行得如此顺利，避免了旷日持久的拖延，实在是他始料未及的。

左宗棠看清了速战速决的局势以后，各路兵马果然节节获胜。李世贤所部溃散之后，南方的太平军余部只剩下汪海洋的一支，脚跟已经站不稳了。

为了就近指挥，左宗棠决定进一步向前线靠拢。他于闰四月初八抵达泉州。两天后，他从泉州移节漳州，命令各部追击汪海洋。闰四月十九，高连升和黄少春追到姑滩，再次挫败汪海洋。最后一支太平军无法在福建立足，再次逃往广东，这次的路线，是从武平逃往镇平。

至此，福建的战事全部平息。

汪海洋虽然离开了闽浙总督的辖地，左宗棠却无意于把包袱甩给广东巡抚郭嵩焘，更不想连累江西和湖南。他发布命令，要求部属或向广东追击，或防汪海洋进入江西与湖南。康国器、关镇邦奉命率五千人追入广东；王开琳奉令进军赣州，防守江西；刘典奉令从汀州进军南安，防止汪海洋跑到湖南。黄少春、高连升奉令驻扎武平，观察敌军动向，相机而动。左宗棠让淮军撤回江苏，参加对捻军的作战，因此而招致郭嵩焘的不满，因为他本指望淮军来广东助他一臂之力。

左宗棠部署了各路兵力以后，立刻在官场开展整风运动。他令周开锡主持制订商业税征收办法。鉴于军饷不足，他决定不再增加正规军编制，要求福建清军以现有兵力尽快扫平泉州、永定和漳州的会党。

汪海洋进入广东后，不敢犯险深入该省内地，企图返回福建，从这里进入江西，为此而从镇平袭击毗邻福建的平远。高连升等部已经开抵武平阻截，汪海洋见劲旅在前，只得掉头回去。六月份，汪海洋奔赴嘉应州，即今梅州，攻破广东清军的石峰、白渡军营。康国器出兵龙川阻击，汪海洋又缩回镇平。

这时候，左宗棠得知，曾国藩和李鸿章在上海创办了江南制造总局，积极展开洋务活动，对此十分羡慕。学习西洋人制造机器，一直是他的心愿。此后不久，李鸿章又建立了金陵制造局，消息传来，左宗棠更加心痒，极想尽快结束战争，立刻在福建开设造船厂。他知道汪海洋已经势穷力竭，认为歼灭该部已为期不远。但是，一件意外的事情打破了左宗棠速战速决的美梦。由于鲍超离开自己的霆军回家省亲，霆军宋国永所部在湖北金口哗变，叛卒经湖南进入广东，投奔太平军，与汪海洋会师。已经奄奄一息的汪海洋，重新振作起来。

六月初十，正是二伏天气，汪海洋大举回攻福建武平，企图取道汀州而入江西。第二天，高连升、黄少春所部冒着酷暑分路阻击，战到太阳偏西，左路军将领汤复春中炮阵亡，部队稍稍退却。黄少春麾军陷阵，高连升将敌军大将伍金保斩于阵前。汪海洋很受打击，于六月十二日撤回镇平。

左宗棠不敢掉以轻心，连忙召开军事会议。他指出，镇平处在万山丛中，汪海洋不可能长久驻扎，必定试图再次逃向江西。如果恪靖军派出一支部队，越岭进入广东，就到了汪海洋背后，可以将他引诱到福建边界加以打击。于是，他命令康国器、关镇邦攻击汪海洋之东南；令高连升、黄少春、刘清亮严密扼守武平边境，阻挡汪海洋北进；令刘典、王德榜分别驻扎在上杭和武平，等待战机。令左宗棠头痛的是，广东巡抚郭嵩焘总是派不出劲旅来跟他配合，他不得不一次又一次地知会广东清军：一定要扼守镇平的西南，才能与恪靖军形成夹击之势。

在部署兵力的同时，左宗棠仍然不忘振兴福建的经济，决定针对盐务弊端严重和商业疲软等问题动一次大手术。六月十九日，他一天就上了三道奏疏，分析福建省经济凋敝的原因所在。他请求慈禧宽限完税的日期，提议试行盐务票运，减免拖欠的税收八十万两银子。左宗棠为百姓和商人减负的措施遭到各部大员的诘难，他们提出"四可虑"，左宗棠上疏一一反驳，力争朝廷通过自己的方案。在这些关键的问题上，慈禧再一次支持左宗棠，颁下特旨，允许试行票运。

康国器等部进军镇平以后，令汪海洋无法安生，为了夺取出路，他向康国器的军营发起攻击。康国器设下埋伏，重创汪海洋的攻击部队。这时，李世贤只身从潮州来到镇平，引起了汪海洋的猜忌。汪海洋已在部队中清洗了李世贤的死党，担心侍王报复，决定先发制人。七月初七日，内讧发生，汪海洋派人杀死李世贤，太平军内部的猜忌更加严重。汪海洋想：如今军心不稳，处境艰难，只要敌军来攻，部众将会瓦解；必须尽早杀开一条血路，或许还有希望。主意拿定，他派出部队进入龙川，攻占长乐，广东清军回师援救，催促福建友军赶快进兵攻击镇平。高连升、黄少春所部为了给镇平的汪海洋施压，越岭驻扎分水坳。

八月初六日，汪海洋进攻分水坳军营，恪靖军奋力阻击，毙敌三千人，然后逼到镇平城下筑垒。与此同时，康国器攻破了石古军营。汪海洋再次陷入困境，于八月十二日放弃镇平，西进平远。黄少春、高连升会同康国器分道追击，遇到四千多名太平军投降，击毙一万多人。江西楚军席宝田所部扼守东坡，又将汪海洋挫败。汪海洋改奔兴宁。

左宗棠看出广东清军战斗力不强，不得不鼎力相助。他只留下王德榜驻守福建，令其余各部分头出击。尽管他派出了大部分兵力到其辖境之外作战，但朝廷认为还不够，还要把他本人也调往邻省坐镇指挥。从八月十七日起，慈禧连发几道上谕，令左宗棠督率各军驰赴广东境内，指挥福建、广东、江西三省各军联合作战。但是，左宗棠有意延搁，他希望朝廷把这个督军的任务交给邻省的封疆大吏，使他自己得以尽快从战争中摆脱出来，专心致力于洋务运动和经济建设。

绝交郭嵩焘

左宗棠不愿出驻广东，固然是因为打仗打累了，但其中还有一个原因，就是他对广东巡抚郭嵩焘非常生气。

自从汪海洋被赶到了广东以后，郭嵩焘就对左宗棠颇有怨言。他的想法很简单：我是你的老朋友，对你的才干十分了解。可是，你左季高那么能干，怎么就没能把汪逆消灭在你的管辖区内呢？把汪海洋逼到我的责任田，岂不是为我添了大麻烦？

郭嵩焘发这样的怨言，显然有些小儿科。这个怨言发得没道理。他没有上过战场，缺乏起码的常识。左宗棠哪怕有五万兵力对付二十万敌军，也不会放走汪海洋；但他手中只有三万人，淮军来援，也不过多了八千人。福建与广东、江西两省的交界线那么长，这么点兵力怎么够封锁全部边界？何况左宗棠绝不是那种把皮球踢给别人的大帅，他没能把汪海洋拦截在福建境内，确是情非得已。而且，他也并没有看到汪海洋进了广东就撒手不管了，事实上，福建的很多部队都跟着汪海洋追了过去。

但是，汪海洋进了广东，郭嵩焘就犯难。他这个代理广东巡抚，到任两年，在自己的辖区内本来就混得不好，要兵无兵，要饷无饷，现在又要他对付汪海洋，他实在是力不从心。

清末官场的人事极为复杂，而按照郭嵩焘的说法，广东的官场，又比别的省份更加黑暗。两广总督毛鸿宾架子大得很，很难打交道。这个老毛对于曾国藩有师生之谊，碍于曾国藩的情面，郭嵩焘对他多少有些顾忌。毛总督却不顾及情面，对郭巡抚很不客气，事事牵制，弄得他很被动。

毛鸿宾的一个幕客，名叫徐灏，对郭嵩焘意见很大，常在毛总督面前说郭巡抚的坏话，而广州将军瑞麟又是个庸才，只会溜须拍马，迎合总督，郭嵩焘在广东陷入四面楚歌的境地。为了维持督抚间的表面和谐，郭嵩焘只好步步退让，当个好好先生，不与他们争执。

新官上任，谁不想大展宏图呢？郭嵩焘也想。但他说话没人听，梦想就成了泡影。特别是在军事和筹饷方面，郭嵩焘分明成了一个摆设。他明知广东清军无能，军饷不足，会带来严重的后果，也不据理力争，为了保持一团和气，也不向朝廷奏告。宁愿憋着一肚子窝囊气，代人受过。当了两年的代理巡抚，他就是这样对付过来的。

汪海洋进入广东之后，粤军连吃败仗，将领们还虚报战功。左宗棠不得不把实情向清廷上奏，而这样，实际上等于告诉慈禧：广东的郭巡抚是无能之辈。慈禧可以原谅一方大员其他的过失，但对于和太平军作战吃了败仗的官员，却是最为恼火的。左宗棠无意之间，在慈禧那里给郭嵩焘抹了黑，也就把这位死党得罪了。

左宗棠知道粤军不可指望，立刻奏调鲍超的霆军到广东会剿，因为鲍超和他是老战友了，而且对他言听计从，他对霆军的战斗力十分信赖。可是，郭嵩焘对鲍超不感冒。他认为，鲍超这员大将性格刚猛，不拘小节，对部队约束不严，霆军素来军纪不良。他一听鲍超要来，觉得无异于招来了洪水猛兽，连忙与毛总督联合上奏，说粤军足以对付汪海洋，倒是有可能把汪海洋赶到江西和湖南，霆军应该严防江西，不必进入广东。慈禧担心汪海洋乱窜，便准了他们的折子。

左宗棠见郭嵩焘驳回了自己的提议，心里老大不爽。他想：你们粤军打不过汪海洋，我好心为你找来帮手，你却不让人家进你的家门。汪海洋明明是在广东嘛，你却睁眼说瞎话。汪海洋怎么能跑到江西和湖南去？我都已经做好了防范！你不作调查，妄加揣测，简直是谎报军情！

郭嵩焘过去在楚军大营里当过高参，见识过湘勇打太平军的厉害。他以为天下军队都一样，粤军兵力不少，而汪海洋已是强弩之末，吞掉他绰绰有余。他没有和左宗棠一样看透广东的官员"文官要钱，武官怕死"，怎么比得上楚军的凶悍勇猛？果然，粤军连吃败仗，郭嵩焘终于也醒悟了。但他架不住新任总督瑞麟不断谎报战功，为了不撕破脸皮，也不揭穿他的谎言。这种无原则的忍让，左宗棠最是看不惯。左宗棠为死党痛心，怒其不争，怜其无能。更令他生气的是，他根据广东督抚奏报朝廷的军情，派了康国器和关镇邦追击汪海洋，结果遭遇埋伏，死伤惨重。左宗棠一拳重击在桌子上：广东督抚的捷报，根本是一派胡言！

对于这场荒唐的闹剧，左宗棠不能坐视不管了。同治四年（1865）九月初七日，他上了一道奏疏，指责广东督抚作战不力。这无异于向清廷报告：瑞麟和郭嵩焘不是治军之才。十一天后，他第二次纠参广东高官：广东督抚谎报军情，致使汪逆迟迟不能剿灭。

罪名一个比一个严重，郭嵩焘慌了。娄子捅大了，朝廷追究下来怎么办？再也不能顾及情面了，公关只能暂且撇在一边。他主动向慈禧诉苦：两广总督擅权，独断专行，排斥巡抚，治军不严，谎报军情。

看了郭嵩焘的这份奏报，慈禧大吃一惊：哦？广东还有这样的事情？原来巡抚和总督并不是一条心，也不是一路货色？由于广东军务紧急，她决定让左宗棠兼管，另外，令他帮朝廷查查这个督抚不和的案子。左宗棠接到圣旨，心里叫苦不迭。他想：为什么叫我去广东？打仗已经够累了，还插手别省官场的内讧，这趟浑水好蹚吗？这是何苦呢？于是，他连忙上折拜辞。他说，他身在福建，对广东鞭长莫及；至于查案一事，由于他的二兄左宗植与郭嵩焘是儿女亲家，他要避嫌。

写到这里，左宗棠想到郭嵩焘对自己的种种好处，想起过去的交情，心肠一软，便为郭嵩焘美言几句。他说郭嵩焘为人诚实，他反映的情况，可信度很大。造成这种局面，郭嵩焘当然也有责任，因为他迂腐琐碎，明明有道理，却不敢据理力争，这是个性使然。

不过，左宗棠认为，郭嵩焘站出来说真话，为时已晚。事前透过，事后弥缝，没有大丈夫的气魄。总督和巡抚，各有各的权力，你有不满摊开直说嘛，也可以早向朝廷报告嘛，何至于造成军事上的损失？这是咎由自取。

站在左宗棠的立场上，以他刚直干练的性格而言，他看不惯郭嵩焘为了维护官场中表面上的一团和气而放弃原则的做法，他对郭嵩焘的批评是理所当然的。只是，郭嵩焘也有一肚子委屈，左宗棠未能体谅。

郭嵩焘的委屈，主要是因为未能从左宗棠那里得到同情与帮助。他想：别人不体谅我，倒也罢了，你左季高不依不饶，却是说不过去的。我和你老左是同乡、朋友加亲戚，朝廷要你来查案，你怎么不来啊？你来查案，正好可以罩着我嘛。朝廷要你坐镇广东，帮我打仗，你干吗拒绝呢？不来就不来吧，还在太后那里损我。你不帮我也就罢了，可你说我也有责任，那是要毁掉我啊。我老郭究竟什么地方对不起你呢？我不是还救过你的命吗？难道你连这个都忘了？

郭嵩焘有写日记的习惯。心里有什么委屈，都记在日记里：季高真是冤枉我了。我老郭算什么软骨头？哼，别人都说，我比前两任广东巡抚都有气节。那两个前任，一个好像总督的秘书，另一个简直就是总督的马仔。我比他们强多了！我还敢跟总督顶嘴呢，他们敢吗？可是，季高还指责我骨头不够硬，不敢告御状，真是站着说话不腰疼！

至于左宗棠，虽然他确实不想兼管广东的军务，但他还是被慈禧压着进军广东了。此时他真是一百个不情愿。他这个闽浙总督，进了驻节之地的福建，在省城的总督官署里只待了十几天。那么多战争善后事宜需要他去打理，洋务迫在眉睫，建造轮船，创立中国的海军，这是何等重要的事业！想到自己要放下这一切，还得去广东帮郭嵩焘打仗，他不由得愤愤然：朝廷养着你们这些高官，究竟是干什么吃的？连汪海洋这点残余都收拾不了！还是要我老左出马，才能摆平，哼！

在进广东之前，他下了一个决心：进驻广东是推辞不掉了，但是，对于广东督抚之间的矛盾，还有谎报军情的案子，他是坚决不会染指的。

左宗棠进了广东，要求郭嵩焘负责一部分部队的军饷。郭嵩焘这个读书人，居然像个小菜贩子，跟左宗棠讨价还价。左宗棠一听便火冒三丈，写信给他，把这位同乡老友教训了一通：筠仙啊，你简直就是个窝囊废！军队打仗，必须吃饭，这是军事科学的入门知识，你居然连这个都不懂！我的辖地福建已经承担了那么多军费，现在轮到你广东为江西开来的增援部队供饷，是天经地义的事情，想不到你还会推三阻四。江西的部队饿垮了，看你怎么办！

左宗棠拿李鸿章作例子来教育郭嵩焘。他说：少荃不但派淮军到福建作战，还负担军饷。你呢？外省军队到你们广东作战，你还舍不得给粮饷，岂不令人笑话！

其实，郭嵩焘不是不愿给军饷，而是拿不出钱。他没有实话实说，害怕左宗棠笑话他。而他越是企图藏拙，就越是令左宗棠气愤。那么左宗棠的这位朋友，究竟是不是一个窝囊废呢？为什么左宗棠会对他的评价如此之低，以至于在当年十一月二十九日，第三次弹劾郭嵩焘，要求朝廷罢免他的巡抚之职呢？左宗棠这么做，是不是纯粹由于其性格的矫激？他这么做，是不是还有寻常人可以理解的理由？为了弄清楚左宗棠为什么会做出这种伤害朋友与恩人的事情，我们有必要考察一下郭嵩焘的才干与为人，以及他在这两个方面与左宗棠的差异。

不同的干才

凡是研究晚清历史的人都知道，郭嵩焘也是那个时代的一位人杰，并不是什么窝囊废。但是，他的才干，跟左宗棠不在同一层面。他的精彩表演，主要是在政治和外交的舞台上，他以关注西方民主政治、拓展外交关系而见长，他日记中记录的欧亚风情和国外政教，为国人打开了视野。在晚清湖南人的军政集团中，他是第一个提出改革本国政治制度的官员。

郭嵩焘敏锐的政治眼光，使他不能见容于封建王朝。跟慈禧谈民主，无异于对牛弹琴，与虎谋皮，因此他一辈子官场不顺，命运多舛。他首次代表中国出使海外，站在外交历史的最前列，在英国风光了一阵，甚至挽着小妾的胳膊频频出现在各种外交场合，沐浴在一片镁光之下。但他在国内却遭到了不公正的指责唾骂，最终被清廷所遗弃，其身世确实很惨。他是一个超越时代的英才，不能被同时代的人所理解，命运与伽利略相仿。甚至在他死后，还有泥古不化的顽固分子，提出要把他的尸首挖出来鞭笞。

中国人都爱面子，像郭嵩焘这样的人杰，就更加爱惜名誉。在左宗棠向他要军饷时，他没有跟死党说真话，而宁愿讨价还价，也不肯承认自己筹不到军饷。其实，这是他多虑了。左宗棠早就知道他不是行政人才，不善理财，只要他坦率承认自己的弱点，或者早一点向朝廷报告督抚之间的不和，左宗棠也许是可以谅解他的。

郭嵩焘自从来到广东代理巡抚之后，诸事一直不顺。不过，他本人是想有一番作为的。他刚一上任就着手抓财政。他发现，广东海关收入颇丰，只恨大小官吏从中渔利，富商又与洋人勾结，躲避官府的摊派，只要锐意整顿，政府何愁没钱办事？于是，他向清廷陈述了自己的施政计划，要将军务、饷务、吏治分别轻重缓急，次第整理。慈禧早有这样的意图，只是苦于没找到能干的大员，如今郭巡抚主动请战，慈禧自然表示赞赏。

但是，郭嵩焘心有余而力不足。他能够写出计划书，却没有执行计划的能力。对他更不利的是，由于他急于做出成绩，他的新政激起了强烈的反弹，他却没有应对施政后果的措施。他过早地颁布了劝捐令，导致民怨鼎沸。不但如此，由于他的办法损害了当地大款的利益，他们在北京的后台自然不满。他要为清廷捞钱，广东大大小小的地头蛇就得掏腰包，他们怎会轻易就范？于是反对声一浪高过一浪。慈禧为了平衡各种关系，降下严旨，查问事由，郭嵩焘顿感内心受到挫伤。

劝捐没有成功，军队粮饷不足，广东盗匪遍地。汪海洋一来，广东就手忙脚乱。左宗棠要不到粮饷，作战计划无法顺利推进。他一向主张军队未动，粮草先行，郭嵩焘拿不出钱来，又不愿承认自己无能，左宗棠能不发火吗？于是，他在对郭嵩焘的第三次弹劾中，直接指出郭巡抚办理厘捐不善，致使军饷不足，请求朝廷委任蒋益澧取代他出任广东巡抚。

郭嵩焘听到这个消息，简直像遭了雷劈，愣了半晌，才回过神来。他想：这个左季高，是不是吃错药了？我是你的死党呀，怎么我老郭这个翰林，在你眼里，比蒋芗泉那个粗人都不如了？你以为我不知道？蒋芗泉是到福州见过你之后才来广东接任的，你们这是在背后搞小动作啊。你和蒋芗泉联手对付我郭某人，难道我这么可恨、这么可怕吗？你们要把我从广东排挤出去，我倒是乐意让位，嘿嘿。可我想不通啊，你左季高一向光明磊落，为什么不跟我明说呢？

郭嵩焘心情苦闷到极点。是谁一而再再而三的弹劾他？是他的至交左季高！光弹劾还不过瘾，还要把他这个巡抚换掉，真是欲哭无泪啊。

郭嵩焘倍受煎熬，左宗棠却一心扑在作战中，一点也没有顾及死党的心情。同治五年（1866）正月二十日，军务已经办完，左宗棠第四次奏劾郭嵩焘，称广东督抚明于小计，暗于大谋，都非合适人选。这四次纠参，虽然两广总督瑞麟也在被参之列，但瑞麟是满人，后台硬，左宗棠搬不动他，而郭嵩焘终于被他纠参去职。

郭嵩焘要打起背包走人了，对广东任上的两年，用一句话做了自我总结：

内见嫉于同事，外见侮于故人。

在他看来，遭到同事的嫉恨还不可怕，受到左季高这个故交的羞辱，那才是点背到头了。

到这时为止，左宗棠与郭嵩焘二人之间很有些水火不容的味道。左宗棠在给郭嵩焘的信中，说出了一些题外的话，使我们可以看出他对郭嵩焘不满的由来。

左宗棠在信中说：你郭嵩焘眼里只有曾侯爵、李伯爵，还有已经去世的胡润之，你把我跟他们划为同类项，说明你还不够了解我。我这人向来是直肠子，说话不顾忌朋友脸面，因此而多次得罪曾大帅。你作为同乡、朋友和亲戚，竟不知我老左是性情中人，真是有眼无珠！如今国家局势这么紧张，你还闹个人意气，你爱怎么就怎么吧。我是因忠而愤，以直而亢，理解我还是怪罪我，悉听尊便！

郭嵩焘看到这封信，想到左宗棠平日的为人，确实常有"以直而亢之处"，于是他想通了几分，回信说：郭某我办事不力，辛苦季高跑了一趟。我跟你谈不拢公事，朋友交情还得叙一叙吧？军务结束了，我们相约到潮州一见，当面交交心，你说行不行？

左宗棠回答：对不起，我还得赶回福建办理公务，见不成了。

由此看来，若论左郭两人心中的火气，似乎丢了官的郭嵩焘还不如参劾他的左宗棠那么大。原因究竟在哪里？郭嵩焘没有想透。他不懂左宗棠为什么不仅害得他丢了官，连见他一面都不愿意了。他的两名手下从福州回来，他赶紧问："见到左爵爷没有？"答曰："见到了。"他连忙问："谈到我了？"答曰："谈到了。问我们觉得郭大人怎么样。"郭嵩焘紧张地问："你们怎样回答？"答曰："我们说，郭巡抚人很好，也挺能办事。可是左爵爷不高兴了，他说：'要说郭巡抚肯办事还靠谱，怎么能说是能办事呢？'"

郭嵩焘一听，冷哼一声，闷闷不语。郭嵩焘不久就凄然下课，左郭二人从此极少交往。左宗棠与郭嵩焘的私交，竟然就此而破裂。说起事情的导火索，固然是为了军事，为了公务，但究其根源，确实有一些私人恩怨，也就是左宗棠在信中所说的那些题外的话，关系到曾国藩与李鸿章。

此事源于郭嵩焘的人生定位。也许，郭嵩焘在成为一名外交家之前，对自己的社会定位有一些偏差，因此而和友人们发生了矛盾，同时也导致友人们之间的一些不快。郭嵩焘早就知道军政一道本非自己所长，所以他一度离开军旅。但他在别人怂恿下，又回到了军旅之中，而这竟然是听从了左宗棠不喜欢的李鸿章对他的劝诱。这就是令左宗棠对他心生芥蒂的原因。

为了说明左宗棠为什么会对此耿耿于怀，有必要概括地回顾一下郭嵩焘的人生历程。

郭嵩焘和左宗棠同为湘阴老乡，郭小左六岁。二人早年经历相似，都是家道中落，要为温饱而劳作。郭嵩焘聪明过人，读书用功，大考小考，一路顺利。左宗棠二十一岁中举人，郭嵩焘中举是在十九岁，虽然家境贫寒，但也算少年得志。

郭嵩焘跟左宗棠一样，中举以后，老是过不了会试这个坎。左宗棠放弃了，郭嵩焘却不信邪，坚持考下去。道光二十七年（1847），他第五次进京会试，终于考中进士，点了翰林，跻身于上层社会。那年他三十岁，到了而立之年。

咸丰二年（1852），太平军第一次打进湖南，郭嵩焘丁忧在家，和左宗棠一起隐居白水洞，曾国藩请他出山做了自己的高参。从咸丰三年（1853）到咸丰六年（1856），他一直追随曾国藩，为曾大帅献计献策，筹饷募捐，并且亲临江西战场考察，跟随江忠源、左宗棠提出建立水师，是湖南军事集团的一个大功臣。

不过，诚如前面所说，郭嵩焘一生最大的追求不是打仗立功。他在近代史上的地位，是以跨越重洋、探索蓝色文明为标志的。他是目光长远的时代前瞻者，两次鸦片战争后，他认识到洋务的重要性，开始主动接触洋人，积极了解西洋事物。

咸丰九年（1859）正月二十四日，他向清廷上了一道奏折，主张学习西方语言文字，培养洋务人才。这个建议，咸丰没有采纳。但是，三年之后，北京就建立了培养洋务人才的同文馆。光绪二年（1876）年底，郭嵩焘奉诏出使英国，把赴英途中三十多天的记录整理成册，题名《使西纪程》，寄给清廷。由此，他在中国近代外交史上立下了第一块里程碑。到达伦敦后，他认真考察西方的教育科学、人文风俗和政治制度，详加记录，还发表了不少独到的见解和评论。

郭嵩焘虽是一位杰出的出洋探索者和外交家，但他的行政才干，却素来不为湖南军事集团的大佬们看好。咸丰十一年（1861）三月，淮军创始人李鸿章刚到上海，正在网罗人才，知道郭嵩焘赋闲在家，想请他来做帮手。曾国藩对他说：少荃，我看你还是另请高明吧。郭筠仙文才虽好，但他缺乏行政才干嘛。你跟筠仙一别十六年，别人向你推荐他，你就轻信了。你将他奏调过去，如果将来办事不顺，既误了筠仙，又误了你的公事，何必如此呢？

曾国藩会相人，也会识才，他心里很清楚，郭嵩焘的定位，应该是一个学者和思想家，而不是行政官员。这一点，他和左宗棠的看法是一致的。但是，李鸿章没有接受老师的忠告，打算写个折子，请求清廷任命郭嵩焘为江苏布政使。曾国藩又说：郭筠仙性情笃挚，不怕他不负责任，而是担心他过于负责，急于求成。布政使的位置太重要了，工作牵扯太多方面，还是让他专任苏松粮储道，不任其他官职，比较合适。

郭嵩焘来到江苏，在淮军幕府干了将近两年。这件事，令左宗棠颇为不满。他想：李鸿章做事没个准谱，一会儿打家劫舍，一会儿杀降，一会儿又跟洋人勾勾搭搭，让洋人帮他打仗。此人办事不牢靠，搞关系却很在行。他号称懂洋务，其实懂的只是皮毛，你一个湖南人，并不擅长搞行政，何必去给他打下手呢？你要搞洋务，我对洋务也感兴趣，我们两个湘阴人可以一起搞嘛。然而，郭嵩焘在李鸿章那里似乎干得不错，郭、李搅在一起，相得益彰，竟然得了个"通晓洋务"之名，左宗棠对他们并不以为然。

郭嵩焘跟李鸿章对味，李鸿章自然会保荐他。同治二年（1863）六月十九日，慈禧给了郭嵩焘三品顶戴，让他代理广东巡抚。七月二十四日，郭嵩焘得知升官的消息，兴奋不已，在日记中写道：我要有一番大作为了，以展平生抱负。他随即向慈禧表态：到了广东，一定要振兴军事、整顿吏治、清理厘务。

这就是郭嵩焘来到广东的原委。左宗棠对此事一直不赞成，却没有干预，直到郭嵩焘办砸了事情，影响到对太平军的最后一战，他才把内心的想法和盘托出。而郭嵩焘大约没有想到，他去李鸿章那里帮差，早已伤害了老乡左宗棠的感情，因为以办事之人自居的左宗棠，认为自己和靠人际关系发达的李鸿章根本不是同道之人，而郭嵩焘在给他的信中，言必称涤公与少荃，将曾、李二人引为知己和同类，早已令左宗棠十分反感。

郭嵩焘不会搞行政，不善于处理官场中复杂的人际关系，是他的一个致命伤。曾国藩有知人之明，早就看出来了，左宗棠自然也是心知肚明。这个人虽然学问了得，思想前卫，但他改不了一身的书生气，要在官场里打滚，必定会摔打得浑身是伤。官场最需要的是人际关系学，郭嵩焘虽是李鸿章奏荐升官的，却没有学会李鸿章摆平各种关系的那一套，而他任管之所，又是在湖南军事集团鞭长莫及之处，所以他的失败是注定了的。可惜郭嵩焘不听两位好友的劝告，没有及时纠正官场定位和人生定位不当的错误，无异于给自己找小鞋穿。

其实，左宗棠也不擅长人际关系，但他有自己的优势，可以弥补这个缺陷。他办事明快果决，雷厉风行，为人刚直不阿，疾恶如仇，作战足智多谋，骁勇善战。他把自己的主张说得很明白，他的战功赫赫，政绩昭然，得到了慈禧的高度欣赏，而且因他不搞拉帮结派，不讨好京城里的权贵，得到慈禧的高度信任。郭嵩焘却完全不同，他办事优柔寡断，与同僚之间撕不开情面，而且不大喜欢军事，更不愿带兵打仗，又不敢直言自己的主张，所以总是无法取得最高层的认同。性格决定命运，郭嵩焘尽管在外交上卓有成就，但他一辈子活得窝囊，似乎是不可避免的悲剧。

人各有志，性情各异，本来是很正常的，不会妨碍私交。只要不在一起共事，也许永远不会产生矛盾。然而，战争就偏偏把左宗棠和郭嵩焘凑在一起。两人都是一方疆吏，要合办一件事情，因处事方法不同，难免产生龃龉，甚至爆发了积怨。

值得一提的是，野史用一件捕风捉影的事情解释两人绝交的原因，表明左郭二人都是自视甚高，颇有杜撰的成分，因为实际上左宗棠确实自负，而郭嵩焘却未必如此。

野史故事说，同治二年（1863），湘阴文庙里长出一棵五色灵芝，远近轰动。五色灵芝可是大吉兆啊，它刚长出来，郭嵩焘就奉旨署理封疆，弟弟郭崑焘来信祝贺：灵芝显瑞，老兄高升，咱们郭家从此兴旺了！郭嵩焘阅罢来信，大为赞同，回信中说：

> 文庙产芝，乃吾家之祥。

家乡长了灵芝，左宗棠也听说了。他想：嘀，我刚为朝廷立下军功，晋封一等恪靖伯爵，湘阴文庙就长了灵芝，这是我的祥瑞之兆嘛，郭筠仙凭什么把它当成郭家的好兆头？灵芝生在文庙，怎么就被你郭家独占了呢？我要写信给他，争辩一番。湘阴果然有祥瑞，也是应在我封爵上，与你郭家何干！

左宗棠不但写了信，还拿出一千两银子，请湖南名士周寿昌写了一篇《瑞芝颂》，为自己歌功颂德。郭嵩焘见左宗棠一点不讲情面，跟自己争夺祥兆，十分不爽，于是两人不再往来。

野史小说家总是如此，从一些鸡毛蒜皮的小事下手，琢磨一些阴暗心理，编造出很有说服性的故事，可读性增强不少，但多少与真相有些偏差。左宗棠自高自大不假，但他的风格觉悟还是很高的，不会在事关福气和升官晋爵的兆头上与老友一争高下。

其实，左宗棠在同治五年（1866）虽然不愿跟郭嵩焘见面，但他并非真心要跟这位老友绝交。时过境迁之后，他们恢复了书信往来。

野史中另有一个段子，说了左宗棠弥补嫌隙的一次努力。光绪七年（1881），左宗棠已经封了二等侯，衣锦还乡，登门拜访处境非常糟糕的郭嵩焘，吃了闭门羹。门人挡驾不见，连大门都不开，从小门出来，弯着腰说："家主人说，绝不敢当，请侯爷回驾。"

左宗棠忙道："请贵管事再禀一次，说我是来会亲戚，务必见一见。"

门人往返传话，主人一定不见，客人则非见不可，意思极为诚恳，最后郭嵩焘只好开门纳客。左宗棠在郭家盘桓了一天，满以为能够重归于好，谁知他回家之后，郭嵩焘竟不回拜！这真是太不给左宗棠面子了。由此失礼，更显出郭嵩焘铁了心不再认这个朋友。友人断交，这就是左宗棠性情刚介给自己带来的不利后果之一。

左宗棠去世后，郭嵩焘送来挽联，上面写道：

世需才，才亦需世；

公负我，我不负公。

郭嵩焘觉得世道对他不公，颇有怨怼，但他是否原谅了已经去世的左宗棠呢？各位看官不妨根据此联自己推断。

嘉应之战

说过了左郭之间的恩怨，回头来看左宗棠对南方太平军余部的最后一战。

同治四年（1865）九月二十八日，左宗棠上奏，报告太平军的动态，指出汪海洋部可能进入江西，并说他已调派部队助防该省，扼守湖南关隘。这时候，广东清军已进占长乐，留驻未进，却向清廷谎报军情，自称已重创汪海洋部。高连升从镇平向前推进，位于汪海洋背后，他以为粤军既已获胜，一定会配合自己作战，于是孤军深入，穷追六个昼夜，抵达兴宁黄陂墟，被当地会党引入汪海洋的伏击圈，挨了一顿痛打，伤亡几百人，大将关镇邦战死。高连升拼死突围，才保住余部，但辎重全部丧失。汪海洋摆脱了追兵，北进江西的长宁。在这次战斗中，未见粤军出动一兵一卒，左宗棠大为震怒。

慈禧想调鲍超所部协助作战，令左宗棠统一指挥霆军。左宗棠因筹饷太难，以相距太远、指挥不灵为由，上奏推辞。这样一来，三省的部队没有统一调度，进止不一。清廷再次下诏，令左宗棠节制三省军队，进驻广东前线指挥。左宗棠复奏说，汪海洋现已不在广东，而恪靖军已全部开进广东和江西，漳州驻军只有亲兵八百名，他跟汪海洋的距离已有一千几百里，如果由他遥控前线部队，就犯了兵家大忌。他请慈禧收回成命，使各路将领不致观望。

这一次，慈禧没有准奏。左宗棠拗不过慈禧，决定从永定移驻广东。

这时候，王开琳在长宁击败了汪海洋，太平军被迫逃向龙南和定南，接连被江西的楚军挫败，被迫离开江西，南下广东连平。恪靖军已在此布下天罗地网，刘典已从南康出兵扼守广东南雄，黄少春从赣州出兵扼守信丰。汪海洋见去路都被阻塞，便在连平的上坪和下坪增修壁垒，寻机逃向别处。

十一月初八日，汪海洋突然从连平翻越山岭，袭击兴宁与和平境内，昼夜狂奔，九天行走几百里，于八天后突然攻占嘉应。高连升此时已出任广东提督，归郭嵩焘节制，后者令他防止汪海洋攻击本省内地。职责所在，他只得率部从河源进军江西长宁，却没有遇见汪海洋。

汪海洋占据嘉应后，左宗棠首先想到的是福建的安危。危险既已逼近汀州和漳州，他得先在福建边界部署防御，才能向广东进兵。嘉应距离永定与和平都只有一百几十里地，他派飞马传令给黄少春和刘典，令他们返回福建，分别从武平和上杭开进。又派赖长率一千人防守永定，而他自己率领亲军，于十一月中旬进驻平和的琯溪，召王德榜从汀洲赶来会师。

十二月上旬至中旬，高连升、刘清亮所部从长宁回援广东，进军嘉应东北的葵岭。康国器所部从镇平出兵，进军嘉应州城北面的乌泥坪，粤军驻扎在康国器部以西。

十二月十九日，高连升部推进到樟树坪扎营，汪海洋出兵扑营，仿佛碰在铁壁上，只得收拾残部回城。北面攻不动，汪海洋尝试向西，攻击粤军的白宫市军营，一战得手，粤军两座营垒报销了。左宗棠见广东清军如此无用，急令王德榜派朱明亮部火速从大埔扼守三河坝，防止汪海洋奔向潮州。三河是大小靖溪及雁石溪交汇处，地图上标明为潮州要冲。

左宗棠把部队都派走了，大营防卫空虚。他由漳州入广东，拟驻大埔，仅亲军八百人。汪海洋返奔，提督高连升还救不相及。刘典在汪海洋北面，行至南雄，对部将黄少春说："尾贼而追，不是办法。观汪贼返奔甚急，嘉应必不久踞，仍是取道粤、闽边界寻找逃路。漳州追贼各军尽萃于此，若是左公遇反奔之贼，他那点兵力必然挡不住汪贼，结果不堪设想！"

言语间，已经落泪。黄少春说："克庵你说怎么办？"

刘典道："裹二旬粮，取道大岭之脊，昼夜趱行，还来得及赶在逆贼之前。"

诸将皆说："好！"

于是，黄少春星夜从信丰赶到左宗棠身边护卫。王德榜也替左宗棠担忧。这位将军法令严整而善得士心，又精料敌。他得到左宗棠指令后，前往三河坝察看地形，只见全是山道绝涧，料定敌军必不会来此。他认为左大帅驻扎孤县，汪海洋直攻，必不能支，乃请当中路陈兵，步步设守而后进，与刘典军出敌前遏之。当左宗棠抵达大埔时，刘典已先一日率诸军抵达。

到了十二月二十二日，黄少春随左宗棠合进大埔，刘典等部也先后赶到大埔集结。两天后，左宗棠在大埔扎营，传令各军对嘉应州城发起进攻。

攻城战打响后，左宗棠担心口袋没有扎紧，又让汪海洋跑掉，导致战事总无宁日。第四天早晨，他把吴观礼叫来，吩咐道："你骑马去视察战场，一定要保证没有缺口。此次务必一举歼灭汪逆，不让他们逃散。"

同治五年（1866）正月初一日，刘典所部从松口进驻嘉应东南面的丙村，左宗棠令王德榜部进驻塔子坳，扼守东面，与刘典部相接；黄少春部进驻金谷坑，连接高连升、康国器两部，位于东北面。鲍超所部到达后，其任务是会同粤军拦截西北面。

正月初六日，汪海洋见各路官军渐渐逼近，决定趁官军立足未稳，发起反攻，寻找缝隙突围。他下令在四面山上设伏，抄袭官军背后。接着，他发现王德榜部在塔子坳的壁垒尚未修成，急派精锐部队前往袭击，不料王德榜虽然壁垒未成，却已在要隘部署兵力，其攻击部队无法逼近。

刘典听说太平军出城寻战，担心前线吃紧，分兵向前线急行军，突然与太平军遭遇。两军交手，搏战到日头偏西。此时黄少春、王德榜两部营垒已经修成，分别横出太平军左右两侧，重创敌军。汪海洋率部死战，不肯后退，简桂林下马，率死士冲入敌军中坚，士卒无不以一当百，把太平军稍稍逼退。恪靖军各部乘势直冲，杀得太平军横尸累累，闭塞川原。抄袭恪靖军后背的太平军遭到高连升部袭击，都被击败。入夜后，不断有太平军出城投降，高喊道："汪海洋中枪死了！"攻城部队听到这个消息，士气大振。

其实汪海洋还没死，只是身负重伤，两天后才去世。但他已无力指挥战事，由偕王谭体元接替指挥，继续战斗。

正月十三日，鲍超所部赶到。左宗棠见劲旅来援，十分高兴，将指挥所推进到松口。两天后，江西楚军席宝田部也赶来了，与鲍超所部联合驻扎在州城西北面。

正月十七日，左宗棠进扎嘉应城东的井城。入夜，城内守军看到围城部队火如龙蛇，军心动摇，企图越过黄沙嶂逃走。刘明灯派降卒进城，探得情报，便与简桂林和赖长率先领兵驰往黄沙嶂。第二天，谭体元下令开启西南门，悄悄撤出嘉应州城，进入黄沙嶂。他手下仍有几万人，兵力不弱，但因山路险峭，无法迅速推进。恪靖军各部得到警报，一起赶去攻击，太平军四处狂奔，轻易就被斩杀，阵亡一万六千人，还有一万多名百姓解散。太平军将领胡永祥做先锋，向北溪逃跑，高连升的部将丁贤发率部赶到崀山，将胡永祥捕获。

正月十九日，恪靖军入城，左宗棠派兵分头追击太平军残部。各部赶到北溪，只见敌军残部全在这里集结。清军从四面山头冲下去，呼喊道："放下武器者免死！"六万多名太平军跪地投降，漫山遍野都是丢弃的武器。部分太平军将领继续格斗，清军斩杀对方将领七百三十四名。

至正月二十日，黄沙嶂战役结束，江南太平军余部败灭。

嘉应之战是惨烈的，总攻那一天，"血战竟日"，"大战处血渍满蹊径，涧水尽赤"。左宗棠说："诸将士皆言逆贼是日分布之密，搏斗之苦，实为从征数年来所仅见。"但是，嘉应之战结束了南方多年的内战，南方的百姓终于盼到和平的日子了。

左宗棠结束了与太平军的最后一仗，于第二天返回松口。正月中旬到二月上旬，恪靖军给投降的太平军发放路费，将他们遣返家乡。

二月十八日，上谕嘉奖左宗棠督办军务调度有方，赏戴双眼花翎。恪靖军各部凯旋。这时候，左宗棠急于创办福州船政局，立刻把自造轮船抵御外侮提上了闽浙总督的议事日程。他的这个决定，使他以实际的行动，跻身于中国近代化倡导者的行列，并成为造船厂这类近代企业的开拓者。

第十五章

船政与海军

当务之急的洋务

同治五年（1866）二月十九日，左宗棠从潮州启程返回福建，取道诏安，于三月初九抵达福州。当时，崇安的斋教会党起事，攻占县城，正值恪靖军各部从广东返回，左宗棠急调部队前往镇压。部队尚未集结，会党于三月十六日攻占建阳。第二天，张树菼所部从延平赶到建阳，会军撤回崇安。三月二十二日，黄少春所部赶到崇安，攻克崇安县城，会同张树菼在岚角击败会军。两部只用了五天时间，就追赶到江西铅山境内，将会军歼灭。张树菼部还驻崇安。于是，左宗棠上奏，请派高连升所部开往广东，黄少春部开往浙江，各自上任该两省的提督岗位。

左宗棠进一步弹压各郡的会党，令王德榜、罗大春部驻扎泉州，令虞绍南、简桂林部驻扎兴化，令张福齐部驻扎汀州，令杨和贵部驻扎漳州，令康国器部驻扎延平。各部分别捕获会党，几个月便告平定。

福建战火刚刚平息，到处一片凋耗。左宗棠在省城开设蚕棉馆，谕令各个州县增加粮食储备，以备粮荒。考虑到福建为理学发源地，他有心发扬光大，开设正谊堂书局，张贴告示，说明书局是为了出版先儒遗书，并招聘编辑校对人员。

左宗棠回到福州以后，左夫人周诒端率家人来此与他团聚。夫妻父子相见，唏嘘不已，呜咽流泪。左宗棠自从咸丰十年离家以后，时隔五年多，第一次与家人团聚。周贻端把老公端详了好一阵，唏嘘道："季高，没想到我们夫妻还能相见！这些年你除了打仗还是打仗，我真担心你会遭受不测！"

"夫人说到哪里去了？"左宗棠笑道，"我这不是好好的吗？好在东南已经平定，我总算可以专心搞搞建设了。涤公和少荃兴办洋务，我不能落在他们后面！"

左宗棠最关心的事情，当然是制造轮船。他的这份关心，是与林则徐一脉相承的。林则徐在第一次鸦片战争期间就认识到，中国的旧式战船不是英国新式战船的对手，决心仿造西洋战船。他"检查旧籍，捐资仿造两船，底用铜包，篷如洋式"，首开中国仿造西式舰船的风气。林则徐还认识到："外海战船，宜分别筹办也。查洋面水战系英夷长技，如英夷逃出虎门外，自非单薄之船所能追剿，应另制坚厚战船，以资战胜。"前面已经说过，林则徐这种创立近代化海防的洋务，是为了"师敌制敌"。

自从太平天国农民运动兴起，中国内战爆发，战争的双方都在装备西洋枪炮，购买外国火轮，但这都是为了在内战中压倒对方，虽然也可以称为洋务，但目的不是抵御外侮。而置身于这场内战中的左宗棠，不但始终积极地思考着如何举办洋务，而且没有忘记林则徐推行洋务的初衷，即师夷之长技以制夷。

第二次鸦片战争结束之后，曾国藩和左宗棠都抓住了清廷与外国列强关系缓和的机遇，开始了仿造轮船的活动。咸丰十一年（1861），曾国藩创办了安庆内军械所，罗致徐寿、华蘅芳等科技人才。此后，他于同治元年（1862）、同治二年（1863）和同治四年（1865）在安庆做了三次仿造汽船的试验。与此相对照，左宗棠尽管在同治二年就宣称自己想动手试制火轮，但由于战争的拖累，起步晚了一点，在同治三年（1864）才开始试制。所以，左宗棠很想急起直追，不愿落在曾国藩后面。

至于向外国列强雇船和买船，曾国藩和左宗棠的想法大不相同。曾国藩曾向朝廷提出购船的建议，因"中英联合舰队事件"而受挫。那是同治元年二月间，在中国海关担任总税务司的英国人李泰国在英国为清政府买下了一支舰队，擅自任命英国海军上校阿思本担任舰队司令，侵犯了中国政府的人事任命权，总理衙门大臣奕訢等人认为，李泰国"竟思借此一举将中国兵权、利权全行移于外国"，是不能接受的。结果是，清廷将阿思本舰队遣散，将买回的军舰降价出售，损失白银七十万两。

由于仿制轮船的目标在左宗棠看来非常明确，就是为了对付外国的侵略，因此，他一贯反对购买或雇佣外国轮船，反复阐述自造轮船的重要性，而且强调要让中国人自己学会驾驶轮船。在他试制小轮船成功时，即同治二年初，他致函总理衙门说：

> 将来经费有出，当图仿制轮船，庶为海疆长久之计。

当年十二月十四日，他在发给浙江宁绍台道道员史致谔的公文中写道：

> 轮舟为海战利器，岛人每以此傲我，将来必须仿制，为防洋缉盗之用。中土智慧先逊于西人，如果留心仿造，自然愈推愈精。如宣城之历学，及近时粤东、扬州之制造钟表、枪炮，皆能得西法而渐进于精，意十年之后，彼人所恃以傲我者，我亦有以应之矣。李泰国之事变，实为雇佣洋人，而不使华人得与其间。闻曾节相上书恭邸，言其不可。各国公使亦共斥之，乃得了结。然恭邸斥之者，恶其谬诈，而各国公使所以斥之者，一则忌其专利，一则不欲以利器假人也。毕竟沿海各郡长久之计，仍非仿制轮舟不可。欲仿制必得买其舡，访得覃思研求之人，一一拆看，模拟既成，雇洋人驾驶，而以华人试学之，乃可展其有成。为此始有费而终必享其利，始有所难而终必有所获。鄙见如是，仍乞留心。

同一个月里，左宗棠又在写给史致谔的信函中说：

> 海上用兵以来，过犹不及，言之腐心。……大轮舡总当刻意办理，由粗而精，不惜工本，无不成之事也。……吾辈办事，不逮泰西，望由苟安一念误之，今当引以为鉴。

左宗棠在试制的小轮船试航于西湖时，邀请下属的法国人德克碑和日意格来参观，德克碑等人认为，该船与西洋轮船比较"大致不差"，主动提出要按照法国的造船图册，代左宗棠建造轮船，"以西法传之中土"。当时，由于李世贤攻克了漳州，左宗棠不得不前往福建督战，所以此事耽搁下来。德克碑却对此念念不忘，他在辞职回国后，又给日意格寄来制船的图纸、船厂的图册，对购买轮机、招募外国技术人员等事项一一加以说明，让日意格转交给左宗棠。恰在这时，左宗棠奉旨，不得不前往广东督军，未能将此事定下来。由此可见，左宗棠要造轮船，和李世贤要买轮船对付清廷不一样；他不是为了将轮船用于内战，而是为了建立一支近代化的海军，加强中国的海防。

左宗棠从广东返回福州之后，作为闽浙总督，立刻想到了福建人林则徐的遗愿。他还记得，二十六年前，他还是一个年轻人的时候，他对林则徐在广东抗击英军的侵略备感钦佩；十七年前，当他与林则徐父子相会于湘江之畔的画舫中时，他们之间热烈地讨论过中国的海防和塞防。他决心要完成林则徐仿造外国轮船的未竟之业。

不久之前，清廷有几名大臣提出购买或雇用外国轮船，用于战捕海盗。针对这种老调重弹，左宗棠明确地表示反对，提出购雇不如自行制造。

左宗棠这时在朝廷的影响，已经有了一言九鼎的分量，但凡国家大事，慈禧都要垂询他的意见。左宗棠回到福州之后，经过两个多月的慎重考虑，于五月初七日向清廷连上几道奏疏，讨论重大国事。他的第一份奏疏，就是请求慈禧批准购买机器，募雇西洋技术人员，开设船局，试造轮船。他指出，向外国借船、租船和买船都是不划算的，最好的办法还是自造轮船。有了自己的轮船，可以巩固海防，促进商业，保障民生，加强公粮的运输。

当然，左宗棠认为，造船的最大好处还是在于建立强大的海军，加强海防。他说：

> 东南大利，在水而不在陆。自广东、福建而浙江、江南、山东、直隶、盛京，以迄东北，大海环其三面。……欲防海之害而首其利，非整理水师不可；欲整理水师，非设局监造轮船不可。

左宗棠在指挥内战之余，敏锐地觉察到了世界上许多国家正在争先恐后地加强军备竞赛，"西洋各国与俄罗斯、咪利坚数十年来讲求轮船之制，互相师法，制作日精。东洋日本始购轮船，拆视仿造未成，近乃遣人赴英吉利学其文字，究其象数，为仿制轮船张本，不数年后，东洋轮船亦必有成。独中国因频年军务繁兴，未暇议及。"

值得强调的是，左宗棠写这份奏疏的时候，距离中日甲午战争的爆发还有二十八年，当时日本还未跻身于"列强"之列，但他已经预见到了这个一衣带水的邻国将会在海上崛起。这种预见，完全可以解释他为中国造船所具有的紧迫感。因此，在这个时候，中国由于有左宗棠这样的干才，由于有他这样的爱国者在推行目标明确的洋务运动，中国的海防暂时还未落后于日本。左宗棠指出：中国与日本都有大海提供的便利，如果日本能造轮船，而中国不能，让别人驾船，我们甘心坐筏子；让别人跨骏马，而我们甘心骑驴子，哪有这样的道理？中国人和外国人都很聪明，但中国人把才智用于务虚，外国人把才智用于务实。中国人擅长讲道理，外国人擅长搞技术。难道我们就听任外国人独享技术带来的好处？不行，我们必须迎头赶上！

从这份奏疏中可以看出，左宗棠创办船政局的动机，是为了不让列强进一步染指中国沿海。他指出：洋务运动是个好东西，但是我们应该把握正确的方向。

慈禧读了左宗棠的奏章，深以为然。她不顾大臣们的反对，于六月十三日颁布上谕，批准左宗棠关于设厂造船的请求。上谕写道：

> 中国自强之道，全在振奋精神，破除耳目近习，讲求利用实际。该督现拟于闽省择地设厂，购买机器，雇募洋臣，试造火轮船只，实系当今应办急务。

慈禧的支持，使左宗棠得以开设福州船政局，为中国的造船事业奠定了第一个基础，使之成为近代海防的产物。左宗棠的这份奏疏，是中国官员第一份奏请朝廷批准兴办造船厂的报告。尽管曾国藩是第一个试制轮船的官员，但他直到同治六年（1867）冬季从山东与捻军作战返回金陵时，才呈递了一份类似的奏疏。所以，在清廷看来，左宗棠是正式奏请建造轮船的第一个大臣，曾国藩的奏请还在其后。因此，从海军与国防近代化的角度来看，单是这个第一的壮举，就足以使左宗棠成为清末最大牌的历史明星。

左宗棠在五月初七日拜发的第二份奏疏，也是有关洋务的讨论，回答朝廷的垂询。当时，英国公使威妥玛与税务司赫德向清廷提议：中国要自强，应当广求新法，对于外洋轮船和器械，以购买和雇用为方便。慈禧对英国人的这个提议没有把握，秘密垂询左宗棠。

左宗棠的回答是：英国人的话绝不可信。他说，他揣摩阿礼国的意思，大概有以下三点：其一，朝廷扫平了洪逆，他们没什么可以要挟我们了，担心中国轻视西洋；其二，我们赔款已经付完，他们得不到钱财，打算靠出租和销售轮船谋取利润；其三，西洋各国表面虽然和好，实际上竞争激烈，争切蛋糕，英国人首先提出将轮船出租和销售给我国，他们知道各国必然会向我国出售新技术，想先行一步，垄断利益。

左宗棠已经看出，作为洋务运动的成果，中国的枪炮制造并不比西洋逊色；而中国只要能造轮船，那么轮车机器和造铁机器，都可以用造船机器生产出来。英国人贪得无厌，如果与我国决裂，那么审查他们的情况，可以看出：在陆地上作战，他们的长处都是我们的长处，我们有过之而无不及；如果在海上角逐，他们有轮船，我国还没有，无法遏止他们的进攻，怎么能行？因此，他再次强调：一定要让国人学造轮船，同时学习驾驶。

左宗棠于五月初七日拜发的第三份奏疏，是应清廷的命令讨论如何对付捻军，以及如何应对从同治元年开始发生的陕西回民运动。太平军覆灭以后，清廷面对的最大威胁就是捻军。跟以骑兵为主的捻军作战，清军最头痛的问题是无法捕捉敌人的踪影。捻军骑兵机动性极强，相当于 20 世纪的摩托化部队。左宗棠深思熟虑，提出以战车对付骑兵，以摩托化对付摩托化。至于回民运动，左宗棠自青年时代就考虑过西北用兵的难处，于是提出了一个从根本上解决问题的对策，那就是开荒种粮的屯田之法。他指出：在甘肃用兵，军粮奇缺，是最大的难处。战祸导致土地荒芜，千里缺粮，只有采取屯田的办法供给军粮。在地处军事要道的地方，组织军队开垦荒地，种植粮食；在偏僻的地方，则应组织百姓耕垦。一开始要购置农具，购买种子，不免有些费用，但是总比买不到粮食要强多了。

左宗棠在上述第二份奏疏中表明了他在洋务运动中不愿被洋人牵着鼻子走，这个时期的另一件事情则表明了他在外交事务中对洋人不卑不亢的态度，他在这两件事情中所持的态度，都是其刚直的风骨和冷静的思考所决定的。

有一天，胡雪岩来找左宗棠，神色有些慌张地说："左公，英国公使向总理各国事务衙门提抗议了！"

"抗议什么呀？"左宗棠慢条斯理地问道。

"英国驻福州的代理领事贾禄，说左公对他接待不周，向驻京公使告状了。"

"贾禄告什么状呀？我们对他不是挺客气吗？"左宗棠反问道。

"贾禄说，福建省对他的接待，和上海与广东相比，存在失礼之处。他说左公对他行公文没有使用照会，而是用了札件。还有，他来见左公时，左公没有开门鸣炮。"

"还是这些鸡毛蒜皮的事！他对此事不满，这我知道，我也给他解释过了。各省的将军与督抚给外国领事发公文，按照约定，都是用札。我在浙江是如此，到了福建还是如此，各国领事都认为很恰当，并无异议。广东和上海究竟对他们用了什么礼数，我一概不知。外国驻我国领事的级别，相当于我国的道员，我堂堂两省总督，给道员一级的官员发公文，不用札件用什么？领事来见督抚，是下级见上级，为什么要开门鸣炮？外国列强贪得无厌，不懂中国礼法，那些没骨气的人，唆使他们得寸进尺，无所不为。既然双方签了条约，那就按条约办事嘛，除此之外，不能通融，否则我们越谦卑，他们越高傲。我会告诉总理衙门，如果英国公使再抗议，请他列举具体事例，由我来一一回复！"

争分夺秒造船

清廷关于批准设厂造船的上谕下达后，左宗棠欣喜若狂，立刻着手筹备造船厂的建设。

作为一名代表性的务实派官员，左宗棠尊重知识，尊重实际。为了按照科学规律办事，他首先要聘用两名外国顾问。左宗棠依靠洋人来规划和管理船政局，并非他喜欢这么做，而是因为他有不得已的苦衷。沈葆桢非常明白他的想法，后来评论道："当左宗棠之议立船政也，中国无一人曾身历其事者，不得不问之洋将。"

于是，左宗棠发出了两份邀请函，一份寄给时任江汉关税务司的法国人日意格，另一份寄给正在越南海滨旅行的法国退役军官德克碑。闽浙总督请他们速来福州，商讨设厂造船等事宜。

建设造船厂的首要工作是选址。同治五年（1866）八月十一日，左宗棠带着法国顾问日意格来到福州罗星塔。左宗棠说："这里就是马尾山了，好几位西洋人跟我说过，山下那片空地适合兴建船厂。"

日意格考察了一阵，兴奋地说："总督大人，那些人说得对啊，这里真是好地方！选择此地，具有战略眼光。"

左宗棠微笑着说："我到这里看过几次了，此处地理位置险要，沿闽江而上，距省城福州只有六十多里；顺闽江而下，距五虎门海口八十多里。闽江口外，岛屿棋布，沿江有金牌门、长门、罗星塔等处炮台，江两岸群山环绕。闽江之上，只要布置几个水雷，就能挡住入侵的船只！"

日意格接口道："是啊，船局建成后，前临江，后靠山，有利于设防。我看就这里最合适！"

这一次考察，他们敲定了厂址。

> 择定马尾山下地址，宽大二百三十丈，长一百一十丈，土实水清，深可十二丈，潮上倍之，堪设船槽、铁厂、船厂及安置中外工匠之所。

左宗棠与日意格选定了局址，立即进入第二步，即与两位顾问签署合同。他们议订了设局、建厂的工程期限和经费，以及造船与驾驶等事项，然后草签了一份合同，由日意格带去上海，会见法国总领事白来尼，请他画押担保。德克碑晚来了大约半个月，于八月二十七日抵达福州。左宗棠给他看了已经草签的合同，德克碑没有异议。

慈禧批准了左宗棠开设造船厂，但西北的战争令她时时想起身在东南的左宗棠。她需要一名钢铁般的大帅，去指挥镇压捻军和回民运动的战争。八月十七日，慈禧颁下上谕，将左宗棠调任陕甘总督，令他立刻去西北上任。

九月六日，左宗棠接到了这份上谕。当时，他正要派德克碑去上海会见白来尼，并邀约日意格和胡雪岩（时为按察使衔福建补用道）等人同来福州议定办厂事宜，这份谕旨显然打断了他亲手建设造船厂的大业。

左宗棠真是舍不得离开福建。造船事业刚刚起步，在这个关键的时候，他能撒手不管吗？而且，他已在福建试行经济改革，要彻底革除福建盐政的弊端。试行票运一年来，盐政收入比以前增加了三倍，好不容易堵住了朝廷里反对派的嘴巴，他还打算推行进一步的改革。对于福建的军队和官员，他也在逐步进行整顿，提出了减兵并饷的办法，就要动刀子了。就在这时候，朝廷却要他卸任而去，对于福建的这一大摊子事情，他怎能放下心来？

但是，慈禧的命令，左宗棠不能不执行，他知道自己很快就要离开福建了。但是，对于船政局是否要办下去，他一刻也没有犹疑。他当即做了两个决定：第一，加快设局的进程；第二，找人代替自己来主管船政局的建设和运营。他派德克碑立刻前往上海，找白来尼在合同上画押，然后返回福州，与他当面商议将设局大业移交后任之事。

为了船政大业不致因自己的离去而中辍，左宗棠请求朝廷允许他暂留福州，做好洋人顾问的思想工作，并安排接替自己的主管人选。他在奏疏中写道：

轮船一事，势在必行，岂可以去闽在迩，忽为搁置？且设局制造，一切繁难事宜，均臣与洋员设定，若不趁臣在闽定局，不但头绪纷繁，接办之人无从谘访，且恐要约不明，后多异议，臣尤无可诿咎。臣之不能不稍留两三旬，以待此局之定者此也。惟此事固须择接办之人，尤必接办之人能久于其事，然后一气贯注，众志定而成功可期，亦研求深而事理愈熟。

关于主持船政的官员，左宗棠心中已经有了一个理想的人选，一个能干而又志同道合的人，即林则徐的女婿沈葆桢。他相信，此人一定会继承岳父的遗志，把船政办好。但是，当时沈葆桢刚刚回家丁忧，不愿出山，对于左宗棠的邀请，"始终逊谢不遑"，左宗棠"三次造庐商请"，以为国家服务的大义敦促他接任。不仅如此，他还为沈葆桢提供了有利条件，为之争取到了特权，可以独立于地方政府办事，即由朝廷命他"总理船政，由部颁发关防，凡事涉船政，由其专奏请旨，以防牵制"。左宗棠还安排好了设局的经费来源，即由署理福建布政使周开锡会商福州将军和督抚调取，至于采购工料、延聘外国技术人员、招募华工、开设艺局（学堂）等工作，则责成胡雪岩一手经理。

左宗棠对沈葆桢没有看错，此人对船政的意义确有深刻的认识，希望左宗棠能有时间将设局之事料理妥当。他与一百多名绅民联名向朝廷请愿，请将左宗棠留下一段时间。请愿书中写道：

> 创造轮船一事，关系甚巨，非常之功，非他人能任。……事成则万世享其利，事废则为四夷所笑，天下寒心。诚使督臣左宗棠驻闽中，豫将赴甘之师先行部署，俟外国工匠毕集，创造一有头绪，即移节西征。

左宗棠自己提出将赴西北履任的日子推后几十天，以及福建绅民恳留左总督暂缓西行，都得到了清廷的批准。左宗棠于是"昼夜忙并"，抓紧落实设局的各项工作。

人事方面，船政主持人的人选是左宗棠最大的心病。清廷决定将左宗棠调往西北后，打算任命吴棠接任闽浙总督，并谕令吴棠接办船政。左宗棠预料此人一定会将他开创的事业搞砸，希望清廷能够任命自己推荐的沈葆桢接管船政。

左宗棠于九月二十三日奏请朝廷任命沈葆桢为船政大臣。但是，此时他是剃头挑子一头热，沈葆桢并不愿出来任事。左宗棠将自己的《请简派重臣接管船务折》抄给沈葆桢阅看，沈葆桢仍以丁忧人员不应出任官员为由，不肯接受。左宗棠说，总理船政和当官不同，办公地点不是衙门，所用之人也非组织部门任命的，以此来打消沈葆桢的顾虑。他又陈述事业成败的利害关系，试图以此来打动沈葆桢。他说自己马上就要出发去西征，而德克碑等洋人返回福建，就要有代替自己的主管大员和他们正式签署合同，而此人必须德高望重，才能得到外国顾问们的信任。

左宗棠多次真诚相邀，终于感动了沈葆桢，同意在下年六月丁忧期满后出来任事。左宗棠心中的一块石头终于落地，认为船政大业即便没有自己主持，也有可能成功了。同时，清廷下谕，决定根据左宗棠的提议，由沈葆桢"总司其事，并准其专折奏事"。为了沈葆桢立刻接替自己，左宗棠又请求朝廷降下谕旨：沈葆桢于"未任事之先，所有船局事宜，仍一力主持，以系众望而重要工"。

左宗棠的这个人事安排，充分体现了他的察人之明和办事的智慧。他离开福建之后，很快就发生了他此时已经预见到的事情。新任闽浙总督吴棠到任后，凡事都反左宗棠之道而行之，"专听劣员怂恿"，逼得左宗棠提拔的人才和将佐纷纷要求离去。在这种情况下，为了保住自己的人事安排，他再次吁请清廷将船政事业"交沈葆桢经理"，以便"事有专司"。慈禧支持了左宗棠的请求，加上沈葆桢决心不负左宗棠所望，坚持以船政为己任，才使福州船政局的兴办和早期运营进展顺利。从同治六年（1867）六月十七日起，沈葆桢正式出任总理船政大臣，直到光绪元年（1875）十月初一日他到金陵出任两江总督为止，在长达八年多的时间内，林则徐的这位女婿在左宗棠不遗余力的支持下，为福建的船政事业做出了很大的贡献。山东大学的孙占元教授认为："福州船政局设总理船政大臣，这是左宗棠的灼见，同时也是中国近代工业发展史上空前的创举。总理船政大臣有专折奏事的权力，地位相当于督抚，这是只设总办的江南制造总局等军事工业所望尘莫及的，反映出福州船政局确实占有举足轻重的地位。"

船政主持人的安排，是船政人事安排的核心。与此同时，左宗棠还为沈葆桢奏调来两位杰出的人才，其一是周开锡，他说此人"二十年前从臣读书湘中，颇能刻苦立志，为有用之学"；其二是胡雪岩，左宗棠欣赏他"才长心细，熟谙洋务"。左宗棠认为，有这两个人才辅佐沈葆桢，船政事业就有了进一步的保障。

和人事问题同样重要的是设局造船的经费。左宗棠向慈禧表达了一个决心：虽然他奉旨调到了新的岗位，但他决不会因为军饷缺乏，就只顾西征，而不顾造船经费的统筹。他统计船政事业的开办费用，包括购机费、保险费、装运费、外国顾问的薪酬和路费、募雇外国技术人员的费用，以及地皮购买费，铁厂、船槽、船厂、学堂和外国雇员宿舍的修建费，各种器具的置办费，总共需要四十多万两银子的预算，请清廷拨款四十万两。清廷批准了这项拨款申请。

左宗棠落实了开办费用，还安排好了船政局建成后常年的生产经费。他奏请由福建海关六成饷下每月拨出五万两银子，作为船政局的造船经费。对此，清廷上谕批复："如数筹拨，毋许迟误。"

左宗棠对于船政局的人事安排和经费安排都得偿所愿，充分说明慈禧对左宗棠到了言听计从的地步。到这时为止，左宗棠在朝中已经有了足够的威望，可以用他自己的影响力来推动他总是悬挂于心的大事业。

接下来，左宗棠就要和日意格等外国监工签订合同，订立各种规章制度。十月二十三日，胡雪岩陪同日意格与德克碑到达福州。日意格向左宗棠呈上了白来尼盖印担保的《保约》《条议》《清折》以及《合同规约》等文件，经左宗棠逐条复核同意。接着，左宗棠同日意格与德克碑商定一些具体事项。他们约定，由日意格等人寻找中外殷实商人包办铁厂、船槽、船厂、学堂及中外雇员办公场所与宿舍的修建工程；日意格与德克碑等到工厂的生产规模敲定以后，便返回法国，购买机器、轮机、钢铁等器件和材料，并购买一个大铁船槽，募雇员工来福建工作；船政局开设学堂，取名为"求是堂艺局"，挑选本地能够读书识字的聪颖子弟入学，聘请既懂中文又懂外文的外籍教师，给他们教习英语、法语、数学和绘图。他们还约定，以后可以令中国的技术人员学造机器与轮机。

日意格与德克碑向左宗棠禀呈的几份文件，对于这两位法国人将要为船政局从事的业务活动，做了详细的规定。

《保约》是一份合同担保书，由法国政府担保他们会按照中国政府的要求去采购外国的物料，招聘技术人员，教授轮船及其组件的制造，开设学堂，教授英文和法文、造船学、数学和船长应具备的所有学问，使中国的技术人员能够自行监造和驾驶轮船。

《条议》是一份工作细则，开列了这两名法国人遵照左宗棠指令招聘外国技术人员制造轮船和采购外国器件及物料的价目，以及开设学堂教习中国技术人员各事宜的细节。

《清折》则是收据，载明了他们奉令采购制造轮船的各所工厂所需的器件和物料而预支的银两，有的是全额预支，有的是半额预支。

《合同规约》是船政局正监督日意格和副监督德克碑根据左宗棠的命令，与雇用的三十七名外国熟练技术人员所订立的规约,总共十四条。其中首先载明,日意格与德克碑这两名法国人监督是中国高官左宗棠任命的,明确了福州船政局使用外国人监督和指导造船事业属于雇佣性质。至于两名监督自外国招聘而来的正副监工和各位工匠,则受合同的约束,如果他们办错了事情,由两名法国监督按合同条款问责。这份合同还规定了雇佣期,包括日意格和德克碑在内的三十九名外国员工受雇的期限,自铁厂开工之日起计算,以五年为限。法国人监督对外国员工的要求是:

> 五年限内,该正副监工及工匠等务各实心认真办事,各尽所长,悉心教导各局厂华人制作迅速精熟,并应细心工作,安分守法,不得懒惰滋事。
>
> 该正副监工及各工匠等或不受节制,或不守规矩,或教习办事不力,或工作取巧草率,或打骂中国官匠,或滋事不法,本监督等随即撤令回国,所立合同作为废纸,不给两月辛工,不发路费。

至于合同有效期,到限期已满、工作完成时作废。

左宗棠收到上述《保约》《条议》《清折》《合同规约》等四份重要文件后,照抄咨报军机处和总理各国事务衙门备案。然后,他亲自制订《胪举船政事宜十条》和《艺局章程》八条两个重要文件,上奏呈报朝廷。

为了看清左宗棠的洋务思想,有必要条列《胪举船政事宜十条》的主要内容,其中也能看到左宗棠创设船政局的指导思想和所要达到的目标。

第一,船政局雇用洋人担任正副监督,因日意格通晓官话汉字,令其担任正监督,而德克碑为副监督。一切事务,都责成这两位法国人办理。

第二,船政局内设立艺局即学堂,以培养人才。规定该学堂必须学习英文和法文,精研数学,以便根据书本绘图,深刻了解制造之法,并掌握船长所需的学问,能够驾驶轮船。学习制造和驾驶的毕业生,是将来选拔水师将才的人选。

第三,规定五年的限期。轮船局是为建造轮机而开设的,等到铁厂(即机器厂)开设,便是制造轮机之日。所以,五年的限期,从铁厂开厂之日开始计算。

第四,规定轮机马力,并规定了要搭造小轮船。大轮船的轮机马力定为一百五十匹,其中计划购买两副现成的轮机,其余九副由铁厂自造。五年期限内,要造出十一艘一百五十匹马力的大轮船,和五艘八十匹马力的小轮船。

以上第二条和第四条,对于外国员工在船政局效力的五年期限内要完成的生产和工作指标，做了量化的规定。他们的任务分为两个层面。其一，在五年期满时，外国技术人员必须教会中国技术人员按图自造轮船和自行驾驶轮船的本领，而船政学堂培养出来的制造和驾驶人才，"为将来水师将才所自出"。其二，在五年期限内，要建成大小轮船十六艘。由此可以看出，左宗棠所规划的船政局，首先是中国近代海军人才的培训基地，其次才是一所造船厂。他以五年为期的近期目标，是为了培养自己的造船人才和驾驶人才，以达到自强不息、遏制外国侵略的目的。对于这一点，左宗棠自己表达得非常明确：

> 兹局之设，所重在学造西洋机器以成轮船，俾中国得转相授受，为永远之利也，非如雇买轮船之徒取济一时可比。……窃谓海疆非此，兵不能强，民不能富。雇募仅济一时之需，自造实擅无穷之利也。
>
> 如果轮船学造已成，夺彼所恃，彼将弭耳贴伏，不敢妄有恫吓矣。……夫习造轮船，非为造轮船也，欲尽其制造、驾驶之术耳；非徒求一二人能制造驾驶也，欲广其传，使中国才艺日进，制造、驾驶辗转授受，传习无穷耳。

第五，要求洋人监督与洋人技术员订立合同。船政局聘用的外国技术人员，凡是关系到奖惩、录用和开除、薪酬与路费等事项，都要明定规约。

以合同约束的方式雇用外国员工就业于中国的官办企业之内，是左宗棠一个了不起的发明，这充分说明左宗棠不仅办事老辣，而且极具开创性，已经有了商业社会的契约意识。因此可以说，左宗棠因其具有超前的意识，其办事能力在他所处的时代也是超前的。与此形成对照的是，李鸿章于同治四年（1865）创办的金陵机器局，由英国人马格里任监督；崇厚于同治六年（1867）创办的天津机器局，由英国人密妥士任监督，这两所机器局与其外国人监督没有签订任何形式的合同，导致两名英国人监督在中国的官办企业里可以毫无约束地自行其是，而中国老板却很难名正言顺地将他们炒掉。

和外国员工签订合同不仅是一个创新，而且是对事业开展的基本保证。由于要约在前，船政局的管理有章可依，业务的开展进行得较为顺利，中国官员一直牢牢掌握着这所国企的控制权。这种强调主权归于中国的制度反映在日意格的意识里，使他懂得这种制度对自己具有约束性。他在写给沈葆桢的信中指出：

> 中国创造船政，派钦宪为总理大臣，盖总中国外国员匠而理之也。总理

之下，设立监督，固有约束洋员匠督工教造之任，然而每事必请示于钦宪而后行，盖以钦宪膺船政之重责也。

由于外国人在福州船政局工作属于雇佣性质，外国官方无法插手此处。法国驻华公使伯洛内在写给总理衙门的信中声明，日意格等人在船政局的活动"均应随便中国做主，本大臣绝不过问"。

第六，对外国监督和技术人员预定奖金数额，以示鼓励，使他们能够尽心教授知识，收到应有的成效。五年期限到期时，如果他们教习的中国技术人员能够自己按图监造，并能自行驾驶轮船，那就给外国监督和技术人员增加奖赏，数额共为十万八千两白银。

这个条款进一步说明了左宗棠开办船政局的目的主要是培养本国的造船和驾船人才。

第七，从国外购买机器，必须交纳按照外国方法包装的费用，以及由洋行保险的费用。

第八，由于福建通行的白银成色低于江浙和广东的成色，所以，凡是船局支发的款项，若是用于采购外国物资，应当准予报销填补不足成色的银两。

第九，要讲求采铁的方法。由于中国所产之铁，在开矿之时熔炼不得法，要在聘用的技术人员中选择一名采铁专家，在既产煤又产铁的地方开炉提炼，以省费用而又合用。

第十，要筹备轮船中必需的物件，包括星宿盘、量天尺、风雨镜、寒暑镜、罗盘、蒸汽压力表、望远镜、玻璃管、轮机软垫等等，都要由日意格等人回法国访查制造器具的价格，如果没有超过几千两银子，就采购一份，并约募工匠一并同来，一并教会中国人如何制造。

《艺局章程》八条，包括学堂的规章制度，学生应当遵守的学习纪律，奖惩办法，以及学生毕业后的待遇。左宗棠出告示公布这个章程，用于招生时慎重地遴选生员。

左宗棠在争分夺秒对船政局做了人事和制度安排之后，立刻着手实施计划。十月间，他安排手下在马尾山下购买了二百多亩民田，作为船政局的地基，为建厂开工奠定了基础。同时，他继续给船政局调派人才。他的用人方针，重在办事能力和为人正派，与李鸿章"遍用乡人"、安插亲信以结党营私的方针大相径庭。他举荐的广东补用道叶文澜，是个"好善急公，熟悉洋务"的干才，而他举荐的候补同知黄维煊，对于船政已有深入的了解，参与了拟议《船政章程》。他选派的五品军工贝锦泉，是一名会驾驶轮船的技术人才，当时福建新买了一艘取名"华福宝"号的轮船，左宗棠令他去上海提货，驾驶该船前来福建，并叫他多招募一些宁波的少年，在船上练习驾驶。左宗棠说：如此一来，将来造成一艘轮船，就有驾驶一艘船的中国人才，不需要去外国招聘人才了。五年之后，轮船造成，船政局培养出了船长，就有足够的人才可用了。左宗棠对于船政人才极为重视，起用时不拘一格，他指出："士绅民商中可用之才，应由沈葆桢随时搜访，札调入局差遣。"

以上种种措施，表明左宗棠创建福州船政局绝非纸上谈兵，从他接奉移调陕甘、率部西征的圣旨开始，直到他离开福州之时，其间只有短短的五十多天，他"赶紧筹商"，连日奔波，已为船政局的人事、规划、布局和建设打下了坚实的基础，用他自己的话说："至十一月十三日，轮船局务俱有眉目。"事实上，他离开福州之后，船政局的运转基本上按照他搭好的框架运行。十一月初五日，左宗棠与日意格和德克碑两人最后敲定了船政局的规划。船政局包括以下设施：工厂一座，其功能为制造所需机器；船厂一座，其功能为修造船舶；船政学堂一所，其功能为培养造船人才和驾船人才；船槽、铁厂各一座，其功能为修船和炼铁。

同一天，他连续拜发有关船政局创设的八道奏疏，因此，朝廷从他的奏疏中已经看到了中国第一个造船厂的雏形，包括慈禧太后在内的宫廷决策者们，从中受到了很大的鼓舞。清廷上谕中的批复，对左宗棠一片赞誉之声，对他办理这件差事给予高度评价，表示要坚定不移地办好这桩帝国大业。

> 此次创立船政，实为自强之计。
> 自当坚定办理，方能有效。左宗棠所见远大，大臣谋国，理当如此。
> 其所议优待局员酌定程限甚为周妥，均着照所请行。
> 其余所议各条亦属妥帖，并着照所议办理。

外国职员日意格等人在左宗棠即将离开福建之时，再次表现出对船局前途的担忧。左宗棠给他们吃下一颗定心丸，向他们保证：他会一直关注船局的进程，他们制订的政策不会改变，继任者沈葆桢会保持政策的连贯性。

为了给船政局的未来加一个双重的保险，左宗棠奏请朝廷，在他离开福建以后，船政局遇到需要向朝廷奏告的大事，仍然由他与沈葆桢会衔奏报，以免船局的洋人职工失去信心。慈禧接到请求后，决定保留左宗棠干预福建船政的权力："左宗棠虽赴甘省，而船局乃系该督创立，一切仍当预闻。"规定此后遇有船局事宜，"均着仍列左宗棠之名，以期始终其事"。

除了船政大业以外，左宗棠在离任之前，还有一件事放心不下。福建管辖的台湾岛是一个沿海重镇，他预见到外国侵略势力必会来争此岛，岛上的防务必须加强，他要把最信任的人派到岛上。他令吴大廷出任台湾道，刘明灯出任台湾镇总兵。十月初五日，他上了一份折子，专门讨论台湾的军事部署，强调台湾驻军应按台湾设郡之初的规定，三年换防一次，提议给台湾道增设一支直属部队，以增强道员的权力。他还提出建立道员监察驻军的制度，用文官来监督部队，以杜绝武官对上的欺瞒，督促部队操练和防守。他指出：自从洋人入驻要口以来，游历内山，熟悉了形势，如果我们不去管好，被洋人占领了，就会后悔莫及。

左宗棠对台湾防务和沿海防务寄予的关心，再一次表明他急于自造轮船，是他的海防思想体系所决定的。他指出：制造轮船是为了拥有得力的水师，保证轮船不为敌人利用。沿海水师尤其需要进行实力训练，从现在就要开始筹划。

就在左宗棠紧锣密鼓筹划安排福建的各项国防建设和经济改革的大业时，西北的军情也在日益紧张。九月十五日，捻军分为东、西两支：东捻军由赖文光领导；西捻军由张宗禹领导，进入陕甘，以联络回民军。在这种形势下，甘肃的回民运动蓬勃发展。清廷指望左宗棠去平定陕甘的动乱，左宗棠的留闽期限不能再往后展延了。他于十月十七日交卸闽浙总督官印，随即进入军营料理军事，准备启程西行，一方面仍在安排船政局的创设。

左宗棠此时离去，心里多少踏实了一些。船局规模已经粗定；购买机器和船槽的人已经到了国外；求是堂艺局已经开设，正在挑选聪颖的子弟入学。

即将上任的陕甘总督挑选所部三千人从征，留下所部七千多人分别驻扎福建的各个郡县。他起用刘典帮办陕甘军务，从湖南招募旧部三千人到汉口会师。

福建士民听说左宗棠将要西行，联名参谒巡抚，请求他代百姓呼吁，留下左大人。清廷降下温旨（语气温和的中央文件），同意暂缓左宗棠的行期。慈禧说：大家如此爱戴左总督，等到甘肃战事平定以后，朝廷还可以派他来福建嘛。

十一月初三日，左宗棠即将就道，进城辞行。士民再三挽留，请愿的人拥塞了街巷，左宗棠只好再留几天。他在福州多待了七天，安抚了民情，终于得以启行。

左宗棠离开福州前那段短暂时日里呕心沥血所做的工作是卓有成效的。他离开福州以后的第七天，福州船政局在马尾动工兴建，船政局的求是堂艺局开学了。中国的第一个造船厂破土动工，中国的第一批船政人才开始启蒙。

这一年，由于左宗棠在军事和建设两方面功勋赫赫，中央对他的考核再次定为异等，肯定了他的政绩优异，军功卓著。

船政业绩

左宗棠离开福建后，福州船政局的建设和生产并未离开他的视线，也没有脱离他的关心。为了集中地陈述左宗棠在船政大业上做出的贡献，我们不妨将船政局在创建后二十一年中取得的成果，提前在这里做一个简短的回放。

上文说到，同治五年（1866）十一月十七日，左宗棠离开福州的第七天，他所安排的船政人员在马尾山下破土动工，福州船政局正式成立。从这时开始，直到左宗棠与日意格、德克碑等人订立的合同期满为止，福州船政局在七年时间内培养出了一批中国的技术人员和学生，他们在同治十二年（1873）年底，已经能够自行制造轮船，而外国员工就被遣散了。考察一下这七年中的情况，可以看出左宗棠制订的《船政章程》等条款，是否得到了忠实地执行。

船政局的建设在同治五年冬季开工之后，首先筑起了船坞，接着在船坞之内的闽江之滨建起了一排厂房，依次为船槽、铁厂、轮机厂和机器厂。在船坞东北方，建起了船政局的办公房，外国员工的宿舍和求是堂艺局建在其附近。在江滨的山峦上，逐级建起了中国员工宿舍和护厂恪靖军的营垒。船政局的基建工程在同治七年（1868）年底基本完成，历时两年，共建造办公房、住房、厂房、船坞和洋房八十多所。局内建立了十六所分厂，分别为铁厂、水缸厂、打铁厂、铸铁厂、合拢铁器厂、模厂、轮机厂、船厂、钟表厂、帆缆厂、火砖厂、舢板厂。船政局共招聘职工二千五百人，成为中国第一个近代造船局厂。

上文说到，在左宗棠安排下，日意格雷厉风行，在同治五年底就动身去法国了，他的任务主要是采购机器与轮机，以及招募外国技术人员。第二年九月，他带领所雇的外国员工返回福州。两个月后，他在法国采购的各种机器，以及轮船所需的轮机，运到了马尾船政局。

同治七年（1868）正月，在沈葆桢和日意格的领导下，中外工程技术人员开始在地板上绘制一百五十匹马力的船样，然后按照图样仿造第一号轮船。同治八年（1869）五月初一日，第一号蒸汽驱动的轮船造成，命名为"万年清"号，"自陆入水，微波不溅"，完全由中国人驾驶。在此之前，曾国藩用江南制造局的所有设施和装备，于同治七年八月份造出了他的第一艘汽船"恬吉"号，比福州船政局造出"万年清"号早了九个月。左宗棠举荐的一位官员陈其元曾说：在福建造出汽船时，曾国藩也让江南制造局办了同样的事情。这种表述会造成一种印象，即福州船政局先于江南制造局造出汽船；事实并非如此，只是因为左宗棠关于造船的奏疏早于曾国藩就同一问题拜发的奏疏送达朝廷，才令人产生了误会。

"万年清"号造成四个月后，升火北上，驶抵天津海口，接受清廷大臣的检验。恭亲王奕訢等人肯定了福州船政事业的成果，认为尤其难得的是，该船全由国人操作，没有洋人参与驾驶。中国人自己驾驶轮船，成为福州船政局一个令人感到欣慰的创举。

在早期经营的七年中，福州船政局造出了十五艘蒸汽轮船，其中一艘的马力为二百五十匹，九艘为一百五十匹，五艘为八十匹。上述合同规定，应造十一艘一百五十匹马力的轮船，因第七艘"扬武"号马力为二百五十匹，超过一百匹，折算为两艘的额度。因此，造船的数量与左宗棠原订计划相符。最大马力的"扬武"号制成，标志着造船技术的提高，该船以马力大的优势，后来成为福建水师的旗舰。

值得强调的是，按照合同规定，从同治十年（1871）制造的第五艘轮船"安澜"号开始，福州船政局所造的其他八艘一百五十匹马力轮船的轮机，全部是自己制造的，符合左宗棠的初衷。该局不但制造军舰，还制造了商船"海镜"号，后来被轮船招商局承领使用。

至于轮船的组件和配件，福州船政局也都能制造。组件如铁轴和铁胁，都能打造，大到铁柱，小至齿轮，都能造成。其他配件和器物，"大自桅、舵、烟筒、煤舱、舢板、小至明窗、水管、绳缆、栏梯；精自舵表、气表、望远镜、号气钟、粗至帆旗、衣装"，各个分厂都能制造出来。

由此可见，在设厂造船、学造蒸汽机和学习驾驶三个方面，福州船政局都达到了左宗棠制定的目标。"安澜"号开造之时，左宗棠身在西北，处于困境之中，船政局取得的成绩给了他最大的安慰，他说：

> 去海之害，收海之利，此吾中国一大转机，由贫弱而富强，实基于此，快慰奚如。

左宗棠与沈葆桢都极为重视的船政人才培训，取得了很大的成果。船政学堂原本由左宗棠设于福州，同治六年（1867），马尾山下的学堂基建工程基本竣工，"求是堂艺局"迁到了船政局内。这个学校有前学堂与后学堂之分。前学堂是制造学校，专门教习法文和轮船制造技术；后学堂则是驾驶学校，专门教习英语和管轮驾驶技术。为了培养制图人才，此年又增设了绘事院。同治七年（1868），创办了四所艺圃，培养技工。在艺局就学的艺童与艺徒有三百多人，他们是中国的第一代轮船制造与驾驶人才。

艺局培养的中国人才，六年后从外国经理与技术人员手中全面接管了船政局。同治十二年（1873）六月，在船政局按照合同解聘外国员工的半年前，沈葆桢令日意格到各个分厂考核中国技工学徒，挑选技艺精熟、通晓图纸者分任正副匠头（总技师），接收外国员工交付的造船图表。然后，外国员工不再入厂，完全由中国总技师督率中国技工学徒放手制造，并令前学堂即制造学校的学员和绘事院的画童分厂监督。经过几个月的考核，发现他们担负的工程都能合格，说明制造方面的教习取得了期望的成果。后学堂即驾驶学校的学员们，则学习了天文、地理和数学等课程，他们在船上学习，真正经历了风浪，经考核已有十多人能胜任驾驶。新造的轮船机器，都是管理轮机的学生经手组装的，已有十四名学生分到各船管理轮机。左宗棠得知造船和驾驶的学生取得了优秀的成绩，满怀感慨地写道：

> 今船局艺堂既有明效，以中国聪明才力，兼收其长，不越十年，海上气象一新，鸦片之患可除，国耻足以振矣！

沈葆桢高兴地看到中国技术学员能够自行造船，决定按照合同解聘外国员工。他还向朝廷建议，为了中国造船技术和生产的持续发展，今后每年仍然制造两艘轮船，而成本中可以省去外国员工的薪酬；他还建议派遣前后堂学生分赴法英两国留学，继续深造。

沈葆桢的这两个建议，深得左宗棠洋务思想之精髓，完全符合左宗棠创办福州船政局所怀的目的，即以富国强兵、改善民生为目的。令左宗棠感到欣慰的是，总理衙门赞同这两个提议，并将之知会左宗棠。对于续造轮船一事，左宗棠在复函中评道：

> 幼丹（沈葆桢）诸疏，语语切实，能见其大。尊疏议允其每年造船两只，庶几有基勿坏，日起有功，洵为开物成务要图。

对于派遣留学生赴法英两国一事，左宗棠明确表明了自己极力赞同的理由：

> 再议遣人赴泰西游历各处，藉资学习，互相考证，精益求精，不致废弃，则彼之聪明有尽，我之神智日开，以防外侮，以利民用，绰有余裕矣。

同治十二年（1873）十二月三十日，左宗棠与日意格等人所签合同中规定的五年期限届满，沈葆桢辞退了外国员工，开始由中国技术人才自造轮船。从这时起，到光绪十三年（1887）为止，这个船政机构已经完全摆脱了依靠外国技术人员造船的局面。关于其发展情况的介绍，有船政大臣奏疏如下：

> 昔者匠作悉借洋员，今则尚象考工，华人能集其事也；昔者机器购由外国，今则绘图模式，厂所各擅其能也；昔者船皆木质，器尽立机，马力不过百五十匹，今则由木质而铁胁，而快船，由立机而卧机，而康邦，其马力且由七百五十匹推而大至二千四百匹也。

由此可知，左宗棠创办船政局的计划，指导这个机构取得了成功，而他的初衷也已实现。孙占元教授总结了左宗棠创办这个船政局所做出的贡献，他在《左宗棠评传》一书中写道："由左宗棠创办的福州船政局，使我国有了第一家机器造船工厂，有了第一所船政学堂，派出了第一届留学欧洲学生，有了第一代轮船布防于沿海七省。这些，都为左宗棠和福州船政局赢得了应有的地位。"

值得指出的是，左宗棠本人认为福州船政局优于曾国藩创办的江南制造局。中国近代工业史专家陈其田先生在其《左宗棠：现代造船厂与毛纺厂的先驱》一书中称，据说曾国藩在晚年打算叫江南学习福州的榜样，中止外国人的服务。左宗棠甚至向总理衙门提议关闭江南制造局，将其财政资源转用于福州船政局。陈其田先生有感于左宗棠的自信与自负，写道："左宗棠真不愧为他自己这座造船厂的保护神！"

从左宗棠创办福州船政局的过程可以看出，其办事的方法具有极高的计划性和目的性，他会调动一切积极因素尤其是人力资源的因素来保证计划顺利实施，所以其目的能够如期达到。若以曾国藩和他相比，前者显得处事谨慎而缺乏开创性；若以李鸿章与左宗棠相比，两者办事的目的性同样很强，但前者是为了实现个人利益的最大化，而必须采用任人唯亲的人事路线，最终导致其事业的惨败。

第十六章

对付张宗禹

西征计划

左宗棠奉到西征的谕旨后，抓紧安排了船政等紧要公务，然后率部离开福建，从江西取道湖北，于同治五年十二月初六日在途中接到诏书，令他暂勿进京陛见，立即驰赴甘肃督办军务。左宗棠踏上仕途之后，还未有过进京面圣的机会，这一次本要进京陛见后方履新任，然而由于战事紧迫，这个机会又失去了。

十天后，他再奉上谕，由于张宗禹的西捻军攻入陕西，朝廷令他从湖北进入陕西，先攻捻军，再入甘肃镇压回民军。接旨之后，他又走了七天，来到湖北的黄州。此时赖文光和任柱的东捻军已分兵攻进湖北，震撼了汉口、黄州与德阳，湖北巡抚曾国荃分派部队御敌。曾国藩在指挥对捻军的作战中颇感吃力，从前线告病，朝廷令他返回两江总督任上，李鸿章代他指挥军事。清廷正在调整力量，企图尽快扑灭东西两支捻军。

左宗棠决定在湖北集结部队，于十二月二十六日抵达武昌，在汉口后湖扎营，等待各部到来。同治六年（1867）正月初一日，清廷发出上谕，令左宗棠督办陕甘军务。左宗棠于正月初十日上疏，全面提出西征方略，用八个字概括：先捻后回，先陕后甘。

这个八字方针，体现了左宗棠对于西征已有成熟的腹案，安排了对其作战有利的先后次序。左宗棠认为，中原形势比关陇更为重要，镇压捻军比镇压回民军更为急迫，所以应该首先肃清腹地，再进兵西陲，这样，他这支外省的军队才会没有后顾之忧，不至于饷道梗阻。西进的次序，首先要肃清关外的反清武装，才能进军陕西；然后肃清陕西的反清势力，才能进军甘肃；到了甘肃，则要在镇压了各路反清武装之后，才可在兰州驻军。此后饷道畅通，部队行军没有障碍，就可以专心于攻占，而不会受到牵制。

由于左宗棠的兵力尚未集结，骑兵尚未训练，屯田还未进行，战车营也没有设立，他恳请朝廷对他不要催逼太紧，假以时日，才有把握平定西陲。

左宗棠为了增加西征的胜算，希望能有旧部勇将为他效命，他于同一天奏调广东提督高连升率所部西征。另一员旧部大将刘典已任甘肃按察使，左宗棠奏请改赏他为京卿，帮办陕甘军务，又推荐赣南道张岳龄率所部三营取代甘肃按察使。

与此同时，左宗棠为西征军队安排后勤供应。他在抵达汉口之前，早已派人打前站，当他抵达汉口时，许多事情已经安排妥帖。他在汉口设立陕甘后路粮台，任命道员王加敏为总管，为恪靖军转运军械粮饷。他在汉口待了两个月，尽可能地集结装备，安排接收和供给。他对大炮情有独钟，根据他的订货，汉阳的铁工厂已经为他生产出若干大炮、炮架、臼炮和炮弹。他对外国的大炮非常欣赏，向英国人梅斯尼（Mesny）的工厂订购了不少武器。左宗棠还邀请梅斯尼去西北，承诺给他安排职位，但由于英国领事反对，此事没有办成。

这时，陕甘总督杨岳斌（杨载福）已请病假，而甘肃的回民运动更加高涨。陕西巡抚刘蓉解任，留在原地攻击捻军，作战不力，清廷严旨斥责。左宗棠上疏，请留这两位楚湘军事集团的大员。他说：杨岳斌和刘蓉都处境不利，但他们在任时间已久，而自己的才力并不能超过这两人，请求朝廷在他未入关之前，仍令杨岳斌和刘蓉全力支持，使他得以从容部署，与两位大臣殚精竭虑，以缓解朝廷的西顾之忧。

左宗棠显然是希望有更多的湖南籍大员留在西北，助自己一臂之力。然而，他的这道奏疏呈上之后，刘蓉已罢官回家，杨岳斌则加紧请求返乡。这两个人没能留下，左宗棠就必须面对一个将会处处与他作梗的满人大员，此人就是宁夏将军穆图善。

正月十八日，清廷颁发上谕，任命左宗棠为钦差大臣，督办陕甘军务，令宁夏将军穆图善暂代陕甘总督。大西北的军政大事，要由这一汉一满两名大员来决定，很明显穆图善是清廷摆在西北地区牵制左宗棠的一颗帅棋。

此时，左宗棠已经明确自己的作战首先是针对捻军，而他早就想好了要用炮车和骑兵打击捻军机动性很强的骑兵部队，所以他一方面创制独轮炮车，另一方面派人到北口购买战马，募集吉林的猎户组建骑兵队，奏调满洲镶红旗佐领喜昌训练骑兵。

湖北人王柏心多次写信给左宗棠，议论西部军事，认为设立战车营和办理屯田是当务之急，而开战之后则应该剿抚兼施。同时，他告诫左宗棠：西部的军事不能急于求成，要等到屯田有了成效，军队有了充足的供给，才有获胜的保障。左宗棠回答说：你的意见与我的想法不谋而合；可惜我年事已高，而朝廷急功近利，我只能尽人事而已了。

此时左宗棠已年届五十五岁，和他同年生的夫人周贻端从福州取海道返回长沙，与他聚首于汉口，对即将远征的夫君再做一次告别。

"季高，西北苦寒，你要珍重。"周贻端有些哽咽地说道。

左宗棠见头发已有些花白的妻子如此伤感，他自己也是感慨万千。他郑重地叮咛道："戎马生涯，不知何时是个尽头。家里的事情，就全拜托夫人了。"

"家里的事，不用你操心。为妻知道你是一员福将，此去西北，一定能获全胜！"

这对老夫妻之间勉强说些吉利的话，对前程的艰险却是心照不宣。码头上，一家人依依惜别。左宗棠挥手看着船离码头，渐渐驶远。妻小回家了，只留下大帅孑然一身。

左宗棠没有料到，只此一别，与夫人竟成永诀。

夫人刚走，二哥左宗植就来了。他听说弟弟到了汉口，从长沙领着儿子赶来会面。兄弟二人握着彼此的手臂，相对落泪。左宗棠发现二哥身体大不如从前了，关切地询问："二哥，你瘦了一圈呀，怎么老是咳嗽呀？"

"老了老了，不中用了。"左宗植说，"如今吃饭，都得算算肚子能容下多少，不敢放量啦。"

"来来来，先饮几杯。"左宗棠请二哥在桌旁坐下，"我来朗诵二哥的佳作，每吟一首，我与二哥对饮一杯，如何？"

左宗植哈哈一笑，说道："季高，你手下这些壮士，见我们要吟诗佐酒，相视而笑呢。"

"不管他们！"左宗棠大手一挥，"军中难得一乐，也是少见的光景。"

兄弟二人正在把酒叙旧，忽然有人来报："监利王柏心求见。"

左宗棠忙说："快请！"不一会儿，见王柏心走进房内，左宗棠一拍桌子，嚷道："子寿来得正好！三人饮酒，又多了一趣！请坐，请坐！"

王柏心见了左家两兄弟，高兴地说："真巧啊，左家兄弟在此饮酒，被我撞上了！"

"子寿，想不到你这么快就赶来了。"左宗棠颇为感动，他知道王柏心是收到他的信匆匆赶来会见老友的。

王柏心回答："这么好的机会，不想与故人失之交臂啊。"

酒过几巡，话题转到西征。王柏心道："季高兄，依在下之见，关陇用兵，须缓进急战，不妨三路进兵。"

左宗棠一听此言，忙道："子寿所见与我略同，尤其是'缓进急战'四字，宗棠当铭记心头，一定等到军粮充足，兵马精壮，方能进战。"

王柏心顿了顿，又说："这缓进二字，季高兄虽能接受，只怕朝廷不肯哪。老兄不妨上奏，先与朝廷约定，以三年为期，切不可急功近利，莽撞进战。古代王翦和赵充国都是胸有成竹，坚守初议，与君主和宰相争辩，才能获得最后的成功。他们的榜样，值得季高兄仿效。季高兄若能得到枣祗、任峻那样的人才，专门致力于开荒耕种，力劝百姓种粮，军粮充足了，士饱马腾，这与依靠外省转运军饷相比，强了何止千万倍！"

左宗棠听得连连点头："子寿所言极是。自古用兵塞上，都要兴办屯田，以充实军中储备，还要用战车阻遏骑兵，方能取胜，而剿抚兼施，也是一定之理。像赵充国那样骁勇多谋的将领，得不到汉皇的信任，韩琦与范仲淹，也没有得到宋王朝的重用，所以一千几百年的富强之区，化为一片榛莽。我今年五十有六，来日无多。朝廷之所以用我，不过是想收一时之效。而我却要以有限的生期，去做不可速求的业绩，怎么办得到呢？只有孜孜不倦，起个开头的作用，同时广求俊杰来继承这桩事业了。子寿还有什么见教？"

"季高，战车造得怎样了？"左宗植插问道。

"唉，二哥，子寿，你们不知道，战车好造，马匹难购啊。托官文觅购，也只得二百八十几匹。还有，湖北车多炮少，不知能不能迅速配齐。捻贼的伎俩，全在冲突包抄，只有多用枪炮，才能将之制服。枪炮多了，就必须用车。车与炮相配合，车粗重而炮灵便，射程又远，行则成营，止则成阵，哪怕他万骑纵横，也撼动不了我的阵脚。打捻逆不同于打发逆。对付发逆，可以野战取胜；对付捻逆，则应多用阵法。阵势要整齐紧凑，时时小心备战，行军时也要如此，才不致仓促应战。"

左宗棠谈兴正浓，又有军士来报：巴陵吴士迈求见。

"巽行来了？快请快请！"左宗棠急忙起身迎客。

不一会儿，和左宗棠同庚的楚军宿将吴士迈急步跨进房来，快人快语地问道："左公急召我来，有何吩咐？"

"巽行且请坐下，共饮一杯，再听我言。"左宗棠和吴士迈干过一杯之后，继续说："我们兄弟跟子寿正议着西征之事，巽行你来得正好，我要请你随我一起出征呢。不过，你我先得想好一个问题：部队开到陕甘两省，如何筹措军粮呀？"

"左公是要考我，还是要我当你的军需官？西北粮食紧缺，那是众所周知，恐怕士迈难以胜任。"

"巽行啊，谁叫你当军需官了？我是请你带兵打仗。不过你也得为军饷的事情动动脑子，要是让部队饿着肚子，恐怕你也不好管带吧？何谈打胜仗呢？"

"巽行兄，"王柏心插话了，"你的宗岳军旧部，左公十分看重呢。湖南巴陵一带的农民，擅长耕作技术，他们是新式的农民，掌握了先进技术的泥腿子。巴陵的稻谷种子也是良种，宗岳军能不能把农具和良种带去西北呢？在打仗之余，开荒种地，教那里的百姓种田，不但可以解决本身的粮食供应，还能为发展陕甘的农耕做点贡献嘛。"

"不错。"左宗棠接口说，"从内地运粮到西北，辗转几千里，运费昂贵，旅途艰难，而且数量有限。办法只有一个，就是兴办屯田，充实边塞，丰富军粮。巽行你若能做出表率，为宗岳军设计两种功能，一是作战，二是生产，我们西征的把握就更大了！"

当天，四人把酒言谈，不离西征之事。在左宗植与王柏心的参谋下，左宗棠与吴士迈经过充分的沟通，使吴士迈对自己的使命有了充分的认识。他令吴士迈返回湖南，召集宗岳军旧部士卒，到陕西开辟军屯。

这次会晤以后，吴士迈回到家乡，召集旧部五百人，又增募七百人，勤加训练，准备开赴陕西。

追逐西捻军

左宗棠进入陕西之前，已有一支湖南人的劲旅前往那里增援官军。湘乡人刘松山率领老湘营九千人多次挫败张宗禹的西捻军，解除了西安受到的威胁。西捻军渡过渭河向北挺进，山西按察使陈湜主持黄河防御，防止西捻军东渡黄河。刘松山此时隶属曾国藩管辖，在其手下屡立战功。由于他是王鑫旧部，因其老统领跟左宗棠交情甚笃，应该说，他跟左宗棠是有渊源的。鉴于左宗棠要入陕作战，曾国藩向他推荐此人，并请清廷下诏，令左宗棠兼管这支劲旅。

西捻军入陕之后，陕西清军应接不暇，回民军借着这股势头，从甘肃分几路大举东入陕西。陕西的西部和北部都有反清武装的踪迹，陕西巡抚乔松年催促左宗棠所部入关。

左宗棠决定从汉口开拔。他刚刚练出了战车营，所调各部渐渐集结。他将部队编为前、中、后三个师，共十五营，由刘端冕、周绍濂、杨和贵分别统领，总兵力七千五百人。他将车炮分配到各营，使部队都有了对付捻军的作战能力。大部队二月二十日离开汉口启行，左宗棠自率十哨四旗亲军，加上骑兵队，于四天后继进，抵达滠口。由于东捻军正在攻击湖北，该省战情紧急，左宗棠为了助湖北巡抚曾国荃一臂之力，令刘典新军到达后留驻滠口。他出手帮助曾国藩的这个九弟，既是关照大局，也是对曾国藩将刘松山劲旅调拨给他的一种报答。

三月初六日，左宗棠从滠口前进，于十天后抵达德安，恰逢东捻军袭击天门和钟祥，企图渡过汉水西进。左宗棠在德安留军驻守，期待楚军和淮军到达后，对东捻军形成大包围。

由于曾国荃的水师扼守着旧口，东捻军折向京山。三月二十七日，左宗棠所部抵达随州，东捻军骑兵出现在州城东北面的高城。左宗棠下令：用炮车对付敌军骑兵，用骑兵对付敌军步兵。由于部队刚刚采用新阵法，左宗棠恐其运用不够熟练，令各部不得纵向出击。

四月初一日，左宗棠所部进军塔儿湾，与东捻军遭遇。对手一见炮车，就知道遇见了克星，不战而逃。左宗棠整师追赶，迫使东捻军北撤河南信阳。这时，楚军和淮军先后赶到，接替了恪靖军的防务。左宗棠于四月初三日从随州拔营出发，经枣阳于五天后抵达樊城。

左宗棠一走，东捻军再次兵临枣阳。左宗棠帮人帮到底，于四月二十二日回师张家集拦截东捻军，一战之下，将之赶至河南新野。为此，曾国荃对左宗棠感激不尽。

左宗棠的部队开拔西行了，各省协助的军饷却没有解到。左宗棠正愁得眉头紧锁，胡雪岩来信，出了一个主意：江苏和上海抵御太平军时，缺少军饷，就向海关预借洋商的银子做军饷，以后再拿各地解到的饷银还债，左公何不援引此例？

左宗棠想：胡雪岩不愧是理财高手！那就向海关借用一百二十万两银子吧。他决定在上海分设采运局，由胡雪岩掌管出入。他向朝廷呈折请示，慈禧批准照办。

这时候，陕西的战局发生了变化。刘松山所部在泾阳击败西捻军，张宗禹东撤同朝，不久又败走蒲城，有可能继续东撤。清廷发来上谕，明确规定左宗棠的责任是把西捻军歼灭在陕西境内，不许他们逃到河南与湖北，与东捻军会合，以致势力增强。

左宗棠决定不再关照湖北的战事，分兵三路入关：他率所部从樊城进军潼关，刘典取道荆紫关进军蓝田，高连升的新军刚刚开到陕西，从汉水开抵洵阳登陆，以照顾兴汉。

在进军途中，左宗棠一直思考着如何应对西北的回民运动。五月十一日，他写下一份折子，阐述了他的基本对策。他指出：这一次陕西的汉民与回民互相仇杀，是因小事闹大的，因为平时积怨太深，演成了一场浩劫。现在如果一味地主张征剿，不但无法镇压，而且后患无穷。从唐朝以来，回民就分布在中国各地，生息繁衍一千几百年，哪里有赶尽杀绝的道理？然而，如果一味地主张安抚，是非不分，良民与奸民同等对待，从前被戕残的几百万汉民无法申冤，又怎能平息舆论，而杜绝以后的危害？所以，应当遵照上谕：不论汉回，只辨良匪，以期解纷释怨，共乐升平。

拜发了这份奏疏，过了两天，左宗棠率部从樊城启行，于六月十三日抵达豫西的灵宝县。第二天翻越函谷关，部队来到关口，随从禀道："左帅爷，人过函谷，都要祭拜函谷公。我们也拜一拜吧？"

左宗棠说："函谷公怎能挡得住我？"

说罢，大手一挥，部队继续前进。忽然间，雷雨大作。部队冒雨越谷扎营，山水暴涨，致使辎重漂失过半。但是，左宗棠并不以为这是未拜函谷公之故，而是天灾所致。他的意志从来不为这样的挫折而稍有消沉，部队仍然按计划进军。

六月十八日，左宗棠所部抵达潼关，山西按察使陈湜来见。此人是湖南湘潭人，自幼就知道湘潭的辰山有个入赘而来的才子，听了不少关于左宗棠的传奇故事，是左宗棠的忠实粉丝，得知左大帅到了邻近之处，特意赶来拜访。

左宗棠对晋西漫长的河防很不放心。朝廷担心西捻军越黄河东进，而如果山西清军阻挡不了西捻军渡河，那么阻挡西捻东进的希望就很渺茫了。他见了陈湜，寒暄过后，连忙问道："舫仙，黄河防线这么长，你的兵力够用吗？"

"左公说中要害了！"陈湜不安地说，"对于西捻，我是防不胜防啊。黄河东岸，从河曲、保德至蒲州一线，渡口太多，与陕西的同州、延安、绥德相接，我的驻防军只有几千人。若是气温下降，冰桥形成后，必须派大批陆军防御堵截，否则后果不堪设想！"

"你别急，我给你拿个主意。"左宗棠说，"打仗还得靠我们家乡人，你派军官回湖南增募几营兵力，加强黄河防线。我可以跟你们的赵巡抚联衔上奏，请求朝廷批准。"

左宗棠当即写下折子，与山西巡抚赵长龄会衔，请旨责成陈湜回乡募兵。慈禧准了他们的奏议。陈湜派人赶回湖南，募集了八营楚军开赴山西。

安排了山西的河防之后，左宗棠在潼关等待部队集结，一边搜集各地的最新战情。他派出探子，侦察出了张宗禹的动静和回民军的动向。

不久前，张宗禹在位于关中平原的蒲城，遭到刘松山湘勇与黄鼎蜀军的攻击，郭宝昌的皖军从洛河赶来参战。接着，老湘营等军在蒲城与西安之间的富平县境内重创西捻军。张宗禹无法突破西安以北的泾阳防线，决定向东进军，首先袭击了泾阳以北的三原和以东的高陵，沿渭河北岸东进。回民军也在从西向东进兵，攻击了泾阳西北面的三水与淳化，向泾阳防线逼近，邠州（今彬县）的防务非常吃紧。

在陕北，由于汉人绿林部队董福祥所部及回民武装的进攻，延安以南虽有清军部队在中部（今黄陵县）、洛川和甘泉一线驻守，但鄜州（今富县）和宜君已向左宗棠发来警报。在延安以北，靖边已经失守，保安（今志丹）和安塞吃紧。清军总兵胡世英驻守延安，已经招架不住。董福祥占据了最大的一片黄土高原——董志原和黄龙山，从洛川南下澄城与郃阳（今合阳），东攻黄河西岸的韩城，游骑兵抵达澄城以南的朝邑。

左宗棠审时度势，认为陕东军情严重，当务之急，是不能让捻军渡河东进。他决定维持原定用兵次序不变，还是"先捻后回"。他派部队北渡渭水，拦住回民军进入北山之路，而令部队不必攻击。他认为，张宗禹企图将官军全部引向陕东，其真实意图是寻机西进，渡过泾渭两河，折而向东，进入河南与湖北。因此，他传令山西各部严密扼守黄河东岸，防止张宗禹偷渡，令刘松山、郭宝昌改道，从富平赶赴东北方向的蒲城，抄到张宗禹前方；令杨和贵等部扼守渭河南岸的华州（今华县）；令刘端冕会同刘典从蓝田北进临潼；令刘效忠所部转移到泾水西岸；

令高连升从蓝田向西北方推进到咸阳南岸。他要求恪靖军各部凭河扎营，将张宗禹压迫到泾水与洛河之间加以歼灭。

左宗棠做出作战部署之后，前线很快传来战报：回民军从甘泉进攻安塞，在桥扶峪遭到刘厚基所部重创，首领张幅满溺水阵亡。刘松山、郭宝昌在渭河南北岸及新庄击败西捻军。张宗禹趁着官军各部尚未在要口集结，西攻临潼，又北攻三原，悄悄渡过泾河，进入咸阳。刘、郭两军追到时，西捻军已越过咸阳以西、渭河以北的兴平，然后虚晃一枪，挺进北面的乾州（今乾县）和醴泉（今礼泉），不久就回攻兴平，夺船渡过渭水。左宗棠急令黄鼎先从咸阳开往南镇拦截，西捻军又从临泾东渡。

这时已是八月初，左宗棠听说西捻军再次渡过泾水，决定就近指挥，率亲军驰驻临潼，令各部分三路从泾西并进。大雨连下一月，河水暴涨，部队无法前进，张宗禹也在泾阳驻扎下来，寻机进入三原、富平和高陵三县构成的三角区夺取粮食。

九月十一日，左宗棠赶赴泾西，召集各部将领开会，发布命令：缩小包围圈，就地解决张宗禹。他令黄鼎防守泾河西岸，令刘效忠扼守富平西北方耀州山口，令刘典与高连升开往高陵，令刘松山、郭宝昌开往富平。会后，左宗棠返回临潼调运军粮。

张宗禹见恪靖军大举进逼，心知很难渡河南下，打算进入山中。九月二十七日，风雨大作，张宗禹下令：从蒲城东南北三面奔赴澄城以西、蒲城以北的白水进山。

西捻军的这个行动，令左宗棠十分担心他们与已经占据了北山的回民军会合，他派快马传令：刘典、高连升、刘端冕各部必须火速奔赴耀州，防止张宗禹进入北山，刘厚基则应从鄜州南下拦截。十月初三日，张宗禹直闯中部与洛川，被刘厚基挫败，于是北上鄜州和甘泉，发现这里一片荒瘠，无法获得军粮。张宗禹马鞭向东南方一指，主力奔赴宜川。他派出一支部队西进耀州，然后折向北面，袭击肤施（延安县），进入安塞，与回民军会师，攻打同官，将驻防军击溃。

刘厚基本来奉命南下，听说北面有警，赶紧回师扼守宜川的甘草坪。高连升追赶西捻抵达洛川，听说同官有警，于十月十五日从洛川出发，急行军一个昼夜，长驱二百六十里，与刘典会合，在焦家坪大战敌军，斩杀两千人，将敌军向北驱赶到宜君。高、刘两部分别在耀州和宜君驻扎。

在恪靖军打击之下，西捻军和回民军被迫北上进山。刘松山此刻驻军同官东南面的富平，他请高连升与刘典两部在山外扎营，自己率部向西北方挺进，逼近同官与耀州，企图逼迫敌军出山，然后与山外部队夹击。

左宗棠接到战报，立刻阻止刘松山进兵。他说，张宗禹主力已赴宜川，如果刘松山西进，那么韩城与澄城一线兵力空虚，张宗禹必然南下，抄袭老湘营后背。何况宜川濒临黄河西岸，如果冰桥形成，张宗禹便会趁机进军山西，逃出恪靖军布下的罗网。左宗棠决定重新部署兵力，令总兵李南华扼守韩城神道岭；令刘松山和郭宝昌向东北进兵，从宜川、延长、延川沿黄河从北面拦击张宗禹；令高连升、刘端冕从鄜州与甘泉挺进延安，朝东北方向的绥德大包抄，与刘松山合力攻击。左宗棠的这个命令大致上得到了执行，只有高连升被同官回民军所牵制，不得不回驻宜君。

十月十九日，刘松山和郭宝昌渡过洛河进发，前锋已抵达洛川。寿春镇总兵李祥和率一千人为大部队殿后，抵达大贤村。同官的回民军突然掩杀过来，斩杀罗泽南旧部将领李祥和。刘松山急忙回师援救，回民军已撤回鄜州。宜川的张宗禹主力趁机长驱北上，袭击延长。

慈禧根据陕西的战况，担心西捻军东渡黄河，开进山西，影响直隶，威胁京城。这一次，她以严厉的口气颁发上谕：着左宗棠就地歼灭西捻，否则唯你是问！

左宗棠毫不掩饰自己的困难，如实回奏：西捻进入山西，是非常可能发生的事情。张宗禹进山以后，官军正在进攻，但军粮已经断了供应，兵力不够，鞭长莫及。山西的防御非常重要，但很薄弱，他也不想把张宗禹赶到山西，但是黄河东岸漫长的防御线没有兵力处处设防，而张宗禹只要突破一点，便可挥师东进，官军打的是无把握之仗！

左宗棠对在陕西歼灭西捻军一时没有把握，是因为他作为陕甘用兵的钦差大臣，却无法控制甘肃的局面，而对于山西的防御，他也是鞭长莫及。因此，他身在陕西，无法左右一东一西两个省份的战局。甘肃现在是穆图善的地盘，他在那里大唱安抚的调子。他刚刚上任陕甘总督，便开始推行自己的主张，听任甘肃回民军纵师东进，左宗棠只能眼睁睁地看着甘肃东部的回民军时时在声援张宗禹，而他却无计可施。

甘肃那边还有一个西宁办事大臣玉通，更是已成傀儡，听任回民军摆布。前任陕甘总督、楚军大帅杨岳斌曾派兵攻打贵德厅，玉通声称用兵有碍于抚局，上奏请求撤兵。慈禧得知此事后，表明了朝廷的态度，指责玉通丧失了官方的立场。

现在杨岳斌走了，玉通的做法仍然没有改变。左宗棠收到西宁总兵黄武贤的来函，称回民军已经控制了西宁城，汉人官吏无法履行职责。左宗棠将此事上奏，慈禧又将黄武贤之信下发给穆图善，叫他妥善处理。但是，穆图善与玉通仍然我行我素，认为唯有安抚之策能够奏效。但是，穆图善所采取的措施，未能阻止回民军的进军。在甘肃东部与陕西交界各处，各路回民军都在分兵东进。这种局面，使左宗棠几面受敌。

左宗棠一次又一次致函穆图善，劝他军威与安抚并用。他说，他很清楚，回民军本意确实是愿意接受安抚的，但是，如果官军不能展示足够的实力，回民军就不会全心全意接受安抚。既然官府一味表示笼络之意，他们也就虚声应付，终究还是解决不了问题。

此外，穆图善就军饷一事告了左宗棠的御状。此人无意于在甘肃整顿军备，却跟左宗棠争夺军饷。甘肃省的军需粮台以前设在西安，后来军需负责人林寿图为了转运的方便，经左宗棠批准，把粮台改设在汉中。穆图善多次请求慈禧干预，要左宗棠从陕西的军饷中分给他一杯羹，又怀疑左宗棠转移粮台是为了截留甘肃的军饷。左宗棠见穆图善不知好歹，以小人之心度君子之腹，便向慈禧解释：他从来没有从甘肃的军饷中克扣一文钱，反而给穆图善提供了许多援助。

慈禧相信左宗棠不会撒谎，下令维持现状，只是要求左宗棠酌量接济甘肃军饷。为了统一指挥权，她催促左宗棠尽快肃清陕西境内的捻军，进入甘肃接受总督职务。

左宗棠试了一下深浅，得知慈禧在满臣穆图善和他这位汉人大臣之间，并非一意回护满人大臣，心里便有了底数。他索性捅破窗户纸，开始戳破穆图善的谎言。他向朝廷揭发：穆图善说甘肃清军有一百四十多营，其实很多部队已经溃散，各营中现存的勇丁人数不到一半，而这些部队还很少作战。左宗棠又说，他劝穆图善开展屯垦，让甘肃的部队养活自己，可穆图善不听劝告，一心指望外省供应军饷，所以陷入了窘境。

这是左宗棠和穆图善之间的第一次较量，而他是为了招架这位满人大臣对他的攻讦。其实他根本无心跟穆图善扯麻纱，因为他现在忧心如焚，一心想尽快肃清陕西，早日进入甘肃，接收总督大印，到那时，他就能改变穆图善的做法，推行自己"剿抚兼施"的策略。

但是，左宗棠以现有的兵力，很难围歼张宗禹的快速部队，更无力应对回民军的攻击。张宗禹攻打延长之后，继续北上，于几天后攻占延川，北扰清涧与绥德，继续挥师向北，直奔葭州（今佳县）。大约与此同时，甘肃庆阳的回民军从延安出兵，攻占了绥德。张宗禹回师绥德，与回民军会合。恪靖军方面做出的反应也颇为迅速，在回民军攻占绥德的第二天，刘厚基便攻克了延川，刘松山和郭宝昌从宜川集结，开到延川会师，然后向北进军，挺进清涧。

延川与绥德相继丢失，左宗棠自认疏于防范。像他这种自尊心极强的官员，是不会容许自己失误的，于是他主动请旨下部议罪。清廷将他革职留任，继续指挥军事。左宗棠担心张宗禹再往北去，令刘松山与郭宝昌绕道扼守绥德以北的榆林。他写信给刘松山，谆谆叮嘱，指出黄河防线到处都是破绽，让老湘营务必盯紧。他说，灵州的平民董福祥为了应付战乱，聚众结伍，以图自保，转战花马池和定边，有可能推进到安塞；张宗禹若从绥德西奔宁条梁，就会与董福祥部会合，这两股势力合起来，极有可能东渡黄河。他告诉刘松山，他已令山西派兵驻防榆林以北的包头，并推荐代理宁夏将军金顺赶赴陕甘边界设防。其余各处，就得靠老湘营机动应变了。

左宗棠正在部署陕北的作战，陕西西南部又有急变。回民军于十月二十九日从汧阳（今千阳）东进，围攻凤翔，击毙驻军将领孙立士。第二天，杨和贵等部从扶风向西，赶至凤翔，在城东大败围城回民军，迫使其撤围，东奔岐山与扶风。杨和贵正在策部追击，凤翔城又派人来报：甘肃河州与狄州的回民军三万人大举东进，进攻汧阳，以及汧阳西北方的陇州（今陇县）。

杨和贵接报，立即火了，怒道："甘肃的部队干什么吃的？放出来一股又一股！我们这点兵力，怎么应付得了？不能向东追了，赶快回师凤翔！"

杨和贵在凤翔这边部署抵御，又闻报甘肃东部正宁的回民军挥师南下，进袭陕西的邠州（今彬县），而北山的反清武装往来于陕中的洛川、中部与宜君一线，势力大振，时常出兵向韩城与郃阳推进，顿时威胁到官军的渭河防御。

这就是左宗棠在陕西所面对的局面。张宗禹从南向北纵击一千多里，回民军从西向东横扫一千多里，其进兵路线相交，形成一个大十字。而左宗棠手下的兵力，陕西清军和外省援陕部队加起来，具有作战能力的不到五万人。左宗棠接到杨和贵从凤翔发来的急报，只得从渭河防线中抽调兵力西进，以扼守凤翔。

黄鼎接到左宗棠的命令，率部于十一月初二绕过甘肃东部的灵台，南下凤翔，途中接到警报：汧阳告急。黄鼎不能见死不救，急忙率部西进，投入战斗。参将徐占彪所部陷入敌阵，遭到重创，折损三千人，败退近两百里，东入扶风。回民军乘胜进攻凤翔与扶风之间的岐山，未能得手，于十一月初六日全军西回凤翔。

杨和贵正在城东鏖战，从扶风与岐山杀来的回民军直抄其后背。杨和贵腹背受敌，想起左宗棠交代的阵法，急令炮车结为圆阵，四面顶住，方才稳住阵脚。他亲率精骑冲突回民军中坚，大战一天，斩杀两千多人。战到黄昏，黄鼎所部赶来，两下夹击，迫使回民军从东北川口撤进山内。

凤翔大战时，谭玉龙在邠州与三水接连取胜，将正宁的回民军堵回甘肃，陕西西部的邠州和凤翔一线方才稍稍平静。与此同时，刘典与高连升在北山屡有斩获。但是，回民军刚刚撤走，又回头杀来，形成车轮大战，未有了局。哪里没有官军，回民军就向哪里推进。其中有一万人乘虚窥视耀州，刘端冕驰达杨家店阻击，方才将其击退。接着，刘端冕部穷追三天，斩杀两千多人。高连升所部继续追击，中部一战，再挫回民军。

陕北的形势对官军更为不利。从洛川以北直达鄜州与延川，回民军势成燎原，官军无法抵御。十一月初十日，刘松山、郭宝昌会合刘厚基攻打绥德，攻克县城，回民军突围而出，北走米脂。张宗禹抓住这个空子，率部向南疾驰。刘松山等人刚得喘息，忽闻探报：西捻军已分路南下。三人对视一眼，摇头叹一口气，立刻分工。刘厚基重新上马，向东北出兵，追赶回民军去了；刘松山与郭宝昌挥师南下，奔回延川、延长和宜川一线，沿黄河西岸拦截西捻军。

十一月二十二日，刘松山追抵宜川，不料回民军从北面的交口大举南下，出兵拦截。刘松山留下部队大战一天，攻破回民军营垒。张宗禹得到回民军掩护，趁机抄小路南下，抵达黄河岸边。此地叫做龙王辿，是宜川县城以东约五十里处壶口乡的一个渡口。这里河水尚未结冰，陈湜并未在此设防。由于北面的黄河已经结冰，他把山西清军的河防各部调向了北面，左宗棠为他请求增募的部队尚在途中，没有到位。

天有不测之风云，而张宗禹运气特别好。后面追兵未到，前面无兵阻挡，只要奇迹发生，龙王辿渡口的黄河结冰，他就得以从冰上过河，挺进山西。他向上天祈祷让河面结冰，而他的祈祷似乎感动了上天，到了晚上，果然南风骤起，冰桥已经形成。

第二天，刘松山与郭宝昌赶到黄河边，西捻军已不见踪影。找来老乡询问，才知张宗禹已在前一天夜间踏冰东过黄河，抵达山西的吉州（今吉县）与乡宁。

西捻军骤然杀到山西，犹如从天而降，令山西官府慌作一团。巡抚赵长龄和按察使陈湜河防不力，都被清廷治罪。左宗棠知道自己责无旁贷，急调喜昌率骑兵取道孟津渡东奔泽潞，令河南清军马德昭所部从潼关防御解州与运城，保护盐库，而他自己则向朝廷请求领兵进入山西督战。

自主平等的外交思想

左宗棠驻节陕西期间，接到总理各国事务衙门的一份公函。清廷与西洋各国签署的条约，明年（同治七年，1868）就要到期，必须重新订约。关于订约条款的内容，外交部门希望得到他的指点，请他阐明各种利害关系。

清廷的外交，令大臣们颇为头痛的问题，大致有六大麻烦。如何解决这些问题，总理衙门那些王公大臣的智慧不够用，发函征询各地疆臣们的意见，借以参考。

第一是外交礼节的问题。中国人见了皇帝都得下跪，外国使臣觐见大清皇帝，要不要他们下跪呢？若是要他们下跪，他们却坚决不肯，应该如何处理？

对于这个问题，左宗棠采用了《礼记》关于"礼从宜，使从俗"的办法。他认为，古人都这样说了，那就应该尊重人家的礼俗，采用权宜之策。他说：在西洋各国，君臣之间行礼，本来极为简略。他曾在无意中得知，英国人觐见国王的礼节，确实没有拜跪之礼。现在他们一定要来觐见，拦都拦不住，强迫他们的使臣行拜跪之礼，人家未必答应。他们觐见我国皇帝，坚持按照觐见本国国王的礼节，只是为了争一个中外平等，不愿我国将他们视为附属国，并没有其他的意思。所以不妨同意他们的请求。

第二是向外国派遣使者的问题。派使节出驻外国，究竟有没有必要呢？派到外国的人要懂他们的语言文字，这样的人才到哪里去找？就算人才找到了，他们出国要乘坐轮船，需要不少费用，从哪里去找这笔开支呢？

左宗棠回答：使节一定要派。他说，外国人对于中国的山川、政治和民俗人情，无不留心考察，而我国毫无警惕。外国的驻京公使恣意横行，而我国不能加以指责。我国派出使节，正是了解各国国情的好机会，借此可以抑制外国公使的专横。

左宗棠指出：出使外国，远赴重洋之外，挑选人才不容易，筹措费用很棘手，固然都是具体的困难；不过，自从海禁大开以来，江苏、浙江、福建、广东沿海的读书人和商人当中，到过海外各国的不乏其人，其中也有人通晓各国语言文字，可以从他们当中挑选人才。这些人才，以游历为名，搭坐各国轮船，也用不了多少经费。使臣五年一派，就可以从这些人才中挑选。如果轮船局已有技术人才毕业，自己能够驾驶轮船，就无须搭雇外国轮船了，所需费用也不多。

第三是外国人要求在我国架设电话线和铺设铁路的问题。这种设施牵涉面很广，影响民居和耕地，而且中国人得不到使用的便利。这件事怎么答复人家呢？

左宗棠回答：此事不能同意。他认为，安设铜线会妨碍居民出入，如果靠近田地，或者靠近坟墓，居民也不高兴，难免被居民拆毁，或者被牲畜撞坏，官方很难禁止。至于铁路，是为了跑火车而铺设的，外国修铁路，向火车抽税，利归国家；我国没有火车，何必修铁路呢？如果我国不想办理，那就以民情不便或困难太大为借口，他们也无法勉强。

第四是外国公使要求在我国内地设立转运仓库，要求把轮船开进内河。如果我国同意了，会有什么利弊？

左宗棠回答：此事有害无利。他指出：外国公使的要求，都是他们的商人怂恿所致。如果批准他们的申请，那么中国的奸商都会依附洋人，与税局和关卡为难，偷税漏税，商业税收就会减少，船商和运输户就会失业，关系重大。他们提出一个理由，说轮船上雇用的多数是华人，但他们不过养活了几个体力工人，而大批船商和运输户却因此失业。修订条约时，就用这个理由驳回吧。

第五是洋人在我国贩盐和挖煤的问题。这两件事非常敏感，我国能否同意？

左宗棠回答：此事已有约在前，不能开口子。他指出：洋船拖带盐船，对我国的盐务有很大的危害。通商章程和善后条约里都写了禁止这么做的条款，只要再次申明，洋人必定无法力争。此事应该责成盐贩和船行设法查禁。洋人挖煤，实际上就是开矿，煤只是一个借口，将来开矿一事也必定提上议事日程。如果准许洋人租山，则变成了他们的产业，时间长短很难预定，必然导致事端。这一条与内地设转运仓库和轮船行驶内河一样，应当阻止，可以拿出来的理由是：中国商人和居民很难同意，官方不能强求。

第六是外国教士传教的问题。外国传教士屡屡与中国百姓发生冲突，而且干预中国内政，是令中国政府非常头痛的问题。怎样处理才好呢？

左宗棠回答：对于所有纠纷，都要按中国法律处置。外国的传教士中固然有清修好善者，就如喇嘛当中有黄教；但其中也有信奉邪教的人，就如喇嘛当中有红教。去年朝鲜发生战端，据日意格说，就是由英国人怂恿的。列强为了开采朝鲜的金山和银山，借口教士被杀而挑起衅端。法国公使曾报告他们的国王，请示是否应该增兵，国王回答：应该查明教士有没有为非作歹，再作决定。可见该国国王也怀疑传教者挑起衅端。从这个情况来看，法国对待教士，与中国对待喇嘛相同，似乎不是专门以传教为阴谋。天主教和耶稣教，从利窦玛那时来到中国，至今已有三百多年，无法彻底清除。只要教民不把它当作护身符，遇到教士干涉公务，袒护教民，地方的居民共同排斥，官府加以维持，还是可以随时补救的。

左宗棠的这些条陈，表明其外交思想的基调是开放的，强调邦交应在平等互利的基础上开展，而对于历史遗留的问题，则应采取疏导而非禁绝的办法。与此同时，他在外交思想上又注重务实，对于具体的情况，采取不同的对策。对于列强在中国的经济渗透，他则保持着高度的警惕，并持审慎的态度，以防中国的税收和主权落入外国人之手。由此可见，左宗棠的外交思想具有浓厚的爱国意识和主权意识，但并非如有些人所说的那样是一味地强硬，其实只要是在平等互利的基础上，他是倾向于和睦外交的。

征战豫直东

西捻军从陕西脱身杀入山西之时，东捻军势力已衰，清廷可以抽出兵力对付西捻了。慈禧令淮军宋庆、程文炳、张曜各部分道赴援山西河北，各部都由左宗棠兼管。

其实，张宗禹的部队并没有全部东渡黄河，其一部留在了西岸，与回民军联合，分兵袭击陕中的洛川与陕东的澄城与郃阳，而甘肃东部的回民军全部集结于泾州，企图再次攻入陕西境内，左宗棠不得不出兵应对。他派谭玉龙和黄鼎分道出兵长武，阻击泾州的回民军；派杨和贵防守渭河以北；派周绍濂、刘端冕、周金品从郃阳与澄城取道河滨，赶赴宜川以西，阻遏回民军东进。而此刻已入山西的部队，只有刘松山的老湘营这支劲旅。

刘松山和郭宝昌军行迅速，很快就送回军报：老湘营已下吉州和乡宁，张宗禹南奔河津与稷山，老湘营追赶上去，张宗禹则东奔绛州（今绛县）。

同治六年（1867）十一月三十日，左宗棠为了没能把张宗禹控制于陕西，再次向朝廷请罪，声称自己调度无方，请求重罚。他表示，等到各营调齐后，他便率部入晋作战。陕西境内的军事交给刘典和高连升暂为督办，请朝廷予以批准。

刘松山与郭宝昌极力追赶西捻军，于十二月十一日合兵，向洪洞北进，绕到西捻军前面纵击，重创了张宗禹。西捻军从绛州奔赴横岭关，南抵垣曲，而后向东长驱直进，很快进入河南的济源。

左宗棠担心捻军挺进东路，会震动畿辅以南，而老湘营从垣曲向东追赶，势必落在西捻军之后。他调来西路军的五千人，亲自率领，打算取道山西蒲州（今永济），进入直隶，然后南下拦截西捻军。由于军情紧急，为了保障军需供应，他奏请从海关续借洋款二百万两。

十二月二十三日，左宗棠率亲兵等部近五千人，从潼关急行军进入山西，仅用七天时间，就向东北方疾进约六百里，于三十日除夕抵达曲沃。此时，西捻军在左宗棠东边偏南六百里外的河南新乡，正要北进直隶。

同治七年（1868）大年初三，刘松山、郭宝昌会合喜昌的骑兵追到磁州（今磁县），西捻军已出现在东北面两百里外的平乡与巨鹿。两天后，老湘营从南和绕到西捻军以西，截击获胜，但未能阻止西捻军北上。张宗禹率部疾驰两百多里，抵达定州，向东北方派出游骑兵，袭击直隶首府保定，接近天子脚下。

西捻军骤然出现在京城周边，畿辅震动。淮军宋庆和张曜各部尚未集结，西捻军附近只有刘松山一支劲旅。清廷下诏，严厉斥责左宗棠与李鸿章，直隶总督官文与河南巡抚李鹤年也难辞其咎，全被罢官。慈禧派出京城神机营巡防。

这时候，左宗棠还在山西境内，与西捻军相距甚远。他于正月初九日行抵山西中部的介休，被大雨雪阻挡，原拟东进辽州（今左权），但虑及那里山路险恶，改向东北方的寿阳挺进，然后东进井陉。第二天，刘松山抵达定州以东的祁州（今安国），火速北行，驻扎于保定以南二十里外的清苑。张宗禹侦知老湘营已在保定设备，便折向祁州东南方的安平，东趋四十多里外的饶阳。

左宗棠从介休出发，行走八天，率部抵达寿阳，没有掌握最新的军情动态，只听说西捻军已经北上。他急得手足无措，设想张宗禹杀进京师，后果将不堪设想！由于军情未晓，他没有更好的办法，只能星夜挥师前进。此时，慈禧得知西捻军经刘松山拦截，已经南下了一截，松了口气，给左宗棠送来急谕，令他驻扎井陉，拦住张宗禹西进之路。

左宗棠又走了五天，越过了井陉，于正月二十二日抵达石家庄以西不到四十里的获鹿（今鹿泉），又接上谕，朝廷将所有前敌部队交给他统一指挥。

此时，山东巡抚丁宝桢率部进入直隶防守，抵达河间。据他奏报，他派王心安所部向西南方出击，在饶阳碰上从安平东进的西捻军。但是，这场战斗是否真正发生过，在当时就是有争议的。西捻军很可能是自动撤退，并未与官军交锋。不过，有一点是肯定的，刘松山的快速部队及时从清苑赶到，突然出现在饶阳城北的王冈，打了张宗禹一个措手不及。西捻军被迫向西南撤退上百里，奔赴束鹿（今辛集）。慈禧知刘松山将西捻军赶到了离京城更远的地方，下诏嘉奖这位湘勇名将。

正月二十五日，左宗棠从获鹿东移正定，西距束鹿不过百里之遥，离西捻军越来越近，但张宗禹此刻已在运动之中。刘松山刚刚进驻束鹿以东约七十里处的深州，便接到警报：西捻军再次长驱北上定州。这样一来，张宗禹又到了左宗棠所处位置以北，严重威胁京城的安全。刘松山对部将吩咐道："大家上马，再辛苦一趟，火速赶往保定拦截！"

刘松山率部向正北疾驰约两百里，来到保定，喘息未定，见张曜、宋庆和程文炳各部先后赶到，不由大喜。大家分工，后到各部驻扎在保定西边的满城山麓。

张宗禹原拟进军保定，但他见官军已有戒备，便从祁州分兵东进蠡县，北上高阳，来到保定东南七八十里处。

清廷见山东清军和淮军都来到直隶集结，担心指挥体系混乱，再次颁发上谕：现在直隶的各省官军，归左宗棠总统。

正月二十九日，左宗棠从正定赶到保定，与各部将领见面，令他们兵分三路，从东北和西北两方向南压迫进击。但是，张宗禹行踪无定，飘忽迅疾，进击的官军很难与其正面交锋。左宗棠接到军报：西捻军从高阳东指，袭击了任丘，又折师南下一百多里，奔赴献县，然后西指，进入深州境内。敌情瞬息万变，左宗棠不得不随时调整部署。由于前线南移，他率指挥所南下，于二月初四日行抵定州。刘松山不愧为快速反应部队，此时已追到深州，终于捕捉到张宗禹主力，在州城以南一战获胜。张宗禹落败后，率部北上祁州，这是他第三次北上了，可见其兵无常法，出没不定。刘松山的骑兵在束鹿旧城追到张宗禹，因兵力不足，只能将西捻军截为几段。刘松山抓住战机，令步兵冲压上去，张宗禹大败，丢下了五千匹战马。

左宗棠暂时控制了京城周边的局势，稍稍定下心来，决定攻防并举，给京城安置三重防线，同时派机动部队寻机作战。他在定州上奏：拟于靠近京城之处设置重防，为第一重门户；拟于京城以南的涿州、固安一线设立近防部队，为第二重门户；再往南去，拟于河间、天津一线部署攻防部队，为第三重门户。余部作为攻击部队，根据西捻动向，并力进攻。

左宗棠呈上这道奏疏时，慈禧已经给自己部署了许多卫队，京城神机营已经出驻涿州。她采纳户部侍郎李鸿藻的提议，改变了让左宗棠总统直隶各部的任命，令恭亲王节制各路统兵大臣和各位巡抚。京城周边，大员云集，侍郎崇厚驻守天津，丁宝桢驻扎河间，李鸿章与安徽巡抚英翰率部北援，已在途中。为了加大保险系数，慈禧又令直隶总督官文出省督战。

二月初七日，左宗棠由定州驰抵保定近郊，驻营黄家庄，主动请求赶赴前敌，慈禧照准。他当即南下，于当月十二日抵达蠡县，听说西捻军围城急攻，连忙挥师前进，将张宗禹逼退。第二天，张宗禹西攻博野，突击郭宝昌军营，刘松山分兵赴援，将之击退，追逐二十里。

张宗禹在湘淮两军追逐下一路南奔。二月十四日，左宗棠令各部从祁州分道南下，令程炳文所部西趋正定，在滹沱河之滨阻敌。第二天，张曜与宋庆在深泽赶上了张宗禹，会同刘松山乘夜夹击，斩杀几百人。张宗禹兵分两路，东西分进，一部东奔安平，被杨鼎勋、郭松林的淮军击败，又东奔饶阳。刘松山先一步赶到饶阳，四面出击，西捻军夺路而逃，东奔献县，然后猛然向西折返，疾趋晋州方向。

官军的增援部队陆续开赴前线，李鸿章于二月十七日抵达直隶东部的景州，可为山东屏障。二月二十一日，刘松山急行军绕到西捻军北面攻击，张宗禹正在行军，没料到会有奇兵突出，而且是老湘营主力，不由大为惊骇，说道："此军了不得，比老子的骑兵还要快！咱们速速南下，打一下深州，折向东北方，还是回饶阳去！"

张曜和宋庆知道，跟捻军拼的就是速度，于是一昼夜疾驰一百六十里，赶到饶阳，长驱直入，直捣西捻中坚，斩获甚众，击毙西捻军首领张五孩。

左宗棠拖着疲弱之躯，也在跟张宗禹拼速度。在西捻军从深泽分兵撤退时，他率领亲军西奔无极，又听说西捻军折向东南方，便火速绕道，从保定赶赴东路，于二月二十三日抵达饶阳以北的肃宁。因此，当西捻军从饶阳向东北方败退时，突然遭遇左宗棠亲军。左军副将杨凤元率骑兵迎击，西捻军分三路来攻，交战一个时辰有余，仍然无法杀开一条道路。

张宗禹问："这是谁的部队？"

部属报告："见到左宗棠帅旗。"

张宗禹一听，心下骇然，当即下令："令各部后退五里，不许纠缠！"

左宗棠见捻军后撤，令旗一挥，步兵齐头压上去，捻军顿时溃散，丢下大批马匹和器械。

二月二十四日，左宗棠已南下安平，侦知张宗禹已南下深州，西去晋州。他令皖军副将程文炳火速进击，张宗禹见官军紧追不舍，决定停下打一次截击战，令几千名骑兵严阵以待。程文炳趁着大雾挥师直击，西捻见皖军气势如虹，以为又是左宗棠的主力，刚一交手，便四下溃散，程文炳趁机解放三千多名难民。

张宗禹因军势大为削弱，第二天下令袭击晋州，大步撤退，从晋州西南渡过滹沱河。刘松山等部追到北岸，捕杀来不及渡河的西捻余部。

二月二十七日，老湘营分路渡河，张宗禹派骑兵埋伏在南岸等待。老湘营渡了一半，张宗禹发起突击。刘松山惊出一身冷汗，令已渡部队排阵阻击，不得后退，自己率主力渡河，抄袭西捻后路。张宗禹一击未成，狠狠一挥马鞭，下令撤退，南下赵州，又长驱南奔巨鹿，离京城越来越远。云集直隶的清朝大员，都大大地松了一口气。

刘松山审讯俘虏，得到一份供词，称西捻军的军械已损失殆尽，企图长驱南下，赶往河南怀庆的清化镇（今焦作市博爱县境内）伐竹为矛，以进军山西。刘松山派人连夜将情报送往左帅大营。左宗棠赶紧咨会恭亲王，请调保定驻防军移驻滹沱河北岸，令山西清军严防山西晋城以南、河南博爱以北太行山上的天井关，以及济源以西的封门口。

由于西捻军愈行愈远，慈禧认为是奕訢指挥有方，令他总统各军，左宗棠与李鸿章同为偏师。此时左宗棠对捻军的机动性大为折服，决定充实骑兵。二月二十九日，他奔赴正定，调春寿的骑兵跟随征战，奏请委任刘松山指挥一翼。然后，他率部渡过滹沱河，向南攻击。

三月初，张宗禹从邯郸东南方的成安渡过漳河，南下彰德（今安阳）。三月初三日，左宗棠抵达顺德（今邢台），西捻军已从彰德南下，袭击卫辉，奔向怀庆。左宗棠驰进彰德。第二天，张宗禹果然分派部队前往清化砍伐竹子。张曜和宋庆两部沿卫河拦截，西捻军砍竹部队折向修武东进。

刘松山所部连日急行军，于三月初六日在卫辉东南百里处的封丘追到砍竹部队，攻破二十座营垒。郭宝昌深入敌阵，身上多处受伤，令郭运昌代他统领部队。砍竹部队北上一百多里，抵达卫辉东北面的滑县，攻击张曜、宋庆两部军营。刘松山和程文炳及时赶到，将敌军赶走。

三月初十日，左宗棠抵达彰德，随即紧咬西捻军不放。三天后，刘松山与张曜正在商议合力进追砍竹部队，不料张宗禹率主力杀到。刘松山采用左宗棠的阵法，令各部将辎重放置中央，结成方阵，并头推进。张宗禹下令："给我冲杀进去，夺取辎重！"西捻军各部并力攻击，无奈如同碰到铜墙铁壁，徒劳无功，还折损不少兵马，张宗禹只得稍稍退却。不料，刘松山的骑兵从左右两翼包抄而来，反将张宗禹困住。

张宗禹大叫一声："不好！"部队顿时失去斗志，望风披靡。郭松林和杨鼎勋从北面杀来，插入张宗禹阵内，西捻军大溃。官军各部追逐二十多里，斩杀一千多人。张宗禹从卫辉南撤延津，官军各部紧追不舍，张宗禹又从延津南部西撤阳武（今原阳）。

三月二十一日，左宗棠抵达卫辉以北汤阴县的宜沟驿，侦知西捻军骑兵已靠近卫河，令部队急行军，扼守五隆渡。西捻军官兵们牵来船只，正要渡河，忽见左宗棠大军出现在对岸，不由大惊，立即毁船，向东北方疾驰。左宗棠指挥部队沿河抵御。西捻军奔驰两昼夜，一路上都在寻机渡河，左宗棠各部始终在西岸逼迫，张宗禹找不到任何机会。好不容易跑到汤阴东北一百多里外大名的龙王庙渡口，正要渡河，只听得一声炮响，又见对岸旌旗招展，左军已经赶到。张宗禹长叹一声，命令部队折向开州（今濮阳）南乐，进入山东。

在西捻军从直隶南下河南时，李鸿章已从冀州赶赴大名，指望各部扼守怀庆，将西捻军逼到太行山与黄河之间。河南巡抚李鹤年也以扫平西捻为己任，在本省部署重兵。所以，官军的山东驻军已悉数调往直隶，张宗禹进入山东后，可以任意驰骋。张宗禹前无阻拦，分兵东进朝城，北上莘县与聊城。

不过，张宗禹知道，山东并非善地，东捻军的覆灭就是从这里开始。所以，进入山东之后，他的行动更加飘忽不定，而尾随西捻进入山东的部队，只有左宗棠的刘松山、郭宝昌两部，以及淮军张曜和宋庆两部。这些部队从直隶跟随张宗禹推进，每天都与西捻军接战，虽然追得上，但因兵力不足，无法组织围歼。

西捻军南下东进，迟迟未被歼灭，而且还可能从山东钻入直隶，威胁畿辅，这种局面令慈禧大为恼火。清廷颁下严旨，把领兵大帅们统统斥责一通，令李鸿章总统各路部队，责成左宗棠专防直隶运河。朝廷根据恭亲王的奏请，限令各部在一个月内扫平西捻军。

三月二十八日，左宗棠执行防御运河的新任务，会同各部从大名夹卫河向北，行抵山东临清。他在这里得知张宗禹已领兵北上，向天津攻击。

原来，张宗禹抵达山东后，碰到了一个贵人。此人名叫高岩，沧州人氏，职业是盐枭。他为了抗拒兵役，遭到追捕，便纠合盐枭与盗马贼三千人投奔张宗禹。西捻军得到兵力补充，势力重新振作。张宗禹决定杀个回马枪，北渡运河，越过吴桥，直奔天津。

四月初四日，左宗棠抵达吴桥以南的德州，闻知天津告急。丁宝桢急令王心安所部绕到西捻军前方，增援天津，郭松林、杨鼎勋、潘鼎新的淮军各部相继推进。左宗棠见运河以东大军云集，便调陕西与河南的部队分起取道吴桥以北约四十里处的景州连镇，沿运河西岸拦截西捻军。

两天后，左宗棠抵达连镇，从这里向青县北进，侦知张宗禹已从天津静海南下，便令各部从青县渡运河截击，自率亲军回师连镇扼守。他令刘松山、张曜、宋庆各部星夜东渡，又担心西岸空虚，打算三天后仍然从西岸折回，过了连镇之后，才敢东渡指挥。

他写了个折子，提醒慈禧：应该先将直隶的防守巩固下来，逼着西捻军向东南方而去，然后才可以会合李鸿章、丁宝桢、英翰的部队，将西捻军压迫到河海之间。他指出：直隶与山东的官军虽然数倍于西捻军，但士卒转战已久，十分疲劳，将领虚报战果，都会影响军情。

刘松山紧咬张宗禹不放，东进阳信，于四月十一日捕捉到战机，在武定（今惠民）城西打了一个胜仗。四月二十日，左宗棠抵达吴桥以东约八十里的宁津，刘松山已追到武定西南的商河，再次抓捕战机，捕杀八百多人。张宗禹被迫向西南方大步撤退，抵达荏平。

四月二十四日，左宗棠渡运河返回吴桥，此时运河水位暴涨，黄河水倒灌阳谷以东的张秋镇。潘鼎新等部打开捷地闸，将水注入减河，与天津防军凭河驻守。李鸿章建议修筑长围困死西捻军，他此时驻扎德州，在荏平以北；英翰驻扎临清，在荏平西北；丁宝桢驻扎东昌，在荏平西南。淮军会合山东和安徽官军，从东昌沿运河以北划地筑墙，进行防守。左宗棠同意这个方案，认为如今之计只有且防且剿，虽然官军大的包围圈已经形成，但长围之外还有二十多个州县，不能任张宗禹侵扰，好在西岸已有部队固守，东路有刘松山的攻击部队，可以根据西捻军的动向来部署兵力，牵制他们的狂奔之势。

左、李二人拟订的这个策略，李鸿章在对付东捻军时已用过一次。这一次，慈禧同意如法炮制。

张宗禹已经陷入了官军利用黄河与运河水系构成的大网，他在抵达荏平之后，知道前行有险，于是掉头向北。刘松山追到平原县，又一次挫败张宗禹。

四月二十五日，清廷命李鸿章总统各军，左宗棠只率亲军就近指挥。这一天，西捻军冒雨越过宁津北上。第二天，刘松山所部追到向家集，再次挫败敌军。左宗棠担心张宗禹再入直隶，便从吴桥赶赴宁津，令刘松山、张曜、宋庆三部向东北进击，自率程文炳所部向正北攻击。

四月二十七日，西捻军突袭减河，驻军凭河开炮轰击，刘松山也逼近旧沧州，迫使张宗禹转向东南，奔赴盐山。左宗棠赶到河滨，闻知西捻军刚刚撤走，下令急行军，赶往盐山扼守。两天后，左宗棠抵达盐山，西捻军已南下乐陵，奔向宁津以南的德平。左宗棠回师吴桥，令各部从宁津南下。张宗禹为了突破包围，先是南攻临邑，接着西攻平原，然后南下清平，直指运河东岸。可是，他被官军修筑的运河墙垒挡住了去路，只得扭头东进。

闰四月初四日，刘松山从德平跟踪追到乐陵以东的庆云，张宗禹跑不动了，命令骑兵列阵抵抗。老湘营分三路进攻，击溃敌军骑兵阵。张宗禹决定声东击西，摆脱追击，令一支部队北上盐山，在该城东北点燃望火，部队却绕向西边，急行军至沧州以南的泊头，企图偷渡。可是，官军各部没有上当，一齐压迫过来，将张宗禹向南逼向东光。

左宗棠正在东光以南二十多里的连镇指挥部队修筑濠垒，闻知张宗禹将至，急忙分兵拦截。西捻军绕到东光东南的梁家集，然后向西南插至吴桥。刘松山等部火速赶到吴桥，但还是晚了一天，西捻军已经从吴桥南下。

张宗禹为了脱困，在几百里的范围内左冲右突，官军的攻防部队投入十万以上的兵力，淮军、鲁军和皖军，集结在德州、临清和东昌一线。左宗棠遵旨将张曜、宋庆、程文炳三部交给李鸿章调遣，他只剩下五千亲兵，担负南自吴桥、北至沧州与捷地一线的防守。张宗禹在紧迫时向北冲突，企图闯到运河西北面，被左宗棠亲军死死挡住。刘松山所部忽南忽北，日夜与张宗禹追逐搏斗，久战之下，疲劳不堪，必须休整。

此时安徽巡抚英翰已经上奏，请将郭运昌所部归并皖军，但郭运昌本人不愿离开左宗棠麾下，主动请求与老湘营合并。左宗棠新得劲旅，十分高兴，令郭运昌与刘松山、喜昌分别驻扎在东光北面的下口以北，与沧州捷地减河的驻防军相接，只待西捻军冲过来，便可以出兵迎击。

西捻军已如困兽，正在做最后的搏斗。清廷为了确保胜算，增派都兴阿为钦差大臣督军作战。张宗禹发现官军西线防御如铜墙铁壁，很难突破，决定再次向东发起冲刺，奔赴临邑及其以东地区。左宗棠估计张宗禹会继续向东北方冲突，忙令刘松山等部出驻盐山，严阵以待。果然，老湘营刚刚开到，西捻军已从武定（今惠民）向北冲往海丰（今无棣）大山，距老湘营只有几十里。刘松山火速发起攻击，西捻军早已疲惫，不堪一击，大败而逃，向南溃退，却被港水拦阻。淮军郭松林部刚刚开进港南，拦住了西捻军的去路，张宗禹被迫西逃盐山，然后南奔乐陵。李鸿章为了万无一失，下令延长乐陵以南的隔离带，在东起临邑西至陵县一带筑墙，直达马颊河。

闰四月二十四日，恭亲王定下的期限到了。清廷颁下上谕，满纸威慑的口吻：

> 西捻尚未荡平，现一月限满，仍复奔窜自如，将左宗棠与李鸿章一同交部严加议处，命都兴阿为钦差大臣，率队前往督剿。

其实，西捻军这时已是强弩之末，只能用拼命的打法了。他们分成几批，从海丰出发，向盐山、沧州和东光狂驰，企图进击减河。但是，他们所到之处，都被官军挫败，张宗禹最后一线希望是从宁津突围。刘松山料定张宗禹已无路可逃，只能向北突出，领兵在宁津等着他。李鸿章在济阳以东留下了几十里的横墙未修，引诱张宗禹去闯。西捻军抵达此处后，忽然沿河向东北方进军。

五月十六日，张宗禹从武定北上海丰，又东下霑化（今沾化），刘松山取道盐山，向海丰东逐。十天后，已被山东与河南清军西压到阳信的西捻军，又从阳信返回海丰。老湘营趁着夜色，突然赶到西捻军北面，袭击张宗禹所在的村庄，重创其主力，乘胜向西追赶。西捻军朝西向庆云逃走，又向西北方的南皮一路狂奔，溃散了更多的部众。

五月二十八日，张宗禹再次南下宁津，左宗棠亲自领兵赶到宁津以西的吴桥堵截，沿途解决了几千名敌军，西捻军将士或者投降，或者战死。左宗棠南追到陵县，才班师返回。

六月初三日，清廷令左宗棠趁西捻军势已衰，官军得手之时，发起南北夹击。张宗禹徘徊在陵县及其东南方向的济阳之间，接连被淮军与河南官军挫败。十天后，李鸿章所部得以将西捻军围困于济阳与聊城之间的茌平。

张宗禹困斗了两天，于六月十五日突出包围，再次北上宁津，刘松山所部趁夜逼近敌军列阵。西捻人心涣散，队伍松松垮垮，刘松山乘势发起攻击，致使西捻自相践踏，陆续投降。老湘营追到吴桥西南面，斩杀一千多人。西捻余部奔向宁津以东德平与乐陵交界处，刘松山与郭运昌纵横扫荡，西捻完全破散，溃不成军，几天内有七千人投降。

张宗禹率残部南逃商河与济阳，又折向西北，逃奔临邑，继而西奔清平和博平（今高唐与茌平一带），官军四面围困。天降大雨，徒骇河暴涨，刘铭传等部将西捻最后的残余逼到河滨，张宗禹投水自尽。西捻军至此全军覆没。官军各部大帅争相告捷，左宗棠未发捷报，督率各部搜捕捻军残余，直到战火的余烬熄灭，他的捷报才最后进京。

清廷下诏，询问战况，评论军功。七月初十日，赏加李鸿章太子太保衔，以湖广总督协办大学士；赏加左宗棠太子太保衔，撤销历次处分，并交部照一等军功议叙。左宗棠知道，对付西捻军的作战，实在说不上打得漂亮，是费了九牛二虎之力才告藏功，其间惊险万状，不但让西捻军钻入了山西、河南、直隶与山东四省，还差一点让其进入京师，所以他自称追剿无功，恳请朝廷收回成命，但清廷未许。但左宗棠虽然居功，却非常低调，令部众编查捻军投降部众，分别发给路费遣散。

七月十三日，清廷给左宗棠下发寄谕：陕甘等省军务紧要，急需左宗棠统原部刘松山、郭宝昌、喜昌等军回陕西镇压，着左宗棠即令刘松山等部拔营，由山西渡过黄河进入陕西，节节扫荡陕中鄜州、延安、绥德和榆林一线的回民军，并着左宗棠在动身前往陕西之前，先行进京陛见。为了给左宗棠补充兵力，朝廷令李鸿章、左宗棠和英翰从其余部队中选拔将士，跟随左宗棠西征。但是，左宗棠不愿统率不熟悉的杂牌部队。朝廷从各处调兵，合作一处，官兵互不熟悉，指挥不成体系，作战败不相救，是官军在内战中屡吃败仗的原因，也是楚军和湘勇的大帅们通过观察战争过程而获得的教训。因此，他复奏说，他只待粮饷到齐，便会令刘松山等部开拔；但是，仓促从其他部队选拔将士，实为不妥。他回到陕西后，将根据所能筹得的军饷，计算出能够供养多少部队，再派出营官和哨官，到安徽与河南招募勇丁，以维持楚军的旧制。

尽管在追击西捻军的战争中，朝廷调集了湘勇、淮军、豫军、鲁军等多支部队，但左宗棠心里很清楚，如果没有刘松山的快速反应部队屡次追上张宗禹，屡次重创其骑兵，那么这场战争还会旷日持久地拖延下去。可以说，西捻军是刘松山所部打败的。因此，他向清廷推举刘松山所部将领中战功卓著的十五人。他专上一道奏片，称赞刘松山确是难得的奇才，能以步兵对付骑兵，机动神速，持久耐战，扫平捻军，全靠他的战功。左宗棠还指出，曾国藩将刘松山选拔出来，说明曾大帅有知人之明，谋国之忠。由此可见，左宗棠非常尊重客观事实，尽管他与曾国藩交恶已久，但他对于曾国藩的长处，是愿意承认并加以宣扬的。

第十七章

西征之路

五年计划

同治七年（1868）八月初五日，左宗棠抵达天津，于五天后进入北京。

整整三十个年头，一晃就过去了。上次一别京城，他还是二十六岁的小伙子，如今再来，却已两鬓斑白。这位老人在轿中观察京城，发现这里并无多大变化，街道依旧，车马似乎也很熟悉。但是，他自身的变化太大了，当年的那个年轻的布衣，如今已是两朝的勋臣。

左宗棠进京后的第三天，清廷颁下谕旨，加恩赏他在紫禁城内骑马，给了他无上的殊荣。又过了三天，慈安、慈禧两太后召见他。这两个不断提拔他的满洲女人究竟是个什么样子呢？左宗棠很想见一见她们的尊荣，但觐见时隔着帘子，还是看不清楚。不过，一听慈禧说话，就能感觉到这个女人的精明。

和通常一样，慈禧太后主持召对。她说："左卿劳苦功高，我们姐妹心知肚明。前些日子那些个处分，现在也都撤销了，想必你能明白我们的心思吧？"

左宗棠谦谨地回答："微臣攻剿不力，致使张逆从陕西逃脱，威胁京师，自知罪不可赦。蒙两位皇太后开恩，自当图报。"

慈禧向左宗棠提了一大堆问题，涉及征战和各种事务，最后转到回民的问题上来。她说："左卿此次进兵，须由东而西，力顾山西防御，无令回军进入内地。"

左宗棠奏答："微臣已安排刘松山从山西入陕，节节推进。至于山西的河防，微臣亦在用心筹划，容臣缓几日再奏。"

慈禧忽然问道："左卿，西部的战事，何时是个了局呀？"

左宗棠思考片刻，想到王柏心劝他西征不可操之过急，要以三年为期的那番话，觉得还是给自己定下一个比较宽松的期限为好，于是答道："陕甘遭受兵燹，遍地荒寂，进兵运粮，多所阻难。臣不敢说大话，此事需要五年才能办妥。"

慈禧似乎有几分失望，说道："五年！需要那么久吗？"

左宗棠解释道，西北用兵，事体极大，而他才干太小，他这样愚鲁的人来解决这么大的问题，必然需要时间。

慈安太后接口道："唉，也是啊。左卿年岁大了，此去西北，还须摄重！"

尽管慈禧对左宗棠的五年计划嫌耗时太长，但召对过后，一些官员却嘲笑左宗棠，说他自不量力，竟然以为自己能在五年内扑灭回民运动。他们说，太平天国对朝廷的威胁持续了十六年，捻军驰骋数省长达十五年，而回民运动已经闹腾了七年之久，左宗棠竟然说他在五年内就能平定西北，简直是不可思议。

也难怪众官嘲笑左宗棠说大话，其实左宗棠自己许诺五年内平定陕甘，心里的压力也是极大，因为他面对着的困难，几乎是不可能克服的。他是个务实的人，认为自己有必要将西北用兵的难处如实奏报朝廷。第一次觐见时，他不便过多地叫苦，但他出得宫来，便书写奏疏，一连写了几份折子，第二天就呈递上去。

他指出，他所面对的最大难处，就是陕甘筹饷艰难，所以他请求朝廷指拨实饷，并将各省酌留的厘金移作西征军饷。但他表示自己不会全部依赖朝廷供饷，平定陕甘固然要靠军威，还要靠农业生产，打仗和建设，必须同时并举。他立意仿效汉朝的赵充国，开展屯田，部队且防且剿，且战且耕，以节省转运费用，让灾民能有生业。

慈禧将他的意见下发六部九卿讨论，户部上奏，决定从各海关六成洋税项下，指拨陕甘军饷一百万两。慈禧准奏。左宗棠有了朝廷指拨的军饷垫底，便积极筹备第二次西征。他哪里还有心思待在京城，在京师只待了十天，便于八月十九日陛辞出都。这时，刘松山所部已抵达河南的洛阳休整，恪靖亲军各营也开拔了，取道景州，西抵彰德（今安阳）。

九月初八日，左宗棠行抵彰德府，进入亲军营。四天后，他下令拔营西行。

左宗棠还在入晋的路上，山西巡抚郑敦谨就在打他的主意了。郑巡抚已上奏朝廷，请左宗棠分兵从山西渡过黄河，扼守榆林，抵御陕西的回民军，以巩固山西的防御。朝廷征询左宗棠的意见，左宗棠写信给郑敦谨说：对不起，郑老兄，你最好还是想想别的办法。山西的防御全靠沿河一线，我的部队转战向前，怎么能停下不走，长久驻扎在黄河岸边？上一年官军刚刚攻占绥德，西捻军就从西南火速向东挺进。从大局着眼，山西巡抚和绥远城将军，应在冰桥尚未合成之前，事先筹划辖境防务，不能远靠邻省的作战部队来巩固防守，否则就会重蹈覆辙。

左宗棠将此意见也奏报了朝廷，慈禧觉得此说有理，令河南官军分防中路，调淮军张曜、宋庆所部赶赴榆林驻防，又令左宗棠统筹全局。

左宗棠继续西行，六天后行抵怀庆府的孟县（今孟州）。九月二十四日，他拜发统筹大局的奏疏，给慈禧吃了一颗定心丸，承诺他将统筹陕西的进攻与山西的防守。他建议派遣袁甲三之子袁保恒领兵驻扎归化（呼和浩特旧城）一带，作为游击之师。

左宗棠最关心的还是军饷，军营无钱，什么事情也办不了。他已得知，户部拨发的海关洋税，要从十二月份才能起解，而陕甘两省现在就同时急需军饷。左宗棠向朝廷提出，由协饷各省先开借条，由胡雪岩向洋商借款，然后由各省偿还，借款时先扣下利息，由左宗棠来报销。他还提出一项应急措施：从山西与四川的盐税中各提二十万两银子，接济他的部队。对于左宗棠的具体困难，慈禧总是支持他设法解决，她又将左宗棠的提议下发军机大臣与户部讨论。

收服董福祥

同治七年（1868）九月二十七日，左宗棠从孟州附近的孟津渡过黄河，一路西行，于十月十三日抵达西安。他立即召见代理陕西巡抚刘典，令他汇报陕甘两省的形势。

刘典说："回民军已被恪靖军挫败，土匪也遭重创，纷纷请求安抚，却未放下武器。本省东北部的情势较为严重，董福祥与李双良、高万全等人招兵买马，袭击延安、绥德与榆林。由于溃勇与饥民纷纷投靠，董福祥时常拥有十几万兵力。回军集中在西南部，兵力庞大，首领就有十二名，他们是马正和、白彦虎、余彦禄、崔伟、陈林、禹得彦、冯君福、马长顺、杨文治、马正刚、马生彦、毕大才，占据了甘肃宁州（今宁县）境内的董志原，兵力号称十八营。他们裹胁了甘肃回民与汉民，其势力北接庆阳，南连邠州（今彬县）与凤翔，人数超过二十万！"

左宗棠对着地图沉思一阵，对刘典说："克庵，回军不能远离根据地，而董福祥与高万全等部则是东奔西突。我看要肃清全局，必须从东北面入手，先把董福祥扫平，然后集中兵力攻击回军，才会没有后顾之忧。"

左宗棠与刘典等人连日会商军事，调度军粮。他们决定：将全部兵力分为东北和西南两路，由东而西，攻击前进，同时力固山西边防。

大计已定，左宗棠召开军事会议，将兵力部署如下：

东北一路：金顺驻扎榆林，刘厚基与知州成定康驻扎绥德，刘厚填驻扎延安。郭运昌部已抵西安东北部的同州（今大荔），令该部北进韩城，再北开宜川，继续向北，向延安以东的延长推进。山西当局必须重视归化与绥远的防御，令张曜所部从河曲、保德渡河，西赴榆林。刘松山所部从平陆以南的茅津渡进入山西，长驱北上汾州（今汾阳），西赴绥德。

西南一路：中路和北路为高连升、周绍濂、魏光焘所部，分别从宜君、中部（今黄陵）与鄜州进军，向西逼攻，逐步进取庆阳，刘端冕所部驻扎鄜州与甘泉，扼守要冲。西路和中路由黄鼎所部驻扎邠州（今彬县），张岳龄、喻步莲所部驻扎邠州以西的陇州（今陇县）与汧阳（今千阳）。川军李辉武所部驻扎汧阳以南的宝鸡，吴士迈的洛川驻军调驻汧阳以东的凤翔，东北方与邠州驻军相呼应，西北面与陇州驻军相接续。

恪靖军大举西进，又在宁州以南形成长围之势，震动了董志原的回民军。他们紧急研究局势，决定主动出击，分兵东攻鄜州、中部与洛川，主力则向西南方攻击陇州。北面的董福祥也行动起来，联合甘肃的回民军攻打绥德，李双良等部则袭击清涧与延安。这一系列攻击，都被左宗棠的部队先后击退。

十一月中下旬，陕西回民军由于饥寒交迫，再次出兵，攻击宜君以西的甘肃正宁。黄鼎从邠州北上赴援，回民军折回陕西境内，刘倬云在邠州以东的三水（今旬邑）将之击败。在延安一带，从甘泉南下中部的回民军遭到周绍濂的驻防军阻击，向东南方败走，抵达白水、澄城与郃阳（今合阳）一线。

在陕西西部，回民军首领禹得彦见军粮已尽，参谒陇州驻军，请求安抚。刘典得报，谒见左宗棠，请示是否受降。

"左公，回军已屡次挫败，我们可以受降了吧？"刘典请示道。

左宗棠沉吟道："再等等吧。他们现在请降，是因粮食吃完了，并非心服口服。何况，打仗要钱，受降也要钱哪。人家投降了，你就得发给口粮，还要找地方安插，帮助他们恢复生产，我正在找朝廷落实资金呢。当务之急，是加紧筹划军粮的转运，督促各部进逼。"

正在此时，东北一线传来捷报：成定康在绥德击败了董福祥，回师南下清涧，攻击李双良。但是，由于董福祥率部北进，奔向榆林边界，从绥德向西，直到靖边，处处都在董福祥控制之下。在目前阶段，东北部战场是左宗棠的主要着力点，他在等待着刘松山到来，彻底扭转那里的战局。

十二月初四日，刘松山全军从永宁（今吕梁）渡过黄河，抵达绥德。刘松山一到，听取了成定康的报告，便说："董福祥把靖远当作他的根据地，派出部众袭扰榆林和延安，波及边界内外；如果我军从绥德向靖边和榆林之间的怀远（今横山）推进，扫荡而前，则边界的董军必然回师救援，黄河防御便可解严。我派易德麟、章合才与贵部绕向西边，攻打大理川一带，我自己率领各部直奔小理川，成兄你看如何？"

成定康道："此计甚好，我马上去安排。"

刘松山所说的大理川，就是大理河流域，为米脂—榆林—横山三角区，而小理川则是小理河流域，在绥德—清涧一带。刘松山部署了任务，雷厉风行，五天后便率老湘营在绥德、清涧等地击败董福祥，一天内攻破一百多座壁垒，斩杀六千多人，俘虏三千多人，解散民众二万人。

刘松山获胜之后，令成定康回师防守绥德，分兵两路追杀，从怀远（横山）折向南面，长驱直下安定，然后绕向西北方的靖边，董军望风挫败。刘松山所部沿途解放几万难民，俘虏五千多人，董军一万多人战死，余部全部奔向靖边以南十里处的镇靖堡。

左宗棠接到老湘营的捷报，写信给刘松山，向他表示祝贺，把他比作当年的王鑫，这是老湘营获得的最高荣誉。左宗棠在信中写道：

> 雄师所指，如劲风埽箨，擒斩解散，各以数万计，不但榆边内外即可肃清，而官军易客为主，全股可期殄灭。贵军门威略高远，机神敏速，虽王壮武当年，何以过之！

这时，张曜所部嵩武军从河曲西渡黄河，会同金顺、刘厚基所部连破沿边的董军，还驻河曲古城。董福祥从府谷南奔葭州（今佳县）。成定康派陈瑞芝、喻先恕所部阻击压迫，董军余部南奔延川。

在老湘营打击下，短短半个月，董福祥所部便全军瓦解。十二月十八日，刘松山进攻镇靖堡，董福祥之父惶恐不已，率部投降。事情尚未定妥，忽闻李双良挺进洛珠川，西路的回民军突入定边高家湾，两部距镇靖堡都只有一百多里。

为了确保董福祥之父投降，刘松山积极应对，于十二月二十四日与萧章开分路领兵迎击，一路击败李双良，另一路击败高家湾的回民军。董福祥和李双良等人对刘松山心悦诚服，相互劝告，率领十多万人投降。刘松山选拔其中的精锐组编成营，跟随征战。榆林、绥德一线全部平定，左宗棠首平陕西东北部的战略构想已经实现。

董福祥是汉人，他聚众起兵，本意是图个乱世中的自保，与回民军并无瓜葛。为了保住自留地，而不惜与官军开战。吃了败仗以后，他无意于持续抗争，率部投降。《清稗类钞》中有一段野史，记载了左宗棠对董福祥看法的转变。其中说到，董福祥投降后，左宗棠担心此人跋扈难制，下令将他斩首。行刑前，衣服已解，发辫披散，董福祥或许是因即将赴死而慷慨激昂，或者是急中生智，居然高唱秦腔《斩青龙》，其神情激越，以隋末义军勇将单雄信自况。唱到"雄信本是奇男子"一句，冲冠怒目，有凛凛不可侵犯之概。左宗棠为这种无畏的气概所打动，命人给他松绑，并赐予酒食，举杯说道："本督为单将军压惊。"随后奏请朝廷赏加董福祥副将衔，令其统率部众，随老湘营作战。他跟随左宗棠征战西北，在收复新疆的战役中立功不少，成为清末的一代名将，此为后话。

如果左宗棠因董福祥自比单雄信一事而留他一命的事情真的发生过，那么可以说，至少从人格上而言，左宗棠对揭竿造反的英雄是颇有好感的。

维护爱将

董福祥率部向左宗棠投降以后，左宗棠继续执行从东向西进军的战略。董志原的回民军为了扩大生存空间，加紧四出袭击，北抵定边，东北面用兵于甘泉与延川，东线则袭击宜君、洛川、韩城与澄城，西南面突进汧阳与陇州。左宗棠派各地的驻防军分路驰击，每天都有战事。

同治八年（1869）农历新年以后，郭宝昌率部抵达韩城，立刻向西攻击，兵锋指向宜君和洛川。回民军越山北上，奔赴延长，与此前袭击延安与延川的友军会合，向西南方转进，取道甘泉进山，队伍络绎不绝。刘端冕与魏光焘接连出兵甘泉以北十多里处的劳山以及甘泉东南五十里处的牛武川拦截，致使回民军溃散，遗弃大批粮食和器械。从此，陕西东北部的战事大致平息。

从西南部突出的回民军，企图越过宝鸡以西的秦州（今天水）与以南的凤县，向栈道推进。正月十六日，李辉武所部从宝鸡赶去，大破回民军，斩杀一千人。正月十九日，董志原的陕西回民军分别向东北方的洛川、澄城和西南的汧阳、陇州、灵台等地出击，都被官军击败。

左宗棠的西进作战正在节节获胜，但军饷不足，严重影响了进军速度。慈禧将他提出的军饷问题交给户部讨论，该部向朝廷复奏，将陕甘常年军饷与左宗棠目前用兵的饷需混为一谈，令左宗棠哭笑不得。他经过深思熟虑，于正月三十日上奏，请求在"陕甘军饷"之外，另立"西征实饷"名号，以示区别。

为了对付户部的官僚作风，他开列了一份明细清单，将各支部队的番号、人数和开销一一列出，作为核对依据。他统计的总数如下：陕甘骑兵和步兵七十营，每年需要实银二百五十多万两；外省援军不下一百二十营，陕甘与外省两部的采买、制造、转运和薪粮，又需银一百八十多万两，合计每年需银四百六十多万两，请朝廷以专款敕拨。

奏疏呈上之后，户部议决，每年增拨商业税款三百万两。左宗棠请求设立西征粮台，令翰林院侍讲学士袁保恒任总理，驻扎陕西，专折奏事。慈禧照准，令左宗棠仍然总管甘肃官军的饷事，不让穆图善独立预算。

只要有了一点点条件，左宗棠就不会放过机会，推行他以军备为主要目标的洋务活动。他在西安待了不过几个月，陕西的局面刚刚安定了一些，他便下令开设西安制造局，开始制造枪炮，供给自己的部队。

回民军因屡次挫败，粮食匮乏，又无法突破左宗棠的东线防御，只能在西部争夺地盘。他们于二月初六日集结三四万人的部队，占据正宁的南原和北原，企图南攻邠州（彬县）和三水（旬邑），然后集中兵力西打秦州。恪靖军的彬县守将黄鼎得到情报，派总兵徐占彪率二千人扼守牛家堡，自己率领全军跟踪回民军。

第二天，回民军前锋开到牛家堡，遇上徐占彪的伏兵，惊慌撤退。当晚，黄鼎率部东渡泾河，进军上世店。几千名回民骑兵骤然杀到，黄鼎所部稍稍整理队形，拔队迎击。回民军见黄鼎有备，不愿恋战，返身而走。黄鼎追到彬县东南约五十里处的白吉原（今北极），余彦禄、马正和等人率主力分十路迎击，黄鼎令部队分头接战。激战正酣时，黄鼎采用左宗棠平时训练的阵法，令部队从四面会合，结为方阵，向前推进，枪炮齐发。回民军遭到重创，渐渐撤退。副将刘治均驰入回民军阵内，斩杀将领，回民军失势溃逃。雷正绾和张岳龄分路拦截，都有战果。回民军余部向北撤向正宁西南约六七十里的宫河镇。

此战以后，左宗棠决定将指挥所向西推进。二月初十日，他进驻西安西北方约两百里处的乾州（今乾县），在这里召集军事会议，部署向西推进的全面攻势。

但是，正当恪靖军准备大举进攻之际，其主力老湘营出了大麻烦。上面说过，刘松山部渡河进入陕西以后，一举收服了董福祥。刘松山善于打快仗、打硬仗，能够千里奔突，却疏忽了部队里存在的隐患，这个隐患就是湖南人都不愿随军西征的心情。其实，曾国藩和左宗棠对此心知肚明。这不仅仅是水土不合、饮食不对胃口、天气太冷的问题；这也不仅仅是打不打算出远门旅行的决定，而是生死的抉择。当时的西北连饭都吃不饱，还要行军打仗，头上时刻罩着死亡的阴影，湖南人宁愿卸甲归田，也不愿随军西行。但是，清军将领们都喜欢湖南的兵勇，而大帅们又偏爱湖南的将领，所以左宗棠的西征部队仍然以湖南人为主。但是，一般兵勇没有将帅们那么高的境界，一旦生活遭罪，就容易被别有用心的人瓦解。

刘松山渡过黄河以后，为了保障部队的口粮供给，在山西的永宁军用渡口开设了粮局。部队迅速向前推进，为了运输补给，他只得分兵留守绥德，逐次递运粮食，直达靖边。军士们轮流往返于绥德与靖边之间，散布在几百里的区域内，成天在黄土里打滚，又没有严格的约束，心思就散漫起来。补招的散兵游勇中有很多哥老会成员，趁机进入军营，煽动哗变。二月十三日，刘松山的四个营发生兵变，攻进绥德州城。刘松山远在靖边，由于道路阻隔，尚无知觉。

部队哗变四天后，刘松山才得到警报，火速从靖边以东、延安以北的瓦窑堡折而向东，赶往清涧，派部将曹义胜先北进绥德城。中军将士听曹义胜说统兵大将快到清涧了，心里有了主心骨，乘夜杀死一百多名哥老会的会党，被胁迫的军士群起响应，把叛卒捆绑起来，将他们驰送清涧。这件事就此便告平息。

老湘营的兵变虽未造成严重后果，但陕西的湖南人部队普遍存在类似的问题，为害范围较大。高连升的果字营驻扎在西安以北的同官（今铜川），军中有个名叫丁玉龙的亲兵，也是哥老会成员，在为回民军做内应。刘松山平息叛乱时，高连升自觉地提高了警惕，在军营里排查隐患。丁玉龙担心阴谋败露，慌忙逃走，高连升加紧追捕。

正在此时，陕西回民军得知左宗棠即将发起大规模攻势，惶恐不安，各路首领带领部队，于二月十八日在甘肃庆阳以南董志原的萧金镇（今肖金镇）集结，进行整编，将十八营并为四大营，由白彦虎、马正和、崔伟和禹得彦分别统领，挥师北上，以躲避左宗棠的攻势。他们以一半兵力护卫辎重及老幼妇女先行，以崔伟与马正和率领精锐一万多人埋伏在董志原断后，同时派出游骑兵从宁县一带的泰昌、政平等镇分头袭击泾河两岸，以牵制左宗棠的兵力。左宗棠不得不分出兵力来对付崔伟的游骑，令黄鼎在泾河以南、彬县以北的长武与雷正缩会师，令马德顺和李耀南的骑兵与步兵分别在长武西南约三十里处的灵台驻扎。

在左宗棠发出大举西进的号令之前，高连升还在侦捕丁玉龙，但他尚未得手，却被丁玉龙钻了个空子。二月二十日夜晚，三更时分，丁玉龙带领几百名叛卒包围杨店军营，闯入帐内，杀死高连升，然后高喊："高连升死了，大家跟我们走，不要怕，回军会来接应！"

经过鼓动，高连升手下各营全部哗变。驻扎在同官城外的官军游击桂锡桢听说友军哗变，大吃一惊，连忙进城防守。第二天，叛军开到同官城下，攻了一阵，未能得手，悻悻然折回杨店。桂锡桢率部出城，会合周绍濂追击叛军，杀死几百人。叛军人心不齐，先后有2000多人投降。

崔伟倒是没有食言，派了部队接应丁玉龙，当晚开到山河镇。刘倬云得到谍报，令军士假装叛卒，将回民军诱入伏击圈予以重创。左宗棠令各部搜捕，将反叛者全部抓获，他亲自升堂审讯。

犯人带到后，左宗棠一拍桌子，喝问道："丁玉龙，高军门平日什么地方亏待了你们？你们死到临头，不妨直说！"

"其实、其实小的没想杀死高军门，只是想杀副将贺茂林，无奈别人不听号令，所以、所以——"

左宗棠又讯问刺杀高连升的凶手："邹宏胜，杀害高军门，是你动的手，你还有什么话说？"

"小人罪该万死，但求开恩，一刀了事。"

左宗棠喝道："推下去，首犯处以磔刑，其余斩首，以祭奠高军门英灵！"

左宗棠磔诛五人，斩首七十二人，各营自行惩处的叛卒还有一千多人。

审理了哗变案之后，左宗棠撰文祭奠高连升。写完祭文，时已半夜，正在哀吟，忽见一只小雀飞入营帐内，盘旋不肯离去。勤务兵将小雀捧在手里，送到营帐之外，小雀又飞了进来，衔住勤务兵的手不放。左宗棠见此情形，心里一阵紧揪，不由想道：莫非这真是高果臣显灵了？唉，你还只有三十五岁啊，前程无量，不料死于宵小之手，恸哉恸哉！

高连升的丧礼办得非常隆重，他的部下无不感动。而展读各营审讯所得的供状，叛卒的说法，五花八门。一份供状说：高提督被害以后，大家都变得懵懵懂懂，有的向东走，有的向西走，有的走了一夜，直到黎明，发现还在原地。另一份供状说：高提督被害的第二天和第三天，营中连饭都煮不熟。还有一份供状说：高提督死后，恍惚之中还见过他。

左宗棠看了这些供状，益发伤感，召集湖南众将，说道："湖南人不愿西征，我在三年前就听说了，也对朝廷说了实情。从福建来到陕甘，本不打算多带楚军。可是，来到这里几个月，很难见到关西豪杰的踪迹。本地人吸食鸦片成风，常年饿肚子，营养不良，传闻中的壮士健卒，哪里还能找得到？外省的军队又是芜杂不堪，邪魔外道不少。有什么办法啊？不得不召集旧部将领并肩作战。去年转战于直隶和山东，亲眼见了淮军、皖军和豫军的作为，真是不敢恭维，要我督率那样的军队，岂不是自找拖累！"

说到这里，左宗棠扫视大家一眼，接着说下去："如果西北有可用之将，可用之兵，而左某身为大帅，偏要依靠湖南人，那是说不过去的。如今西北兵将都没有可用的，如果连可用的南方人也不敢用了，岂不是自断臂膀？昨天审讯处决的五名元凶，都是四川人、贵州人和江西人，固然都是南方人；而斩首的其余六十多名犯人，多数是陕西本地的游勇。有人问我：董福祥那些人不是可用吗？巩昌的黑头勇不是可用吗？他们不知道，董福祥及其伙伴，都是因为回民起事，被迫转移到陕北，对回军非常害怕，望风披靡，难道可以称为劲旅？黑头勇和甘肃的绿营，加起来有几十营兵力，现在已从河州与狄州退到巩昌和秦州，专门骚扰百姓，跟现在的皖军和豫军又有什么区别？我的本意，打算先挑选出一批良将，然后逐步在陕甘物色人才，从士卒提拔为什长、哨长，再提拔为营官、将领，或许可以别开生面，目前却实在不知从何处着手啊。"

左宗棠向众将说出了自己的苦衷，他表示，尽管湖南人的部队接连发生叛乱，他还是不得不依靠旧部。他将高连升旧部进行改编，分别交由魏光焘和李辉武率领。

但是，湖南人在陕西兵变，名声在外，已成众矢之的。刘松山部属在绥德突发兵变时，将军金顺和山西巡抚郑敦谨已火速奏告清廷。慈禧刚刚接到左宗棠的奏报，庆幸老湘营的叛乱平息了，紧接着又接到高连升部发生兵变的奏报，不仅她深为忧虑，朝野也为之震惊。

御史宋邦德上奏说：湖南军队太乱啦，不能再用了，左宗棠应当将部队遣散，就地招募兵员。曾国藩一听此言，连忙上疏，力挺老湘营，说刘松山十分可靠，毋庸置疑。刘松山是他的旧部，如今却不在他麾下，他出来说话，不但颇有说服力，而且很合时宜。

大臣们意见不一，清廷下诏垂询左宗棠的意见。左宗棠心想：笑话！难道还想把刘松山撤掉？刘松山是我最大的依靠。没有湖南的部队，这仗还怎么打下去？不过，他对慈禧的答复却一点也不唐突，耐心地向太后解释：两桩突发事件，都是被哥老会钻了空子，已经完全平息，请皇太后、皇上放心。

左宗棠的意见一锤定音，刘松山仍然留在老湘营统领的职位上。

铲除罂粟种粮食

上面说过，董志原的回民军屡遭重挫，军心动摇，打算北上。关于回民军的这个动向，左宗棠得到了谍报：白彦虎等人打算将老弱人员迁移到宁夏的金积堡。左宗棠下令：各部储备粮食和马料，密切注视回民军的动向，一有动静，无须报告，便猛力追击。为了保住大军后路，他令各部留下三分之一的兵力，以防回民军抄袭。

二月二十二日，回民军向甘肃庆阳以北的驿马关推进。雷正绾和黄鼎得到消息，立即从长武渡过泾河，计划与马德顺、李耀南在泰昌会师，然后发起攻击。他们在路上不断得到谍报：崔伟等人的精锐还埋伏在董志原（今董志乡），在三不通据险设防。黄鼎等人商议一番，决定兵分四路向三不通推进，派杨世俊、陈义率二千五百人从小道北攻萧金镇，然后西奔镇原。

第二天，恪靖军大部队开进三不通，崔伟凭沟抵抗，炮石如雨点般落下，骑兵无法前进。黄鼎指挥步兵从左右两侧越过壕沟，攻击回民军背后，将崔伟所部打得大乱。黄鼎等部全力进攻，崔伟的部队全线溃散。原上的回民军出来接战，被败军冲乱，一起狂奔。黄鼎等部乘胜追击，攻下董志原及焦村、石社、萧金镇等回军寨堡。崔伟所部尸体枕藉，填塞山原，余部北撤西峰镇。

二月二十四日，黄鼎等部从董志原追击，半路得到探报：崔伟从驿马关向北直奔环县，马正和从庆阳以西的蒲河川奔向三叉河。又据战报：杨世俊等部已从荔家堡攻占镇原城。各部当下分工：雷正绾与李耀南开往镇原，向三叉河推进；黄鼎与马德顺奔赴环县。

黄鼎当天就穿过了驿马关，在环县西南一百多里处的党家崾岘前追上了崔伟。前方深沟阻挡，回民军见追兵赶来，大队人马互相拥挤，黄鼎挥师从后面压迫，大批回民军堕入坑堑。黄鼎追出五十多里，将崔伟的部队击溃。

二月二十五日，黄鼎攻占庆阳府城，第二天追至环县。崔伟所部奔向红德城。

同一天，雷正绾、李耀南在三叉河追上马正和所部，沿途斩杀甚多。追到镇原以南的洪河川时，侦知马正和已经远去，才班师返回。此次解散难民一万多人，马正和部死难者多达三万。庆阳和泾川一带全部平定。

庆阳各地历经战火，民众四处逃难，几乎无人留居本地。左宗棠为了恢复正常的社会生活，分兵进驻各地，挑选能够吃苦耐劳的官员和绅士主管地方行政，召回流亡民众，按照人口发给粮食，首先解决吃饭的问题。

政府和军队给百姓发放粮食，真是天上掉下馅饼的好事。但是，如果不搞生产，政府的粮食从哪里来？救济只是暂时的办法。若要长久，必须恢复生产。前面说过，在武汉时，左宗棠已经和王柏心、吴士迈等人讨论过民屯的问题，因此，他对此不仅胸有成竹，而且已有基本的物质准备。他令各地官府向百姓发放种子和农具，督促壮丁及时耕种。各地因地制宜，种粟、种糜、种荞、种麦，只要是粮食，政府都鼓励播种。耕牛不够也不要紧，恪靖军向农民推广新式农业技术，教授区田代田的耕作方法。

左宗棠领导的地方政府便民利民，可谓做足了功夫。但是，农民种粮食的积极性依然不高，他们想种的是另一种作物：罂粟。

左宗棠亲眼看见过两次鸦片战争，深刻了解鸦片对国人的伤害。林则徐烧了鸦片，却未能斗垮这个魔鬼，因鸦片而被谪贬新疆。斯人已逝，鸦片照样在中国通行无阻，左宗棠将它视为大敌，自己绝不吸食，还定下家规：谁敢吸鸦片，绝不轻饶，长孙吸了鸦片，差一点被他处死。然而，他没有想到，当他领兵来到西北，又碰上了禁烟大臣的老对头。

西北凛冽的北风，穿透了他的肌肤。西北遍地的鸦片，令他心惊胆战。

踏上西北大地之前，左宗棠认为，西北民风干劲，这里的人民应该是骁勇善战的。然而一入潼关，触目所及，不见安静的家园，热闹的集镇。城乡各地，满目悲凉，民生凋敝，人人骨瘦如柴，精神萎靡。

驰骋在西北大地上，只见土地大片荒芜。道路两旁，一片绚烂的色彩，令人头晕目眩。左宗棠用马鞭一指，问道："那是什么？如此欣欣向荣！"

"回大人，那是罂粟花果！"属下回答。

左宗棠一听是罂粟，瞪大了眼睛。"什么？罂粟？这么多的罂粟，会有什么后果？"

"回大人，陕甘地区烟毒泛滥，烟民众多。仅以西安附近的三原县为例，吸烟者中，城里人约占了七成，乡下人也有三成呢。到处都是瘾君子，个个颓废不堪。"

"原来如此！西北民风由强悍转为颓废，根子就在吸食鸦片！"左宗棠恍然大悟了。

"左大人，鸦片让百姓变得毫无进取心。大家不愿种粮食，田地荒废了，饥荒连年哪。"

"政府发放救济款了吗？"左宗棠追问道。

"发了也没用。烟民领到救济款，不去买米买粮，却拿去买鸦片！"

左宗棠咬牙切齿地说："可恨！可恨！本部堂来了，要把全西北的罂粟全部拔掉！"

西北不种粮食，令恪靖军很难就近筹粮。筹钱已经够不容易了，可是好不容易把钱催来了，才知道筹粮更难于筹钱。粮食没人生产，再多的钱也买不到。部队军需官下乡奔波，往往空手而归，将士们不得不忍饥挨饿。为了军粮，左宗棠日夜焦思，寝食俱废。

显然，饥馑的根子一在战争，二在鸦片。在治安恢复的地区，禁止鸦片，就成了当务之急。左宗棠当即采取禁烟措施，第一炮便是禁种罂粟。

刘典对此有所不解，问道："左公，禁烟应该先砸烟馆，为什么要一开始就禁种罂粟呢？"

左宗棠笑道："你去看看，罂粟种在田里，是多么惹眼！官府要禁，谁也没法掩藏。罂粟从出苗、拔茎、开花、结果到收浆，生长成熟过程比较长，随时都可以禁毁，执行起来也很方便。还有，西北人吸的多半是本地产的土烟，农村尤其是如此。禁种罂粟，断绝烟源，不就是釜底抽薪吗？再者，鸦片战争以来，国内土烟盛行，英国人以此为借口，跟朝廷争辩。他们说：'只有你们制止了土烟的种植生产，表明了禁烟的决心，我们才会考虑限制鸦片输入中国。'现在我首先禁掉土烟，然后专禁洋烟，他们也就无话可说了。"

"第一步怎么做？请左公指示。"

"首先要大造舆论。你布置下去，先颁发一份告示，晓谕利害，公布吸食鸦片的严重后果。我已经写好了一份《鸦片禁令四字谕》，请你过目，其中用了韵文，明白如话，浅显易懂。叫人去找一名书法高手，誊写成每字一寸见方的楷书版样，印刷出来，广为送发，各处张贴。要求各地集市、邮亭和乡间村塾都能见到，形成良好的舆论环境。"

刘典打开左宗棠所写的四字谕，看到其中指陈鸦片为害的一段，高声读了出来："穿衣无棉，吃饭无肉，囤中无粮，仓内无豆，农民废耕，士子辍读，工商游嬉，家败人亡，目不忍睹。"读罢，兴奋地说道："左公只用了三十六个字，就把吸食鸦片的危害全说到了。佩服，佩服！"

"克庵，你再往下看，还有十二个字：勿种罂粟，戒除鸦片，各安本业。这是好言相劝，如果有人敢不遵令，肆意与政府对抗，必将严惩不贷，让他们自食其果。还有，要把违禁种烟的土地丈量充公，安置回族和汉族难民。为农者不准栽种鸦片，为商者不准贩运鸦片！"

刘典觉得左宗棠制订的措施非常得力，但他还有所顾虑，又说道："瘾君子已在官场里扎堆了，左公的禁令执行起来恐怕有难度啊。那首仿唐诗怎么说的？'一进二三堂，床铺四五张。烟灯六七盏，八九十支枪。'说的就是官场中普遍抽鸦片的现状！"

"难道我连这个都不知道？"左宗棠反问道，"林文忠公不是说过吗？鸦片这东西，衙门中吸食最多，幕友、宦亲、长随、书办、差役，嗜好者十之八九。既是如此，为了各地官员不致形成禁烟的阻力，我们就得派人检查督促。种植罂粟的恶习相沿已久，禁烟不是一两天能办到的。地方官必须严加检查，密切监督。人人平等，无论绅民，不分贫富贵贱，一律不准种植罂粟。我们可以派出专员，随时到乡下突击搜查，一个月检查几次。只要发现大片地亩种植罂粟，一律翻犁灌水。罂粟杂种在豆麦之间，也要把罂粟锄拔掉，务必做到根株净绝！"

"对于违犯禁令者的处罚，左公意下如何？"

"对于烟农，以说服教育为主嘛。"左宗棠答道，"要喻之以理，动之以情。只要愿意改种农作物，就把没收的土地还给农户。故意犯禁的，杖责枷号，打几板屁股，不要动不动就搞刑事案件。对于禁烟不力的官吏则绝不轻饶，查拔不力者，随时撤任撤委，或从严申饬。"

刘典又提出另一个顾虑："我们陕甘禁了罂粟，四川、贵州等省运来鸦片贩卖，应采取怎样的对策？"

"外省入境的土烟，同样是违禁之物，各地厘卡要认真查缴过往货物中夹带的烟土，发现后全部扣留，就地销毁，决不许包庇放行！"

"洋烟是否也要禁止？据我调查，外国商人运来贩卖的烟土为数不少呢。"刘典又问道。

"洋烟也要禁，办法是不许其入境。凡有洋烟入境，一律勒令折回出境。卸了货的也不行，立即就地查封，限期出境。发现烟贩私自销售鸦片，立即销毁。"

左宗棠说到这里，沉吟片刻，想到眼下禁烟的重要目的是发展生产，又强调说："克庵哪，禁烟的最终目的是要恢复生产。罂粟拔掉了，田地绝不能荒废，可以倡导种植草棉，取代罂粟的种植。西北人最缺做衣服的丝缕布匹，让烟农改种棉花，可以解决缺衣问题。农民售出棉花，有了收入，完全抵得上种植罂粟的利润。如此一举三得，何乐而不为呢？要设立专门机构，主持传授教习，刊印《种棉十要》和《棉书》，嘱托各级官绅积极参与管理操作。不宜播种棉花的地区，劝喻农民种草、种杂粮、植桑养蚕，槲树、橡树、青冈树、柞树、椿树，都可供百姓选择栽种。种山育林，饲养山蚕，保障生计，百姓就能永别罂粟。"

"如此一来，罂粟是应该绝迹了！"刘典兴奋地说，"不过，那些瘾君子嗜烟如命，没烟抽了，毒瘾发作起来，如何处置？"

"这个我已想过，"左宗棠回答，"应当由官府配发戒烟药物。烟民的惨状，令人不忍目睹。我亲眼见到许多烟民，毒入膏肓，烟瘾一发作，撕心裂肺，奄奄待毙。很多烟民都想戒掉烟瘾，千方百计寻找戒烟药。这种需求为奸商提供了商机，他们用烟灰配制所谓的戒烟药，骗取钱财。烟民被掏空了腰包，烟瘾还是戒不掉，这是落井下石啊。我们要千方百计寻找有效的戒烟药方，交给专家论证，通过了药理实验，就可以大力推广。另外，戒烟配药少不了银钱，瘾君子的钱都买烟抽了，很多人买不起戒烟药。我们要制订捐赈章程，鼓励官绅士子踊跃捐资配药。对于救治大量烟民的有功人员，经地方官核实清楚后，可以照章请奖。"

胡林翼曾经指出，左宗棠思虑过密，用心太深，是他的一个缺点。然而，在左宗棠身居军政高位之后，他缜密的思维却成为一个巨大的优势，使他办理任何重大事务，很少出现纰漏。他注重社会效果，遵循事物的客观规律，而并不刻意去维护各种关系，所以往往能够达到预期的目标。关于禁烟也是一样，他出台了一系列行之有效的方案，督令下属严格执行。在陕甘两省，一场持续十二年之久的禁烟运动取得了明显成果，不仅改善了军粮采购条件，也给陕甘两省的民生带来了显著的改善。

向总督驻地推进

恪靖军进入恢复治安的地区之后，为了防止回民军攻击，根据左宗棠的命令，在险要处建立官营，由领兵的官员主持。堡寨不再作为军用，设为民屯，由府、州、县官主持。

陕北的榆林、延安两地，董福祥和李双良的降军，加上饥民，共有十七万人。左宗棠向朝廷要来十万两银子，从归化和绥远购来粮食，发给饥民。绥德知州陈瑞芝和刘松山所部将领黄万友奉命选择老君殿、瓦窑堡、周家嵋的荒地，将投降部众转移到这里居住，使他们能够耕垦自给。对于逃窜到绥德和延安境内的叛勇游匪，刘松山会同周绍濂先后搜捕镇压。

陕西北山以北的地区已经安定下来，左宗棠按照预定的西进计划，令西南一路驻扎鄜州与甘泉一线的魏光焘、刘端冕各部西进庆阳。部队整军待发时，忽然抓到五名土匪，魏光焘连忙对之进行审讯。

"你们是谁的手下？"魏光焘问道。

"咱们老大叫袁大魁。"被抓的其中一人回答。

"袁大魁？"魏光焘与刘端冕对望一眼，"怎么没听说过？你们老巢在哪里？"

土匪交代说："同治七年六月，官军攻破宜川的云岩镇，咱们跟着袁大魁，逃到保安的老岩窑。那地方很隐蔽，易守难攻。咱们随时侦察官军的动向，乘虚出兵抢掠。"

根据土匪的描述，老岩窑在保安县（今志丹）以南、延安以西，正在恪靖军的西进路上，魏光焘与刘端冕商量了一会，决定端掉这个土匪窝。他对被俘的土匪说："你们带路，领大军去找袁大魁。"

四月初四日，恪靖军进兵老岩窑。来到山下，举目一看，此地面临洛水，壁立千仞，窑洞孤悬其中，左右设立了木栅，外面都是深堑，放下小桥才能出入。窑前有一道石磴，迂回曲折。袁大魁建了一座水楼，濒临洛水，作为外郭。守军从楼上发射火枪，外人很难靠近。

魏光焘下令攻击，仰攻几天，也无法攻克得尽了天然地利的老岩窑。他在山下巡行，忽然心生一计，对身边人吩咐道："派一些军士，在水楼下堆积柴薪。"

"将军要用火攻？"部属问道。

"就算是吧，"魏光焘诡秘地一笑，"至少要让土匪以为是火攻。你们尽管大张旗鼓去做，让袁大魁以为我要发起火攻。我会另派一支精兵，攀上岩顶，凿开岩石，树几根柱子，牵挂绳索，挑选壮士攀绳而下。这件事要做得十分隐蔽，懂了吗？"

"遵命！"

魏光焘派出的精兵，在大部队佯装火攻时，很快爬上了山顶。土匪只顾对付火攻，没想到岩顶上下来一支奇兵。突袭之下，土匪乱成一团。恪靖军短兵杀入，一刀砍下袁大魁的首级。土匪余部坠下悬崖沟壑，全部身亡，无一逃脱，老岩窑就此铲平。

这边魏光焘在打老岩窑，周瑞松在延安的野猪洼攻下了一座土匪老巢。郭宝昌所部在宜川和延长一带搜捕，逐步肃清了蛰伏的土匪。左宗棠接到报告：陕西境内全部平定。

现在，左宗棠可以集中精力指挥甘肃境内的战争了。他根据战报，在地图上标出最新动向：白彦虎、崔伟等人的部队，散布在灵州（今灵武）和固原境内同心堡（今同心县）、预望堡（今预旺堡）及黑城子（今黑城镇）等处；河州（今临夏）马占鳌的回民军，刚刚击败甘肃清军，向南推进，窥视秦州（今天水），截断了兰州的饷道；在白彦虎、崔伟所部驻扎处以北的宁夏府（今银川）一带，马化龙的回民武装北袭平罗，南击灵州与中卫，东奔出关，抵达阿拉善亲王旗的辖地，进围定边，使驻扎于榆林的金顺不得不陈兵于陕甘边界，以资应对。朝廷有旨，令张曜、宋庆所部继进，援应金顺。

根据敌对武装的动向，左宗棠打算分三路进军甘肃。但因甘肃南部告急，他必须先调兵力赴援。左宗棠的一纸命令，由飞马送往李耀南和吴士迈两部，令他们从汧阳与陇州分头西进清水、南下宝鸡，然后向西面的秦州推进。

五月十四日，马占鳌从成县东进，攻占两当，分兵北攻清水。李辉武从宝鸡西攻两当，斩杀河州回民军一千多人，迫使马占鳌西撤徽县。几天后，李辉武又在两当东北面约六十里外的唐藏击败马占鳌派往清水的部队。

五月十九日，左宗棠令各部向甘肃大举进军，而他本人离开乾州北行，取道永寿、邠州和长武，折而向西，朝泾州（今泾川）推进。

左宗棠对西进的兵力部署如下：北路的刘松山全军从陕西西北部推进，指向吴忠以东盐池县的花马池镇，以阻截马化龙的部队；中路的魏光焘部进驻安化县与庆阳府，刘端冕分兵驻扎庆阳以东约六十里处的合水，张福齐进驻宁州以西，在庆阳以南，丁贤发进驻宁州以东、旬邑以北的正宁，周兰亭进驻庆阳与宁州之间的萧金镇。以上各部移营渐进，就地屯垦。雷正绾和黄鼎两部则从泾州出发，朝西北挺进，分别进驻平凉与固原，攻击北路白彦虎等人的零散部队，与南路李耀南、吴士迈的秦州各军相呼应。马德顺、简敬临所部骑兵和步兵驻扎平凉与秦州以东的灵台，策应南北两路。

五月二十六日，吴士迈抵达清水，在秦州东北约六十里处。他得到探报：马占鳌已奔向秦州以北约六十里处的秦安，以及秦安以东、清水以北的陇城。吴士迈令部队急行军追击，赶到秦安附近的康平堡，一通激战，重创马占鳌，打通了兰州运道。

左宗棠的部队向西越行越远，他担心的事情出现了：各省协助的军饷没有按时运到。左宗棠向慈禧告急，请她催促各省尽快提供军饷。他指出：西北作战，筹粮难于筹饷，而军粮转运比筹粮更难。要解决这些困难，必须领到实饷，空头支票毫无作用，部队总不能拿沙土来熬粥喝吧？

在催饷的同时，左宗棠把甘肃回民军和其他反清武装势力梳理了一遍，标出几支最强的敌对武装：兰州以西，马尕三占据西宁；兰州以南，马占鳌占据河州；兰州以北，马化龙占据宁夏与灵州。西宁的马尕三和灵州的马化龙名义上都已接受安抚，实际上仍然控制着驻地。

在所有这些反清势力当中，左宗棠最关注的是马化龙。此人居住的金积堡（今吴忠市西南），处于秦渠和汉渠之间，控扼黄河要地，地形险绝，与西北各省及蒙古各部互通贸易，享有盐、茶、马的商业利益。

马化龙最初在回民中崛起，是靠新教团结民众。西宁、河州、狄州（今临洮）与口外的回民，都崇奉他的教义。他的宗教地位，使他能够暗中培植自己的势力。回民各部都来投靠，环绕金积堡，建起五百多座堡寨。其部属在这里集结，占据汉民的产业和妇女。马化龙的势力蔓延到宁夏至灵州方圆几百里之间的区域。由于马化龙势大，其所占地盘又有商业上的便利，董志原的陕西回民军早已与之通商，在他支持下攻进陕西。他们夺得的财物，部分呈交马化龙，而马化龙则悄悄派出部队，出掠蒙古藩部。

穆图善代理总督期间，马化龙公开给他输送银米，表示归诚。穆图善非常高兴，委任马化龙从事招抚。马化龙有了合法的身份，增修堡寨，购买马匹，制造武器，与陕西的回民军相呼应。白彦虎等人战败时，他便资助粮食、武器和战马，往往被左宗棠的部队缉捕察觉。然而，穆图善对这些情况视而不见，一贯信任马化龙，多次奏请朝廷给他加赏，马化龙有了朝廷赏赐的提督官衔。

恪靖军攻克董志原以后，白彦虎、崔伟等人投奔灵州，马化龙暗中招募回勇备战，一边上书左宗棠，代表白彦虎等人请求招抚，以探察左宗棠的态度。左宗棠早已察知马化龙的心思，也知道他在回民当中有一言九鼎的分量。他相信，只要马化龙真正投降，甘肃的局面不难收拾。所以，他认为，恪靖军用兵应该自东而西，首先制服金积堡。

他看了马化龙的来信之后，表明了自己的态度：对于白彦虎等人，是攻剿还是安抚，本钦差并无成见；本钦差只是担心，如果只有求抚的言语，却无求抚的真心，暗中有所谋划，事情就不好办了。

穆图善怀疑左宗棠有进剿之意，连忙向清廷奏告，请派河州总兵胡昌会率同马化龙安抚白彦虎等人的部众。慈禧批准了他的请求。看来，只要马化龙诚心带领白彦虎等人就抚，甘肃东部的问题就能解决了。

六月三十日，左宗棠抵达泾州，准备就在这里接收总督官印。为了说服朝廷允许他坐镇泾州，他告诉慈禧：泾州位于甘肃庆阳、陕西汧阳和陇州三角区域的中部，他在这里可以兼顾陕甘两省，完全能够控制甘肃的局面，策应各方。他打算积蓄军粮，勤勉屯垦，禁止部队骚扰百姓，拖累地方，同时要戒绝妄杀。长治久安是他的出发点，为此要严格区分敌我矛盾，只问是良民还是土匪，而不分汉民与回民。

左宗棠来到泾州后，得知陕甘以北的形势有所好转。张曜所部很快就解了定远城之围，宋庆也攻破了鄂尔多斯各旗的反清武装，与金顺在磴口会师。但甘肃的情况，由于马化龙的部队继续袭击宁夏、平罗、灵州与中卫，并没像穆图善所说的那样已经安定下来。

穆图善大约也知道宁夏府的情况不妙，但他自己不愿作战，想要左宗棠为他当保镖。他担心南路马占鳌的部队阻塞兰州的饷道，把他困死在省城，连忙从慈禧那里取得一份谕旨，指令左宗棠从泾州向西南方移动五百多里，驻节于秦州。

左宗棠不会听穆图善的调摆。他给清廷上了一堂甘肃的地理课，据此驳斥穆图善的要求。他振振有词地说，他不能只照顾穆图善的方便，而置国家的利益于不顾，否则会贻笑于天下。

慈禧看出了穆图善只顾一己之私，准了左宗棠的折子。

鉴于甘肃北部并未安宁，左宗棠决定让经过休整的老湘营按原计划向那里进军。七月十二日，刘松山从清涧长驱西进镇靖堡。他在这里留下黄万友的四营兵力护卫运输通道，于七月二十六日整军向花马池开进。老湘营在途中遇见了盐池以西韦州堡的甘肃回民骑兵，他们刚刚袭击了边外，在南归途中，一见官军，便冲杀过来，刘松山派章合才、刘锦棠出战，将其击退。

八月初一日，刘松山进军灵州以东约五十里处的磁窑堡，侦知崔伟等人的部队全部抵达灵州境内，与马化龙部混杂在一起。第二天，老湘营行军三十里，向灵州进逼。崔伟的部队在甜水河畔设伏阻击，老湘营整队冲锋，崔伟等部招架不住，全军撤退到灵州以南的郭家桥，距灵州四十里。

老湘营在灵州城南扎营。当晚，城内的马化龙所部派人到营中参谒刘松山，说崔伟等部占据了甘肃回民的庄宅，而本地回民畏惧他们的剽悍，不敢反抗。刘松山派人告知马化龙，让他通知各个寨堡：官军只攻崔伟等人的造反部队，对甘肃回民一律安抚，大家各自安居，不要惊慌。

过了两天，崔伟等部从郭家桥出动主力，到城外迎战老湘营。刘松山分路纵击，攻破二十多座庄堡，推进到下桥。此桥跨越秦渠与汉渠，崔伟等部人马相挤，大批人溺水身亡。老湘营穷追到吴忠堡，刘松山下令回师，在下桥驻扎，扼守永宁洞。

永宁洞是个入河口，秦渠与汉渠在这里汇合，流入黄河。老湘营未到时，马化龙告诉崔伟等人此地凶险，官军必然无法深入，他们不妨在这里抵抗。但是，老湘营占了此地，崔伟等人就无法进入了。

在老湘营与崔伟等部作战时，马化龙袖手旁观，观察官军的强弱。不过，他也不是完全的旁观，令自己的部队在旁边的寨堡射击，对老湘营也有杀伤。如今，他见老湘营连连取胜，担心自己吃亏，为了保存实力，再次上书左宗棠，代白彦虎等人求抚，而对兵败之事只字不提。如果左宗棠批准他的请求，他就赢得了喘息之机。

刘松山张贴告示，声明不攻甘肃回民。马化龙为了给崔伟等人壮胆，连日派部队出堡求战。八月初七日，马化龙派出主力，直向下桥军营攻来，刘松山只得出兵迎击。马化龙已经掘开秦渠水，阻隔金积堡，以图自固。他劝说灵州的甘肃回民占据州城，夺取老湘营的饷银。为了给崔伟等人打气，他派出一些精兵，协助据守吴忠堡，摆出与老湘营对抗到底的架势。

面对复杂的局面，刘松山不敢轻举妄动，派人送信给左宗棠，陈述形势，请求指示。

从这天起，直到八月二十九日，接连二十三天，马化龙召集宁安、四百户、黑城子和半角城的陕西回民军，令他们陆续到金积堡附近集结，前后夹击老湘营驻地。刘松山所部每天接战，先后击杀一万多人。其间，马尕三派出骑兵长途奔袭，增援马化龙，也被挫败，回师西宁。

同治八年（1869）八月二十一日，福建船政局制造的第一艘轮船"万年清"号驶出闽江试航。左宗棠身在陕甘，忙于筹饷作战，接到沈葆桢报喜的书札，不胜欣喜。无奈军政事务太忙，日夜操劳，加上身体病弱，遇到这么大的喜事，他竟然无暇回信，只是对身边的人感慨了一番："沈葆桢是好样的，没有辜负老夫的期望！他的丈人林则徐在天之灵，听到这个消息，也会感到骄傲。"

他高兴地对僚属们说："诸位，福州船政局的艺堂已经有了明显的成效，培养出了中国的技术人才。中国人的聪明才力一点也不比洋人差，只要兼收洋人之所长，十年之内，我们的海防就会气象一新，鸦片的祸害有望扫除，蒙受的国耻足以洗雪！二十年过去了，我对林公湘江夜话时的嘱托，一刻也没有忘记。如今我们终于造出轮船了，老夫对中国的振兴，充满了信心和希望！"

左宗棠身在甘肃，仍然没有忘记海防，没有忘记洋务运动的初衷。不论多么大的胜仗，也不如福州船政局的成就令他开心，令他寄怀。然而，他在甘肃面对的形势非常复杂，极为敏感，而战情变化多端，几乎占据了他所有的精力。他还没有来得及好好庆贺"万年清"号的下水，就接到了刘松山的战报，知道金积堡那边的局面不好对付，决定从平凉和静宁派部队北上增援老湘营。

南部的恪靖军一动，马化龙立即做出了反应，令甘肃回民军李正荣所部、陕西回民军白彦虎所部，以及其他部队，从预望城与黑城子南下固原州，阻击简敬临与黄鼎所部北上。左宗棠接到报告，立刻调整部署，令雷正绾从固原东南的古城川出兵，会同周兰亭所部，在固原以北的半角城与李旺堡迎击南下的回民军。

雷正绾和周兰亭与回民军交手后，回民军的兵力逐步增多，雷、周二部正感吃力，黄鼎、简敬临从中路赶到，各部会师，重创李正荣与白彦虎，迫使他们从固原回师黑城子。

马化龙的表现及动机，左宗棠现在看得很清楚了。他在给朝廷的奏疏中陈述了这一段的战事，对马化龙的思想动态做了一番分析。他说，马化龙仗着金积堡有险可守，敢于抗拒官军；他发现崔伟等人的部队战斗力很强，决定借助他们的力量自卫，自己在一旁观望。崔伟等人打赢了，他能拥兵自重；崔伟等人打败了，他也有理由为自己开脱。刘松山能够认清形势，进退有度，请朝廷予以嘉奖。

左宗棠基于上述认识，向金积堡一带增派了兵力以后，下一步采取何种行动，将视马化龙进一步的表现而定。

较量穆图善

左宗棠从同治五年（1866）被任命为陕甘总督，到光绪六年（1880）的十四年间，大部分时间驻节西北。他一生在西北为官时间最长，耗费的精力最多。其间，他在西北遇到了一位满人高官，遭到其监视、攻讦和掣肘。左宗棠能不能摆平这个对手，是检验慈禧对他信任程度的最好标尺。

前面已经提到，左宗棠刚刚踏进陕西的大门时，就不得不与代理陕甘总督的穆图善斡旋。此人是满洲镶黄旗人，并非贵族，出身也很穷苦。他是靠着军功爬上高位的，认为自己才干不俗，不服左宗棠这个汉人。可是他没有磊落的胸襟，跟左钦差不通音信，总是向朝廷打小报告，企图通过慈禧来给左宗棠施压，以达到自己的目的。起初，他怀疑左宗棠会克扣他所部甘肃清军的军饷，不愿服从左宗棠的统一调配，要给自己开小灶，请求朝廷给他撑腰。对于朝廷的垂询，左宗棠耐着性子，要求慈禧把穆图善奏报的原文发给他，看过之后，向朝廷耐心地解释：穆图善的部队没饭吃，是因为他不听劝告；他不愿垦地种粮，生产自救，致使军粮断绝。

慈禧明白了左宗棠的一片苦心，懂得西北军饷艰困，左宗棠其实已经够照顾穆图善那一摊子了。于是，皇太后支持左宗棠总管西北银钱和物资的调拨。在这一场资源争夺战中，穆图善落败了。

但是，这位满人高官还在继续跟左宗棠过不去。他急于表现自己的军功和政绩，向清廷奏报，说他已经把回民军安抚得八九不离十了，可是左宗棠的爱将刘松山率领湘勇到来，激起民变，就把他创造的和平局面搞砸了，以至于无可收拾。清廷根据他的奏报，劈头盖脸向左宗棠提出一大堆质问。左总督又耐心地解释：穆图善的所谓政绩，就是无所作为，放任无政府状态；而刘松山的做法，则是通过军事威慑来达到长治久安的目的。

可是，这本折子还没递到慈禧手上，灵州已经失守。绥远城将军定安跟穆图善一个鼻孔出气，迫不及待地向慈禧奏报灵州失守一事，他的折子捷足先登了，把灵州失守的责任全部推到刘松山身上，指责刘松山轻率进兵，滥杀无辜，激起民变。

军机大臣把定安的折子一念，朝堂之上，一片哗然。慈禧心里疑窦丛生：穆图善不是早已招抚了灵州的回民吗？他们怎么会降而复叛？刘松山其人，年轻气盛，是否嗜杀？是否莽撞？于是，朝廷颁下上谕，要左宗棠查明真相，不得故意包庇刘松山。这道谕旨旧事重提，把绥德兵变的事情也捎上了，可见军机大臣们把旧账牢记在心。不过，慈禧并不完全相信穆图善等人的一面之词，她认为左宗棠既然说马化龙阳奉阴违，不会是凭空捏造，所以，她又要穆图善查一查马化龙是否唆使灵州回民反叛。

> 刘松山前在绥德曾有哗溃之事，宁夏甘回投诚已久，此次轻进激变，贼众兵单，倘无食可就，复蹈故辙，则北路大局何堪设想！着左宗棠将起衅情形，查明具奏，不得稍涉回护。其马化龙阳为归顺、阴纵党羽滋扰变乱情形，究因如何起衅，着穆图善查明，据实具奏。

穆图善很快就回奏了，还是坚持他原来的说法，指责刘松山激起事变。

> 马朝清（马化龙）实已抚良回，刘松山激成事端，恐甘省兵祸无已时。即将来左宗棠剿而后抚，亦未必能坚回民之信，奴才不敢知而不言，闻而不顾。已敕胡昌会督同马朝清仍行妥为开导，令回民毋生猜疑。

穆图善一口咬定了自己的结论，左宗棠却保持着沉默，慈禧不免感到奇怪。她想："左卿一向快人快语，怎么不说话了？这件事如此难查清楚吗？穆图善为什么反应那么快？那就等等看吧。"于是，她吩咐军机处，把有关的奏疏全部发给左宗棠，让他也看一看。

前面说到，马化龙到八月底为止，通过对老湘营二十几天的攻击，没有占到便宜，便又行缓兵之计。他于九月初三日再次派人参见刘松山，仍然是代崔伟等人求抚。刘松山提出受降条件：交出全部战马和武器。几天后，马化龙交出一些老朽的兵器和羸弱的马匹。刘松山催促他将武器战马全数交出，催得很急。但马化龙也提出了条件：等到老湘营退到横城，他才全部缴械。他一边讨价还价，一边日夜修筑堡塞，疏浚壕沟，派游骑四出，侦察老湘营的动静。

刘松山等了十天，见马化龙仍未缴械，便开始沿余家湖部署兵力。马化龙感到了威胁，从金积堡和吴忠堡同时出兵攻击。刘松山分兵迎战，击败马化龙，接连攻克敬家庄的两座堡塞。马化龙不想折损兵力，决定以水代兵。他下令在吴忠堡以南筑坝，开决秦渠，使渠水东流，灌淹老湘营，并在一旁埋伏几千名骑兵，伺机出战。刘松山侦知马化龙的企图，但假装不知其计，令部队攻打坝西的壁垒，暗中携带了锄头和铁锹。他等到马军全部通过水沟后，下令开决水沟，发起纵击。马化龙的部队避之不及，大批将士溺水而亡。

三天后，刘松山令部队用袋子装土填濠，然后发起攻击，攻破马化龙的五座坚寨。由于秦渠决口淹没了其他道路，王家高楼等六座寨堡成为河西运道的必经之地。刘松山看准了这一点，决定占据这些据点。两天后，他令部队乘夜突袭，攻破王家高楼堡寨，又北行八里，抵达张家滩。其余五座堡寨仅相距几里，刘松山分兵猛攻，守军无法互相照顾，堡寨全被攻破，刘松山留下部队驻守。

话分两头。马化龙在派人参见刘松山时，暗中派出部属马万春，指挥陕西的杨文治、禹得彦等部，再次南下，攻击固原以北六七十里处的三营镇。雷正绾、简敬临、周兰亭各部刚刚在黑城子击败土匪张贵的部队，于九月初八日在三营镇以南约三十里处的头营合兵迎击马万春，将之击退，追到三营以西约十几里处的何家沟，斩杀杨文治。第二天，他们乘胜北进上百里，攻破李旺堡。

李旺堡一破，附近的预望城和半角城内，甘肃回民军为之震动，向雷正绾请降。禹得彦等人没了落脚之处，暗中约定，从李旺堡以西的盐茶厅（今海原）向西而去，打算途经长流水与打拉城，斜插西南方，前往会宁与安定，与马占鳌会师。

黄鼎和马德顺率骑兵追击，西越盐茶厅，于九月十六日追到约二十里外的西安堡。展眼望去，只见禹得彦等部在平川上架设帐篷，延伸几十里。黄鼎和马德顺的骑兵驰入帐篷群内，一通砍杀，大破禹得彦。骑兵追过黄家园，禹得彦等部溃不成军。马德顺率领轻骑前进，遭遇埋伏，受伤阵亡。

马德顺的骑兵失去了统领，黄鼎兼统该部，于九月十八日火速西追至打拉城，陈林等部陕西回民军已经入城防御。黄鼎所部呼喊攻城，杀伤甚多，迫使陈林、马正和、余彦禄折回新堡子。黄鼎率部回头攻击，崔伟、马生彦、白彦虎等部更向西进，奔赴会宁。

左宗棠令雷正绾、简敬临、周兰亭从半角城进军长流水，派黄鼎部将徐占彪部会同杨世俊的骑兵赶赴会宁，以拦截向西南挺进的崔伟等部，又调张福齐部移驻黑城子，留下周绍濂的陕西官军进驻固原。

九月二十五日，雷正绾来到长流水，崔伟等部大为惊骇，慌忙北撤。雷正绾挥师追击，在同心以北五十里处的马家河湾击败崔伟。陈林等人钻隙逃走，率部北返金积堡。

徐占彪部军行迅疾，当天就进驻了会宁。张贵率领余部袭击会宁西南部的北川，遭到徐占彪出其不意的打击，兵败投降。徐占彪侦知崔伟等部已通过马家堡，便星夜向西追踪，赶到狄道十八盘。这时黄鼎也已追到，侦知崔伟已西入河州，便下令回师。

河州回民军首领马占鳌是一位深通战略战术的将领，左宗棠将他与太平军的陈玉成等量齐观，告诫手下跟他交手时要格外小心。此人的兵力得到陕西回民军的增强后，不时派出游骑兵东袭渭源、伏羌（今甘谷），又南袭礼县，以牵制恪靖军的兵力。恪靖南路军的将领汤聘珍、李耀南指挥傅先宗等部，接连将这些游骑兵击败。

左宗棠接到李旺堡、预望城一带的捷报，派道员曾传理赶赴固原，安抚各堡投降的回民，令黄鼎分兵驻扎兰州以东安定、会宁、静宁一线，以巩固省城兰州的防御，令雷正绾与周兰亭会师北进，增援刘松山，令简敬临与张福齐分别进军半角城和韦州堡，以保护北路的运道。

刘松山攻克王家高楼各寨以后，马化龙又软了下来，派人通知刘松山：他将派汉民给老湘营送来几十车豆麦，并呈递状纸，保证永不反复。不过，他只字未提缴出马匹和武器之事。刘松山得知将有粮食送来，心中暗喜。部队已缺粮多日，眼看就要饿肚子了。但他不想让马化龙派来送粮的人看出破绽，令军士们堆积沙土，将少量大米撒在土上，让马化龙的代表巡视，还装作满不在乎地说："我军不缺粮食，用不着化龙照顾。这些粮食，你们既然送来了，就不麻烦你们拉回去了，我们照市价收购就是了。"

刘松山付款收粮，但还没有同意受降，马化龙没能探出刘松山的虚实和底细。这一场心理仗，他落了下风。刘松山决定继续保持武力威慑，于九月二十三日分兵五路进攻，部署叠阵，令部队衔枚前进，各部都以后续兵力阻击其他堡寨的援军。于是，老湘营连克金积堡东北面的马家等寨堡，击杀一千七百人，搜出了马化龙给马重三下达的书面命令，上面清清楚楚写着要马重三抗击官军。

灵州的官民长久被马化龙控制，灵州虽然未换旗帜，实际上却是马化龙的地盘。马化龙本来无须公然占据州城，但因刘松山进兵下桥，扼制永宁洞口，金积堡顿时失去地险，他想牵制刘松山，才令部众占据灵州城，公然反清。他推测老湘营一定会回师救援，他就得以收复两渠之间的险地，没料到刘松山不为所动，仍然日夜攻取各堡。其实刘松山很想拔取灵州，但他必须等待合适的时机。

机会很快就到来了，因为恪靖军又有援兵到来。郭宝昌奉左宗棠之命开抵绥德之后，驻扎在定边、花马池与四营的黄万友部取道横城，向灵州开进。马化龙在灵州的部众得到命令，突然出城拦截。刘松山侦知灵州兵力空虚，于九月二十九日下令，部队趁夜悄然奔赴灵州。

刘松山来到城外，只见卡垒林立，正要下令进攻，忽见东边驰来一千多名骑兵，协助城内守军作战。刘松山一声令下，老湘营分路猛攻，回民骑兵招架不住，退入城内。老湘营乘胜攻击，守军打开东北门撤走，刘松山紧跟着进占灵州。第二天，他挥师攻下灵州城东南的四座寨堡，令黄万友驻城安抚，他自己率部返回下桥军营。

灵州的回民军撤离时，马化龙又派人向刘松山报告：灵州驻军是躲避陕西回民军的杀掠才出城的，应由胡昌会择地安插。他的意图很明显，是想掩饰先前命部众攻占灵州的行为。刘松山向来使出示了攻破马家寨时搜得的那份密令，致使马化龙一方无话可说。

前面说过，在灵州失守以后，清廷曾屡次下诏询问起衅情形，左宗棠却保持沉默。他当时的想法是：灵州城尚未收复，此时复奏无益，不如沉默。接下来，刘松山虽屡次告捷，清廷仍不放过灵州问题，疑心刘松山激起民变，还想派人赴实地调查。左宗棠觉得自己不能保持沉默了，上疏陈述原委，再次为刘松山辩白。朝廷从他的奏疏中得知刘松山已经取得了成果，慈禧也就放心了，不再听信穆图善的指责。上谕说：

> 回目马化龙既给与马重三伪札，是其狂悖之情业已败露，而求总兵胡昌会保其永不反复，并代陕回甘言求抚，前后两歧，殊难凭信。着左宗棠严饬刘松山乘此声威，迅图扫荡，不得轻率收抚，转遂奸谋。

从这时开始，左宗棠对马化龙的攻击，才算是得到了朝廷的认可。穆图善对马化龙的安抚无效，成为朝廷的定论。

穆图善跟左宗棠纠缠了好几年，直到此年他因所部被回民军彻底击溃而失去发言的本钱，才算沉寂下来。慈禧下令，将甘肃清军交给左宗棠统一指挥，西北军政只认左宗棠一人。到这时候，穆图善丢了官位，知道自己在朝廷里斗不过左大人，只得心服口服。后来左宗棠在福州指挥清军抗击法国军队的侵略，穆图善奉旨到他幕下当助手，对左大帅颇为恭敬。此为后话。

以静制动的战略

同治八年（1869）十月初，左宗棠在甘肃北部的作战有了较大的进展。金顺与张曜解了宁夏（今银川）城之围，会师攻打附城的各座堡寨。十月初二日，刘松山从灵州回师，视察下桥战场，只见下桥以东十里左右的里仁堡、赵家堡等八座堡寨抱成一团，参差雄峙。老湘营顾不上休整，当晚将这八座堡寨分路攻克，重创马化龙所部。

秦渠以南有个地方叫板桥，从这里往西，直达蔡家桥和金积堡，村堡鳞次栉比，陈林等部在里面集结。由于老湘营攻破了里仁的各寨，陈林颇为震动，每天商议投降之事，但久未决断。刘松山打算给予沉重打击，以使对手心服。

刘松山从灵州回师四天后，令部队分别从板桥和蔡家桥进军，在两旁埋伏骑兵。不久，步兵渡过渠水，奋力攻击。陈林等部分东西两路退走，老湘营骑兵出击，拦截退路。各堡的回民部队见此情状，纷纷开壁，向西撤退。老湘营将之压迫到波浪湖，从四周用火器攻击，陈林等部人马成片倒下，鲜血染红湖水。当天，老湘营攻破三十多座庄寨，部队一直追到金积堡。刘松山移驻板桥以西、蔡家桥以东的刘家寨，距金积堡仅十四里。

与此同时，雷正绾、周兰亭两部进军南距金积堡约百里之内的鸣沙洲，马化龙的先锋将领袁希孟占据着鸣沙洲以北十几里处的张恩堡，遭到出其不意的打击，向官军投降。十月初十日，雷、周两部推进到强沙窝，简敬临和张福齐也从中宁以东一百多里外的韦州堡赶到，各部合兵推进，分别驻扎在秦渠内外。左宗棠下达急令：各部一律听从刘松山指挥。

恪靖军进驻甘肃以后，对土匪实施了打击，但从固原以东，直达镇远和环县，山谷之间仍有不少土匪，严重威胁恪靖军的物资运输。左宗棠决定重新部署其他兵力，以肃清四处游击的土匪。周绍濂奉令分兵驻扎黑城子和李旺堡等堡寨，桂锡桢奉令扼守四百户，丁贤发奉令从镇原西上固原，魏光焘和刘端冕分别从庆阳与合水进军，以护卫中路运道。

马化龙遭到恪靖军的两面夹击之后，为了延缓刘松山的攻击时间，再次通过胡昌会呈缴陈林等部的马匹和武器，请求招抚，刘松山限他在三天内彻底缴械。此后的十几天内，他每天都缴出一些马匹和武器。但是，陈林与马正和等人的意见仍未统一，马正和愿降，陈林却不同意。刘松山令马正和造出名册，率部移居吴忠堡，因为该堡各个村寨原来的居民都已迁徙。

崔伟和禹得彦驻扎于兰州以南的狄道（今临洮），得知马化龙已经妥协，为了给他打气，声称要率部北上，回援金积堡。徐占彪闻讯，当即从狄道以东的安定出兵，会同李辉武所部，在安定以南的陇西将崔伟等部击败。

左宗棠将各路部队在甘肃各地扎定，扼守了各处要道，基本稳定了该省的局面，便于十一月初一日从泾州西行一百多里，进驻平凉，接收陕甘总督印。

自从甘肃发生战乱以来，秦州（今天水）由于偏居甘南，还算平静，省城兰州依靠此地沟通物资的转运，总有几十营重兵在此驻守。但是，这些部队冗杂而不守纪律，其中范铭等人统领的各营，官兵都是河州与狄道的本地人，该部招纳叛军和亡命者，人数多达一万有余。

左宗棠进驻甘肃以后，不许这些部队向百姓募捐粮食，提议逐步将之裁撤合并。恰逢旧部周开锡从福建运送协饷抵达甘肃，左宗棠大喜，极力想把他的这位学生留在甘肃。他知道，自从自己离开福建以后，周开锡由于为官廉洁，办事认真，备受福建官场的挤压，吃了不少苦头。两人见面后，他便开门见山地说："受山，你来得太好了！真是我的及时雨。既来了，就别回去了，西北虽然艰苦一些，但你可以放开手脚大干一场。秦州各部骚扰百姓，空耗军饷，是我的一块心病，你留下来总统这些部队，着手进行整顿吧。"

"蒙左公器重，开锡敢不从命！"周开锡巴不得在老师麾下放开手脚办些实事，爽快地应承下来。从此，他鞠躬尽瘁，为治理甘南奉献了全部的生命。

这时候，甘北的形势发生了变局。马正和所部迁居吴忠堡以后，由于陈林不肯投降，马化龙又生变心，停止缴出马匹和武器。刘松山等不到进一步的结果，决定重新发起攻击。恰在此时，刘松山又添一支劲旅，淮军记名提督金运昌率领郭宝昌所部从陕西清涧西行而来，按照左宗棠的命令，都归他调遣，大大充实了他的实力。

十一月初三日，恪靖军对金积堡三面夹击。刘松山分兵攻打金积堡东北，金运昌所部向该堡西北出击，雷正绾等部隔着湖渠，刘松山令他们从西南进兵。此次攻击，又攻破二十多座堡寨。

马正和服从马化龙的命令，于第二天派主力从东西各堡大举出动，刘松山佯装败退，将他们引诱到军营附近，下令纵击，再次重创马正和。雷正绾、简敬临听到炮声，急忙率部从西南进入堡中。马正和派兵抄袭该部，简敬临手持短兵器奋力搏战，突围而出。马正和与陈林调动所有部队，抗拒东西两面的进攻，沿波浪湖增修长墙，借以防守。

刘松山稍事休整，于五天后率部直捣波浪湖，马正和所部据长墙顽强抵抗。刘松山指挥步兵绕向东面，从墙卡后攻击，马正和部大乱，弃墙撤走。老湘营乘势前进，捣毁堡寨旁边的礼拜寺。总兵简敬临率部绕过波浪渠，企图与老湘营会合，穿越几重寨堡。炮石如雨，倾泻而下，简敬临裹创冲锋，脑部被炮弹击中，当即阵亡，营官姚连升和谭正明等十几人战死。徐文秀率余部撤退，该部与老湘营会合的企图未能实现。

又过了三天，刘松山驰赴简敬临军营，分兵移驻汉伯堡。马正和骤然出兵拦截刘松山退路，双方激战一番，马正和方才退却，然后环绕渠西修筑炮墙。

两天后，刘松山下令列队攻打马正和部，提督李就山陷入阵内战死。老湘营随后攻入马正和军营，易致中、朱德开等将领身负重伤，但坚持指挥部队踏毁了炮墙。

金积堡北面的各座堡寨全部有险可据，固若金汤，老湘营每攻一堡，各堡兵力四出，积极援应，老湘营伤亡惨重。但刘松山所部已将各堡攻毁殆尽，马正和与陈林并入东西各堡。马化龙乘夜派出精兵轮流助战，马正和等部屡屡在受挫之后又振作起来。

同治八年（1869）十二月，刘松山日夜指挥部队进攻，马正和与陈林每次伺机出兵反击，都被老湘营击败。马正和等人无力坚守各寨，马化龙令他们撤到金积堡的长濠旁，架起帐篷居住，而将甘肃回民军迁入各寨据守。

刘松山侦知马化龙多次出兵东方，从胡家堡取粮，便在夜里派出几路兵马拦截其运粮队，拔除赵家寨和马家寨两座附堡。马化龙从南面韦州堡取运的粮食，也被雷正绾和周兰亭各部截夺。马尕三战败撤回西宁之后，不再赶来救援。马占鳌前次刚到宁夏时，曾扬言要派兵增援金积堡，但慑于老湘营声威，马化龙多次催他发兵，却没有得到响应。

马化龙急需援助，只得再次向崔伟、白彦虎等部求救。崔伟等部从狄道大举东征，截断左宗棠的北路运道，向雷正绾等部发起攻击。他们抵达固原半角城时，已经接受安抚的各回民堡寨纷纷响应。周绍濂孤军一支，奋力防守。王铭忠率部护运粮食，经过黑城子，崔伟等部突然杀到，两军相持一个昼夜。魏光焘、丁贤发率部赶去增援，迫使崔伟撤围而去。魏光焘、丁贤发与周绍濂会合，攻破半角城西南的各堡。崔伟等部西奔盐茶厅，黄鼎赶到盐茶厅以南的静宁拦截，在固原境内的鸦儿湾重创崔伟所部，崔伟率余部一路西奔，从定西的巉口撤回狄道。徐占彪、杨世俊两部重新扼守安定，在安定东南方的红土窑与好麦川将崔伟击败。

马化龙得不到崔伟等部的援助，只得自己来破坏敌军的军需线，以此牵制刘松山的兵力。刘松山的粮运一直由因病留居陕西绥德的郭宝昌指挥三营部队保护，这时山西方面由于黄河水完全结冰，调郭宝昌赶赴河防。马化龙趁此机会，派部属马呼来所部出兵边墙，于十二月二十二日乘虚绕道攻占定边，掐断了老湘营与皖军的军需运道。左宗棠奏调郭宝昌回师救援，并派飞马送信给绥远城将军，请他从包头购粮，接济金积堡附近各军的军食。

　　同治九年（1870）正月，左宗棠令黄鼎出兵固原，巩固金积堡以南的防御。马化龙指望不了崔伟和白彦虎，便令靖远的回民军召集临洮的几千名骑兵，绕道东山，前去增援。正月初四日，靖远回民军增援部队骤然袭击半角城。年轻的闽浙提督丁贤发率部阻击，然后追到同心以南二十多里处的石峡口，发起攻击，将之击败。

　　马化龙使尽了计谋，仍然没能为金积堡解围。他急中生智，派出陕西回民军马正刚、海万新所部，以及甘肃回民军马升明等部，先后从东南方向翻山越岭，南奔环县与庆阳，袭扰恪靖军后路。魏光焘和刘端冕两部分路拦截，击败海万新等部。马正刚乘虚南下东进，急袭宁州与正宁，奔赴陕西三水。但是，马正刚的行动未能动摇左宗棠的决心，他没有从金积堡抽调兵力回援陕西。相反，刘松山加紧了攻势，令老湘营逼近金积堡扎营，派重兵扼守永宁洞口。马化龙长叹一声，意识到这次的计谋又未奏效。

　　左宗棠根据禀报，仔细考察金积堡的防御体系，发现那里墙壁坚实，沟壕深险，只有开决渠水灌入堡内，才能攻破，而渠首的要地位于龙王庙峡口。他给刘松山送去一道密令，要他派雷正绾据守这个险要。

　　果然，雷正绾刚到龙王庙峡口，马化龙就大为恐慌，召唤米拉沟的部属绕道赶来增援。临洮的骑兵及时赶到，马化龙令他们从秦渠以南的石家庄入驻马五寨、马八条寨和马七寨，向吴忠堡垒推进。

　　对于马化龙的这个行动，刘松山立即做出反应。他于正月初十日指挥部队奔赴石家庄，发现临洮骑兵已在寨旁修筑三座坚固的壁垒。刘松山分兵三路，各攻一垒，一鼓作气，便已攻下，临洮骑兵的余部投向马五寨。刘松山正在谋划逼近该寨东南修筑壁垒，马化龙的几千名骑兵突然杀到，双方形成对峙。

　　正月十五日元宵节，对于左宗棠而言，是一个很不幸的日子。这一天，刘松山领兵迎战马化龙的援兵，将之逼退到胡家堡。刘松山一击得手，派出易致中、朱德开和赵彩明三部攻取马八条寨和马七寨。马五寨庞大坚固，刘松山亲自督率谭拔萃、周明胜、李占椿等部攻击。激战一个多时辰，便已攻破外卡。刘松山策马到寨前督战，忽然从寨中飞来一炮，击中刘松山左胸。谭拔萃等人奔来探视，刘松山奄奄一息，吃力地抬手说道："继续猛攻，不要管我，不能乱了阵列！"

刘松山的部将们见统领重伤，愤怒不已，手执火弹，冒着炮石搭梯登墙，攻到寨内，俘虏寨主马五。当天，刘松山伤重去世。左宗棠接到噩耗，大为悲恸。他无力地瘫在椅子上，心想："寿卿怎么就死了？他还只有三十七岁啊。记得前年打败西捻军之后，得知他订亲已有二十载，却因东征西战，无暇回家娶亲，我派人把女家接到河南，逼他成亲。洞房花烛之后，不过旬日，他就别妻起程，赶来陕西。而今不过一年多，他就撒手而去，连子嗣都没留下啊。"

内战打了二十年，已经有太多的战友离左宗棠而去。王鑫走了，王开化走了，高连升走了，现在刘松山又走了。一员员爱将，都先他而去，死于英年。这场要命的内战，何时才是了局？

然而，形势不容许左宗棠耽于失去爱将的悲痛。刘松山一死，战局急转直下，马化龙很快就占了上风。他听说刘松山已死，雷正绾又在金积堡南面不远处的峡口落败，不由吁了一口长气。他叫马正和与马万春立刻挥师南下，包围预望城，又令部属加紧攻击吴忠堡垒，夺取永宁洞、水口和宁夏。

雷正绾为了争夺龙王庙峡口，正在修筑壁垒，遭到马化龙援兵的袭击，伤亡了几百人，军营已被回民军团团围住。周兰亭和张福齐两部军粮已断，向南退驻鸣沙洲。左宗棠令黄鼎火速北援，该部尚未集结，便被迫在牛头山开战，一战失利，相继败退固原。

在金积堡以北，金顺与张曜正在攻打宁夏附近的王家疃，尚未攻克，马化龙号召附近的通昌堡、通贵堡等堡寨的回民起事。这时，马占鳌、崔伟、白彦虎各部，以及米拉沟的援军，相继开到金积堡一带。马正刚已从陕西的三水袭击渭水以北，向东挺进同官、富平、蒲城和朝邑，北路的回民军则向定边挺进。马朝元从金积堡出兵东距靖边九十里的宁条梁，南下甘泉与鄜州，影响及于东南方面的韩城与合阳。

一时之间，整个战局大变，战场形势似乎对左宗棠大为不利。在南自固原北至吴忠的这片区域内，左宗棠一时失去了控制，整个甘肃东部门户洞开。马化龙遇到了一个最大的机遇，在金积堡地区，他最强大的对手去世了，给他提供了突如其来的有利条件。如果他是一位杰出的军事家，他肯定能够利用现已取得的优势，把左宗棠赶出甘肃，甚至赶出陕西。新胜的回民军士气高涨，如果有一位强有力的统帅将他们整合在一起，他们的战斗力将是令人咂舌的。不过，这种机会是稍纵即逝的，就看马化龙能不能很好地把握了。

马化龙确实采取了积极的措施，抓紧时机向东猛攻，将北路恪靖军截为两段，迫使北段的老湘营缩回了吴忠，并将之包围，又将马五寨的恪靖军赶到了南边，迫使他们与黄鼎一路会合。他已将雷正绾的部队困于龙王庙峡口，迫使左宗棠不得不派兵营救。他还占据了金积堡与固原之间的战略性重镇预望堡，阻止了金顺和张曜试图从宁夏南下增援金积堡的部队，迫使其北撤。根据他的指示，河州回民军也出动了，协助他阻止左宗棠的中路军向金积堡增援。这一次，他料想回民军各部一定能够将左宗棠引出甘肃。他的前几次尝试都未能调动左宗棠，而现在他对此满怀信心。

然而，马化龙还是失算了。他低估了对手的顽强与聪慧。在军事上遭到一系列打击的时候，左宗棠一点也不气馁，正如同他在踏上仕途之前怀才不遇的几十个寒暑里也未曾泄气一样。左宗棠根本不打算离开甘肃。如果马化龙有能力将他逼出甘肃，也许结果是另一个样子，然而，如果想用计把他引出甘肃，那是谈何容易！

不过，回民军反击陕西，在京城里造成了极大的影响，而北京的朝廷会把这种影响施加到左宗棠身上。慈禧被马化龙的一系列反击唬住了，决定将李鸿章及其淮军开往陕西，去收拾局面。慈禧的这一决定，比回民军的反击令左宗棠更加难堪。左宗棠与李鸿章不是同道人，他是个实心办事的干才，一心为公，而李鸿章则是做人很有一套，还有颇重的私心。左宗棠看不起曾国藩的这位弟子，因此，如今朝廷似乎是让李鸿章到陕西来为他收拾烂摊子，这无疑是对他莫大的侮辱。

左宗棠无法阻止朝廷的军事部署，但他自己没有从金积堡向陕西派出救援的兵力，而是向金积堡地区增兵。他令在会宁地区官道上作战的徐占彪回师固原，统领这里的部队向北进攻，前往金积堡。他只是从中路派了刘端冕和李辉武两路兵力进入陕西。刘端冕部越过庆阳全境向东推进，击败在鄜州和甘泉地区分散作战的小股回民军，扭头向北，奔向绥德通往灵州与宁夏的大道，西进定边，于二月底打通了从黄河直到甘肃边界的道路。李辉武部从官道进入陕西，在咸阳以西的扶风与武功击败了回民军，重新打通了从左宗棠大营到西安的交通线。

南路马占鳌的回民军从岷州与巩昌出兵，企图进攻秦州，汤聘珍与梅开泰奉令出兵漳县迎击，将之击败。马占鳌整军东进宁远（今武山），南下礼县，越过盐关，急行军东奔西和、成县、徽县与两当，抵达秦州以南。周开锡派兵扼守秦州，将之击败。

此时，崔伟和禹得彦等人听说马正刚回到了陕西，也决定重返故园。他们联合马占鳌的部队出兵狄道，东进安定，击败杨世俊的守军，向东南方奔向通渭与秦安，然后东攻清水。

三月份，周开锡的南路清军集结完毕，适逢马占鳌进入陕西的陇州与汧阳，联合崔伟和禹得彦所部南下，向宝鸡进兵。李辉武兵力单薄，被马崔联军击败。三月十四日，吴士迈星夜从汧阳出击，大破马崔联军，将之截断为两部。禹得彦东奔岐山，崔伟掉头从陇州西撤。吴士迈东追禹得彦，在岐山境内的罗局镇将之击败。禹得彦越过渭南，挺进陕东的蒲城与白水，左宗棠派张福齐入陕增援，从西安以北的高陵追击，迫使禹得彦回师甘肃宁州，撤向固原，遭到徐占彪、苏如松两部重创，禹得彦率几百人西撤。崔伟已从陇州抵达秦安，不敢与南路官军交手，北上庄浪和隆德，被杨世俊击败，只得西回狄道与河州。周开锡旗开得胜，打算督率各部乘胜攻取狄道。

这时，徐占彪已抵达固原，然后北进，于二月初九日重占了预望堡重镇。由于这一地区的多数回民已经前往陕西，他此次行军很少遇到抵抗。

但是，不久之后，从甘肃东部扫荡而出的两大拨回民部队，一队接一队返回甘肃，所走的路线，多数是通过宁州西进固原地区。魏光焘在宁州的驻军，以及徐占彪在固原的驻军，逐次击溃这些回民军，其残部西逃狄道与河州。到四月初，陕西已经没有大股的回民军。研究左宗棠的美国军人贝尔斯指出："由于缺乏明智而坚定的领导，他们在正月里突然迸发的力量、团结和热情已经烟消云散。马化龙失去了他最大的机会。"

在陕西的混乱局面结束之前，李鸿章的淮军还未开到陕西。而他本人此次也未抵达陕西内地，因为他于六月份才抵达潼关，而刚一到达，便奉诏北上，去处理天津教案。也就是说，李鸿章及其淮军跟回民军此次离陕返甘毫无关系，陕西的问题是左宗棠自己解决的。

贝尔斯认为，左宗棠之所以没有将金积堡的主力调往陕西，是因为他对时局做出了准确的估计，他为了恢复自己在甘肃的处境而采取的措施，就是继续对马化龙施加压力。贝尔斯写道："可以肯定，他认为他在陕西的大部队能够守住重要的围城。陕西已经遭到彻底的破坏，回民军在所占的乡村无法造成更大的损失。如果他试图包围行疾如风的回民军，尾随他们进入陕西，他就毫无指望了。除了打通和保卫他的交通线以外，他不可能有另外的成就。要让回民军离开陕西，最可靠的办法是，把在金积堡因刘松山阵亡而断裂的线头重新接起，集中全力攻打这个回民堡垒。他坚信，马化龙是甘肃回民的最高首领，只要他能让这个机智的回民知道，他左宗棠根本无意于离开甘肃，而是执意要拿下金积堡，那么马化龙就会自动命令反清部队离开陕西，到甘肃来增援他。徐占彪部从固原向预旺堡的迅速推进，被包围在金积堡不远处吴忠的左军所做的顽强抵抗，以及刘端冕为了恢复金积堡地区到黄河之间交通的进军，肯定已经使马化龙意识到，他需要自己的部队在甘肃，而不是在陕西。不过，他意识到这一点时，已经为时太晚。"

不论如何，在同治九年（1870）初，马化龙确实命令回民军迅速地撤出陕西。但是，当他们回到甘肃时，却遭到严重的打击，而且失去了凝聚力，无法为马化龙支撑大局了。诚如贝尔斯所说："回民军没能调动左宗棠，而是调动了他们自己。可以合理地推测，左宗棠在正月下旬对局势的评估完全应验了。他对回民军的了解，比回民军对自身的了解更为透彻。"

提拔刘锦棠

刘松山战死，导致战局一度逆转，说明人才是一切争斗的关键。恪靖军一员大将的存亡，关系到西北作战的全盘。左宗棠为刘松山悲痛，但他头脑还很清醒。他要迅速地挑选另一员大将来填补刘松山的空缺。

刘松山死后，左宗棠冷静地思考了几天，于正月二十七日拜发奏疏，请求朝廷对刘松山从优议恤，同时提出由刘锦棠接管老湘营。此人是刘松山兄长的儿子，也是刘松山最得力的部属。左宗棠经过深思熟虑，决定给这个二十六岁的年轻将领压上重担，让提督黄万友做他的副手。

然而，左宗棠没有想到他还会接到来自家乡的噩耗。二月初一日，夫人周贻端病逝于长沙家中。左宗棠接到家书，心境凄凉，提笔撰写墓志铭，回顾贤妻陪伴他走过的艰苦历程。

悠悠往事，一幕一幕浮现眼前。他记得，夫人在福建时说过，何三在家看门，是个老实人，日子已经很长了。可他晚景不好，夫人打算按照勇丁的规格给他支付薪酬。左宗棠是答应了夫人的，但后来事情一忙就忘了。他赶紧写信请人办理这件事，划拨二百十两零六钱银子交给何三，了却夫人的这个心愿。这个数额，相当于一名勇丁四年的薪酬，左宗棠决定从自己的养廉银中开支。

左宗棠因爱妻的去世，想到了自己的身后。他天天腹泻，大便不禁，一天更衣几十次，觉得自己不久也将同归大暮了。他让儿子们葬母时为他预留空穴，他去世之后，要跟夫人葬在一起。

由身后之事，又想到眼前的困境。他想：既然出来为国办差，就把身家性命抛在脑后了。同事掣肘，小人暗害，朝廷训斥，这些都不重要了。只要能够扭转颓局，赴汤蹈火也在所不辞。他希望刘锦棠这个年轻的将领不要辜负他的厚望。

刘锦棠临危受命，就面临着部队的饥饿。金积堡以东道路梗阻，老湘营和皖军只能到河西胡家堡采购粮食。马化龙屡次出兵断绝转运通道，刘锦棠出兵护运粮食，天天都有战事发生。刘锦棠率领叔父的旧部力挺时艰，没有被困难压垮。老湘营保持着高度的警惕性，随时准备应对马化龙的突袭，并在伺机打击马化龙的有生力量。

恪靖军在金积堡与马化龙对峙到早春，黄河开始融冰了，水战也拉开了序幕。二月初六日，金积堡守军出来挖掘板桥堤岸，企图重施水淹老湘营的故伎。刘锦棠和黄万友抓住守军越渠横出的机会，率部一通掩杀，重创马化龙所部。然后，老湘营逼近秦坝关、板桥和枣园堡修筑营垒，刘锦棠调金运昌所部驻守。

马化龙一计未成，又施一计。胡家堡的回民军从上游开决山水沟，灌淹吴忠堡垒。刘锦棠令部队环绕堡垒修筑水堰，让小渠的水汇合一处，流入黄河，避过一险。马化龙还不放弃水攻之策，令金积堡守军在北面修筑石坝，逼近马连，逼渠水下灌。老湘营修筑长堤，从黄河与秦渠修起，连接到金积堡外一里处，沿堤挖浚沟壕，导水注入永宁洞。

马化龙连续三次水攻没有奏效，另生一计，派马有全协助马正和攻打预望城。前面说过，左宗棠增派了徐占彪的两千人赴援，徐占彪部于二月初九日抵达预望城，发起夜袭，一举将马有全部歼灭。马正和则在黑城子遭到李良穆拦击，在激战中阵亡。

马化龙听说马正和阵亡，大吃一惊，连忙派兵东进，与一万多名援军会师，并力攻打吴忠堡。二月二十二日，马化龙的部队攻击一天，未能得手，还折损了一千多人。马化龙改变主意，决定偷袭灵州城，以牵制刘锦棠的兵力，这也是故技重施。二月二十九日，他令部队在灵州西南方悄悄修筑两座营垒。但他封锁消息不够严密，刘锦棠根据谍报知道了此事。二鼓时分，刘锦棠与黄万友率部沿河东进，逼近马化龙的秘密营垒，发起猛攻，端掉了这两个据点。这次胜利鼓舞了老湘营的士气，军势重新振作。

与此同时，正如上一节所说，奉马化龙之令东进陕西的回民军，遭到左宗棠陕西驻军的阻击后，逐步向西撤回。马化龙得知挺进陕西的友军连吃败仗，更加失望，率儿子马耀邦卑词求抚。他对刘锦棠说："春耕迫在眉睫，请贵军退兵吴忠堡，行不行？"

刘锦棠说："我要请示制军大人。"

左宗棠接到刘锦棠的来信，回复说：马化龙的人要耕作，不必阻拦。但安抚条件不变：必须呈缴全部马匹和武器。

刘锦棠向马化龙转达了左宗棠的批复，马化龙的部众可以耕作了，但他并不缴械，而是加强防御工事。他派人重修长濠，将马连渠水引入湖内，阻止老湘营进攻。刘锦棠指挥部队冒险将长濠平毁，马化龙则钻空子重修。从三月十四日到三月二十三日十天之间，老湘营昼夜抄袭，终于将长濠破毁。渠水决口后，四处横溢，平地成为汪洋。

四月初二日，老湘营并力疏浚水流，忽然西北风大作，渠水猛涨，激流湍急，波浪汹涌，冲击蔡家桥壁垒的长堤。老湘营各部排打木桩，装填土袋，抵御洪水。两天后风停，渠水也渐渐落入黄河。

马化龙多次企图水淹老湘营，都未能得手，重新回到粮食上面打主意。四月初八日，他派兵渡河，从大坝和三关南下，截夺老湘营在广武与中卫的粮运。黄万友得到情报，悄悄从大坝以北的叶升堡渡河，搜捕马化龙的打粮部队。金运昌决定另辟运道，派提督王凤鸣打通东面定边、花马池的转运道路。陈林侦知此事，从金积堡出动几千兵力，到花马池和定边夺粮，抵达定边以东的砖井镇时，被王凤鸣所部击败。陈林负伤，向金积堡撤退。四月二十二日，刘锦棠派兵在灵州东南面拦截，将陈林部属马长元夺来的牲畜全部截获。马长元率余部从花马池转袭定边和宁条梁，左宗棠令刘端冕出兵鄜州，将马长元击退。

马化龙未能截断恪靖军的军需运输，却不得不顾及自己的粮食供应。五月十九日，他派老弱回民到刘锦棠大营求见，请求允许到板桥、琴桥和吴忠的各座废堡耕作。中路首领王洪也请求修筑秦渠，灌溉田地。王洪的企图很明显，是要趁机夺取永宁洞的水口。刘锦棠明知这是对方用计，表面上予以批准，但暗中在永宁洞和下桥设下三重伏兵，以防不测。第二天，王洪等人果然联合胡家堡的驻军杀来，老湘营伏兵突起，擒获王洪，将他斩杀，乘胜攻下马八条寨和马七寨。

胡家堡到海子墩、洋麻湖和大沙井一带的新麦将要成熟，刘锦棠和金运昌于六月上旬指挥部队分路收割新麦，马化龙出兵争抢，老湘营乘机攻破海子墩和杜家寨。其中有一个王红连寨，规模最大，尚未攻克。六月十二日，刘锦棠、金运昌向该寨发起攻击，首先攻下寨外的礼拜寺，在上面支架火炮，分兵攻击寨堡西北面。寨内发炮反击，炮石如雨点般落下，谭拔萃率领一批壮士，竖起三座梯子攀爬而上，几次前仆后继。张俊肉搏先登，后继者涌入，攻破寨堡，斩杀王红连及其部属一千多人，刘锦棠与金运昌所部伤亡几百人。

通过刘锦棠的努力，老湘营在北路的金积堡地区重新打开了局面。大约与此同时，在甘肃南路，马占鳌等人为了应对向狄道进逼的周开锡所部，于五月份东出渭源，袭扰巩昌与秦州辖境。周开锡令傅先宗、王得胜进军巩昌，令杨世俊、田连考从秦州出兵伏羌，在宁远、礼县一带拦截马占鳌，连连得手，乘胜攻克渭源和狄道两城，并攻破狄道城东的牟佛谛坚堡。

如此一来，清军在南北两路的局面都趋于稳定。左宗棠扭转了甘肃的战局，令各部凭洮河部署，以巩固防御。这时，他才向慈禧奏报战况，解释他为什么没有急于向西推进。

他在奏报中指出：从秦州向西，经巩昌直达狄道，距离四百多里，中间的渭源辖境有二百多里，其间人烟稀少，满目荒凉。官军进攻，必须节节设防，以保护运道畅通。驻防兵多了，进攻的兵力就会不足，所以现在不能急于攻打河州，必须等到北部的宁州和灵州肃清之后，才能从兰州出兵。从官军兵势而论，这样做是为了防御后路，连通饷运；从制敌而论，这样做是为了切断他们之间的联络。

由于左宗棠很快就扭转了陕甘的颓势，慈禧没有再做追究。

做事与做人

上面说过，李鸿章奉旨援陕，令左宗棠颇为尴尬。在陕西肃清之后，左宗棠才松了一口气，给李鸿章写信通报情况。值得注意的是，左宗棠在信中再次谈到了回民运动的起因。他说，回民造反已有八年，而陕西战端的开启，是由汉民而起。战火继而蔓延到甘肃，受到陕西回民的影响，甘肃回民也揭竿而起。朝廷没有理由安抚马化龙父子，但又不能将他们封闭起来，致使甘肃回民军断绝了求抚的希望。

在这封信中，左宗棠对李鸿章说了一些客气话：甘肃战事万分艰难，筹饷难于筹兵，筹粮难于筹饷，筹转运又难于筹粮，希望李少荃能够理解西北用兵的困难，共同谋划万全之策。后来由于李鸿章奉旨北上，左李二人未能携手用兵于西北。

对于李鸿章的老师曾国藩，左宗棠此时也颇为挂怀。刘松山的死，使他想起了曾经向他推荐此人的曾国藩。他想：刘寿卿本是涤公推荐给我的，如今寿卿归葬家乡，还是请涤公写一篇文意俱佳的墓志铭吧。于是，他提笔给曾国藩写信，自称对刘松山只有役使的交情，而无赏识提拔的旧恩，所以没有资格为他写墓志铭，只有曾国藩才能安慰刘松山的忠魂。

在这封信里，除了谈及刘松山，左宗棠还对他与曾国藩之间的恩怨做了一个总结。他说，他跟曾国藩八年不通音信，世人议论纷纷，大家都只看到表面的现象，却看不到他与曾国藩是君子之交，为了国事，争执难免，而与私情厚薄无关。他承认自己喜欢意气用事，也就难怪世人妄猜臆测了。在刘松山去世之际，他念及往事，深感惭愧。他还说，他与曾国藩都已年过花甲，今生的日子不多了，却仍然像小孩一样意气用事，后辈会笑话他们的。以前的事情如过眼烟云，何必追究谁对谁错？唯有互相勉励，自珍自爱。于是，他送给曾国藩一副对联，算是总括他们三十多年的交往：

知人之明，谋国之忠，自愧不如元辅；
同心若金，攻错若石，相期无负平生。

曾国藩读了左宗棠的来信，大为感动。目空一切的左帅，终于主动向他抛出橄榄枝了！其实曾国藩何尝不知左宗棠是何等的高人，他经常对别人说：当今海内第一号人物，就是西北的左季高。这位才子的缺点是喜爱别人恭维，偏激自负，但他雄才大略，用兵打仗是第一好手。而且，此人待人耿直，不失为良友；而他廉洁自守，又是少见的廉吏。有人问他："先生之后当是谁主中流？"他回答："当然是西北左季高与京城的李少荃！"下面这句话，似乎是曾国藩对左宗棠的衷心论断：

论兵战，吾不如左宗棠；为国尽忠，亦以季高为冠。国幸有左宗棠也。

的确，时至同治九年（1870），左曾之间过去那些争辩的火药味已被岁月冲淡，左宗棠扪心自问，感到自己过去对曾国藩的态度有些过激。他承认，曾国藩的忍耐力比他强多了，不仅要儿子曾纪泽拜他为师，研悉他的诗文，还为他推荐了名将刘松山。这种胸怀，能不叫人佩服吗？

曾国藩是个不错的预言家，他对左宗棠与李鸿章左右时代的预见是正确的。在曾国藩晚年，左李二人已是中国军事与国防的两大支柱，而在他逝世以后，这种局面一直维持到左宗棠的最后一息。左宗棠的部队长期在西部作战，而李鸿章的淮军则在东部驻防。举凡国家大事，清廷都要听取这两位爵相的意见。左李二人文武双全，一言九鼎，的确是身主中流。

　　就是从同治九年开始，左李双雄并立，两人的权势可以相提并论。他们同在一个舞台上演出，由于主张不同，政见分歧，难免磕磕碰碰。这两个巨头之间，没有骇人听闻的相互倾轧，也没有令人感动的肝胆相照，但合作有之，摩擦亦有之。他们各自代表一种倾向，因此，这个时期，有人称为"左宗棠时代"，也有人说是"李鸿章时代"。

　　本书中已多次提到，左宗棠与李鸿章的不同，在于前者重在做事，后者重在做人；前者事功不断，后者关系延绵。捻军覆灭以后，楚军与淮军的大帅中，只有左宗棠仍在进行艰苦卓绝的战争，清廷调动全国的财力来为他做后勤，军事机器围绕着左宗棠转。从用兵的角度看，左宗棠是时代的象征。李鸿章这时不打仗了，他在忙于营造各种关系网，在自己的势力范围内遍用乡人和门生，为自己的利益集团谋划更好的未来。

　　李鸿章号称清末洋务运动的巨擘，而左宗棠则代表洋务运动的一个方向，即师夷之长技以制夷。这是中国洋务运动创始者们的初衷，从林则徐和魏源开始，一直非常明确。左宗棠坚定不移地坚持这个方向，明确了洋务运动的手段与目标：其手段是学习西方强国的先进科技，其目标则是抵御西方列强的欺侮和侵略。

　　在左、李的时代，关于洋务运动，存在着三种对立的观点。一方面，封建士大夫看不到中国的落后，沾沾自喜，反对向西方学习；另一方面，以李鸿章为首的一些洋务派放弃了自强御侮的目标，认为只有退让，只有通过出卖国土和资源，在外国列强中玩一些依靠甲国牵制乙国的柔道，才能获得发展实力的空间；左宗棠则不同，他接过了林则徐和魏源的洋务旗帜，在中国受到列强威逼的时代，始终梦想着以洋务的成果装备本国的军队，以武力威慑和抗争来洗刷战败的屈辱，同时把中国建设成一个拥有强大军事实力的国家。

　　左宗棠在四十八岁以前，长期在仕途上不得志，空怀一腔报国之志，踏上仕途之后，又是戎马倥偬，南征北战，无法以全部精力推行洋务。无论是办外交、办实业、办教育，引进技术，交流人才，都只能见缝插针。可喜的是，这些事情，他仍然办出了实效，福州船政局就是一个最好的例子。

兴办实业，左宗棠与李鸿章所走的路子大致相同。论数量，论时间，他都争不过李鸿章。他在战争中投入了太多的精力，洋务运动的许多第一，他都没能争到手。李鸿章有足够的精力开办近代企业，中国的第一个航运局，第一家电报局，第一个矿务局，第一家机器织布局，第一条铁路，都记在他的名下。

左宗棠没有跟李鸿章争金牌，但他几十年如一日，初衷不改，始终牢记洋务运动是以"制夷"为目标，而不是向洋人妥协和退让。他在福建造船，是为了增加海防威慑力量。他到甘肃以后，听说军舰造了出来，配备到北洋、东洋和南洋，信心陡增。他认为，从此以后，西方列强再从海上来攻打中国，就会有所顾忌了。他在洋务运动中的作为始终是为了提高综合国力，为国防建设提供技术保障。

李鸿章对洋人的态度始终比较软弱。他以精通洋务闻名，左宗棠却没有给他这种荣誉，经常挖苦他是"自命知洋务者"。他认为，李鸿章不懂得西方列强是欺软怕硬的，每每屈服于列强的武力恫吓。李鸿章一再强调中国的实力远远比不上西方各国，左宗棠却指出，西方列强固然强大，但其中也有炒作的成分，而李鸿章也在炒作者之列。

在左、李二人所处的时代，西方列强之间为利益而争斗，国际间的战争，殖民地的战争，列强国内的战争，都在频频发生。1857 年到 1859 年，印度发生了民族起义，英国人焦头烂额。1861 年到 1865 年，美国在进行南北战争，无力顾及海外。1870 年到 1871 年的普法战争，削弱了普鲁士与法国的实力。左宗棠有一种洞察，即战争在消耗西方列强的经济和军武，这些国家未必愿意轻易对中国开战。如果中国具有国防实力，坚定反侵略的决心，不怕侵略，力争和平，是可以免受外国欺侮的。所以，当外国势力入侵新疆时，在是否要收复新疆的问题上，左宗棠始终是一个强硬派，而李鸿章则站在他的对立面。

同治四年（1865）十二月，浩罕国的军官阿古柏率部入侵新疆。此人来到中国以后，就赖下不走了。同治六年（1867），他率部占领了整个南疆地区，自封为"毕调勒特汗"，意思是"享有洪福的大王"。他在南疆建立的政权史称"哲德沙尔"，意思是"七座城市"。到了同治九年（1870），情况进一步恶化，阿古柏的统治区域扩展到天山以南的全部地区，以及天山以北的部分地区。

左宗棠关注着新疆形势的恶化，极力主张收复新疆，加强边防。李鸿章却没把此事放在心上。最著名的洋务派大臣李大人，对慈禧说出一番令人难以置信的话：新疆不是什么好地方，何必劳神费力去收复？还是不要算了吧。他奏疏中的原话如下：

新疆乃化外之地，茫茫沙漠，赤地千里，土地瘠薄，人烟稀少。乾隆年间平定新疆，倾全国之力，徒然收数千里旷地，增加千百万开支，实在得不偿失。依臣看，新疆不复，与肢体之元气无伤，收回伊犁，更是不如不收回为好。

李鸿章就是不愿跟外国人动武。由于俄国人占了伊犁，他认为，如果左宗棠领兵挺进新疆，俄国人会悍然动武，导致两国开战，他担心打不过俄国，不但讨不到好，还得给人家赔款。

左宗棠说：沙皇俄国是外强中干，俄土战争已经够他们受的了。他们派军队占据伊犁，无非是为了勒索，想让中国割地赔款。但他们并不真想与中国开战，因为中国军队在陕甘的作为，已经向俄国人显示了实力。

后来的情况表明，左宗棠的判断是正确的。李鸿章号称精通洋务，却无法看透国际交往的本质在于实力与自信。左宗棠叹息李鸿章糊涂到这种程度，倔脾气上来，把他狠狠数落了一通。他气愤地反驳：新疆怎么是化外之地？那里是一个人间天堂！

天山南北两路，粮产丰富，瓜果累累，牛羊遍野，牧马成群。煤、铁、金、银、玉石藏量极为丰富。所谓千里荒漠，实为聚宝之盆。

左宗棠要李鸿章收起他的"肢体无伤"论。他指出：新疆与西北各省，乃是华夏整体中的一个组成部分，是不可分割的。一个人失去了四肢，还能好好地生活吗？也许你李少荃断了胳膊瘸了腿还可以活下去，但是中国不能少了四肢。

李鸿章认为乾隆皇帝戡定西域的功业是"得不偿失"之举，但左宗棠认为，乾隆爷平定西北叛乱，削平准噶尔部，兼定回部，采取了开新疆、立军府等一系列措施之后，才使关内一百多年来无烽燧之警，老百姓安稳度日。他挖苦道：这么巨大的功勋伟绩，李少荃视而不见，不知他的眼睛长在什么地方？

左宗棠指出：历朝历代，每当国家衰弱时，总会有一些目光短浅的人，提出要放弃新疆这块宝地。当年乾隆皇帝出兵时就有人反对，说什么"得不偿失"，说什么"取之虽不劳，而守之或太费"。龚自珍曾痛斥这些人是"浅见愚识"，是一些"下里鄙生"。李鸿章难道是这样的人吗？

这一场口舌之争，双方辩论了几个月。左宗棠态度决绝，言辞激烈，坚定地指出：凡是祖国的领土，一寸土地也不能轻易让给外国人，岂能眼睁睁看着这六分之一的领土被外国人占领？

李鸿章落了下风。左宗棠本来文才了得，李鸿章被他驳得哑口无言。这样的争辩进行过多次，每次的结果，都使左宗棠在历史上得到高分。因此，从洋务而言，左宗棠也是那个时代的领军人物。

左、李二人私交不多，私人恩怨无从谈起。他们的争论，也和左、曾的不和一样，没有关涉名利官位，件件只为国家大计。至于官场应酬，两人都做得颇为得体。

左宗棠有一个很好的名声，因此二人的关系到了野史中，就编出了李鸿章的虚骄和妒忌。有个段子说，李鸿章不将左宗棠视为同类，甚至看不起这个湖南的农民。他自己是科班出身，左宗棠是自学成才，进身之道不同。因此，他对左宗棠说："你左季高三试不第，要想入阁拜相，那是不可能的。"

这句话说出来，很难说左宗棠没有介意。同治十三年（1874），他跟李鸿章开了个天大的玩笑。那一年，同治皇帝收到陕甘总督的一份奏折：请求赴京参加殿试。皇帝愣了，慈禧也被雷到了。一品大员左宗棠，怎么可能去参加当官晋级的入门考试呢？慈禧把奏折仔细看了一遍，扑哧一笑，说："这个左宗棠，跟李鸿章治气呢，他是想入阁拜相。皇帝就破了规矩，遂了他的心愿吧。拟旨：着左宗棠升任东阁大学士。"

李鸿章奚落左宗棠，预言落空了。不能入阁拜相的左宗棠，偏偏就入阁拜相了。李鸿章只好认输，写封信祝贺左宗棠，还发誓以后少跟他赌气。

还有一个段子，讲的仍然是李鸿章看不起左宗棠。有一次，李鸿章跟左宗棠辩论，落了下风，恼羞成怒，说道："季高老兄，你尽管说大话吧。牛皮吹得再响也没用。有件事你永远做不到，老兄百年之后，谥号中不可能有一个'文'字。"

左宗棠一时语塞，因为李鸿章戳到了他的痛处。大清律例规定，未中进士的人，去世以后，入了祠林，谥号中不能使用"文"字。

左宗棠生平最大的遗憾就是未能考中进士，见李鸿章如此揶揄他，怒火冲上了头顶。但他拼命克制自己，他强压怒火，只是淡淡说一句："事在人为嘛。你少荃一味抱残守缺，怎能决断未来的事情？"

这句话，左宗棠说中了。他去世之后，清廷下旨赐谥"文襄"。这个谥号，很少有人获得，只有战功显赫的文士才能荣膺。李鸿章又输了一局。左宗棠若地下有知，肯定会自得其乐。

野史段子当不得真。左、李二人皆非等闲之辈，胸襟开阔，此等小事，不会挂怀。但除了是否要收复新疆的问题以外，在若干大是大非的事件上，左宗棠也是将李鸿章视为陌路人的。

楚军与淮军的关系，不是一件小事。同治六年（1867），左宗棠给曾国荃写信，第一次指出：楚军和淮军有了隔阂。那时候，他看出了一个事实：在他手下，楚军仍在发挥强大的战斗力，而李鸿章手下的淮军已经走上养尊处优的路子。

高级干部以权谋私，自然也不是小事。到了同治八年（1869），左宗棠对李鸿章意见更大了，指责他利用职权，积累私财。"宰相合肥天下瘦"，李鸿章成了贪腐的典型，而左宗棠仍然在做清廉的榜样。

左宗棠与李鸿章的为官走的不是同一条路子，而左宗棠对李鸿章的大节时有批评，但也只是就事论事而已。李鸿章对左宗棠的回应，亦是对事不对人。左宗棠死后，李鸿章为他写挽联，承认了彼此的差异与摩擦，也表达了他的客套。

周旋三十年，和而不同，矜而不争，唯先生知我；
焜耀九重诏，文以治内，武以治外，为天下惜公。

如果以"做事"与"做人"来区分左宗棠与李鸿章所走的路线，从道理上而言，似乎看不出谁优谁劣，但从具体的效果来看，左宗棠是一个成功者，而李鸿章却是一个失败者。左宗棠的成功，在于他率领恪靖军收复了大片的国土在先，又于福建督战击败法国的入侵在后，其威名令列强胆寒。李鸿章的失败，在于他制造了北洋水师和淮军劲旅这么一个绚丽的军事神话，却又因其关系网中的腐败，让这个神话破灭于日本侵略者的打击之下。

因此，我们可以说，在晚清的天空里，左宗棠的色彩，似乎更浓一些。

身在西北看教案

同治九年（1870），当左宗棠以静制动，坚持不撤金积堡之兵，从而扭转了陕甘的战局时，他听说了天津教案。

这个案子发生在当年五月。天津的法国天主教育婴堂所收养的婴儿，不明不白地死了三四十人。还有一个情况，就是百姓的孩子经常失踪。于是，社会上流传一种谣言，说天主堂的神父和修女，经常派人用蒙汗药拐了孩子去挖眼剖心。与此同时，天主堂坟地里有婴儿的尸体暴露在野外，被野狗刨出来吃了，胸腹皆烂，腑肠外露。市民们见了，群情激愤，都说这是洋人挖眼剖心的证据。

五月二十三日，一个名叫武兰珍的迷拐犯被群众当场抓住，扭送天津县衙。他在审讯中供认，他是受教民王三指使，迷药也是王三给他的。他先前迷拐过一人，得了五元洋银。

王三是天主堂的华人司事，又是药材商，依仗教会势力欺压良善，早已引起公愤。此案上报后，三口通商大臣崇厚与天津道周家勋拜会法国领事丰大业，要求调查天主堂，提讯教民王三与武兰珍对质。丰大业答应了这个要求，将王三交出与武兰珍对质。结果证明，教堂并无挖眼剖心之事。哪知衙役送王三回教堂时，一出署门，围在署外的百姓就责骂王三，向他投掷砖石。王三向神父哭诉，神父又转告丰大业。

对于愤怒的群众，丰大业两次派人要求崇厚派兵镇压，而崇厚先后只派了两人前往现场，却不肯捕人。丰大业怒不可遏，不仅鞭打前来传话的中国军官，还倒拖他的发辫，跑到崇厚的衙门闹事。他脚踹仪门，打砸家具，向崇厚连开两枪，幸亏崇厚被人推开，才没有受伤。

枪声传出，引起误解，街市上哄传中法开战，鸣锣聚众，涌向崇厚的衙门，要为崇厚帮忙。崇厚担心出事，劝丰大业等到民众散去后再回领事馆，丰大业哪里肯听，气势汹汹冲出门外。人们见丰大业冲出来，自动让道。丰大业走到浮桥上，遇见天津知县刘杰。他不分青红皂白，就向刘杰开枪，子弹没有打中刘杰，却打伤了他的跟班。这一枪激怒了众人，大家一拥而上，你一拳我一脚，将丰大业打死。民众怒不可遏，一不做，二不休，涌向天主堂，烧毁望海楼教堂，杀死两名神父，又到仁慈堂杀死十名修女，还去法国领事馆杀死两人。同一天，被杀的还有两名法国商人和三名俄国人，以及三四十名中国教民，英国和美国的六座教堂被焚毁。

这次事件，先后打死二十名外国人。这就是天津教案的经过。

此案发生后，法、英、美等国向清政府提出抗议，一面调集军队，进行威胁。清政府要求各地严格保护教堂，弹压群众，避免类似事情重演，又派曾国藩前往天津查办。

曾国藩知道自己接了个烫手山芋。洋人凶悍成性，天津民风好斗，双方各不相让，很可能构怨兴兵，酿成大变，曾国藩自己也可能丧命。他写下遗嘱，告诉长子曾纪泽，在他死后如何处理丧事和遗物等。圣命难违，他硬着头皮前往天津。

曾国藩抵达天津以前，当地官绅对他寄予厚望，认为他会秉公办事，比崇厚强硬一些。曾国藩不是发表过《讨粤匪檄》吗？想必他是反对洋教的代表。

清廷内部对于天津教案的处理形成两派意见，一方以洋务派为代表，另一方以顽固派和清流派为代表。洋务派说：愚民无知，遽启边衅，曲在津民，此刁风不可长；杀人偿命，天经地义，只有这样才能安抚洋人的人心，而消弭祸端；地方官失于防范，导致酿成巨祸，不严惩不能平洋人之气。顽固派和清流派说：衅端由洋人所开，津民激于义愤，才会造成巨案；天津百姓只知畏官而不畏洋人，只知效忠国家而不自恤其罪戾，这正是洋务的一大转机，与刁民闹事不可同日而语。他们认为应该安抚百姓，以激其忠义奋发之心。他们指出：民心不可失，否则无以制夷人；天津地方官不可更动，以此维系民心。

清廷采纳了洋务派的意见，但是顽固派和清流派领导了社会舆论。

曾国藩是洋务派的代表。六月初十日，他一到天津，立即发布告示《谕天津士民》，指责百姓，告诫他们不要再挑起事端。告示一发，舆论不满。随后，曾国藩释放犯法的教民和涉案的拐犯，在奏疏中为洋人在中国的行为进行辩护和洗刷。此疏的内容传到社会上，全国舆论大哗。对他的告示，"自京师及各省皆斥为谬论，坚不肯信"，"议讥纷起"，"责问之书日数至"。曾国藩后来承认："敝处六月二十三日一疏，庇护天主教本乖正理。""物议沸腾，至使人不忍闻。"

不过，曾国藩当时没受舆论的影响，我行我素。他按照法国人的要求，在天津大肆搜捕五月二十三日参加反洋教运动的群众，名曰"缉拿凶手"。在天津民众眼里，这些人非但不是凶手，还是英雄。曾国藩抓了八十多人，但其中供认不讳的"真凶"只有七八人，其余都不肯吐供，也不愿指证。

曾国藩认为，只杀几个人数目太少，难以令洋人满意，仍不能很快结案。他下令严刑拷打在押群众，一面加紧搜捕，一定要凑够二十人，为丰大业等二十个洋人抵命。他认为："在中国戕官毙命，尚当按名拟抵，况伤害外国多命，几开边衅，刁风不可长。"

李鸿章自然支持老师的做法，"冀终归于一命一抵了案"。曾国藩认为，唯有如此，才能令洋人满意，长保和局。这个想法，他在奏疏中说得很清楚：

> 中国目前之力，断难遽启兵端，唯有委曲求全一法。

曾国藩处理天津教案的最终意见是：判死刑二十人，流放二十五人，天津知府和知县革职并流放黑龙江效力赎罪；支付抚恤费和赔偿财产损失银四十九万两；

派崇厚作为中国特使去法国赔礼道歉。

天津教案办结之后，舆论对曾国藩的谴责更甚，骂声大作，把卖国贼的帽子扣到曾国藩头上。北京的湖南人因有这个同乡而感到羞耻，砸毁会馆中悬挂的曾国藩官爵匾额，削去他的名籍，连他是湖南籍人士也不承认了。曾国藩听到这个消息，非常懊恼，经过几许周折，出钱出力，也只不过将难堪之处略为掩饰了一下。转瞬之间，中兴名将、旷代功臣曾国藩，成了举国欲杀的汉奸、卖国贼。"谤讥纷纷，积年清望几于扫地以尽矣。"

舆论起了作用，清廷决定改派李鸿章接替曾国藩处理天津教案，最终对判决做了小小的修改。由于俄国只索取经济赔偿，不要中国人抵命，李鸿章将原定的二十名死刑改为十六名死刑，四名缓刑，其余无一更动。

天津教案距离身在西北的左宗棠非常遥远，但此案事关外交，又引起社会各界的关注，成为舆论的焦点，闹得沸沸扬扬，左宗棠作为清廷大员，又十分关注对外关系，不可能不发表意见。天津教案由曾国藩处理，更加吸引了他的注意。

出乎曾国藩意料之外的是，在这段时间里，左宗棠为他说了不少好话。曾国藩颇感宽慰，在信函中说，他处理天津教案，费尽了心机，把脑袋别在裤腰带上，不料惹来这许多非议，指责的指责，弹劾的弹劾，埋怨的埋怨，左宗棠却替他说话，请大家体谅他的难处。左宗棠不但给总理各国事务衙门上书，还给李鸿章与杨昌浚等人写信，说他的意见还算合理，有人认为这是软弱的表现，不知其中包含着他的一片苦心。

的确，左宗棠对天津教案的看法，始终比较冷静。他指出，天津教案是一个女童迷拐案，而他在福建时，就曾查办过一起迷拐案，审讯罪犯时，在供出的地点起获了迷药，那是一种类似香灰的东西，微带腥气。后来将该犯处决，也就没人乱传了。当时案犯的招供并没有牵涉到教堂，大概用这种手法作案的罪犯，内地过去也有，不完全是西洋传教士所为。

左宗棠又认为，法国神父很少安分守己的，他举了一个例子来证明自己的看法。在福建时，他曾对法国人日意格说："贵国与中国素无仇隙，朝廷对贵国也是极为优待，为什么要派教士来败坏中国的风俗，惹恼中国人民呢？"日意格回答说："我国的首脑并不崇信皈依教主，不过我国信教已久，无法改变了。他们到中国传教，是由教主自己申请，不是法国政府的本意。至于其中的坏人跟着来干不法勾当，我国首脑也不同意，他们在外国滋生事端，首脑也不肯庇护。"

左宗棠由此推断，法国虽然重视教主，却也知道他们行为不端，不至于为了天津教案而贸然兴兵。西洋各国与中国构衅，一般都会挟持大官，以牵制中国民众。至于顶撞舆论、触犯众怒，他们也有所不敢。他们知道，中国的广大民众，不是他们所能制服的。

左宗棠虽然为曾国藩说了话，但他对于天津的民众也寄予了同情。他指出：天津事变的起因是迷拐案激成的，所以百姓群起与之为难。虽然没有迷拐的证据，可是一百多具童贞女尸从何而来？王三虽然没有招供，武兰珍却有供词，不能说没有其人、没有其事。百姓哄然而起，事出仓促，并非官府授意，丰领事竟然用洋枪射击崇大臣和天津县令，知县的跟班已经受伤，引起民愤，官府怎能弹压呢？法国公使说必须等待该国的指示，本是实情，此人向来急躁，这一次却耐下了性子，大概是因为中方并无过错的缘故。

左宗棠分析列强的态度，认为西洋七国见法国教堂被焚，领事被杀，又见中国民情激愤，恐怕遭到波及，因此一同提出照会，希望得到我国政府的保护，是很自然的事情。他们联络一气，无足为怪，并不能就此断言他们已经预谋今后要利益一概均沾。

左宗棠不赞成以百姓的性命来抵偿洋人损失。他指出：法国索赔了结，固然无不可通融，但如果索取百姓的性命来抵偿，则不应轻易答应。天津民风强悍，操之过急，必起事端。万一如法国公使所言，激成变乱，中国有萧墙之忧，难道各国就不怕殃及池鱼吗？而且天津民众哄然群起，事出有因，出于义愤，不能跟乱民相提并论，正应该养其锋锐，修我戈矛，从侧面向西洋人表明我国凛然不可侵犯，逐步卸除他们的压力，不能不问青红皂白，就拿什么人去抵罪，以至失去民心。

左宗棠还为处理此案的官员们出招：法国如果一定要人抵命，那就告诉他们：事起仓促，不知是谁为头；如果滥及无辜，怨毒益深，对洋人也很不利。他认为，各国靠通商获利，害怕众怒，必然自己设法找台阶下，不会再提条件了。

由此可见，左宗棠的意见，既不同于主张一味妥协的洋务派，也不同于一味强硬的顽固派与清流派。他就事论事，没有过激的想法，主张机智地应对外交困境。为此，他给西洋人提了一条忠告：你们要在中国做生意，就不能犯了众怒。与此同时，他尊重民意，主张维护民众的爱国热情。

然而，左宗棠那时远在西北，不能参与此案的处置，于是提出了一个自己力所能及的办法。他说，当年四月份，德克碑来到平凉找他，留住大营，每天一起吃饭。他在无意中问起法国首脑是否信奉法国的教主，德克碑的回答与日意格大致相同。左宗棠说："法国教会人士干了很多不法勾当，中国人民怨恨已深，恐怕将来无法和平相处。"德克碑回答："法国政府对此也很忧虑，如果大帅派我回国，我一定将这些情况告知本国首脑，预先加以约束。不过，贵国政府必须给我发个公文带回去。"

由于先有这层关系，左宗棠提议，如果总理各国事务衙门同意德克碑的请求，那么可以派他回国代购飞轮炮，顺便将天津的事情告知法国首脑，让他知道事情由教堂而起，天津民众激于公愤，错不在中国，或者也可有助于排解纠纷。

然而，德克碑还没有来得及办这件差事，天津教案的审理就结束了。左宗棠见此案草草了结，觉得颇为怅然。这件事，使他进一步认清了洋务运动的必要性。他想：曾国藩为什么如此害怕西洋人动武？还是因为我们的海防没有巩固啊。我们不宜轻易和外国开战，但我国在军事上必须有所准备。所幸陕甘的军务渐渐有了起色，必要时我也可以调发部队去抵御洋人。从现在开始，就要预先整备海防，以免被人家打个措手不及。

左宗棠由此想到中国落后的症结所在。去年他路过陕西凤翔，登上城楼，见到一些陈旧的开花炮弹，大小几十颗，颇感诧异。细看那些炮弹，和现在制造的炮弹并无不同。而今年春天，他在甘肃平凉巡城，又看到一尊洋炮，上面镌刻着明朝天启的年号，虽然其他字迹已经磨灭，但"总制胡"等字样还能辨识。后来，他陪同德克碑登城省视，德克碑也辨认出那是两百年前的东西。经过这个法国人的鉴定，那是大吕宋（西班牙）的产品。于是他证实了一件事：这种开花炮弹，在两百多年以前，外国就有，中国也有，并不是近来才有的。西方列强船坚炮利，横行海上，在宋朝和元朝，就已驶抵我国海南。明朝末年，已有很多大炮和开花炮弹流入中国。

左宗棠指出：既然西洋火器早已流传到中国来了，为什么中国人一直没有用它装备军队呢？那是因为自从明代科学家徐光启以后，就无人再探讨制造先进火器的学问，致使那些海岛强国得以以其所长而傲视我国。如果中国早一点仿造这些武器，何至于到了鸦片战争爆发时，被别国武器的威力惊得目瞪口呆？中国的落后，就是因为太不重视技术的进步！

左宗棠为中国人的觉悟感到欣慰。他指出：如今我们醒悟了，办起了洋务实业，我们能够制造西洋火器，即便是轮船，我们也制造出来了。西洋人现在要跟我们打，也会有所顾忌，不会再像鸦片战争时那么有恃无恐了。只要我们做好应战的准备，我们还需要忌惮西洋的武力吗？

第十八章

从金积堡到肃州

决战金积堡

甘肃的战争进行到同治九年（1870）六月，刘锦棠已经逐步恢复了对金积堡的封锁。金积堡守军从河西北面宁夏附近的通昌堡与通贵堡取粮，必须绕道东南面的郭家寨。由于此寨位于吴忠堡的正南方，刘锦棠决定向南出击。六月十八日，老湘营在金运昌配合下攻克郭家寨，三天后又攻破其东北面的一座堡寨。左宗棠令雷正绾和黄鼎再次整理部队，向北攻取峡口，配合刘锦棠作战。

雷、黄两部从固原进兵，打算扼守同心以南的马家河湾，取道韦州堡进兵。可是，这两处已经安抚的回民首领暗中接受了马化龙的封号，左宗棠得悉此事后，将马家河湾的首领马忠海召到平凉议事，派冯桂增率一千五百人火速出击，包围五座堡寨，将图谋反政府的部队全部捕杀，缴获敌对武装抢夺的清军军装和旗帜，搜到与马化龙相通的反政府书信。左宗棠拿到证据以后，下令斩杀马忠海，平定他的领地。

与此同时，左宗棠派丁贤发所部佯装要从韦州堡进兵，这个消息令该堡的回民首领苏兆明大为惊恐，因为他在堡内藏匿了金积堡的几百名部众，只好令这支部队立刻出堡逃走。丁贤发率一百人进入堡内，苏兆明率部参见丁贤发，被丁贤发捕杀，其部众接受了安抚。

左宗棠把道路清理干净了，雷正绾和黄鼎便率领各部北进。

此时甘肃中路已经肃清，几千名陕西回民军先后解散受抚，左宗棠就平凉的安置事宜上奏朝廷，指出安抚回民的办法，应与安抚太平军和捻军不同。为了回民着想，不能把他们安插到汉民当中，以免受到排斥。他指出：受抚回民生活上存在种种困难，解散和重新安置，是处理回民问题必不可少的措施，他决定在办理屯垦时划出荒地，在甘肃就地收容安抚几千名陕西回民的老弱妇孺和丁壮，发给牲畜和种子，让他们从事耕作。

刘锦棠打下郭家寨以后，又于七月初四日夺取金积堡西南面的蔡桥水口，攻破附近的两座堡寨，沿秦渠攻打王洪寨，未能攻克。马化龙的部众据守蔡桥西堤，将两渠的水流往下赶，灌淹老湘营。为了争夺西堤，金运昌所部于七月十二日越堤修筑壁垒，马化龙出动主力阻止其行动，大战一天，败退下去。两天后，金运昌部修成壁垒，决堤反灌马化龙。马化龙下令筑堤抵御，傍靠板桥以南的马连渠修筑三座壁垒，以抵抗驻扎于板桥的老湘营。

刘锦棠决定肃清板桥南路，于七月二十日令部队分路攻击，力战之下，将壁垒攻克。从此，金积堡与胡家堡、王洪堡、阳明堡这三个回民堡垒之间的联系都被老湘营隔离，河西的粮路也已断绝。与此同时，雷正绾与黄鼎的北进之师抵达了指定位置，一举攻克张恩堡，与徐文秀会师，进军牛头山。左宗棠增派陈广发、冯南斌两部先从四百户渡河，扼守峡口北岸。

七月二十四日，雷正绾、黄鼎两部攻打峡口壁垒，金积堡派出主力增援。黄鼎在牛头山将马化龙派出的援兵击退。峡口的回民守军无力抵抗，企图渡河西撤，被陈广发所部阻击，又返回壁垒之中。官军各部乘机攻入，夺得五座壁垒，几乎全歼守军。官军夺得峡口以后，马化龙每天都派部队争夺，次次被官军击败。马化龙只得凭借汉河地利，扼守吴忠西北面的古灵州。

七月三十日，徐占彪夜袭古灵州，守军向南败退至丁家堡。官军合兵进攻，战了三天，将丁家堡攻克。八月初四日，官军乘胜攻破金积堡东南方汉渠附近的二十多座堡寨，逼近洪乐堡扎营，距金积堡西门只有十几里。马化龙派部队坚守老马家寨和丁家寨等各堡寨，在石屹塔和田家桥增修壁垒，以护卫洪乐堡。在西北面，则依靠秦坝关向马家滩提供接济。

洪乐堡与秦坝关已经成为战役的关键。刘锦棠驻扎在东南方的李花桥，金运昌驻扎在正北方的蔡家桥，接连攻破桥西的卡垒。但是，洪乐堡与秦坝关阻隔了官军各部，致使他们无法互相援应，刘锦棠决定夺取这两处要地。

八月十二日，刘锦棠会同金运昌进攻秦坝关，徐占彪出兵石屹塔，牵制守军兵力。各部攻打一天，没有战果。马化龙在金积堡以东增修壁垒，巩固防御。第二天，官军移兵将新增壁垒攻破，逼近东关修筑炮垒。

所谓东关，是金积堡东部向北延伸的市集，回民聚居在此。关外有坚固的壁垒环绕，修筑了通向堡门的甬道。此关一丢，马化龙的大门将会不保。八月十七日，他络绎派兵增援东关，刘锦棠分兵阻击，打退援兵，深入筑垒，与守军相持到深夜。他命令部队趁着夜色将炮运来，开炮轰击，打得守军大乱，老湘营乘势夺门而入，焚烧三千所庐舍，将关外的二十多道卡垒全部捣平，立即进驻东关。与此同时，雷正绾和黄鼎接连攻破老马家和石屹塔的各座寨堡。取得这一阶段的战果之后，刘锦棠召集各部将领商议，决定分段开凿堑壕，形成长围，困死金积堡。

九月初二日，黄鼎趁着马化龙求抚的机会，入据洪乐堡。老湘营与淮军修筑濠垒，日夜与守军搏战，指望中路各部弥合包围圈。从九月初七日到九月十一日，黄鼎、雷正绾、徐文秀等部攻下了洪乐堡附近的所有寨堡，集中兵力攻打秦坝关。

金积堡守军感到了将被困死的恐慌，余彦禄于九月十三日率领一千多名守军从堡寨西面突围而出，刘锦棠所部急起拦截。此时，官军刚刚攻破秦坝关，马化龙趁机派兵突袭黄鼎蜀军后背，然后折向南面，突至汉伯堡，向河西挺进，另派一支部队南奔预望城。

官军攻破秦坝关后，便形成了对金积堡地区的合围，唯有王洪堡、阳明堡、枣园堡和汉伯堡还近处濠外，对围攻部队构成威胁。刘锦棠集中兵力攻打汉伯堡，被水阻挡，无法前进，便移师东北方，攻打枣园堡等寨堡，将三座堡寨全部攻破。十月初四日，刘锦棠下令大举进攻汉伯堡，将沙装进袋子，填塞濠沟，发起冲锋。二鼓时分，守军在墙上凿洞，向外突围，官军四面出击，击杀六千人。奉马化龙之令南下的回民部队于十月初七日抵达半角城，被周绍濂的驻军击败，余部逃到固原和西山，又遭到魏光焘所部打击，其残部西奔会宁与静宁，左宗棠令李耀南和杨世俊赶到安定迎头拦击。

这时候，中路官军已向金积堡进兵，从平凉到前线，连扎三十多座军营，按照里程设立转运局，运送装备、军火、粮饷、寒衣与棚帐，各营接力迎护。车驮和骆驼日夜在道路上行进，从平凉出发，越过固原，直达灵州。九百里道路上，布满悬崖沟壑，危险重重，零散的游击造反部队时出时没，还有回民军残部出其不意地杀来，运输队伍的辛劳和艰险难以尽述。

金积堡战役打了一年多，马化龙还在顽抗，令慈禧很不耐烦。她并不是耐不下性子的女人，但是日子一长，军饷消耗成了无底洞，每年用去八百多万两，她不得不问：如此大的需求，何时才能兜底？于是，连慈禧也觉得有必要逼一逼左宗棠了。朝廷给左宗棠发来寄谕，慈禧开始拷问他的良心。

慈禧说，左宗棠用兵筹饷，所提的要求，朝廷无不批准，东南几个省份的收入全部用到西北了，难道朝廷还要长久支付巨额的费用？捷报倒是从西北传来了不少，可是总不见有个痛快的结果。金积堡弹丸之地，这么久都不见攻克，军务到哪一天才能落幕？

任何一个独裁者，尽管权倾朝野，但如果其一意孤行得不到属下的赞同，其心里也是不会没有压力的。慈禧也是如此。她全力支持左宗棠，就得面对大臣们对西北耗费巨饷的非议。李鸿章高喊建设海防的口号，伸手向朝廷要钱，也是向她施压。慈禧一着急，就把压力转到了左宗棠身上。

左宗棠此时腹泻一天比一天加重，慈禧的责问令他心情沉重。但他无法转嫁重压，只能忍着病痛，耐着性子，上疏答辩，详述战况。他像记流水账一般，一笔一笔记载部属的战功，实实在在地展示决战取胜的希望。他说：金积堡攻坚的难度实在非同一般，而他不愿增加部队的伤亡。他请求朝廷稍稍放宽限期，使他的部队能够最终攻克金积堡，而不至于付出太大的代价。

慈禧对甘肃战事不耐烦的时候，马化龙的处境其实已经到了崩溃的边缘。老湘营攻克汉伯堡后，只有金积堡以东的王洪堡和杨明堡与清军对峙，扼守着灵州西南面的要道。刘锦棠激励士卒加紧对此二堡的攻击。同治九年（1870）十月十一日，老湘营合围杨明堡，仰攻一天一夜，守军已招架不住。十月十三日，守军纵火突围，到得堡外，老湘营伏兵突起，俘虏杨洪，将之斩首，并开始进攻王洪堡。

恰在此时，左宗棠得到情报：崔伟、禹得彦等人集结部队，将从镇番（今甘肃民勤）绕过草地增援金积堡。左宗棠令各部加强戒备，令老湘营回师攻打河洲马家滩，阻击崔伟等人的增援部队。崔伟等部果然厉害，渡过洮河，袭击静宁，会合先前从金积堡出奔静宁的马化龙余部，大败萧赏谦的驻军。

左宗棠手中兵力不足，抽不出兵力来拦击崔伟、禹得彦所部。正在此时，他得知旧部将领刘明灯、杨芳桂已从福建到来，当下大喜，令他们率部扼守静宁。这支部队的出现，迫使崔伟等部回师。他们南袭通渭与秦安，企图东进清水，不料在通渭与秦安之间的邵家堡遭到杨世俊所部重创，崔伟被迫撤入南山。该部于闰十月又出山袭击徽县和两当，奔赴陕西陇州，也被左宗棠集结的兵力击溃。

在金积堡攻坚战如火如荼的时候，左宗棠接到军报，得知新疆的局势进一步恶化。安集延人阿古柏的侵略军占领吐鲁番以后，向北深入乌鲁木齐地区。左宗棠急欲从外国侵略军手中收复新疆，而他必须在肃清甘肃之后才能腾出手来，所以他攻下金积堡的心情更为急迫，比慈禧有过之而无不及。

刘锦棠深深感到了朝廷和左宗棠所承受的压力，他在包围马家滩之后，督促各部喋血进攻，连战三十多天。守军伤亡惨重，仍然顽强死守。金积堡被老湘营封锁，更是饥寒交迫。马化龙将陈林等人的陕西回民军全部赶到堡外，以节省堡内的给养。

左宗棠料想马化龙已经山穷水尽，派投降的回民将领刘秉信到军营前招抚，先后招降了几百人。被马化龙赶到堡外的陈林等部必须寻求生路，见老湘营主力久攻马家滩未下，打算趁东北方老湘营兵力空虚，攻击濠墙，突围出去。刘锦棠侦知这个动向，预设伏兵，严阵以待。闰十月二十二日半夜时分，陈林等部从堡寨墙根下悄悄向东北方运动，越过壕堑，攀墙堞而上。突然间，清军枪炮并发，回民攻击部队成片倒下。清军趁机逼近金积堡东门，修筑高台，安放火炮，火力俯瞰堡内，令守军更为恐慌。

在武力高压之下，饥寒交迫的陈林和阎兴春于十一月初十日率部求抚。左宗棠下令受降，要求将受抚回民一万多人送平凉安插，配给土地、赈粮、种子、牛驴和农具，以便耕垦。第二天，陈林等人率八千名老弱回民跪在濠外，刘锦棠受降，将壮丁分别安置在各营，而将妇女安置在濠外。

这时候，马化龙派人送来书信，请求老湘营从马家河滩撤围，称他愿意给濠外的妇女输送粮食，而马家河滩的守军也愿意接受安抚。刘锦棠同意受降，令老湘营开进马家河滩，收缴马匹和武器，留下一千多名回民，令他们拆平堡寨，在故乡居留。十一月十五日，王洪寨也拆平堡寨投降。

马化龙认为刘锦棠表现了招抚的诚意，决定彻底投降。第二天，他只带一名随从，来到刘锦棠军营外面的桥头，伏地叩头。随后，令随从过桥呈递投降书，信中写道：我知道自己犯了不赦之罪，叩请将军施恩。但愿将军念我的族众多数无辜，将内情禀告上峰，只拿我一人抵罪，我死而无憾。

刘锦棠打开营门接纳了马化龙，赶紧派飞马传告各部将领，请他们会商处置办法。老湘营开进金积堡，将士们纷纷请求杀掉马化龙，以雪愤恨。雷正绾和黄鼎再三劝告，事态才平息下来。众将当下做出决定：如何处置马化龙，请示左大帅再做定夺。

刘锦棠派人飞马请示左宗棠，一边令马化龙的儿子马耀邦平毁寨墙，呈缴马匹、武器和户籍，等候命令。此后，余彦禄等人从河西率领几千部众陆续赶来投降。余彦禄负伤后两颊洞穿，舌头发烂，说话含混不清，已经奄奄一息了。

金积堡一带的陕西回民尚存男女一万一千多人，左宗棠令刘锦棠将这些人分批解送平凉，安置到华亭境内的化平川。从此以后，宁、灵两州没有了陕西回民的踪迹。

左宗棠非常重视金积堡的善后，派出一名要员会同办理。这个人就是陈湜。此人因西捻渡黄河时防堵不力，被革去山西按察使的官职，这个湘勇名将从此消沉。左宗棠重返陕甘后，决定给他一个复出的机会，把他调到大营总理营务。现在派他前往金积堡，便有了冠冕堂皇的理由，请朝廷撤销对他的处分。

> 惟陈湜处分尚未开复，兹派赴金积会同筹办机要诸务，责任匪轻。该员到营以后，已著战功，应请旨先开复原品翎顶，以肃观瞻。

左宗棠一直是陈湜心中的偶像。陈家距离周贻端的家不远，陈湜在少年时代经常听说才子左季高的传奇故事，很想追随这位旷世奇才建功立业。如今左宗棠不负粉丝所望，在他跌倒之后，给了他一个新的起点。

左宗棠在派陈湜前往金积堡的同时，对于马化龙的处置已有深思熟虑，认为此人对于河西王家疃各堡的招抚具有影响，决定将他留在军中。十二月十一日，他向清廷上了一道密奏，其中写道：我接到来自金积堡的禀报之后，思前想后，犹豫再三。西部边陲不稳，至今已有九年，陕甘的回民都听从金积堡的号令，而马化龙确实智勇非凡。他若不是被逼到了绝路，决不会冒着杀头的风险来求生。如今他只身来投降，并非官军引诱而至，我们握有主动权，杀之不武。看他在投降书中的措辞，显然是要把罪责一人承担，赢得部众的好感，这是笼络人心之计。我们把他杀了，就中了他的计策。官军已攻克金积堡，全局已在掌握之中，如果杀了马化龙，王家疃的回民首领便会心怀疑惧，这样反而会拖延战事，也不利于其他地方的安抚。建议将马化龙暂缓处死，若蒙应允，此事须严守秘密。

左宗棠暂保马化龙不死的意图，得到了慈禧的批准。而马化龙本人也不想死，为了保命，积极配合官军劝降。他于十二月份派人到王家疃，将他派到那里的何生洲等部几百人召回金积堡接受安抚。十二月二十二日，金顺和张曜进占王家疃。六天后，通昌堡和通贵堡的守军参谒黄鼎投降。崔伟等人听说金积堡已被攻破，便从凉州境内撤军，返回河州根据地。

左宗棠关注着金积堡战役的善后，忽接周开锡急报：甘肃官军范铭所部士卒在岷州（今岷县）叛变。此事发生之前，周开锡就有所防范。他认为范铭所部成员冗杂，前后将他手下的十营调驻岷州东北方的巩昌（今陇西），以孤立范铭所部。范铭部队中的会党尤芝政等人胁持改组后的余部造反，范铭无法制止，离军逃走。周开锡接报后，无法指望范铭控制局面，急派杨世俊和张仲春前去讨伐叛军。

左宗棠将此情形奏告朝廷，分析甘肃军队混乱的原因是军饷奇缺，却不断地增募兵勇。由于营制没有制订，军饷也没有定额，军令无法得到严格的执行。他说，他原本打算淘汰冗杂的兵员，组建精干的部队，此项工作处在起步阶段，不免招致非议，但他不会因此而罢手，一定会谨慎地推进。

与此同时，金积堡的善后处置有了新的进展。刘锦棠从各个回民村堡中挑选一千八百名壮丁，作为义勇，分派到各营，逐步编造马化龙余部的户口。马耀邦将马匹武器呈缴完毕之后，老湘营在堡中又搜出藏匿的洋枪一千多支。刘锦棠提审马化龙父子，要他们交代传教和勾结外国人从事的秘密活动，受审者坚决不肯承认。

同治十年（1871）正月十二日，刘锦棠提出马化龙父子及其亲属十三人，以匿藏枪械的罪名处以极刑，同时处死马化龙部属中已有官职者八十多人。据慕寿祺《甘宁青史略正编》记载，左宗棠本来有意留马化龙一条生路，但刘锦棠执意要为叔父刘松山报仇，在给左宗棠的信函中有"义不共天，难效宽洪之量"一语，左宗棠为了照顾老湘营将士们的情绪，不得已而同意行刑。

马化龙死后，金积堡被夷为平地，官军将堡中老弱妇幼一万二千人送到固原州安插，外来人口及被胁迫的甘肃回民三千多人，则迁移到平凉安置。这时候，以前安排的陕西回族移民已经抵达平凉，左宗棠派道员冯邦棟测量化平川，按户分配地亩和窑屋，发给牲畜与种子，督促移民耕垦。左宗棠了解回民风俗，知道他们崇奉教义，全部听命于首领，也就是教中所称的阿浑和卓。为了建立新的管理体系，他下令在编审户口时，每十户设立十户长，每百户设立百户长，使之互相约束。他又上奏朝廷，请设化平川厅通判、都司各官，管理这个地区，以牵制回民首领的权势。

金积堡覆灭，甘肃的战事终于有了一个结果，足以堵住悠悠之口，令慈禧大为高兴。清廷对左宗棠所部将士论功行赏，于二月初二日发布谕旨，称左宗棠运筹决胜，调度有方，着赏加一骑都尉世职。但是，左宗棠惦记着死去的大将，请将对自己的封赏追赠刘松山。他指出：朝廷对他的封赏已是优渥有加，令他觉得愧对前线将士，而且不利于调动一线将士的积极性。刘松山从陕西、山西转战直隶、山东，后来又回师陕甘，行程一千几百里，扫荡几十万敌军，力攻四百多座堡垒，英锐忠勇，绝少比伦，不幸突然被流弹击中，垂危之际，仍然激励部下攻克金积，努力报国，没有只言片语谈到私事，还叫侄儿刘锦棠将他的遗骸暂且埋葬在吴忠堡的蒿草之中，一定要等到金积堡攻克，才能归骨乡里。

为了加深朝廷对刘松山其人重要性的印象，左宗棠给朝廷讲了一个故事：他提审从金积堡押来的俘虏，那些人都说刘松山死后，堡中夜深人静之时，还能听到戈马之声，犹如怒潮涌至，每月有三四次或五六次，堡内人都以为是官军夜袭，不敢解衣就寝。他还讲了另一件事：去年十一月十六夜深三鼓，平凉城外忽然响起呜呜之声，在山谷间回荡，守城将士以为是狼群嚎叫，开炮轰击。大胆者攀绳索出城观察，一无所见。当时左宗棠在营帐内徘徊，觉得有些异样，后来得到军报，原来当天马化龙就擒。左宗棠由此得出结论：根据以前的历史所载，毅魄忠魂，时露灵异，看来不能说完全是无稽之谈。

很明显，左宗棠此时耍了一个手腕。他本人不信灵异之事，但他却在奏疏中大谈刘松山的显灵，这是为了在获胜之际，继续给已逝者请功，从而使其旧部心甘情愿为朝廷卖命。他说，他与刘松山共事几年，知道此人行军律己，实为一时名将，而一片忠爱之忱，出于至性，比古人毫不逊色。每当追忆故人，他便悲痛不能自已，于是他仰恳天恩，请将赏加给他的骑都尉世职追赏刘松山，如此一来，前敌各军将会更加感激天恩浩荡，而他也免去了无功受禄的讥嘲。

左宗棠耍了心计，又把话说得如此恳切，清廷仍是不准他的请求。但是，为了令他安心，慈禧给刘松山赐祭一坛。

在同治九年（1870）早春，当回民军奉马化龙之命从甘肃向陕西扫荡时，左宗棠自请议处，被降了三级。如今过去了将近一年，金积堡已被攻克，左宗棠又官复原职了。不过，廷臣们对他在甘肃北部取得的胜利似乎不以为然，不断对他提出批评。同治十年（1871）春季，左宗棠成为廷臣们猛烈抨击的对象。

对于这种现象，贝尔斯先生认为不足为奇。他指出："一位成功的将军，在取得一场大捷以后，立马成为攻击的标靶，这种现象在其他国家也曾发生。在美国历史上，南北战争的晒罗之战结束后不久，斯科特将军就奉命到墨西哥城接受法庭讯问，格兰特将军则被解除了指挥权。"

廷臣们指责左宗棠一败涂地，却虚报胜仗，他的报捷不是吹牛就是撒谎。有人说他年迈体衰，已无可能为；有人指责他根本就不了解回民，用了粗鲁的手段，逼迫西北的百姓造反，导致虚耗国库。

这些批评有一点说对了，左宗棠的身体状况的确不佳。他在征战浙江期间所患的疟疾和痢疾一直没有痊愈。同治十年这年春天，他给友人王柏心写信说，他的末日快到了。他身体衰弱，满头白发，牙齿几乎掉光了。他说他并不在乎人们的指责，但他担心自己死于大业完成之前。如果他出师未捷身先死，身后之名会遭诽谤，请王柏心为他作传正名。

根据左宗棠自己的说法，他一生中经历过三个困难时期，其一是在家乡连遭水灾的那些岁月，其二是在江西带兵作战遇到疾疫肆虐的那段时间，其三就是同治九年春天，他在甘肃处境不利，爱将阵亡，接着又得知妻子去世，更是雪上加霜。这个时期，他既有身体的病衰，又有丧友之痛、亡妻之哀，加上作战失利，谤议四起，种种境遇，够他受的了。若是凡人，面对着这种意志的考验，肯定垮下去了。但左宗棠毅力超群，毫无在压力下崩溃的迹象，这是他事业有成的一个秘诀。他跟常人一样，在很少有人承受得了的逆境中，也会非常沮丧，但他不会失去理智。他挺下来了，顽强地执行攻取金积堡的计划，一直坚持到这个目标实现。

同治九年底，甘肃南部清军的哗变，也给左宗棠带来了压力，因为岷州的五千官兵站到了朝廷的对立面。但是，这种叠加的不利，也未能动摇左宗棠的意志，他坚决地镇压了这次兵变。范铭所部的叛卒在二月份全部投降。左宗棠下令斩杀叛军首领尤政芝与安桐贞，收编叛军五千多人，分配到各部安插。叛军裹胁的一万多名难民，都在岷州安置，留下部队镇抚。

左宗棠不仅要对付和处置叛军，还要保护忠实的部属周开锡。他派这位干吏出任甘肃官军的总司令，但上任不久就发生了兵变，廷臣们不去指责甘肃官军的素质低下，却对新任总司令多所訾议，指责他治军过严。周开锡不论到哪里做官，诽谤和非议总是如影随形。他在浙江为官时，就有人指责他对于税收过于认真，锱铢必较，令有钱的士绅们头痛。而这一次，在范铭所部叛变时，言官们立刻把矛头指向他，指责他激起事变。

周开锡受不了冤枉，打算辞职回家，左宗棠则向他保证，作为陕甘总督，他对这位部属所办的事情完全满意，一定要周开锡继续担任总司令。他早就想替周开锡辩解，只是苦于找不到机会。他对这个益阳人知根知底，因为周开锡是从小跟随他念书的学生。

周开锡出身于官宦人家，少年时代随父客居京师。他的能诗善文众所周知，可他仍然屡试不第。道光二十九年（1849）他到长沙跟随左宗棠读书，他的应用学识和行政才干，是左宗棠一手培养出来的。咸丰初年内战爆发后，他先后向曾国藩和胡林翼上书，提出军政方面的建议，颇有左宗棠的作风。胡林翼担任湖北巡抚以后，急于选拔能人充实军幕，把这位同乡调到英山辅助军务。他保荐周开锡暂代沔阳知州，周开锡干得颇为出色，减免浮粮，蠲免堤工土费，减轻百姓负担，为湖北各地做出了表率。胡林翼索性把他调到身边，把他拉进了楚军阵营。曾国藩出任两江总督以后，将周开锡调到自己幕下，周开锡领兵作战，卓有战功，清廷将他提拔为知府，赏戴蓝翎。左宗棠出任浙江巡抚时，为了充实军幕人才，奏调周开锡到浙江。他看好这个学生，让他在浙江为部队筹措军饷，整顿地方吏治，处理战争的善后。

周开锡体恤百姓，为地方做了许多功在久远的大事，不免得罪权贵显要，遭到诽谤。他是个硬骨头，将官场毁誉置之度外，坚持推行仁政。左宗棠对他十分看重，奏告朝廷，将他提拔为浙江粮储道。后来，他随左宗棠到福建赴任，出任延建邵道员，尚未上任，又奉命代理福建布政使。周开锡自左宗棠离开福建后，便代理福建巡抚，仕途方始开阔。但他仍然遭到妒忌诽谤，无法再攀高峰。左宗棠听说他在福建做官颇为艰难，便把他调来甘肃，总统南路部队。

周开锡的军事任务，是扼守从陕西南部通向甘肃兰州的重要通道秦州，即现在的天水。周开锡上任以后，不仅管军队，还兼管秦州的地方厘税和钱粮。他裁汰多余的兵员，革除陋规，开设屯田，制定课税。他把范铭的十营部队调到巩昌驻扎，就是为了把他们孤立起来，使那些军爷无法捣乱。经过半年努力，他已经把巩昌和秦州治理得井井有条，但他又遭到官员诋毁，处境比在福建官场更为艰难，身心憔悴。

如今，范铭的叛军已经解决，左宗棠上奏澄清真相，朝廷同意不再追究此事，周开锡躲过一劫。但他的精力已经耗尽，生命之火即将熄灭，打算引退还乡。左宗棠开导他："甘南的事情，我已据实向朝廷讲清楚了，现在要立刻争出个是非曲直，未免操之过急，有争强好胜之嫌，没有什么好处，而且违背了我平时问心无愧、不求别人体谅的原则。等到西部大事有了成效，国家大致安定，我们做臣子的大略已尽心意，就可以收手，给贤人让位了。人生的规律总是功成身退，天道也是如此。不论身处什么位置，只要心迹洒脱，便能掌握进退的火候了。"

周开锡听从了左宗棠的劝告，可是他的身体不行了，从此一病不起。但他照常工作，筹兵、筹粮、筹饷、筹运，造车船，通道路，营度庶务一如平昔。他的疾病在操劳中加重，后来在出差途中气绝晕厥。随从将他抬回巩昌，他不久便在巩昌病逝，终年四十六岁。

周开锡死后，官场中那些饶舌的小人仍在讲他的坏话。三年之后，由于他的仁政显著，百姓缅怀，清廷中对他的谤议澄清，秦州人士追念遗德，为他修建祠堂祭祀。这个辛苦一生的益阳人，终于成为好官的榜样而名垂后世。此为后话。

左宗棠除了身体衰疲，公务纷繁，备受指责，替下属承担责任，还有更大的压力，前面说过，那就是来自慈禧的质询。左宗棠深陷如此的困境，仍然没有退缩，他写了一份长篇奏章答复朝廷，指出从甘肃送往朝廷的报告都是不准确的信息，而他希望朝廷不要听信流言蜚语。他写道：

> ……尤赖朝廷主之于上，浮词无能荧惑圣聪，臣得一意仔肩，得支全陇败坏残局，不致因多所顾忌易其初心。然曾参杀人，慈母投杼，乐羊败敌，谤书盈箧，古已有之。臣固不敢援此以自解。
>
> 窃维军事尚质实，忌虚浮。虚浮之弊，起于讹误者有之，起于意见者有之。臣忝预军事十余有年，败仗则报在人先，胜仗则报在人后，已经戡定地方，从无大股窜踞，重烦兵力之事，盖愚拙之效可睹者如此。

作为一个外国人，贝尔斯从左宗棠的生平中，看出了这个湖南人的顽强是非同凡响的。他说："左宗棠是这样一个人，不会容许健康不佳、家庭有难或备受指责改变他的计划，或者导致他失去目标。在金积堡的回民军被肃清以后，他立刻着手准备攻取第二大回民军堡垒——河州。一如既往，他准备周密，部署有方。"

兵指新疆

由于左宗棠的执着，甘肃的战争按照他的计划，渐渐向西推移。从陕西和金积堡逃出的回民军余部寻求河州马占鳌的保护，于是这一地区积聚了数量相当可观的反清力量。此时，甘肃东部还有数不清的小股反政府武装四处游击，固原东西两山残余的造反武装多者一百骑，少者几十骑，伺机四出袭击。魏光焘、周绍濂各部日夜追赶，虽然屡有斩获，但恪靖军合兵攻击时，对方便分散隐身到山谷之中，等到恪靖军回营，他们又出来袭扰。这些游击部队往往又跟马占鳌所部会合，袭击南路，于三月份影响到两当、徽县和秦安，另一支部队奔袭宁远和伏羌。李辉武、杨世俊和田连考所部分路拦击，才将之逼退到会宁。周开锡在二月份追击叛军时，河州马占鳌手下的一千多人趁机从安定出兵，袭击通渭、秦安、清水、西和、礼县各境，被杨世俊、张仲春击败。

事实上，恪靖军无法防止这些小股部队渗透到自己后方，左宗棠只能在各处要隘派驻劲旅，努力防止这些敌对武装大规模集结。为了这个目的，他必须动用相当多的兵力。由于交通线已经延长，小股反政府武装的活动又进一步牵制了部署在交通线上的部队。何况，根据他的部署，甘肃东部的各个地区隔离了几万名回民，必须加以看守，因为他们随时可能起事，并加入游动的反清武装。

同治十年（1871）的春季和夏季，左宗棠没有急于向西进攻，而是着重肃清甘肃东部各地的小股反对武装。与此同时，他日夜筹划粮运，要建立起足以支撑几个月的供给储备。他的下一个进攻目标是河州，此地自回民运动以来，已经完全不在清廷控制之中，而落入了足智多谋的马占鳌之手，官军从兰州东行的驿道早已断绝。左宗棠为了打通进兵之路，命令刘明灯从马盘向安定监视前进，令徐文秀从静宁开向会宁，逐步造船修桥，渡过洮河，修治兰州大道，以利运输军资火药，在静宁储备。

马占鳌所部时常出兵袭击各地，消息传到北京，言官们怀疑左宗棠故意按兵不动，致使马占鳌势力大增，于是又纷纷向清廷指控。显然，他们怀疑左宗棠故意给穆图善难堪。慈禧也疑心及此，几次下诏诘问。左宗棠感叹庙堂诸公不懂军事，瞎揣摩他的心思。他告诉慈禧：举凡进军，必须稳扎稳打。眼下粮食没有成熟，桥梁没有修成，贸然进兵，会陷入困境。

左宗棠的准备工作其实没有占用多长的时间，但他兵力不够，还要等待刘锦棠回家增募兵员而来。刘锦棠处理了金积堡的善后，率领老湘营南下补充兵员。他在甘肃北部留下了五千名军士，由提督萧章开统领，驻扎灵州。他自己告假六个月，扶着刘松山的遗棺，带领伤残的军官和勇丁返回家乡。他打算在家乡选募勇丁补充兵员。左宗棠感念刘家叔侄劳苦功高，尽管在用兵孔亟之际，仍然批准了假期，希望他能带回来一支朝气蓬勃的劲旅。

在此期间，左宗棠继续肃清后方的隐患。撤到河州的禹得彦等人仍然不甘心失败，派出一支部队，于六月份悄悄开抵半角城，劝诱米包山投降，从西山向东推进。雷正绾和黄鼎从灵州回师南下，会同周绍濂所部，在苦泉井将禹得彦的这支部队全歼。与此同时，杨世俊在秦州境内攻下巩昌，张仲春肃清了岷州的反清游击武装，洪惟善肃清了阶州的绺军。

到了夏末，左宗棠已成功地肃清了后方的小股敌对武装，虽然刘锦棠尚未返回，但他已经可以集中一些兵力进行河州战役。他上奏进兵方略：兰州东、西、南三面都紧连河州，河州不靖，兰州不能解严，他打算派出中、左、右三路部队进攻河州。

左宗棠在各路攻击部队集结以后，于七月份下令分路前进。魏光焘奉调移驻固原以北直至平凉一带，保障后路安全。七月十二日，左宗棠率亲兵从平凉进驻静宁，在此建立大营。

左宗棠在发兵之前，就接到了新疆传来的军报，得知那里的局势进一步恶化。五月十七日，俄国出兵侵占新疆伊犁地区，声称代中国收复失地。俄军并有进一步东侵的迹象，新疆形势危急。

慈禧是个头脑清醒的女人，不管俄国人怎样巧言，她认为俄国占领伊犁就是侵犯大清的领土。她在七月十七日得到来自新疆的奏报以后，立即命令左宗棠为收复新疆作准备，全力攻取肃州，作为进军新疆的大本营。

慈禧对于新疆的收复下了很大的决心。伊犁事变之前，新疆就发生了很多变故，情况异常复杂，如果中国政府置之不理，很有可能丢失这块广袤的领土。

几年前，西宁一个名叫妥明的回民游历关外，传播新教。同治三年（1864），陕西和甘肃的汉民与回民发生纠纷，妥明趁机起事，率部占据乌鲁木齐，戕杀都统与提督，派兵分驻古牧地、玛纳斯和吐鲁番各城。与此同时，南疆也发生了变故。如前所述，当时新疆以西的浩罕国已被俄罗斯所灭，该国的安集延部失去领地，在喀什噶尔的回民金相印引导下，其首领帕夏阿古柏进入边城，安集延部趁势攻占了新疆南路的八座城池。

阿古柏占据新疆回民居住地以后，派兵攻打乌鲁木齐，把妥明打得投降。阿古柏将他收归帐下，令他仍然驻守乌鲁木齐，另派甘肃回民马仲担任阿奇木，监督妥明。迪化民团将领徐学功为了收复国土，起兵反抗，斩杀了马仲。马仲之子马人得承袭了父亲的职位，与妥明关系紧张，纠集安集延人攻击妥明。妥明逃到玛纳斯城，在这里死去，时值同治九年（1870），也就是左宗棠的部队正在攻打金积堡的时候。

阿古柏在新疆各城征收地税，令回民和汉民都改易服装，遵从浩罕国的风俗。

从此，新疆全境都落入侵略者之手。就是在这样的背景下，俄罗斯以回民军多次袭扰该国边境为由，突然派兵逐赶回民军，占据伊犁，并声言将要代替中国政府攻取乌鲁木齐。

新疆呈现如此复杂的局面，各种势力盘踞，都在分割中国的领土。慈禧不知道谁能为朝廷出力，维护这一大片中国领土的完整。她知道左宗棠是最可信赖的人选，很想令左宗棠收复新疆，但她知道左宗棠一时腾不出手来，而她对其他人选又没有十足的信心。对新疆负有直接军事责任的乌鲁木齐提督成禄，率部久驻肃州高台，不敢进军他的辖地，慈禧对他非常失望。但尽管如此，她目前也只好依赖满人的高级武官。她谕令荣全代理伊犁将军，领兵收复伊犁。她希望成禄振作起来，再次令他率部出关，与都统景廉所部会合，攻取乌鲁木齐。为了向新疆派出劲旅，她又令刘铭传带领淮军从陕西取道肃州，随后向新疆推进。

慈禧希望左宗棠能够保障进兵新疆的后路，令他分兵进驻肃州。左宗棠很快就对慈禧的军事对策做出了积极的反应，急调徐占彪的靖远部队六千人，从凉州和甘州急行军西进肃州。七月二十七日，他专为此事上了一道奏疏，揭露俄国的野心。他说，俄国占领伊犁，名义上是代我国收复失地，话说得漂亮，但是心怀叵测。他们还声称要派兵前往乌鲁木齐，代我国收复该地，这是把糠舔完了，想要吃米了。乌鲁木齐是新疆的重地，我们决不能放弃。就甘肃形势而言，本应先取河湟，杜绝纷扰，然后专心向西进兵，分兵扼守玉门关，断绝敌军退路，才能收到全功。此时立刻兴师远征新疆，不尽稳妥。然而，强大的邻国觊觎我国领土，企图倚靠计谋得逞，我们也就顾不得那么多了。所以，他遵旨改变原定先攻河湟后攻肃州的计划，决定同时并举，急派徐占彪统率蜀军马步十二营向肃州推进。

在讨论进军新疆的问题时，左宗棠立刻想到了刘锦棠，认为这员大将是西征不可缺少的人物。他马上提笔给刘锦棠写信，给他讲了当时紧迫的形势：俄国人侵占了黑龙江北部，现在又窥视我国西部边地，蓄谋已久，动作迅猛，形势日益紧迫。左宗棠指出，鉴于这种情况，中国军队不能不紧急防备。他请刘锦棠选募几千名军士，务必于九月份向西挺进。

左宗棠在兵燹之余，从来注重恢复社会秩序和生产建设。如今，为了巩固进军新疆的后方，他认为必须迅速恢复陕甘的经济，要求各州县试种稻谷桑棉。

为了新疆早日收复，左宗棠加快了西进的步伐，但是，军饷始终是他心中的纠结。各省关协助西征的军饷拖欠了白银一千二百万两，这个数字过于庞大，如果军饷再不到来，西征就可能半途而废。左宗棠早就想到了这一层，从平凉启程向安定推进时，他就上疏催拨军饷。

每当想到军饷的艰难，左宗棠心里就对杨昌濬和胡雪岩涌出感激之情。他的部队全靠着浙江、福建和广东三省接济军饷，才能在西北地区站稳脚跟。东南各省真正为西征大军尽心尽力筹措军饷的人，就是左宗棠的这两个旧部官员。

左宗棠离开福州以后，新任总督似乎要跟他对着干，将他在福建推行的新政一概推翻，幸得沈葆桢主持船政，他在福建推行的洋务才不至于半途夭折。但是，福建和广东两省的高官都不是左宗棠的贴心人，他们为陕甘两省提供的军饷往往不能及时送到。所以，能够急左宗棠所急的人，就只剩下杨昌濬和胡雪岩了。

杨昌濬是湘乡的读书人，出生年月不详。此人是湘勇的创始人之一，咸丰二年（1852）就跟随湘勇之母罗泽南团练乡勇，咸丰四年（1854）跟随曾国藩攻打湖北的田家镇，立下战功，当上了一个七品小官。但他不久就返回湖南，在家乡办理团防。在此期间，左宗棠与他多年交往，对他的为人处事知之已深。

杨昌濬这个人，按照左宗棠的描述，性素平和，是个好好先生，甘于平淡，不爱做官。然而，他有精明的头脑，办事又很勤奋，是个难得的干才。他是一位性情中人，看重感情与友谊。年幼时，父亲为他抱养了一个姓陈的女孩做童养媳。他中秀才后，亲戚们怂恿他的母亲退婚，他坚决制止，此后与陈氏恩爱一生。

他与左宗棠相交之后，彼此视为知己。左宗棠咸丰十年（1860）在长沙金盆岭练兵，广罗人才，杨昌濬便在首选之列。杨昌濬无意于仕途，不愿出征，可是碍于左宗棠的盛情，他才勉强答应随军襄助。他跟主公约定：只干三个月。

然而，满了三个月之后，左宗棠继续留他，三个月之后又是三个月，他的三个月成了不了之期。只要左宗棠开口挽留，杨昌濬就拂不开情面。他跟随左宗棠从江西打到浙江，屡立战功，在短短五年中不断升迁，历任衢州知府、浙江盐运使、按察使和布政使，成为省级的行政长官，直到左宗棠于同治五年（1866）率部西征，他仍然留在浙江的官任上。

左宗棠离开闽浙之后，人走茶未凉，就因为这里有个杨昌濬。左宗棠西征，他是坚强的后勤保障。恪靖军到达陕甘之后，左宗棠连连向他诉苦，言辞恳切，说有无军饷，关系到全军的存亡。杨昌濬把个人意志置之度外，坚守浙江，专为左宗棠筹饷。左宗棠嘱咐他注重洋务，兴修水利，他无不遵行。他和左宗棠志同道合，主张用外人之器，师外人之长，筹办海防，做出了明显的成绩。

同治六年（1867），左宗棠看到浙江提供的军饷源源而来，高兴不已，多次代表全军感谢杨昌濬的嘉惠。他在信中写道：石泉，你和浙江的百姓，是陕甘两省的依靠。大恩不言谢，"何敢以寻常感激之语，施之至交"。

慈禧指定东南三省对口支援陕甘，广东积极性不大，福建也推三阻四，唯有浙江一省坚持不懈，杨昌浚在左宗棠的军事行动中占有日益重要的地位。左宗棠想到他，每每叹道：唉，东南一带的故交，只有杨石泉一人还念旧情，没有忘记我这个身处遥远西北的大帅。

同治八年（1869），清廷打算将杨昌浚调离浙江，杨昌浚则准备辞官不做，返回湖南。左宗棠慌了，他身在几千里外，心急如焚，不知今后从哪里获取军饷。幸好此事不过是虚惊一场。不久，朝廷任命杨昌浚代理浙江巡抚，左宗棠听到这个消息，比杨昌浚本人还要高兴。他的这位死党在浙江有了更大的实权，陕甘的作战和建设有了起码的经济保障。杨昌浚没有辜负左宗棠的厚望，升官之后，不但继续为恪靖军提供军饷，还向陕甘发送洋铜炮和开花炮弹。左宗棠的感激之情无法用言语表达。

感佩公忠厚谊，无可言喻。

同治九年（1870），杨昌浚正式出任浙江巡抚，左宗棠狂喜无似。国家得到一名百姓拥戴的大吏，他则有一位死党稳居高位，何幸如之！现在左宗棠又要继续向西推进了，他把后勤补给的希望，寄托于在浙江任上的这位好官、干吏和忠实的朋友。

河州之战

同治十年（1871）七月二十九日，左宗棠离开静宁，取道会宁，向西推进。

又是一次新的进军。往西，再往西，恪靖军要一直打到最西边，直至收复新疆！

八月初二日，左宗棠抵达安定。这个地方是马占鳌等部往来的要冲。盐茶厅、固原、宁夏和灵州四地的回民军残部，以及巩昌本地的回民军，都将家累和辎重寄放在河州，安置好了后院，他们就可以一身轻松地外出作战。清军攻占狄道和渭源以后，马占鳌等部向东出兵，必须绕道洮河的三甲集，渡到河东的康家岩，前往金县、安定与会宁，然后分兵向四面进发。所以，安定的战略地位就更为重要了。

安定正西有一条道路通往河州（今临夏），直线距离约为二百六十里。此路西行大约一半处，就要在康家岩村（今临洮县康家崖村，已有高速公路通往临夏）渡过洮河。康家岩坐落在洮河右岸，在洮河至河州之间，群山连绵，高出洮河河谷一千米。通往河州的道路向西穿过一条狭窄的峡谷，必须通过太子寺城堡（今广河县）这一关。这个关隘的位置处在从康家岩前往河州的半路上，它是一个行政中心，过去清廷有州判驻扎在此地。

由于康家岩是渡河西进的重要据点，左宗棠集结各部，决定先取康家岩。他在进军之前已经做了周密的部署，在金积堡地区驻屯了五千兵力，在中卫—海城—固原—平凉一线则部署了九千五百人。徐占彪奉命派所部六千人从中卫长驱西进，前往甘州（今张掖）解围，并前往肃州（今酒泉）作战，这样可以防止肃州回民军增援河州。徐占彪本人暂时没有跟随部队行动，他另有一项使命，即从黄鼎的蜀军中组编一支五千五百人的队伍，从中卫南下安定。一到安定，他便北返，去率领他自己的部队。从安定往东，直到西安，这个区间所有城镇的官道都有重兵防卫，维护恪靖军的主要交通线。左宗棠还在甘肃东南部的徽县、两当及邻近城镇部署了大部队驻守，因为他要从嘉陵江上游的四川获取一些供给，这些部队是为了保卫恪靖军的辅助交通线。左宗棠用于进攻河州的实际兵力，估计在一万五千人到二万人之间。

马占鳌一年多以前就意识到他迟早要跟恪靖军交手，他已经部署了河州通道的防御。康家岩洮河对面有条小山溪，他在溪口两边修筑了工事，给守军配备许多门古炮。距离渡口约十三里处，有一个三甲集镇，四周都有围墙。这是一个天险，因为狭窄的山谷在这里变成了一线天。马占鳌也在这座围镇修筑了防御工事，他还在渡口与三甲集镇之间修筑了跨越山谷的三线壁垒。从三甲集到太子寺围城的距离约为五十里，道路伴着一条小山溪延伸，两边是悬崖峭壁。马占鳌在沿路修筑了大量壁垒。太子寺有一条小路急转向东，在大路北面向东延伸大约十六里。在这条支道的东头，有一条人迹罕至的小路从大路分岔出去，向北延伸，与支道会合。这条岔路通向董家山（今广河县祁家集镇果园山村），是太子寺的咽喉。董家山和关口都有回民军重兵把守。这就是马占鳌针对左宗棠的进攻所做的防御部署，可谓固若金汤，目的是阻止恪靖军开进河州。

同治十年（1871）五月，南路恪靖军已经开抵渭河河谷的源头，越过分水岭，占领了洮河右岸重镇狄道（今临洮），在安定通往河州的大道以南约四十八里处。

左宗棠当时忙于攻取金积堡，未令部队继续西进。现在，驻扎在狄道的南路军得到了强有力的增援，七月下旬，恪靖军开始向西推进。左宗棠首先要肃清安定与洮河之间活动在群山中的回民军，他令徐文秀与刘明灯从安定分路搜查前进，肃清洮河以东地区，将敌军驱赶到康家岩，加以聚歼。

八月初八日，徐文秀部开进好麦川，遭遇马占鳌所部骑兵二千人，将之击败，追到沙合岭。第二天冒雪前进，于八月初十日越过马寒山，第三天抵达东沟，直逼卡垒，一举攻破。刘明灯所部抵达新田铺，攻破新岩堡和孙家堡。马占鳌的部队全部撤进康家大堡。徐文秀与刘明灯在康家岩会师，合围康家堡，马占鳌军突然弃堡向洮河狂奔。恪靖军压迫过去，击毙其众，然后占据各堡，设立营垒。

到八月十七日为止，左军已在康家岩站稳脚跟，肃清了通向安定的道路。下一个问题就是渡河了。康家岩对面十里就是三甲集。前面说过，马占鳌有精锐部队驻守这些据点。左宗棠根据探报，脑子里很快形成一幅军事地图。洮河水深流急，两岸峭壁，渡口稀少，河流没有浅水区，必须搭建浮桥，而寻找所需的船只需要一些时间。水流太急，要把浮桥固定在敌岸绝非易事，必须非常小心。

左宗棠考察了康家岩渡口，发现在险峻的对岸，有邓家湾和边家湾坚垒，防御森严，仓促间无法过渡。他在军事会议上说："此处渡河不妥，令中路军从狄道架设浮桥先渡！"

八月二十二日，傅先宗、杨世俊的中路军各部从狄道渡河完毕，分别在三甲集以南的西坪、三义河扎营，派游击何建威扼守陈三坪，开始攻打三甲集。马占鳌在高家集、红庄、胭脂山一线阻击，又在黑山头、大坪山修筑坚垒，护卫三甲集。

左宗棠此次作战格外谨慎，花了将近一个月时间才做好攻击准备，于九月十八日下令会攻高家集，部队攻破八座壁垒，乘胜攻下红庄和吉家山各堡，击毙二千多人。由于回民军在河西的防御已被削弱，左宗棠认为时机已经成熟，令刘明灯、徐文秀两部从康家岩西渡。

渡河开始前，恪靖军的大炮轻而易举地摧毁了回民军封锁渡口的两座工事，部队将浮桥搭建到了对岸。杨世俊等部向回民军侧翼发起猛烈攻击，掩护主力渡河。回民军进行了顽强抵抗，而恪靖军的筑桥部队低估了水流的力量，大部队只过了一部分，浮桥就分离了，船只顺流漂下，浮桥断裂时，许多士兵溺水。在西岸担任掩护的杨世俊等部也被回民军堵了回去，已从康家岩过河的官兵得不到援助，被赶到了河里。从回民军手中逃出的官兵淹死了，几乎无人返回康家岩，死者当中包括副将睢金城和喻有才等人。于是，河州战役以恪靖军大败拉开了序幕。

作为一名军人，贝尔斯先生看出了此役中大炮的作用至关重要。他认为，如果左宗棠的炮兵略为了解大炮在这种情况下所具有的战术价值，洮河渡口的失败或许能够部分挽回。"我们知道，他拥有一些德国和中国新造的大炮。左宗棠说他的炮兵还未掌握这些新炮的操作，这表明他自己也没能充分了解新炮的用途。那时人们总以为新炮是用于轰击城墙、建筑物和固定目标的工具，中国人似乎没大注意到，大炮也能用于轰击大群的敌军。"不过，贝尔斯又指出，恪靖军此次落败的真正原因是浮桥的断裂，而非战术上的失误。

康家岩渡河战役失败以后，徐文秀派人向左宗棠禀告：该部请求绕道狄道渡过洮河，快速北上，奔赴三甲集以南的黑山头，以横捣三甲集。左宗棠对来人说："此计甚好，但要告诉徐统领，须继续侦察，得知条件可行，方能执行这项计划。"

左宗棠向黑山头一带派出哨探，不久，探马回报："黑山壁垒林立。"

左宗棠对哨探说："通知徐将军，不要绕道去攻黑山，因为仰攻坚垒，耗费时日。而且洮河上流我军兵单，要防马占鳌乘虚偷渡。"

快足刚走，王德榜和朱明亮奉调从狄道来到大营总理营务，左宗棠令他们率领二千兵力从狄道渡过洮河，会同杨世俊所部挺进太子寺以东的八羊沟。安排妥当后，他令徐文秀、刘明灯两部再次修筑浮桥，等到王德榜抵达八羊沟，即刻在东岸列队渡河。

王德榜、朱明亮所部于十月初一日渡过洮河，观察了地势，派人报告左宗棠："只要占据石鼓墩，便可左攻黑山头，右扼边家湾。"

左宗棠回答："可。"

四天后，王、朱二将指挥部队在石鼓墩上修筑两座壁垒。天明时，马占鳌派主力来攻，徐文秀在洮河东岸见友军已占石鼓墩，急忙架桥截流。这一次浮桥撑住了，恪靖军主力渡到了河西。回民军见官军主力已到，无心恋战，赶紧撤围，奔赴边家湾助守。朱明亮率部从石鼓墩冲压而下，毫不费力地攻破边家湾壁垒。徐文秀和刘明灯所部顺利地移驻西岸。这件事证明了贝尔斯的结论，即左宗棠并未犯战术上的错误，因为恪靖军是在同样的地点用相同的方式渡河，取得了成功。恪靖军用三天左右的时间扎下营盘，左宗棠调来了傅先宗的部队增援。

接着，恪靖军开始攻夺封锁三甲集围镇的三线壁垒。十月初七日，傅先宗所部攻打黑山头，徐文秀等部攻打邓家湾。马占鳌派出一万多人从三甲集赶来增援，徐文秀分兵阻击，大败援军，加紧攻击壁垒，到黄昏时攻破。恪靖军骑兵沿岸扫荡，步兵上山追击，扫清了邓家湾到三甲集一带的所有堡寨。傅先宗所部攻破黑山头兵营，追逐几十里，击杀甚众。

第二天，傅先宗进驻三甲集背后，派敖天印、王铭忠所部接连攻破三甲集以西的庄堡。王德榜等部从黑山南进三甲集前方，杨世俊所部攻破胭脂山与三川的各个军营，赶来会师。恪靖军包围了三甲集镇，于十月初九日从四面八方大举进攻。马占鳌的部队勇猛抵抗，凭墙守御，发炮掷石，如雨点般砸下，多次在城墙下击退恪靖军的攻击。恪靖军各部从凌晨 5 点打到下午 3 点，最后冒险猱攀而上，杀开一条血路，终于从四面登墙，击杀几千人。马占鳌夺门而逃，向西面的大东乡而去。夜幕降下时，恪靖军控制了三甲集，斩杀了几万名回民军，但马占鳌突围逃到了太子寺。

恪靖军扫平三甲集，合兵进攻大东乡，在狭窄的峡谷里向太子寺推进。但是，这里没有足够的空间展开队形，所以行军缓慢。马占鳌在山口、甘坪到大贝坪一线构筑了第一道防线，由几十座壁垒组成。十月十二日，恪靖军各部分路猛攻，攻破第一线的所有壁垒。十月十四日，各部会攻大东乡，回民军忽然后撤若干距离，恪靖军各部除敖天印所部留守谷口援应以外，其余各部陆续推进二十里。他们正在急行军，突然遭到伏击，这是碰上了马占鳌的第二道防线。马占鳌一声令下，四山伏兵齐出，恪靖军猝不及防，被迫下马持短兵器抵抗，遭到回民军重创，若非敖天印闻警杀入谷口，掩护各部撤出，就会全军覆没。恪靖军因这次失利而延缓了攻击，到十一月份才重新振作。

马占鳌守住了第二道防线，于十一月份在董家山和谢家坪增修营垒。为了赢得时间，他向官军献出良马，请求暂缓进攻，官军各部将领拒绝所请。从十一月十三日到十五日，官军攻势不断，接连攻破谢家坪五十多座堡寨。

谢家坪以东的董家山仍然是壁垒林立。左宗棠再次踏勘战场，发现大东乡方圆百余里举步是山，路径凶险狭窄，硬攻代价太大。如果先攻太子寺，可以牵制马占鳌的兵力，减轻正面攻坚的难度。董家山是大东乡南面的屏障，西接太子寺，只要攻下了董家山，就可以直接威胁大东乡和太子寺了。

十一月二十五日，马占鳌向谢家坪的恪靖军壁垒发起了一次猛攻，被恪靖军击退。而恪靖军乘此机会奋力出击董家山，夺据山腰。傅先宗等部分路锐进，回民军仓促撤退，全部翻山而去。徐文秀率部登上董家山，修筑壁垒，占据了通向太子寺的路径。

第二天，恪靖军占领了整个支道，已经进入对太子寺围镇和通向河州的关隘发起攻击的范围。在此关键时刻，马占鳌赢了一招先手。他先前根据情报得知，驻守河东的徐占彪所部已开往肃州，左宗棠在那里兵力空虚，于是他派兵前去袭扰。现在，他的部队已在沙泥附近渡过洮河，翻山越岭向南扫荡，劫夺恪靖军的粮运，彻底破坏了官军安定至康家岩以及安定至狄道的交通线。

马占鳌这次反击的效果非常明显，他把更多的部队派往河东地区。左宗棠不得不回应马占鳌的这一手，赶调灵州驻防军董福祥所部，以及庆阳驻屯军张福齐、徐万福等部，进兵洮河以东扼守，把十一月份剩下的日子用于肃清洮河以东地区。

太子寺是河州要隘，此地一失，河州便失去了屏障。马占鳌见恪靖军日益逼近太子寺，召集循化撒拉的各路回民军，环绕太子寺挖掘长濠防御。但是，当恪靖军于十二月恢复向西的攻击时，马占鳌的长濠未能挡住他们的步伐，徐文秀所部于十二月初七日突破了太子寺的长濠。不过，马占鳌仍有精兵在手，当恪靖军于第二天攻打太子寺北面的大红庄时，遭到了激烈的抵抗，一时未能攻克。

五天后，恪靖军改变攻击方向，傅先宗所部从南山进攻。马占鳌在他们攻到半山腰时，出动一万精锐抄击傅先宗后路。双方苦战四个多时辰，马占鳌一员大将被杨世俊所部击杀，马军被迫撤退。马占鳌下令在堡寨之外挖掘深濠，同时在瓦房山、塌马桥至黑山一线修筑几十座壁垒，企图再次切断从狄道运粮而来的路线，左宗棠严令前敌诸将奋力作战。

马占鳌相信自己还有足够的战斗力，于同治十一年（1872）正月初三日部署几路兵力，分头扑向恪靖军各部军营。恪靖军虽然击退了几路来攻之敌，但左宗棠担心马占鳌突出包围圈。他考虑到河州西接循化、南临洮州（今临潭）与岷州，与少数民族居住地交界，于是派人召集少数民族团练乡民，防守关隘，由元宋名将杨业的后人杨元土司统领。

第二天，马占鳌在新路坡至傅先宗军营一线修筑三座壁垒，占据烂泥沟的庄垒，互为掎角，致使恪靖军的狄道运粮线中梗。傅先宗不能无视这种封锁，于正月初五日下令进攻壁垒，未能攻克。傅先宗不肯放弃，又于初六日会同杨世俊三路进击，摧毁木栅。马占鳌早有准备，命令枪炮并发，重创恪靖军。傅先宗一身当先，手执大旗，捷足先登，被炮弹击中，当即阵亡。官军失去大将，军心涣散，马占鳌乘势反攻，杨世俊率部拼死抵挡，才得以撤出战场。

徐文秀闻警，于正月初七日率部驰援，攻下烂泥沟庄的壁垒。但是，傅先宗所部因失去大将而后撤到党川铺照顾粮道，杨世俊驻扎于石梁坡，势单力孤，马占鳌加紧向他进攻，令其不支，只得撤退扎营。徐文秀见东西两路部队都解围而去，担心大东乡的守军乘虚进攻董家山，便令所部回营，留下亲军助守各营。

正月十一日是个对左宗棠很不利的日子，那一天发生了中国西北常常延续几天的可怕的沙尘暴。在恶劣的天气里，马占鳌对傅先宗所部发起了两次猛攻，都被徐文秀所部击败。但是，当马占鳌的主力于黄昏时开到时，傅先宗的部队坚持不住了。猛烈的攻击令傅先宗部心惊胆战，其中两营首先弃垒逃跑，各营随之溃败，一发不可收拾。徐文秀恼愤至极，独自率领三百人拼死抵抗，身上多处受伤，直到战死，身边的官勇一百四十人阵亡。

左宗棠接到败报，得知自己又失一员大将，但他却无片刻迟延，立刻派飞马传令，让沈玉遂接收徐文秀部的指挥权，派王德榜统领傅先宗所部。他不但不许部队退却，还令各部推进扎营。由此可见，虽然恪靖军在河州之战中遭遇了第二次大败，却丝毫没有动摇左宗棠的意志和必胜的信心，也未能阻止他继续实施既定的作战计划。他处决了六名应该为部队溃退负责的军官，由此而向全军表明了他的取向。由于他的这种坚定的意志，恪靖军虽然连败两局，却在河州之战中取得了决定性的总体效果，因而能够做到"不胜而胜"。马占鳌被左宗棠展现的意志吓倒了，派马俊等人去左宗棠大营请降，表示愿意呈缴马匹和武器，接受安抚。左宗棠怀疑他的诚意，认为马占鳌在跟他要计谋。不过，他还是派了几名军官前往河州察看情形。

这个时候，马占鳌是真心希望受抚的。他看得很明白：恪靖军一再深入，虽然受挫，但因主帅坚如磐石，总是在失败之后迅速地恢复了士气。他同时接到情报：西宁的外来回民和本地回民都已向官军投降，他的退路已经断绝。所以，他确实不敢再战。

其实，马占鳌的情况并不如他自己想象的那么糟，西宁那边并不安静，他接到的有关情报是错误的。崔伟、禹得彦和白彦虎等部被徐占彪拦截回到西宁后，已经占据了大南川和小南川。左宗棠先前派冯邦棨随陈林前往西宁考察情况，得知西宁的回民首领马尕三已经去世，马永福继任首领，此人只是表示了投降的意愿而已。但马占鳌并不知晓崔伟等人在西宁的作为，所以他诚心愿意受抚。也有学者指出，马占鳌此时是无论如何都要求和的，他认为，即便左宗棠被他击败了，朝廷还会派另一个左宗棠来进攻，战争将无宁日。所以，他力排众议，宁愿在战场上获胜的情况下求抚，以换取较好的待遇。

对于马占鳌的求抚，左宗棠颇感意外。此人在军事上取得了胜利，而且还有奥援在后，会不会真心求抚？要不要答应他的请求？他正在迟疑之间，冯邦棨领着一个人回到安定，来向他复命。

"冯将军，此人是谁？"左宗棠打量着冯邦栋带来的陌生人，问道。

"回大帅，"冯邦栋回答，"此人名叫马桂源，是循化厅的回民，玉通曾任命他代理西宁知府。"

"马桂源，你来见本部堂，有何事禀告？"左宗棠向马桂源问道。

"回大帅，在下此次经过河州，根据观察，马占鳌是真心求抚。"

"哦？你说他是真心求抚？"左宗棠正在沉吟，军士来报：马寿清已回安定，前来复命。左宗棠一听，连忙叫他进来。此人是已经投降的回民，左宗棠派他到河州刺探情报。

马寿清匆匆进来谒见，说道："左大帅，河州的回民首领都头顶经书，表示永不反悔！"

"哦？看来马占鳌是真心投降了？"左宗棠又思索了片刻，然后叫道："马桂源，冯邦栋！"

被叫的两人同声应了一声"在"，然后说道："请大帅吩咐。"

"事不宜迟，你们这就返回西宁，途经河州时，与马占鳌商议安抚事宜。"

马桂源与冯邦栋传达了左宗棠同意安抚的决定后，马占鳌果然很有诚意，派儿子马安良到左宗棠大营献马，并愿留做人质。左宗棠豪侠气十足地放回了那个男孩和其他回民子弟，让他们转告马占鳌：他已相信对方的承诺。他令马占鳌搜缴马匹和武器，不要重蹈金积堡的覆辙。左宗棠仍令前线各部分别驻扎在各个关隘，及时就地耕垦。陕西回民首领马生彦和冯君禄等人请求在收割庄稼以后立即迁移，左宗棠予以批准。

正月二十三日，双方安排好了投降与受降的细节，四天后，马占鳌交出了三千马匹和六千件武器。二月初十日，左宗棠派兵进驻河州，平定甘肃的第二阶段落下了帷幕。

由于左宗棠的奏请，马占鳌被任命为清军将领，为左宗棠招降甘肃南部的所有回民军做出了无法估量的贡献。河州的回民没有离开本地，但被迫从属于回民的汉人获得了自由，几百名汉人迁移到了甘肃的其他地区。恪靖军对回民进行了仔细的户口登记，并在太子寺与河州驻扎了重兵。

关于河州战役，英国学者安德鲁斯根据甘肃的资料，在《中国西北的回教势力》一书中讲述了其中的经过，其中的事实可以为马占鳌的不败而降和恪靖军的不胜而胜做出合理的解释。他写道：

左将军抵达兰州以东 80 英里的安定以后，派出部队攻击河州地区的回民军，他本人留在安定。两军在狄道地区的三甲集交战。这里的回民军在马占鳌指挥下大败清军，杀死数千人，还有几千人在企图逃过洮河时溺毙，这条河就在清军的后方。

那天发生的故事仍然在民间流传，该地的老居民说，洮河水被血染红，几天后才恢复本色。这是此次战役中的一场大仗，和历史记载相反，导致了清军的惨败。这次大仗的幸存者，其中有许多被迫在回民军中服役的汉人，都记得在战斗结束时马占鳌曾召集部众训话。他指出，这个地区遭到战争的破坏，七八年以来无法从事正常的农作，只要中央政府对这种情况引起了重视，他们就无法取胜。他们在当天刚刚取得如此重大的胜利，但除了跟左将军和谈以外没有更好的出路。

大约两天以后，马占鳌领着十几岁的儿子马安良前往安定，向左宗棠投降。左宗棠已经清楚地看到了他们的勇武表现，很愿意宽宏大量地给他们以礼遇。他向马占鳌询问河州地区回民的人数，马占鳌显然想让对方对自己指挥的部队人数之众产生深刻的印象，夸大了这个数字。根据他提供的数字，左将军课以赔偿金，实际执行的结果是每个人头数千铜板。甘肃政府收到这笔钱，就能按百分之一的面值赎回它发行的纸通货。

马占鳌及其儿子的投降，宣告了这场造反的终结。

如前所述，马占鳌之所以在打了胜仗之后投降，还因为他是一位明智的首领，懂得投降越早，待遇越好的道理。他也知道，左宗棠对他们这些信奉"旧教"的回民比较宽容，所以，他决定及早接受官方的安抚。

再议船政

在河州战役取得决定性的胜利之时，左宗棠得到一个噩耗：曾国藩于同治十一年（1872）二月初四日在金陵两江总督署去世。由于跟曾国藩的特殊关系，又由于和曾国藩年岁相仿，左宗棠得知故人已逝，颇有见一叶落而知秋的悲凉，这个咬紧牙关挺过了许多极度困境的湘阴硬汉，竟然泪挥如雨。

整整一天，左宗棠茶饭不思，思绪万千。曾国藩以其威望和才干，已是朝廷的中流砥柱。如今大柱倒了，谁来顶替呢？此刻他自己身在西北，甘肃的马文禄和陕西的白彦虎两支武装还没有消灭，新疆南北两路烽火四起，十几个封建割据政权在那里打得热火朝天。遥看神州南北，东南沿海海防不稳，日本人骚扰台湾，法国人寻衅安南，俄国人对东北地区虎视眈眈，朝廷正是需才孔亟之时，而曾国藩竟在此时撒手而去了！

左宗棠得知，曾国藩是在一瞬间告别人世，死前并无痛苦，不禁叹道：这是几辈子才能修到的福气！他又想到，自己来不及给这位故人送挽联了，但金陵来的信使说，国葬大礼上，早有人从同治九年刘松山战死后他给曾国藩写的那封信中摘录了他对曾国藩表达钦佩之情的那副对联，作为他送的挽联。他想，如此也好，那是他发自内心的评价，没有半字虚言，曾国藩地下有知，也会感应他的痛惜之心了。

左宗棠提笔给长子左孝威写信，表示他对一代巨人去世的惋惜之情。左孝威当时还在湖北，他是到西北探视父亲后处于返家途中。左宗棠在信中叮嘱儿子：为曾侯送丧的队伍经过长沙时，你应该前去凭吊，执子侄之礼，牲口、酒酿和菜肴，都不可少，还要写一篇诔文哀悼，表达我的未尽之意。

左宗棠在信中说，他对曾国藩的去世非常悲痛，不仅因为时局难撑，又倒下一根栋梁，也是因为他跟曾国藩的交游情谊实难割舍。他已送去四百两银子做丧仪，而所送的挽联，其中"知人之明，谋国之忠"之语，是他的真心话。

左宗棠指出：君臣朋友之间，用心应该耿直，用情必须深厚。从前他跟曾国藩虽有争论，但他每次拜疏之后，便会将奏稿抄录下来，送给曾国藩一阅，可以说是锄去了陵谷，绝无城府。他与曾国藩争论的是国事兵略，不是为了争夺权势。那些小肚鸡肠的书生们胡乱揣摩出来的事情，真是不值一笑！

左宗棠在此信中特别谈到，他虽然已经老迈，但新疆他是一定要去的，要去完成林则徐的遗志。他说，中国的富强后继需人，不要让孙子辈沉迷于科举考试，要多读一些有用的书籍。

左宗棠刚把给儿子的信发出，又接到一封家书，得知二哥左宗植也撒手而去了。他想到，兄弟二人湖北一别，六年过去，这辈子再也没有见上面了，手足已断，同气之缘已尽。这件事给了他无尽的伤感，他声称自己多年来病痛缠身，体魄衰弱，怕听伤心事，怕说伤心话。

自从曾国藩去世，直到左宗植病逝，左宗棠颇多伤怀。但甘肃军政百废待兴，他必须强打精神，一一料理。即便在失去亲友的哀痛之中，他也没有须臾忘记自己身系民生与战争。他看到甘肃满目凋敝，百姓交不起赋税，决定给百姓减负。他奏请朝廷免除甘肃重灾区的税收，包括银钱、粮食和草束，以缓解民间的困苦。清廷同意减轻百姓负担，免征期从同治元年开始，到同治八年为止。

与此同时，左宗棠念念不忘新疆。这时候，与收复新疆密切相关的肃州战役已经打响。徐占彪率部推进到肃州城下，三月下旬已和马文禄的守军在城外交手，差一点将马文禄抓获。这位回民首领因受惊吓，躲进城内，不再出战，只是沿城加强守备，徐占彪一时拿他无可奈何。马文禄堵在肃州，新疆的局势又进一步恶化，令左宗棠心急如焚。

左宗棠知道，慈禧并非没有向新疆调派兵力，但是奉命进兵新疆的两支部队迟迟没有开向目的地。第一支是刘铭传的淮军，因刘铭传告病回乡，该部二易统将，仍然驻扎陕西的乾州，迟迟未能出关。另一支是乌鲁木齐提督成禄的部队，由于成禄拖延时日，该部也没有踏进那一片多事的疆土。成禄不顾朝廷的多次催促，始终借口军粮缺乏，不肯进兵。他的部队驻扎关内已有七年，甘肃的回民军屡次奔出关外，他也不能制止。他还多次斩杀投降的回民，激起变乱。左宗棠为此痛恨成禄这个满人将领，上奏弹劾他行事乖谬，可是朝廷没有答复。

左宗棠身在甘肃，心念新疆，日理万机，但他没有料到，福建那边又发生了令他忧心的事情。素以为朝廷筹划大局勤于建言著称的内阁学士宋晋奏请撤销福建船政局，以杜绝浪费，清廷寄谕左宗棠，垂询意见。

宋晋显然只看到了朝廷的经费紧张，却对外侮当前的严峻局面视而不见。左宗棠对他的奏议十分气愤，无法理解这位大臣为什么要求废止船政。他于三月二十五日复奏，大谈船政之利，指出制造轮船是中国自强最关键的一步棋，是师夷之长技以制夷的妙策，因为西洋各国仗着船坚炮利横行海上，以他们的先进武器傲视我国，中国不得不学习他们的先进技术，来遏制他们的势力。

左宗棠在奏疏中盛赞了福州船政局做出的成绩，指出他原来制订的计划已经部分按时完成，其时间目标、成效目标和人才目标均已达到，经受住了考验，几百万两银子没有白花。他还一一驳斥了宋晋等人对福州船政局的攻击，声明中国人学造轮船为时只有三年，只用了几百万两银子，和有几十年造船历史并在造船业中耗费了无数金钱的西洋各国相比，自然会存在一些差距。但就目前而言，制造轮船已见成效，船的炮位和马力与外国轮船相当，管驾和掌轮都渐渐熟习，并无洋人掺杂其间，一旦遭到侵略，指臂相连，远非从前有防无战可比。

左宗棠言之凿凿，再次说服了慈禧。朝廷有旨：不议停办一事。

攻克西宁

　　左宗棠对曾国藩去世感到的惋惜，很大程度上是因为国家在多事之秋失去了一支栋梁，而国防形势进一步恶化，把担子压在了他一个人身上。曾国藩去世后，新疆的情况更加不妙。同治十一年（1872）五月初三日，沙皇俄国与阿古柏签订《俄国与喀什噶尔条约》，承认阿古柏为哲德沙尔（七城）元首。俄国人拿别人的东西做交易，一点也不心疼，一下子甩给阿古柏七座城市。俄国人侵占了阿古柏的浩罕国，将安集延人驱赶到中国，然后在中国境内承认阿古柏的统治，以此从阿古柏手中换取在南疆从事商贸的特权，真是只赚不赔的无本买卖。

　　阿古柏得到俄国的承认，更加肆无忌惮，把新疆当成自己的领地，在喀什、英吉沙、莎车、和田、阿克苏、乌什、库车等地悬挂奥斯曼土耳其帝国的国旗，发行自己的货币。

　　左宗棠得悉这些消息，认为收复新疆是刻不容缓了。为了进兵新疆，他的部队必须攻占肃州。但是马文禄仍在负隅顽抗，他得到了三千名关外回民的增援，下令在肃州城西南方的塔尔湾增修壁垒，连接黄草塌，阻挡徐占彪的攻击。

　　不久之后，从徐占彪送到兰州的战报来看，他已经取得了初步的战果。他不仅攻破了塔尔湾的壁垒，还沉重打击了从关外前来增援的回民部队，斩杀了该部大将。马文禄很不服气，想跟徐占彪较量一场。他于六月初六日出动几千兵力，着白衣，戴白巾，身贴黄纸，在南门排列好阵式以后，在阵前斩杀一名妇女和一条狗，作为驱魔镇邪的方术，然后步步逼压推进。徐占彪令各营戒备，静待敌军锐气衰竭。当马文禄所部逼近到距离徐占彪兵营几丈处时，西边忽有大片黑云压来，马军阵列上空雷电交加，将火器全部淋湿。徐占彪营中响起战鼓，壁门大开，部队一并杀出，马军乱作一团，全线溃退。徐占彪挥师纵横出击，马军留下一片尸体。徐占彪一直追到城下，方才收兵。

　　徐占彪乘胜攻打肃州城东北的各座堡垒，全部扫平。到六月二十一日为止，徐占彪所部已将守军环城修筑的防御堡垒大部分拔除。

　　不过，徐占彪所能做到的也就这么多了。由于肃州城防坚固，只要马文禄不出城，徐占彪对他无可奈何。他急需左宗棠派兵增援。然而，左宗棠此刻还不能向肃州增派部队，因为河州的抚局尚未最终敲定，而西宁的问题则尚待解决。

　　西宁的局面颇为复杂，左宗棠对西宁回民军的招抚一时无法全面铺开。冯邦栋所部开到碾伯以后，马永福代表西宁米拉的各支部队表示愿意交出马匹和武器，但大南川和小南川的陕西回民军却只有崔伟一支求抚，禹得彦和白彦虎两部不甘心投降。

马文禄在肃州得知了西宁的消息，知道禹、白二人可以依靠，派人前来求助。禹、白二人分兵从大通、北原赶去增援。与此同时，他们做了些表面功夫给恪靖军看，呈缴几十匹战马和少量武器，以为缓兵之计。马永福等部也有了借口，声称要留下马匹和武器抵御禹得彦与白彦虎，实际上是观望时局的变化。

左宗棠此时要兼顾已经攻占的广阔地盘，深感兵力不足，盼望刘锦棠早日返回西北。六月份，老湘营终于从湖南赶到，左宗棠给刘锦棠增拨四营骑兵和步兵，令何作霖率四千人先从兰州以北的平番（今永登）奔赴西宁以东的碾伯（今青海乐都），刘锦棠亲率五千人继进。左宗棠令冯邦棣加紧敦促禹、白二人呈缴马匹和武器，把他们的部队拖在西宁。

刘锦棠返回西北之时，河州的抚局最终敲定了。由于马占鳌呈缴了全部马匹和武器，左宗棠下令张贴告示，允许他们逐步将陕西回民和外来回民迁出。他派河州镇总兵沈玉遂守卫辖地，任命潘效苏为河州知州。部署妥定以后，六月二十五日上疏奏告安置情形，并于同一天批准马占鳌求抚，将三千三百四十四名回民与汉民迁移到安定和平凉等地安插。

左宗棠在河州抚局敲定后，决定从安定西移。他于同治十一年（1872）七月十五日进入兰州，这里是甘肃的省城，也是陕甘总督的驻地。这时离他被任命为陕甘总督的日子已过去将近六年了。随着马占鳌的投降，这次回民运动已失去支撑，但征战仍未结束，建设的担子更重。回民军仍然占据着西宁和肃州两大中心，而甘肃需要迅速地恢复元气。左宗棠在河州之战时度过了六十虚岁的生日，但他身上的担子却一点也未减轻。他心心念念不能忘怀的是甘肃以西的新疆，他认为中国政府必须在那里重建当局。

左宗棠早已预见到新疆问题必须靠军事来解决，已经预见到他的恪靖军将要出关，要跟装备先进的外国军队作战。为了打败优势的敌军，他要给恪靖军装备先进的武器。于是，在夏秋之间，他实现了早已怀抱的愿望：创办兰州制造局。他下令把西安制造局的设备迁到这里，从宁波、福建和广州招来机械工，任命广州人赖长担任总管。此人是一名熟练的机械工，左宗棠给了他总兵的官衔，级别相当于现代的少将。他所主管的制造局就是一座兵工厂，主要仿造先进的枪炮弹药。左宗棠指望这个厂子尽快为部队提供先进的武器装备，而他的希望实现了，他在兰州的一年中，制造局就生产出了来复枪、大炮和炮弹。

兰州制造局虽然是一座兵工厂，但也为和平建设做出了不小的贡献，兼造了抽水机和织呢机。左宗棠从德国弄到了织呢机，赖长得以仿造。左宗棠用这些机器开了一家毛纺厂，这是他的一个实验，如果能够训练出纺纱织布的工人，他就会安装大型机器，因为西北丰产羊毛，左宗棠计划在甘肃大规模开发羊毛产业。他认为中国人应该能够像欧洲人那样生产出优质的布匹，从而免去进口的麻烦。

除此以外，左宗棠还指令上海的代理人胡雪岩采购了一台打井机和一台蒸汽挖泥机运来甘肃。打井机的作用是很明显的，而挖泥机则用于在平凉府开挖灌溉渠。他还在兰州建造了一所造币厂，除了铸造铜钱以外，还生产十分的银币，此币十分流行，以至于供不应求。

左宗棠进驻兰州之后的一年里，除了推进镇压西宁与肃州地区回民军的作战以外，他还彻底重组了甘肃的政府，重新划分各县与各府的疆界。

左宗棠进驻兰州后，为了尽快地西进，决定立即解决西宁问题。由于西宁的各派势力正在观望，左宗棠决定诉诸武力，向部队发出了指令。八月初一日，刘锦棠率老湘营分起进驻碾伯，放出风声：要向大小南川发起攻击。

老湘营刚刚开到西宁以东约六十里处的平戎驿（今平安县），马桂源已经集结部队，约好禹得彦和白彦虎一起作战。他们推举清廷任命的代理西宁游击马本源为元帅，统领城内的回民部队和百姓，以对抗朝廷的军队。此人是马桂源的哥哥，糊里糊涂被弟弟抬上了高位。马永福不想看到战争，但他无法制止马桂源的行为。

西宁城内的汉民听说马桂源准备抗击官军，立刻紧张起来。可是，清廷委任的大官都不在城内，西宁办事大臣豫师和总兵黄武贤都住在威远堡。汉民们只得关闭城门，将马桂源挡在城外，请西宁道郭襄之主持防守。

西宁城东北有湟水作为屏障，从大峡口直达小峡口，八十多里水道，其间高峰危耸，中间只有一线河岸可通，路宽只有几尺。南面和北面，则是沟岔纵横。马桂源想：部队驻扎在这个险峻的地带，怎么也能跟官军周旋一阵了。

八月初十日，刘锦棠率部到峡口巡视，分兵驻扎马营湾和三十里铺。马桂源连续几天攻击老湘营，每战出动大批兵力，弥山塞谷，四处袭击。刘锦棠发现此仗确实不好打，决定出奇制胜，分兵从湟水两岸夹击，忽南忽北，轮流援应。

老湘营苦战到八月二十七日，才夺取了禹得彦的南川军营。九月份，老湘营接连攻破骆驼堡、观音堂沟各寨。部队冒险深入，往往列队露立风雨之中，忍饥受寒，昼夜不得休息，付出极大的代价，先后击杀守军上万人。

老湘营在西宁激战时，左宗棠接到肃州的军报，徐占彪伸手向他要援兵了。

他声称自己兵力太少，尽管几次攻破肃州的城濠，却无法合围肃州，马文禄可从北门自由出入，突袭围城部队，致使部队减员严重。

左宗棠何尝不想给肃州增兵，他早已做了安排，可惜未能如愿。西宁战役打响时，他曾建议穆图善领兵进驻甘州（今张掖）和凉州（今武威），以增加西路的兵力。可是穆图善不愿西征，请求担任陕西的防务。左宗棠也不勉强，改派杨世俊的狄道驻军开往甘州，没想到杨世俊所部也不愿西调，中途有几百名军士哗溃。左宗棠上疏自劾，请调宋庆的淮军到甘肃，清廷虽已准奏，但宋庆尚未到来。于是，左宗棠只能写信给徐占彪，叫他少安毋躁，等到西宁之战结束，他自会调兵增援肃州。

与此同时，刘锦棠在加紧对西宁的攻击，于十月初一日在湟水北岸增修壁垒，第二天乘势夺占高寨，击杀马桂源的两千部众。左宗棠知道老湘营已困惫不堪，立刻增派刘明灯等部助攻。刘锦棠分兵扼守要隘，移营驻扎高寨。

十月初十日，老湘营进袭小峡口，夺得山麓的三座壁垒。马桂源从小峡之内出动一万多名援兵，并力杀来，争夺山麓要地。从早晨战到下午，老湘营将士裹创力战，才将马桂源击退。马桂源分兵抄袭老湘营后路，都被何作霖击败。第二天，刘锦棠挑选将士攻打南山各卡，自己领兵攻打北山壁垒。军士们埋伏在壕内，踩肩搭成人梯登上垒墙，攻破三座军营，同时攻克南山卡垒。如此一来，老湘营终于可与西宁城内互通声息，郭襄之接到通报，立刻看到了希望。

十月十八日，老湘营抬着大炮攻到山腰，马桂源见事态紧迫，令各个壁垒出击，从小峡口分三路反攻。刘锦棠分兵抵御，同时把副将邓增叫来。此人是恪靖开花炮队的队长，以金积堡之战中的炮击奏功而著称。他手中有四门开花炮（欧洲野战炮），是回民军最害怕的武器。在西宁之战后到过甘肃的俄国旅行家普瑞捷瓦尔斯基对邓增的炮队有过一段描写，可见其威力之大：

> 每门大炮都由六头穿丝马衣的骡子牵拽，没人敢靠近它们，害怕当即死亡。它们装填的是对清军最有用的葡萄弹和小炮弹。

恪靖炮队到来后，刘锦棠令邓增测准守军壁垒，用大炮轰击，顷刻间将各垒墙障轰塌。刘锦棠挥师猛进，士卒无不以一当百，守军大乱，全线溃败。老湘营随即攻破北山四面卡垒，乘胜从山梁俯冲而下。守军分两路迅速撤退，峡内的所有军营顿时瓦解，丢弃的马匹、骡子和武器堆积成山。当晚，马桂源和马本源纵火焚烧东关，率领所有将领奔向东川。

老湘营主力于第二天开抵东关。城中被围已有两个多月，郭襄之和知县恩禄率领男女难民三万多人出城迎接，一见刘锦棠，喜极而泣。城内尚存一千多名回民，刘锦棠令他们全部在原地安居。附城内的回民纷纷出城，请求安抚。崔伟和禹得彦等部败居西川，纷纷到老湘营的大营来请求投降，刘锦棠令他们即日呈缴马匹和武器。马桂源见势头不对，继续逃亡，进入巴燕戎格，但部属不再听命于他，陆续逃回，接受官军的安抚。

刘锦棠不负左宗棠厚望，已将北路打通。十月二十日，他率老湘营进入西宁。左宗棠继攻占金积堡与河州之后，完成了他的第三个战略目标。他的下一个目标便是攻占肃州。

占据肃州

左宗棠在攻占西宁以后，立刻向肃州派出了援兵。陶生林等部三千人，奉命前往助攻。马文禄面对着城外优势的兵力，不再派兵出城拼命，令守军隐伏不出，只是在城西的礼拜寺增修壁垒。

但是，马文禄的抵抗是徒劳的，左宗棠对肃州是志在必得。他从进驻兰州的第一天起，就没有安居省会的打算，他知道自己人生的下一站应该是肃州。而他到了肃州之后，他的部队还要继续西进。在他的眼里，关内和关外的用兵，是一气呵成的计划，只有先后之分，而无轻重之别。他多次对别人说，从大局着眼，关内肃清了，总督就应该移驻肃州，调度军粮，以收复乌鲁木齐。等到乌鲁木齐收复了，总督应该进驻巴里坤，以收复伊犁。他唯一的担心是，自己是否还有精力完成这桩伟业。他希望自己青年时代就想去办的这件大事，能在自己手中善始善终，但条件是他必须力所能及。

左宗棠从五十岁以后就患了脾泻的毛病，这使他精力有所不济，吃完饭就打瞌睡。于是他采用故人的办法，写篆书以驱睡魔。人们夸奖他非同常人，他也乐得拥有能写文章、善书小篆的美誉，借以自娱。

如今，他已年逾六十，多年的劳累，使他显得老态龙钟。西北地气高寒，令他水泄不止，一天要泄几次。腰腿酸疼麻木，筋络不通，心血耗散，经常健忘，他简直怀疑自己能否活着出玉门关了。但他仍然不遗余力，规划西部边陲的战事。

他并不贪恋官位，只想完成收复新疆的大业。他为自己寻找了一个适合年龄与身体状况的定位：在西北当一名顾问。他打算向朝廷说明自己的病况，请朝廷尽快找人取代他，让他拖着老朽之躯，留在西北当个巡视员。如果一时找不到合适的人选，也可以先找个人来当他的助理，等到朝廷做了新的人事安排再放他回家。这个时候，左宗棠的心情是矛盾的，他觉得自己应该隐退了，担心自己的精力不济会耽误国事，但他又知道自己不能急于求退，因为他走了，会为西北大业留下后患，那会使他违反道义，自己于心不安。

当左宗棠为自己的进退感到难以抉择的时候，慈禧则为新疆的收复而心焦。朝廷又在催促成禄率部出关，并决定增强肃州的兵力。十二月份，金顺奉朝廷之命，率部从宁夏开拔，前往肃州，与徐占彪会师。

成禄接到朝廷的严令，终于率部出关了。但他磨磨蹭蹭，到了玉门就停住了脚步，在那里驻扎下来。这个满人将领以为朝中有人，有恃无恐。没料到，左宗棠会因此而跟他较起真来。

左宗棠对成禄推延进军新疆早就非常不满，不料成禄所办的一件案子，落在了左宗棠手里，于是左宗棠决定办一办这个无视国法的满人高官。成禄在驻扎高台期间，向百姓摊派粮食，纵兵攻击民庄，杀死生员李载宽等人，反而诬告被害者谋反。吏部咨会左总督，请他审理成禄提出的被告。左宗棠查得实情，开释了被告，却将原告成禄送到了被告席上。十二月十九日，他参劾成禄在高台苛敛捐输，诬民为逆，纵兵攻堡，冤毙二百余人，请旨查办，以雪沉冤。成禄的这件事办得实在过分，廷臣们再也无法为他包庇，于是朝廷下旨将成禄拿问，令金顺兼统成禄所部出关。

参倒了成禄之后，左宗棠了却一桩心事，做出决定，向朝廷提出退居二线的申请。他请朝廷选派贤能接任陕甘总督，而他愿意留在兰州，给总督当个顾问。但是，慈禧的批复很干脆：

　　未可遽萌退志，着赏假一月，安心调理。

左宗棠见朝廷不许他退休，只好强撑下去。时间进入同治十二年（1873）以后，刘锦棠迅速地肃清了西宁附近村堡，根据左宗棠的指示，将接受安抚的回民做了妥善的安插。所有的回民军中，只有白彦虎的部众寻找各种借口，迟迟没有缴出马匹和武器。正月十六日，白彦虎率领余小虎等二千多名部众，从永安和南山向北逃走。该部顺着甘州、抚彝（今临泽）、高台一路袭击北上，已经接近肃州。左宗棠指望宋庆的部队加以拦截，可是宋庆因故没有赶到，只有杨世俊部从民乐县境内祁连山的扁都口星夜追击了一阵，徐占彪虽然兵力不足，也不得不分出兵力前往东北方向，在毛目（今金塔县鼎新镇）拦截。但是，白彦虎的风格是只搞突袭，不碰硬仗，其游击战术，使他总是能够躲过官军的打击。

刘锦棠肃清西宁周边之后，发兵攻占了西宁以北不到百里之处的大通。陈湜和沈玉遂则在西宁以南行动，直捣巴燕戎格（今化隆县巴燕镇）。马永福率部迎接陈湜，向官军投降。沈玉遂率领轻骑，飞马拦截马桂源。刘明灯和敖天印奉左宗棠之命，也从西宁以东的米拉沟（今民和县境内）西进，赶到巴燕戎格，冒着风雪搜捕。马桂源的部众纷纷扔下武器投降。马桂源与哥哥马本源一起到军营投首，随即被解往兰州处以磔刑。

巴燕戎格的回民首领陆续向官军投降，左宗棠令外五工的撒拉回民全部缴出马匹和枪械，将循化厅（今循化县）界定为撒拉回民的居地。

在恪靖军主力肃清西宁南北两路之时，白彦虎和西宁的马壮于二月十八日带领部众抵达肃州城南。此时马文禄的兵力已经增厚，不久前他从乌鲁木齐召来了四千人，让他们趁着夜色潜入城内。白彦虎的到来令他更加兴奋，当即派兵出城攻击围城的官军，徐占彪每天都要迎战城内的出击。白彦虎攻打毛目，企图迫使官军对肃州撤围，但他遭到了徐占彪部属的激烈抵抗。他和往常一样，认为硬攻无益，不如另辟蹊径去搞突袭。他带领部队绕到嘉峪关外，抵达肃州以西三十里的塔尔湾。他派人给马文禄送信，约城内守军于三月初七日合攻官军。但这次他也没能得到多大的便宜，因为金顺所部已经开到肃州，与徐占彪联合作战，他的攻击遭到了激烈的抵抗。

徐占彪对白彦虎十分恼火，决定发起反击。两天后，他留下部队守在城濠边，将主力分为三路，直捣塔尔湾。徐占彪还在路上，马文禄已派兵扑向城濠。徐占彪火速杀入白彦虎军营，斩杀七百人，然后回师攻打城内的援兵，将他们堵回城里。白彦虎在肃州城外打了两仗，都没占到便宜，发现肃州并无他的立锥之地，决定西去新疆发展。他派几百人牵制住徐占彪，领着部众逃到关外的大罩滩与黑山峡。

马文禄见援兵已走，也无心坚守肃州，很想夺回已被徐占彪夺占的礼拜寺，以逃向关外。他下令在城墙底部开挖地道，以礼拜寺为目标。徐占彪发觉了他的企图，令部队在礼拜寺周围开挖壕沟，开展地下对峙。如此坚持了八个昼夜，马文禄才将部队撤回城内。

到了四月份，城内守军耐不住饥饿，提出杀掉妇女突围。徐占彪却将营垒前移，逼近城下。马文禄的部队刚一出城，就被堵了回去。四月二十八日，宋庆所部终于从甘州开到肃州，恪靖军对该城的包围更加严密。

恪靖军对肃州的围攻持续到了六月份，仍然未能攻下坚城。徐占彪多次发起攻击，但他屡屡失利。六月十九日，部队在城关附近修筑好一座炮台，开炮轰击，在城墙上炸开十多丈的缺口。徐占彪大喊："先登城者有赏！"

可是，军士们冲到壕沟前一看，只见沟深四丈，泉水涌注。这就是古代人所说的酒泉，马文禄筑坝把泉水蓄积起来，水的深度完全可以将人淹没。部队猛然刹住脚步，无功而返。徐占彪只得将部队部署在濠边，与守军力斗，只要看到守军稍有懈怠，便掘壕放水。他率领总兵李玉春和方友升把土石填进壕内，然后指挥部队过壕登城。城南城北的守军蜂拥而至，金顺和宋庆的部队一并冲锋，冲入了东关的外城。徐占彪督率部队进行巷战，守军一枪击中他的左脚。各部分路冲锋，斩杀马文禄的大将马得振。徐占彪下令在街口增筑炮台，左宗棠派赖长把大炮运到军中。

但是，马文禄仍然顽强抗争。他在第二天派兵做困兽之斗，击毙官军将领和军官王安邦等十一人，方友升和炮兵将领邓增都负了重伤。徐占彪带伤出营增援，马文禄才下令撤回城内。

在肃州攻防战打得如火如荼的时候，白彦虎的部队继续西进，袭击安西，抵达敦煌。朝廷得到肃州以西告急的战报，急迫地催促金顺出关。金顺请求率领几营兵力先行，朝廷要求左宗棠为他筹办粮草和运输。这道圣旨，令左宗棠十分为难。当时正值粮食青黄不接，左宗棠到哪里去筹金顺每月所需的三十多万斤粮食和九万多斤草料呢？戈壁滩上没有水草，骡马无法担负运输任务。如果使用骆驼，需要八百只之多，一时难以找齐；倘若是金顺全军出关，驼只还要增加几倍。从凉州运到甘州，再从甘州运到肃州，路程九百多里，单是关内运输所需的车辆和骡马，一时也无法凑足数量，更不要说关外运输所需的骆驼了。

左宗棠答复清廷：全军出关，应该缓行，金顺先带几营出关，也无必要。他并不担心金顺全军出关会减少围攻肃州的兵力，只是担心金顺仓促成行，劳费太大，对战事无益而有害。他认为应该等到八月份，新驼到达肃州，新粮已经上市，那时肃州必定已经攻克，金顺全军陆续向西开进，在玉门短时休整，然后直指安西和敦煌，形势将会非常有利。仲秋出关，期限虽然推迟了两个月，却是对大局负责的办法。

由于左宗棠定下了攻克肃州的期限，慈禧准了他的这份奏疏。于是左宗棠必须实践自己的承诺，他知道自己该去肃州为部队鼓劲了。肃州是西征新疆的大本营，是他迟早要去的地方。七月十九日，他率领亲军从兰州动身西行，路上走了二十三天，于八月十二日抵达肃州。这时金顺已在城东北开地道填濠，与各部约定日期，将要发起总攻。

左宗棠抵达肃州大营的第二天，就绕城走了一圈，目的是巡视长濠。马文禄登城瞭望，看见左大帅的旗帜，倒吸一口冷气，感觉到离死期不远了。第二天，他派人参谒徐占彪请求投降，自愿领兵出关杀敌，以报效朝廷。

左宗棠接到徐占彪的报告，摇摇头，没有说话。

大帅来到肃州，静默无声，对攻城部队是更大的压力。将领们立刻发动总攻。八月十五日中秋节，徐占彪和杨世俊令部队填濠登城。守军发炮轰击，炮弹和石头如雨点般砸下，攻击受阻。第二天，徐占彪下令引发地雷，将东北城墙炸开缺口，宋庆手下的将领张林冒着枪弹和石头冲锋，率先登上城墙，被守军击毙。攻击部队稍稍退却，守军很快将缺口堵上。

总攻开始后的第三天，徐占彪和杨世俊下令在西南城墙下开挖地道。两天后，徐占彪下令，同时引爆所有地雷。守军冒着爆炸的烟尘，在城墙上开凿深坑，布下伏兵。杨世俊挥刀杀上城墙，中弹阵亡。徐占彪亲自上阵，命令军士们发动更猛烈的攻击。部队冲上去，立刻有五百多人负伤。左宗棠发话了，命令停止攻击。

他把徐占彪找来，说道："崑山，肃州是一座大城，工事坚固，我军仰攻，伤亡太大，可惜了这些精锐啊。马文禄跑不掉了，就让他多活几天。令部队增修濠垒，将马文禄困死！"

徐占彪执行了命令，但金顺所部继续攻击，于九月初四日从东北缺口登城，占领了城头，扎下军营。从此城内老弱陆续出来投营。

左宗棠并非攻不下肃州城，而是他舍不得把劲旅老湘营过早地调至肃州，因为他担心肃州的军粮不够用。此时他下定决心，让老湘营出场。九月初十日，刘锦棠的老湘营从西宁开到，驻扎城南。恪靖军主力一到，攻城部队齐声欢呼，守军胆战心惊。九月十五日，马文禄只身出城参谒左宗棠，请求招抚。左宗棠说："马文禄罪在不赦，必须缴出全部马匹和武器，分别造出本地回民和外来回民的户口册，呈交官军。"

马文禄执行了左宗棠的命令。他上次受抚时，城内还有三万多名汉民，到现在，多数已先后被他残杀，只剩下男女幸存者一千一百多人。马文禄先将外地回民造册，分批放到城外，这些人来自关外沙州以及甘州、西宁、河州与陕西。左宗棠将他们安置在废堡之内，将一千五百七十三名好战者登记下来。

九月二十三日，左宗棠下令，将马文禄以下九人处以磔刑，将那一千五百七十三名外地回民处死。恪靖军各部奉命分路入城，当晚，恪靖军斩杀四千多名本地回民，解散九百多名老弱妇女。

肃州战事结束，文官武将纷纷要求派飞马高举红旗向朝廷报捷，左宗棠不许。他说：有一点战功就大肆铺张，那是骄奢轻狂的萌芽。凡有德者，在一方平定时，会忧虑更甚，因为表面的安宁必然掩盖着深层的问题。他还是按常规陈述战况，向朝廷奏报。

此事风传开来，人们颇感诧异。左大帅是怎么回事？他为何如此沉得住气？其实左宗棠虽然平时做人颇为矫激自负，但在官场中总是推功揽过，十分低调，不离儒雅斯文。慈禧听说左宗棠不肯红旗报捷，也有所不解，连忙发文垂询，问他有什么顾虑。为了令左宗棠安心，她以皇帝的名义对左宗棠给予了嘉赏。

> 此次亲临前敌，督饬将士，克复坚城，关内一律肃清，朕心实深喜悦，自应特沛殊恩，用昭懋赏。左宗棠着以陕甘总督协办大学士。该大臣前经赏给骑都尉世职，并着改为一等轻车都尉世职，钦此。

自从刘松山去世，左宗棠一到立功受赏的时候，就会想起这位已故的部属。他认为，虽然斯人已逝，军功章却都应该有他的一半。何况其侄刘锦棠也是军功卓著，不能不予以表彰。于是，他在奏疏中写道：

> 伏念刘松山忠勇绝伦，为世名将。前由豫省转战陕北，抚用降人，径趋灵州、吴忠堡，直逼金积，力扼贼吭，深陷重险，百战百胜，虽遇伏捐躯，而毅魄英魂，犹足寒枭雄之胆。陇事转机，实肇于此。该提督身后，兄子道员刘锦棠接统旧部，力著战功。灵州既平，复立平湟伟绩。此次臣赴肃州，即简锐卒赴甘州听调。肃州首要各逆殄除，实资其力，亦何莫非刘松山遗烈也。臣维刘松山报国之诚，每一追思，犹为陨涕，合无仰恳天恩，准将赏加微臣一等轻骑都尉世职，合之刘松山原得之三等轻车都尉世职，照三河殉难抚臣李续宾例，追赏刘松山，令其嗣子萧承袭，感荷鸿慈，实无既极。

左宗棠的这番谦让和追思，既是为了死去的刘松山，也是为了活着的刘锦棠，其安抚军心、振奋士气的用心十分明显。慈禧上次没有允从他转让朝廷的赏赐，这一次却顺从了他的意思。

陕甘的战事结束了，朝廷用于陕甘的巨大开支到底值不值？对于清廷的官员们而言，这个问题是不说自明了。但是，左宗棠要做清白人。军事结束了，军费的实际开支，必须得到朝廷的认可。自从进入陕西以来，直到攻克肃州之前，庞大的军费从他手里经过，开销出去，他必须向朝廷报销，以免将来说不清楚。朝廷知道他非常俭省，为了接济百姓，还把军费用于地方的赈灾和教育事业，决不会跟他计较。但左宗棠办事喜欢一清二白，想把这个时期的账目做个了结，甩掉账务的包袱，轻装上阵，开始收复新疆。他是清末著名的清官，这一点得到了中外观察家的公认。贝尔斯说，人们对左宗棠的非议有不少，但"对他的指控中，唯独没有贪污公款这一条。左宗棠最强硬的对手从来未能指责他从公款中攫取一个铜板据为己有"。

对于左宗棠的提议，慈禧自然没有异议，同意将陕甘的军费开支报销存档。

第十九章

筹划出关

出关之难

同治十二年（1873）九月二十三日，恪靖军开进了肃州城。在这个时候，恪靖军的老对手白彦虎已经跑到了新疆的哈密，离肃州已有一千二百里。乌鲁木齐都统景廉看见白彦虎的旗帜，吓得惊慌失措，忙不迭地向朝廷告急。慈禧接到新疆的军报，立刻想到了金顺。左宗棠不是说金顺仲秋就可以出关吗？如今中秋节已过许久，金顺必须马上出关！她颁下谕旨，令左宗棠在肃州以西两百里处的玉门为金顺的部队设立转运粮台。

景廉的惊慌，其实是一场虚惊。白彦虎并无意于跟他交手，跑到哈密以北的巴里坤骚扰了一通，就向西而行，奔红庙子而去。红庙子是乌鲁木齐的别称，该城东南三里处有一座红山，名称是红的，山色也是红的，山上有一座玉皇庙，壁上也是红土白垩，红庙子就成了乌鲁木齐的代称。

白彦虎到了乌鲁木齐，跟新疆南路安集延的势力勾结起来，新疆的形势更加紧张。金顺接到圣旨，理应马上出关作战，但他感到十分为难，因为部队在肃州战役中疲劳不堪，战死和伤残者甚多，必须休整一段，实在难以开拔。

左宗棠非常赞同朝廷即速向新疆进军的部署，也明白金顺确有实际的困难。他决定替这位满人将军说话，同时提出一个更加切合实际的进兵方案。十月上旬，他上了一道折子，说明金顺所部一时无法开拔，建议朝廷调派广东陆路提督张曜的嵩武军，包括十二营步兵和两营骑兵，先行向新疆开拔。他指出，张曜所部士饱马腾，是一支劲旅，又未经大的战争创伤，适合执行这项任务。凉州副都统额尔庆额有一支骑兵，可以调归金顺指挥，作为前锋，与嵩武军一起开拔。

嵩武军统领张曜是左宗棠看中的另一个出身寒微的人才。他是一个孔武有力的男人，一名杰出的骑手，也是一名优秀的军人。左宗棠不仅把他视为麾下最得力的指挥官，而且对他格外青睐。

张曜和左宗棠一样，是一位颇富传奇色彩的成功者。他发迹之前，是社会底层的劳动者，以打米为生。但他自有过人之处，即身体强壮，体力惊人，能够背起五百斤的重物。由于他爱打抱不平，这种天赋使他惹祸上身。有一天，他在街上看到一个老妇人责骂其守寡的媳妇，强迫媳妇改嫁。张曜在一旁观看，认为老妇的要求不合礼俗，便与其争辩。争到恼火处，他搬起一袋谷子向老妇砸去，把对方砸死了。他负罪逃往河南的固始，发现此地正遭到捻军的袭扰。他带领村民们抗击捻军，其非凡的气力使他能够以一当十，于是他以战功当上了团练首领，声名远播，连省会开封都知道他这个人。

这时捻军包围了固始县城，城里人几乎绝望。知县无计可施，只好张榜招贤：谁能大败捻逆，保全县城，知县就把美貌倾城、文才超群的女儿嫁给他。张曜去揭了榜，仓促召集三百人，夜间出击，突袭捻军。张曜虽然勇猛，但以寡敌众，难有胜算。但他运气很好，钦差大臣僧格林沁亲王率部赶来了，很快就把捻军赶走。知县无意于赖账，让张曜做了乘龙快婿。僧格林沁很喜欢这个小伙子，举荐他当了知县。在知县任上，他因抵御李秀成围城有功，咸丰十年（1860）升任知府，有了道员官衔。第二年，他在汝宁击败陈大喜、张风林所部捻军，擢升为河南布政使。张曜的升迁跟他的贤内助很有关系，因为他一字不识，而妻子文才了得，不但帮他处理文案，还为他拿了不少主意。

御史刘毓楠看不惯这个文盲当上副省级的文职要员，以他"目不识丁"为由加以弹劾，因所劾属实，朝廷将他降为武职的总兵。命运的这个转折令张曜颇为不爽，开始玩忽职守。多亏妻子为他把关，才没有闹出大乱子。在妻子的劝导下，他开始发愤读书，妻子便是他的老师。他镌刻了一方"目不识丁"四字印，时时佩戴在身，以为自励。这样一来，张曜便初通文字了。

同治年间，张曜率部抵抗捻军及太平军，多次获胜，所部嵩武军成为可与楚军、淮军相比的一支劲旅。左宗棠在指挥镇压西捻军的作战时，听说了张曜这个从打工仔群体崛起的将军，对他的经历颇感兴趣，奏请朝廷将张曜及嵩武军调到自己麾下，令他前往山西与刘松山会师，一起进军陕北。张曜起初有意拖延，妻子对他说："你别自以为了不起，你若抗命，皇帝会要你的脑袋！"张曜听从妻子的劝告，启程西进。从同治八年（1869）开始，他跟随左宗棠转战于西北战场，对左宗棠十分敬服。据说他在世上谁也不怕，只怕妻子和左宗棠。左宗棠在进军新疆的关键时刻，决定动用嵩武军这支劲旅，表明他对张曜的看重是非同寻常的。

左宗棠为了避嫌，在提出派张曜等部出关时，建议由户部堂官来做转运粮台的总经理，并选派得力人选带着银子出关办理后勤。慈禧的批复很干脆：朝廷信得过左宗棠，部里不必派人了，一切由左宗棠总管，有利于统一调度指挥。

为了保证肃州的安定，使出关部队有一个稳定的后方，左宗棠将肃州的两千多名外地和本地回民迁到兰州，准备进行安插。自古以来，将西部少数民族迁徙，都是从内地迁往边疆；左宗棠将边地回民迁往腹地，实为创举。他知道难免有人提出非议，但是为了安定边疆，只好甘愿成为众矢之的了。

左宗棠做好了第一批出关部队的安排，于十一月初二日巡视嘉峪关等地，然后启程返回兰州。按照他的安排，张曜的嵩武军从凉州以北的镇番（今民勤）开拔西进，抵达肃州。左宗棠知道肃州养不起这么多军队，令宋庆所部转移到凉州驻扎，在那里接受供给。由于肃州的部队都要分批出关，左宗棠令各部设立后勤机构，从甘、凉二州采买粮食和草料，运到肃州储存，然后从肃州运输出关，一站接一站，运到玉门和安西。

对于向新疆进军，左宗棠和朝廷一样热情。不过，慈禧有的是急迫的心情，而左宗棠有的却是冷静地考虑。北京的指挥意图根本不顾实际，恨不得立刻把一支支大军送往关外，而左宗棠却要计算新粮在什么时候上市，把粮食运往部队前进处共有多少里程，需要多少运力。他认为，有了精确的计算，才能制订合理的进兵计划。

慈禧要吃烫豆腐，左宗棠却要晾一晾再吃。不同的意见在春节之前发生了冲突。

关于左宗棠在新疆的军事行动，西方军事观察家一般的表述为：他在几个收获季节之间指挥一系列征战，为大清帝国收复了大西北的省份。在下一次进军之前，他按兵不动，留下足够的时间为部队播种和收获粮食。贝尔斯写道："他的部队在收获季节之间从一个绿洲推进到另一个绿洲，在每个绿洲都有一次停顿，为下一次进军生产粮食。这个故事就像传奇一样，无疑将长久与左宗棠的名字捆绑在一起，而类似这样的传奇总是包含着一点真实的成分。然而，这远远不是全部的真相。在任何一个国度都很少有一位将军解决供给问题超过了左宗棠的难度。我们的确很难找到一位将军比他更为成功地解决这样的难题。"

左宗棠向朝廷提出的征战计划，基本上是以这种描述为特征。十二月初十日，他向朝廷提出军队出关的计划，以及筹运粮食的办法。

他提出的第一条计划是重组部队，提高兵员素质，改善部队的装备。他指出：官军出关，必须分批起程，陆续开拔，不能一哄而出。出关部队要经过甄选，病弱伤残的兵丁必须淘汰，补充健壮兵员，还要增配新制的枪炮。金顺、张曜和额尔庆额三支兵马，有步兵和骑兵一万几千人，兵力已不算少，可以分批出关，以后还可调拨劲旅陆续开进。

第二条计划是在肃州形成一个大型的后勤给养基地，把玉门与安西设为分基地。在这个计划里，他强调要召回流亡的百姓，迅速恢复农业生产。他指出：部队出关，必须有能力供给军粮，军粮的采买和运输要经过严格的计算。肃州、安西和玉门土地贫瘠多沙，粮食产量很少，多年来被军队搜括一空，百姓流落到外地，土地都已荒废。必须筹集银两，劝百姓回家耕种，以后才会有余粮出售，各军可以就近购买，节省运输费用。

在恢复生产之前，只能从凉州、甘州和肃州采购粮食，运往部队前进处所。购买一石粮食，重三百多斤，要花四两银子。如今已订购军粮十六万三千多石，供金顺等部一万多人马食用，一直要坚持到明年六月新粮成熟，如此一算，还短缺粮料二万多石！何况新粮要到八月才会上市，所以陈粮的筹备，还要多算两个月。

左宗棠强调了采购粮食的困难，继而指出，转运粮食比采购更难。从凉州往西，经肃州，过嘉峪关，运到玉门、安西，路程有一千四百多里，都是沙石路，只适用用骆驼载运。可是骆驼很难买到。若是雇用民间车辆，每百斤粮食运输一百里，就要花去四两银子，按规定征用的公差车也要支付二两。来回四十多天，民车和差车运送的粮食还不满三千石。千里迢迢的运输，每走一步都费银子！各种费用摊算进来，每百斤粮食，花费的银子约为十一两七钱。运价高于粮价，说明了供给的难度非同寻常！这样的运输，费力、费时、费财，还难保源源不断，部队还是有饥溃的危险。

根据这种计算，左宗棠提出了第三个计划，即精兵省粮，分批出关。他说，汉朝名将赵充国对西北的购粮和运粮之难深有体会，所以他采取精兵省粮的策略。他驻军酒泉，治理敦煌，大力推行屯田，裁撤骑兵，只留一万步兵，节省了大笔开销，终于取得成效。左宗棠又以乾隆时代的大臣兆惠为例，说他苦守伊犁几个月，只盼来几百精兵，也就解了围。于是，他得出一个结论：自古关塞用兵，在精不在多，筹甲兵等于筹军粮，而无粮就等于无兵。因此，在他的计划里，先期出关的一万多人，还只能让张曜先行，金顺与额尔庆额稍后推进，其余部队则必须等到明年秋后才能继发。

如此，左宗棠为部队出关做了一份符合实际的精细方案。但是，他的这份奏疏还没送到北京，北京的上谕先到了兰州。这份上谕只有一个意思：金顺、额尔庆额、张曜、宋庆、穆图善等部，所有部队立即同时出关！而其粮饷、军需，责成左宗棠一人办理。

> 现在关内肃清，陇右大兵云集，自应乘此声威，分路西征。景廉驻扎古城，兵力单薄，金顺二十营即着克日驰赴古城进剿，以期规复乌鲁木齐。额尔庆额马队即着令随同金顺西进，张曜、宋庆所部兵力较厚，着即驰往哈密驻扎，会同文麟明春相机防剿。穆图善所部马步各队久驻泾州，徒置无用之地，即着饬令该统领等分起前赴安、敦、玉一带驻扎，以为诸军后继。该将军现在奏请陛见，着将各队分派起程后再行来见。
>
> 以上各军经朕分派后，该将军等即行奋迅前进，不得托词耽延。倘有玩泄从事，朕必当按律惩办，决不宽贷。
>
> 至各军粮饷转运事宜，必须先事预筹，带兵大员其势难于兼顾。左宗棠身任兼圻，责无旁贷。着即统筹各军所需粮饷、军火等项，每月若干，宽为预备，陆续转运，毋令稍有缺乏。如果各该军逗留不前，则罪在主将；倘因粮饷不继，致误戎机，惟左宗棠是问。

这道谕旨，是逼着左宗棠去为无米之炊。朝廷似乎不懂得西北的难处，不懂得陕西与甘肃物产本来不丰，交通运输不畅，又遭到了多年破坏效果空前的内战的摧残，所以这里筹饷难于筹兵，筹转运难于筹饷。皇帝的旨意，或者说慈禧的决定，是要大军一齐出关，若因军需不济，稍有延搁，罪责都在左宗棠一身。湖南人霸蛮，现在碰到了更霸蛮的。从古至今，从未听说有谁从甘州、凉州和肃州把军粮运到哈密以西。三千里漫漫路途，尽是沙卤之地，沿途无处未遭兵燹，付出如此昂贵的代价，粮食运到之后，颗颗都贵如金子了，如此之难的差事，手头拮据的陕甘总督如何能够办到！

左宗棠看了这道上谕，在房间里徘徊很久，然后回到书案旁，耐下性子，把实际的困难再细细陈述一遍。他向慈禧解释：从肃州出嘉峪关向西，本是汉唐行军大道，部队只要带足了粮食，有足够的骆驼和车辆来运输，要抵达安西、玉门、敦煌，确实并非很难。然而，这仅仅是出了关而已，若要继续前行，从安西往西，前往哈密，路途千里，共有十一站，要穿越茫茫戈壁，不仅没有服务区，没有水草，还有匪徒袭扰。这些困难，或许还可以克服；但是到了哈密，再往西去，他这个陕甘总督就真是力所不及了。部队到了哈密以后，必须自己想办法筹粮。至于穆图善的步兵，据他所知，从来没有打过胜仗，而且他实在无力为其筹粮，请朝廷将这些部队裁撤。

慈禧先后读了左宗棠的两份奏疏，她看得出来，左宗棠不是有意推诿责任，而是愿尽全力。她知道左宗棠和她自己一样急于收复新疆，也知道这位大臣以实事求是而著称，既然他都说那些事情办不到，那就无法勉强。于是她收回成命，批准了左宗棠向关外进兵的方案。

皇太后的信任

兰州天气苦寒，出生于湖南的总督天天拉肚子。他脑子里时常浮现出一些瘦弱的身影，挥之不去。从肃州返回兰州的路上，他经常看见老人、妇女拉着孩子跪在路边，求军爷们暂时不要采买粮食，因为那是他们仅存的口粮。

左宗棠不忍再向百姓购粮，可是部队又必须出关，必须筹到足够的军粮。为了解决粮食的困难，左宗棠是有办法的，因为他所指挥的军人，不是破坏性的武装，而是具有建设性的部队。他在占领一个地方之后，会马上着手于建设。陕甘两省存在运输的大难题，所以他每到一个地方，就会在部队的后方开展生产，以减轻运输的压力。

左宗棠的大多数士兵都是农民，尤其是湖南的士兵中有许多种田的能手。他让士兵们发挥了所有的潜力，用人力和畜力耕犁播种了几万亩土地。但是，恪靖军往往不会把收成占为己有，如果躲避战祸的土地主人回来了，军队就把已经耕种的土地还给主人。如果没有主人认领，军队就把土地交给承诺将会继续耕种的任何人。到了收获季节，恪靖军向农民以合理的价钱收购粮食。在经历过回民运动之后的甘肃，到处都是荒废的土地，左宗棠会让从作战部队中淘汰下来的老兵或轻度残废的士兵去开垦。退出一线的士兵们播种收获，但只要有百姓愿意接手耕种，左宗棠也会将土地交给百姓，而令军人们另找荒地去开垦。

士兵们曾经是农夫，要把他们再变成农夫，一点也不困难。他在发起新疆战役的前一年，按照重组部队的计划，把优秀的士兵留下来，把素质较差的士兵们派去从事农活，不会让一个士兵吃闲饭。由于军人参与甘肃的恢复与重建，他为朝廷节省了数百万两银子。

在左宗棠的安排之下，从凉州直到安西，在上千里的地域内，各地都有恪靖军的官兵们按照时令在荒无人烟的田地里从事粮食生产。他们耕地、播种，修筑灌渠，想方设法要让土地产出粮食。左宗棠采取各种措施，鼓励百姓进入这个地区定居，对定居者给予重大的奖励，并以优厚的价格收购他们生产出来的所有余粮。他不准部队接受百姓的捐粮，坚持要官府给百姓支付粮款。他的有力措施取得了成功，他把民众召回了这个遭到战争破坏的省份。部队种粮自给，无法养活他的大部队，但他奖励百姓种粮，却能大大缓解部队缺粮的状况。

左宗棠一边致力于解决民用和军用的粮食问题，一边按照计划将部队逐步派往关外。此时阿古柏已经把新疆闹得乌烟瘴气，竟然向外国出卖不属于他的资源。对于这样无耻的外贼，左宗棠知道，只有武力才能解决问题。一个贼跑进你家里，趁你不在家，出售你的家产，还有什么道理可讲？左宗棠在为此仗精心策划，因为他还知道，阿古柏拥有先进的武器。英国人在幕后给他撑腰，去年派出三百人的庞大使团，送给他六万支步枪和小炮等武器，外加弹药和维修设备。而阿古柏投桃报李，于本年十二月十六日与英国订立通商条约十二条，让英国享有自由通商和领事裁判的特权。他许诺给英国的权益，比许诺给俄国的还要多。他将中亚地区中世纪的封建制度完全移植到新疆，大量集中土地，分封给爪牙，盘剥百姓，索取财物，强征劳役，课税繁多。新疆人民苦不堪言。

对于大清而言，一百六十万平方公里的土地，从实际的版图上消失了。新疆各族人民陷入水深火热，强烈渴望摆脱苦难，盼望得到本国政府和内地人民的救助。毛拉木抄在《伊米善史》一书中有如下记载："南疆维吾尔族人民在街头巷尾成群结伙地在一起议论着'汉人就要来了'的消息，不知这些消息是真还是假，人们总是按照自己的心愿编织出许多故事，以悦人心，更悦己心。"

正是在这种形势下，左宗棠的部队开始出关。十二月十八日，张曜所部向关外开拔。左宗棠为了嵩武军有先进的武器对付侵略者，给了张曜一门克虏伯野战炮，外加兰州制造的十门劈山炮，即外国人所说的新臼炮，以及十支德国造的七连发马克辛来复枪。

张曜临行前，左宗棠给他做了详细的指示，告诉他如何在哈密绿洲上恢复粮食生产。他要求张曜努力安抚百姓，让百姓有足够的安全感，劝其不要离乡背井。还要采取特殊的措施，鼓励离家的百姓返回家园从事生产。在社会秩序恢复以后，要把腾出来的所有人力和畜力用于整修灌渠、耕田和播种。耕畜不足时，要用人力代替，用三名士兵顶替骡子拉犁。如果土地的主人回来了，不论地主信奉何种宗教，一定要把田地还给主人，但要保证他会继续耕种。

左宗棠要求在每块土地上分派一哨部队，即一个连队，每哨聘用一位当地农民做顾问，向他学习粮食的生产程序，鼓励各哨之间的竞争。营官和哨官要为本部队的生产成果负责，农作任务完成得好不好，会作为成绩考核记载下来。左宗棠说，这么做有如下几点好处：第一，能够为政府省钱；第二，能够减少运输；第三，使士兵们不会游手好闲，还锻炼了他们的身体；第四，由于百姓的生活改善了，收成有望了，他们恢复生产的积极性将会极大地提高。

为了节省部队的粮食消耗，左宗棠在重组军队时裁撤了两万人。留下的单位有一百四十一个营，约计七万人。这是左宗棠自己的兵力。其他部队还有金顺的十个营约五千人，张曜的十四个营约七千人，徐占彪的十三个营约六千五百人。因此，他麾下总计有一百七十八个营，总计约八万九千人。恪靖军大部分部署在甘肃全省，主力集结于肃州、高台、甘州和凉州。如此部署兵力的目的之一，就是争取部队能在驻扎地解决给养问题。这样，他就能集中所有的运力来储备给养，提供给在长城以外作战的各路兵力。

左宗棠在筹备新疆之战的同时，从各个方面恢复甘肃社会生活的繁荣。出于对教育和未来的重视，他决定尽快恢复科举考试，让陕甘的读书人重新得到盼头。他决定将甘肃的乡试与陕西合并举行，改为甘肃分闱乡试，分设学政，增加录取名额，由二十一名增加到四十二名。他还要在兰州创建贡院，相信西北学子们会因此而受到鼓舞。

他在路上走过，看到那么多百姓在寒冬里衣不蔽体，促使他下定决心，一定要拔除罂粟，种植草棉，纺纱织布。而不适宜种棉花的土地，都要种植杂粮。他编纂了《种棉十要》和《棉书》，命令属下加快印刷，发给农民。他要求陕甘两省各地都要设立专门机构，传授纺织技术。为了减轻百姓的负担，他奏请朝廷全部蠲免百姓在同治十三年（1874）以前所欠的钱粮，同时决定改革甘肃的茶务，添设南茶柜，向南方招商。

春天还没过完，金顺和额尔庆额也相继出关了。左宗棠也给金顺装备了一门野战炮。他把张曜和金顺的一万多人送出关后，竭尽全力来为这些将要为国土而战的将士们提供军饷。可是，这时日本开始对台湾的侵略，各省为了支援在台湾的卫国作战，突然停掉了协助西征的军饷。左宗棠想把湖南的东征局改为西征局，也没能成功，因为湖南要增援贵州的战事。在这种情况下，左宗棠决定让胡雪岩主持的上海转运局向洋商先借三百万两银子。

向洋商借钱用于对内对外的作战，是左宗棠的一个创举，然而据他自己所说，也是不得已而为之，或者说是没有办法的办法，因为晚清的中国经历了多年的内战，又接连在外国列强的压迫下支付赔款，国力十分贫穷。左宗棠为了收复新疆，不得不采纳胡雪岩的建议，多开一条门路，走一条使自己遭到非难的路子。

慈禧自从操纵皇位的那一天起，对左宗棠这位大臣几乎是言听计从。她力排众议，为左宗棠撑腰，左宗棠得以在洋务和军事上迈出重大的步伐。但是，晚清社会承载的屈辱历史，表明它的基本特征是停滞沉闷。在这样的政治和文化氛围下，反对变革是官场的主流。左宗棠要推行以抵御外侮为宗旨的改革开放，要建设大西北，收复和开发新疆，虽然雄心勃勃，仍然是举步维艰。他这种筹措资金的方法，致使众口悠悠，是非不断。

左宗棠在西北作战，不断有人告他的御状。其中最致命的一条指控，说他袒护浙江富商胡雪岩套购军火，向八国借款，从中渔利，为国家留下了沉重的外债。

慈禧太后也颇感陕西和甘肃那边用钱成了个无底洞，既然大家质疑，不能不查个水落石出，给大臣们一个交代。她命令户部和吏部抽出要员，组成联合调查组，核实这些指控。财政与组织部门联手调查左宗棠有无贪渎的罪行，一经查实，恐怕就不是"双规"那么简单，恐怕会给左宗棠定个杀头之罪了。

联合调查组兵分两路，一路前往陕西和甘肃，另一路前往浙江和福建。

来到甘肃的调查组背着左宗棠微服私访。他们走到军营，看见士兵在屯垦，有的还帮助回民刨地、挑粮、种庄稼，又看到军士们全力修复毁弃的农田水利设施。在宁夏的黄河两岸，左宗棠设置的回民聚居区，正在抓紧修葺房屋，安置回民，战争的创伤恢复得很快。他们得到这样一种印象：恪靖军在帮助当地汉回百姓建设"塞上江南"。

他们接着考察官兵的生活待遇，发现军营中粮食匮乏，士兵们就着咸菜吃饽饽饼，衣服单薄，连过冬的棉鞋都没有。饥寒交迫，军士们还要济贫帮困，把口粮分出一部分，送给安置的回民，帮助他们度过困难时期。经过调查，他们得知左宗棠把朝廷发给自己的养廉银交给部队，用于地方上修桥修路，用于开设书局，刊刻经典，修建庙宇，雕刻石碑。

养廉银是清廷发给高官的巨额补贴，旨在防止他们搞腐败，防止大帅和将领们克扣士兵的军饷。这笔款子，左宗棠基本上没有用在自己身上，累计下来应该有几万两银子，全部被军需后勤部门使用了。调查组的成员们想：养廉银用做了公款，应不应该补发给左宗棠呢？

调查组的使命就是挑毛病、找岔子，可是查来查去，查不出名堂，反而查出了这样一笔私款公用的糊涂账。他们改变了离京时所怀的成见，从心底里敬佩左宗棠对朝廷的忠心。

前往浙江和福建两省调查的两部要员，查出红顶商人胡雪岩与左宗棠有千丝万缕的关系，胡雪岩为恪靖军西征筹款筹物资，有巨额资金从他这里周转，但左宗棠并未从中获利分文。

联合调查组回京复命，详细汇报。慈禧很感慨左宗棠的一片忠心，念他一大把年纪，还在西北苦寒之地征战，办了这么多实事，却惹来一大堆非议。她想，如果惩办了这样的大臣，或者对他不信任，派人查来查去，让他寒了心，还有谁会真心替朝廷办差呢？慈禧是个很有性格的女人，她一张口，对满朝文武大臣下了一道史无前例的口谕："三十年不许奏左！"

什么意思？她的意思是：三十年内，任何人不许告左宗棠的御状！这样的懿旨，几近荒唐。慈禧担心大臣们不信，令军机大臣们把这道懿旨下达全国各省、各州和各县，给足了左宗棠面子。这道懿旨唯独没有寄往西北左宗棠的大营。慈禧知道，自然会有人告诉这位大臣，而他会更加感激自己的隆恩。这样一来，他还有什么理由抱怨自己委屈呢？唯有鞠躬尽瘁、死而后已了吧？

"三十年不许奏左"，当然也是慈禧的平衡术。她不想让李鸿章为首的淮系官僚过于张狂，用湘制淮，以淮制湘，这样就更显得天威之莫测了。不过，慈禧敢下这道口谕，是心中有数的。她太了解左宗棠的为人了，别人贪污受贿她相信，左宗棠却毫无疑问是清廉的。这个基本估计没错。左宗棠去世时，只给后人留下二万五千两银子。同为国家重臣的李鸿章，根据他的同时代人容闳的说法，家财竟有四千万两！"宰相合肥天下瘦"的说法，也是站得住脚的。

"三十年不许奏左！"慈禧这句话，足以说明左宗棠尽管没有像李鸿章那样用金钱去打点内廷，却在朝廷里有了最过硬的靠山。

国防与外交

张曜和金顺的部队刚刚向关外开进，新疆问题的解决开始看到了一点曙光，可是东南沿海的形势因日本侵略台湾，又笼罩了一层阴影。日本自1868年明治维新以后，开始走上资本主义道路，刚刚有了一点实力，就积极向外扩张。自同治末年即19世纪70年代起，日本就把朝鲜、琉球和中国台湾作为其侵略目标。就在这一年，日本成立了台湾事务局，做好了侵台的准备。三月二十一日，陆军中将西乡从道指挥下的日军在台湾南部琅乔（王旁乔）（今恒春）登陆。清廷急令福州船政大臣沈葆桢为钦差大臣，办理台湾等处海防，兼理各国事务，率军舰赶赴台湾加紧布防。

日本侵略台湾一事，起源于同治六年（1867），美国一艘商船遇礁撞破，船长罗妹及船员上岸逃生，被台湾土著杀死。美国领事李让礼向台湾官府告状，要求惩办凶手，收殓残尸，救回活着的船员，还要求官府派兵管好土著，并没有提出其他条件来要挟。台湾总兵刘明灯和台湾道吴大廷与李让礼议定此事，又令土著头人卓杞笃与李让礼商议善后诸事。李让礼便与土著握手言和，自己写了一份申明，由台湾官府递交上级，并附有请示报告，得到批准，事情就平息了。

可是，后来吴大廷调到内地，刘明灯又被撤职，以前达成的协议被束之高阁，无人过问了。李让礼心怀不平，将此事报告美国政府，请求发兵攻击土著，以保护通商。美国政府指责他惹是生非，没有批准，并撤销他驻厦门领事的职务。李让礼没有得逞，便将台湾地图交给日本人，唆使他们攻打土著，还给他们提供武器。日本人知道台湾后山地势险峻而又肥沃，想要侵占，作为外府。这就是日本违约称兵的由来。

日本在实力增强后企图称霸的情况，左宗棠在几年前创办福州船政局时便已提出过预警。他要建立中国的海军，即有跟日本人竞赛的意思。现在，当他得知日本侵台的消息，既很气愤，又颇为庆幸地说："多亏我们在造轮船！沿海防不胜防，有了轮船，一日千里，警报一来，就可出发，不会错失战机，能够以战为防。"

左宗棠知道，福州船政局已经造成了十五艘轮船，可以巩固海防，而沈葆桢总理台湾防御，就有了更大的保险系数。他深知沈葆桢"志虑忠实"，知己知彼，朝廷让这位福建官员来保卫福建本土，又授予全权，应该是能完成任务的。因此，他对保卫台湾很有信心，致函沈葆桢说：

贼图逞志于此，必先上岸作埠头……我军水陆并力，乃可制此凶锋。

他又致信总理衙门，强调"水陆防剿，均宜兼筹"。他同时想到了福建和整个沿海的防御，指出福建一省东部临海，台湾有战情，各地海口都要设防。他说，台湾郡的地形如同一把梳子，延袤一千多里，处处都要严格布置；因此，福建本省兵力不够分布，就要从外省调拨，而滨海各省都要戒备，特别是在洋人通商各处，切不可把兵力调走。

左宗棠同时指出，海防不能专靠轮船，沿海要修造炮台，布放水雷。他提出最好用西洋人铁制的炮台，仿造普鲁士威力很大的水雷。要将火炮对准外国战船的来路，算准射程，才能弹无虚发。

左宗棠继而论及整个的海防计划。他提出，由于我国有漫长的海岸线，必须有专人统筹海防，而不能分散经营。海防总指挥对于福建、广东、浙江、江苏、河北与山东各省，还有那些孤悬海上的岛屿，凡是可以停靠船舶的地方，都要逐一勘察，预先设防。

他告诫海防大臣，要明白哪些地方最为要紧。他打了一个形象的比喻：天津如同人头；大江和三江入海之口就像人腰；各海岛的要隘，比如台湾和定海，好比左右手，可以保护头部和腰脊。以上各处，都须严密设防，一天也不能松懈。其余地方可比臀部，当然也要爱惜，但不必部署重兵。

在左宗棠的计划里，既有新疆的收复，也有海防的加强。因此，他没有像李鸿章那样只为自己集团的事业考虑，一味强调海防的重要性。他所思考的是如何才能合理地分配国防资源。他指出，新疆要收复，海防也要巩固，此为天平两端，要保持均衡。李鸿章说海防重要，他也承认，但不能扶得东边，倒了西边。国家资金有限，只能投放在该用的地方。海防和塞防都要合理投入，不能厚此薄彼。

他认为，李鸿章注重扩充淮军实力，主张购买战舰，组织舰队，高喊要到外海与列强作战，这是轻敌浪战，应该避免。以中国当时的综合国力而言，还不足以到海上与西方列强决一雌雄。坚持去做力所不及的事情，只会徒耗军费，导致收复新疆的部队缺乏军饷。他引用了沈葆桢的一句话：不贪战功，不损国体。他赞赏这个提法，认为这句话说到了点子上，表明最清醒最明智的态度是：既不能放弃领土和主权，又不要好大喜功，轻易出击。

左宗棠明白地提出了自己的主张：用本国制造的战舰作为巡防力量，增设炮台和碉堡，加强防御工事，海防就能得到有力的巩固。他虽然不赞成到外海与列强决战，但如果侵略者打到了家门口，他主张坚决地予以抗击。

左宗棠的国防计划，和他的外交态度是一脉相承的。他认为，我国海防力量增强以后，西方列强已经有所收敛。只要我国依靠国防力量，在外交上不卑不亢，就能达到保卫领土的目的。西方列强由于彼此争斗，有的受到本国内战的拖累，其实有时是外强中干，对我国虚声恫吓，李鸿章看不到这一点，他觉得颇为费解。他一针见血地指出：李鸿章向朝廷索要巨额资金，究竟是要干什么？他打着加强海防的旗号，拥兵自重，到处伸手要钱。淮军养尊处优，不堪一战，将帅们借机聚敛私财，究竟是为国家，还是为了一己之私呢？

左宗棠虽然洞察了李鸿章的动机，而且提出了尖锐的批评，不过，当李鸿章派援兵赴台时，他深感欣慰，称赞"少荃之请调洋枪队，所见诚伟"。但他担心洋枪队人手是否足够，能不能继续加派。

正如左宗棠所料，沈葆桢在台湾积极布防，加上日军发现，他们开抵台南的军舰并非中国新船的敌手，致使日军有所顾忌，不敢贸然开战。但日本还不甘心，转而通过外交谈判勒索中国政府。

日本先令驻华公使柳原前光进行外交讹诈，继而派大久保利通为特使，于七月三十日到北京进行谈判，竟然要求中国至少赔款二百万两。遭到总理衙门拒绝后，他又继续施加压力，扬言要坚持到底。左宗棠得知这个消息后，主张一战。他在给总理衙门的信函中说：

> 闻倭使来京，朝议允给百万元，而倭使仍欲久踞番地，未知确否？果尔，则我已有词，届时兵勇、船械均已齐备，水陆防剿，自有把握，可以战矣！

但是，李鸿章在谈判僵局中挺身而出，提出妥协。他致函总理衙门说：

> 目前彼此均不得下台，能就通商一层议结，洵是上乘文字。……是其注意实在占地、贴费二端，落到通商，必非所愿。……念该国兵士远道艰苦，乞恩犒赏饩牵若干，不拘多寡，不作兵费，俾得踊跃回国。且出自我意，不由彼讨价还价，或稍得体，而非城下之盟可比。

日本当时并未跻身于世界列强，那些认为李鸿章洞察国际大势而能委曲求全，是为老成谋国的人，在他此时对日本的态度上，恐怕也无言可赞。左、李二人此时对待日本侵略的态度，以及提出的举措，前者可谓谋国，后者可谓只想做个国际好人。难怪甲午战争中国战败后议和时，日本指名要李鸿章前往马关谈判，否则免谈。假设那时左宗棠仍然在世，日本一定不会让他去谈判，他也决计不会去签那个马关条约的。

可惜的是，李鸿章总是能够危言耸听，吓倒他的一些位高权重的同事，或者以中庸之道博得庙堂的好感。当时，总理衙门大臣文祥也怕冲突升级，采纳了李鸿章的提议，于九月二十三日与大久保利通签署了《台事专条》，即《北京专约》，规定中国不仅赔银五十万两，还要承认日本侵台为"保民义举"。明眼人都能看出，这个条约的签订，给中日关系开了一个不好的头，致使日本轻视中国，或许竟是使日本人将中国人视为"支那猪"的开端，为以后日本的多次侵华埋下了伏笔。不妨设想，如果清政府采纳左宗棠的建言，打击了日本的侵略气焰，中国人未必会有后来的屈辱，日本人也未必会有日后的张狂。左宗棠此人的存在在清末的重要性，由此可见一斑。

军屯与民屯

同治十三年（1874）夏季，金顺所部抵达安西，张曜所部则到了玉门。安西的情况非常不妙，因为一年后路过那里的俄国旅行家皮亚塞茨基博士，看到的仍然是满目荒凉。他写道：

> 我们当然知道安西遭受了战争的苦难，但我们见到的毁灭超过了我们所有的想象。这个大城镇已经荡然无存，只剩下一堆石头、断壁残垣和寺庙的废墟。在这一大片废墟的中央，几个老年居民在搭建草棚。略有不同的是，这里一无所有，只有蓬生的野草。

到了夏末，张曜从玉门推进到了哈密。部队从安西出发后，必须按照水源地点的供应量分成小批迭次进发。当一个批次抵达一个供水点时，前一批次就会继续前进。一个批次需要十一天才能抵达哈密绿洲。皮亚塞茨基在张曜抵达哈密一年之后也到了那里，他对自己见到的哈密城记载如下：

> 这个城市已经完全毁灭，无从推断战前是个什么样子。确切地说，新城只是中国军队的新营而已。

从这位俄国旅行家的以上描述可以看出，左宗棠麾下第一批进军新疆的部队，是在怎样困难的条件下开辟那里的局面。

出关的部队先后开抵安西以后，清廷任命了西征大帅。左宗棠没有出任督办军务的钦差大臣，一方面是因为他身体不好，另一方面，不排除慈禧有意让满人到新疆去立战功，以挽回昔日威风的颜面。朝廷任命的钦差大臣是景廉，并任命金顺为副手，出任帮办大臣，令他在乌鲁木齐附近的古城与景廉会师。西征的统帅和副统帅都是满人，如果慈禧的本族人真的建立下新的武功，她一定会非常高兴，那样一来，她在军政界推行满人的全面复辟，就会顺理成章了。

慈禧交给左宗棠的任务，是根据景廉所请，要他为景廉和金顺担任后勤部长，即"总司后路粮台"。无粮便无兵，这是千古不变的道理，景廉自然也懂，所以他要左宗棠来给自己担任最重要的职责。他的想法很简单：都说左宗棠是个能人，乐得请他为我担起军粮筹运的重任。

朝廷当时对左宗棠的任用也许有更深远的想法，七月十二日，清廷谕令，补授左宗棠为东阁大学士，仍留陕甘总督任上。就官场品级而言，左宗棠已进入一生辉煌的高峰。他未曾中进士，却入阁拜相了。这就是野史中那个段子说的情况，李鸿章曾预言左宗棠不可能入阁拜相，而左宗棠偏偏没让他的预言实现，终于圆了自己的丞相梦。鉴于他正在参与收复大片国土的事业，他与自己崇拜的诸葛丞相相比，也许是有过之而无不及了。

慈禧在左宗棠流露退隐之意以后，突然授给他最高的官职，意思非常明显：这位勋臣长年带兵作战，吃尽了苦头，身体已经垮了。但朝廷还要倚重他，适当的时候，要把他调进京城，参与军国大事的决策。这个任命，为调左宗棠回京应差埋下了伏笔。

不过，左宗棠现在还得办理景廉推到他头上的苦差。根据朝廷谕旨，西征部队要越过哈密西进，那么，到了哈密以西，粮食怎么运过去？左宗棠对此一筹莫展。他即便有巧妇之能，却不能为无米之炊。依照他历来办事的风格，办不到的事情，他绝不会承诺办到。他不会因为害怕朝廷降罪，或者为了敷衍朝廷，而做下空头保证。所以，他一次又一次向朝廷奏报：哈密以西的军粮他无法筹运，应该由景廉自己在新疆北路采运。

不过，他为景廉指出了一个更好的办法，那就是屯垦。

左宗棠所谓的屯垦，不是自古以来所说的军屯。他把屯垦分为两种：一种是让军人又种田又打仗，这是假屯垦；一种是让军屯带动民屯，军队做模范，带动逃避战乱的百姓回家种田，然后把军队开垦的土地无偿地交给百姓耕种，这才是真屯垦。百姓有了粮食，军队才会有粮可买，才能从根本上扭转粮食缺乏的局面。

他给张曜写信，谈了两种屯垦的区别。他指出，哈密一地，虽然土地肥沃，五谷皆宜，节候与内地相同，但百姓长期被拉壮丁，如今又被白彦虎带走了不少人，加上敌对武装的骚扰，农业已经凋敝，田地无人耕种。嵩武军进驻哈密，一定要利用有利的条件，大力发展农业。但是，要搞好屯田，只有张曜这样深明事理的将领才能做到。从前驻扎哈密的将领也是口口声声要兴办屯田，但他们不懂屯田应该怎么办，也不懂如何才能得到屯田的好处。他们一心筹办军粮，却未把百姓放在心上。要筹军粮，必须先为百姓筹粮，百姓才是不会枯竭的源泉。否则，部队要发展农业，百姓却都迁走了，全靠部队种田，吃了今年没明年，怎能从根本上解决问题？

左宗棠要求张曜查明留下的百姓究竟还有多少，其中有多少耕田的劳力，能够耕种多少田地。查明以后，给百姓配发种子和耕牛，让他们安心耕种。收获的粮食，百姓留下自己的口粮，余粮由官府照市价收购，以补充军粮。对于需要救济的灾民，还要先发给一些粗粮，不能眼看着他们饿死。壮劳力每人每天发粮食一斤，老者弱者，每人每天发给五两，好歹让大家活下去。

左宗棠特别叮嘱：发放种子，要在播种时才能发给，以免百姓把种子吃掉。民屯办好了，收获时有了余粮，部队就不愁买不到粮食了。部队就近购粮，省去了大笔的运输费用。官府先投资救灾，发放种子和耕牛，秋后照价买粮，百姓得以苟延残喘，部队也省了运输费用，这是一举两得，何乐而不为！

左宗棠不但想到百姓的利益，也注重调动官兵的积极性。他规定：兵士们种的粮食，部队照价收购，所得的钱，由兵士们平均分配，使大家有利可图。军官付出了努力，也要记功发奖，而偷懒则记过。各营的士兵吃着官粮，种的是私粮，拿了军饷，还能分到卖粮的收入，既照顾了私人利益，又减轻了国家的负担。对于军人而言，除了赢利以外，他们习惯了劳苦，身体结实了，病痛减少了，战斗力增强了，避免了长期游手好闲，也不会生出什么事端；对于部队而言，粮食充足了；对于官府而言，运费节省了；对于百姓而言，他们回家以后，把部队开垦的土地接手耕种，不用开荒了，劳费节省了。这样一算，就是一举四得。

左宗棠提出了独树一帜的屯垦思想，张曜则打算忠实地执行他的规划。但是，哈密办事大臣文麟出于私心，横加阻挠。他的部队正在开展屯垦，担心嵩武军开到哈密，会从他的部队里分走一杯羹，因此，他请张曜不要前进。

景廉身为钦差大臣，虽然不会反对金顺和张曜的西进，但他对筹粮之事一概不管，全赖在左宗棠身上。他说，哈密到古城有一千多里，所存粮食必须供给驻扎古城的部队，那么金顺和张曜所部所需的粮食他就不管了。金顺所部每月需要粮料三千石，使关外军需负担剧增，景廉认为关外无法解决，因为从科布多和乌里雅苏台采购一石粮食，运到古城，需要花费十多两银子，劳费太多，必须停止。于是他得出一个结论：出关部队的粮料，应该由关内接济。沉重的包袱，就这么甩给了左宗棠。

西进部队的供粮问题得不到解决，妨碍了部队的进程。但是新疆的形势日益紧迫，白彦虎加紧与外国势力勾结，于六月份从哈密西去吐鲁番，表示愿和阿古柏"同心合力，反对来自北京的和太"，具体任务是北上乌鲁木齐，为阿古柏守城。

在前路缺粮的情况下，金顺的前锋部队和额尔庆额的骑兵于八月份开到古城，其主力留在肃州与安西，观望形势，不敢继续前进。如果按照景廉的安排，他们必须等待左宗棠为部队把粮草运往其前进的处所。

景廉这种甩手掌柜式的安排，得到了朝中一些大臣的支持。他们说，以前用兵关外，都在肃州设立粮台，由重臣督率经理。于是，清廷下诏，令左宗棠督办粮饷转运，从关内一直运到古城；袁保恒以户部侍郎的身份出任帮办，将西征粮台从西安迁到肃州。

左宗棠接到廷旨，不愿盲从，反驳朝廷不合理的安排。这就是左宗棠，他的务实精神使他办事坚持从实际出发，而他的刚直性格使他不畏强权，即便顶撞朝廷，也不放弃务实的根本。这是使他超越群臣的最为难能可贵的品质，也是他获得成功的根本原因。将他的做法与郭嵩焘当年在广东不敢得罪同事的行为相比，便可了解两人作风的差异和发生矛盾的原因。

左宗棠在抗辩圣旨的奏疏中指出：金顺的部队既然已从哈密前进，开到了新疆北路，粮台就不应该迁设肃州。景廉曾说，从乌里雅苏台及科布多采运粮食到巴里坤和古城，每石的花费是十多两银子，这个运费并不昂贵，只等于从凉州采运到安西的运费。他不知道，从安西越过哈密，再运到巴里坤和古城，二十六站的距离，运费又要加倍。为什么要舍近就远，舍便宜而求昂贵呢？

左宗棠准备抗命，正在上疏反驳景廉的时候，袁保恒来捣乱了。他未跟左宗棠通气，就突上一疏，说他正遵旨筹备，将粮台移到肃州。他着意于表现自己的高姿态，自称要统筹全局，并称官军攻克肃州以后，各部未能直捣乌鲁木齐，是左宗棠的过错。他突然跳出来所做的这番表演，令左宗棠大吃一惊。他想：事情怎么能这么办？考虑尚未成熟，道理尚未辩明，就要搞成既成事实？不行，不行。我还得上个折子，制止他们乱来。

左宗棠在接下来的奏疏中指出：额尔庆额与金顺两军已从安西、哈密前进，但新疆北路巴里坤、古城与济木萨的粮食，只能供现有部队和百姓食用，我们应该预先筹措，充实储备，供应将陆续开到的部队。如果把西征粮台移到肃州，则偏于南路，北距古城二千九百六十里，管理人员无法考察各部粮食的数量，做出相应的调度；肃州东北距科布多四千三百多里，距乌里雅苏台近六千里，管理部门怎能了解运价高低和运输的快慢呢？部队在北边，后勤部设在南边，岂不是前所未有的怪事！

左宗棠从根本上分析，军队之所以要设粮台，是为了收支转运，自然应该设在方便运输的地方。现在肃州的分支机构采粮转运井井有条，何必还要将总局迁到肃州呢？在新疆北路采办粮食，确实有粮可买，而现在道路已经疏通，为什么不把粮台总局移设北路，为北路的部队提供粮食呢？他恳请朝廷收回成命，令袁保恒在乌里雅苏台、科布多与巴里坤三地中挑选一处，作为粮台转移之地，在其余两地设立分台，让北路储备充足，以利前锋部队迅速投入作战，以及后续部队陆续开进。

上文说过，张曜遵照左宗棠的计划，已经开进哈密。这个地方是总扼新疆南北两路通往关内的要镇，也是左宗棠解决粮食问题的一个重要部分。左宗棠奏请朝廷批准张曜所部办理屯田，并向朝廷阐明他已向张曜传授过的左氏屯田法。他指出，他的屯田办法不同于传统办法的根本之处，在于以前是军队屯田之后，将已经开垦种植的田地移交给政府，而他的办法，是将军队开垦种植的田地移交给百姓。军队垦荒，召回难民，然后还之于民，这就是左氏屯田法的流程。他声称自己已在甘肃推行此法，取得了成功，现在要让嵩武军在新疆推行。

在屯田的问题上，左宗棠非常鲜明地提出了以民生为根本的施政纲领，同时主张推行依靠民众提供后勤给养的办法，为后世以老百姓子弟兵自居的军队提供了宝贵的借鉴。他要打破官僚主义和形式主义的传统屯田法，制止官员们在政绩工程和面子工程中虚耗国帑，坑害百姓，所以，当袁保恒也来凑热闹，向朝廷申请经费，说他要设立专门机构大兴屯政时，左宗棠立刻奏请朝廷将他打压下去，不容许这个官僚子弟乱搞花架子。他说，屯田应该随时随地逐步开展，现在军饷缺乏，若是为了图个兴办屯田的名声，设立专门的机构来管理，恐怕恢复生产的百姓不多，倒是要花不少钱来养活一帮官员和办事的差役，侵占了救济百姓和发放种子的经费。由此可见，左宗棠非常清楚官僚主义的弊端：但凡有政策出台，动不动就搞个领导小组，下面再设个办公室，养一大帮官员，上面动静大，实效却很小，关键是浪费太多。而左宗棠办事总是以民生为第一心念，所以他勇于变革，讲求实效，往往能获得成功。

左宗棠就西征粮运问题与景廉和袁保恒那一帮官僚在朝廷提供的平台上唇枪舌剑的时候，日军已因忌惮中国的防备与军舰而从台湾撤走。但是，日军此来挑衅，继两次鸦片战争之后，再次引起了朝野对海防的重视。大臣们纷纷讨论如何加强海防，总理各国事务衙门上疏，提出六项措施：训练部队，改造武器，制造战船，筹备军饷，选拔人才，持久防御。

这时候，身在甘肃的左宗棠，是清政府掌控军政大权的实力派人物，而且在国防实践中摸索出了丰富的经验，但凡军国大事，朝廷都少不得征求他的意见。总理衙门给他寄来快件，请他就海防之事发表高见。左宗棠毫不含糊，针对总理衙门提出的六项措施，逐条给予答复。

关于训练部队，他提出要学习西洋人的洋枪队式，因为其行列整齐，进退有度，有利于使用枪械与火药子弹。他指出，刘松山与章合才学习了西洋的阵式，他们的部队不但可以打败太平军与捻军，也可以对付洋人，这是他亲眼所见。

关于更新武器，他指出：论炮，普鲁士制造的后膛螺丝开花大炮威力最大；论枪，后膛七响枪最强。西方人精益求精，不但改用了螺丝内膛，现在又改用后膛装填子弹的办法，枪炮都是极品，我国应该仿造。他以甘肃制造局为例，说明改造中国军队的武器是能够办到的。他说，该局已能仿造普鲁士国的螺丝炮及后膛七响枪，还能改造中国旧有的劈山炮和广东的无壳抬枪。他们从中国和西洋的方法中各取其长，和西洋人一样精益求精。

关于轮船制造，左宗棠指出：福建船政局创设五年，在规定的期限内已看到成效。福建的经验表明，凡是洋人擅长的，中国人都能办到，而这是中国永久的利益。关于铁甲战舰，他主张买来加以察验，以确定我国是否合用。他相信，只要合用，中国工匠也能仿造出来。他强调造船要着重培养本国人才，在福州船政局，中国工匠能以机器制造机器，中国人能遵照西洋的办法做船长，这是上海所不如的。

关于筹饷，左宗棠指出，当官府和民间的资金储备都在战争中耗尽时，靠着洋税和商业税收，每年有巨额的进款，得以支撑下去，这是有失也有得。他又指出，海防不能单靠耗资很大的轮船，还要设立炮台，布设水雷。他建议邀请外国师傅到福建教中国学生制造水雷，学成之后，就能巩固海防，节省费用。

左宗棠再次指出，西北有必须进行的战争，沿海防务也须加强。但是，国防资源十分有限，朝廷财政捉襟见肘，因此，一定要合理地分配国防资源，保证塞防与海防两不误。

另辟蹊径

在左宗棠紧锣密鼓为西征军筹饷筹运的时候，在朝廷大臣们有关海防问题的一片议论声中，同治时期落下了帷幕。同治十三年（1874）十二月初五日，慈禧那个不亲生母的亲生儿子同治皇帝驾崩。由于慈禧违背祖制，在李鸿章淮军的武力支持下，立了一个对她一定会言听计从的光绪皇帝，所以朝廷的既定政策没有为同治的早夭而变化，各项决策都保持着连续性。

左宗棠在兰州没有感觉到皇位更迭的影响，他制止了袁保恒将西征粮台移到肃州，袁保恒只好根据他的提议，奏请将西征粮台转移到巴里坤。左宗棠的意见占了上风，粮台的设置趋于合理，巴里坤处于南路和北路之间，在这里设立粮台总局，距离前线部队近了很多。

在购粮的问题上，袁保恒部分接受了左宗棠的意见，提出先买古城和济木萨的粮食，但他还留了一手，建议不足的部分仍然从南路调运，他还请求从旧部皖军中抽调部队护送粮运。

但是，袁保恒的意见是否能够得到批准，还要看左宗棠是否同意。朝廷将他的报告发到兰州，征求左宗棠的意见。左宗棠这时已经找到了新的购粮门路，形成了新的方案。他向各地派出的几路调查组已经有了反馈：从归化和包头出发，一路西行，取道射台与大巴，直达巴里坤，有一条商旅通行的道路，可以购买和雇用运载粮食的骆驼。左宗棠想：北边有粮，又有运载工具，为什么不到包头办粮呢？他把知州陈瑞芝召来，面授机宜，令他前往包头试办。

接着，左宗棠给朝廷上奏章，又把景廉和袁保恒不切实际的想法狠批了一通。

他说，袁保恒提出把粮台移设巴里坤，这就做对了；但是，袁保恒提出先买古城和济木萨的粮食，其次还要从南路调运，这又是不经调查研究乱说瞎话。古城的粮食早就被景廉订购了，巴里坤的粮食金顺已经订购，额尔庆额已经从我这里领过钱了。现在袁保恒要从古城和济木萨买粮运回巴里坤，再发给景廉和金顺，岂不是没事找事？何况古城与济木萨的粮食已经卖掉了，袁保恒还能买到什么？

左宗棠接着指出，从南路的凉州、甘州、肃州和安西采买的粮食，要供张曜和宋庆两军食用，金顺留在安西和肃州的部队，以及凉州、甘州和肃州的所有城防军、护运队，也都靠这些粮食养活。如果还要增加收购量，在青黄不接的季节，农民已经无粮可卖了，不能强百姓所难。既然粮台移到了巴里坤，就应该在北边广开门路，采运粮食。

左宗棠向朝廷奏报了他刚在北路发现的运粮新路，即包头—射台—大巴—巴里坤一线，从包头到大巴，路程为十几站，从大巴到巴里坤，路程为十六站。这一路上到处是产粮之地，有些地方虽无转运站，甚至没有地名，但过去的商旅前往巴里坤、古城和乌鲁木齐，总是走这条路，湖茶私贩也是通过此路销到古城。写到这里，左宗棠将了袁保恒一军，他说：这条路线，历任总督奏明有案，袁保恒怎么就不知道呢？

在左宗棠的眼里，袁甲三之子、袁世凯之叔父袁保恒，是一个既不喜欢调研又爱出风头的官员。而左宗棠本人是十分注重搜集情报的。在第一次鸦片战争期间，他还是一介平民的时候，他向朝廷提出的建言六策，其中的"料敌"与"用间"两条，就强调了调查研究的重要作用。这一次，他的炮兵司令邓增跟随金顺到了巴里坤，身负搜集情报的任务。邓增向他报告：巴里坤商业繁荣，商人络绎不绝，棉价、布价和粮价与内地相近。商人们都是来自乌里雅苏台与科布多一带，所走的道路，就是从包头到巴里坤的那条捷径。左宗棠分析：物价低，就说明路程近，运费不高。景廉也曾写信给金顺，说从包头运来的粮食确实不少，可见他是说了实话。左宗棠得到这份情报后，为了进一步确认，又令归绥道崇缮再一次落实情况，一面派人携带二万两银子前往包头试点，采运一批粮食，再决定是否大规模推行。

袁保恒是军功出身，虽然在与捻军作战中多立战功，却没有养成调研的习惯，也缺乏开拓精神。他把粮台移到巴里坤，眼睛却盯着左宗棠那边，还是指望从肃州把粮食运过去。于是他赶制大车，购买拉车的骡子三千头。这是缺乏常识的举措，因为天山的山岭上都是石头，从没有过车的辙迹，若是一辆空车行走，加上人力推拉，可能还能走过险关，可是运粮队的粮车载着重物，一辆接一辆，要过天山，那是千难万险，必定是过不去的。因此，左宗棠断言，袁保恒要把车子和粮食从肃州运到巴里坤，即便不辞险阻，不惜劳费，却连一粒粮食也运不到目的地。

前面说过，左宗棠筹办任何事情，按照胡林翼的说法，都是"思虑过密"。凡事他都会经过精密的计算和周密的策划。因此，他算过一笔账：从肃州经安西越过哈密，共有二十四站，路程虽然只有二千二百多里，但各站之间的间隔很长，还要经过许多戈壁。要走完这段距离，骡子必须吃水草，人要有柴薪，前面的转运站还没到，人畜就困乏了，必须停下养息。就算日夜兼程，也要三十多天才能赶到巴里坤。那么，每辆车需两头骡子拉车，每头骡子每天吃八斤料；每辆车要有一名车夫，每天需要两斤口粮；而每车运载的粮食最多不过六百斤，照此计算，车行三十多天，喂养两头骡子，就消耗掉五百几十斤，车夫又消耗掉六七十斤，车上的粮食就吃光了，哪里还有余粮运到巴里坤？就算到了巴里坤，又拿什么东西继续喂养骡子，给车夫发放口粮？这不是白白浪费粮食吗？

左宗棠由此得出结论，袁保恒买骡子拉车运粮是白烧钱。他指出：西北的转运，一般适合用骆驼，因为骆驼吃得少，运得重，还能走过险地。骆驼在口内行走，吃的粮食不过三斤，白天放牧，晚上行走，可以节省草束。一个人可以管牵五头骆驼，人的口粮也节省了。在口外行走，骆驼吃草不吃料，劳乏时只要喂料一升，加盐少许，又能恢复体力。所以关内外的部队，都用骆驼而不用车。此外，买骆驼不如雇用骆驼，用官车不如用民车。

左宗棠把这个常识告诉了袁保恒，还说天山没有车路，关内的粮食难过天山。但是袁保恒仗着自己得到朝廷恩宠，刚愎自用，不听劝告，以致采办了大量用不上的运输工具。为了不致浪费，左宗棠建议他将已购的车骡改为州县的运输车辆，以省喂养。

袁保恒还有一个毛病，就是对问题的研究浅尝辄止，因此，关于西北用兵的粮台设置，他是只懂皮毛，不知内奥。他从历史记载中读到，康雍乾三朝的名将岳钟琪用过兵车和粮车，和岳钟琪同时代的另一位名将黄廷桂曾分派车驮北过天山。于是，袁保恒便下了一个结论：过去西路用兵，粮台都是设在肃州。但他并不知道，岳钟琪与黄廷桂虽然用过兵车，但他们没有用成功。他在运粮队抵达玉门布囊吉时，便下令停止前进。他们算清楚了车驮运粮太难太贵，便从巴里坤派出三千人协助转运。他吸取教训，后来就不用粮车了。袁保恒不吸取前人失败的教训，反而要重蹈覆辙，的确是因为他没有吃透清朝的军事史。

与袁保恒不同，左宗棠对本朝的历史谙熟于胸。他在做"湘上农人"的时候，就熟读了前人在西路用兵的掌故。他知道，以前每当官军进兵西域，皇帝往往遴派大员，来到肃州和哈密办理粮台，将粮食转运给前敌部队，其任务是筹集资金，调集车驮和骆驼。至于粮料和草束，必须根据前敌部队的行踪，寻找捷径，计算费用，慎重筹办，才能办好。以道光朝为例，道光六年（1826）官军征讨张格尔，从北路向南路的阿克苏推进，道光爷特意颁下十条手谕，指出肃州嘉峪关距离阿克苏有五千多里，在哈密设立总粮台是鞭长莫及，要求把乌鲁木齐囤积的粮食运往阿克苏，并在伊犁采买粮食，这样就可以节省从内地转运的费用。道光爷还指出，内地的军械与火药，不能从南路的吐鲁番运到库车，因为路途上有许多戈壁，应当改从北路越过冰岭转运阿克苏。历史的经验说明，部队在北路作战，不应该从南路办理转运。

根据这些分析，左宗棠在给朝廷的奏疏中指出：袁保恒在迁移粮台之前，必须将乌里雅苏台、科布多及各地的运粮道路摸清楚，精心选择，用买来的骆驼运输北路的粮食，依次运到巴里坤，等到巴里坤的储备充足时，他就可以直接去巴里坤设立粮台，一面仍然转运北路的粮食，一面派骆驼南下，装运南路肃州的粮食。那时距离秋收已经不远，采购粮食比较容易。

此外，左宗棠也不赞同袁保恒关于派兵护送运粮队的建议，因为粮台设立以后，前敌部队可到粮台领饷，不必由粮台运送。何况，哈密现有张曜全军驻扎，安西、肃州、甘州、凉州、兰州、平凉以至陕西，处处有部队驻防，本来就是为了保卫运输，袁保恒随时可以申请保护，一定不会误事，不必另调兵马，以免浪费军饷。

左宗棠已经把道理讲得十分透彻，几乎要把慈禧说服了。但是，他还是无法令景廉那帮人开窍。左宗棠的奏疏递上去不久，景廉就上奏说，北路乌里雅苏台和科布多等城十分寒冷，没有粮食可以采买。巴里坤和古城是新收复的地区，条件很差，必须靠关内接济，才能避免出师久无战功。他再次把责任推到左宗棠身上，声称既然左宗棠只能把军粮运到哈密，那么金顺所部还有十几营驻扎肃州与安西，加上张曜和宋庆两军，势必无法前进。所以，他请朝廷仍令左宗棠按照他的既定计划筹划后路粮运台站，不要推诿责任。他的说法在满人大臣中引起了共鸣，科布多、乌里雅苏台大臣额勒和布等人，也上疏赞成他的说法。

负责西征的大臣们对于军粮的筹运意见如此分歧，吵得慈禧的头都大了，而廷臣们也拿不出统一的意见。于是，上谕仍然责成左宗棠切实筹办粮运，力任其难。这种不切实际的态度，对西征十分不利，耽搁了紧要的进程。形势能否好转，取决于慈禧能否思考成熟，做出合理的决断。

海防与塞防

从道光二十九年（1849）开始，由于左宗棠与林则徐的湘江夜话，左宗棠在国防问题上的思考是海防与塞防并重，就已经不是秘密了。因此，当清廷因日本侵略的刺激，忽然对海防加以强调的时候，正在为西征大业筹饷的左宗棠，努力不与海防建设争夺资源，而西北军饷的筹集则遇到了巨大的挑战。

国防资源分配上的矛盾，必然导致西征是否必要继续进行的讨论。同治十三年（1874）秋天，在同治辞世、光绪登基之前，这个问题就正式提上了朝廷的议事日程。许多朝廷重臣卷入了海防与塞防孰轻孰重的争论。对于全面看待国防问题的左宗棠而言，这种争论是毫无意义的。因此，他置身于争论之外，在实务层面上下功夫，企图另辟蹊径，为自己的部队寻求新的饷源。面对着东南各省不再给西征军提供军饷的情况，他再次想到了向洋人借款。他向朝廷提出了商借洋款三百万两的申请。

但是，左宗棠虽能体谅海防的困难，却未能换来企图在海防建设中获利的李鸿章集团投桃报李的体谅。李鸿章作为直隶总督兼北洋大臣，毫无全局观念，一点也不在乎西北的用兵，在奉旨奏复海防条议时，竟然请朝廷施行国防计划一边倒的政策，将全部资源倾注于东南海防，并提出裁撤已经出塞与尚未出塞的所有西征部队，腾出西征军的军饷，全部用于海防。他的话说得十分露骨：既然西征这么困难，为什么不取消西征？新疆那个地方，咱们中国不要了！

前面讨论左宗棠与李鸿章为官之异的同时，我们已经提到，李鸿章认为乾隆皇帝开疆立府是一件不明智的事情。他说，新疆各域自乾隆年间才归入中国的版图，没有战事的时候，其军费每年都要耗费朝廷的二百多万两银子。收了几千里广阔的领土，而增加了千百年的费用，是得不偿失的。何况新疆北接俄罗斯，西界土耳其、天方、波斯各国，南近英属印度，如今由于形势的改变，就算勉图收复了，将来也绝对守不住。

李鸿章所说的形势改变，是指列强对新疆的图谋与染指。他对于中国的军力和财力毫无信心，宁愿放弃大片的疆土，也不愿因收复国土而与列强发生摩擦。他说，新疆问题的复杂，不单单是伊犁被俄国占据而已，他从外国报纸上看到，喀什噶尔的回民首领刚刚接受土耳其的封号，还与俄、英两国立约通商，已与各大国勾结一气。他察觉到俄国一定会先蚕食新疆，英国必然分享利益，都不愿中国得志于西方，而中国目前的力量，又实在不能兼顾西域。他危言耸听地说：官军已经疲惫了，财力匮乏了，还可能发生别的变故。

为了使朝廷信服自己的观点，李鸿章把已故的曾国藩搬了出来，说他的这位恩师生前有"暂弃关外、专清关内"之议，确是老成谋国的见解。于是，他请朝廷密令西路各部统领，只要严守现有的边界，不必急图进取。对于伊犁、乌鲁木齐、喀什噶尔等地的回民首领，采取招抚的办法，允许他们自立部落，只要承认属中国管辖就行了。

李鸿章仿学左宗棠，也用人体将国防问题打了一个比喻，但得出的结论完全相反。他说，新疆没有收复，不会伤害肢体的元气；但是海疆不防，便是心腹大患。因此，已经出塞及尚未出塞各军，应该可撤则撤，可停则停，节省出来的军饷，立刻拨给海防。

李鸿章这种釜底抽薪的做法，显然有失于偏颇，于是有人跟他唱对台戏。在他提出裁撤西征军之后不久，湖南巡抚王文韶上了一个针锋相对的折子。他说，只要俄国人不能在西北得逞，列强就不会在东南沿海挑起战端。他也要求国防计划一边倒，不过方向相反，是全力注重西北。

对于大臣们的这场争议，慈禧本来是乐得听一听各方面意见的。但是，李鸿章提出不要新疆，把她吓了一跳。她想：这个封疆大吏真是胆子太大了，本朝祖宗打下的基业，你说不要就不要了？

慈禧知道，暂缓西征，把军饷节省下来筹备海防，财政负担会大大减轻。但是，她很清楚，中国不图收复乌鲁木齐，则西北两路都有危险。而且，关外一撤藩篱，难保回民不会再次起事。这样一来，近关一带和关外存在强大的敌对势力，李鸿章所说的闭关自守，是无法办到的。

慈禧认为，新疆的问题，必须听取左宗棠的意见。这位大臣是无惧于英、俄两个强国的，对安集延人更加不怵，而对于中国的军力，他也有不同的估价。她很想知道，左宗棠认为西北的事情究竟应该如何办？这位大臣从全局着眼，能否拿出一个妥善的方案？关外现有的统帅和现有的兵力，能不能够消灭敌军？各部是否尚未协调，应该如何改组，才能奏效？是不是需要一个强有力的人物进行遥控，让关外各部服从调配，只管作战？关内能否再裁掉一部分部队，节约军饷，以供出关部队之需？慈禧很想知道这些问题的答案，她决定要左宗棠通盘筹划，给她写一份详细的秘密报告。

于是，光绪元年（1875）二月初三日，清廷给左宗棠下了一道密谕，令他统筹全局。慈禧把自己的疑问概括为三个大点：第一，海防怎么办？第二，塞防怎么办？第三，各位大臣就关外的兵事和粮运吵了很久，究竟应该怎么办？

在这道密谕中，慈禧告诉左宗棠：有人提出要放弃西域。她没有点出李鸿章的名字，只说"有人奏"。当然，慈禧也陈述了反对派的观点，也未点名，只说"又有人奏"。

上谕中陈述了海防派与塞防派截然对立的意见，慈禧很想知道左宗棠会站在哪一边。与此同时，她向左宗棠表明了自己的态度：之所以起用袁保恒协助办理西征后路粮台，并非为了牵制左宗棠，而是考虑到左宗棠公务纷繁，无法兼顾。朝廷认为，袁保恒在过去几年内经理西征粮台，并无跟左宗棠闹不团结的迹象，才会有此次的任命。如果左宗棠认为此人不好合作，朝廷可以将他调作他用，因为朝廷相信左宗棠阅历深，心术正，办事精细扎实，是袁保恒比不上的。

慈禧夸奖左宗棠老成谋国，素著公忠，对于关外饷粮转运事宜，应该如何办理，想必已有非常成熟的计划。朝廷决定将新疆的镇西、迪化各厅州，都划归左宗棠管辖，希望他独立负起责任，把这副重担一肩担当。

左宗棠看了这份言辞恳切、心情急迫的上谕，明白慈禧遇到了需要立刻做出抉择的重大难题，而皇太后真心想要他这位三朝老臣出来力挑重担。既然如此，以忠君报国为己任的左宗棠，绝对不会对自己的身体有所顾忌，绝对会应召而出，力任时艰。在左宗棠看来，尤其难得的是，慈禧在撤西补东的一片喧嚷声中，还能保持清醒的头脑，如此看重西北的塞防，他作为咸丰夫妇一手提拔的臣子，怎能不鼎力相助呢？于是，他没有片刻的犹豫，赶紧提笔起草奏章，对慈禧的疑问给予真诚而详尽的答复。

左宗棠首先再次重申，东部海防和西部塞防必须二者并重，而海防论者撤停西北部队之议论，与塞防论者倾注全力供给西征之说，都是有失于偏颇的。他非常赞同上谕中提出的观点：乌鲁木齐还没有收复，哪有撤兵的道理？他提出的看法，与李鸿章的观点恰是背道而驰。

关于乾隆皇帝先平准部，次平回部，拓地二万里，左宗棠给予高度评价。乾隆在北路之西，以伊犁为军府，在南路之西，以喀什噶尔为军府，当时满朝大臣都认为边疆难以开拓，消耗实在太多，但乾隆爷眼光高远，不为所动，因为他有认真经营西域的宏伟计划。

关于新疆是不是个好地方，左宗棠指出，新疆不是荒漠之地。他说，天山南北两路，过去有富八城、穷八城的说法。北自乌鲁木齐向西延伸，南自阿克苏向西延伸，土地肥沃，泉水甘甜，物产丰富，过去就是各部的腴疆，这就是所谓的富八城；乌鲁木齐以东的四城，地势高寒，山溪多而平川少，加上哈密西南直达阿克苏的四城，地势偏陋，中多戈壁，这就是所谓的穷八城。所以说，新疆存在大片丰腴的土地。

关于官军要不要占领乌鲁木齐，左宗棠说，以新疆南北两路而言，北八城广而南八城狭，北可制南，南不能制北。这种地理状况，决定了谁占据乌鲁木齐，谁就能扼守新疆的枢纽。如果官军画地自守，不收复乌鲁木齐，就是放弃了关键的重镇。

关于官军要不要画地自守，左宗棠指出，如果能够迅速收复乌鲁木齐，官军有了驻守之地，就要在乌鲁木齐以南的巴里坤、哈密，及其以北的塔尔巴哈台各路增设重兵，以便互相援应。朝廷应该精选良将，兴办兵屯和民屯，招徕本地和外地百姓，以充实边塞，然后就可以逐渐停撤部队，也就可以节省军饷了。到时候，户部按照实际需求拨给经费，严格订立规章，恢复道光年间的旧制，关内关外就可以相庇以安。如果现在就打算停兵节饷，自撤藩篱，那么我们后退一寸，敌人前进一尺，不但陇右危险，就连北路的科布多和乌里雅苏台等处，恐怕也难保平安。左宗棠由此而得出一个重要的结论：在西部停兵节饷，对海防未必有益，对边塞却大为有害。

关于俄国人对新疆的企图，左宗棠认为并不可怕。他指出：俄国人窃踞伊犁，是趁着我国兵事纷繁，没有精力远顾，所以借口代守，企图攫夺财利以自肥。他们在伊犁肇事，也是垂涎这里土沃泉甘，川原平衍，物产丰饶，而且距俄国南疆稍近，可以伸缩自如。但是，自从肃州平定以后，官军收复了安西的州县，分批进驻哈密、巴里坤和济木萨，关内外声息渐通，中间只有乌鲁木齐、红庙子为白彦虎占据，而官军要打败白彦虎，其实并非难事。左宗棠断言，在这种情况下，俄罗斯不至于越过乌鲁木齐和红庙子，挟持白彦虎与我国为难，冒天下之大不韪，来争夺这一片没有把握得到的贫瘠的土地。因此，如果朝廷现将已经出塞及尚未出塞的部队全部停撤，确实没有道理。

为了让慈禧知己知彼，左宗棠向她介绍关外的敌情。新疆北路的敌军，有从关内逃往关外的白彦虎所部。左宗棠根据恪靖军与他交手的情况，对此人已有较深的了解。他指出，白彦虎并非凶悍之徒，其特点是狡诈过人。他从西宁和大通逃到关外时，其部众除老弱妇女以外，能够作战的至多不过几千人。他从陕西到甘肃，未曾占据城池，遇到官军劲旅不敢恋战，劲旅追到，他就叫别人断后，自己拔腿便跑。所过之处，都不久留，专门钻空子跑路。他经过肃州时，马文禄召见他，他也不去。到了红庙子，他也不去占乌鲁木齐，表现出一贯的游击作风。白彦虎的长处是善打埋伏，官军稍不留心，就中了他的圈套。因此，左宗棠已告诫关外各部：白彦虎若向官军示弱，不要轻易上当。

在南路的辟展、吐鲁番至阿克苏一带，则有敌军的主力，他们是浩罕国的安集延人，其头目名叫帕夏（阿古柏）。这一地区地狭民贫，回民软弱，受了阿古柏的欺骗。阿古柏与白彦虎勾结，表里不一，现在按兵不动，貌似温驯。如果官军现在立刻发兵攻打，会分散官军的兵力，不是上策。所以，左宗棠认为应该驻军哈密，兴修水利，兴办屯田，一是为了召集百姓巩固后方，二是为了在中央布子，杜绝敌人勾结。

慈禧在谕旨中垂询关外的部队是否需要有人在关内遥控，其实是暗示：只要左宗棠愿意，朝廷可以让他节制关外的部队。左宗棠表示，他不愿遥控关外，但他推荐金顺替代景廉出任钦差大臣。他分析金顺与景廉的长短，认为景廉虽然为人正派，颇有学问，无奈食古不化，没有应变之才，而且所用非人。而且，关外纷纷传说，景廉的部队有粮无兵，金顺的部队有兵无粮。景廉为了自己扩军，竭力阻止金顺的部队开进，足见他计谋拙劣。金顺则比景廉具有很多优势，他为人心性和平，心地善良，不会嫉贤妒能，平时显得碌碌无能，一旦进入作战状态，便能奋勇杀敌。因此，从全局来看，金顺既是前敌指挥，似乎应将关外的军事指挥权交给他。

关于袁保恒的问题，左宗棠也就自己与此人的关系向慈禧做了交代。他说，袁保恒在同治七年（1868）奉旨来到恪靖军中，他鉴于袁保恒为人机警圆通，让他办理西征粮台，专门跟协助军饷的省份打交道，其任务是催促军饷。左宗棠考虑到他出手阔绰，崇尚奢侈，只让他管款子的收入，而不参与款子的支出。粮台的费用，必须由左宗棠签字才能支出。这就是用其所长，避其所短。如此过去了五年，袁保恒很守规矩，有事就会报告，没有什么过失。

但是，袁保恒在奉命帮办出关转运事宜以后，行为完全改变，遇事不再跟左宗棠商量，向朝廷奏报时也不跟总督通气，开支巨款时也不给个明细账。左宗棠不同意他的看法，曾经上疏坦陈意见，并将历次批驳他的文件抄送军机处、户部和兵部。袁保恒却故意跟总督作对，不顾良心，一心要争个高低。他借口购置武器，把粮台的公款当作私家财产，任意挥霍，下属各局无所适从，左宗棠要核查账目，也无依据。如此，左、袁二人同事而不同心，左宗棠事事都被牵制。因此，左宗棠说，正如谕旨指出的那样：两人同办，不如一人独办为好。

鉴于袁保恒的情况，左宗棠提议在关外缓设粮台，只设粮局。他说，历史的经验值得注意，粮台很容易形成腐败的温床。所以，不妨仍然仿照现行的办法，在哈密和巴里坤各处不设粮台，只设粮局。哈密局专管收粮转运，巴里坤局专管收发。他自己虽远在省城，仍然可以随时抽查督促，保证实效。这样可以节省粮台的卫队，也可以革除粮台的陋习，所有经费都可节省下来。而西征粮台一撤，就不用袁保恒来帮办了，可以责成陕西布政使催促外省协助的军饷，呈报陕西巡抚核办。

左宗棠的这份奏折写得很长，但总结其核心意思，不外三点：第一，出关部队不能停撤；第二，关外大帅不要景廉担任，换成金顺；第三，后勤大事不要袁保恒插手，由他一人负责。这份奏疏在三月初七日拜发，朝廷在三月二十七日就下诏答复，其间只隔了二十天，可见慈禧做出有关西征问题的各项决定，发挥了她惯有的雷厉风行的作风。上谕的核心内容也有三点，表述了朝廷的三个重要决定：

第一，关外现在应该收复乌鲁木齐，而南边的巴里坤与哈密两城，北边的塔尔巴哈台城，应该设置重兵。现在就停兵节饷，对海防未必有益，对边塞大有所妨。

第二，任命金顺为乌鲁木齐都统，将景廉调补白旗汉军都统，与袁保恒一并来京供职。

第三，任命左宗棠为钦差大臣，督办关外剿匪事宜，金顺为帮办。左宗棠可以驻扎肃州，也可以随时出关料理。粮台可以缓设，在哈密与巴里坤等处分别设立粮局，妥为经理。北路另有运粮捷径，从归化和包头向西，可达巴里坤，此路既能筹办，自可从容布置。镇迪道应归陕甘总督统辖，令左宗棠知照乌鲁木齐都统，按照老规矩办理。

由此可见，左宗棠的每一条意见，慈禧无不采纳，而且左宗棠未曾提出的权力要求，慈禧也主动给了他。特别是在人事安排方面，左宗棠感到碍手碍脚的景廉和袁保恒，慈禧干脆将之调离了西北，而左宗棠认为可以合作的金顺，慈禧则让他做了左宗棠的副手。在慈禧做出这些决策的过程中，军机大臣文祥起了很大的作用。当时海防一边倒的意见在朝廷里占了多数，文祥力排众议，极力主张不可放弃西征，使慈禧最终下决心让左宗棠出任西征大帅。他的意见很具有说服力，指出清朝的疆域与明代不同，明代边外都是敌国，所以能够画关而守，现在内外蒙古都是臣仆，如果对西寇数年不剿，养成强大，他们破关而入陕西和甘肃，会对内地构成威胁，也可能杀入北路，蒙古各部落都会迁入关内，京师的后门洞开，那时海防更加吃紧，我们两面受敌，怎能抵御？现在以陕甘百战之师，乘锐出关，击败尚未强大的敌寇，乌鲁木齐辖境不难指日肃清。

慈禧觉得文祥言之有理，又知道西征新疆的大帅非左宗棠莫属，于是让左宗棠做了督办关外军务的钦差大臣。

外国人眼中的左宗棠

在左宗棠出任钦差大臣的前后，清廷被马嘉理事件弄得十分紧张。这个事件表明，在日本侵略台湾的同时，英国则在觊觎云南。中国处在列强的环伺之下，若无左宗棠这样的大帅撑持局面，大有立即被瓜分之势。

同治十三年（1874），英国组织了以陆军上校柏郎为首的"探险队"由缅甸进入云南，邀请英国驻华使馆的翻译马嘉理前去迎接。后者于光绪元年（1875）正月带领探路队行至云南蛮允时，被当地群众击杀。这就是所谓的马嘉理案，也称滇案。英国公使威妥玛借此案大肆发挥，向清政府提出要求，要求将云贵总督岑毓英等人提至北京审讯，还要求增开通商口岸，免除厘金。他扬言，若不满足他的要求，英国将调印度兵从缅甸进攻云南，联合俄军从伊犁进军，以牵制我国西部军队。朝廷大臣非常担心英俄联手侵略我国，向左宗棠发出警报。

面对英国的压力，李鸿章主张妥协。他提出的理由有三条：其一是此案我国理亏，无法辩白，而英国人非常气愤，我们无法蒙混过关；其二是战端一开，对双方都为不利；其三是言和没有风险，最为稳妥。他还引经据典以说服朝廷："语云'毒蛇螫手，壮夫断腕'，不断腕则毒螫不能消也。"

可以想象，在这件事情上，左宗棠的态度与李鸿章截然相反。关于中国理亏之说，他认为英国进窥云南是为了侵略，是非曲直是很明显的，不应因为打死了一名翻译，就被英国的威逼所吓倒。他指出，英国军队骄逸成性，陆战又非所长，威妥玛扬言要调的印度之兵，我们也不是没有见识过。何况英国人是孤立的，西方列强联手对付我们，志在通商，而英国人则是干着一种特殊的勾当，即贩卖鸦片，不仅毒害了中国人，每年还从中国换取白银三千万两。现在，他们又想从印度越过缅甸在云南边境开市，就近广销毒物，而这并非列强们共同的利益。只要我们以主制客，不为利诱，则地险心固，未尝不足以捍卫国土。他认为，现在我们虽不可以贸然与英国冲突，导致衅端骤起，也不可"专以柔道牵之"，招致对方的轻视和欺侮。左宗棠所谓的"柔道"，正是指李鸿章颇为得意的外交术，以妥协和大为亏本的讨价还价来换取苟安。这种柔术在清末为李鸿章赢得了朝廷的尊重，似乎朝堂之大，却无人能跟外国人对上话，只有李鸿章能办外交，擅长与洋人打交道。但左宗棠早已看穿，其实李鸿章所做的外交工作，无非充当好好先生，充其量是做一个在总理衙门与列强公使之间居中调停的和事佬，引得中国步步退缩，满足列强的胃口，换得朝廷一时的安稳。在左宗棠看来，李鸿章自命深通洋务，其实是在气势上处于洋人的下风，看不透列强的本质，抓不到列强的软肋。与他的认识与做法相比，左宗棠的主张不仅显得很有骨气，而且对形势的剖析通情达理，切合实际。然而，正是在李鸿章的衬托之下，左宗棠在外国人眼中有了"强硬"和"排外"的印象，其实左宗棠的主张，并非出于一些外国人所说的守旧顽固，只是一个国家正当的诉求而已。

左宗棠不但批评李鸿章的柔道，还对岑毓英表示声援，指出：英国人打算在云南就近销售鸦片，岑毓英奏请阻止通商，是正义的举措，朝廷不必担心会因此而引起衅端，如果官府能联合土司保卫边境，会使时局有所转机。左宗棠对总理衙门和李鸿章怂恿赫德调停马嘉理案一事表示不满，主张对赫德加以提防。他说："今日自称解洋务者，多为英人赫德所误，此房乍阴乍阳，不可信也。"这个"自称解洋务者"，是左宗棠对李鸿章一贯的挖苦称呼，李鸿章以妥协态度为资本，而成为清廷的外交专家，是他非常看不惯的。他讽刺李鸿章越来越害怕威妥玛的恫吓，只图眼前无事，曲意允从，将来不知如何收场。他说：这位淮军的统帅雄视天下，自诩天下精兵无过于淮军，却又说淮军打不过英国人，那么照他的说法，天下古今，就只有西方列强，而没有中国生存的余地了。

就在威妥玛嘘声喝问，威胁要与俄国联手从伊犁进军的那些日子里，忽一日，坐镇西北的左宗棠接到李鸿章的来信：几名俄国军官来中国游历，将取道甘肃，出关回国。李鸿章提醒道：大臣们都怀疑俄国使节受到威妥玛的煽动，前往甘肃，企图探查我们的虚实。季高老兄，你可千万不要露出破绽啊！

左宗棠对英俄两国的利益所在，对他们在马嘉理一案中的关系看得很清楚，根本不担心所谓的英俄联手。他对李鸿章答复道：西征是为了收复旧疆，本来与英俄无关。英国人想越过缅甸，在云南边界开市，以销售鸦片，并非各国共有的利益，俄国人不会附和，你少荃老弟的担心，恐怕是无中生有。俄国使节奉命来中国，是去年的事情，他们怎会知道有个名叫马嘉理的英国人将会被杀？威妥玛借这件事向我国挑衅，又怎能说是受俄国人的指使？所以，俄国人来了，我们无须遮遮掩掩。甘肃发生动乱已有十几年，民生凋敝，想装气派也装不了的，还是不要遮掩吧。

　　左宗棠决定坦坦荡荡地接待俄国人，他倒要看看这些俄国军人想干些什么。他写信给陕西巡抚谭钟麟，指示他如何办好这次外交接待。他说，俄国人入境游历，我们应该稍稍给他们体面，派人照顾保护。所派的接待人员，一定要慎重挑选。要预先通知各处的驻防部队，以免发生意外。现在英国人借着马嘉理事件大做文章，想要寻衅生端，总理衙门声称英国公使威妥玛在去上海之前，俄国人暗中跟他们约定要骚扰边境，使我国首尾难以兼顾，这是各国驻京外交人员的传闻，未必可信。

　　不过，左宗棠对俄国人此来陕甘并未掉以轻心，强调不能给他们找到任何借口，一定要严防他们在途中遭到散兵游勇的抢劫。俄国人如果要走偏僻的地方，就应该直截了当地告诉他们：现在各地虽然恢复了治安，但是一些部队正在撤销，要小心散兵游勇为害，偏僻的地方不能去。从大路行走，地方官和驻防军可以妥为照料；如果走偏僻的小路，无法保证安全。各级政府要加意防护，劝他们行走官道。

　　从左宗棠不加掩饰地接待外国客人来看，他的对外心态和思想是开放的，符合一个洋务运动者的身份。总理衙门提到西洋人到处描绘山川，请左宗棠加以提防；左宗棠则指出：西洋人这么做是正常之举，他在福建时曾亲眼见西洋人登山画图，没有加以禁止，因为西洋人也将本国的地图向中国人出示，并不提防，现在既然不能禁止西洋人游历，何必对他们画图大惊小怪呢？左宗棠认为，地理学的关键不过是山河的位置，如果准确掌握，就对军事有益，但是用兵的精微之处还在于临时的详细查勘，以及部署熟悉的将士。只要利用得当，几丈高的小坡也能起到嵩山和华山的作用，浅浅的水流也能如同江河，并非一定要靠崇山峻岭的天险。地图只是计算里程，测量高低，有了地图，并不等于打仗有了胜算。大地山川千万，自古以来并未更改，而不同的时代，不同的人物，却有兴亡成败之分，说明成败并不在于了解地理，而在于如何加以利用。

左宗棠听说俄国使节索思诺福斯齐似乎熟悉地理，总理衙门说他是游历官，李鸿章说他是军官，究竟是什么身份，没有确切的说法。李鸿章说，他打算到兰州去见左宗棠，然后从哈密回国，左宗棠认为，可能他确实是想探一探恪靖军的虚实。对此，左宗棠不以为怪，也无所担心，他打算在俄国人到来后，开诚布公地询问对方的来意。他打算告诉这个俄国客人：安集延人的祖国被俄国侵占，俄国人是安集延的敌人，而你们想从吐鲁番回国，是不是行得通呢？我军未到哈密，无法照料西南一带，你自己斟酌，不必勉为其难。

左宗棠坦然地等待俄国人来访，光绪元年（1875）五月二十三日，索思诺福斯齐一行五人终于抵达兰州。左宗棠接见这批客人，以礼相待，将他们安排在总督署内住下，隔天会餐一次，推诚相见。左宗棠给他们讲解孟子三自反之义，俄国客人洗耳恭听。刘锦棠也在座陪同，默默倾听。

在最初的一次接见中，左宗棠就开始了解客人的身份与来意。

"索先生，请问你在贵国担任何职？"

"鄙人是兵部官员，驻扎伊犁的部队，就是由鄙人指挥。"

左宗棠明白了，来人确实是一名军官，而且是侵占伊犁的俄国部队的指挥官。

"另外四位，能否介绍一下？"左宗棠继续问道。

索思诺福斯齐介绍，另外四名俄国人，其中有三位分别是皮先生、马先生、安先生，都是奉了俄国沙皇的命令，随他同行，还有一个博先生，是他自己带来的朋友。

左宗棠了解了五位客人的身份，得知他们有些来头，便询问俄国是否有意于勾结英国来对付中国。他说："外面传闻，贵国与英国有约，不知是否确实？"

不出左宗棠所料，俄国人矢口否认其与英国人合谋。索思诺福斯齐说："左大人，英国人心怀叵测，但其实力并不算强大。他们水上作战还过得去，制造业也算发达，要说陆地作战嘛，我就不敢恭维了。二十年前，俄英交战，他们尝了些苦头！哈哈，他们现在想起来，恐怕都会不寒而栗吧！报纸上说我国与英国联手，全是胡扯！我国与贵国从无交兵之事，不至于忽启衅端吧？我国很想与贵国永敦和好，在伊犁驻兵，只是为了防止回民侵害，等到贵国军队攻克了乌鲁木齐和玛纳斯，我国即会将伊犁交还。"

左宗棠得知了俄国对英国的态度，心下释然，于是探问几位客人的来意："索先生此行，有什么意图？"

索思诺福斯齐坦率地回答："我们此行，想从贵国内地开通茶市，直运甘肃边界。我国办茶，以前必须从上海船运天津，然后陆运张家口、库伦达、恰克图，行程长达六千里，才运到边界，从边界分销各处，又有千里万里之遥，成本太高啊。如果能由湖商运茶到古城和乌鲁木齐各处销售，岂不是便利多了？"

左宗棠想：俄国已在恰克图通商，这次请求运销茶叶，正可以杜绝私贩，还可以由我国确定商业税，挽回利益，收到茶马利边的效果。于是，他回答道："本督职权所在，完全可以过问茶马之事。不过我们还要研究研究，等到边事安定以后，从长计议吧。通商不是坏事，但如果借通商来销售鸦片，传播宗教，本督决不允许！"

索思诺福斯齐见左宗棠对鸦片深恶痛绝，连忙撇清自己："中堂大人，鸦片是个害人的东西，我们难道不知？这东西俄国不产，我国所辖的北印度和西印度也不产，我们怎么可能贩运呢？至于天主教，虽与中国的圣人之教大同小异，我们也不会强迫别人信奉。俄国与中国都是天下大国，两个大国和好，各国就无隙可乘了。你们大军出塞讨贼，如果需要我国协助，我的部队可以听从调度。如果不愿调动我国兵马，我们也可以派几名高级军官来做顾问嘛。"

左宗棠说："索先生的美意我们心领了。中国的边防，中国自有办法打理，无须贵国帮助。如果我们打败了，那时再请贵国帮助也可。"

谈到这里，索思诺福斯齐忽然主动提起一件事情："中堂大人，有件事情，贵军一定会需要我国帮助。关外粮运艰难，我们可以代为贵军采购五百万斤，从我国在山诺尔运到古城，这样就可以使贵国军队加快行动，而茶叶运输也就得以早日畅通。"

从索思诺夫斯齐的这个提议，左宗棠可以看出，俄国人确实是希望早日打通中国西部的运茶之路，所以提出帮助左宗棠解决急迫的军粮问题。于是，他爽快地回应道："只要粮价合适，索先生此番美意，左某感激不尽。"接着，左宗棠把话锋一转，问道："对了，我听说索先生沿途描绘地图，想必对地理学颇有心得？"

谈到地理，索思诺福斯齐立马来劲了，可见其对地理学确实很有兴趣，而且自负功底不差。他答道："我国地理学的研究，可谓精细无比。这里有几幅地图，请左公过目。"

左宗棠展开地图一看，连声赞道："不错，不错！果然细致非常，山川条列，没有遗漏。"他停顿片刻，问道："不过，索先生在中国游历，为时不长，未曾到过所有的郡县，如何能了解所有山川形势，又凭什么绘成全图呢？"

"这个嘛，是根据康熙地图描绘而成的。"索思诺福斯齐老实地承认。

听到对方如此一说，左宗棠立刻哈哈大笑起来。"原来如此！索先生有所不知，康熙地图是测度已定地域而成，乃古今稀有的定本！后此拓地渐多，乾隆时期随时增入，乾隆爷令何侍郎携带仪器，遍历各处，详加订核，才有了乾隆内府舆图，那才是精而又精呢。来人，取一幅影刊大图，给索先生看看！"

会见过后，左宗棠颇为自己在地理问题上胜过了对方而余兴未消，同时觉得与洋人坦诚交往，并不难获得对方的尊重。他对刘锦棠说："忠信笃敬，就是到了蛮荒之地也行得通。虽然血统不一样，只要长久以诚意交往，就能感动对方。"

刘锦棠说："左公，这个索思诺福斯齐，口才好像很不错呢。"

"是啊，我们都不如他会吹。"左宗棠笑道。

刘锦棠也笑道："不过，听了左公的教诲，他似乎有些惭愧，恐怕他以后不会再跟左公卖弄地理了。"

"明天领他去看看我们制造的枪炮，看看他有什么可说。"左宗棠觉得，此次接待俄国人，还有好戏在后头。

第二天，左宗棠领着索思诺福斯齐来到兰州制造局。一路上，这位俄国军官大谈西洋枪炮的厉害，声称最佩服英国、法国与普鲁士所造的武器，其余的都看不上眼。其言下之意，自然是觉得中国制造的武器是很低劣的。左宗棠也不跟他分辩，到了制造局，吩咐手下："给索先生看看我们按照法国与普鲁士的枪炮仿造的产品。"

索思诺福斯齐被领到兰州制造局生产的枪炮跟前，亲眼目睹了射击表演，对中国造枪炮的威力大为吃惊。

"中堂大人，这些武器真是贵局所造？"

"那是当然。"左宗棠颇为得意地说。

索思诺福斯齐赞道："简直和普鲁士的产品完全一样，精密程度一点不差！"

"再给索先生看看大洋枪、小车轮炮和三脚劈山炮！"左宗棠又吩咐道。

"中堂大人，这些武器，我都没有见过，是仿造哪个国家的？"索思诺福斯齐看着眼前一大堆陌生的武器，有些傻眼了。

左宗棠更加得意了，笑着说道："这是我们自己揣摩出来的新产品，别国都没有。现在试射一下吧。"

从制造局出来后，俄国客人赞叹不已。自此以后，五个俄国人再也不提别国的枪炮如何好。于是，在地理学和武器两个问题上，左宗棠都占了上风。

从这几位俄国人对这次旅行的记载看来，左宗棠如此显示实力，显然不完全是为了炫耀，甚至不完全是以中国的实力来警告俄国。他最深沉的意图，可能是想从俄国客人们的反应中，探察俄国人会如何看待中国所拥有的实力。此时他尚未正式打响新疆战役，也很难预料在收复伊犁时是否会被迫与俄国开战。他在试图评估一个问题：中国究竟能不能打赢俄国？为了评估更加精确，他也很想知道俄国人会如何看待一场可能发生的中俄战争。

随同索思诺福斯齐来到兰州的皮先生，即皮亚塞茨基博士，在会见左宗棠和参观兰州制造局以后，对当时的场景做了大量有趣的侧面描写。关于他们的首次会见，他写道：

> 我们的头也让我们按照级别高低排列，对着房门站成一行。总督很快就出现在门口，大约十二名穿制服的官员跟随其后，而他本人只戴了官帽。
>
> 总督身材矮壮，年龄不会超过六十。他的外表令我想起了彼斯马克亲王，不同的是他那黑色的皮肤。他的须髯稀疏，但胡髭较浓。他的动作富有感染力，也许是为了产生强烈的印象……他在进门时向我们亲切致意，动作细微得几乎无法察觉。接着他停顿片刻，似乎突然想起了什么，但他没说什么，又走近几步，再次停顿，注视着我们。

有一天，左宗棠向索思诺福斯齐追问各种有关欧洲的问题。他和这几位俄国人似乎热衷于谈论英国人。皮亚塞茨基对此有如下的记载：

> 他很高兴听到英国老是跟俄国作对，老是伤害俄国并鼓励俄国的敌人。他自己也有这样的看法。他得出完全一致的结论，为了表明他不喜欢英国人，他竖起了他的小指。

接着，左宗棠问索思诺福斯齐：如果俄国与中国开战，哪一方会赢？索思诺福斯齐试图回避这个问题，他说那种情况是不可想象的。左宗棠坚持要听他的看法，请索思诺福斯齐不要担心会伤害他的感情。于是索思诺福斯齐答道：如果两国开战，俄国会占上风。左宗棠显得颇为吃惊，他向在场的每个俄国人提出同样的问题，得到的回答都是一样。皮亚塞茨基写道：

这位老人不想得到这样的答案，这使他非常尴尬。他真心地认为，中国完全能够超过俄国，甚至征服俄国。我觉得很对不起他，他心里一定有一个针对我们的计划。

皮亚塞茨基还记录了他跟左宗棠的一段对话：

他认为一个人不可能原谅自己的敌人。
我说："举个例子，原谅一个打过你的人，难道不是更好吗？"
"不，"左宗棠说，"回击更好。"

皮亚塞茨基很想知道左宗棠对俄国和俄国人的总体印象如何，但这位观察家似乎未能探到底蕴。他为左宗棠画了一幅素描，在他作画时，几个旁观者发表了评论。

左宗棠忍不住起身过来看上一眼。他极为高兴，但他说我把他画得太年轻，还说我没有把他帽子上的双眼花翎画上。那些孔雀羽毛从帽子上倒向后方，从前方的视角是看不见的。可是左宗棠不愿听我的解释，恳求我画出这个官位的标志……当画像完成时，左宗棠和他的随员们仔细察看，有时拿在手上举到远处欣赏。看了许久，左宗棠又派人拿来一架双筒望远镜、一架显微镜和一架实体镜，通过这三种仪器来看画。

左宗棠允许这些俄国人在城内自由行走，允许他们参观令他们好奇的任何地方。在左宗棠陪同他们做最后一次参观时，他向客人们陈述了他对中国的看法。皮亚塞茨基写道：

左宗棠让我们明白，他认为他的祖国若非超过世界上任何其他国家，至少跟它们是平等的，这增强了我对他的好感。为了把中国和其他国家做一个比较，他又说，如果欧洲人以他们的新发现而感到自豪，那么中国人则在先人及其著作中发现了新东西，那些秘密远未被人知晓，或者没有完全被人发现。

索思诺福斯齐临行前几天的一个晚上，忽然对左宗棠提起一件事。

"左大人，这几年里，我们几次派使者到西宁、大通、肃州和甘州一带了解情况，知道你们的政策都很得当，百姓敬服，不知中堂大人是否也有所闻？"

"索先生，我对舆论的反应从来都不关心。我只求自己心安，不要别人赞美。"左宗棠显然不愿听客人转告百姓对他的赞扬。

但是，索思诺福斯齐其实还有后着，他想替城固的基督信徒们请命："中堂大人，我们抵达城固以后，一些教民恳求减免税收，请我们代为申请。"

"索先生，你们外国人不能干涉我大清的内政呀。"左宗棠说着，转向中国的翻译说："翻译官，你怎么如此糊涂？怎能让外国客人代理本国的政事？"

索思诺福斯齐听懂左宗棠的意思之后，没有再提此事。

五位俄国客人从六十三岁的左宗棠身上看到了惊人的工作能力。他不但要巨细无遗地做大量的行政工作，还要亲自撰写大量奏章，保持广泛的通信往来，亲自在收到的报告上签署意见，因为他没有秘书。他有时还要写诗，每天读几篇孔孟著作来给自己充电。而索思诺福斯齐一行搜集到的印象竟然是：他并非忙得团团转。他有时间跟他们进行多次长谈，在他们于他的衙门里做客居留的那一个月里，他几乎总是跟客人们共进晚餐。

关于俄国客人们在兰州受到的接待，皮亚塞茨基写道："无数的善意堆积到我们身上，只是没有尊敬。"可见左宗棠确实尽了地主之谊，尽可能地实施了外交礼节。

左宗棠接待索思诺福斯齐一行，与之交往一个月，双方签订了协议，客人们于六月二十八日告别而去。他们临别依依，似乎舍不得这么快就离开兰州，左宗棠的人格魅力，中国军队的实力，对他们是一个震撼。

这些俄国人离开兰州时，没人注意到他们的离去，他们为缺少关注而感到不快，觉得左宗棠这一次是故伎重演，故意冷落他们。其实，也许是这几位俄国人自视太高了。贝尔斯对此发表了一个美国人的意见："不妨设想一下，如果中国军队中的一名同级别的军官访问塔什干——帝国建设者考夫曼将军的首府，那么他会得到多少殷勤的款待呢？"

左宗棠在这次外交活动中坦诚对待来访的客人，展示了国威，也尽到了地主之谊，可以说非常圆满。他掌握了俄国人的一些内情，为中国后来从俄国人手中收复伊犁奠定了基础。

俄国人刚走，左宗棠便向朝廷报告：根据俄国人来访的情况，他们确实是奉本国君主之命而来，推测并无恶意。他们知道了甘肃近来发生的事情，知道我国已有防备，知道无隙可乘，只有靠开通茶市取利。茶市一开，中国也能获利。只要交往得法，或许可以保证几十年相安无事。俄国人主动提出代运军粮，已先派军官八瓦劳伏回国安排。

大臣们看了左宗棠的报告，不得不承认，左宗棠成功地主持了一次外交活动。左宗棠对俄国人的看法究竟如何？在俄国人结束访问之后不久，他在写给沈葆桢的一封信中，表达了他对俄国人及其他外国人的一般看法。他写道：

> 近因俄人西来，由塞外布伦托海归国。论者均谓意在觇我虚实，新闻纸且谓与英人协以谋我，当事即据以入告。五六月间，俄使来兰，引之同居一月，觇其意态，似尚无它，其与英亦婚媾、亦仇怨也。英忌俄之与我和，俄亦忌英之与我和。我能自强，则英、俄如我何？我不能自强，则受英之欺侮、亦受俄之欺侮，何以为国？自款议定后，均知以自强为急，迄今未敢自信其强。然则何时乃有强之一日乎？兴言及此，吾辈误国之罪可胜数乎！

> 公因船政，致稽履新。未审此信到后，已离船政否？吴越人善著述，其无赖者受英人数百元即编新闻纸，报之海上奇谈，间及时政。近称洞悉洋务者，大率取材于此，不觉其诈耳。又与岛客处久，往往移其初志，如徐元扈何尝不负时望，何尝不称博雅，一见西儒，竟入彼法，盖久处暗室，目无正明耳，所赖海内落落数君子一祛此蔽，俾天下不以儒为戏，则幸甚也。

外国观察家对于左宗棠的描述并不多见。从西方来到中国的人，见过左宗棠的没有几个。除了德克碑、日意格等法国人，以及上述的几位俄国人以外，英国人波尔格也是见过左宗棠的外国人之一。他就左宗棠写道：

> 他身材矮胖，外表中没有什么东西能吸引偶然投来的目光。但仔细一瞧，就会发现非凡之处。一双机敏的小眼闪闪发光，照亮了他那明显布满沧桑的粗放的面容。深灰色的胡髭只是部分掩藏了嘴角坚定的线条。头发稀疏，须髯只有寥寥几根，他在静止时会习惯性地捻一捻。如前所述，他把一切都归于自己的功劳。他那取得了辉煌成就的事业，似乎完全属于他，他的部属无人与他争功。他只要下达一个任务，就等同于已经完成。如果说他的威望一开始是凭借着人们对他的畏惧，那么接下来就不止是如此了，得到了官员和

百姓的无条件的承认，因为经验告诉大家，他的计划总是得到成功的认可。

还有一段描述也是值得注意的，其中不仅以散文的形式描写了杨昌浚在他那首著名的诗歌中描绘的境况，还谈到了左宗棠在哈密时的生活场景：

> 在私生活中，此人和蔼友善，坦率质朴。他身材矮小，晚年发胖，两眼熠熠生辉，笑声发自内心。生活习惯节制而省俭，诚心实践古人的典型操守，严于律己，受到官兵的衷心爱戴。他喜爱园艺，热心植树。从西安（陕西省会）直到长城以外的嘉峪关，在官道上行走，行程三十六天，沿途全部绿树成荫，都是他的杰作。这是一座绿色的丰碑，标明了他那支无坚不摧的部队进军的红色路线。在哈密有几位欧洲人见过他，其中一位留下了如下记述：每天下午，他总会在总督署的花园里散步，身后跟随着一大帮文官武将。他点数自己种的西瓜，给随从们讲解他的爱花美在何处。他的首席执行官也在场，随时准备执行他的命令。

新疆军务方案

左宗棠在接待五名俄国客人期间，在兰州召开会议，商讨西征大计，与会者为刘锦棠和老湘营分统以上人员。他已经想好，新疆战役，还得让老湘营唱主角。他在督办新疆军务以后的首要安排，就是立即着手逐步广开粮路和屯田，整顿关外各军。

光绪元年（1875）六月二十八日，就是在俄国客人离开兰州的同一天，左宗棠上奏，陈述他的各项计划。为了使慈禧放心，也表明他很乐意接受督办新疆军务的使命，他做出了积极的姿态。他说，兰州距前敌远达几千里，调度指挥不便，他要亲率大军驻扎肃州，坐镇指挥。

左宗棠的第一大计划是广筹军粮。他现在可以实施自己提出的筹粮计划了，即出兵新疆北路，应该用北路之粮。这样做，不但节省费用，也避免了粮食损耗。南路肃州的粮局既有现粮，又购雇了较多的车驮和骆驼，可以灌运，应当严加督促，以增加储备。

北路筹粮的情况，左宗棠决定将北路粮局设在归化，分局设在包头，派得力官员经理。其实这件事已在办理，粮局雇用民间骆驼转运，从三月底到五月，已经陆续运过四十多万斤抵达巴里坤，每百斤合银八两左右。袁保恒离职前，已按照左宗棠的意见从宁夏采运粮食，左宗棠派人接手办理，雇用了几百匹骆驼，先从察罕庙试行。如果此路畅通，再增加运量。

左宗棠向朝廷奏报了索思诺福斯齐愿意从俄国在山诺尔为恪靖军代购粮食一事。该地紧接我国布伦池海边界，距中国古城不远，只有几百里，他代购粮食以后，送到古城交收。由俄国起运，需要护运官兵，都从在山诺尔派出，兵费一并摊入运价之内，每百斤需银七两五钱。如果年丰粮多，骆驼运费不贵，价格还可下降。左宗棠与之订立了合约，预计年内可运二百万斤到古城，明年春夏可运足三百万斤。左宗棠认为，俄国人代为采运二百万斤送到古城，比从巴里坤运到古城的路程还要近，实在是意外的收获。这一路需银十五万两，可以说是在北路之北为古城筹粮。

南路筹粮的情况，肃州粮局储存了现粮三万多石，安西粮局存储了现粮一百几十万斤，哈密粮局除张曜各营外，还储存了现粮一百三十万斤，现在加紧灌运。据甘州、凉州、肃州各厅州县报告，今年夏雨丰富，可望获得丰收。将来新粮市价有减无增，雇来的车驼也会日益增多，转运比从前将会容易一些。

另外，左宗棠决定在北路新辟一条运道。前面说过，左宗棠经考察发现，从归化与包头采运粮食至巴里坤，较之从凉州、甘州与肃州采运至巴里坤，运价便宜很多，而粮食则实装实卸，没有虚耗，所以他决定新开这条运道，为此已陆续拨兑四十多万两实银，已发给宁夏三万两白银。预计进入秋季后，骆驼已经召集，运量可以增加。

南路的运输，从甘州运到肃州，从肃州运到安西都用车驼。从安西运到哈密和巴里坤都用骆驼，可以少设厂局，开浚水泉，收割草薪，以利运输。

南北两路采运，除了从俄国直接运往古城的粮食以外，都是在巴里坤储备粮食。

除了采运粮食以外，还有一个重要的储粮措施，就是开垦屯田。左宗棠指出：历代讨论边防，都把开垦屯田当作第一要务。作战时办理屯田，可以节省运费；战后办理屯田，利在长远。尽管开垦初期费用巨大，但一旦成功，便享利不尽。

左宗棠计划在三个地区开办屯垦，即哈密、巴里坤和古城。其中哈密和巴里坤的屯垦已在实施之中。在张曜从安西进驻哈密时，左宗棠就发给他运费和其他费用五万多两银子。嵩武军在开垦时遇到了困难，因为哈密的砂质土壤渗水，左宗棠为了支持他的工作，给他调拨一万条毡布，用来铺在土壤下面，防止水分渗漏流失，而为他购买毡条的运费，又花去大约九万一千多两。由此可以看出，对于屯垦，左宗棠不是空喊口号，走走过场，而是舍得大手笔的投入，因为他不仅指望屯垦能在一两年内支撑新疆的军务，而且希望其成果能给新疆带来长期的繁荣。张曜懂得左宗棠对他寄予厚望，带领士卒辛苦经营，已经取得显著成效。他事必躬亲，不辞劳苦，据报已开垦荒地一万九千多亩，可以收几千石粮食。左宗棠要求嵩武军继续照此办理，巩固哈密地区，形成一道屏障，以后几十年一百年都可以受益。

哈密的屯垦取得初步成效后，左宗棠又投资于巴里坤经营屯田。他命部将召集一千三百多名饥饿的兵士，每月发给饷银三千两，配发矛杆、枪炮和弹药，使之又成劲旅，然后派专人劝百姓从事屯垦，同时接收包头、归化和宁夏运来的军粮。

不过，巴里坤的自然条件不如哈密，该地处于天山顶畔，气候凝寒，以前开设过天时、地利、人和等厂，但久已荒废。左宗棠在这里兴办屯务，并不指望该地为外来的军队提供粮食，只要驻军能够自给就行了。从巴里坤向西北行走七站，地势肥沃平坦，天气比较暖和，从此处出发，再到古城以西，一路上更是肥得流油的上等土壤。这一带除了景廉所办的公屯和私屯以外，还有许多荒地，只要部队和百姓尽力耕垦，不用担心吃不饱肚子。左宗棠派专员带领官兵前往古城验收俄国人代办的军粮，发放运费，一面察看古城一带的情形，根据具体情况经营屯垦事宜，让他们随时报告，等候指示。

左宗棠的第二大计划是趁早整顿军务，首先要拿哈密、巴里坤和古城的军队开刀。他认为，西征作战拖延至今，未见实效，是因为吃闲饭的兵员太多，作战部队太少。旗营和绿营亦兵亦农，说起来很动听，然而开到前线，彼此观望，几天还无法集结完毕，冲锋陷阵时没有气势。左宗棠总结这种情况，是"且战之兵不能作战，且耕之兵无暇耕田"。

针对这个弊端，左宗棠决定明确兵员的身份，区分兵士和农民，把精壮胆大的挑出来当兵，会骑马的当骑兵，善跑步的当步兵，用纪律加以约束。那些胆小而体力较差的，全部解散，去当农民，按照户口发给荒地，令他们开垦，由官府发给种子、农具和耕牛，收获以后归还本钱，不取利息。他们收获的粮食，由官府照市价收购。这样做的结果是，选拔精壮充实了部队，解散弱者增加了屯垦的力量，可以称为两全其美的办法。

除了上述需要整顿的旗营和绿营，关外还有需要裁撤的军队。各城所驻的大臣，有办事大臣、领队大臣和帮办大臣，驻扎的部队，有锡伯兵、索伦兵、达呼尔兵、察哈尔兵、蒙古兵、厄鲁特兵、沙毕纳尔兵及携带家眷的绿营兵，还有换防卫戍兵。战乱以后，老的制度破坏了，办事、帮办、领队大臣，除了带领本营现存的兵士，还兼带其他骑兵营和步兵营，都请求拨专款养活。而这些部队很少能够作战，各位大臣又非军事人才，所以都是浪费饷粮，办不了实事。他们提出画地自封，闭关谢客，就是因为担心粮食产量不高，如果外面再有部队开到，就会不够吃了。他们不管朝廷军事的胜败，一心只想保守自己的官私屯粮。显然，他们不欢迎西征部队开进他们的领地，所以金顺进驻古城、张曜进驻哈密以后，再没有向前开进了，而后队还留在原来的驻防地。

　　左宗棠接任钦差大臣以后，不能容许这种情况存在。他指出，现在巴里坤与古城已办采运，哈密已经开办军屯，金顺和张曜两军的留守部队应立即陆续开拔。兵力增加以后，屯丁就可以减少。驻扎在哈密、巴里坤和古城的各位大臣，不能再吃缺额，要按照部队现有的兵员数量核定粮饷，但要担负守卫城池和关隘的任务，不得有误。屯田的士兵必须除掉军籍，解散归农，努力种田。官屯和私屯收获的余粮准许照时价出售，让百姓富裕起来。各地驻防军可以得到接济，后续部队可以沿途采购，不需携带粮食行军，进展会更加顺利。

　　慈禧看了这份折子，知道左宗棠终于挑起了重担，还把位置前移到肃州，于是大大地松了一口气，连忙下诏嘉勉。但是，总理各国事务衙门似乎比慈禧多了一个心眼，鉴于俄英两国联手对付中国的传言，他们给左宗棠来函，表明了一种担忧：俄国军队护运粮食到古城，会不会留下后患？

　　左宗棠此时对俄国人的意图已经了解得很清楚，因此他明确地答复：不必担忧。他认为俄国帮助英国是没有动力的，因为俄国分不到英国的鸦片之利，而俄国若与中国交好，便能专享湖茶之利。他们主动请求代办军粮，是为了向我们示好，并非包藏祸心。此时索思诺福斯齐已行至哈密，写信给左宗棠，称在山诺尔的骆驼患病，无法把粮食运到古城，请求只送到布伦托海，由金顺所部转运，左宗棠希望还是照原议办理。张曜从哈密给左宗棠写信，说近来骆驼疫病盛行，证实了索思诺福斯齐并非撒谎推脱。

　　左宗棠在兰州筹划西征的同时，李鸿章在烟台就马嘉理一案进行谈判。朝廷的这两位大员是清末洋务派的领军人物，一在西部，一在东部，同样都很关心与英国的关系。李鸿章在谈判开始之前，就担心英国挑起战端，这种心态，决定了他在谈判中步步妥协的态度。左宗棠的态度则完全相反。他说："岛人多方要挟，当局委蛇相与，意在暂顾目前，不卜将来如何结局，念之心腐。"他在为魏源《海国图志》重刻本所作的序言中，针对中英交涉中英方强霸中方软弱的局面，慨叹"二十余载事局如故"。他密切关注李鸿章与威妥玛两人的动向，当他得知威妥玛态度蛮横，在路过天津时，不去会见李鸿章，后者只得强求与之会面，而他在会见后"拂衣竟出"，如此欺辱中国的大臣，令左宗棠十分愤慨。左宗棠更为气恼的是，不但北洋大臣李鸿章向英国妥协，南洋通商大臣沈葆桢也转了风向，以李鸿章马首是瞻，加上总理衙门也畏惧洋人，清政府主持外交事务的三大部门，都在这场交涉中妥协退让。于是，此年七月二十六日，李鸿章与威妥玛签订了《中英烟台条约》。左宗棠看到英国侵华权益因此而扩大，发出了愤怒的呐喊：

> 见在洋防已经定局，准开十三口，准免洋厘，计每岁千万之利，均为英人所夺，枢垣与李相专一示弱，时局未堪设想！

在评价左宗棠为了维护国家领土和主权所做努力的时候，如果我们记住，他那些同朝为官的同事们总是不顾他的劝阻，以擅长洋务之名，向列强出让国家的权益，那么我们就会认识到他所做的努力是怎样艰难。难得的是，左宗棠一贯坚持自己的主张，在同事们令他失望的时候，他也没有因沮丧而放弃维护主权和收复领土的努力。

就在李鸿章与威妥玛在烟台就马嘉理一案谈判的那段日子里，盘踞新疆的安集延帕夏阿古柏请求英国为他和中国之间做调停，威妥玛向李鸿章提了一个建议，即让阿古柏政权"作为属国，只隶版图，不必朝贡"。清廷接到李鸿章的报告，回答得很干脆：此事由左宗棠定夺。左宗棠从总理衙门的信函中得知这个情况，立刻看清了英国的企图是为了自保。他指出："英人代为请降，非为安集延，乃图保其印度腴疆耳。"他担心李鸿章又向威妥玛做出什么让步，明确表示：战阵之事，权在主兵之人，非他人所可参与。同时，他以加紧西征筹备的积极行动，作为一记响亮的耳光，回应了威妥玛的提议。

左宗棠在推行西征两大计划的同时，主持了甘肃有史以来的第一次分闱乡试，于八月初六日入闱监考，八月初十日出闱。这一届的考生人数达到三千多名，比以往全西北参考的考生多出三倍。

左宗棠未因文治耽搁武功，他刚一出闱，便紧锣密鼓地做好将大营推进到肃州的准备。他决定实施一个早已考虑成熟的重要决策：将刘锦棠及其老湘营派到关外。为此他进行了安排老湘营出关的第一步：奏请朝廷任命刘锦棠总理行营营务处，率老湘营全军随他出征。同时，他起用湖南宁乡人刘典帮办陕甘军务，留驻兰州，为他把住大后方。

作为楚军出身的大帅，左宗棠对湖南的军队最为信任。但他不是像李鸿章那样，在军政界搞一个乡人的关系网，而是为了作战时能够得心应手。为什么他非要把湖南的文官武将和部队摆在关键的位置不可？他对国民党元老谭延闿的父亲、时任陕西巡抚的湖南茶陵人谭钟麟说了一番心里话。

他在信中向这位湖南的老乡倾诉苦衷：几年以来，陕甘这边多亏有楚军支撑，才会有今天的局面。不但战伐之劳，就是修筑城堡、开浚水利、广兴屯垦、平治道途、种树薅棉等事，都是楚军干成的，丝毫没有借助百姓的力量，节省的费用何止巨万万！湖南官兵不计报酬，只是在工程竣工时，给他们发一点犒赏，没有开列专款向朝廷报销，而取得的成效却是有目共睹，家喻户晓，无人不谈。如果不是湖南人的奋斗，哪来的这些成果！如今，恪靖军积欠的军饷日益增多，而应办的事情尚待依次施工，如果不启用与楚军熟悉且为部队所信服的人才，又怎能接着办下去呢？他盼望刘典来接手陕甘军务，也是出于不得已。

在这封信里，左宗棠说出了其用人之道的公私用意，而究其原委，仍是出于公心，出于对事情能否办好的考虑。他说，他此次头白临边，衰病缠身，不能不预先找人代替。派刘锦棠总理行营营务，是为以后储备人才；请刘典帮办军务，是为预防内顾之忧。他这样做，既可以说不是为了自身考虑，也可以说就是为了自身考虑，知心者自然能够体谅！

第二十章

收复新疆

中央的财政支持

光绪元年（1875）六月，左宗棠决定将刘锦棠的老湘营用作西征主力，请求朝廷催促各省关迅速解运协助的军饷。与此同时，他创办兰州火药局，加紧生产军火。只等军饷一到，恪靖军就要大举西进了。

鉴于西征大军整装待发，需饷孔急，朝廷命令各省关将所欠的西征军饷提出一半，限期解运到甘肃。左宗棠将出关各军调赴凉州等候军饷，因为部队必须轻装前进，不能带足一个月的饷需，如果后路没有粮食接济，后果不堪设想。可是，这一等就等了小半年，他一直等到年底，西征所需的军饷还没有到齐。万不得已，他于十二月十四日奏请参照沈葆桢增援台湾的前例，借洋款一千万两，记在各省关应该协助西征军饷的账上，分十年划还。

左宗棠要借洋款，朝廷请洋务派的两江总督沈葆桢发表高见，因为他指挥台湾保卫战时就曾借过洋款。沈总督素来跟左宗棠关系不错，没想到这次他站到了李鸿章一边，给左宗棠泼了一盆凉水。他说，西洋各国都借国债，但西洋各国都因此而承受着压力。去年的台湾战役，外省毫无支援，他才出此下策；后来借到二百万两，日本已经撤军，他就不敢再借了。而新疆的事情不是一两年就能办好的，就算各城都已收复，但新疆与俄国为邻，还要设市设防，朝廷必须重新布置。洋人借出一笔巨款，然后从海关索还，海关则仍然要等待各省把钱拿出来，过去各省只筹协助西征的军饷，已是很难催到，现在又多了一项支出，还要筹借款的利息，又怎能如期归还？协助的军饷拖延了日期，海关就吃紧了；海关亏空一大截，就没有钱供给国家财政，国库也就空虚了。

沈葆桢还给左宗棠翻起了旧账。他说，左宗棠上次借了三百万两，要到光绪四年才能还清，现在又要续借一千万两，从今年开始计算利息，明年就要还本。海关应接不暇，而西陲部队的士饱马腾，坚持不到两年光景，又得勒紧裤带。进兵越远，转运越难，需要的军饷也就越多，半途而废又不行，又得责成各省出钱。大家除了还债，还要另外拿钱来接济西征，哪有这个能力？那么再借洋款行不行？显然不行，那时海关已经无钱可扣，拿什么垫付？大家怎么忍心看着左大人这位中兴元老坐困于绝域？所以他再三考虑，还是不敢孤注一掷。

清廷将沈葆桢这番消极的言论转达给左宗棠，请他斟酌考虑。左宗棠想：李合肥（李鸿章）财大气粗，如今小沈都跟他一个鼻孔出气，话里带着讥诮，拿西征大事当儿戏。你不就是要为李鸿章多争一点资金吗？老夫得好好教训一下这个半吊子洋务派才是。于是，他提笔奋书，写下了驳斥沈葆桢的奏疏。

左宗棠指出，他很清楚借用洋款并非上策，他之所以奏借洋款，根本原因是各省关应该协助的款项积欠太多，直到出了增加海防预算的议案，西征协饷比常年又减到一半以下，频频催促，都得不到响应，万般无奈，不得已而有此请。

他又指出，沈葆桢原来可不是这么说的。他在过去的奏疏中说，英美举债，对于本国是藏富于民的举措，不像西班牙等国对外输出利息。尽管如此，沈葆桢还没有接触到事情的本质。中国的西征用兵，是为了收复原来的疆域，并非争夺领土。借千万巨款接济目前的急需，是为了军队不必停在那里等待军饷。十年的利息，消耗虽然不少，但本钱先已借到，部队得以迅速投入战斗，应办之事可以速办，例如减撤防军，节省浪费，制订新的制度，大开利源，随时随处注意节约，这十年中消耗的利息，可以从十年的努力中得到补偿。这跟日本侵略我国，与洋人共享利益，不可同日而语。何况，用海疆每年应该协助西征的军饷，偿还每年应还陕甘借款的本息，只要拿出不到一半的款额就足够了。这样对塞防大大有利，而对海防丝毫无损。

左宗棠说，西方各国的兴废存亡，与借债不借债没有关系，而他平定陕甘的战果则说明，借用洋款对中国的确是有益无害的。如果他不是靠着先后借用洋款，部队不可能生存到今天。他还指出，李鸿章和沈葆桢本人都是愿意借洋款的，去年李鸿章就曾奏请借洋款二千万两；沈葆桢本人办理台湾防务，也曾借用洋款六百万两，只是因为日本撤军，户部决定停借了四百万两。现在日本那边安静了，西边战事紧急，把老办法再用一用，有何不可呢？他请朝廷下旨，令沈葆桢立刻代他借洋款四百万两，迅速送至甘肃。

左宗棠一方面理直气壮地驳斥沈葆桢，另一方面，对于向洋人借钱打仗还是耿耿于怀，愧疚于心。他在给吴大廷的信中说：打仗没钱，需要借饷，已经是一件糠事，而借饷还借到外国人那里去了，仰仗外人的鼻息，真是不争气啊，真是无耻啊，真是臣子的罪过啊。东部省份的官员，对于西征军饷置之不理，逼得我只能借洋款，而他们还从中阻挠，究竟居心何在？

左宗棠没有料到，李鸿章与沈葆桢的反对意见，丝毫没有动摇慈禧西征的信心。这位皇太后非常体谅左宗棠的难处，以皇帝的名义发布一纸诏书，解决了他的所有难题。

> 左宗棠出师塞外，必须士饱马腾，方足以壮军威而张挞伐，各营将士踊跃前驱。西征饷银未能足数，致有积欠口粮，此次远道进兵，粮饷必须充裕。左宗棠前议借洋款一千万两以备应用，因耗息过多，请减借四百万两，系为节省经费，顾全大局起见，惟现当大举深入，酌发欠饷，豫备行粮，需款甚巨，恐不足资周转。该督既以肃清西路自任，何惜筹备巨款，俾敷应用，以竟全功？加恩着于户部库存四成洋税项下拨给二百万两，并准其借用洋款五百万两，各省应解西征协饷，提前拨解三百万两，以足一千万两之数。洋款如何筹借，着左宗棠自行酌度，奏明办理。钦此。

慈禧再次为西征军撑腰，而且手笔巨大。左宗棠谨慎地开口要钱，慈禧却主动为他加码。左宗棠真是喜出望外，激动万分。他把上谕向部属宣布，命令部队举行聚餐，士卒欢声雷动。左宗棠连忙具疏陈谢，并陈明自己不仅会节省用钱，还会大开财源，让慈禧吃了定心丸。

粮饷问题解决了，老湘营很快开拔。光绪二年（1876）正月二十八日，刘锦棠率老湘营从凉州推进到肃州。左宗棠本人也急于向前推进，二月初八日，刘典抵达兰州，左宗棠与他连日商榷，移交公务。二月二十一日，左宗棠从兰州启程，西赴肃州。随从部队有亲兵十哨，白马氏练丁一营，以及骑兵四队。

左宗棠临行前拜发了几份折片，提出初步的战略方案：西征军先攻北路乌鲁木齐，然后向南路挺进，致力于北，收功于南。同时，他表现出湖南骡子的执着，再次请朝廷下旨，令沈葆桢代借洋款四百万两，迅速解到甘肃，并催促各地解运西征军饷。他不顾沈葆桢反对自己，指名道姓，让朝廷压着沈葆桢去做不愿做的事情，其强悍的性格由此可见一斑。

十天后，朝廷便颁发上谕，表达了慈禧这个女人作为政治家的钢铁意志，以及她对左宗棠的全力支持。上谕中写道：左宗棠抵达肃州以后，应该如何陆续进军，由他随时相机决定，朝廷不为遥控。朝廷只有一个期望，那就是官军节节扫荡，收复乌鲁木齐和吐鲁番，逐步廓清南北两路，奠定西陲，立下一劳永逸的大功。

三月十三日，左宗棠抵达肃州，驻扎城东南大营。

故人之谊

左宗棠离开兰州之前，收到了一笔私人的西征捐款，不由感动得老泪纵横。捐款人是浙江巡抚杨昌浚，他知道左宗棠正要进军新疆，收复国土，而陕甘的条件艰苦卓绝，军队缺乏给养，于是，他把自己积攒的养廉薪俸，共计二万两银子，捐献给恪靖军，供养前线的部队。

杨昌浚此举确实很不容易。他本人正在官场中承受着巨大的压力，社会舆论也把他推向了耻辱的深渊，但他心里还惦记着西北的军队。正是如此难得的大公无私，令左宗棠唏嘘不已。

在不少的记载与传说中，左宗棠是一个性格上有些不近人情的人物。我们从他对待广东巡抚郭嵩焘和安越军统领李元度的言行当中，确实可以感受到他的这种做人风格。郭、李二人都是他的至交，但他在因公务而参劾这两人时，似乎丝毫未留情面。然而，如果我们考察左宗棠对待另一些挚友与部属的态度，从他与王鑫、王开化、蒋益澧、周开锡、魏喻义、刘松山、杨昌浚、胡雪岩等人的交往中，都可以看出他对朋友的热忱、信任与回护。而且，就连对待李元度，他也并未一棍子打死，在参劾此人的同时，他也针对曾国藩的弹劾为此人说过一大篇公道话。因此，左宗棠刚直的性格作用于其交友之道时，固然不可否认他对友人有矫激无私的一面，但可以说，其主流是对友情温暖爱护的那个层面。

左宗棠对于杨昌浚的态度，非常有助于说明这个结论的正确性。为了了解杨昌浚在光绪二年所承受的巨大压力，我们不妨回顾一下同治十二年（1873）浙江省发生的一个案件。这场官司持续了多年，左宗棠的挚友杨昌浚面临一场严峻的历史考验。

在这场官司发生之前，杨昌浚是一位名声颇佳的好官。他跟随左宗棠平定浙江之后，这个经历了多年战争摧残的省份百废待举，杨昌浚作为浙江布政使，带领百姓凿湖导河，兴修水利，发展农桑。他是一个很有才华的诗人，对于自己的建设成果，他有一诗描述："手植垂杨三万株，春来新绿满西湖；他年若过双堤路，漫道棠阴继白苏。"

杨昌浚因政绩不俗，于同治八年（1869）获得升迁，代理浙江巡抚，第二年实授巡抚。前面说过，在东南封疆大吏的位置上，他不遗余力地为左宗棠的西征提供军饷。同时，他和左宗棠志同道合，坚定不移地实践师夷之长技以制夷的主张。天津教案发生后，英、美、法等七国联合向清政府抗议，并在天津、烟台集结军舰示威。同治十年（1871）三月，杨昌浚亲自前往宁波与镇海巡视海口，筹办防务，他上奏清廷说："自强之计，宜用外人之器，师外人之长。"

杨昌浚不仅为官清正，而且人品极佳，为他赢得了很好的口碑。但是，自从发生上面所说的那桩案子，左宗棠的这位好友，百姓眼中的这位好官，就堕落为人们眼中的一名昏官了。无论在官场还是在民间，他都变得臭名昭著。更令他难堪的是，文艺作品将他塑造为污点官员的典型。

杨昌浚因之而蒙上污点的那桩冤案，中国人几乎是家喻户晓。有一出传统剧目，演绎冤案的经过始末，剧名为《杨乃武与小白菜》。杨乃武和小白菜是该案中的两个涉案人员，也是因浙江官场的误判而蒙受不白之冤的受害者。

此案的来由，是因一名男性在家中暴死。死者名叫葛品莲，浙江余杭县的县民，生前在一家豆腐店当伙计，身材长相和《金瓶梅》里的武大郎有几分相似。而他的妻子毕秀姑，则和武大郎的老婆潘金莲一样，生得白净水灵，貌美如花，由于性颇风流，人们称之为"毕金莲"。她平时爱穿白色上衣和绿色裤子，所以又得了个"小白菜"的外号。

话说毕秀姑嫁给葛品莲以后，丈夫喜得娇妻，却又担心她招蜂惹蝶，看得很紧，得了个疑神疑鬼的心病。偏生隔壁就住着一个帅哥，令葛品莲时刻小心提防。此人名叫杨乃武，浙江余杭人氏，举人出身。他为人耿直，看到地方上有不平之事，总爱出头，给官府找麻烦，得罪了知县刘锡彤，被视为刁民，由此而种下了祸根。

杨乃武是个有头有脸的士绅，条件强过豆腐店的伙计何止百倍！葛品莲对妻子愈加不放心，生怕她和杨帅哥勾搭成奸。他常跟母亲说："我好不容易娶了个俊俏媳妇，隔壁杨秀才竞争力太强，您老得帮我看紧点！"

葛品莲的担心并非杞人忧天，因为毕秀姑是个思想行为超前的新女性，结交异性朋友不少，其中包括县令刘锡彤的公子，而杨秀才确实也在她结识的社会名流之列。

葛品莲和武大郎一样，虽然娶了如花美貌的娇妻，仍是无福消受，突然得暴病身亡。他的死，确实太过突然，其母喻氏接受不了这个事实。她想：儿子身体好得很哪，怎么可能突然病死呢？莫不是媳妇小白菜与杨乃武勾搭成奸，合谋毒害亲夫？不行，此事必须告官，好歹弄个明白。于是，她请人写好状纸，将杨乃武与毕秀姑告到县衙。这就是杨乃武与小白菜一案的来由。

知县刘锡彤接到状纸后，看到被告是杨乃武这个刺儿头，连忙升堂审案，吩咐衙役将被告带上堂。他把惊堂木一拍，喝道："杨乃武！本县早就知道你不是个好东西，难怪平日处处跟本县过不去。原来你满口仁义道德，竟与有夫之妇通奸，杀人害命！今天你落在本县手里，看你还如何抵赖！还不从实招来！"

杨乃武不承认谋杀葛品莲，但他很难洗刷自己身上的疑点。他与毕秀姑比邻而居，抬头不见低头见，又是彼此倾慕，关系暧昧，关于两人的风言风语，早已在街坊中传播。刘锡彤丝毫不觉得此案有什么疑点，而他儿子也是小白菜的追求者，早就不满毕秀姑跟杨乃武交往，于是在父亲耳边说了杨乃武许多坏话。刘知县已有先入之见，一上来就给杨乃武定了个"夺妇谋夫"的罪名。杨乃武申辩说，他与毕秀姑的关系虽然说不清楚，但他们确实没有合谋杀人。刘锡彤哪里会肯放过此人，动用酷刑逼供，终于屈打成招。如此一来，毕秀姑罪大恶极，被判"谋杀亲夫"，凌迟处死；杨乃武罪也不轻，背了"通奸杀人"的罪名，判处斩首示众。

好在刘知县没有自作主张杀人的权限，一案处死两名人犯，必须报上级审核。但是，上级对这两条人命也颇为草率，杭州知府看不出刘知县的判决有什么疑点，维持原判，上报浙江按察司。省级官府仍是草率从事，上报刑部备案。

眼看案子一级级通过上报，人头快要落地了，杨乃武的亲属急得如热锅上的蚂蚁，几次进京上访。由于杨乃武是个举人，此案引起了舆论的关注，江浙朝野人士同声支援，外国人办的报纸也刊载了此案的案情，并称存在冤情。更重要的是，英国外交官的一句话惊动了慈禧太后。他们说："贵国的司法公正，如果就像杨乃武与小白菜一案那样的水平，我们可不敢恭维。"慈禧向大臣们追问道："这究竟是个什么案件？一定要给我查明了！"于是，朝廷将此案下发给浙江巡抚杨昌浚，令他会同有关衙门亲自审核。朝廷还不放心，又派出以清廉公正而闻名的刑部胡侍郎，作为督察员，前往案发现场调查，提审犯罪嫌疑人。

此案的复审可以拿马拉松来相比，竟然历时四年多。在这个漫长的过程里，杨昌浚一误再误，轻信下级，无视舆论，一意袒护州县官员，企图维持原判。但是，舆论压力和上级的干预使他无法草草结案，杨昌浚不得不将该案人犯、案卷和死者尸棺押解到京城，由刑部等衙门三堂会审。

光绪三年（1877），案情大白于天下，证实杨乃武和小白菜确实是冤枉的。杨乃武人虽未亡，家庭已破，连回家的路费都是胡雪岩资助的。他在酷刑下伤筋折骨，几乎成了残废，回到家乡后心灰意冷，轻易不与外界交往，专心研究孵育蚕种。大难不死，必有后福，三年之后，他培育出一个蚕种品牌："风采牡丹，杨乃武记"，于是家道中兴。小白菜作为封建社会里受欺压的一个女性，没有杨乃武那般的幸运，她出家为尼，在青灯古佛旁了却余生。

此案的转折使浙江官场发生了大地震，二十多名官员被摘掉顶戴花翎，永不叙用，因军功而步入官场的湘系军阀受到沉重打击。杨昌浚用重金向刑部尚书皂保行贿，企图阻挠杨乃武与小白菜平反，自然也要为此冤案负责，终于卸任回家。

杨昌浚竭力维持这桩冤案的原判，不仅是受了下属蒙骗，而且明显是出于政治上的考虑。为了筹饷的顺利进行，他必须维护浙江官场中湘系集团的利益。对于案情本身，他没有花心思去研究。案情大白的最后关头，他为了保住集团的利益，仍然要做最后一搏，才出了行贿的下策。

值得注意的是，左宗棠对杨昌浚的清正为官始终是深信不疑的。此案发生前，朝廷里就有不少大员攻击过杨昌浚，左宗棠给他打气：

阁下伟量宏才，朝论翕然，断非蚍蜉所能撼。

此案发生后，左宗棠认为，杨昌浚不可能干官官相护的勾当，更不会妨碍司法公正。他认为，一定是浙江和京城有人妒忌他，故意跟他过不去。因此，他决心鼓励这位挚友渡过难关。他很清楚，杨昌浚的去留关系到西征军饷，他不愿看见杨昌浚倒下，国家和他本人都需要这个人待在浙江巡抚的位置上。

左宗棠远在甘肃，无法了解杨乃武一案的细节，为什么他断言杨昌浚没有犯错？因为他自认为对这个朋友知之甚深。他很清楚，杨昌浚一开始就无意于仕进，是他把这位朋友拉入官场，并且要求他不要离去。所以，杨昌浚绝不是一个官迷，何至于为了保住顶戴而胡乱判案？另外，他知道杨昌浚在浙江为官颇有建树，为西征筹饷不遗余力，鞠躬尽瘁，难免得罪浙江的一些官绅，有人想借机整治一下这位巡抚，也在情理之中。

报纸对此案的报道，更加令左宗棠反感。他早就看不惯洋人出钱，国人办报，尽替洋人说话，混淆国人的视听。他认为报纸将杨乃武一案炒得沸沸扬扬，是抹杀公论，为奸人喊冤。朝廷居然也信报纸传闻，他觉得莫名其妙。他说：杨昌浚有什么事情对不起浙江？偏偏浙江人就不服他的教诲！这是因为他性气宽和，人们都不怕他。他叹道：真是世风日下，竟然会有人为奸夫奸妇劣属雪冤！

在光绪二年杨昌浚为西征军队捐款的时候，杨乃武与小白菜一案的复查尚未拿出结论。左宗棠知道，杨昌浚之所以继续留在官位上，是为了支持自己的西征大业。所以，左宗棠收到他的捐款时，心中感慨万千。但是，左宗棠由于启程西征，公务太忙，竟然无暇给他写一封感谢信。直到抵达肃州以后，才抽空写了几句话，表达由衷的谢忱。他劝告杨昌浚：如果你顶不住杨乃武一案的舆论压力，就辞官回家吧。我虽不敢辞谢你的馈赠，但担心你为官在外，长期没有顾及家里，恐怕将来连吃饭都成问题，所以到你回家时，我一定会把这笔款子寄还给你。

杨昌浚听从了左宗棠的劝告，可是他两次辞官，朝廷都不批准，直到杨乃武一案审结，他才作为污点官员告别官场。但是，这件案子在北京审结之后，左宗棠对结果仍然有所保留。此案翻案的关键在于验尸结果，验尸官从葛品莲尸骨的颜色来分辨，认定不是中毒身亡。而左宗棠自称翻遍了《洗冤录》，并未发现中毒而死的人可以从骨头的颜色来分辨查验。因此，他认为此案的结论还有可疑之处。此为后话。

从左宗棠对待杨昌浚的态度，可以看出他有一种极为可爱的性格。虽然他本人颇为自负，但他对谦谦君子杨昌浚十分认可，信任极深，不会因别人甚至公众的看法而轻易放弃对他的好感，而且在朋友遭遇困境时，他会站在朋友一边，甚至不惜冒天下之大不韪，公然跟舆论作对。

显灵与出关

左宗棠的西征大军向肃州挺近，路途之中，遭遇了一个灵异现象。

老湘营是刘松山带到西北的部队，自从刘松山死于金积堡战役中之后，军中盛传刘松山经常显灵的故事。左宗棠听到将领们有关刘松山显灵的报告，表现出将信将疑的态度。而左宗棠此次向肃州而去，行至离肃州不远的地方，又听到了刘松山显灵的消息。

由于左大帅行辕接近肃州，刘锦棠率所部前来迎接。刘锦棠尚未来到钦差轿车之前，他军中的一名士兵却向钦差轿车前跑来，喊叫道："老统领派我来传话！"

所谓老统领，就是老湘营官兵对刘松山的称呼。由于此人行为唐突，说话疯癫，钦差卫士将他拦住，但他呼喊连声，不肯罢休。左宗棠掀开轿帘，叫卫士将他放到跟前，问道："刘军门要你带什么话给我？"

那士兵说道："老统领请大帅给我发一个月满饷！"

卫士们听他说话更加不着边际了，要把他拉走，但他赖着不走。左宗棠一挥手，卫士们将他强行架开。

第二天，一个故事在军营里流传开来。官兵们纷纷传说，刘锦棠参见大帅时，左宗棠跟他谈起了那个士兵的事情。左宗棠说，那士兵军褂上的番号，表明是董福祥的营勇。刘锦棠回营后，责问董福祥："为何将疯疯癫癫的士兵留在营内？"董福祥说："冤枉啊！平时此人一点也不疯癫，当兵五年，毫无过错，真不知为何突然就疯了。"

刘锦棠说："把他叫来问话。"

那士兵进到帐内，刘锦棠问道："昨日你见到了什么？"

士兵答道："行军途中，只觉西北角一线冷风吹来，忽见老统领已到，叫我传话给大帅，后来的事情，我就记不得了。"

刘锦棠觉得那士兵不像撒谎，将此事回报大帅。左宗棠听罢，说道："刘忠壮战死以后，每遇大战，都会出现在部属的梦里，说明忠义之灵常在啊。"

刘锦棠说："左公，自从我部开到肃州，部队中就开始流传，说老统领已去了嘉峪关，催少统领赶制一万件寒衣。"

"此言从何而起？"左宗棠追问。

"在下无法查明。"刘锦棠回答，"但我已设祭，剪纸焚化，想来忠魂应该安息了。"

左宗棠听了此言，对此事十分认真，在抵达肃州的第二天，便设祭怀念刘松山。

军营里流传的这个故事，讲得活灵活现，使老湘营将士们相信：响应老统领在天之灵的号召，出关作战，是他们义不容辞的责任。史家们似乎有理由相信，这个故事是左宗棠与刘锦棠二人合编出来的，而且由他们导演并参与演出了一出刘松山显灵的活剧。由于老湘营的湖南官兵离乡背井已久，不愿再去遥远的新疆作战，于是清末的诸葛亮用了一个孔明式的计谋，编造刘松山的显灵来做部队的思想工作，取得了很好的效果。由此可以推论，刘松山战死后老湘营中发生的一系列老统领显灵的现象，都和左宗棠振作士气的意图密切相关。

左宗棠一到肃州，就鼓起了老湘营的士气，而老湘营的前锋部队便在谭上连、谭拔萃和余虎恩三位将领的率领下分批出关。

光绪二年（1876）三月二十七日，西征军在肃州大营前举行出关祭旗仪式，刘锦棠率汉回骑兵和步兵开拔。临行前，左宗棠对刘锦棠说："此次出塞，部队行动要先慢后快，预期抵达古城时，军粮可以取齐，然后部队就可以进战了。记住，必须等到古城存粮稍有盈余时，携带一月行粮，才能开战。八年了，我们劳师费饷，民散粮绌，都是因为畏敌不前！现在我们的方针是缓进急战，谨慎从事，一战而胜，西征是有把握的！"

从俄国运到古城的粮食，这时已有四百多万斤，左宗棠打算拨给金顺的部队。北路已有知府陈瑞芝从归化和包头采运粮食，绕道五千多里，运到巴里坤的粮食已有五百多万斤，从宁夏运去的粮食也有一百万多斤；南路从肃州运到安西与哈密储备的粮食超过了一千万斤。由此可见，军队供给的形势已经大大改观。事实证明，景廉、金顺和袁保恒的看法是错误的，左宗棠的办法取得了实效。新疆各位大臣的阻挠，只能说明他们的无能和自私。朝廷那些原来疑心左宗棠有意推诿责任的大臣们，这时也明白了左宗棠坚持在新疆北路采购粮食的用意。

由于慈禧坚定地支持左宗棠获得西征的军饷，西征军得到了户部的拨款和各省关协饷共五百万两银子，各省还有应解八成以上的余银，左宗棠已经有了一笔储备款，不愁没有流动资金了。于是，他于四月初八日主动向朝廷提出暂缓筹借洋款。他说，洋款可以等到明年再借，迟借一年，就省了一年的利息。而他以前所借的三百万两，本息已全部还清，各省关也不至于十分紧迫了。

慈禧看了这份奏疏，大大松了一口气，对慈安说道："姐姐，这个左卿，倒是懂得投桃报李。若是大臣们都像他这样体谅咱们姐妹的难处，事情就好办多了。"

左宗棠在朝中的两位合作者，即两宫皇太后，是其成就收复新疆大业的关键。没有慈禧和慈安的支持，左宗棠很难完成林则徐对他的嘱托。但是，如果没有左宗棠的大志和才干，慈禧也不可能取得在她统治下完成的这份丰功伟绩。所以，左宗棠与两位皇太后在清末收复中国新疆的伟业中是相辅相成的关系，而左宗棠的天赋及其长期培养的本身素质，是他得到朝廷重用的根本原因。

虽然左宗棠要求老湘营谨慎推进，但其先锋在五月份就抵达了距离肃州约一千六百里的巴里坤。探哨侦知敌骑数百从布伦托海驰抵红柳峡，袭掠古城，然后南走，谭上连急忙挥师前进，而敌骑已从南山西窜，于是谭上连把部队驻扎在各个关隘。

老湘营出关时，张曜所部已经为其进军提供了便利的条件。该部自从驻扎哈密以来，修治台站，树起天山扶栏，清理了道路。刘锦棠令军士们携带哈密存粮，分批短运，越过天山，抵达巴里坤；又从巴里坤短运，抵达古城。

左宗棠派出徐占彪的五营兵力，进驻巴里坤的各个关隘，与张曜的哈密驻军互相援应，防止白彦虎所部从吐鲁番钻出，以护卫运道。

左宗棠熟悉白彦虎的习性，知道他打仗不会硬碰硬，官军开进，他一定会向吐鲁番逃窜，在巴里坤与古城之间钻空子逃走。徐占彪一军驻扎巴里坤，就是要让白彦虎钻不到空子。如果他穿越天山回攻哈密，张曜的部队足以将他制服。巴里坤和古城之间没有缝隙，天山之险又插翅难飞，白彦虎想退回关内，是没有可能的了。

老湘营能够顺利出关，与张曜的先遣工作关系甚大。左宗棠在新疆这盘棋上布下的这个先手，是盘活全局的关键。张曜的嵩武军进驻哈密以后，成为中国最早的一个新疆建设兵团，为后续主力部队进疆和作战打下了良好的基础。

军队搞建设，是一个新增的功能。这种功能在左宗棠之后，可见于抗战期间八路军的第三五九旅，也可见于共和国建立后人民解放军的新疆建设兵团。总的来说，这些将军队投入生产建设的举措，都是发生于张曜所部在新疆从事建设之后。嵩武军建设兵团的总设计师是左宗棠。他把兵屯和民屯结合起来。他的兵屯是耕战分离，转兵为民，这是左宗棠在屯垦方面的创新成果。

从嵩武军的实践看来，兵屯有三个好处。第一，可以做到军队自给，不再向国家和百姓伸手要粮；第二，可以把老弱病残的军士淘汰出作战部队，妥善安置，让他们发挥余热，从事生产；第三，作战部队减掉了冗员，经过重组，留下了精锐。在新疆打仗，动辄驰驱千里，兵不在多而在精。一个兵就要吃一份粮饷，大部队进军，消耗太大，供养不起。精兵以后，作战部队的战斗力大为提高。

左宗棠根据张曜的实践，在西北摸索出了一套经验，编写出专用教材，叫做《屯边》。这是一门新学科，可以称为"屯田学"，属于中国兵法中的第三十七计，让各营按教材操作。

张曜率先遣部队驻屯哈密，开展屯垦，是左宗棠为野战部队和新疆驻军筹粮具有长久意义的一步棋。他指望着开垦荒地的将士们早日做出成绩，从他的心情而言，真是恨不得拔苗助长，立刻看到黄澄澄的果实，为他解决一半的军粮。张曜忠实执行他的设计，在哈密做出了一个很好的屯垦样板。

嵩武军开到哈密时，发现当地的回民都被敌军胁迫走了，留下一片荒芜。张曜试验军垦，首先要找水来浇灌荒地。由于哈密水源奇缺，张曜发动士兵和百姓寻找水源。老兵有经验，发现一片长势较好的草地，便说：有草，就会有水。他们借来锄头一刨，果然有清泉汩汩流出。老兵带着人马，沿这线草地往前走，找到了泉水的源头。

张曜的部队只有一营担任警戒，其余全部投入屯垦，一支部队挖渠，一支部队烧荒挖土。平原上插满了"左恪靖军"的旗帜，到处响起湖南的花鼓戏与安徽的黄梅小调，一派祥和景象。回民们好奇了，过来瞧瞧，问一句："能不能给我们几块地种种？"

张曜说："怎么不行？你们回去宣传，就说官府支持百姓耕田。"张曜的支持不只是精神鼓励，还要给予实际的物质利益。种子免费提供，顺带赠送农具。两千多户回民返回家园种地，一片荒芜了的土地上，马上恢复了往日的热闹，炊烟四起，鸡犬之声相闻。

水利是农业的命脉。左宗棠跟张曜往返函商，研究出了许多技术革新。沙土渗水，灌溉水容易流失，士兵们在地底下铺上油毛毡。要扩大开垦面积，必须引水浇灌，怎么办？部队动用军饷，在平原上挖修水渠。通过研究，他们发现，水渠要用三合土粉刷，才能防止渗漏。他们还普遍修建坎儿井，防止地下水蒸发。

张曜的部队一共开出水田三千五百亩，旱地一万五千八百亩，植树十万株，开挖石渠十一里半。兵屯带动了民屯，种下粮食，几个月就见成效。秋收时节，远距离运输粮食的做法基本停止，在古城与济木萨一带，甚至还有部分军粮出售。不到两年时间，哈密成了新疆的一个大粮仓。

左宗棠的军垦克服了种种困难，但人的困难无法解决：性别失调，女性奇缺。将士们上前线，不可能拖家带口，军队里太多光棍，而当地的妇女都是少数民族，张曜采用高压政策，不许官兵与当地妇女往来。恪靖军虽然并不缺乏人性化的管理，但还没有办法照顾到官兵合法的性生活，以及传宗接代的问题。强行控制大家的生理需求，自然会引起不满。一些士兵忍受不了苦行僧似的生活，开小差溜号。

这个问题，左宗棠未能解决。但是，后人吸取了他的经验教训。中国人民解放军进驻新疆，开展军垦，注意到军队中男女比例严重失调，于是鼓励女兵进疆。八千湘女上天山的壮举，就是解决实际问题的办法。同时鼓励军人与当地少数民族通婚，转业后留在当地。这样，军垦就能长期坚持下去。

屯田只是恪靖军从事建设的一个功能，左宗棠还让部队投入多样化的生产建设。修筑道路是楚军的拿手活，左宗棠令魏光焘所部施工，用肩扛，用背拉，从安西往西，开辟大道。从星星峡到哈密，从哈密到巴里坤，那条跨越天山的大道，就是楚军用血汗修成的。土方爆破时，五名士兵葬身山岩之下。今天的人很难想象当年修路的艰辛，但那时的记载如今还能看到。山岩上残留着当年修路的碑记，经过风雨剥蚀，已经模糊不清，但有些字迹依稀可辨，那是左宗棠自作自书的一首诗，题为《天山扶栏铭》：

> 天山三十有二盘，伐石贯木树扶栏。
> 谁其化险贻之安，嵩武上将惟桓桓。
> 利有攸往万口欢，恪靖铭石字龙蟠。
> 戒毋折损毋钻刓，光绪二年六月刊。

打井也是楚军从事建设的工程项目。从嘉峪关到乌鲁木齐，沿途每隔十里就有一口水井，这是西征大军梯次进军时由士兵们开挖出来的。四万大军不能一次性开拔，人畜饮水是个大问题。西征部队每次进发一千人，逐次利用有限的水源。他们走到哪里，路就修到了哪里，井就打到了哪里，树就栽到了哪里。沙漠荒原中，长长的一线绿荫，就是王德榜的部队栽出来的。

植树造林是左宗棠在大西北强硬推行的一项政策。他规定，道路狭窄的地方，植树一至两行，宽阔处要种四至五行。他要求部队利用一切条件扩大种树面积，尽量把树种到道路以外。因此，早在进军新疆之前，左宗棠的绿化工程就取得了巨大成绩。从陕西长武到甘肃会宁的道路，长达六百多里，栽种成活的树木就达二十六万四千多株；另据会宁、安定等八个县的统计，八县境内栽种成活的树木就有近三十万株。左宗棠在奏折中说：

> 道旁所种榆柳业已成林，自嘉峪关至省，除碱地砂碛外，拱把之树接续

不断。

> 兰州东路所种之树，密如木城，行列整齐。

上有所好，下必甚焉。在左宗棠大力倡导下，西北许多地方官响应号召，植树造林。西北人感怀左宗棠的绿化功绩，把当年军民所种的柳树，尊称为"左公柳"。

清代诗人肖雄有一首诗，专为咏颂"左公柳"而作：

> 十尺齐松万里山，连云攒簇乱峰间。
> 应同笛里迎亭柳，齐唱春风度玉关。

左公柳是如何种出来的？其种植其实很不简单。部队官兵克服了很多困难，找了不少窍门，才种活了那些榆柳，这要归功于官兵们不畏艰难、勇于探索的精神。西北有许多盐碱地，寸草不生，种树能活吗？士兵们回答：能。用什么办法呢？回答是：深挖坑。

栽树的坑，要挖十几米深，要能看到水渍，还要填上几个立方的土，才能成活一棵树。没有成活的，又要重栽，连片包干，责任到人。树死了，种树的士兵要挨打；为了少挨打，就得绞尽脑汁让树活下来。

终于，一条象征着绿色生命的林荫带，顽强地从兰州起步，沿着河西走廊向西延伸。

由于左宗棠的环保意识过于超前，他的做法未能在全国普及。我国政府大张旗鼓地推行生态环保，起始于20世纪70年代，左公柳在出现以后的漫长岁月里，多次遭到愚昧和无知的破坏。不少人砍伐这种环保成果，作为柴薪烧掉。左宗棠为了维护绿色生命，不得不采用铁腕手段。有一次，他见街道两旁的树林都没皮了，行将枯死，十分气恼。他微服简从，出巡街头，见一些乡民把毛驴拴在树上，任驴子啃树皮，便解绳拴驴到鼓楼，击鼓聚众，当众将毛驴宰杀，弃之街头，宣布：今后若再有拴驴于街树啃食树皮者，驴和驴主，身同此驴。

左公柳虽屡遭破坏，却也有人存心保护。民国时期的甘肃省主席朱绍良曾下令把当时还存活的左公柳编号登记，严加保护。谁再砍伐，连同当地的保长、甲长和县长，一并处罚。多亏了这些有心人，直到现在，人们还能在西北地区看到少量存活着的左公柳，为左宗棠的生态环保政策提供活的证据。

除了左公柳，大西北还有一种光景，增添了田园风光的美色。嘉峪关下有一条清澈的小河，名叫疏勒河，流经陇西，河床比西岸的大田低了几十上百米。看着宝贵的水源白白流过，庄稼却遭受干旱，左宗棠十分痛心。他让湖南醴陵县的衙门找来木匠，在疏勒河边建起了几十架简车。陕甘一带多简车，自此成为一大景观。大大小小的简车夜夜转悠，使疏勒河两岸成为陇西的一片可供开发利用的土地。

左宗棠在西部搞绿化，红顶商人胡雪岩为他出力不少。他在西北收购蚕丝，转运上海，销售出去，以此鼓励桑蚕。在他帮助下，陕甘的大小河流两岸，小溪小沟两边，凡是能够长出水草的地方，全部栽上了桑苗，一年活了，两年绿了。桑蚕工程改变了当地的农业结构，为老百姓增加了收入。到左宗棠离开陕甘进军新疆时，陕甘已成为仅次于江浙的全国第二大桑蚕基地。

左宗棠还在西北大力推行棉花种植。他到棉花长得好的农户家去走访，令幕僚将其经验记载下来，只用一个多月的时间，就编出一本《棉书》，让老百姓照着书本上讲的方法去做。充足的棉花供应，为纺织工业提供了原料，兰州织布局这家大型棉纺厂，成为西部地区的龙头产业和动脉工程。左宗棠抒发了自己促进棉花种植业和纺织业的宏愿：

十年以后，可衣被陇中。

战争消磨了农民种田的兴趣，为了鼓励流离失所的农民重操旧业，左宗棠制定各种优惠政策，对开垦荒地者免税或减税。他规定，从农民开种之日起，第一年全免税赋，第二年半免税赋。他还把税款以外的各种收费统统取消，取缔高利贷，规定借一还一。农民有余粮出售时，左宗棠又命令官府照市价收买，不许压低收购价，不拒收不打白条。

左宗棠制定的畜牧业优惠政策也很诱人。他下令用军饷买来种羊，分发给流离失所的牧民，允许他们按揭，分三年归还购羊款，不计利息。在他的扶持下，畜牧业迅速地恢复和发展，羊毛产量提高。在此基础上，他创办甘肃织呢总局，成为中国毛纺厂的创始人。他的这个创举，是我国近代工业发展史上的一件大事。这家企业是中国历史上的第一家毛纺厂，也是中国历史上的第一家中外合作工厂，从德国进口了二十台毛纺机，雇请德国技术人员到厂传授技术，生产出了呢布。甘肃织呢总局刚落成时，上海的一家英文报纸就披露了消息。过后，英国又派人到甘肃考察，并把考察报告刊登在上海的《字林西报》上。

左宗棠治理下的西北，水利建设也是成果蔚然。在他主持下，共修建各种水渠一千八百三十三里，修建水坝七道。

左宗棠为整个西部的开发着想，试图改变这里的贫穷面貌。由此可以说，中国的西部大开发，左宗棠是先驱者。兰州是我国重要的工业基地，共和国成立后，中共中央号召支援大西北，兰州城的西固区成为一片辽阔的工业园，那里有兰州石化厂、兰州炼油厂、西固热电厂，而这些大工厂的前身，都可以追溯到左宗棠当年开设的兰州机器局和兰州纺织局。它们是兰州近代工业之母。兰州能够成为西北的政治、经济、工业中心，左宗棠功不可没。

首战告捷

左宗棠在慈禧的强力支持下，初步解决了西征军费的困难，老湘营已大举出关。但是，即便在西征形势大好的局面下，朝廷内外反对西征的声浪仍未平息，李鸿章继续拿海防军饷不够来做文章。

在淮系集团煽动之下，许多官员成了西征的怀疑派。他们身在朝堂官署，不做调查研究，提出一大堆质疑：收复新疆，难道就这么容易吗？用东南各省提供的巨饷供给西征部队，致使孤军深入，后果将会怎样？他们在奏疏中大谈中庸之道，劝朝廷还是稳妥一点为好。他们说，与其冒这么大的风险，还不如仅在要隘驻军，从当地部落中选几个首领，满足于他们对朝廷表面上的服从。

所有这些议论，左宗棠都从邸报上看到了，但他完全不为所动。只要有机会，他就坚决地予以驳斥。他指出，乌鲁木齐没有收复，我军就没有要地可以扼守。玉门关以外，岂能用玉斧斩断？他针对李鸿章片面强调海防的论调，严正地驳斥道：如今甘肃已经平定，我军兵威正盛，不及时收回本国的城市，以后版图日见收缩，还叫什么国家？难道只有牛庄和天津才有隐患，别的地方可以一概不管了吗？大臣谋国，不能不预计万全，如果只顾眼前，不看长远，清夜自思，怎能心安？还有人借着外寇来恐吓自己人，更是混账逻辑！

左宗棠敢于进军新疆，敢于抵制停止西征的言论，并非虚张声势，而是胸有成竹。早在攻克肃州以后，他几次派人出关考察，敌情强弱，运饷道路的远近曲折，都已了然于胸。抵达肃州以后，他向慈禧做了一份详细的报告，让朝廷对西征的前景放宽心怀。

根据确切的情报，左宗棠得知，盘踞乌鲁木齐的敌军，以当地回军居多。白彦虎所带的陕甘回军，盘踞在红庙子、古牧地和玛纳斯等处，都与南路的阿古柏帕夏相通。帕夏是一种职位，相当于总督、将军，也是等同于"勋爵"的敬称，而阿古柏这个帕夏，就是原浩罕国安集延人的和硕伯克（伯克即首领之意）。俄罗斯灭了浩罕国，占领了他们的都城塔什干，浩罕国的安集延部逃脱了。同治四年，他们乘着中国回部之变，长久盘踞新疆南路的喀什噶尔及其他各个回城。于是吐鲁番、辟展以西的当地回民都依附阿古柏。此人管理部众很有手腕，从印度购买了许多西洋枪炮武装部众，增强了他的势力。白彦虎所部及本地回民都对他颇为倚重，不过他还不敢公然与俄罗斯较量。俄国人认为阿古柏最为狡诈凶悍，因为浩罕国的军队从来没有使用过西洋枪炮，安集延部却有不少洋枪队，而阿古柏又能指挥自如，可见安集延人确实拥有实力。

根据这样的敌情，左宗棠制定的作战方案为：官军出塞以后，先攻北路，击溃乌鲁木齐各处的敌军，然后向南路进军。他估计，官军进攻北路时，安集延也许会出动全部兵力，与白彦虎及当地回军拼死抵抗，会有几场恶仗要打。如果老天保佑恪靖军作战顺利，能够歼除白彦虎部，重创安集延的劲旅，由此而挥师南下，就会比较容易，官军就能致力于北，收功于南。如果官军在北路尚未发起攻击时，各处敌军只图自保，不敢互相援应，坚守各城，企图拖垮我军，那么战争就会旷日持久。

当时，朝廷大臣对新疆的局面知之不全，有些人竟然还不知外国侵略势力在新疆的存在，以为只是白彦虎逃到了新疆，乌鲁木齐落入了叛军之手，却不知来自国外的安集延人盘踞着南路。因此，这些大臣认为新疆之战会速胜。而李鸿章那些人则说西征路途遥远，耗饷太多，难有胜算。还有一种人，认为西征不急在这一两年，不妨等国家实力增强后再议。左宗棠批驳了这三种论调。他认为西征不可耽搁，但要稳扎稳打，充分估计各种困难，才能消除各种隐患。

左宗棠再次向慈禧表明心迹，声称他本来只是一介书生，承蒙两朝皇帝赐予特殊的恩典，得到了高官显爵，是生平做梦都没有想到的。他率部西征，不是为了立功边域，得到更多的恩赐；何况他已经六十五岁，衰老多病，不会蠢到为了一己之私，一定要把边荒艰巨的重任揽在自己身上。他现在的所作所为，只是为形势所迫，为国宣劳而已。

左宗棠指出，当下的形势，若不攻克乌鲁木齐各城，官军就没有驻兵的枢纽。

乌鲁木齐各城收复之后，重兵驻扎，需要巨饷，费用从哪里获取？乾隆时期开始在各城分设军府，然后西部边陲才安静了这么些年，那是开拓边境腴疆用以养兵的成效。现在形势虽有不同，不必完全去走老路，但伊犁被俄国人占据，喀什噶尔各城被安集延人盘踞，事平以后，应该如何布置，还有待筹划。如果现在就置之不问，后患将会无穷！

由于左宗棠据理坚持自己的主张，朝廷内外大臣们发出的不同声音，未能阻止西征进军的步伐。刘锦棠于五月份开始进军古城，金顺已将景廉所部合并为四十营，驻扎济木萨，距古城九十里。五月三十日，刘锦棠率轻骑驰赴济木萨，与金顺商量下一步行动。

金顺说："刘将军，根据侦察，回军将领马明据守古牧地西南几十里直至乌鲁木齐一带。你看我们先攻何处？"

"回帮办大人，左爵相向卑职交代，贼之精锐多在古牧地，我部应将位置靠近该处，以大队径驻从此处往西二百四十里的阜康县城，出队攻击古牧地，撤除守军藩篱，然后才可直捣乌鲁木齐。"

"既是左爵相安排，自应照办。"金顺说道，"从阜康向西七十里，有个地方叫做黑沟驿，距古牧地不远，可控扼几处，我军先占，便得先手，不知刘将军意下如何？"

刘锦棠爽快地回答："帮办大人，黑沟驿当我军冲要，敝部愿与金大人一起进攻。"

两人议定先取黑沟驿再攻古牧地的作战方案，报到肃州，左宗棠点头称许。但他心思缜密，如诸葛亮一般算无遗策，于是对兵力部署做了细致入微的补充：徐占彪所部五营已进抵巴里坤，驻扎在木垒河以东，金顺应分兵留驻古城至大石头一带，与徐占彪相接；徐万福等五营立即出关，分别驻扎安西、敦煌、惠回堡、青头山口，防止敌军回窜；将张曜的留防军一并调赴哈密，重防南路。

另外，左宗棠考虑到，如果金顺所部和老湘营控扼了阜康，敌军北窜，必走阜康以西。他命令乌鲁木齐领队大臣锡纶立即将桂锡桢各营派往沙山和马桥扼守。接着，他奏请朝廷下令，饬塔尔巴哈台、科布多、乌里雅苏台各地领兵大臣增兵防守漠北，并催促南北两路的储粮迅速运到巴里坤和古城。

左宗棠还不放心，又给金顺写信，派快马交递。信中交代：巴里坤与古城交界各站是最紧要的关隘，大军后路粮饷和文报必须经此处送达，千万不能被敌军截断。此次大军逼攻，敌军逃跑路线只有一南一北，一定要严密设防。而巴里坤与古城之间，更是南路吐鲁番旁窜的小路，北路敌军从科布多与红柳峡出逃，亦可直达古城一带。现在刘锦棠的生力军与贵部合捣敌巢，前敌兵力十分强大，麾下一定要分出劲旅部署在古城至大石头一线的各个要隘，与徐占彪的五营部队联络一气，才足以截击突围的敌军。这步棋看似无足轻重，其实最为关键。

为了万无一失，左宗棠又对张曜再三叮咛：吐鲁番大路之间有许多小路可以通行人马，尊部一定要扼守所有的小路，务必做到滴水不漏。千里之堤，溃于蚁穴，千万不可忽略！

一切部署停当，左宗棠还在检查漏洞。左思右想，他对桂锡桢的部队没有十分的把握，立刻给刘锦棠写信，令他派兵增援，对该部驻守的沙山与马桥予以照看。信中说：巴里坤与哈密已经部署妥当，敌军逃窜，只能从西北转向东边。我军攻占古牧地以后，逃敌必定奔向玛纳斯寻找去路。我已派桂锡桢的骑兵前往扼守，麾下也要选派两三营兵力，再从金顺那里挑派一两营兵力，一起驻扎，准备截击逃敌。干粮和行粮多带一些，以免桂锡桢所部借口没有粮食而开溜。对友军不妨许以重赏，以示激励。户部和各省拨来的款子，正在源源而来，你们不要担心前敌部队没有军饷，尽管放心作战。

新疆之战，纸上谈兵已久，迟迟未见硝烟升起。左宗棠就任统帅，老湘营一进新疆，枪炮声立刻响起。光绪二年（1876）六月初一日，老湘营开进济木萨。七天后，刘锦棠和金顺所部联合进军阜康。乌鲁木齐的回民军首领马人得听说官军主力开到，赶紧在古牧地增兵，联合白彦虎并力抵抗。南路的安集延人也派兵过来增援，越过阜康西进五十里，抵达黑沟驿。

黑沟驿其实是一片戈壁，没有水泉，敌军所设关卡在驿前的黄田，企图断绝官军汲水的道路。刘锦棠侦察到城西有大片野潦，纵横二十里，可以疏通废渠，导水供给汲饮。他命令部队从大道进兵，抽调军士在城西开沟引水，注入废渠，在渠旁修筑营垒。

六月二十一日，刘锦棠派兵偷袭黄田。部队到达指定位置后，敌军方才惊醒。顷刻间，号角声从四面响起，刘锦棠和金顺登上山冈指挥，令各部分路进攻。战了一个多时辰，敌军骑兵不支，与步兵一起接战。官军纵横冲击，敌军大败，丢弃辎重狂逃。官军追到古牧地城外，方才收兵。

六月二十三日，刘锦棠和金顺开始攻打古牧地。刚刚进抵红庙子，敌军几千名骑兵从东北方向杀来。刘锦棠令余虎恩、黄万鹏率骑兵迎击，将步兵分成两路攻打南关，他自己督率亲军攻打山垒，一鼓作气，立马攻克。谭上连等人见山垒已下，鼓动士卒冒着枪炮先登。敌军弃关，奔回城内，老湘营进营关垒。

这时，金顺的骑兵阻遏了敌军的援兵，令其无法前进，并击毙敌军高级将领，迫使敌军向南面败溃。老湘营和金顺所部分别在古牧地城的东南和西北扎营，昼夜修筑炮台，高出城墙一丈，连日开炮轰击，将东北和正东城墙炸塌。官军调来更多的劈山炮围攻，使守军无法修补城墙。

六月二十七日，知府罗长祜和副将杨金龙将开花大炮移到正南方，宁夏镇总兵谭拔萃所部奔向东北方，汉中镇总兵谭和义所部向正东方运动，提督谭慎典、董福祥等部用布袋盛土，埋伏在墙濠边，只等城墙一倒，便要冲进城内。陕安镇总兵余虎恩、提督黄万鹏、陶生林、张春发、陈广发等人，各自督率所部，严阵以待，准备截击。

部署妥当以后，刘锦棠率领亲军在城南的山垒督战。第二天黎明时分，大炮开始轰击，南城墙倒塌，山垒鼓声骤起，各部填濠登城。金顺所部也从东北方并进，立刻攻下古牧地城，击毙敌军六千人。安集延派来的几百名援军也被杀的杀，抓的抓，全军覆没。

白彦虎在官军攻破黄田卡时就已逃走，在乌鲁木齐与安集延将领和回军将领马人得相会。几名要员听说古牧地失守，精锐部队被官军歼灭，哪里还有心思应战，各自率领妇女南逃。

刘锦棠得到探马报告，知道乌鲁木齐兵力空虚，决定立刻掩杀过去。第二天，老湘营长驱直捣乌城。部队距城十里，刘锦棠就接到军报：三城的敌军全部逃走了。所谓三城，就是乌鲁木齐迪化州的满汉两城，以及已死回民叛军妥明修筑的伪王城。刘锦棠督促各部急行军，抵达迪化城，见敌军一千多名骑兵正在南逃，立刻挥军分路猛追，颇有斩获。接着，他领兵进城，接管三座城市，搜捕敌军残余。

黄昏时分，谭拔萃等部追到盐池墩，又击毙敌军六百多人。前面就是戈壁了，谭拔萃不敢冒险深入，决定收兵。这时，阿古柏又派几千名骑兵增援，来到距城西一百八十里处，听说官军已攻破乌鲁木齐，只得策马返回。

官军进占乌鲁木齐的捷报传到肃州，左宗棠颇感意外。前敌部队在十天之间连克几座坚城，可见敌军不堪一击。这一次他不再低调，派出快马向京城告捷。

乌鲁木齐各城是新疆的关键所在。此处多年来遭遇战乱，脱离了清政府的控制。同治三年（1864）妥明叛乱，杀害都统与提督，窃踞城内，两年后自称清真王，派部属马泰、马仲、马明、马官，分别驻守古牧地、吐鲁番和玛纳斯城。六年后，妥明与安集延人在库车交战，被其击败。安集延人得手之后，立刻前往吐鲁番，策反妥明的部属马仲，反过来攻打妥明，迫使妥明投降。安集延人令妥明仍然当他的清真王，驻守乌鲁木齐，另外任命马仲为总管。后来徐学功进剿叛逆，阵斩马仲。马仲之子继任总管，与妥明闹矛盾，仿效父亲故伎，纠集安集延人攻打妥明。妥明死后，马明与马官全部投降安集延，从此阿古柏在乌鲁木齐征收土地税，令回民和汉民遵从安集延的风俗，剃光头，穿圆领衣。乌鲁木齐各城就这样被外国人侵占。安集延人两次与回军搏斗，抢掠他们所有的剩余物资，全部运到南路，驱使强壮的男人踞守各城，作为他们的屏蔽。

白彦虎逃窜到新疆以后，知道自己的势力斗不过阿古柏，便想借安集延人的力量自保。因此，对于阿古柏帕夏的意旨，他一点也不敢违反。阿古柏一天天富起来，而当地回民一天天穷下去。白彦虎听说朝廷大军从巴里坤与古城浩荡杀来，便采用一贯的金蝉脱壳之计，剃光头发，穿上圆领服，向安集延人投靠，让死党带领当地回民阻击官军，自己却钻空子逃走。

恪靖军此次北路进攻，意图之一是阻截敌军，不让他们四处逃散，以节省驻防兵力；意图之二是挥师南下，以防被敌军牵制。左宗棠从关内出兵，越过伊吾和车师一带，翻越天山重险，与敌军角逐，不顾兵力和饷力是否充足，也不顾作战是否顺利，都要冒险打这一仗，就是为了收复乌鲁木齐，为官军赢得立足之地。如果官军在巴里坤和古城以东贫瘠的地区停止不前，兵少不足以扼守要冲，兵多就会浪费军饷，是无法持久下去的。此仗当中，左宗棠最担心的是敌军四处奔逃，官军无法遏止，致使陕甘受到威胁，连直隶、山西和蒙古也无安宁之日。但是，这一仗官军打赢了，而且赢得如此迅速，如此痛快，左宗棠庆幸西征军一战而站稳脚跟，没有辜负朝廷的期望。

西征军连获大捷之后，没有停止前进。刘锦棠进驻乌鲁木齐之时，乌城以西的昌吉、呼图壁和玛纳斯北城的守军全部弃城南逃，只有玛纳斯南城的回军仗着城小而坚固，决定死守。七月初六日，金顺率部从昌吉进攻玛纳斯南城，老湘营则分路在乌城东南方的山谷间搜查逃敌，越过盐池墩，抵达柴窝堡，每天都有斩获。

从柴窝堡往西南一百二十里便是达坂城（今乌鲁木齐县），在乌城以南二百里。阿古柏听说北路的据点全部丧失，慌忙派出骑兵，收拢乌鲁木齐各城逃出的部队，进入达坂城驻守。他本人则更往南去，躲到托克逊，修筑三城，派劲旅守卫，以为犄角，企图抵抗从乌鲁木齐南下追击的官军。他另派马人防守托克逊以东的吐鲁番，为他抵御从哈密开来的官军。

白彦虎不会打硬仗，却擅长偷袭，已率部属余小虎潜到南山小东沟，侦知官军正要攻打达坂城，便从南山、古牧地和阜康骚扰官军后路，但他没有想到，每到一处，都遇到了老湘营的铁拳。他发现官军的包围圈没有空子可钻，便到托克逊来投靠阿古柏。

恪靖军在新疆北路获胜之后，左宗棠考虑进规南路的计划，打算由刘锦棠所部攻打达坂城，张曜与徐占彪合攻吐鲁番，而北路只留下金顺防守。这样一来，北路兵力颇感单薄，还得从外省调兵。于是，他向两宫皇太后陈奏自己的设想。他指出，北路作战势如破竹，官军应立即挥师南下，规复旧疆。

他说，南路自从乾隆二十四年（1759）平定以后，建了八座城市，自西往东，分别为喀什噶尔、英吉沙尔、叶尔羌、和田、阿克苏、乌什、库车和喀喇沙尔，称为"南八城"。吐鲁番虽地处天山之南，却不在此八城之列，只能算作南八城的门户，而前往回疆，则必须取道于此。从吐鲁番向西，经过喀喇沙尔（今焉耆）、库车、阿克苏、叶尔羌（今莎车）、英吉沙尔（今英吉沙），就到了喀什噶尔（今喀什），中间有四十九台，路程四千一百里，比乌鲁木齐至伊犁的一千三百里还远了三倍。在如此漫长的距离内，他决定派刘锦棠全军自北而南，派张曜和徐占彪所部自东而西，收复南路。攻击兵力有骑兵和步兵四十多营，共两万多人，兵力比较雄厚。

左宗棠指出，大军向前推进，不但后路重地需要增兵，军需后勤也要依次设立机构，以便供给部队，所以需要卫队保护这些机构。前敌攻克城堡，又须留下部队驻守，剿灭残匪，安抚百姓。部队走得越远，留防兵力需求越大，攻击部队兵力越少，士气不免沉落。根据历史经验，他懂得一个道理：开战时的劲旅到头来衰败下去，多半是因为兵力大减。

左宗棠详细地分析了新疆南路的地理形势，称其特点为东南长而西北短，从吐鲁番、达坂城向西，直到阿克苏，一路走下去，不需要分路并进。进入阿克苏之后，局势开阔，中路一千四百里到叶尔羌，又行三百六十里到英吉沙尔，再行二百里抵喀什噶尔。阿克苏北面靠近伊犁，叶尔羌东南遥与和田相接，都要分派主力扼守枢纽，然后直捣中坚，才能迅速结束战役。

左宗棠回顾道光年间的作战，张格尔起事，只占了西四城，所以长龄、杨遇春从乌鲁木齐与托克逊进兵。当时长清首先扼守阿克苏，凭河击退敌军。长清这么做，是为了使东四城不敢蠢动，于是长龄和杨遇春可以从无敌区发起攻击，军饷充足，运输快捷，大功告成。

此次恪靖军从乌鲁木齐进兵，吐鲁番、达坂城与托克逊都被敌人占领，前方两千多里都是敌占区，难度显然大于道光年间的那次征战。加上此次军饷缺乏，兵员短少，比当时又差得太远。如果在半路上停下来求援，就会耽搁时间，恐怕发生不测。因此，他经过再三考虑，决定预先增兵。

左宗棠想调的部队，是驻扎包头的记名提督金运昌所部，该部为淮北勇丁，曾在甘肃的宁、灵二州与恪靖军共同作战，部队作风顽强，能够吃苦耐劳。该部由骑兵和步兵组成，共五千多人，堪称劲旅。慈禧知道左宗棠调兵遣将素有章法，批准了他的请求。

收复新疆的战役打响以后，中俄关系进入微妙时期。为了战争顺利进行，左宗棠暂时不想与俄国交兵。他深知外交无小事，而新疆的文武官员缺乏外交经验，他担心那些人闹出什么意外。他请求慈禧对大臣们严加约束，凡与俄国人交涉，必须征得他的同意。慈禧同意在南疆战役结束以前先把伊犁问题放一放，也同意左宗棠独自处理就新疆问题与俄国进行的交涉，别人不得插手。

为了加紧搜捕后路逃敌，巩固后方，左宗棠增派侯名贵、章洪胜、方友升三营，增强刘锦棠的兵力，还责令他们担负运送行军粮草和军火的任务，增加乌鲁木齐的储备。他又令张曜所部从哈密西瞭台西进，取道七克腾木（今七克台），向辟展（今鄯善）进军；令徐占彪从巴里坤以西、乌鲁木齐以东的木垒河大道出兵南下，与张曜会师。这两支部队的行动时间，根据驻防地的远近决定，听从刘锦棠安排。他又将徐万福等人驻扎安西的五营调到巴里坤的各个隘口驻防。嵩武军从哈密开拔后，左宗棠令哈密办事大臣明春裁和文麟的威仪军接替张曜的防务。

在左宗棠调整兵力部署的期间，金顺率部攻打玛纳斯南城，遇到一块难啃的骨头，久攻未下。左宗棠接到报告后，令老湘营火速增援。八月十五日中秋节，刘锦棠派谭拔萃和罗长祜率六千人赴援，代理伊犁将军荣全也从塔尔巴哈台出兵增援。援兵开到玛纳斯南城之下，分头开挖地道，几次爆破，将城墙炸开裂口。守军拼死堵御，用人墙来挡，攻守双方伤亡惨重。

九月初一日，官军开炮猛轰，炸死敌军的韩姓主将。又战了十八天，守军将领海晏请降。九月二十一日，几千名敌军带着武器出城，金顺发觉有诈，严阵以待，令民团将领徐学功喊话，叫其放下武器。敌将何禄突然开枪，令部属扑向城壕。官军已有防备，各部一并杀出，奋力反击，将敌军全歼。玛纳斯南城便告收复。

左宗棠令徐学功在各城广泛开展屯田，招来西河五垒的团民，发给种子和农具，派道员周崇傅在巴里坤设立机构招商开市。如此一来，北路基本上平定，只有伊犁还在俄国人手中。

俄国先前与中国约定：中国一旦收复乌鲁木齐和玛纳斯，他们便交还伊犁。现在乌鲁木齐和玛纳斯都已收回，朝廷大员们心情豁然舒朗，非常乐观地高谈阔论：既然各城已复，就应与俄国交涉，叫他们遵守约定。

左宗棠身处边陲，却没有这么乐观。他知道，北路没有能够独当一面的干才，谈判不可能十分顺利。我们要求俄国人履行承诺，对方会不会如我们想象的那么痛快？左宗棠肯定，对方一定会提出很多条件来要挟。就算现在收回了伊犁，由于南路尚未收复，恐怕还会有什么意外，反而颇难兼顾。不如暂时让俄国人守着伊犁，使中国官军得以专心于南路的作战。等到南路收复以后，伊犁便可不索而还。

在左宗棠小心地避免与俄国交涉伊犁问题的同时，英国人来插手新疆南路的事务了。他们一直与俄争夺地盘，互有摩擦。他们有意拉拢安集延人，支持阿古柏盘踞回部，无异于为印度多设了一道屏障。因此，他们想方设法通过外交途径阻止中国官军深入南路。

左宗棠即将向南路进兵时，英国公使威妥玛闻风而动，跑到总理各国事务衙门代阿古柏请降，说安集延帕夏愿做中国的属国，只是不能朝贡。他搬出俄国来吓唬中国：西部老是这么打下去，你们不怕俄国人趁火打劫？那样一来，对印度固然有害，对中国的边境也必然不利。

总理衙门态度鲜明，没有跟他多费口舌，答复明确而干脆：阿古柏是窃踞南疆的侵略者，不是什么属国。如果他要请降，就应该将叛乱者绑送中国官府，并且缴还南八城，与前敌指挥官达成协议。总理衙门把这个答复通报给了左宗棠，同时告诫他：如果安集延人前来请降，千万不要诛杀。

左宗棠回复说：英国人代阿古柏请降，不是为了安集延，而是担心印度归附俄国，又不愿看到中俄邦交改善，于是危言耸听。俄国自称代我国收复伊犁，是约定了要交还我国的。现在官军要进攻南疆，俄国会不会乘机收渔人之利呢？俄国素来以大国自居，似乎不会这样做，我们也绝不会允许它这样做。南八城从乾隆二十四年（1759）归入中国版图，至今和印度没有任何摩擦，难道外寇盘踞此地，就会有利于英国？难道中国收复了南疆，反而不利于英国？阿古柏是我军必须征讨的侵略者，他要请降，不许带兵前来，准许他到肃州听候指示。如果只是空口许诺，作为缓兵之计，我也不会杀掉他，会将他放回去。至于战争是否持久，无法预料，也无须英国人替我们担忧。

威妥玛代阿古柏请降后不久，这位英国公使因马嘉理一案请求英国政府出兵中国，遭到本国政府申斥，应召回国，而安集延人始终并未派人前来请降。

左宗棠松了一口气。他觉得情况已经很明朗，英国当局其实也不想与中国开战。他们一度撤回驻华公使巴夏礼，这次又撤回威妥玛，都是因为不满他们制造事端。何况英国正与俄国争占印度，还有求于中国。左宗棠深为遗憾的是，可惜中国有些大臣无法洞察这一点，在外交上处于被动和软弱的地步。

缓进急战

恪靖军肃清新疆北路以后，清廷因其连战连捷而备受鼓舞，决定加快收复全疆的进程。光绪二年（1876）十月，朝廷将荣全召回北京，加授金顺为伊犁将军，令他西进库尔喀喇乌苏（今乌苏），向伊犁靠拢，乌鲁木齐都统一职由英翰代理。与此同时，朝旨催促左宗棠进兵南路。

左宗棠虽是一系列胜仗的总指挥，却一点也没有感染浮躁的情绪，针对南路进兵的时间，给了慈禧一个沉稳的答复：缓进急战的战略不能更改，必须等到运来的粮食足以接上新粮，方才能够向南进兵。

老湘营会同金顺攻下玛纳斯南城以后，回师乌鲁木齐，此时已进入冬季，而金运昌部尚未开到。左宗棠非常尊重天时，为了出师必胜，宁可等待，也不愿仓促出兵。塞外天气奇寒，大雪封山，冰凌悬挂，不利于行军，不利于车驮转运。部队一过天山，就要安营扎寨，战事不断，却行动不便。此外，古城的存粮数量尚未达到指标，新采购的粮食是否足够，还无法确定。所以，左宗棠坚持把出师日期推迟到明年春天，那时冰雪融化，一切都已准备停当，大军气足神完，风驰电掣，战事有望一气呵成。左宗棠说得十分在理，慈禧只得耐下性子等待。

左宗棠在春天到来之前，从容地准备了三路大军，并为之确定了进攻的路线：刘锦棠的老湘营从北路南下；张曜的嵩武军从哈密出兵，自东向西推进；徐占彪的蜀军在巴里坤与古城之间向西南推进。三路兵力联合进攻，预计将势如破竹。

阿古柏以为官军会在冬季立即南下，观察了许久，没有发现动静，便将达坂新城转移到两山之间，派爱伊德尔呼里率重兵据守。他的次子海古拉待在吐鲁番，每天驱使上万人修造王府，阿古柏把他召到托克逊，将城防重任托付给他，吐鲁番的防务则交给了马人得与白彦虎。阿古柏亲率主力住在距离托克逊八百四十里的喀喇沙尔，名为策应，实际上是躲避官军锋芒。

光绪三年（1877）二月，金运昌的卓胜军开到了关外，刘锦棠见援兵已到，便有些按捺不住了，几次向左宗棠请示出兵日期。左宗棠回信说：请毅斋少安毋躁，一定要遵守原定计划，等到金运昌进入古城以西接防以后，老湘营才能开拔，与其余两路一起推进。

大军整装待发，左宗棠通令前敌各部，反复交代政策：回民备受安集延人的欺诈驱迫，变乱给他们造成了很大的不幸。官兵对回民要心怀宽大，随时把王土王民放在心中。部队所到之处，回民如同脱离虎口，回归慈母的怀抱，唯有如此，胜利之日才会提早到来，以后的防守才有依靠。各部必须遵守纪律，严禁滥杀无辜，抢掠民财。投靠安集延人的回民，只要愿意反正，一律不予追究。

向南路攻击的命令终于下达。三月初一日，刘锦棠率老湘营离开乌鲁木齐，越过岭南，攻击达坂城。张曜已派记名提督孙金彪率领五营兵力驻扎东西盐池，得到出兵日期后，于同一天督率大军从哈密继进。徐占彪从穆家地沟西南出兵，于同一天一并开拔，在盐池与孙金彪会师，先攻七克腾木关隘。

三月初三日，老湘营进抵柴窝营垒。刘锦棠令余虎恩与董福祥等将领率领九营骑兵，谭上连、谭和义等将领率领四营步兵，乘夜衔枚疾进，直奔达坂城，约定五鼓在城下集结，共同锁围。路上遇到敌军谍报骑兵十几名，将其全歼。

达坂守军已经引来湖水，淹灌了城外四周。老湘营开到城边，淤泥深及马腹。士卒全部下马，蹚水走过深淖。达坂守将爱伊德尔呼里认为达坂城有险可恃，没有采取更多的防御措施，因为老湘营在乌鲁木齐驻扎几个月，按兵未动，起了麻痹敌军的作用。老湘营已在城下集结，守军竟无人察觉。攻击部队结成圆阵，互相联结。等到天明雾散，守军在城墙上看见官军，才知大事不妙，士兵慌忙开枪乱射，击伤外人。

中午，刘锦棠策马巡视城濠，所到之处，弹如雨下，坐骑和随从都被击伤。刘锦棠换马而行，继续勘察。敌军不敢出兵迎战，刘锦棠下令修筑濠垒，阻击敌军援兵，再作计较。

三月初五日，谭拔萃正在寻找合适位置营建炮台，准备架设开花炮，忽报山后有几百骑敌军援兵杀到。刘锦棠早有准备，令陶生林和余虎恩分头出兵抄击，迅速将敌援军逼退。他们追逐到几里之外，斩杀一百多人，瞭望前方，突见敌军一千多骑驰来，收纳败军，一起撤退。城内守军见援兵一触即溃，十分胆寒。黄昏时分，有回民出城，投到官军营内报信：守军等不到援兵，打算突围。天黑后，刘锦棠告诫各营警备，排列火把，把城外照得如同白昼，但一夜无事。

第二天，炮台修成，侯名贵和庄伟测准敌军炮台及城墙，连环轰击一个多时辰，相继将目标击毁。一颗炮弹飞到城内，击中火药房，只听得轰然一声，犹如山崩地裂，大风骤起，火势燎原，烧燃所有弹药，包括开花弹，爆炸声震撼全城，人碎马裂，遗骸成堆。

敌军无心再守，争开东门逃走。老湘营从四面压迫过去，守军无法出城。刘锦棠下令传告市民：将敌军中服饰异样者绑来献俘者有赏！这一招很灵，爱伊德尔呼里以下将领全部就擒。爱某在军中的地位是大通哈，翻译成中国话就是大总管。俘虏当中有六名胖色提，相当于中国的营官，还有一百几十名官员，职务为玉子巴什（百户长）。

这一仗，老湘营毙敌二千几百人，生擒一千二百九十多人，无一骑逃脱。收缴精利炮械一千件，战马八百匹。爱伊德尔呼里等人异口同声为安集延人求降，愿意派人去报告阿古柏，绑缚白彦虎，献出南八城，为安集延赎罪。刘锦棠同意他们派人前去招降，将逮捕的军官全部解赴肃州，将俘虏的来自南八城的所有回民及土尔扈特人一千多名全部释放，发给衣服粮食，让他们回归原部。

达坂一仗，大震新疆南路。刘锦棠牢记"急战"方略，不让敌军有反应过来重新部署兵力的时间，于三月十一日夜间带领部队悄悄出发，第二天抵达白杨河，立即分派兵力，令罗长祜和谭拔萃分领三千人，火速东行，赶往吐鲁番，与徐占彪会师攻打该城，他自带七千人南下，直捣托克逊。

刘锦棠行军九十里，抵达小草湖，托克逊城内回民来到军中报信：安集延人听说达坂城已失，人心惶惶，打算逃跑，叫白彦虎出去掠夺村庄，城内居民盼望官军快点到来。刘锦棠令黄万鹏率骑兵先行，敌军从四面前来迎战。黄万鹏纵骑冲击，刘锦棠督率主力分几路杀入，里外夹击，杀得敌军尸积如山，活着的大奔而逃。海拉古一看势头不对，下令纵火弃城，刘锦棠挥师入收托克逊城，派谭上连等部追击败敌，被安集延胁迫的两万多名回民环跪求抚。

话分两头。在老湘营攻打达坂城时，徐占彪与孙金彪两军越过戈壁，夺取了张家卡。三月初八日，即老湘营攻克达坂城两天后，徐、孙二军进破七克腾木（七克台），第二天西进，乘胜攻打辟展，敌军望风而逃，守将才米邪斯被杀。三月十二日，即老湘营攻打托克逊城之时，徐、孙二军一路向西，一路向西南，分道收复火焰山附近的鲁克沁、连木沁台、胜金台各城，都有斩获。

三月十三日，徐、孙两军在哈拉和卓城堡会师，直捣西北面六十里处的吐鲁番。行军到距目标十多里处，敌军倾城而出，令守卡敌军与各城败军会合，迎战官军。徐、孙两部杀退敌军，追逐到城下，正逢罗长祜与谭拔萃率三千人从西北路杀到，敌军大惊，狂奔不已。官军三部会合，追出几十里方才收兵。恪靖军开进吐鲁番，将安集延人所储军粮、火药全部缴获，马人得率领一万多名回民从汉城出来投降，而白彦虎又是在见势头不对时早已逃之夭夭了。吐鲁番全境就此平定。

左宗棠接到战报，令张曜所部会同老湘营赶赴前敌，将巴里坤的存粮运到吐鲁番储存，然后向托克逊转运。又派道员雷声远赶赴吐鲁番安辑回民，设局采运，留下徐占彪、孙金彪两军镇抚。当月，金运昌所部开进古城，左宗棠上奏，任命金运昌代理乌鲁木齐提督。

托克逊和吐鲁番是南八城的两重门户，阿古柏听说门户尽失，非常沮丧。官军释放的回民感念威德，互相转告，更多回民军解体，协助官军作战。阿古柏失去了希望，日夜哭泣，于四月份在托克逊西南面约五百里外的库尔勒喝毒药自杀。

阿古柏的小儿子海古拉在父亲死后，连库尔勒也不敢待了，把资金、财宝和军用物资全部交给白彦虎，令他防守库尔勒，自己带人抬着父亲的尸体向西逃窜，奔向库车与阿克苏。走到中途，遇见兄长伯克胡里，被其杀害。伯克胡里更向西行，来到喀什噶尔，率领党羽和叛变的官军将领何步云分别驻守满汉两城。从此，南疆各城的回民都内谋反正，日夜盼望官军到来。

在安集延人向西大踏步迅速撤退的时候，白彦虎还在为外国侵略者担任前哨，据守在开都河西岸。左宗棠决定对他给予致命的打击，打算奏报朝廷：白彦虎已失去靠山，我军可一鼓扫平南路！

不过，恪靖军在收复托克逊与吐鲁番以后，并未立即西进，而是停顿了四个月。作为一名军事观察家，贝尔斯认为这次停顿是"很奇怪的"，其实他对左宗棠暂时按兵不发的原因所做的两个推测都是正确的。第一，左宗棠希望在继续进军前积累大量的供给储备；第二，清廷内部就要不要继续收复新疆的问题再次发生了意见分歧。

在左宗棠就继续进军之事写好奏折尚未拜发之时，库伦办事大臣上疏朝廷，横插一杠，又拿俄英两国对新疆的干预说事，企图阻止恪靖军向南八城推进。这位大臣忧心忡忡地说：俄英表面上不与我国争夺，暗地里却会支助安集延。我们应在天山南北安置兵勇，招徕农商，才是深根固本之计。然后与两个大国从长计议，划定疆界，才不至于产生矛盾，进退维谷。廷臣们看了这份折子，居然多数赞成。他们说：西征耗费过多，既然已经收复了乌鲁木齐和吐鲁番，军队有了落脚之处，不妨就地建立一道藩篱，不必继续进军了吧。

庸碌无为的廷臣们发表的这番议论，令左宗棠哭笑不得。收复全部失地的机会明明就摆在眼前，这些人却要画地缩守，怎么能够巩固边圉，向强邻显示实力？左宗棠越想越气，拍着桌子喊道："以后追究贻误战机的罪人，老夫不能负这个责任！即便你们都跟我意见相左，我也要把自己的看法坚持到底！"

正在这时，又一封诏书送到他的手里。展开一看，慈禧的期望和担忧跃然纸上。西太后首先表明自己的态度：关外军情顺利，吐鲁番收复后，南八城门户洞开，自然应当乘胜收复回疆，歼除顽敌，以竟全功。然后，她说出了自己的几点忧虑：其一，南疆各城除吐鲁番以外，还有没有可以占据的地利？其二，回民将领要求帕夏把白彦虎绑交官军，并要他缴回南八城，这个说法究竟是否可信？其三，喀什噶尔的叛军依附安集延，特别容易横生枝节。其四，伊犁变乱多年，以前来不及兼顾，这次若能通盘筹划，一气呵成，对大局才会有益。显然，慈禧是被廷臣们的絮絮叨叨弄得心神不宁了，很想听一听左宗棠胸有成竹的声音，命这位统领西征大军的钦差大臣就收复新疆的全局直抒所见，迅速秘密奏闻，否则西太后夜里也睡不安枕。

左宗棠赶紧拟写奏疏，把阿古柏自杀一事向慈禧报告，然后对西征形势做了一番仔细的剖析。他首先从国家的稳定和京师的安全出发，指出全面收复新疆的必要性。他说，自古以来，中国的边患总是西北压倒东南，因为东南是以大海为界，有一道自然屏障，容易防守；西北则是广漠无垠，只能靠兵力来分强弱。兵力少，别人会来侵略；兵力多，又消耗了国家的经费。论防守，没有天险可以阻挡马蹄；论进攻，没有舟楫可以便利运输。从周秦至今，只有汉唐时代的边防较为得力，而汉唐衰败之时，又将边界要地全部放弃，国势更加不振。我朝定都北京，畿辅一带之所以能够和平安定，是因祖宗朝削平准部，兼定回部，开辟新疆，设立军府，造福于后世。因此，重视新疆，是为了保卫蒙古；而保卫蒙古，是为了护卫京师。如果新疆不稳，蒙部就会不安，不但陕西、甘肃、山西各地会遭到侵扰，防不胜防，就连直北关山，也将没有安眠之日。何况如今的形势又与过去不同，俄国人拓展国境，日益广阔，从西向东一万多里，与我国北部边境相连，惟中段有蒙部为之遮阂，尤其应当预先想好对策。

左宗棠指出，乾隆皇帝平定新疆，拓展领土，当时运筹帷幄的大臣们也曾提出疑问，认为不该消耗内地的财源供给西部作战。乾隆为什么没有动摇？因为他懂得，过去设防的是贫瘠之地，推广出去，设置了新定的丰饶疆土，边防军并未扩充兵力，军饷也没有额外增加，疆宇却更加巩固，可以作为长久之计。

　　接着，为了让慈禧树立对南疆征战必胜的信心，左宗棠强调：南疆百姓渴望脱离虎口，投入慈母的怀抱，无人反抗朝廷，官军能够战胜白彦虎所部与喀什噶尔的叛军。

　　关于俄英两国对新疆的图谋，左宗棠再次指出：英国人为安集延人求情，是担心俄国蚕食他们的地盘而对英国有所不利。俄国要争夺土耳其，正在与英国相持；我国收复旧疆，出动正义之师，他们凭什么与我们为难？就算发生意外的争辩，横生枝节，我方仗义执言，决不会向他们屈服。

　　与此同时，左宗棠再次宣称：新疆是个好地方，新疆全境素来以水草丰饶、牲畜兴旺而著称。官军收复乌鲁木齐和吐鲁番以后，虽然部队有了落脚之地，但所得的肥沃土地还不到三分之一。如果全境收复，有得力人选经营，军粮可以就地采运，饷需可以就近获取，不至于和从前一样拮据忧烦，张皇无措。

　　最后，他提出自己的结论：地不可弃，兵不可停，但军饷匮乏，只有迅速收复腴疆，才能得到供给。为了省费节劳，为新疆制订长治久安的规划，解除朝廷的西顾之忧，只有在新疆设立行省，改置郡县。请令户部和兵部将咸丰初年陕甘新疆报销的卷册，以及新疆税收、薪俸、饷需、兵制各类卷宗，从驿站发到肃州，使他能够参考过去的规章，根据时势斟酌利弊，以便从长计议。

　　慈禧看了这份奏折，心境坦然了许多，决定放手让左宗棠去大干一番。左宗棠第一次提出新疆建省，虽未得到慈禧足够的重视，但他还会执着地为此而倡言。

决战南疆

　　左宗棠决心收复新疆全境，考虑到后路粮运艰难，请求等到新秋进兵。在再次进兵之前，他针对敌情再次调整了兵力部署。

　　情报显示，白彦虎由于得到喘息之机，逐步将部众派到库尔勒以北驻扎，其意图很明显，就是为了在官军进攻时方便逃跑。左宗棠料定他的逃路有三条：一是西走库车、阿克苏，这是官军追剿必到之路；二是向东南逃往罗布淖尔，取道吐鲁番，再寻找道路逃往敦煌，窥视海藏。这条路途径荒僻，不好行走，为防万一，左宗棠将徐占彪所部调回巴里坤与古城驻防，增派前寿春镇总兵易开俊率二千人驻扎吐鲁番，因此留防军部署很密；那么，白彦虎就只有走第三条路，即翻山逃往伊犁边境，前往昌吉和绥来。这一带地势平衍，支路很多，难以扼守，左宗棠令北路的金顺、英翰和金运昌各部加强边防。

就在左宗棠部署对白彦虎的歼灭战之时，清政府的第一任驻外公使向朝廷奏报了有关新疆问题的外交活动，而慈禧将他的报告发给左宗棠垂询意见。这位驻外公使就是左宗棠得罪过的老乡兼死党，在马嘉理一案达成协议后奉命出使英国的郭嵩焘。这个湘阴人抵达伦敦时，安集延人的外交代表赛尔德也到了英国，请求英国代他们向中国请降。英国人仍然打算庇护安集延，又是那个威妥玛，赶到伦敦，与郭嵩焘商议此事，请中国拿出毗连北路的几座城市让安集延立国。郭嵩焘对此事似乎颇感兴趣，禀报朝廷：揣摩英国人的意思，特别担心俄国侵占他们的地盘，打算为印度增设一道屏障，所以极力为安集延说话。我在伦敦对西路军务一无所闻，如果能乘着阿古柏已死的机会，大军席卷扫荡，不出几个月就能大获全胜；如果进展不顺，"与其穷兵糜费以事无用之地，而未必即能规复，何如捐以与之"。郭嵩焘的意见似乎模棱两可：能速胜则速胜，不能速胜就和谈。是战是和，以时间为转移。但是，左宗棠认为他在此事件中扮演了很不光彩的角色。贝尔斯记载道："据说多年以后，左宗棠在北京某公共场合遇见了郭嵩焘。左宗棠看见郭嵩焘那一刻，他就说出了心里话。在众目睽睽之下，他明确地告诉郭嵩焘：他认为，一个中国人，那么容易被外国人的甘言劝诱所打动，以致忘了本国的利益，是多么地羞耻。"如果此事属实，那就是左宗棠继同治五年（1866）参劾郭嵩焘之后再次对他发出强烈的谴责了。

至于左宗棠对慈禧的答复，可想而知，是不愿放弃一寸国土的。他指出：安集延本来是浩罕四部之一，浩罕国被俄国吞并，安集延便侵占我国回部，依附英国人。英国暗中庇护了十几年，明知他们是我国必须征讨的侵略军，却从来没有为我国说过一句话。去年官军收复北路，他们居间调停，请求准许安集延投降，却只字不提缴回各城，献出叛逆。经过总理衙门的驳斥，他们才不再求情。现在，兹德尔比和威妥玛又向郭嵩焘提起此事，极力维护安集延，声称要保护他们立国，其真实意图是担心安集延依附俄国。安集延是我国喀什噶尔境外的部落，而英俄两国都与我国建立了外交关系。英国人维护安集延以对付俄国，我们不必干预；英国人为了维护安集延而在安集延驻军，我国也可以不干预。安集延并非没有立足之处，怎么需要英国人为他们另立一个国家？就算要另立国家，那么把英国的土地割让给他们就行了，或者把印度的土地割给他们也行，为什么要把我国肥沃的领土拿去做人情呢？这是要对我国蚕食侵占！英国人借口保护安集延，企图侵占我国边境名城，把喀什噶尔当作帕夏的领地，居心何在？从前他们仗着船坚炮利，横行海上，声称只要码头，不取土地，如今却要索取疆土了！他们暗中图谋为印度增设一道屏障，公然向我国伸手要领土，要求我国在回疆撤销一道屏障，这是可以容许的吗？

由于左宗棠态度鲜明，威妥玛的这次阴谋没有得逞。事实表明，左宗棠对于英俄动机与动向的分析是颇为准确的。当他义正词严拒绝英国的无理要求时，金顺从谍报中得知俄国的一个重要动态：他们为了攻打土耳其，分调中俄交界处的边防军奔赴前敌，伊犁俄军已经孤立。由此可见，清廷大臣们担心英俄阻止中国军队收复南疆，完全是胆小怕事，杞人忧天。但是，当金顺将此情报奏报朝廷，认为这是个好机会，请求以本部兵力乘虚袭取伊犁时，左宗棠却老成谋事，加以制止。他认为，收复伊犁的时机尚未到来，因为目前北路的兵力未必够用。而且他不愿实行偷袭，宁愿以后堂堂正正地举旗进军。于是，朝廷将金顺的提议搁置起来。

经过四个月的筹备与辩论，左宗棠终于等到了继续西进的时机。八月初一日，老湘营恢复了新疆南路的攻势。汤仁和、董福祥、张俊、张春发各率所部，分别从苏巴什、阿哈布与拉伊拉湖进驻曲惠（今和硕县境内），西南距喀喇沙尔（今焉者）约一百二十里，按路程储备薪草，开挖泉水，等待大军到来。九天后，大军全部开抵曲惠。刘锦棠做了十七天准备，然后令余虎恩与黄万鹏等部先行，取道曲惠以南的乌沙塔拉（今乌什塔拉），傍着博斯腾淖尔（博斯腾湖）西行，开抵库尔勒背后，作为奇兵。他自率大军，从大道向开都河开进，作为正兵，相隔两天启程。

开都河发源于天山脚下，向东南流贯库尔勒、喀喇沙尔，注入博斯腾湖。白彦虎经过此河西岸时，阻塞河水，以图阻挡官军，河水漫流一百多里。刘锦棠所部开到这里，用两天时间，绕行一百二十里碱地，才到达东岸，然后架设浮桥，堵塞上流，在碱地上修筑车道。九月初一日，大军开抵喀喇沙尔城。这里的回民已被白彦虎掠走，城内水深几尺，庐舍荡然无存。

喀喇沙尔原有和硕特、土尔扈特两部蒙古人，介居于回族之间。战乱发生后，土尔扈特部几乎全部逃走，和硕特部的札萨克台吉（蒙古爵位）札希德勒克召集部众去保卫博尔吐（今博尔塔拉），只留几百人在山中留守。刘锦棠进驻喀喇沙尔以后，令和硕特部留守人员把帐篷迁回河东，以充实后路。

九月初三日，大军开抵哈尔哈阿满沟，得知敌军骑兵一百多人刚刚袭掠而过。刘锦棠纵兵追击，斩杀十几人，捕获二人。俘虏供称：白彦虎部已从库尔勒出发，与各城安集延部队的胖色提（部队营官，或称相当于团长）一起，劫持回民西走库车。先期出发作为奇兵的余虎恩等部当天也从小路赶到，一起进入库尔勒城，发现城内空无一人。部队所带的粮食已经吃完，刘锦棠令军士们寻挖地窖藏粮，得粮几十万斤。这时有探马回报：敌军刚在西边两百多里外抢劫策达雅尔（今策大雅）、洋萨尔（今阳霞）的回民，还未离去。

刘锦棠等到后路粮食陆续运到，于九月初六日继续西进。他挑选二千五百名精骑组成快速部队，率之先行，第二天抵达策达雅尔。白彦虎已经掠过洋萨尔，奔向六十里外的布告尔（今轮台）。刘锦棠乘夜疾进，在太阳偏西时抵达布告尔。敌军一千多名骑兵据险抵抗，黄万鹏与谭拔萃率队冲锋，敌军接战就退，老湘营追杀一百多人。

九月初十日黎明，老湘营各部会合，从布告尔向西推进四十里，远远看到白彦虎的几万人，其中有步兵和骑兵。刘锦棠举起望远镜观察，发现只有一千多人持有武器，其余都是回民老幼，牵着车子和耕牛杂沓随行。刘锦棠将部众分为两路，下令攻击，吩咐只杀持武器者。

敌军见官军杀到，丢下难民，前进几里，反身搏斗。官军以排山之势推进，所向披靡。敌军逃跑后，刘锦棠令陶生林护送难民返回。第二天，老湘营开进库车境内的托和奈山村，俘虏了敌军的零散骑兵。被俘敌军招供，他们的主力当天正向库车城推进。官军所过各庄，发现蒙民与回民都曾遭到胁迫，还有一万多人没有随行，向官军呼号求救。刘锦棠安抚一番，令他们各自安居，不要害怕，随后率部奔向库车。

部队前行三十里，追上了白彦虎，只见几万名被胁裹的回民散布郊野。白彦虎出动几千名骑兵分左右两路迎战。刘锦棠令黄万鹏和崔伟等部从右边出击，章洪胜与方友升等部从左边出击，又令谭拔萃、张俊率步兵为左右援应，罗长祐率其余部队在中路断后。攻击开始后，双方交战良久，不分胜负，刘锦棠令后路部队并进，斩杀敌将马由布。敌军见大将被杀，乱了阵脚，全线溃退。老湘营追逐四十里，毙敌一千多人。

老湘营从布告尔出发，只用两天时间，与白彦虎两次交手，就收复了库车，把被劫掠的回民召回故居。刘锦棠从库尔勒发起追击，六天内行军九百里，解放难民数以十万计。他没料到白彦虎如此不堪一击，十分高兴，派飞马向左宗棠报告战果，又拔队奔赴拜城，军锋指向阿克苏。左宗棠接到捷报后，忙于安排善后，向已收复的各城派出官员。他给官员们交代的任务，首先是设局筹备救济粮，劝说百姓耕种放牧，然后逐步修建水陆道路，修造船舶，设立驿站。

九月十四日，刘锦棠所部开进处于库车至拜城半路之间的和色尔（赫色尔，在今克孜尔镇境内）。就在当天，白彦虎在拜城干了一件违逆民意的事情，由于回民首领阿克奈木厘不愿西迁，白彦虎将他杀害，激起回民各部反抗。白彦虎无法攻下拜城，只得将城外村庄全部洗劫一遍，落荒而去。

第二天，官军开抵拜城，回民大开城门迎接。刘锦棠留下方友升所部镇抚，令部队携带军粮乘冰夜进。风冷霜凝，人马受冻，部队奋力行军八十里，在铜厂追上敌军，发现白彦虎正要驱赶回民二万人渡河。刘锦棠挥师猛进，传令见敌军骑兵立斩。

老湘营掩杀过去，很快就只见敌军人马僵尸堆积，堵塞了水流。刘锦棠分兵护送难民返回拜城，令作战部队渡过乱流追击。白彦虎在几十里外的上铜厂集结兵力，还想夺路而逃，各城安集延军队的胖色提却力主抗击，将部众分为两路迎战。

刘锦棠见敌军企图顽抗，便将骑兵部署在前，令夏辛西、张宗本等部为右路，席大成、戴洪胜的步兵继之，以搏战安集延人；令黄万鹏、毕大才为左路，张俊、胡登花的步兵继之，以搏战白彦虎所部；刘锦棠自率亲军策应两翼。部署甫定，敌军枪炮密集射击，夏辛西冲锋陷阵，斩杀安集延将领要路打什。官军乘势冲锋，骑步配合，杀敌无数。

白彦虎本是跑路大王，见右路已败，立率死党先逃，致使部众大溃。黄万鹏各部乘机掩杀，几十里路上都有敌军尸体。追到拜城以西大约百里处的察尔齐克台（今察尔齐），斩杀几千人，俘虏一百多人。

此后，老湘营仅用两天时间，越过一百四十里戈壁，追到哈拉裕勒，乘夜开进札木台，距阿克苏城只有几里。登高遥望，只见城上枪矛林立。哨探回报：白彦虎见官军进兵神速，已挟持回民首领逃走，城内有回民十多万人，似乎严阵以待。刘锦棠下令：派人喊话，令他们推举头领出城接受安抚。这一招立刻见效，城门大开，刘锦棠率部进城。他令部队稍事休整，便点齐人马，分兵两路，一路向西南追踪，另一路向正西拦截。追兵抵达胡玛纳克河（库玛拉克河，或托什干河），敌军无路可逃，被擒斩者上千名。

这个时候，敌军首领们各顾自己，分路逃命，白彦虎西奔乌什，安集延将领们向西南逃往叶尔羌。刘锦棠决定暂时不追安集延人，专追白彦虎，令各部向乌什进发。九月十九日，老湘营踏冰渡过胡玛纳克河，抓到白彦虎死党马有才等十六人，全部处死。白彦虎残部更加惶恐，全部逃走。老湘营又穷追三天，抵达乌什城东，抄到敌后，斩杀一百几十人。白彦虎派部属马壮斋和金宝与俄国人联系，从布鲁特边境向西，逃往喀什噶尔。第二天，老湘营追击九十里，抵达阿他什伯，放眼望去，全是戈壁，便收兵平定乌什。

老湘营自从收复库车以后，就地采粮，节省了大半转运。到此为止，南疆的东四城全部平定，官军行军作战已不愁无粮。

由于恪靖军进展迅速，后路必须有部队填补驻扎。前面说过，左宗棠对此早有准备，已调张曜所部进入南疆。该部于十月二日从喀喇沙尔进军库车。库车以南约百里处沙雅尔（今沙雅）的回民首领麻木尔乘官军攻克库车之时，率领几百名部众依附安集延将领，悄悄奔向距阿克苏四百里的哈番，企图袭击官军。老湘营探子获悉这一情报，赶紧向刘锦棠报告。十月八日，刘锦棠率二千名骑兵和步兵攻击屈乌克拱拜，将麻木尔所部全歼。

在此之前，在阿克苏以南的和田，伯克（首领）呢牙斯得知官军南下，迅速集结所部回民向西北挺进，攻打叶尔羌，以响应老湘营的攻势。阿古柏的长子伯克胡里得到叶尔羌大通哈（总管）的报告，留下阿里达什防守喀什噶尔，自率五千骑兵南驰，增援叶尔羌。伯克胡里走后，白彦虎从布鲁特边境逃窜到喀什噶尔，阿里达什拒不接纳，白彦虎只得在城外扎营。叛军将领何步云与英韶等人见安集延人大势已去，见风使舵，趁机占据汉城，宣布反正。

伯克胡里领兵来到叶尔羌，大败呢牙斯，然后东进，攻克和田。呢牙斯无处可走，只得投奔张曜。伯克胡里一战得手，派人向英国和俄国告捷，带领部众取道英吉沙尔（今英吉沙）返回喀什噶尔。路上听说库车失守，何步云反正，他一气之下，将英吉沙尔的汉民全部屠杀，令阿里达什接纳白彦虎，并力攻打汉城。何步云势单力孤，派汉民与回民抄小路向老湘营告急。刘锦棠击败麻木尔后，刚刚回师阿克苏，正与谭拔萃和罗长祜商议先取叶尔羌，何步云派来的人求见，告诉他何步云已在喀什噶尔反正，身陷包围，刘锦棠当即改变计划，决定先攻喀什噶尔。他派两路兵力向喀什噶尔推进，由余虎恩和桂锡桢率两千人从阿克苏取道巴尔楚克玛纳巴什（今巴楚）前往喀什噶尔，由黄万鹏和张俊二人率领两千人从乌什取道布鲁特边界行军，目标也是喀什噶尔。行期由这几位将领自行决定，要求务必于十一月二十四日在喀什噶尔会师。刘锦棠等到两路兵力出发以后，自己领兵出驻巴尔楚克玛纳巴什，扼守叶尔羌与和田的冲要，为两部声援。

刘锦棠派出的两路兵力按他指定的日期赶到了喀什噶尔。黄万鹏所部于十一月十三日抵达喀什噶尔城以北的麻古木，余虎恩所部抵达喀城以东的牌素特，两军相距六十里。喀什噶尔城内，伯克胡里驻守城东北，白彦虎驻守城东，裹挟的回民听说朝廷大军开到，纷纷走散。安集延将领屠杀百姓，加以恫吓，仍然无法制止。守军见势头不妙，故技重施，决定开溜。白彦虎向西北方逃遁，伯克胡里和余小虎保护家累和辎重向正西逃走。他们留下小部队守城，企图拖住官军。

当晚，余虎恩率萧元亨、戴宏胜从城东大道进攻，只见城内守军纵火，光如白昼。余虎恩令轻骑为左右翼，首先攻击卡隘。刚到城下，敌军一千多骑冲来，余虎恩指挥步兵大战，将敌将王元林刺落下马，敌军立刻退却。老湘营骑兵联合围攻，将敌军歼捕殆尽。这时，几千名敌骑从城西北赶来救援，余虎恩正要分兵迎击，黄万鹏所部从北路杀到。两路老湘营会师，士气更盛，合力夹击，大败敌军。何步云等人率部在汉城内呐喊助威，城内敌军害怕了，打开西门，与败军一起狂奔，老湘营当即进驻喀什噶尔。天明时分，老湘营留下张俊守城，黄万鹏向西北追击白彦虎，余虎恩向正西追击伯克胡里。

刘锦棠将黄万鹏等部派往喀什噶尔之后，料想各城敌军已起内讧，应该乘其不备，大举掩杀。他不等张曜所部赶到，领兵从玛纳巴什直捣叶尔羌和英吉沙尔。他抵达阿郎格尔后，斩杀防守关隘的几百名安集延守兵，继续前进，于十一月十七日进攻叶尔羌城。叶尔羌守敌听说阿郎格尔兵败，全部散逃。刘锦棠下令：向西北方进军，取道英吉沙尔，与各部在喀什噶尔会师！恰在这时，余虎恩的通讯兵赶到，报告喀城已经收复。

三天后，刘锦棠派总兵董福祥向东南进军，收取和田，自己领兵急行军，奔赴英吉沙尔。这里的安集延部队早已逃往喀什噶尔，刘锦棠进城安抚回民，留下罗长祜与谭拔萃搜捕各城的逃敌，自己赶赴喀什噶尔。

且说余虎恩追击伯克胡里，于十一月十五日在明要路追上，分兵绕到前方拦截，自率主力从后面追杀，毙敌一千五百人。都司余福章拦截余小虎，将他活捉，一并抓获他的眷属四百余口。伯克胡里已于前一天审过路峡，逃入俄国境内。再看黄万鹏的情况。该部当天赶到了岌岌槽，在后拒追到白彦虎，活捉敌将马元，全歼其部众。第二天穷追到恰哈玛纳，被俄属布鲁特人挡住去路。白彦虎逃到纳林河，俄国人收缴他的武器，让他渡河。余虎恩赶来与黄万鹏会合，两人商议：逃敌去得已远，部队已接近俄国边境，还是回师吧。

十一月二十六日，刘锦棠抵达喀什噶尔。十三天后，董福祥部收复和田。南疆八城一律收复，阿古柏的侵略被彻底粉碎。据情报，伯克胡里这时入居俄国境内的阿来其安集延部南境故地，居住在喀城西北的外卡。刘锦棠派兵维护喀城治安，先后搜获阿古柏的四个儿子，以及过去曾招引阿古柏入境的金印相父子，和余小虎、马元一起，在街市上处以磔刑。又搜斩逃匿的安集延和白彦虎党羽一千一百六十六人。

新疆南八城全部平定，左宗棠向朝廷告捷。只用了一年多的时间，西征军大获全胜。这是晚清历史上最令人扬眉吐气的一件大事，是晚清夕照图中最光彩的一笔，也是左宗棠戎马生涯中最华彩的篇章。左宗棠完成了林则徐在道光二十九年（1849）对他"西定新疆"的嘱托，成为中国历史上收复领土最多的将军，自己不无得意地说：戎机顺迅，实史传罕见之事。

对于左宗棠收复新疆，光绪四年（1878）四月有一份西方报纸刊发了一则时评。

欧洲人关注俄土战争，目光东移到亚洲。中国收复喀什噶尔，那里确实是中国的一个角落。中国对于亚洲是有发言权的。以前回民占据云南大理，中国已经收复，现在又恢复了回疆，消灭了东迁的外国人。陕甘的左大帅当年招募兵勇在关外屯田，外国人嘲笑他迂腐，现在看来，这位左大帅先筹军粮，谋定而往，实施老成持重的战略，完全出乎西方人意料之外。

1876 年，左大帅出兵收复乌鲁木齐，分兵驻扎各地，部署妥当以后，挥师攻击强敌。阿古柏带领大队兵马迎战，距离喀什噶尔二千七百里之遥。狐火宵鸣，鼓角晓震，有气吞天南之概。然而中途自尽，后人争位，自相残杀，无力抗拒。

汉兵从吐鲁番、库车进军阿克苏，势如破竹，迎刃而解。他们队伍严整，运筹周密，如同俄国人进攻基法一般。这样的行阵，足见总统金顺的雄才大略。士卒吃苦耐劳，意志坚定，二十天内穿越一千二百里的荒野沙漠，取得三城，为一大捷。于是先后收复叶尔羌与和田各城。

1877 年，部队在喀什噶尔过冬，关外到喀什噶尔一律肃清，真是一个奇迹。攻克喀喇沙拉，是以少胜多；攻克喀什噶尔，是合围取胜。欧洲人打仗，战法也不过如此了。平时欧洲人轻视中国，说中国人不懂军事，现在看来，中国恢复回部，更胜于收复云南大理，足以令我们欧洲人清醒一把了。

西方人的议论大致中肯，但其中所说的"总统金顺"，应为"总统刘锦棠"之误。毕竟路途遥远，消息辗转，难免错讹。

筹备新疆建省

新疆战事的顺利结束，使左宗棠有可能再次提出建设新疆的方案。这桩心事在他心里埋藏了几十年，他在二十一岁那年呼喊过一次，但是人微言轻，应者寥寥。现在他终于可以直接向最高统治者申请了。光绪四年（1878）正月初七日，他呈递奏折，第二次提出新疆改行省、置郡县。他要让更多的人听到他的呼声，请求朝廷将这个建议下发给京城大员及各省督抚，广泛征求意见。这一次，朝廷仍然没有批准他的建议。

二月初九日，清廷发布上谕：左宗棠筹兵筹饷，备历艰辛，谋出万全，肤功迅奏，着加恩由一等伯晋为二等侯。刘锦棠由骑都尉世职晋升为二等男爵。左宗棠上疏辞谢，朝廷不允；左宗棠再次辞谢，声称自己功德并未圆满，因为伯克胡里和白彦虎都逃走了，而西北各省旱情严重，君臣仍在奋斗，他实在不敢接受这么高的爵位。

上谕回答：正因时局极为艰难，难得有人一片赤忱，为国分忧，必须予以褒奖。左卿你两次辞谢，朝廷知道你是出于诚心，并非做做姿态而已，但是朝廷也应该树立一个榜样，左卿就不用再推辞了吧。

虽然左宗棠本人再三谦辞朝廷的奖赏，但在许多人看来，朝廷对他的奖赏并不优渥，有失于小气。人们认为，他平定西北各省的动乱，收复了新疆，为中国保住了六分之一的疆土，在国内外赢得了极高的声誉，应该得到最高规格的奖赏。廷臣们在议论如何奖励他时，援引长龄镇压张格尔膺封公爵的成例，建议将他封为一等公爵。两宫太后却把平定内乱与从外国侵略者手中收复疆土相提并论，说以前曾国藩收复金陵只封了侯爵，而左宗棠是曾国藩推荐的人才，他手下的部队最得力的又是老湘营，也是曾国藩调派给他的，而老湘营的将领刘松山等人也是曾国藩举荐的，如果给左宗棠封公爵，那么以前赏给曾国藩的爵位就显得太低了。

最终决定，让左宗棠由一等恪靖伯晋升为二等恪靖侯，之所以不给一等，是要让他稍逊曾国藩一筹。可以看出，慈禧与慈安是为了在湘系内部和湘系与淮系之间搞平衡，因为曾国藩是淮系首领李鸿章的老师，把左宗棠置于曾国藩之下，显然会令李鸿章好受一些。她们提出的理由拐弯抹角，不尽合理，即便按照她们的逻辑，也是讲不通的。须知刘松山原是王鑫的部曲，而王鑫是在左宗棠的鼓励和支持之下崛起的，老湘营跟左宗棠关系最深，而最终在底定新疆时功劳最大的刘锦棠则是左宗棠奏荐的青年人才，老湘营的功劳怎么能全部算到曾国藩头上呢？如果就事论事，左宗棠功劳巨大，其所膺封赏，是应该在曾国藩之上的。

新疆各族人民为了感念左宗棠救民于水火之中的恩德，在大小村镇建立左公祠，烧香礼拜，由此可见民心所向。中国军威大振，一些少数民族的部落要求归附。喀什噶尔城的西北，交错居住着西四城卡伦外的十九个布鲁特部落，其中五个部落依附了俄罗斯，其余十四个部落依附安集延。现在，十四个部落的首领请求依附中国，左宗棠批准所请。

左宗棠在战争结束后，急于全面开展大西北的建设，但他留在兰州的助手刘典患病，越来越重，想留也留不住了。光绪四年（1878）四月二十八日，左宗棠上疏，奏请批准刘典在秋季开缺回籍。左宗棠自己也是衰病之躯，身体比刘典强不了多少，为了西北的安定和建设，他必须奏调一位年富力强而又值得信任的官员接替刘典，于是他恳请朝廷起用前任浙江巡抚杨昌濬，让他迅速赶赴兰州，帮办甘肃和新疆的善后事宜。对于左宗棠的人事安排，慈禧不会拒绝，尽管杨昌濬是一位犯过错误的官员。

杨乃武一案在光绪三年（1877）冤情大白，杨乃武与毕秀姑洗雪了冤屈，杨昌濬却成了千夫所指的昏官。左宗棠得到消息时，心中百味杂陈：无奈，痛惜，沮丧，甚至有几分打抱不平。一位忠实的朋友犯错了，他没有过多地指斥，只是要求其引咎自责而已。他读了有关的上谕之后，发现朝廷除了平反冤案，对杨昌濬并无诘责之词，因此而感到庆幸。但他当时正在指挥新疆战役，没有时间纠缠这件事，只能为杨昌濬想一条最好的出路，劝他借此机会辞官返乡。杨昌濬提出要来陕甘，左宗棠因西北条件艰苦，让他不要过来受苦。

左宗棠一向眼睛里容不得沙子，但凡事都有例外。杨昌濬犯错，他认为情有可原，采取了非常包容的态度，对他爱护备至。后来杨昌濬卸任归家，左宗棠从朋友的来信中得知，这位朋友本色未改，依旧平和，不喜不怒，不由赞叹其学者襟抱。

由于刘典的位置十分重要，必须有合适的人来顶替，左宗棠想来想去，还是杨昌浚这个有过在身的同志最为合适。因此，杨昌浚回到家里不到一年，左宗棠就改变初衷，邀请他重新出山。他想：为今之计，西北再苦，也得请杨石泉来陪伴老夫了。

杨昌浚感于左宗棠的赤诚与厚爱，接到通知就急于启程，约定九月动身。左宗棠却又于心不忍，叫他不必顶着风雪而来，还是等到明年春天再动身。杨昌浚一心要帮衬老友，不顾劝阻，在最冷的季节里赶到了兰州。左宗棠和他阔别十五载，在酒泉大营重逢时，心中波澜起伏。两位老友昼夕晤对，谈兴甚豪。

在对酒把谈时，杨昌浚给左宗棠念了一首诗。这位诗人在西北走了一路，不由豪情满怀。他看到，秦陇道上柳树成荫，为萧瑟的大西北带来了盎然生意。鸟雀鸣唱在杨柳枝头，人来车往，百业兴旺。他不禁诗兴大发，吟出一首传世诗篇，题为《恭诵左公西行甘棠》：

> 大将筹边尚未还，湖湘子弟满天山。
> 新栽杨柳三千里，引得春风度玉关。

这篇纪实之作，与唐朝诗人王之涣流传甚广的著名诗篇《凉州词》一样，成为脍炙人口的佳作。王之涣的那首诗是这样写的：

> 黄河远上白云间，一片孤城万仞山。
> 羌笛何须怨杨柳，春风不度玉门关。

杨昌浚借用了古代诗人的佳篇名作，但是立意相反，不但心思巧妙，而且气势恢宏，贴切地反映了左宗棠率领湖南人在西北的建树，此诗传开后，立刻引起了广泛的注意。他自己也由此改变了形象，由一个臭名昭著的昏官，成为名垂后世的诗人。杨昌浚此来西北，出任了甘肃布政使，到光绪六年（1880）年底，一度护理陕甘总督，与钦差大臣刘锦棠一起，共同筹划建立新疆行省。这是一项伟大的使命，是林则徐的遗愿，也是左宗棠一生的追求。杨昌浚不遗余力，为实现朋友的宏图大业而努力。由于他为西北建设、新疆建省和沿海抗法做出了贡献，最终赢回了清末名臣的历史地位。

左宗棠邀约杨昌浚一起走上建功立业的道路，并没有因舆论不利于这位朋友而失去对他的信任。他不但有曾国藩那样的知人之明，而且能够在朋友摔倒时扶助一把，使他重新站立起来。他扶助过逆境中的王鑫，起用过因犯错而赋闲的魏喻义，提拔过困惑中的陈湜，维护过备遭诋毁的刘松山与周开锡，现在又将杨昌浚拔出污泥，谁能说他不近人情、不通情理呢？

左宗棠两次提议新疆建省，朝廷都未批准，显然存在一个障碍，那就是伊犁尚未收回。这个问题之所以延搁下来，在于清廷未能下定决心依靠左宗棠收复伊犁。新疆南北两路平定后，左宗棠以为可以乘着新胜的兵威，迅速地从俄国人手里收复伊犁。但是，俄国拒不兑现承诺，继续赖账。清政府一度向俄国提出由左宗棠与其交涉索还伊犁的问题，遭到俄国拒绝。清廷打算主要依靠外交来收复伊犁，左宗棠被迫表示赞同，但他仍然指出地不可弃，应该"乘此兵威，迅速图之"。

光绪四年（1878）五月，朝廷准备正式启动中俄边界交涉的谈判程序。左宗棠向总理衙门提出一个方案：中俄边界交涉只能以同治三年（1864）会勘的界址地图为依据，不必提出另外的依据，以至于争论不休。

六月二十一日，清廷派吏部侍郎崇厚出使俄国，交涉收回伊犁等事宜。此人曾被朝廷派往法国为天津教案向法国人致歉，由于他的外交经验局限于向外国人说好话，左宗棠对他的外交能力颇为怀疑，致函总理衙门，声称他担着崇厚在外交态度上拿捏不好软硬之度。他最担心崇厚被人家当成软柿子捏，希望这位使臣能在谈判中"仗义执言"，对俄国的过分要求"可据事势情理与之辩驳"，如果僵持不下，不妨找个由头回国，然后按照国际公法，召集各国共同讨论。

此时中国与俄国的关系，除伊犁问题以外，还有一个敏感的问题，即安集延人和白彦虎躲在俄国境内，屡次从俄国侵犯中国边境，袭击中国官军。左宗棠要求总理衙门照会俄国公使，并请朝廷敕令崇厚向俄国提出交涉，要求俄国交出白彦虎等叛国者，否则边防将士的怒火实在难以压抑。

新疆的善后究竟应该如何进行，最重要的是，如何处理跟俄国的关系，如何从俄国手中收回伊犁，收回以后如何驻守，慈禧没有成熟的考虑，再次向左宗棠秘密咨询方略。上谕强调，伊犁过去是西路第一重镇，现被俄国人占据，形势变迁，交还以后，如何防守，应该事先规划。朝廷还表示了一种担心：如果新疆建省，设置州县，有没有百姓可供治理？如果不设行省，还有没有其他良策？显然，慈禧是担心新疆建省人事浩繁，花费巨大，经济不能自给，成为朝廷沉重的包袱。

十月二十二日，左宗棠上奏《复陈新疆情形折》，第三次提出新疆建省。他指出：新疆克复以来，还定安辑，招徕开垦，户口渐增。镇迪道各地虽因久历兵燹，户口很少，但这些年政府散发耕牛和种子，发粮赈济，广贴告示，招徕居民，从木垒河直到精河一带，除了戈壁以外，都是肥沃的土地，本地和外来的百姓，以及遣散的勇丁，纷纷领地耕垦，人口逐渐增加。从目前的情况来看，并非没有百姓可以治理。吐鲁番的情况也在好转。南八城只有英吉沙尔土地狭小，乌什土壤瘠薄，其余各地都比吐鲁番更为富饶，其中以喀什噶尔、和田、叶尔羌、阿克苏物产丰盈，条件更好。现在政府指导百姓开河引渠，清丈地亩，修筑城堡和塘站，铸钱征厘，百废肇兴，一切都有了头绪，比北路更容易获得成功。因此，南北两路开设行省，天时与人事都有很好的机遇，错过机遇未免可惜。

左宗棠又指出，朝廷过去将新疆的边地和腹地同等对待，没有区别，设了许多大臣、将军和总兵。这些官员都是级别相等，有的出身于深宫内院，有的久掌兵权，不能掌握民间的隐情，在政务上缺少历练，一旦出任边境大员，互不买账，无法稽查监督。新疆周长二万里，治兵的官多，治民的官少，如果不对体制加以改革，便无法以政教来感化边陲的百姓。

此外，由于新疆没有建省，没有设立州县，南北两路征粮的责任，政府官员都交给了民间的首领，导致官民隔绝，百姓对官员的敬畏，不如对民间头目的敬畏。没有觉悟的官员玩弄百姓，把百姓当作犬羊。那些民间头目想伸手向百姓要什么，就打着官府的招牌，仗势欺人，百姓只会抱怨官府，却不会抱怨他们的头目。

再者，由于新疆与内地的政令没有统一，这里是按人头征税，富裕人家人口少，税收和徭役可能很轻，贫穷家庭人口多，税收和徭役反而沉重，这是最大的不公平。此外，儿子不能继承母亲的遗产，打官司无法直接向官府申诉，官员与百姓语言不通，文字不晓，全靠翻译做媒介，经常颠倒是非，混淆黑白。

要革除这些弊端，必须在建省的前提下，层层设立官府，加强与百姓的沟通，在道府官员监督下，责成各厅、州、县具体执行，逐步掌握民间的实情，填补鸿沟。必须由官府来推广义务教学，先教汉文，使百姓稍微了解汉字的意义。税票上记载的纳税人名称和纳税数额，要用汉回对照，汉文居中，旁边用回文标注，使百姓容易看懂，有错就随时更正。这样就会纲举目张，可以限制头目人等的权力，贯彻国家的政策，了解民间的疾苦，考核官府的政绩，取得长治久安的效果。

为了让慈禧放心，左宗棠指出：新疆并非没有利源可开，只要措施得当，新疆建省后，不会成为中央政府的负担。他提出并已贯彻的措施是：第一，在南北两路实行土地丈量，按亩征税，仿照什一税制，定额从宽，百姓收获十几分，官府只征一分，用来供给军粮，还有一些赢盈；第二，修渠导流，以备抗旱排涝；第三，改铸制钱，便于民用；第四，设局征厘，丰富税收；第五，创设义塾，扫除文盲；第六，选调工匠，传播手艺；第七，对南北两路的物产做出规划，其中包括药材与兽皮，以及吐鲁番的棉花、和田的玉与库车的金铜铅铁。

关于驻军的消费，左宗棠指出：现在局势稳定了，驻防部队可以逐步减少。新疆南北如果设立行省，可以废止换防制度，又能减少外省的负担。甘肃与新疆和平时期预算的饷银为四百几十万两，等到伊犁收回后，每年大约可以节省一百几十万两。后此利源日益增多，而饷需将会更少。以后经营得法，还可以节省更多，对国家的开支多少有所弥补，对北京与各地的官员都是一个喜讯。

新疆建省的理由，左宗棠谈得非常充分，只是他也提出了一个条件：今后三年，朝廷要拿出一千五百万两银子打基础。这笔费用值不值？摆在今天，想必中央立马就会拨款，但在左宗棠那时却有重重阻力。朝廷将他的奏疏下发给满朝文武，展开一场大讨论。

杨昌浚接管甘肃事务以后，左宗棠向他强调裁减编制兵员的重要性，仍然是为了新疆建省打好基础。甘肃的军饷历代以来都是全部依赖外省的接济，一旦中原发生变故，自顾不暇，甘肃就断绝了生机。显然，这个连饭都吃不饱的省份，必须裁减吃闲饭的兵员。

自从咸丰元年（1851）内战开始，江忠源、曾国藩、胡林翼等带兵的书生一直强调必须裁减无用的编制内兵员，直到左宗棠在浙江、福建和整个西北地区大力推行，才取得了一些明显的成效。清末军队的精兵节饷，向正规化和现代化迈进，左宗棠冲破重重阻挠，贡献了很大的力量，而且为新疆建省减少中央财政的负担，促使朝廷痛下决心，做好了准备工作。

扎实的政绩

左宗棠为了新疆建省而从事的善后工作做得非常扎实。根据他在光绪六年（1880）四月向朝廷汇报的成果，主要体现在七个方面，汇总了张曜、刘锦棠、周崇傅、福裕、雷声远等官员的报告，都有翔实的数字说明问题。

第一，开挖河渠。哈密修筑了石城子渠，镇西厅修筑了大泉东渠，迪化州修筑了永丰和太平二渠，以及安顺一渠，绥来县修筑了长渠，奇台县修筑了几条渠道。吐鲁番除了实施修渠工程，还开凿了一百八十五口坎儿井，库尔勒修复旧渠四十里，库车浚筑阿柯寺两道大渠。

这些河渠，都是驻防部队轮流施工的成果。凡是请民工协助，全部发给工资。地方官员招募的民工也发给粮食。

第二，建筑城堡。奇台、绥来、喀喇沙尔、库车等地，有的利用原有地基，有的开发新地，用于建筑城堡，施工全部不用民工，不用财政拨款，建立起一堵堵高大的城墙，足以抵御进攻。

第三，广泛举行屯垦。镇西厅所属的部队和百姓开垦耕地五万几千多亩；奇台的耕垦民户九百余人，军营新开垦六千六百多亩；迪化过去上报三千多户承垦，经过核查，存在浮夸，后来按册上报，加上新增民户，其实只有两千多户，军屯尚未上报亩数；昌吉新旧开垦共一千三百多户；绥来共九百多户；吐鲁番及南疆八城，除沙碛以外，荒地渐渐减少，新增的屯垦都在新开河渠的两岸，没有具册上报亩数，其熟地现在正在丈量，要待丈量完成后才能汇总上报。

第四，丈量评估耕地面积。田地的长短宽狭，要经过丈量才能算出面积。田地的肥腴瘠薄，一定要经过评估才能分出高下。西北田地容易渗水，水的需求量很大。水量充足的田地产粮多，所以价格高昂；水少的田地产粮少，价格跟随下降。要根据土壤的好坏来决定农业税的轻重，必须先计算水分的多少。征收采取优惠政策，按照民间收粮实数，定为十一分之一。如果经办的回民头目任意增减，百姓可以上告，由官员加以申斥甚至撤职，并责令在收获以后通行丈量，按田地的好坏和水分的多少，改为上中下三等征收。光绪四年（1878），各地已经收到赋税，超过了以前户部的征收额。

第五，确定合理的商业税收。根据各地税务局造册上报，从光绪四年秋冬至光绪五年夏季，不到一年时间，已收银十八万多两，也算得上大宗的收入了。预计伊犁收回之后，商货运输畅通，商业税自然会有起色。

第六，狠抓义务办学。新疆官员与百姓互相隔阂，政令难以贯彻，一切条令都要通过回民头目宣传，很难抵达基层。若要移风易俗，必须推行义务教学，让回民儿童读书识字，通晓汉文。南北两路各地主管部门和驻防部队举办义塾，刊发《千字文》《三字经》《百家姓》《四字韵语》及《杂字》各种读本，以训导蒙童；然后发给《孝经》《小学》，让他们诵读，还发给楷书临摹字帖以供练习。据各地报告，已兴建义塾三十七所，入学的回童，聪颖者一年内已读完颁发的各种课本。他们的父兄都以子弟读书为荣，互相夸耀，并请求增建学舍，颁发《诗经》《论语》《孟子》，供他们讲习。

第七，改造货币。回民过去在交易中使用制钱，后来专用银子，但含银量的高低和分量轻重难以迅速辨别，造假虚冒的越来越多。阿古柏窃踞南八城以后，创铸银钱，名曰"天罡"，形状是圆的，中间没有方孔，含银量和重量任意减少，欺骗百姓，流通时无法公平，百姓遭受损失。左宗棠决定改造银钱，以利于百姓使用，下令在兰州制造新式铜模，交给张曜监督试制。新模非常精巧，由官方改造，速度快，费用小，不会与私币和假币混淆。样币经过核查后，就拟试行推广。

以上七个方面的工作已有头绪，并已渐收成效。除此之外，左宗棠还推广种桑养蚕，据南北两路统计，种植桑树八十万六千多株，向百姓教授养蚕缫丝技术已有一定成效，产出的新丝色洁质韧，比得上四川的蚕丝。他令胡雪岩探访开河凿井和织呢两方面的德国技术人员，请他们代购机器来兰州，进入制造局，传授西方技术，并令胡雪岩从湖州招募六十名熟习蚕务的技术人员，带着桑秧、蚕种和蚕具前来，向百姓传授栽桑、养蚕、缫丝、织造等各种技术，拟从安西州、敦煌、哈密、吐鲁番、库车直至阿克苏，各地都设立专门机构传播技术。左宗棠规划先在南路推行，然后推广到北路。百姓又耕又织，便可致富。远方的商人前来买丝，增加了商业税收，可以缓解军费的压力。

慈禧看了左宗棠的奏报，惊讶地得知西北的元气如此迅速地复苏，而秩序是如此井然，基本建设、经济、教育、农业和商业，都呈现欣欣向荣的景象。她欣喜之余，连忙下诏，表示对左宗棠的工作成绩十分满意。

左宗棠没有独揽功劳。他要让朝廷知道，部队官兵对西部大开发做出了巨大的牺牲，其中湖南的军人功不可没。他专门写了一份奏疏，报告关内外驻防部队承担建设工程的情况，请朝廷发到各部备案。正因为有了这份报告，我们今天才得以了解一百多年前的西部大开发做得多么漂亮。

甘肃内地自从遭到兵燹以后，千里萧条，东路的各个交通要道荒废更加厉害。例如会宁的翟家所和张陈堡，安定县的王公桥，隆德县的六盘山，固原州的三关口等处，都是著名险隘。这些地方沟涧深窄，河道淤塞，道路和桥梁多半倒塌，夏天积水，冬季结冰，经常发生阻塞和倾覆，农民和商人往返行走，无法通行。魏光焘、周绍濂、刘端冕等将领，指挥关内东路驻防的楚军，利用操练、守卫和护运的空余时间，承担起基本建设的任务，修筑大小砖石土木桥九十二座，种树四十三万一千七百棵，修造祠庙、行馆、书院十三所，修路一百一十三里。此外，还修平了平凉、庆阳、泾州、固原各地的驿路，以及从固原以北经平远直达惠安堡的盐路，还先后承修平凉、庆阳、隆德、合水、董志、镇原、平远各府县的城墙、衙门、祠庙、堡寨和驿馆。所需经费都由各营旗随时捐发，并由魏光焘陆续捐给经费银八千七百多两。

甘肃西南各路驻防部队也做出了很大的功绩。凌春台的良辅等营，在河州辖境的三甲集开挖水渠四十多里，创建水磨三盘，设立义学三处，修筑祈家集水渠一道，开挖太子寺堡城墙壕沟，并栽树木，在三甲集、硝河城建立庙宇和昭忠祠四所；楚军邓荣佳部在狄道州的中部修建土堡一座、洮滨书院一所，疏浚旧渠二道，修筑古城子土堡一座，栽树三百多株；楚军张友元部在狄道州城西门外修筑永宁桥一座，又在该州修治道路一百六十里，以及木桥二座；楚军李志刚部在狄道修造大水车一架，栽树一万三千株；楚军李宾光部在循化厅城内修盖铺屋五十五间，修理城楼及庙宇一所；靖绥营黄金福部在碾伯县辖境内创修沟渠，筑堤修坝二十多里；刘明灯部果军在大通县辖境内修补城墙，栽树四五万株；楚军王声部修理道路二百四十多里；张世才的安西左营和张星元的宗岳义营，在大通县境修理道路三百几十里，并建修桥梁，补造船只，栽种树木，修复塘卡；喻胜荣的安西营在西宁城外创建堡城一座，并修建镇海协衙门的屋宇；敖天印的向义营和楚军朱泰友、李正鲁部，先后在平番县辖境内栽树七万八千多株；楚军周玉堂部在平番县辖境内修造庙宇二所、石桥一道、车店一所、堡寨一座，在烂泥湾开修石路一条。

新疆南北各城，从光绪二年（1876）大军出关一举收复之后，各驻防部队会同各善后机关修浚河渠，建筑城堡，平治道路，修造官店。

官军修建水利工程，从东向西，在新疆各地都有建树。在安西直隶州，官军引疏勒河水环城，水渠既深又阔，沿河种植柳树，保护堤岸。哈密厅辖境内的石城子渠，张曜在屯田该处时已经修治，后来又经驻防军重新疏浚治理，以利灌溉。镇西厅辖境内的大泉东渠已经徐占彪的蜀军兴修。迪化州的永丰、太平二渠，以及绥来县的渠道，屡次由官方拨借银粮，令居民修理。安顺的渠道已着手勘验兴修。奇台辖境内的渠道已经着手修浚。吐鲁番厅辖境内的官渠和坎儿井已经雷声远等部兴修，雷声远筹借粮食，督劝居民淘浚坎儿井，使田地都有收成。库尔勒过去有官渠和民渠二道，兵燹失修，驻防的邹金本部将之修复。库尔楚一带河道长四十里，水不归渠，旱涝无备，驻防的王玉林部将之修筑完好，使河水能够宣泄。库车境内有两处河长六十里，横贯戈壁，工程宏大，易开俊的安远军在民夫协助下，将其修筑通畅，并增开支渠，方便了灌溉。

在城墙的修补方面，新疆各城都留下了湖南官兵的成果。安西直隶州城靠近戈壁，飞沙堆积，州城东西两面的沙土高及城墙，官军和民夫一起，从城堞逐渐开挖，一直清理到城根，使砖石显露，恢复旧观。绥来、奇台两县城门的女墙已大部损坏，驻军将之修复。喀喇沙尔为南疆要冲，旧城的城墙本来又矮又薄，加之被敌军所毁，房屋荡然无存，只有阿古柏新建的城墙勉强可以修补，驻防部队将之开拓修筑，城周三里城墙改观。库车原来的汉城非常狭小，建筑年久倾圮，驻军将之修补完善，城墙增长至一千三百三十四弓，墙高一丈八尺，宽一丈五尺，四角的炮台纵横四丈四尺，四门城楼高达四丈八尺，雄阔伟壮，足以称为南疆重镇。

在道路修筑方面，官军为新疆的交通做出了杰出贡献。从哈密到吐鲁番以及从瞭墩到七克腾木的四条驿道，分为南北两路，南路为官道，时常妖风大作，沙石齐飞，甚至将人马卷走，渺无踪迹，俗称"风戈壁"；北路有小道可避风灾，本来是商旅必经之道，却没有房屋店铺可供休息，行人非常辛苦。夏奉朝的七克腾木驻防军将南路台站移置北路，添置官店、水草和用具，免除了灾患。托克逊至喀喇沙尔中间隔着阿哈布拉，此处两峰壁立，积石嶙峋，只有一条羊肠小道穿过，小道之下便是深渊，车驮经过，经常发生意外。刘见荣的驻防部队锤幽凿险，用功至勤，化险为夷，群情欢慰。清水河有西碱滩，长达五六里，泥淖纵横，人马经常陷没，黄长周与邹金本的驻防部队联合修治，开渠泄浸，垫以巨木，杂覆树枝，土石平铺，才免除了水淖的灾害。

兵燹之余，百废肇兴，而恪靖军不用民力，不耗官费，完成了以上工程，其施工过程中，是要克服许多困难的。令官兵们感到欣慰的是，工程带来的好处超过了和平时期的建设项目。恪靖军将士们来自农村，能够吃苦耐劳，懂得军队应该为人民服务，才能取得这样的成效。所有工程都是部队在完成驻防作战的本职工作之余修建的，没让政府报销一文钱，所以不必由政府讨论决策；竣工后，只用酒食犒劳部队，算不上军需赏耗，开支不大，又是从各部队经费中结余出来的，所以没有申请预算。左宗棠要求各地酌量划拨荒地，招佃承租，用租金收入来作为公共设施每年的维护费用，使这些公用设施能够长久保留下去。

左宗棠指挥部队做出的这些建设工程，《西笑日觚》对其中的植树一项有如下记载：

左恪靖命自泾川以西至玉门夹道种柳，连绵数千里，绿如帷幄。两行秦道直，万点蜀山尖，恍然见古人造句之工。

左宗棠认为，作为政府的军队，在战争之余，必须考虑恢复民生，这就是政府武装与非政府武装的根本区别。他的这种认识，得到了广大民众的充分肯定。直到现在，西北民众还记得左宗棠的所作所为，其根本的原因，在于他是关怀大西北民生和建设的一位高级行政长官。

在新疆因军民建设而显得生机勃勃的时候，在这片广袤的国土上设立省级行政区的条件已经成熟。光绪六年（1880）三月二十八日，左宗棠第四次奏请新疆建省。他首次提出在乌鲁木齐设立总督，在阿克苏设立巡抚，由将军率领旗营驻扎伊犁。他指出：有了总督和巡抚，才能把责任落实到人。朝廷给他的答复是：等到伊犁收复之后再作决定。显然，慈禧在俄国人没有交还伊犁之前，是不会批准新疆建省的，而如何收复伊犁，也正是左宗棠在这一时期积极思考的重大问题。

筹划收复伊犁

左宗棠服从朝廷的决定，等待着崇厚与俄国谈判的结果，当刘锦棠提议征求俄国人同意派兵进入伊犁地区缉拿白彦虎时，左宗棠劝他打消这个念头。他说，头等重要的事情就是让俄国人信守承诺，而不给他们提供任何口实，说中国人强行进入他们已经占领的地区。

在此期间，俄国人几次到边境通商。左宗棠认为，只要俄国不交还伊犁，中国政府就不能同意与俄国人通商，加上叛国者屡次从俄国境内入犯我国，通商之事更应从缓。而俄国人对于中国政府禁止沿边通商十分不爽，崇厚于光绪五年（1879）三月抵达俄国以后，就俄国交还伊犁一事进行谈判时，俄国人提出的条件有三个：一是通商，要求开通从汉口通过肃州、哈密、乌鲁木齐和朱古察克的贸易路线，还要求在肃州及塔里木盆地的所有主要城市建立领事馆，同时为领事派出卫兵；二是分界，坚持要拥有特克斯河谷的上部，使他们能够控制通向南路的穆扎特关和纳拉特关；三是赔款，要求中国支付俄国驻军伊犁的费用。而其中最迫切的要求，就是撤销沿边通商的禁令。

崇厚把俄国人提的条件奏到朝廷，大臣们议来议去，达成几点共识：第一，俄国提出通商的地方过多；第二，在边界划定的问题上，企图侵吞我国领土；第三，赔款的数额没有明确提出，不好答复。大家认为，如果立即放开通商禁令，他们必然会提出更多的要求。朝廷命令崇厚坚持定见，不能因急于索还伊犁而留下后患。朝廷也把崇厚的奏章发到了左宗棠手里，令他与伊犁将军金顺等人参与讨论。

左宗棠主管新疆事务，就俄国提出的条件最有发言的资格。他梳理了俄国侵占伊犁一事的脉络，认为俄国早该兑现自己的承诺，将伊犁交还我国。他们实践诺言拖得太久，而且还庇护中国的叛国武装，没有什么值得中国政府感谢的。基于这样的考虑，他认为崇厚在谈判时应站稳维护本国利益的立场。

关于界务问题，左宗棠主张按照同治三年（1864）明谊与俄国官员商定的办法，同意旧界有减无增，将旧界视为缓冲地带，对两国一视同仁。俄国或许有人在缓冲地带内造屋居住，一时难于迁走，可以暂且不管，只要规定缓冲地带今后禁止修造就行了。过去隶属中国而现已归附俄国的所有哈萨克部落，一并划明界址，不要造成混杂局面。喀什噶尔、英吉沙尔一带过去设立的卡伦已被阿古柏毁坏，他们在相距二百里内外的地方改设关卡。那里本是安集延的故地，这次我国用兵，追击敌寇，得到这块土地，因此将旧卡移到这里，虽在旧界之外，但与俄国无关，不属于谈判范围。他指出，这种谈判方案，对我国而言仍然有所损失，俄国从中得到了好处。

关于商务，左宗棠主张边界旧约不用再次谈判。他指出：布策从前在京师虽然提出过要在嘉峪关设领事，但总理衙门没有轻易答应，所以不能作为定论的依据。这次崇厚同意俄国在嘉峪关设领事，已经超过他们的期望。嘉峪关城的所在地极为偏狭，俄国在这里设领事，实在很不方便，可在肃州城内外找个地方居住，相距只有六十里，照料也很方便。左宗棠又指出，如果俄国商人从嘉峪关经过甘肃、陕西、河南、湖北而抵达汉口销货进货，对两国都没有好处，徒然增添麻烦，必须靠使臣遵照朝廷谕旨，坚持定见，讲清道理，坚决阻止。

关于赔款问题，左宗棠认为，俄国把土地归还我国，我国还要以重金酬谢，似乎不合道理。但他认为此事可以做一点让步，因为汉文帝对待北匈奴的大单于，除了颁发诏书以外，还送了缯帛，推古及今，似乎也说得过去。

左宗棠注意到，崇厚商议修改的章程第十五款，要求对于外国烟土开口子，准许在口岸销售，他严正地指出：这不符合甘肃的现行规定，如果批准这个条款，不但违反了甘肃的民意，也无法说服四川和云南的商贩，请朝廷将外国烟土一项从条约中删除。他进一步指出：甘肃省遵旨禁种罂粟是卓有成效的。外国烟土流毒日久，必须设法禁止，采取措施的步骤，必须从内地禁种罂粟开始。内地不产烟土，价格就会提高，价格一高，吸食者就会减少，禁令得以执行，才有气象更新的希望。

尽管左宗棠对于崇厚的谈判已有了十分合理并且很有可操作性的提议，却未能对崇厚产生有益的影响。这位谈判大臣从抵达俄国的第一天起就患了思乡病，俄国人很快就发现了这个对自己有利的情况。他们故意拖延谈判，直到崇厚在俄国再也待不下去，但愿尽早达成协议，回国复命。于是，崇厚在光绪五年（1879）七月对国人搞了个突然袭击，按照以前所议的条件，与俄国人画押签订条约。关于贸易条款，他不认为有什么大不了；关于俄国对特克斯河谷上部的领土要求，由于他对该地区的地理不甚了了，认为俄国的这个要求也算不上什么；他只把金钱看得很重，俄国提出同治十年（1871）以来驻军伊犁的花费为一千万卢布，要求中国支付，崇厚要求减半。俄国人在通商贸易和领土方面得到了满足，于是同意了崇厚的要求。于是，急于回家的崇厚擅自做主，在里瓦几亚签署了条约，不等皇帝批准，便匆匆回国。他的奏疏上达天听以后，朝廷对他轻率从事大为震怒，一时朝野震惊，舆论大哗。

左宗棠刚刚将有关中俄谈判的意见奏报朝廷，不料崇厚已擅自签约，而上谕跟着就到了肃州，责令左宗棠设法弥补崇厚所捅的娄子。左宗棠被崇厚的做法气得目瞪口呆，连声叹息，坐下来书写新的奏疏，希望用自己的智慧和努力，能为国家挽回一些损失。

左宗棠分析了俄国人近年来扩张领土的形势，指出他们趁我国中原内战的机会占据伊犁，借口代我国收复，并按照该国的办法，按灶收税，以充兵费，也应该知足了。而中国政府看重邦交，给予他们代我国收复的名义，并同意补偿卢布五百万。其实据光绪三年的英国报纸刊文，俄国愿意以二百五十万卢布的代价交还伊犁，而这次谈判补偿款，忽然增加到五百万卢布，可见他们有要挟敲诈之心。如果俄国此后蚕食不已，新疆全境将有日缩百里之势，而陕西、甘肃、直隶、山西的边防将因此而更加危急，那时候再慢慢筹划边防，恐怕就非常艰难了，因为大局已难以恢复了。

左宗棠指出，俄国人一再食言，不兑现归还伊犁的承诺，而且庇护藏匿叛逆，听任匪徒袭扰我国边境，已无信义可言。而崇厚签署的条款，把伊犁西、南两面的土地划给了俄国，从此伊犁被俄国环绕，官军接收伊犁后，陷入俄国人的包围，一天也住不安生，虽得必失，何以图存？在打不过对手的时候，会有人割地求和。现在一枪未发，就同意捐弃要地，满足对手的欲望，这就如同把骨头丢给一只狗，狗把骨头吃完了，还不过瘾。目前的弊病已经形成，以后的忧患没有尽头！

左宗棠进而指出，邦交之道，要论理，也要论势。这显然是弱国无外交观点的另一种表述。他说，两国以山川划定边界，不可逾越，彼此都讲信义，长久坚持，这是讲理；而两国争城争地，彼此分出强弱，那就取决于势，而不取决于理了。所谓势，是天时与人事的综合，并非有理就强大，无理就软弱。因此，现在没有更好的办法，只有在新疆加强军备，争取重开谈判，另订条约。

左宗棠深知自己是大臣中唯一不惜诉诸武力收复伊犁的强硬派，俄国人料不到中国会在他的倡议下做出强硬的姿态，否定崇厚签署的条约。他们错误地以为，俄国未尝在中国挑起战端，可以堵住中国主战派之口；又以为中国近来或许已经厌烦了战争，不打算马上与他们决裂，在边境与之作战，所以才敢于提出如此无理的要求。因此，只要中国强硬起来，出乎俄国人意料之外，事情还是有所可为的。

的确，在清末的官场中，举目四望，找不到左宗棠这样一位慨然以收复疆土为己任的军事家。唯有这个傲视列强而又头脑清醒的湖南人，敢于挑战俄国的欺诈，不惜站到第一线，与强邻进行军事的对抗。他不是只会弹劾崇厚的清流派，也不是只会抗议俄国的强硬派，他是一个外交和军事的行动派，是朝野上下不满里瓦几亚条约所有人众的依靠和希望。对于国人都欲杀之而后快的崇厚，他作为封疆大吏，在奏疏中只字未提应如何处置，但他以六十七岁的高龄，毅然请缨，要求在明年春天解冻以后，亲率驻肃州的亲军，增调骑兵和步兵各部，前往哈密驻节，在阿克苏与玛纳斯集结，以中国劲旅的存在，对俄国构成武力威慑。他建议，只要俄国有稍作让步的迹象，中国也可以退让几步；然而，如果俄国人不肯退让，拒绝满足中国的任何要求，那就只能用武力夺回伊犁，并承担由此而引起的后果。他的意思是，只要俄国先动手，恪靖军就将为国尽忠。

左宗棠的这份奏疏一写就是洋洋万言，每个字都是亲自动笔，呕心沥血，自觉心泉即将干枯。他咯血的毛病加重了，日常公务还得照常打理，还打算领兵西进，去与俄国的军队对峙，不愧为祖国的优秀儿子。

在维护国家主权的声浪中，李鸿章又发出了不同的声音。朝廷通知左宗棠：李鸿章认为，议定的条约各款，虽然我国损耗已多，但崇厚已经签约，如果朝廷不予批准，恐怕会开启衅端，只有竭力挽回，并在立法和用人两个方面认真筹划，稍资补救。慈禧希望左宗棠晒一晒对李鸿章此议的态度。

左宗棠认为李鸿章根本不值一驳，这种畏惧洋人的软弱态度，不但民众不会容许，多数朝廷大臣也会反对。他高兴地看到，就连已经倒向李鸿章阵营的沈葆桢，也提出俄国人要挟太甚，应将崇厚所议作罢。但是，左宗棠知道，李鸿章的意见对西太后有不小的影响力，慈禧内心的想法其实跟他自己是一致的，只是被李鸿章这个所谓的洋务专家唬住了，不敢不重视他的那套论调。他固然应该为慈禧撑腰，但与其自己驳斥李鸿章，不如用朝廷的权威和朝野的舆论来压一压这个软骨头大臣。考虑及此，他决定发动一次迂回进攻。他说，在崇厚回京复命时，朝廷不妨将他签署的条款下发军机大臣、总理衙门、六部九卿及将军督抚，供大家讨论，哪一款必须驳回，哪一款可以批准，大家各抒己见，逐条报告。几个月来，朝廷的密谕和总理衙门的奏疏，已经把不能同意这个条约的道理讲得十分透彻，足以令人心服口服，既然如此，应该公布的，索性予以公布。朝廷的谋划，是为天下大公，何必保密呢？公之于众了，新闻小说就无法混淆视听。

为了对付李鸿章的妥协论调，左宗棠要求政务公开，外交解密，他已从制衡政敌的角度，认识到了舆论的重要性。然后，他在给总理衙门的书信中，明确提出对崇厚所签条约的处理意见。他认为，崇厚虽然是全权大臣，但所订的条约必须得到御笔批准才能生效，所以我国并没有同意在先；既然是必须等待御批，也就不存在事后的反悔。在崇厚回国复命以后，朝廷将不能批准的各条降下明旨公布，使朝廷内外都知道圣意所在，伸张正气，人心自然振奋。他指出：以目前边事言之，论理，在我们一方；论势，我们也不落在下风。只要朝廷内外坚持主见，同心一致，遵照谕旨与对方周旋，先诉诸谈判，后诉诸武力，事情没有办不成的。如果俄国在大的原则问题上不肯让步，他就命令南路部队分别从阿克苏和乌什兼程急进，直取伊犁，同时索逮叛国者，集中关内兵力，堵塞他们的蹊径，令其就范。

左宗棠的意见给朝廷打了一针强心剂，中国政府拒绝接受该条约中的任何条款，只愿赔偿驻军费用。当年十一月初五日，清廷发布上谕，肯定左宗棠不惜以武力收复伊犁的方针，要求他对新疆南北两路边防军务预先部署。左宗棠雷厉风行，已在逐步调换驻防部队，令汉中镇总兵谭上连、宁夏镇总兵谭拔萃、巴里坤总兵席大成、记名提督戴宏胜，分别率领关内刚刚训练出来的各营，先开赴喀什噶尔，增加刘锦棠的兵力。

这时候，崇厚灰溜溜地返回北京，朝廷将他革职，交刑部议处。刑部建议判处死刑，秋后处决。朝廷将他签署的各款条约下发阁部九卿、翰詹科道讨论，主战的声音占了上风。左宗棠认为这种形势是几十年未见的盛况，兴奋地写道：

> 伊犁事，非先之议论，继以兵威，实难望有归宿。幸朝廷主之，亲贤辅之，天定人诚，得不为异议所惑，诚数十年未有之盛轨，臣工复疏，力持正论，天下事大有可为！

朝廷采纳王大臣的建议，改命驻英法大使曾纪泽赴俄国重新谈判条款。光绪六年（1880）正月初十日，朝廷向俄国递交国书，指出崇厚所议的条约多有违训越权之处，无法执行，决定再派大理寺少卿曾纪泽为出使俄国钦差大臣重新谈判订约。这个决定令左宗棠大为高兴，他认为曾国藩的长子出使俄国，中国在伊犁的问题上维护主权更加有望了。曾国藩生前要求曾纪泽师从左宗棠，这个年轻人与左宗棠心有灵犀一点通。左宗棠相信，他师徒二人一文一武，在收复伊犁这件大事上面，可以配合得十分默契。

曾纪泽是谈判代表，唱的是白脸，红脸的角色由左宗棠担当。慈禧仍然令他统筹新疆南北两路的战守，还给了一个期限：一个月内报告情况。

俄国在这年春季不断进行政治讹诈和军事威胁，伊犁处在严重的危机之中，战争有一触即发的可能。中国军民极为愤慨，北京城厢内外，街谈巷议，无不以一战为快。而国人的眼睛，都盯在六十八岁的左宗棠身上，希望他能为民意寻求最好的结果。

二月二十三日，左宗棠就曾纪泽赴俄重新谈判一事表态了。他在奏疏中支持朝廷的决定，将他的军事部署做了报告。他提出：谈判的结果，首先要有利于巩固领土的防御。如果俄国执意挑起衅端，他将集中新疆南北两路的全部兵力，慎重地应对这场战争。根据新疆的形势，他已经进行了三路布防：东路在精河一带加强戒备，扼住敌军逃窜的道路，由伊犁将军金顺主持；中路起于阿克苏冰岭之东，沿特克斯河直到伊犁，路程一千二百五十里，本是商货往来之道，由广东陆路提督张曜主持，兵力四千五百人，其中骑兵五百多人；西路取道乌什，从冰岭之西经布鲁特游牧地，经过大约七站，抵达伊犁，路程一千二百五十里。此路久经封禁，道光初那彦成德英阿说过，这是换防官兵往来的捷径，此路由通政使司通政使刘锦棠主持，兵力二十五营旗，总计八千多人，其中骑兵一千五百人。

三路兵力本不单薄，但左宗棠考虑到伊犁驻扎的俄军来去无常，其确切兵力无法侦知，三路兵力又攻又守，恐怕不敷使用，所以决定给各路增强兵力。他给三路兵力分派的任务是：

金顺所部只要坚扼要隘、阻遏逃窜就行了，不必深入作战；张曜所部直指伊犁大城，切断金顶寺的归路；刘锦棠所部可从乌什冰岭西路直指伊犁大城，切断俄国增援伊犁的来路；也可驻扎在喀什噶尔外卡，形成深入俄国境内的态势，令对手感到内患之忧，不得不随时防备，不敢再左冲右突。

左宗棠乐观地指出：出塞的部队运输粮饷素来艰难，但现在天山南北连岁都有收成，关内外的粮料和柴草都设了后勤局储备供给，部队将士踊跃争先，如以前出塞时一样士气饱满。天气和煦，渐渐接近内地，不像过去寒风凛冽，非常令人宽慰。

舁榇出关

大约在曾纪泽向俄国进发的同时，左宗棠履行他对朝廷的承诺，于光绪六年（1880）四月十八日率领亲军骑兵从肃州启行出关。左恪靖军大旗在队伍前面迎风招展，各家将字旗号和营旗随后飘扬。恪靖军展示了最新式的武器，如同一场盛大的阅兵式。

四百名精壮亲兵在前面开道，四百名护卫簇拥在后。左宗棠在八百铁骑护卫之中，骑乘一匹白马，神情凛然。他的身后，八个彪形大汉抬着一口南方特有的黑色棺材，是为他自己准备的，威风而悲壮。

时值初夏，天气已是热不可耐，官兵们一个个汗如雨下。他们怀抱着视死如归的心情，跟随六十八岁的老帅踏上新的征途。这支雄师当天赶到了嘉峪关，在这里夜宿。黄昏时落起了小雨，闷热渐渐消退。半夜听到雨声变大，左大帅披衣朝门外看去，只见雨水渗入土下五六寸，心情倏然开朗。他想：高原尝够了焦躁的苦涩，有了甘霖滋润禾黍，看来又有好收成了。他觉得好生奇怪，自从咸丰十年（1860）以来，他每次奉命出兵，就有甘雨随车，历历不爽。

四月二十五日，恪靖军大帅抵达安西。前面七天的路程，沿途见到的都是沙碛，人烟阒寂。他知道，这都是战乱的结果，百姓遭受劫掠，无法生存了。当地的龚知州来谒见时，左宗棠交给他两千两养廉银，叫他拿去购买羊种，发给部队和百姓，让他们搞一点畜牧业，希望流亡在外的百姓赶快回来，开荒种地，生活肯定会有希望。

左宗棠继续向西，于五月初二日抵达星星峡，五月初八日抵达哈密。大营驻扎在城西凤凰台，他立即派人告知南北两路各部：大帅已抵达哈密。他令各部加强戒备，将他带来的部队派往巴里坤、古城与安西设防，下令在科布多至古城之间增设台站。

左宗棠来到哈密时，俄国向伊犁阿来增兵，时常派游骑兵越境设置军营。左宗棠告诫各部不要轻举妄动，先发函质问俄国官员。公文发出后，俄国游骑兵撤回了原军营。但是，俄国仍然以武力相威胁，虽然在新疆有所顾忌，但扬言要派军舰封锁我国辽海，沿海不得不加以戒备。清廷认为海疆防务不足以抵挡俄国进攻，于五月十九日被迫接受英、法调停，暂免崇厚死罪，以求俄国接受谈判。

七月初二日，少詹事宝廷认为形势日益紧迫，朝廷一定要有寇准和李纲那样的大臣主持危局。他建议将左宗棠召回北京，以备顾问。四天后，清廷接受这个建议，令左宗棠来京陛见。

> 左宗棠现已行抵哈密，关外军务谅经布置周详。现在时事孔艰，正须老于兵事之大臣以备朝廷顾问。左宗棠着来京陛见，一面慎举贤员堪以督办关外一切事宜者，奏明请旨，俾资接替。

左宗棠接到这份上谕，立即致书刘锦棠，令他速来哈密，详细筹划各项要务，挑起新疆这副重担。他向朝廷推举刘锦棠督办新疆军务，请将哈密及镇迪道划归新疆管辖。陕甘总督一职，他想交由杨昌浚代理。

左宗棠即将离开他苦心经营十几年的大西北时，听到一个令他甚感欣慰的消息：他在兰州创办的中国第一家近代毛纺厂——甘肃织呢局，于八月十二日正式开工生产。

八月二十二日，清廷谕令刘锦棠代理钦差大臣，办理新疆军务。左宗棠非常高兴后继有人，又于十月初五日奏请朝廷任命另一位功臣张曜帮办新疆军务。第二天，刘锦棠从喀什噶尔抵达哈密，左宗棠与他连日商谈新疆应办的大事，将新疆的军务、饷事和采运工作分项开单移交，同时和他交接钦差大臣的关防。十月十二日，左宗棠离开哈密东行入关。

左宗棠虽然离开了新疆，但他导演的针对俄国的大戏仍在紧锣密鼓地演出。他成功地展示了武力和雄心，希望曾纪泽以外交手腕赢得圆满的大结局。此时曾纪泽正在俄国首都圣彼得堡。他从当年六月份抵达此处之后，就与俄国人开始了长达十个月的会谈辩论，其中有记录可查的会谈就多达五十一次，反复争辩的文章多达几十万字。

为了继续支持曾纪泽的交涉，左宗棠虽然离开新疆了，但在他的安排下，对俄国的备战态势并未随他离开。刘锦棠继任他的职务就是一个信号：新疆的大帅仍然是一个强硬派。靠着这个人事安排，驻疆部队维持了对沙俄的压力。

清廷把左宗棠调离前线，本意是不想把俄国人逼急了，但效果适得其反。左宗棠离开哈密，俄国人反而更加紧张。这次人事调动给俄国人造成了一个错觉，他们认为清廷召左钦差进京，是为了商议对俄开战。俄国人有些心慌了。诚如左宗棠所料，沙俄刚刚结束俄土战争，大伤元气，其实是外强中干。他们硬充面子，让自己的谈判代表放风说："只有痛打他们一顿，才能使他们老实下来。"私下里却不得不承认，真要打仗，他们国家的财力的确承担不起。随着左宗棠突然离开新疆，沙俄谈判代表在谈判桌上的态度居然有所收敛。

俄国人当然不会轻言放弃，继续向中国东北边境施加高压。他们已在珲春筑城，军舰也开到了新开河，而乌里雅苏台也报告俄军逼近边界。左宗棠见俄国人示形于东北，令王诗正率领亲军二千人，刘璈、王德榜各率所部五百人先行入关，取道镇番，奔赴归化城，然后赶至张家口扎营。左宗棠虽然怀疑朝廷将他调离新疆有可能是动摇了以武力收复伊犁的信心，但他仍然做好打仗的准备。十月十八日，他给刘锦棠写信：

> 俄事非决战不可。连日通盘筹划，无论胜负云何，非将其侵占康熙朝地段收回不可。

十一月初一日，左宗棠抵达肃州旧垒。二十天后，他抵达兰州，与杨昌浚紧急会商，检点案卷，移交公务。清廷下诏，令杨昌浚护理陕甘总督。十二月初四日，左宗棠离开兰州赴京。所过之处，士民夹道挽留，街头巷尾议论纷纷：怎样才能把左公留下？白头老叟，学龄儿童，女流之辈，都有天将塌下来的感觉。他们顶香跪送，几十里绵延不绝。左宗棠频频下车，连连劝慰，请大家起身返回。

十二月下旬的第一天，左宗棠抵达西安。只歇三天，继续前行。一行人换雇车驮，从当年左宗棠进入陕西的潼关渡过黄河，进入山西北上。这时候，朝廷起用了另一位湖南的老将，将曾纪泽五十六岁的叔叔曾国荃从陕西巡抚的位置上调去督办京东军务，令他率部驻扎山海关，防备沙俄侵略。

俄国代理外交大臣吉尔斯感到了左宗棠的锋芒，很明显沉不住气了，对曾纪泽说道："我国皇帝听说贵国左相奉召入京，责成我等务须及早定议，免生枝节。"

在这种背景之下，中俄谈判进行得颇为顺利。光绪七年（1881）正月二十六日，曾纪泽与俄国订立《中俄伊犁条约》，规定俄国归还伊犁全境，在嘉峪关、吐鲁番设立领事。与崇厚所签的条约相比，曾纪泽谈成的这个条约，为中国争回了许多利益。领土方面，虽然伊犁西境霍尔果斯河以西地区和北面的斋桑湖以东地区仍为沙俄强行割去，但中国收回了乌宗岛山及伊犁南境特克斯河一带的领土；商务方面，取消了俄国人可到天津、汉口与西安等地进行经济活动等条款，废除了俄国人在松花江行船和贸易、侵犯中国内河主权等规定。在中国收复的领土上，各族人民免遭殖民统治，重回祖国怀抱。

左宗棠得知协议达成，松了一口气，但他对这个结果并不满意。

> 伊犁仅得一块荒土，各逆相庇以安，不料和议如此结局，言之痛心。

在慈禧看来，这已经是一个很大的胜利了。清廷下诏，命令金顺率部接收伊犁，按图划界，由参赞大臣升泰和锡纶协助。

第二十一章

从辅政到南洋

入赞纶扉

在曾纪泽签署中俄伊犁条约的同一天，左宗棠从崇文门进入北京。从他还在京城门外的时候起，他就感觉到自己进入了一个乌烟瘴气的世界，这个世界很不适合他那率直的脾性。他在城门口遇见了一件事，说明腐败已经吞噬了整个京城和朝廷。门吏向他宣布了一个惯例：所有任期结束奉召进京的高官，都要在城门口交纳一笔银子。那些刚从油水特厚的位置上退下来的官员，有时要交纳十万两之多。门吏向左宗棠索要的银子不算很多，只是四万两而已，但在左宗棠看来这是巨大的贿赂。他拒绝交银，声称自己是奉诏进京，如果进京面圣都要交钱，那就应该由朝廷买单。由于他的名气太大，也由于他脾气有些吓人，他破了官场一例，未掏腰包就进了城门。这件事很快就成为京城茶楼酒肆里的一个传奇故事。

进京之后，左宗棠立刻遇见了更大的腐败。进京第二天，即光绪七年（1881）正月二十七日，两宫皇太后两次展觐召对。第一次召对，西太后身体不适，由东太后主持。不知是由于长途疲劳所致，还是因为突然进入一个陌生的环境，或者是由于慈安态度和蔼可亲，抑或是由于各种因素的综合作用，左宗棠生平第一次失去了镇定。他哭了。

慈安皇太后是一个具有罕见魅力的女人，生就一副软心肠。谈起左大臣二十年的忧心操劳，眼泪都流下来了。也许，正是她对左宗棠及其历经的千辛万苦表现出深切的关怀，致使这个中国最坚强的男人的自我防线彻底崩溃。这个男人一生中遭到不断的反对和非议，已被锻造得如钢铁一般坚强，但是此情此景，得到如此的同情，他再也撑持不住了。

东太后看到了他的泪水，柔声问他："左卿为何如此？"

左宗棠奏答："眼睛本来不好，一路上被风沙刺激。"

东太后又问："左卿如何保护双眼？"

奏答："平时都戴墨镜。"

东太后说："此时何不戴上？"

奏答："为臣之道，不容如此。"

但是，东太后执意叫左宗棠戴上墨镜。左宗棠从口袋里掏出眼镜，抖抖索索，眼镜掉到地上摔破了。东太后心疼这位大功臣，叫太监取来咸丰皇帝用过的墨镜交给他。

咸丰给予左宗棠的恩遇，使他和这家人之间始终有一根诚挚的纽带牵扯着。为了这个恩遇，他真是愿意肝脑涂地，而咸丰的两位遗孀也是始终对他信任有加。

左宗棠戴着皇帝的眼镜走出召对的宫殿，这件礼物立刻给他带来了麻烦。两次召对之后，左宗棠被任命为军机大臣，掌管兵部，在总理衙门行走。按照惯例，升任高级京官的任命书由太监宣读，而接受任命者应该给太监一个大红包。当左宗棠听宣任命时，他给了太监一百两银子。太监的表情非常惊讶，左宗棠以为是自己的慷慨把太监吓着了，哪知太监接着打听咸丰的那副眼镜。左宗棠根本没听出他的言外之意，说了些无关紧要的闲话，就此作罢。

几天后，曾国藩的儿子曾纪鸿悄悄地告诉左宗棠，说咸丰眼镜的问题已经成为宫中的话题。小曾跟左宗棠关系不错，提醒这位长者最好满足太监的要求。左宗棠对此事不大在意，只是随口一问：太监打算要多少？小曾说，太监们认为皇帝的眼镜是非同小可的礼品，值得十万两银子，不过他们只要一万两就会满足了。这个提议令左宗棠觉得太荒唐，他不愿认真考虑，而是一笑了之。

过了一段时间，左宗棠再也没有听说此事。有一天，他跟小曾聊天，说："你说的墨镜那件事，完全是凭空猜想，我没给银子，也没人找我的麻烦。太监是能敲则敲，你不理他们，他们也无可奈何。"

小曾说："噢，忘了告诉您，恭亲王担心那些太监捣鬼，为了避免尴尬，花八千两银子摆平了此事。"

墨镜的故事很明显是一则野史，但典型地反映了紫禁城内的生存环境，以及太监群体对北京官场的挟制。左宗棠很快就明白了他不适合做京官，他和宫廷阿谀者是势不两立的人。而接下来的一件事情，决定了左宗棠不可能久留于京城，尤其是不能留任朝廷机枢。

慈安皇太后在召见左宗棠之后，没过几天就去世了。她的谢世是一个非常意外的事件，舆论认为她是死于伙伴西太后慈禧之手。在慈安去世之前，大家都知道慈禧患了重病，有人议论她会一病不起。因此，当宫内宣布皇太后驾崩时，京城中人都以为死的是慈禧。随后，大家得知死者竟是慈安，无不感到诧异。左宗棠的反应跟大家一样。他在慈安死后的当晚进宫，听到东太后去世的消息时，随性地嚷道："我今天还见到东太后上朝，说话和平时一样清朗，此事定有名堂！"

他怒气冲冲地在宫苑里来回走动，顿足叹息，无所顾忌地发表意见，恭亲王费了很大力气才让他安静下来。早有太监将他说的话报告了慈禧，倘若东太后之死与慈禧真有干系，那么慈禧对左宗棠就会因此事心存芥蒂了。慈安与慈禧联手执政的二十年中，朝廷在汉人将帅的帮助下，先后镇压了太平天国和捻军，又镇压了云南和西北的回民运动，最终收复新疆，还从俄国人手中收回了伊犁。一切迹象表明，汉人臣子有能力将满人的王朝从巨大的困难中救拔出来，因此两宫皇太后将越来越多的汉人提上高位。但是，慈安去世后，慈禧过河拆桥，满人在军政高位上全面复辟，这可以看作慈安去世和恭亲王失势的结果。

关于清廷为何要将左宗棠迁调进京，让他担任枢臣，有几种不同的说法，但也可能是各种原因的合力所致。

第一种说法是，清廷将左宗棠调离新疆，是一个向俄国妥协的信号。当俄国调兵遣将对清廷进行武力恫吓时，李鸿章感到了恐慌。他向朝廷进言："中国一日以北京为建都之地，则一日不可与外国开衅，因都城距海口太近，洋兵易于长驱直入，无能阻挡，此为孤注险着。"其实这番话并非李鸿章的原创，而是照搬了受清廷之聘为中俄伊犁交涉调停的戈登的忠告。戈登在天津与李鸿章见面时说："如果你要作战，就当把北京的近郊焚毁，把政府档案和皇帝都从北京迁到中心地带去，并且准备作战五年。"清廷在李鸿章危言耸听之下，对以武力威慑俄国的方针发生了动摇，所以临阵易帅，将左宗棠调至北京，作为向俄国示好的一种姿态。

第二种说法是，清廷并不是为了向俄国示好而将左宗棠从新疆调走，而是因为北京官场"泄泄沓沓，未能匡弼"，确实需要他去主持大局。前面已经说到，将左宗棠从新疆调至京城的做法，客观上使俄国人感到了清廷的威胁而非妥协，因此，清廷将左宗棠调至中央，究竟用意何在，还是值得探讨的。就连左宗棠本人在接到调令之后，对清廷的用意也不是十分清楚，但他估计是主张妥协的要员对朝廷施加了影响，所以他在给张曜的信中说："俄事尚未定议，而先以兵船东行，为恐吓之计，谟谋诸公便觉无可置力。国是混淆，计抵京时，错将铸成矣，为之奈何？"但他似乎仍然对以战而收伊犁抱有希望。他在致函总理衙门时说："察看情形，实非决之战胜不可。究之言战本是一条鞭法，无和议夹杂其中，反觉愈有把握。"此外，如前所述，他在给刘锦棠的信中也提出非将俄国侵占的康熙朝地段收回不可。从左宗棠这种坚决的态度来看，将他调离新疆，似乎会使火药味淡化一些，但从清廷同意由刘锦棠接任新疆军务看来，伊犁之事仍然操之于主战派手中，又似乎调走左宗棠的用意不是因为主和派占了上风。而且，中外军政观察家都认为，即便左宗棠一直留在新疆，在没有得到中央政府首肯的情况下，他是绝不会贸然向伊犁发起军事攻击的。因此，我们有足够的理由相信，左宗棠去北京上任，的确是京城需要这么一位辅政大臣，而非慈禧太后要削去他的兵权，将他架空于朝堂之上。

第三种说法，称左宗棠入京最重要的原因，乃是因为清流派官员和民众的强烈呼唤。左宗棠收复新疆的壮举，早已轰动京城，在都察院与翰林院供职的多数士大夫们组成的清流派，特别看重左宗棠的人品与才干，他们积极提议让左宗棠入赞纶扆，得到一些王公大臣的支持，加上慈禧对左宗棠的一贯赏识，左宗棠便有了曾国藩与李鸿章所没有的机遇，得以出任枢相。时任翰林院教习庶吉士的清流派健将张之洞，在这件事情上起了很大的推动作用。他在崇厚出使俄国之际，就上疏建议这位使臣不要走海路，而应走陆路，途经新疆，其好处除了"身历其地，体察形势"之外，就是能够"与左宗棠定议而后行"。张之洞不仅看重左宗棠，而且和左宗棠一样，主张以武力收复伊犁。清流派不满以奕訢为首的军机大臣粥粥无能，而希望左宗棠进京辅政，带来新的气象。清流派御史邓承修评论道："观今之大臣志虑忠纯、畅晓戎机、善谋能断者，无如督臣左宗棠。"他又说，当今要务，莫过于给左宗棠"委以军国之大柄，使之内修政事，外揽兵权"，便可"拯今日之急，守宗庙社稷"。光绪皇帝之父醇亲王奕譞也认为左宗棠胜于李鸿章，提议让左宗棠入赞纶扆。这些因素，使慈禧太后决定召左宗棠进京。

前面说过，左宗棠进京的原因，也许上述三种说法都占了一头。分析这些原因，有助于了解左宗棠在京城的际遇。由上可见，朝廷是真心倚畀这位德高望重、功勋卓著的三朝老臣，而左宗棠也是很想助两宫皇太后一臂之力的。但是，朝廷的腐败昏庸和左宗棠的廉干质朴，两者之间很难趋于某种长久的平衡。虽然他所办之事，所提之议，得到清流派及民众的拥护，但他终难在朝廷中枢站稳脚跟。

就左宗棠而言，他品性刚直，既不善于阿谀奉承，曲意为官，又不愿陪着同事们去玩各种潜规则，更无借此机会飞黄腾达的奢望。他在觐见之前的想法，是"请开阁缺，终老邸寓""陈请闲散长居京师备顾问""免入军机被人牵鼻"；但是，在觐见之后，由于慈禧太后"盼待太殷"，所以他"不敢重拂优睐，腼颜就列，良非得已"。于是，他下定决心站好军机和外交之岗。当时的形势对他就任辅政也有很大的促进。进京不久，他就看到日本企图效法俄国，对中国多方勒索，于是他感到了一种责任，必须阻止清廷对日本提出的侵略权益一再退让。为了挽救民族的危机，为了改变军机处和总理衙门一贯软弱的面貌，他毅然决定走马上任。

在清流派官员方面，由于他们期盼时局能有转变，对左宗棠进入辅政班子寄予很大的希望，对于这位来自西北的功臣，"人皆以司马君实目之"，虽然这种比拟并不贴切，左宗棠的清廉刚正、秉持道义虽可与司马光比肩，其军功政绩却为后者所远不及，但因清流派崇奉那位北宋名臣，所以可见他们对左宗棠的评价之高。另外，清流派大臣、光绪帝师翁同龢对左宗棠印象颇佳，初次相见，就觉得这位大帅出身的枢臣具有"豪迈之气"，能够"俯视一切"。据翁同龢记载，左宗棠一扫总理衙门对外国公使毕恭毕敬的媚态，几次召见英国公使威妥玛时，会谈之间，颇有风骨，因而"壮中朝之气"。翁与左交谈，印象如下："其言以死生荣辱为不足较""余服其有经术气也"。

在清廷枢垣这方面，由于其腐朽不堪，容不下左宗棠的所作所为。其实根本不用左宗棠做什么，仅仅是他置身枢垣这一事实，就令他不由自主地陷入了官僚体制倾轧斗争的格局。人们认为，提拔左宗棠，是慈禧太后"暗倾恭邸""扬左抑李"的手腕，而奕訢和李鸿章本人恐怕正是如此看待左宗棠的腾达，因此对他不是暗中拆台，就是处处掣肘。晚清官场的运作方式是阳奉阴违，钩心斗角，而左宗棠以身作则，反对结党营私、推诿渎职，坦诚地接受批评，广开言路，"苟有所见不敢不言，言之亦不敢不尽"，因此二者之间发生了剧烈的冲突，循规蹈矩者感到了恐慌，左宗棠则感到僵死的钳制，几乎无望于以一己之力去推行朝廷中枢的改革。左宗棠虽想"重新鼓铸"，无奈"成例俱在，丝毫难于展布"，他想有所建树，都为同僚们所阻，只能半途而废。军机大臣宝鋆竟然辱骂左宗棠为"一团茅草"，致使翁同龢感到"正人在位之难"。李鸿章见左宗棠位居自己之上，加上湘淮之间的历史渊源，对左宗棠表面上满脸堆笑，极尽其玩弄人事关系之能事，背地里却说左宗棠入京赞襄"未必有益"，还说他"于枢廷政务、各省情形不甚了澈"，而他的施政纲要则"近老生常谈"，与时势相格，无法推行。

由于清流派的期望和支持，由于时势的艰难，左宗棠在北京任职八个多月，但京城官场的阴暗使他没有容身之地，使他为官施政步履维艰，可以想象，六十九岁的左宗棠在京城的那些日子过得非常窝囊，甚至颇为狼狈。但是，在如此的环境之下，他仍然没有辜负拥护者的期望，做出了一些成绩，令清流派官员们感到了一定程度的舒畅。

枢垣施政

依据翁同龢的记载，左宗棠与之交谈，其施政主题为"河道必当修，洋药必当断，洋务必当振作"，而兴修水利、禁烟和推行洋务这三项，正是左宗棠在京城有限的时间内推行的三大要务。

在为官以前作为"湘上农人"亦耕亦读并曾不断钻研农业技术的左宗棠，非常懂得水利是农业的命脉，而修治河道是他一贯的主张。他在陕甘总督和钦差督办新疆军务的任上，命令部队从事了许多水利建设，河道修治也是一个重要的项目。他从哈密赴京，途经山西和直隶，目睹永定河失修所带来的严重危害，认为京畿一带十多年来因自然灾害而导致粮食缺乏，人民流徙无常、生计萧索的现象，必须设法改变。因此，他在出任辅政之后，就提出"河道必当修"，倡议治理京畿水利。永定河的治理属于直隶总督李鸿章的分内事，左宗棠在他的辖区内征用民工动工，需要跟他商量，但后者只是随意敷衍一下，并不实力支持。

李鸿章的消极没有难倒左宗棠。他在新疆有过太多调军队从事基础建设的经验，由于中俄和局已定，恪靖军不再处于备战状态，他将驻守张家口等处的王德榜、刘璈、王诗正所部调至涿州一带修治永定河。为了督促和检查工程进展，左宗棠于当年五月十二日亲临涿州工地。七天后，又从涿州出发，走陆路勘察金门闸坝，然后循序视察永定河南岸河堤，察看水利工程。随后抵达天津，会晤李鸿章，与他议定，从南六工尾到南八工上泛，再向北开新河一道，抵达凤河，调淮军和楚军分段施工。他认为，下游固然必须疏浚，上游汹涌的浊流更要治理。于是，他派王诗正率一千四百人赴下游施工，而派王德榜从芦沟西北探源而入，勘察重要地段，采石修砌盘礤，使上游形成阶梯，水流变得平缓。

左宗棠告别李鸿章后，乘船溯流而上，从赵北口返回涿州。接着，他去视察了永济桥工地,看到下游的挑淤工程已推进到永乐村。他亲眼看到部队开挖桥南小减河,在北面修筑斜堤阻挡水流,使之从桥下流出,迅疾的水流向东奔去。六月初八日,左宗棠取道石景山回京。

由于在暑热中连日劳累,这位老人回京后不久便中暑了,牵动旧病全部复发,手脚痉挛,肌肉疼痛,头晕耳聋,无法办公。他向朝廷呈递请假条,请求赏假十天,以便调理。可是,十天后病情加剧,两足浮肿,左手抽筋,胸膈下出现肿块,越来越硬,加之两耳重听,只得续请病假二十天。这时永济桥浚河筑堤工程已经完成,左宗棠放下一桩心事。历时四个多月的紧张施工,基本完成了永定河疏通和加固堤坝等工程。十余年来在李鸿章眼皮底下没有修治成功并被认为无法修治的永定河,有了较大的改观,醇亲王奕譞派人去参观,"叹为创见"。

此时,左宗棠觉得自己再也支撑不下去了,请求辞去大学士的职务,停办各项公务。慈禧还是舍不得放他离去,下诏勉慰,给他一个月假期调理,不批准他的辞呈。八月十三日,一个月病假到期了,但病根仍未剔除,医药施治未能奏效,左宗棠再次请求开缺,撤销各项任务,在北京做个闲人,必要时充当顾问。慈禧也很固执,不许辞职,再给他两个月假期。

在京期间,左宗棠推行的另一项政务便是禁烟,其手段是"洋药必当断"。禁烟是林则徐的遗志,是左宗棠一辈子没有忘怀的大业。他离开大西北时,身后留下了许多令人缅怀的业绩,而禁烟是其最显著的成果之一。在他奉诏进京的那一年,甘肃的烟苗已经拔得一根不剩,妖冶的罂粟花不见了,遍地都是粮食作物。陕西的形势也很喜人,只有深山僻壤还能见到罂粟的踪迹。新疆地区南路禁烟传捷报,北路也在努力之中。西北三省烟源大大减少,比起禁烟之初,烟价上涨了许多,百姓买不起烟膏,不想戒也得戒掉。

禁烟运动给西部带来了繁荣。农业生产欣欣向荣,社会环境明显改善。光绪五年(1879),一个德国人和一个奥地利人,从上海出发西行,走了八个月,抵达新疆哈密,会见左宗棠。他们途经陕甘,亲眼看到城乡物阜民康,百姓各安其业,庄稼长势很好。昔日栽种罂粟的地方,现在都成了稻谷生产基地,粮价便宜,杂粮跌价更厉害。大西北的粮食储备增加了,社会风气经受了洗礼,人们的心灵得到了净化,连天空似乎也变得更蓝了。外国的旅行者感到了左宗棠的魅力,他们感叹道:如果中国各省的高官都像左大人这样尽心尽力,雷厉风行,中国人革除吸食鸦片的陋习还有何难!

左宗棠离开西北时,已经很好地完成了林则徐禁烟的遗愿,而他在入京之后,立刻着手开展全国范围的禁烟。他急于扭转颓靡的社会风气，认为禁食鸦片是关键所在。他要把大西北的禁毒推广到全国。然而，吸毒之弊积重难返，他认为，关键在于迅速堵塞毒品的源流，因为各海口每年进口的鸦片已从原来的三万多箱增至七万多箱，而以前每百斤售银七百多两，现在已经降价为五百多两，价格下跌导致销路通畅，吸食的人越来越多。

针对这种状况，左宗棠经反复思考，想出一条极佳的对策：增加洋烟和土烟的税捐。税收一加，价格就会上涨，价格一涨，瘾轻的人不得不戒，瘾重的人不得不减少吸用量，可望逐步断瘾。

海关总口对洋烟所征的进口税，为每百斤征收三十两银子。同治七年（1868）与各国修订条约时，中国政府与英国公使阿礼国议定，洋烟缴纳的进口税，要在原有基础上每百斤增加二十两，但英国商会百方阻挠，此议没有执行。左宗棠决定办好洋烟加税之事，几次与英国公使威妥玛谈判，义正词严，终于取得成果。

在鸦片加税一事上，左宗棠着意振作中国的外交精神，即他所说的"洋务必当振作"，以改变总理衙门成立二十年来在对外交涉与联系中遇事屈从、过于卑怯的外交格局。他以"权自我操"为谈判基点，召见威妥玛，使威妥玛无法刁难。但是，威妥玛舍不得多付税款，在谈判中狡诈多变，跟左宗棠讲的是一套，跟李鸿章讲的又是另一套。左宗棠认为，如果同意威妥玛的办法，便违背了自己以加税达到禁烟目的之本谋，于是驳回了威妥玛的狡辩。左宗棠此举，人称"奇横有趣"，"可令彼族夺气"。慈禧太后对他的评价则更为中肯："尔向来办事认真，外国怕尔之声威。"论者认为，这是对左宗棠一贯勇于维护民族尊严的爱国行为的最高褒奖。

在与威妥玛交涉的同时，左宗棠于当年五月初五日奏请严禁吸食鸦片，第一步的具体措施，就是增加洋烟和土烟的税捐，按照实数征收，除总口收税为每百斤三十两外，还要征收销售税，每百斤洋烟合计征收实银一百五十两。对内地私种罂粟制造的土烟，应比照洋烟的税则加收捐税，以示惩罚。左宗棠指出：加税不是为了国家敛财，只是为了禁止不良的风气，所以不得不从重处罚。

左宗棠于五月初六日觐见，当面向最高决策者力陈这个方案的好处。朝廷将他的提议下发讨论。左宗棠担心被洋人钻了空子，再次要求政务公开。他指出：总理衙门的公文一向保密，可是天下事应当让天下人都知道。对国人保密，外国人却想方设法刺探去了，主动向我们挑起论端。不如将文件解密，公之于众。洋烟加税一事，大臣的奏疏和朝廷的谕旨，不妨一并公布，犹如釜底抽薪，外国人还有什么机会闹事呢？左宗棠再次挑战祖制成例，总理衙门的主办官员一听说要公开政务，立刻以不合惯例加以拒绝。左宗棠说：不合惯例也要公开，就由我这里开个先例吧。事情正如左宗棠所料，文件公布以后，威妥玛见事情已经宣露，果然不再发表异议。八月二十七日，左宗棠身在病中，再次提出烟土加征税收的方案，主张综合考核，制订统一的规章制度：洋烟每百斤征税一百五十两，土烟每百斤征银五十两。

可惜的是，中国只有一个左宗棠。全国十八个行省和十多个特别军政管辖区，多数督抚大员不敢涉足禁毒，唯独左宗棠敢于大刀阔斧禁毒扫毒，堪令全国官员汗颜。左宗棠的禁烟实践为20世纪初叶全国性的禁烟运动提供了宝贵的经验，也为清政府在行将灭亡的最后年头即宣统三年（1911）和英国最终订立《禁烟条约》奠定了一个良好的基础。

南洋大臣

左宗棠入主中枢八个多月，如果他置身宦海，随波逐流，也许他会终老于京城，以勋臣望爵的身份安享晚年。但他不愿违逆素志，如此庸碌无为地走过生命中最后的一段历程，于是他要尽力改变中国委顿不振的外交格局，要澄清京城的吏治，要认真地改善民生，于是他遭到官场积习的极力排斥，而他自己也觉得在京城很难施展拳脚，颇有去意。这样一来，左宗棠离京已成定局。但是，慈禧仍然舍不得让这位勋臣赋闲，对他还有重寄，决定将他补授两江总督，兼任办理南洋通商事务大臣。她给左宗棠的两江总督之职，辖江苏、安徽、江西三省，而南洋大臣则从同治十二年（1873）起例由两江总督兼任，要负责对外关系，代表朝廷主管南方的对外通商事务并兼及海防。与之对等的职务只有一个，就是直隶总督兼任北洋大臣。江督兼南洋大臣和直督兼北洋大臣一南一北，分别是晚清南方与北方最有权势的封疆大吏。左宗棠出任江督兼南洋大臣，与直督北洋大臣李鸿章势均力敌。

由此可见，慈禧给予左宗棠外臣担任的最重要的职务，让这位老当益壮的英雄可有用武之地。这在左宗棠正是求之不得的好事，去金陵坐镇，大刀阔斧地实施军政方略，较之在枢垣处处受人掣肘更有利于发挥他的作用。九月初六日，清廷颁发上谕，给左宗棠下达了正式的任命。而左宗棠由于心情好转，健康状况有所恢复。任命下达一个月后，他便向朝廷报告：病情逐渐好转，可以提前销假，去金陵赴两江总督之任。

履任之前，太后与皇帝例行召见，他高兴地说："朝廷如此厚爱体恤，出乎微臣意料之外。"慈禧说道："两江的公务，比军机事务还要繁重几倍，但尔向来办事认真，外国怕尔声威，派尔去办事，可以省去很多麻烦啊，故要劳烦尔前去。尔可多用一些人才，分担尔之劳累。"君臣愉快地交谈了一个多时辰，左宗棠才陛辞出宫。

似乎是为了印证左宗棠再膺疆寄是一件喜庆之事，左宗棠接到任命后，其寓所的一所阁楼里出现了奇迹。左宗棠此次进京，先住湖南善化会馆，然后搬进东华门附近雍正朝怡贤亲王的故居，这个地方名叫"贤良寺"。如今这个地方居然产出了七枝灵芝，左宗棠认为这是祥瑞之兆，将此楼阁命名为"玉枝阁"，领客人参观。阁楼左右各有两道外檐，斗楼上左边三枝，右边两枝，房内还有两枝。这些灵芝颜色洁白，在日光照射下，显出细腻的花纹，宾客们都说这是前所未见的奇观。

趁着如此大好的兆头，左宗棠兴致勃勃，于十月十八日陛辞出都，离京南下。他想家了，想回去看看已经逝去和仍然在世的家人。他请假两月，取道直隶、河南、湖北，渡过洞庭湖，回到湖南省墓。途中行走一个多月，左宗棠抵达阔别已久的长沙，盘桓七天，接待宾客，接着回归湘阴故里，为故世的亲人扫墓。他于十二月初八日启程，到武汉乘船东下，检阅长江水师，遵旨查办湖北省的积弊。

光绪七年（1881）十二月二十二日，左宗棠抵达金陵。只休息了一天，便接印办公。

清廷命左宗棠总督两江，有安慰与借重的双重意义。安慰，是针对他在京城怄气，而借重，则是迫于法国武力进逼，有意于让不怕列强而为列强所惧的左宗棠去应对危局。慈禧对左宗棠的这个任命是颇有眼光的，因为左宗棠一到金陵，便得到法国军队进攻越南北圻的消息。

法国攻占越南，意在侵略中国。在中国的太平天国战争期间，英法两国为了争夺殖民地，发生了"七年战争"，其结果是，法国失去了在印度的大部分殖民地，以及将近全部的北美辖地。于是，法国将其在东方殖民掠夺的重点从印度转向越南，对越南进行侵略战争，很快就侵占了整个越南南部。接着，通过两签《西贡条约》，法国声称越南已置于它的保护之下，严重威胁到中国的西南边疆。光绪六年（1880）以后，新任法国总理茹尔·费理紧锣密鼓地向越南增兵。

光绪七年（1881）入秋以后，法国增加了驻越南海军的经费，下议院批准筹借二百五十万法郎，经营东京海湾舰队，筹划夺取东京（河内）。光绪八年（1882），法军攻占河内，企图打开红河通道，直窥云南。所以，左宗棠一上任，便把"防边固圉"作为重要的任务加紧布置落实，与时任云贵总督的楚勇宿将刘长佑遥相呼应。

光绪八年（1882）正月二十五日，左宗棠接印视事仅一个多月，就在省城举行阅兵式，查阅江苏营伍情况。他要求水陆各营加紧训练，化弱为强。他发现许多官兵已经超过五十岁，还有六十多岁的仍在吃军粮，便下令一律裁汰，募取精壮兵丁填补缺额，既可以避免浪费军饷，又能提高军队的战斗力。此次阅兵和防务视察，历时三个多月，左宗棠周历扬州、清江埔、镇江、常州、福山、苏州、上海等地，不仅检阅了江南陆军与内江水师，还检阅了吴淞口的军舰。在上海，他带领武装人员通过租界，果然如慈禧所说，西洋人对他十分恭谨。他们的军官执鞭为左宗棠开道，租界换升中国龙旗，鸣放礼炮十三响。围观者人山人海，惊奇地说："从未见过西洋人对中国官员如此恭敬。"

此次阅兵，有一段佳闻。左宗棠爱吃扬州的鸡汤面，他年轻时进京会试不第回家路过扬州时，吃过一碗鸡汤面，叹为天下美食绝味。偶尔与别人谈及，"津津焉若有余味"。官居高位以后，命厨子杀鸡仿制，总觉得不如扬州的原味。这次他到瓜州阅兵，犒赏西来将士每人两碗鸡汤面，而不要当地官府接待供餐。他对将士们说："古来名将恒与士卒同甘苦，今诸君皆历年相随，备尝艰苦者，则口有所甘，安敢不与诸君共之乎。"部众无不悦服。一时风声所播，扬州的鸡汤面出了大名，从此脍炙人口，利润增加了三倍。

左宗棠已在新疆巩固了塞防，此时以加强海防为己任，预防列强对东南沿海的攻击。他在校阅江南军队之后，认为海防仍有破绽。彭玉麟曾提议制造十艘小轮船在海口设防，左宗棠将其提议发展了一步，决定把东南海防连成一片。他认为，在沿海遭到侵略时，两江应该兼顾南洋。为此，他建议添造大兵船十艘。他从福州船政局定造了两艘快船，从德国购进两艘巡洋舰，加强了南洋水师的力量。

左宗棠认为，加强军队建设和装备，只是国防的一个方面，按照"民为邦本，本固邦宁"的古训，保民也是加强国防的重要内容。他的这种思想在大西北贯彻，取得了很好的成果。他在那里通过扶持民生，改善了国防供给，稳定了社会环境。他早已意识到，为了进行反侵略战争，必须在国内创造一个民有所食、民有所养的社会环境。因此，他来到两江任上，便把兴修水利、发展农业生产视为加强海防的重要手段。他在阅兵和视察海防的同时，就开始狠抓水利建设。他以加强海防为目的，以"治水行盐为功课"，他指出："盖必治水而后可以保民，能保江淮以北之民不为岛人所驱使，而后两江之兵不可胜用。岛人之势日孤，官军之气日壮。"

左宗棠认为，江南泽国，水利关系国计民生，占据首屈一指的地位，于是他下令治理运河与淮河，加固淮北盐城沿海一带的滨海大堤。他率领有关官员巡视岸堤，考虑到工程费用太高，决定一方面集资修建，一方面动用部队施工，投入了楚淮军三十营以上的兵力。为了给海防提供足够的资金，他要狠抓财政收入。他指出，两江辖地的政务以理财最为重要，而理财的关键，包括治水和盐政两件大事。他着手整顿淮盐，很快就取得初步成效。

光绪八年（1882）夏季，左宗棠与何璟、张树声、卫荣光等人筹议海防，又一次检阅长江水师，恰值前楚军水师大帅彭玉麟抵达金陵，左宗棠邀他到总督衙门面议。他们在增置大兵船的问题上达成了共识，其所需二百三十万银两，计划通过增加淮盐税收来筹款。

鉴于伊犁危机已经过去，朝廷讨论裁兵节饷。此时左宗棠兼筹东西部防务，不同意马上裁减大西北的驻防军。九月初七日，他第五次上疏奏请新疆建省。他声称自己虽已调任江南，可是身居长江之滨，仍然心系西陲。他指出：新疆设立行省刻不容缓，否则民众刚刚有心安居乐业，却又陷入混乱之中，万一强邻窥伺，暗中煽动，后患无穷，前功尽弃，实在可惜。

左宗棠分析，新疆地段遥远，靠近俄国，早日定下建省大计，会有五大好处。其一，治理我们固有的领土，边疆井然有序，异类无从觊觎；其二，外交事件，差以毫厘，谬以千里，若有督抚驻扎新疆，则凡事可以防患于未然，杜绝祸根；其三，驻防部队没有撤销，将士用命，既可为封疆大臣撑腰，也便于从中挑选久经战阵者组建编制军队，交错布置，鼓舞士气，以壮军威；其四，回民刚出水火，应当立即安插，为之提供服务，同时兴办教育，便可气象一新；其五，战争结束以后，必须有官员办理善后，督抚眼见耳闻，十分亲切，赏罚分明，乐于劝人上进，人人都会努力。

恰在这时，刘锦棠提出了新疆建省的具体方案，奏请设置南路州县。朝廷接到左宗棠的奏疏以后，最终下了在新疆建省的决心。

左宗棠到金陵履任之后，只用了十个月时间，就把两江的军政事务料理得井井有条。但是，由于操劳过度，在光绪八年（1882）十月初，他旧病加重，手脚发软，耳鸣目眩，行动艰难，心神昏沉，记忆力减退。医生说他脉搏滞涩，有时停搏。他在阅读公文后，脑子里竟然是茫然一片，内容再也想不起。于是他本着对国家负责的态度，再次向朝廷递上了辞呈。他把最重要的工作向朝廷做了交代，也把就任两江总督以来的成绩做了一个简略的总结。

他说，他在两江任内，"唯农田水利一事，躬亲相度"，"凡修堤坝、开沟洫，去淤垫"，无不认真部署，在水利上取得了一定的成绩。同时，他谈到了自己治水的目的，是为了加强海防：

> 江南要政，以水利、海防为急。……我朝治吴有声绩者，推陈鹏年、陶澍、林则徐，皆名显当时，功垂后世。诚以民为邦本，食为民天。水利兴，尔后旱潦有备，民得所养。民得所养，而后礼义廉耻由此兴，尊亲乐利之心由此笃。民心定，民力纾，官司有所恃为固，更得精兵利器辅之，自可销奸慝之萌，折骄寇之焰。由是言之，水利固关系国计民生，亦实海防根本。

虽然左宗棠的辞呈写得言辞恳切，慈禧并不怀疑这位老臣确实是有些力不从心，但她仍然不肯放走这位股肱之臣，朝廷再次驳回了左宗棠的辞呈。十月十三日，内阁接奉上谕：

> 左宗棠着赏假三个月，安心调理，毋庸开缺。钦此

左宗棠知道自己来日无多，拼尽最后的一点力量，支持本国自办工矿。他委派有志于西学的聂缉椝担任江南制造总局的会办，加强领导力量；批准胡恩燮招商集资，开办徐州利国驿煤铁矿，决定减少本国煤产品的税收，鼓励民族矿业成长壮大。同时，他想方设法阻止外国企业在本土设立。有个名叫王克明的人，为美国商人在上海筹设纺织厂，左宗棠令上海道邵友濂翻出王克明的陈年积案，将他缉拿讯办，有效地将外国在华设立纺织厂一事推迟十年。

左宗棠奉旨"安心调理"，但他所谓的休养，只是不用每天上班而已，但他并未停止工作。冬季将尽，他的病势稍有好转，于光绪九年（1883）正月十六日如期销假。

左宗棠忙于两江建设的时候，得到朝廷通报：法国军队在三月份攻破了越南的南定，朝廷令李鸿章迅速赶赴广东，"督办越南事宜"。李鸿章接到谕旨后，对

朝廷的任命极为不满，大发牢骚，认为朝廷辱没了他的才干。他说："若以鄙人素尚知兵，则白头戍边，未免以珠弹雀。枢府调度如此轻率，殊为寒心。"他还没有忘记再次表明其不愿与欧洲强国开战的态度，声称"各省海防兵单饷匮，水师又未练成，未可与欧洲强国轻言战事"。显然，李鸿章不愿离开直隶总督之位，也不敢奔赴抗法前线。

左宗棠的表现与李鸿章截然不同。此年二三月间，兵部尚书彭玉麟奉朝廷之命再度巡阅长江水师，左宗棠因身体已有好转，会同前往，在吴淞口布置海防。两位大帅接见水师将校时，左宗棠发表讲话说："能破彼船坚炮利诡谋，老命固无足惜。或者四十余年之恶气藉此一吐，自此凶威顿挫，不敢动辄挟制要求，乃所愿也。"

彭玉麟接着说道："如此断送老命，亦可值得。"

将士们纷纷表示："我辈忝居一二品武职，各有应尽之分，两老不临前敌，我辈亦可拼命报国。"

这是一个令左宗棠非常激动的场面，他心中的爱国热忱因此而燃烧得更加旺盛。他记下了这段对话，在家书中写道："值此时水师将领弁丁之气可用，悬以重赏，示以严罚，一其心志，齐其气力，所为必成。我与彭宫保乘坐舢板督阵誓死，正古所谓'并力一向，千里杀将'之时也。"

左宗棠得知抗法前线局势紧张时，没有丝毫的犹豫，主动请求筹办海防，并且拿出了具体方案。三月三十日，他拜发了有关筹办海防的奏折，系统阐发了关于中国如何图强的精辟见解。他指出，中国自鸦片战争以来四十余年仍未取得国防胜算的原因，在于"泰西各国以经商致富，广造机器，增制轮船，动辄挟其所长，多所凌忽"。而中国不但不以经商为本务，反而对机器生产和洋务运动多加责难，甚至对勇于抵抗外来侵略的官员和将领予以压制，使中国失去了四十多年的机遇，"而所谓识时务者，仍以因循粉饰，苟且目前之安，此志节之士所为抱抑塞磊落之怀，扼腕叹息者也！"

左宗棠抨击了李鸿章的鼠目寸光和软弱无能，接着强调侵略和反侵略的战争是不可避免的。他认为，自古讨论边防，不外守、战与和三个方面，而三者的次序，是"必能守而后能战，能战而后能和"，不战而和，就只有出卖主权。他认真权衡东南沿海的军事实力，认为在海上的争逐虽无把握，但防守海岸还是能够办到的。

左宗棠是楚军大帅，对于团练民兵十分在行。在筹划海防的过程中，他对沿海组织民兵寄予厚望。他经过调查，得知沿海渔户约有一万几千人，往往与外国人联络，被外国船只雇为向导。为了约束渔户，他决定创立渔民的团练，在操练中挑选健壮的勇丁充当水勇。他还亲自到沿海校阅渔团，乐观地指出："此军有成，则海外有警，豪俊之士闻风而至，以战以守，均确有把握。"

左宗棠在筹划两江布防的同时，密切关注法国对越南的侵略，得知奕䜣与李鸿章主张议和妥协，特别是李鸿章贪恋直隶总督之位拒绝前往广东，仍然以北洋大臣的身份到上海与法国代表脱古利谈判。他气愤地指出，朝廷之所以对法越战争没有定见，是因为朝中大臣无人提出正义的主张。他认为，唯有主战，才"于正义有合，而于事势攸宜"。此时岑毓英已替代刘长佑出任云贵总督，他在江南制造总局订造了一批枪炮，左宗棠令回家扫墓的部将王德榜顺道押运，将这批武器经湖南转运云南。王德榜临行前，左宗棠叮嘱道："朗清啊，你回家后，就找几个认识刘永福的旧部，令其径赴刘永福处探视军情，一路上据实向我禀报，以便我做出部署，以尽南洋大臣的职分。"左宗棠如此重视刘永福，是因为此人领导黑旗军在越南从事抗法斗争。李鸿章把刘永福的行为称作"土寇伎俩"，而左宗棠打算在朝中为他平反，对他给予肯定。左宗棠给王德榜的任务，除了探察刘永福的情况，还令他在家乡永州招募几营广勇乡丁，随时准备开上前线。与此同时，他还多方筹集军火，储备于湖南永州，以备不时之需。

左宗棠以国防为己任，认为南洋大臣不仅要筹划江南海防，也应兼筹边防，不能袖手旁观。他在致函两广总督张树声时说，他筹划江南海防是"未雨绸缪之计"，不管能不能制敌于死命，他都要向朝廷表明自己的担当，如果能把老骨头丢在卫国的疆场之上，也是遂了平生的心愿。

杨昌浚时任漕运总督，左宗棠致函这位老友，陈述了他请旨奔赴抗法第一线的想法。他指出，军机处对法越交兵束手无策，他不得已而要请旨前往云南与两广。他已先令王德榜回家乡募勇，打算自己再率领新募的部队继进，为西南的长久之计尽南洋大臣之职。

他还给李鸿章与岑毓英写信，强调法国侵略越南的企图，明显在于进窥我国的云南与广西。他赞扬刘永福在河内获得大捷，提出应该想方设法援助越南的抗法战争。

七月十三日，左宗棠专折向朝廷陈述南洋大臣应办边务的理由。他指出，法国谈判代表脱利古扬言要进攻广东，我国对此不能在谈判中示弱。他还指出，法国得陇望蜀，威胁到我国云南、贵州和广西的边境，中国正在力图自强，对此不能置之不理。"我愈俯则彼愈抑，我愈退则彼愈进。"他向朝廷表态：他身任南洋通商大臣，兼管七省海口，更是义不容辞，既然李鸿章不愿去督办越南事务，他很希望自己能被朝廷派去，但在朝廷没有任命的情况下，他只能从南洋大臣的职权范围内行事，派部队协助云南与越南的作战。关于王德榜已赶赴前线查实越南的现状并寻找刘永福下落等情，他都向朝廷做了报告。他表示：如果必须用兵，他可以马上令王德榜调募几营广勇，驻扎滇南和粤西边防要地，相机而动。他本人等到江南政务就绪时，便率领新募的部队回到湖南，相继开赴前线，决不置身局外，辜负朝廷的重用。

对于左宗棠的请战之奏，朝廷的答复是：云南和广西都有重兵，不用左宗棠前往。于是，当他不久后眼疾再次发作时，他便请假回家治病，但慈禧又认为他不能离开海防前线，理由是他在外国人眼里素有威望，现在筹办海防，正要靠他主持，而进行中的江南水利工程对民生大有关系，也要靠他办理。朝廷给他赏假两个月，让他安心调理，不能离职。

慈禧对法国的态度摇摆不定，她不敢把左宗棠派往西南前线，但又不许他辞职，要把这位疆臣留在两江。与此同时，朝廷并未改变对法国的软弱态度，使法国人敢于得寸进尺。此年十一月十二日，法军在孤拔指挥下，向越南山西发起进攻。驻防山西的部队主要是刘永福的黑旗军，另有广西清军七个营和云南清军。中国驻军被迫实行军事抵抗，中法战争就此爆发。法军依靠优势的装备，于五天后攻占了山西。

中国驻英法俄三国公使曾纪泽，这个在收复伊犁的斗争中和左宗棠联手的外交官，此时不断向法国政府提出抗议，要求法军停止挑衅。对于法军的侵略，这位外交使节的态度跟左宗棠一样强硬："一战不胜，则谋再战，再战不胜，则谋屡战。"朝廷根据左宗棠先前所奏，令王德榜招募部队出关，广西巡抚倪文蔚则奏请领取左宗棠在永州储备的军火到广西。由此，左宗棠虽未前往西南，但他所派的王德榜一军将在抗法战争中发挥重要作用。王德榜于光绪九年（1883）秋冬之交募得十营兵勇，左宗棠将之命名为"恪靖定边军"，调派提督陈广顺等老于兵事的将领充实该军，并提供饷银十万余两和军火物资，随后令王德榜率军驰赴广西，不久之后，王德榜的名字频频出现于中法战争的军报之上。

左宗棠很快拿出了应急的海防措施，向朝廷呈报方案，详细讨论了海防前敌、后路江防、战阵防守和紧急事务。他对自己的部署很有信心，认为江南防务已经巩固，可以接应南洋和北洋，只要警报传来，就可前往增援，决不会束手无策。

然而，左宗棠的眼病越来越严重，到了"检校文书万分吃力""下笔不能成字"的程度。为了不致贻误紧要公务，他不得不于光绪十年（1884）正月初四日，再次请求离职回家治疗。他为自己选好了三个替代者，供朝廷选择：安徽巡抚裕禄，漕运总督杨昌浚，前任两广总督曾国荃。

正月十二日，清廷下达谕旨，批准左宗棠的辞呈，赏假四个月，让他回籍安心调理，令裕禄代理两江总督，兼代南洋通商事务大臣。八天之后，朝廷改变主意，任命沙场老帅曾国荃继任左宗棠之职。

朝廷批准左宗棠辞职，引起很大的反响，自然是有人欢喜有人忧。内阁学士周德润上疏指出：勋臣不宜引退，请朝廷责成左宗棠顾全大义，令他在职调理。慈禧何尝愿意让左宗棠退休？但她不能不顾及这位老臣的性命。为了顺应舆论，她颁下一道上谕，希望左宗棠在休养痊愈以后随时复职。

但是，左宗棠因局势的发展，还是歇不下来。此年二月，法国当局无视曾纪泽的抗议，增加侵越兵力。法军新任统帅米尔集结一万七千人，于当月二十五日攻占中国军队据守的战略要地北宁。清廷十分震惊，连连下旨，挑选得力将领，加强防备，逐步集结五十八营，兵力增加到二万四千人。中国在兵力上占上风，而法国武器先进，双方各有优势，旗鼓相当。另一方面，慈禧撇清自己应对软弱妥协所负的责任，指斥其政敌恭亲王奕訢办事不力。她与光绪的父亲醇亲王奕譞策划，于三月十三日下令，将军机领班奕訢和另四名军机大臣革职，任命礼亲王世铎为军机领班，并指定新的军机大臣，而总理衙门则改命庆亲王奕劻主持。为了让奕譞能够掌控大局，又于次日发布上谕，宣布"军机处遇有紧要事件，着会同醇亲王奕譞商办"。

慈禧虽然撇清了责任，并借此机会实施了"甲申政局之变"，但新的摄政班子并未改变向法国妥协的方针。最重要的是，妥协派的代表人物李鸿章并未在这次变局中失势，这个擅长处理人际关系的疆吏疏远了恭亲王而靠拢了醇亲王，继续以他的主张影响摄政的王大臣。

在这种情势下，中国似乎无望于击败法国侵略军，甚至无望于将军队投入一场必要的国防战争。但是，由于左宗棠尚在，名义上虽已退休，实际上仍在关注这场战争，因此，中国会不会奋起抵抗侵略者，还要看这位老臣会不会再度力任时艰。

第二十二章

最后一仗

二入军机

中法开战之后，清军在主力决战中失败，法军控制了红河三角洲，利用海军的机动作战能力对中国形成大面积威胁，中国南方的形势十分危急。

左宗棠名义上是从光绪十年（1884）正月十八日起续行休假四个月，但他并没有安心回籍休养，而是仍留南京部署江海防务，并关注着前线战局的变化。南方战事纷扰，他的心境如何安静得下来？他"频阅越南电报文牍"，得知北宁、兴化相继失守，驻越南的滇粤官军全部溃退，只有王德榜的五千人扼守谅山镇南关；海上也传来警报，法国提督又率八艘军舰分驶福建、江南、天津，横行无忌。左宗棠听到前方告急，愤怒至极，寝食难安。也许是外界的刺激调动了他最后的一点生命力，眼病真的稍有好转；也许是他因公务紧急，向朝廷谎称病情减轻；总之，他于四月初二日上奏请求提前销假，要继续为朝廷出力。

七天后，清廷嘉奖左宗棠"素著公忠，不辞劳瘁"，令他进京陛见。

在此期间，法国人由于军队需要休整，同时需要部署兵力控制刚刚侵占的北圻地区，为了争取时间而开打外交牌，于是提出议和，开出的条件是：清廷必须承认法国对越南的保护权，开放中国的西南各省，还要求中国立即将力主抗战的外交官曾纪泽调回国内。李鸿章一听"议和"二字，眼里就有了光彩，感到自己大有用武之地了，轻易坠入法国人的骗局之中。他向清廷提出"随机因应，早图收束"的建议，清廷随即命他"竭诚筹办，总期中法邦交从此益固，法越之事由此而定"。

对于法国人而言，李鸿章此人显得十分忠厚，茹尔·费里声称他是真正的朋友。由于李鸿章的退让，曾纪泽离开了外交舞台，左宗棠失去了一个重要的合作伙伴。

法国公使来到了天津。朝廷为了和谈，不许黄少春在湖南募兵，但慈禧仍然需要左宗棠坐镇北京，因为他对外国人是个威慑。四月十七日，李鸿章与法国代表福禄诺在天津按照法国所提的条件签订了不平等的《中法简明条约》。

正是在四月十七日这一天，左宗棠拜发了一份增兵作战的奏疏。他对滇、粤边防的局势已经做了进一步的了解，指出溃败的云南、广西官军不能再用，而王德榜的八营恪靖军兵力太单，不足以分扼镇南关、谅山两处要区，应当增调一军为后劲之师，使王德榜得以一意驰驱，而无后患之忧。他建议由前任浙江提督黄少春在湖南挑选五营正规军驰赴广西镇南关外，为王德榜策应之师，并令他预选散布在湖南本籍的恪靖军旧部，编为几营，打起恪靖军的旗号，率领同征，以厚其势。由此可见，在李鸿章签署丧权辱国条约的同时，左宗棠仍然抱有率军前往云南、广西抗法前线的愿望。

由于和议的签署，清廷自然没有采纳左宗棠在四月十七日提出的主张，不许黄少春在湖南选军增援滇、粤边境。左宗棠听说和约已经签订，气得直跺脚，决定尽早进京，游说朝廷改变妥协的方针。四月二十一日，他离开金陵前往北京，途中仔细研读了《简明条约》五条，针对和战问题写下了著名的《时务说帖》，反复强调对付法国侵略"非决计议战不可""议和之应从缓"，再次表示他愿意亲自指挥抗法战争。他写道：

> 宗棠今春有增灶之请，意在令黄少春纠集旧部，添造水师船只，会同王德榜札饬刘永福挑选熟习海战弁丁，为其管带驾驶，冀收桑榆之效。倘蒙谕允，宗棠亲往视师。窃自揣衰庸无似，然督师有年，旧部健将尚多，可当丑虏。揆时度势，尚有可为，冀收安南仍列藩封而后已。不效则请重治其罪，以谢天下。此一劳永逸之策也。

这次的旅程，左宗棠十分心急，水陆兼程。清江过了，济宁过了，德州过了，天津过了，通州到了，终于可以见到北京的那些大员了！他想尽快让慈禧和枢臣们阅读他写的《时务说帖》，要让他们明白，面对法国人的侵略野心，和议是绝对行不通的！

左宗棠在进京路上之时，清廷已任命张之洞代理两广总督，左宗棠颇为这位清流派大臣出任前线疆吏而感到欣慰。但是，当他"水陆趱程，未敢休憩"，于五月二十日进入京城时，发现紫禁城内外风气萎靡。他连忙会见主战的两位亲王，提出要舒张正气，能打赢固然要打，打不赢也要打！他指出：李合肥一意求降，会使其他列强也想咬我们一口，中国将会永无宁日！只有坚决抵抗，中国才有出路。左宗棠发出这样的呼吁，京城内外顿时萌生了一股豪气。

五天后，七十二岁的左宗棠奉旨再次入值军机。上谕说，左宗棠不必按作息时间当班，只要待在京城，以备朝廷遇有紧要事件时当顾问。朝廷令他管理神机营事务，所有应派差使一概免去。神机营是满人大臣文祥建立的朝廷近卫武装，清廷从来未许汉臣染指，而左宗棠是第一个督操神机营的汉人大臣。

左宗棠复入军机，可以说是对和战之局颇有影响的一项人事安排。李鸿章签订丧权辱国的条约之后，全国普遍反对，清廷迫于舆论压力，两位主政的亲王摆出了几分主战的姿态，其人事方面的措施主要为两项，即对左宗棠和一向主战的前山西巡抚张之洞的任命。李鸿章对清廷的转向十分敏感，在清廷对左宗棠的任命发布之后的第二天，他便致电淮系集团的广西巡抚潘鼎新，说"左相进京，正议主战，内意游移"。

但是，法国方面并未给李鸿章个人多少面子，却以他们得陇望蜀的军事行动证实了左宗棠的预言。在李鸿章—福禄诺条约签订后仅四十多天，法军杜森尼中校率领九百人从河内出发，于闰五月初一日突然开抵谅山附近的北黎地区，抵达观音桥附近。法军"分为两路，一犯观音桥长庆粤西各营，一犯王德榜谷松之营"。中国各军请战，而潘鼎新下令不许开火。法军要求接收中国军队的驻防地，王德榜劝阻法军前进，致函杜森尼，指出两国既已议和，大可不必再起衅端。杜森尼不听劝告，要求清军立即退回中国境内。王德榜回答：没有接到上级命令，部队不能移动。法军要进，清军不退，只好枪杆子里面分输赢。杜森尼下令进攻，法军夺占四周山岗，恪靖军立即还击，战至深夜，双方对峙。与此同时，法军还调兵分头进犯宣光、保胜和谅山。王德榜组织优势兵力反击，三面围攻，截断法军后路，法军被迫收缩。恪靖军越战越勇，广西清军也发起猛攻，法军抵挡不住，开始溃退。法军自称在这次战斗中死伤一百多人，这是清军在中法战争开始以来获得的第一次胜利，史称"北黎冲突"，也称"观音桥事变"。于是，左宗棠自南洋大臣任上对边防所做部署的作用，明显地凸显出来。

法国一手挑起了观音桥事件，反诬中国破坏《简明条约》，以北黎冲突为扩大战争的借口，照会清廷，要求清廷通令驻越清军火速撤退，并赔偿军费二亿五千万法郎，约合白银三千八百万两。法国还威胁说，他们将占领中国一两个海口，当作赔款的抵押。

左宗棠根据王德榜从前线发来的电报，于闰五月初七日奏请朝廷严令云南、广西督抚指挥驻防部队稳扎稳打，痛击法军；又请派黄少春迅速组建部队前往增援，与王德榜、刘永福并肩作战。他还指出，法国人请和是不足信的，他们现在主动挑衅，充分表明先前的请和只是缓兵之计，全国臣民痛恨他们欺侮中国朝廷，所以中国必须以战取胜。左宗棠此疏得到慈禧的赞许。左宗棠因急于调兵开赴前线，用内阁大印发文，令黄少春赶赴镇南关，被人参劾，又因保荐曾纪泽和魏光焘等干才，于五月十八日再次被人参劾，理由是不合体制。两次参劾都被慈禧驳回，并加以制止。

由于有左宗棠这个主心骨，清廷这一次坚决反驳了法国的无理要求，指出谅山是中国驻兵的地方，"法兵前往谅山，扑我营盘，先行放炮，中兵不能不抵御"。奕譞认为，清政府的这种强烈态度，"是二十余年中国第一次振作之照会"。

法军陆路失利，指望海战得胜，扳回败局。法军在中国和越南的舰队组合为远东舰队，由孤拔任司令，分别开向福州和基隆，准备扩大战局。六月十五日，法国远东舰队的三艘军舰突然炮轰基隆，法军强行登陆。督办台湾事务大臣刘铭传指挥清军顽强抵抗，打退了侵略者的进犯。此前由左宗棠派往台湾的楚军将领孙开华率领的擢胜三营，以及提督章高元率领的淮军和提督杨金龙所部楚军，使台湾防务大大增强。法军在基隆未能得逞，不得不退回海上，待机再举。

中国虽然取得基隆保卫战的胜利，但法国海军的侵略行动，以及法军扩大侵略的疯狂势头，又使清廷顾虑重重，摇摆不定。清廷乞求列强出面调停，但因英、德两国与法国不和，不肯过问，而美国则耍滑头，不肯出力调停，所以毫无结果。李鸿章乘机怂恿清廷接受法国提出的赔款议和条件，他的拿手把戏，就是以洋人的强大和无理来吓唬朝廷。他说，等到战后再赔偿，赔款数额会更加巨大。慈禧急得六神无主，急召奕譞，哭诉道："不愿再经咸丰故事，但亦不愿大清江山由我而失，由我示弱。"奕譞回答说："可以打。"慈禧则说："打就打到底。"接着，慈禧召开了御前会议，说道："和亦后悔，不和亦后悔。和就示弱，不和会割地赔款而且损伤不少，或许引起内乱而且亦赔不起。"显然，慈禧仍然主意未定。她的话音落后，朝堂上一片寂静，无人答言。左宗棠猛然起身疾呼："大清不能永远屈服于洋人，与其赔款，不如拿赔款作战费！"慈禧听了此言，遂下令罢朝，含泪称是。至此，清廷才下定主战的决心。

法军受挫于基隆后，法国政府决定进一步扩大侵华战争，法国公使于六月底向中国提出赔款八千万法郎的新条件，并发出最后通牒，限四十八小时答复，否则下旗离京，由孤拔立即采取军事行动。清廷拒不接受法国政府的勒索，中法外交关系正式破裂。七月初一日，法国代理公使谢满禄果然下旗离开北京。两天后，孤拔指挥远东舰队突袭福州马尾军港，攻击福建海军，中法马江海战爆发。

当天上午8点，法军向闽浙总督发出了通牒，但福建当局不准官兵"轻举妄动"，而寄望于乞求法军延期进攻。下午1点45分，停泊在马江水面的八艘法国军舰和两艘鱼雷艇向福建海军发起攻击。福建海军由于没有认真备战，在法军突袭之始，只能被动挨打。

其实，负责防御的张佩纶虽是李鸿章的幕僚及后来的女婿，但他对待法国侵略的态度比李鸿章硬多了。法越战事刚起，他就倡议抵抗侵略，指出中越唇齿相依，越南一亡，中国必受其害。他和左宗棠一样，对中国获胜信心十足，认为中国具有天时、地利和占理的三大优势。正因如此，慈禧才会派他到福建会办海疆事务。张佩纶一到福州，立即视察船政局及闽江沿岸要塞，主张沉船堵塞闽江口，使法舰无法入内。在敌强我弱时，这虽不是最佳对策，也算得上中策了。无奈朝廷听了他未来岳父的意见，严令他不许先发制人，要充分显示和谈的诚意，加上他犯了备战轻敌、临阵怯敌、处置无方的错误，结果眼睁睁地看着法舰驶入闽江，驻防军队却未采取战备措施。

法国人没有理睬张佩纶表示的和谈诚意，准备妥当之后，开炮攻击。第一声炮响之后，只见一人应声而倒，不是别人，正是慷慨激昂主张抗战的张佩纶。此人惯于纸上谈兵，没见过真阵仗，一听炮响居然吓晕了！其他高官也不济事，闽浙总督何璟两耳不闻枪炮声，在府内拜佛念经；船政大臣何如璋天天设宴喝酒，严令各舰不准迎战。领导班子如此熊包，福建海军吃亏是无法避免了。中国军舰没有来得及起锚，就被法舰的一排重炮击沉两艘，重伤四艘。中国官兵们仓促应战，十分被动，但仍然奋勇还击，却因准备不足，装备落后，火力处于劣势，多数军舰未及起锚就被法国军舰击沉。海战不到三十分钟，福建海军的十一艘军舰就有九艘被法军击毁，另两艘在港内自沉，还有多艘运输船沉没，七百六十名水师官兵殉国。第二天，法军又向位于马江北岸的福州船政局开炮，击毁厂房和制造中的舰船，以及闽江两岸的炮台，多亏船政局做了积极布防，法军攻占船厂的计划未能得逞。

战败后，朝廷追究领导责任，这个领导班子集体下课。左宗棠受命查办此案，对张佩纶十分恼火，但认为主要责任不在张佩纶，建议从轻发落。结案报告一上，朝廷却认为左宗棠和杨昌浚为张佩纶开脱，而张佩纶其罪不轻，硬是将他发配到军台效力赎罪。几年后，李鸿章保荐他出山，清廷以四品京堂起用，张佩纶又坚辞不就，最后再入李鸿章幕中，以布衣终老。小说家张爱玲的这个爷爷徒怀一腔爱国志向，却因马江之战的失败而成为历史罪人。

总之，马江一仗，左宗棠寄予厚望的福建海军全军覆没。法军还摧毁了马尾造船厂和两岸炮台。年迈多病的左宗棠得到报告，不由咯出血来。

马尾之战爆发后的第三天，即七月初六日，正值光绪诞辰，清廷下诏对法宣战。上谕谴责法国蛮横索取无名兵费，恣意要求，先启兵端，严令陆路的云南、广西两省官军迅速进兵，沿海各地严防法军侵入，又令新任两广总督张之洞激励各军奋勇抗敌。

清廷宣战的这一天，左宗棠因年迈多病，没有去向光绪拜寿，其政敌再次参劾他，皇帝将此事交部议处，由于奕譞为左宗棠申诉，左宗棠未受处分。由此可见，左宗棠在京城为官，确实有许多挑剔的眼光盯着他，令他不得安生。

此时，左宗棠并不在乎小人的构陷，而是深为福建沿海的严重局势焦急不安。这个衰弱到不能去为皇帝祝寿的老人，在清廷宣战后的第九天，却亲赴醇王府面见奕譞，请求统兵出征。奕譞对他们的交谈做了记述，其中写道："左相晌晦来谈，仍是伏波据案之慨，其志甚坚，其行甚急。已嘱其少安毋躁，十八日代为请旨，始去。"

果然，七月十八日，清廷任命左宗棠为钦差大臣，督办福建军务。如前所述，左宗棠此前曾多次要求奔赴前敌指挥反侵略战争，清廷因倾向于议和，都未批准。而如今在清廷正式宣战的形势下，中国军队必须有一位强硬的领军人物，此人非左宗棠莫属。只要他活着，抵御侵略就少不了他来当统帅。福建、浙江和台湾纷纷告急，朝廷决定依靠他来收拾局面。因此，他的愿望终于实现，其心情万分激动。如今他年迈多病，却奋不顾身，毅然赴敌。翁同龢在左宗棠启行前向他告辞时，看见了这位朋友老当益壮的胆色，"其言衷于理而气特壮"，令翁同龢终生难忘。舆论对于左宗棠赴汤蹈火的果敢行为做出了极高的评价："左侯相以闽事吃紧，慷慨请行，所谓一息尚存，此志不容少懈，方之古名臣，曾不多让！诚哉斯言！"

再赴前线

左宗棠接受前线督军的任命之后，于七月二十六日陛辞请训，即日离京，从通州、德州和济宁南下，经一月"水陆兼程"抵达金陵，与曾国荃商议东南沿海的兵力部署和军饷筹集。他认为江苏防务布置尚属周密，但福建海防情形吃紧，因为法军在福州海面一战得手，便大举进攻台湾。在左宗棠抵达金陵之前，法军已于八月十三日攻陷台湾基隆，福建沿海前线急需大帅指挥。因此，左宗棠发出调令，召集旧部五千人随他前往福建前线，朝廷令前任漕运总督杨昌浚帮办军务。

左宗棠心系台湾，可是，法国海军封锁台湾各海口以后，大陆与台湾文电不通，援台的交通也中断了。左宗棠无法了解台湾的布防和战情，心急如焚。他与曾国荃联衔上奏，建议由南洋水师和北洋水师各抽调五艘军舰在上海集结，通知杨岳斌率所部楚军十二营从武昌乘江轮而下，先抵厦门，准备与法国海军大战。

长沙人杨岳斌原名杨载福，年轻时在湘江里放排谋生，楚军创建时在曾国藩手下编练水师，后因作战勇猛，战绩煌煌，成为水师统帅。三国时期的战将许褚打仗时杀得兴起，光着膀子提刀上阵，杨载福就属于这一类猛男，上阵时不披盔不戴甲，强行进攻，落在船舱里的枪弹用斗都装不完！他在军中焚烧夺取敌船几万艘，攻克一百多座城垒，指挥大小几百仗，没有失败的记录，是个名副其实的"常胜将军"。这个重量级的楚军大佬率部援台，是一个非常及时的对策。

左宗棠虽然无法跟台湾当局取得联系，但他先前所做的努力，使台湾防御力量得到了加强。法军登陆部队遭到楚军和淮军的顽强抵抗，例如其分兵攻打沪尾时，就被孙开华所部击败。法军无法深入台湾腹地，只能从九月初五日起对台湾实行海上封锁。刘铭传多次电请派北洋舰队前去解围，李鸿章按兵不动。左宗棠闻讯大为震怒，李鸿章一些部属也对他不满，纷纷向左宗棠请战，记名提督聂士成主动率部奔赴台湾。

本来，清廷任命左宗棠为钦差大臣，上谕只要求左宗棠前往浙江、福建交界地方督兵驻扎，以备策应。而清廷在九月初九日又下了一道上谕，令左宗棠遵照前旨，在福建境内驻扎，"毋庸身临前敌"，以示对这个老臣的体恤。但左宗棠不愿接受这种照顾性的体面安排，他认为福建防御"兵力尚单，难资分布"，需要他全面部署，请求朝廷允许他根据情况自行选择驻地。他在金陵积极筹措了半个多月，在组军、筹饷和咨商李鸿章、曾国荃各调派轮船协助援台等方面略有眉目之后，于九月十三日离开金陵，前往福州。

左宗棠取道江西河口，赶向崇安，进入福建。他在途中得到一个好消息：朝廷于九月三十日宣布新疆正式建省，刘锦棠成为首任新疆巡抚。他舒了一口气：西部的大局，总算有望长久稳定了；东部海防，老夫一定要加以巩固！

左宗棠行程一月，抵达同治四年（1865）一度驻节的延平。又行十几天，终于在十月二十七日抵达阔别十八年的福州。这座城市，正是人心惶惶，马江之败和基隆失陷，使人们"一夕数惊"，心头笼罩着一层阴霾。左宗棠的到来使福州人心大定，官民为这位老总督举行了隆重的入城仪式。左宗棠率军进入福州城时，"凛凛威风，前面但见旗帜飘扬，上大书'恪靖侯左'，中间则队伍排列两行，个个肩荷洋枪，步伐整齐，后面一个乘肥马，执长鞭，头戴双眼花翎，身穿黄绫马褂，……主将左官保是也"。全城士民排设香案，扶老携幼，出迎左相侯。左宗棠来到行馆大厅，只见壁上张贴了一副楹联：

数千里荡节复临，水复山重，半壁东南资保障；
亿万姓轺车争拥，风清霜肃，十闽上下仰声威。

左宗棠见福州百姓如此拥戴和信任自己，心里乐滋滋的。他想：我先前在闽浙总督任上，关注民生，加强海防，赢得了百姓的如此爱戴，好不令人开心！民众对我寄予厚望，我此来就不会离开前线了，誓与福建和台湾共存亡！

左宗棠安顿下来之后，连日与将军、总督和巡抚面商进兵事宜，巡镇海防，决意以铁拳打击入侵者。他倾尽全力，安排两件要务，即派兵增援台湾和部署闽江防务。

援兵赴台是他要首先解决的难题，因为台湾兵力仍然严重不足。他的第一个措施是从两江防区抽调楚淮军各两营前往赴援，同时给台湾发密电，令刘铭传就地招募兵勇一万人，令他"克日进兵，规复基隆"，一面设法打破法军对台湾海口的全面封锁，派杨在元密赴厦门一带确探情形，设法雇船，暗渡营勇援台。他希望，等到南洋军舰开到福建，再调兵分扎马祖澳、芭蕉山等处，以图首尾牵制，不让法军肆意久据，从而为台湾解围。

前面说过，由于福建海军已全军覆没，左宗棠本想得到曾国荃和李鸿章的支持，请他们派舰船增援福建。但是，李鸿章的北洋海军不肯南下，杨岳斌的大部队只得改用商船运输，无法按既定时间抵达厦门。曾国荃派出了七艘南洋军舰，载着楚军将领吴安康所部南下，被法军察觉，遭到法军九艘军舰的截击，其中两艘在浙江石浦洋面被法军击沉，其余五艘驶入港内。因此，南洋军舰虽然牵引法舰北上，减轻了台湾驻军的压力，却因遇敌不前，没有达到直接增援台湾的目的。左宗棠万般无奈，又与德国商人商议雇船，但遭到拒绝。左宗棠手中有兵，却无法运过海峡，因而焦灼万分。最后，他决定派王诗正统领恪靖亲军三营陆续开赴泉州一带，令杨在元从厦门驰往泉州，准备渔船多只，等到王诗正的部队集结完毕，扮作渔人黑夜偷渡。左宗棠嘱咐王诗正抵台后遇事要报告刘铭传，并说军情瞬息千变，只要有机会可乘，准许他相机行事，不必过于拘泥。

在左宗棠的动员和感召下，一大批楚军名将率部参加抵抗法国侵略的战争，其中不乏离休老干部。除了王德榜、杨昌浚和杨岳斌以外，赶赴前线的楚军将领还有长江水师提督李成谋，湖南提督鲍超，四川布政使易佩绅，楚军名将刘连捷和王永章，浙江海门镇总兵孙昌凯，浙江提督欧阳利见，兵部尚书彭玉麟，曾国藩和左宗棠的旧部将领李元度与何绍采。

光绪十年（1884）十二月底，左宗棠商调南洋军舰出海佯动，假装直逼台北，吸引法国海军。王诗正率领五营部队乘坐渔船，分批从泉州蚶江冒险暗渡。

闽江防务的部署是左宗棠处理的第二大要务。闽江海口有一个大岛，名叫琅崎岛，岛上的金牌与北岸的长门是最重要的入江口。左宗棠派大员星夜督工，在该处竖立铁桩，以铁索遮拦海口。铁索没入水中，用机器操作，随时控制起落，落下时中国船只可以出入，敌船一到，便拉起铁索阻拦。随后，他下令在距福州三十里处的林浦、魁歧及闽安右路出海的梅花江，全部垒石填塞，只能容小船来往。以上各处都建筑炮台，安放炮位，派兵驻守，"可资捍卫而遏敌冲"。左宗棠还与帮办福建军务的闽浙总督杨昌浚、福州将军穆图善会商，对福建海防进行了全面的筹划，决定立即撤掉海口水道标识，并下令在港口遍布水雷。

此时的穆图善改变了态度，不再如在陕甘时一样与左宗棠作梗，而是对这位老钦差言听计从。左宗棠对他说，长门、金牌各炮台是保卫福州港口的关键，令他在那里驻军。这时，马江中被法军击沉的军舰已经起出，穆图善催促将士将舰上的大炮安放妥当，又将炮台上原已安放的各炮次第修备，指挥将士们昼夜巡守。闽安的南北岸被左宗棠视为第二重门户，原设各炮已被法军轰毁，穆图善加紧修整，已有几门炮可以发射了。如此一来，闽江出海口所设的拦江铁索封锁了敌舰的来路，而长门、金牌炮台和闽安南北岸炮台形成两道火力封锁线，构成双重的防御。

十二月二十六日，法国军舰在妈祖澳集结，打算趁着除夕进攻。同一天，左宗棠、穆图善与杨昌浚先后离开福州，冒雨巡视南台、林浦、马江、闽安南北岸炮台。两天后，钦差与总督同到长门、金牌，各营将士站队试枪，军容整肃，各炮台能够发射的火炮试射了几遍。法军获悉这一情报，不敢贸然进攻，悄然撤走。这一次视察防务，充实了左宗棠的信心。他很有把握地说："如狡寇果来，势难插翅飞过。"左宗棠还派出得力干员，分头前往福州、福宁（今霞浦）、兴化（今莆田）、泉州四府各海口设局，会同地方官及当地绅士办理渔团，从渔户中挑选骁勇善水者担任团长，对渔民们进行军事训练，同时拨给经费，以功名加以激励，借助民众的力量来抵御外侮。

十二月二十九日，左宗棠问左右："今天是什么日子？"

随从回答："快过年了。"

左宗棠说："今年不许过年，要打仗！法国人乘我们过年，正好打厦门。小孩儿出队，我当前敌！"

杨昌浚说："法国人怕中堂，自然不来，中堂可不去。"

左宗棠说："此话何足信？仗还是要打呀。"

穆图善走进来，跟着大家劝说："中堂是大帅，应该坐镇省城。我们做将军和总督的，才应该去打仗嘛。"

左宗棠说："你们两人已是大官了，还是我去吧。"

穆图善说："我们固然是大官，还是不如中堂关系大局。"

左宗棠沉默一会，慢慢说道："既是这样，你们两人也不必去了，叫各位统领去吧。凡是统领，不能留下一个人！"

法国人以为左宗棠在厦门未设重兵，打算在大年初一奇袭厦门。法舰驶到离厦门五十里处，用望远镜观察沿海的各个山头，只见到处插着恪靖军的红旗，知道左宗棠已有防备，于是撤退。

法军不敢攻打福州和厦门，只能加紧封锁海口，劫掠商船，每天派出战舰在海上游弋，防止中国军队东渡。光绪十年年底，法军接连从基隆向台北进攻。左宗棠对台湾放心不下，于光绪十一年（1885）正月四日提出亲赴台湾督战，解救台湾的危机，被众人劝阻下来。正月十八日，王诗正所部抵达台南，进驻五堵。这时法军刚从八斗登岸，攻占月眉山。正月二十日，王诗正挥师进攻，分兵抄袭法军后背，夺回月眉山。第二天，法军在大枧峰增兵，湘勇乘胜前进，提督胡少亭、罗国旺身先士卒，壮烈牺牲。王诗正加紧督战，法军死伤惨重，不甘失败，突然分兵进攻暖暖街，绕到中国军队后背。各处关隘的守军被法军击溃，王诗正只得收兵，还守五堵。但是，左宗棠调集的各路援军纷纷到达福建，相继渡过海峡，台湾地区大军云集，士气大振。陈鸣志在台湾招募楚军参战，杨金龙率部驻防台湾，杨岳斌的部队也分批顺利渡过海峡。总之，左宗棠督军援台，对于扭转台湾所面临着的严重危局起到了关键的作用。

正月二十五日，左宗棠请求朝廷批准扩大军舰火炮的生产规模，指出海防首先要依靠军舰火炮，自己生产火炮又最为方便。他十年前提出在福州设立船政局，现在他提出在福建船政局增设炮场铸造大炮，并开办福州穆源铁厂，体现了他以洋务为手段加强海防的一贯主张。他通过多年的反侵略战争的实践，看到了先进武器是克敌制胜的重要因素，提出抵御列强的侵略一定要先战后和，所以武器装备不能因陋就简；列强依仗先进技术来欺侮我国，我们必须要有足以制胜的武器。

中国不败而败

法军进攻福建和台湾的目的，在于牵制中越边境的中国军队，想不到目的没有达到，反倒损失了兵将和战船。他们知道，左宗棠坐镇福州，台湾很难得手，他们不敢贸然犯险，将进攻的重点重新转回中越边界。

光绪十年十二月二十日，法军向谅山一带的清军发起攻击。在法军强大的攻势下，广西巡抚潘鼎新指挥的部队节节败退，甚至自动放弃谅山和镇南关（今友谊关），一直逃回广西龙州。光绪十一年（1885）正月初九日，法军占领了中越边境重镇镇南关，焚掠一通之后，退回谅山。

正在此时，冯子材率部奔赴镇南关，企图进攻凭祥，前线的清军将领们公推他为前敌总指挥，各部协同作战，稳住了阵脚。冯子材得到了张之洞与清廷的支持，在镇南关失守后，清廷将潘鼎新革职，张之洞奏荐冯子材任广西关外军务帮办，接替镇南关前敌指挥权。

冯子材年轻时做过木工，跑过牛帮，道光三十年（1850）率众造反，投奔天地会领袖刘八，后来像宋江一样享受了招安待遇，从此由匪入官，屡立战功。这次出征，他把两个儿子带在身旁，准备随时料理后事，颇有左宗棠抬棺出征的气概，打算拼了老命也要给法国人一点颜色看看。

二月初七日，法军分兵三路猛攻镇南关，被冯子材所部击退。次日，法军再攻镇南关，冯子材会同王德榜的"恪靖定边军"坚决抗击，将法军逼离长墙，压下山谷。彭玉麟在奏疏中说：冯子材苦战两日之久，若非王德榜切断法军后路，内外夹攻，不可能取得如此之大的胜利。第三天，冯子材下令各军反攻，各路清军勇猛冲杀，法军全线溃退。第四天，冯子材、王孝祺率军夺回文渊州。两天后，冯子材、苏元春、王德榜三路夹击谅山，法军丢弃大批装备物资，于深夜撤出谅山，清军主力渡过淇江，于次日收复谅山。这就是威震中外的镇南关—谅山大捷，是清军在抵抗外敌入侵的战斗中获得的一次全面胜利。

张之洞在总结这次战斗时指出："法二次犯关，非有生力大军，难遽言战；非冯子材创筑长墙，与王孝祺合军死守，则诸军无所依倚；……非王德榜截其后路，断其军火，关内外夹攻，则（法军）亦不能如此大溃。""法虏自谓入中国以来，未有如此次之受巨创者。"左宗棠在总督两江时派王德榜募"恪靖定边军"赴广西前线，再次起到了关键的作用。

中国军队在大捷之后，反攻节节取胜，将法军赶到郎甲以南，收复了开战以来丢失的地盘。东路的各支清军尾追法军直达船头，西路大军攻下了观音桥。西线的滇军和黑旗军正向兴化推进，桂军准备从牧马进攻太原。粤军出兵钦州，沿东海岸进攻广安。鲍超率领三十多营湘军和滇军正向龙州挺进。冯子材决定亲率大军乘胜攻击北宁与河内。

与此同时，清军在东南沿海也取得了胜利。法军远东舰队因淡水之败，基隆被围，决定转移目标，其军舰于二月十六日攻占澎湖后，接着攻击镇海，被中国守军击退，其舰队司令孤拔负伤，后来毙命。法军只得退踞澎湖群岛。

由此可见，左宗棠在福建、张之洞在两广共同指挥抗法战争，取得了骄人的战绩。法军在镇南关与谅山惨败的消息传到巴黎，引起了法国当权者的巨大震动和惊慌。对茹尔·费理内阁久怀不满的法国人民成千上万地涌上街头，游行示威，包围议会，高呼口号。茹尔·费理内阁当晚就倒台了。不论就战局还是就法国国内的局势而言，都对中国有利，中国方面大有可为。时任中国海关总税务司的英国人赫德私下里承认："中国如果真能打到底的话，她（慈禧太后）会赢的！"

但是，在中国军队即将大获全胜的关头，局势突然发生了令人寒心的转折。清廷于二月二十二日下令停战，将前线军队撤回关内，并公开向战败的法国求和。

之所以会有如此糟糕的局面，都是李鸿章与赫德二人一手造成的。

早在光绪十年（1884）七月底，在中国对法宣战后二十多天，由于英国政府希望中法早日结束战争，解决争端，而不愿这场战争继续下去，使英国侵华的经济权益受到太大影响，赫德秉承本国政府的这一旨意，同时得到慈禧太后的指示，秘密电令中国海关总税务司驻伦敦办事处的英国人金登干火速去巴黎面见费理，劝法国放弃赔款要求，并与中国议和。赫德是个中国通，深知清廷"愿意和平但不肯'丢脸'以取得和平"，他也知道，"不幸的是这里所认为'丢脸'的，倒并不是丧失事物本身，而是丢掉它的名义"。所以，他派金登干去法国活动，把这层意思告诉法国人，让法国在面子上对清廷做一些让步，而攫取实际的利益。金登干的巴黎之行负有中法议和的使命，连李鸿章也不知情（或者赫德认为他不知情）。赫德操纵中法之间的交涉，直接对慈禧太后负责。他对金登干说："目前的谈判完全在我手里，我要求保守秘密，并不受干预，我自守机密，总理衙门也如此。皇帝已有旨，令津、沪、闽、粤各方停止谈判，以免妨碍我的行动。"但是，赫德和金登干实际上在照顾法国人的利益。当法军攻占谅山时，他认为法国可以向中国提出更多的侵略要求，因此而十分高兴。然而赫德的如意算盘打错了，中国军队很快就取得了镇南关—谅山大捷，使金登干在法国的谈判发生了波折。

但是，李鸿章在这个关键的时刻起了赫德与金登干所起不到的作用。就在中国军队取得镇南关—谅山大捷的前夕，他与主持总理衙门的奕劻积极主张对法议和。赫德在光绪十一年（1885）二月初七日写给金登干的信中说："李鸿章在过去三周内特别烦躁不安，他奉皇帝之命，与日本为朝鲜事件而派来的特使伊藤博文伯爵谈判，为了不使法国问题妨碍他，虽然没有上面的指令，他还是插手了此事。总理衙门，特别是新王爷，我们直接去找茹尔·费理以后，坚决地支持了我。"李鸿章急于跟法国和谈，在法军大败于谅山之时，他认为和谈的最佳时机到了，立即提出"乘胜即收"的主张。他把胜仗当做议和的资本，说"当借谅山一胜之威，与缔和约，则法人必不再要求"。他在给总理衙门的电文中说："谅山已复，若此时平心与和，和款可无大损，否则兵又连矣。"

于是，李鸿章的妥协主张，赫德让中法之战早日结束的诉求，慈禧太后不丢面子议和的初衷，这三个人的动机连成了一条线，成为议和的决定性因素，促使清廷决意停战议和。二月十九日，金登干在得到清廷的认可后，代表清政府跟法国政府的代表毕乐在巴黎签订了《中法停战条件》，其内容为三项：第一，中国批准《中法简明条款》；第二，双方立即停战，中国从越南撤兵，法国撤除对台湾的封锁；第三，法国允派一员至天津或北京，商定所订条约的细目。于是，清廷下令停战撤兵，中法战争就此停止，中国军队功亏一篑。

清廷停战、撤兵与议和的谕旨下达后，左宗棠初而觉得不可思议，继而失望加愤懑，于三月初四日上了一道密疏，直陈"要盟宜慎，防兵难撤"。他指出，前面那份条约已将越南置之度外，这次谈判千万别再放弃刚刚丢失的基隆和澎湖，否则不可签字。

> 法夷犯顺以来，屡以忽战忽和误我大局。上年四月十三日之约，口血未干，即来挑衅，甚且逞其无赖。……一面踞我基隆，一面驶入马尾，乘蟫蹈隙，驯至溃坏而难于收拾。
>
> 前车宜鉴，大局攸关。津约五条已置越南于度外，占踞之基隆与新失之澎湖，岂可再涉含制耶？自去秋至今，沿海、沿边各省惨淡经营，稍为周密，今忽隐忍出此，日后办理洋务必有承其弊者。如果基澎不遽退还，则当道豺狼必将乘机起噬，全台南北不独守无可守，抑且防不胜防。此要地之不得不争，所宜慎之于先者也。……此边军之不可遽散，所宜防之于后者也。

张之洞作为镇南关大捷的坐镇指挥者，多次提出反对撤兵议和，却感到自己"人微言轻"，分量不够，致电左宗棠，希望他能力挽狂澜。他在电文中写道：

> 闻洋约十条数日内即画押，无非利法害华之事。洞请发沿海、沿边疆民筹议，不报。洞前后电奏二十二次，三争撤兵，余争条约、地界、商务、利军、义民；初则切责，后则不报。人微言轻，无术挽救。若再草草画押，后悔曷追！公有回天之力，幸迅图之。

然而，慈禧太后已经打定主意议和，李鸿章执意要出卖前线将士用生命换来的胜利，身在前线督战的左宗棠和张之洞都是回天乏力，左宗棠的生命力遭到猛烈的打击，他只能在痛苦中煎熬，在难言的屈辱感里度过一生最后的时光。清廷电令李鸿章分别通知沿海、云南、两广的督抚"如约遵行"，并于三月二十九日派李鸿章在天津议订条约，不利于中国的和议已成定局。

四月二十七日，李鸿章奉慈禧太后之命，在天津与巴德诺签订了辱国的《中法会订越南条约》(又称《中法新约》)，规定中国承认越南归法国保护；中国同意在两广、云南的中越边界开埠通商，法国享有减税通商权；以后中国建造铁路时，应向法国商办。这个不平等条约中写了一句"言明必不致有碍中国威望体面",以满足慈禧的虚荣心来换取大把的实际利益。由于这场可悲可笑的议和闹剧,左宗棠最不愿意看到的事情还是被李鸿章办到了。法国不胜而胜,中国不败而败,而李鸿章还觉得自己扮演了一回民族的英雄,而直到一百多年后的今天,还有人在为他鼓掌喝彩。

左宗棠心灰意冷了。五月初六日,他又递交一份辞呈,请求交卸钦差差使,回京复命。他恳请在返京之前,先行辞职回家调理身体。左宗棠辞职的理由是身体瘦弱,饮食锐减,头晕眼花,咯血时发。其病情恶化是实情,而其对清廷的失望也是毫无疑问的。他想:你们既然已达成和议,还要我这把老骨头干什么?

慈禧还是不肯放走这个强硬派领袖。上谕说:着赏假一月,安心调理,毋庸开缺。

但是,慈禧可以保留这位大臣的职务,却无法再次点燃他生命的火光。中法战争在左宗棠看来是一场十分重要的战争,而中国的胜利不但更加重要,而且本来是有望获得。在左宗棠主持和指导之下,中国军队顽强抵抗法国侵略军,可以一举扭转中国对外软弱的形象,使中国崛立于世界强国之林,如同二十年之后的日俄战争,日本终于战胜俄国,而令列国为之震胆。由于慈禧采纳了李鸿章的主张,致使这场战争的结果,成为晚清中兴的左宗棠时代向屈辱加深的李鸿章时代推移的转折点。这场战争以中国在军事上取得胜利而告终,迎来了其后的十年安宁,但以李鸿章为代表的妥协派却在政治和外交上为其结果涂上败笔,酝酿出十年后中国在甲午战争中的惨败。

中国不败而败,法国不胜而胜,不仅令左宗棠一个人寒心,楚军将领无不义愤填膺。但对于清廷的软弱怯战,最气愤最忧伤的莫过于左宗棠,因为他为中国的富强呕心沥血,在刚刚能够看到曙光的时候,却被自己的老板和同事出卖了,他们又把中国投入了黑暗。他身心交瘁,再也经不住如此的折腾。

左宗棠懂得,中国经过两次鸦片战争,列强对我们已有轻视之心,然而光绪十年(1884)的中国,已经不同于道光二十年(1840)的中国了。恪靖军规复新疆之后,武功正盛,因而有"中兴"之说。左宗棠、李鸿章和张之洞等人从事的洋务变革成绩斐然,中国军事力量正在增强,新军正在操练,武器装备大为改观,军工生产已见成效,北洋水师、南洋水师和福建水师初具规模。在这些有利的条件中,十分重要的一条,就是中国的军事强人左宗棠仍然在世,他的周围集合了彭玉麟、杨岳斌、曾国荃、刘锦棠、刘坤一和王德榜这样一批楚湘大将,而淮军也有名将刘铭传加入了对列强的抗争，强将犹存，劲兵尚在。越南境内的中国抗法部队还有刘永福的黑旗军，是极为骁勇的武装。中国的海岸防御已经进一步巩固，除了"致远""经远""来远""靖远"四艘军舰，其余未来将要参与甲午战争的战舰，全在北洋水师；海岸重建了炮台，海上部署了水雷，渔团的组建初见成效，正在推广。停战前的态势对中国极为有利，冯子材和王德榜取得镇南关大捷，克复文渊，攻下了军事重地谅山；岑毓英所部在临洮击败法军，克复广威和承祥，中国军队胜券在握。因此，如果中国发挥所长，在这场战争中彻底击败法国侵略军，重建中国国威，那么军事上的胜利，足以对政治变革和国防守备产生巨大的影响。这次战争是中国百年未有的机遇，如果中国能和普鲁士一样，一战而败法国，就可以树立国威于万里之外。

可惜的是，李鸿章不仅在军事上无能，而且急于推行妥协求和的外交路线。淮军集团号称中国精兵，在战火中却表现得最为无能。潘鼎新不战而放弃镇南关；张佩纶仓促应战而使福建水师全军覆灭；李鸿章的王牌北洋水师依旧按兵不动，只有刘铭传在台湾得到楚湘各部增援，苦苦防守，为淮军争了一点颜面。

养兵千日，用在一时，李鸿章苦心经营近代化的淮军，却不能于一朝报效国人，这是治军之耻。李鸿章并非无才，也并非没有势力，而是胆气不足，不愿丧失既得的私利。如果他不畏强暴，奋发图强，中法战争可以使他成就伊藤博文的事业，何至于在十年之后，备受伊藤博文的羞辱呢？然而，他不仅不派兵投入中法战争，反而去主导软弱的外交，给中国人留下一个尴尬的结果：不败而败。李鸿章的做法，令左宗棠无法平息胸中的愤懑，使他的病况急剧加重。左宗棠的性命还能延续多久？这个问题，成为国人目光的聚焦所在。

六月十七日，左宗棠再次上疏恳求交卸差使回籍，并陈述了自己的苦衷，把李鸿章议和的结果，当做自己未能完成使命而应当承担的责任。他说："微臣衰朽残年，谬膺重寄，成功未奏，方切疚心。"其实，他这是向朝廷表示他对议和的结局难以甘心。

左宗棠虽然寒心，虽然衰病无力，但他并未放弃为国尽忠的初衷。在他恳求辞职的这个月份，他仍然拜发了两份奏疏，对保卫台湾和加强海防提出了颇有见地的建议。他指出，台湾孤注大洋，为七省门户，关系全局，请求朝廷将福建巡抚移驻台湾，以资震慑。清廷不久就照此建议，于九月初五日下令台湾设立行省，将福建巡抚改为台湾巡抚，任命刘铭传为首任巡抚，令闽浙总督监管福建巡抚事务。左宗棠还提出专设海防全政大臣，因为这次中法战争中，各省督抚各自为政，暴露出指挥不能统一的弊端，而设立海防全政大臣，可以筹划海防全局，统一指挥权。此外，他还谈了加强海防建设的七条意见，包括制造军舰，制定巡逻、防守和操练的规则，培养士气，以及仿造铁路。他提议新设的海防大臣应驻扎长江，南拱闽越，北卫畿辅。此议也为清廷采纳，在台湾设立行省的同一天，清廷下令设立海军事务衙门，命奕譞总理海军事务。

栋梁倾倒

很久以来，左宗棠就感到累了。还是在甘肃的时候，在他指挥军队收复新疆之前，他就曾因病衰而萌生退意，但他为了国家不失疆土，以衰病之躯率部收复了大片的国土；在入值枢垣和总督两江期间，他又因健康原因多次求退，但在法国加紧挑衅之时，他又毅然再度从戎。他呕心沥血，心力已经耗尽。中法战争的结局给了他致命一击，这个强者的承受能力已经到达极限，再也承载不了这样的忧愤，终于一病不起。

左宗棠在病榻上，可以感觉到，在朝廷命令前线各路军队停战撤兵时，前线将士群情激愤。各地督抚转来急件，各地将领送来信报，无法控制的愤怒，从字里行间迸发出来。左宗棠越看越气：李鸿章，你这样做，怎能称得上国家栋梁！

全国不少地方先后通电谴责和议，指称朝廷给冯子材所下的退兵令就是南宋初年秦桧命令岳飞从朱仙镇退兵的金牌。左宗棠听说张之洞接连电奏缓期撤兵，竟然遭到李鸿章传旨申斥。李鸿章还吓唬冯子材和王德榜：如果不乘胜收兵，不但会破坏全局，而且可能孤军深入，战事前景莫测。前线将领不得不服从军令，将队伍撤回国内。左宗棠想到战场上大好的形势已被自己的同胞葬送，鲜血从他嘴里喷涌而出，他昏过去了。他醒来以后，夜间突然发作痰涌气喘等症，手足麻痹，神志昏迷。

左宗棠在世的日子已经不多了，他的安危牵动着许多人的心。北京的高层深深震动。光绪皇帝发来慰问电："皇天福佑，左卿康好。"老佛爷慈禧念这位老臣忠心为国，在佛祖面前为他祈祷，并发来一封慰问电："天恩庇护，左卿安好。"醇亲王的电报也是八个字："上苍添寿，大帅延年。"李鸿章心中百味杂陈，也为反对派领袖的弥留而惋惜，发来急电："为国摄重。"

光绪十一年（1885）七月二十五日，七十三岁的左宗棠接到上谕，朝廷对他的病情表示深切的关怀，批准他交卸差使，回家乡安心调理，假期可以任意决定，允许他对朝政不论有何意见，可以随时奏报，供朝廷作为决策依据。若病情有了起色，立即来京供职。

第二天，左宗棠交卸差使，将钦差大臣关防交杨昌浚派员送京。但是，这个耗尽了毕生心血的老人再也无力返回湖南老家了。七月二十七日清晨，这个湘阴人停止了呼吸，在福州北门黄华馆钦差行辕任上去世。

左宗棠逝世当晚，福州城东北隅崩裂逾二丈，城下居民安然无恙。大雨如注，通宵不停。也许这是气象与人事的巧合，但衬托了巨人离世的悲壮。天明后，市民们听到噩耗，城中巷哭失声。老百姓说：左宗棠死了，此乃天意，要毁我长城。军营里枪炮声大作，排炮和排枪声震长空。这不是战争，而是对一个亡灵的祭奠。阵阵沉闷的响声令大地震颤，老百姓又说：左宗棠军魂未散。

左宗棠的谢世，意味着大清王朝最后一根顶梁柱倒下了，这座已经破旧的大厦眼看就要倾倒。为了这个王朝的事业能够继续，左宗棠在弥留之际为台湾与海防做了最后的筹划，而他临终前留下的遗折，则给后世留下了他的一份遗恨。

> 此次越南和战，实中国强弱一大关键。臣督师南下，迄未大伸挞伐，张我国威，遗憾平生，不能瞑目。

左宗棠认为，清廷对法国是战抑或是和，乃是中国强弱的一大关键，而朝廷选择了和议，导致中国不败而败，所以他死不瞑目。这位垂亡的老人，似乎预见到了十年之后李鸿章那支金玉其外、败絮其中的北洋水师将被日本海军消灭，他看出了中国失败的原因何在。中国为什么失败？败在军力不足，还是败在兵勇不强、武备不精？都不是！左宗棠所看到的是，统治者的腐败使一个民族失去了斗志，哪能有不败的道理？左宗棠在西北时的一名下属后来撰文攻击左宗棠，说他在总督署中常有"反词"出口，对朝廷大不敬，也许并非虚言。如果说左宗棠这么一位耿直的人杰会对腐败的清廷歌功颂德，无一微词，倒是很难令人置信的。所以，我们完全有理由相信，左宗棠对清廷的失望已经入骨三分。

其次，左宗棠还对清廷，尤其是对慈禧，寄予一点点期望。他在口授的奏章中说：

> 伏乞皇太后皇上于诸臣海军之议速赐乾断，期于必成，凡铁路、矿务、

船炮各政，及早举行，以策富强之效，则臣虽死之日，犹生之年矣。

　　左宗棠愿与国家同命运，只要国家富强，他虽死犹生。读了他留下的遗言，谁还能说他偏重塞防、轻视海防呢？他一生中引以为憾的，就是没能凭靠中国人自己的力量，建立一支像样的现代化海军。福建海军在马尾一仗被法国军舰的炮火轰了个干干净净，令他痛心不已，他希望朝廷加大建设海军的力度。

　　左宗棠去世的噩耗传到北京，慈禧太后的心情是复杂的。"中国不可一日无湖南，湖南不可一日无左宗棠"，言犹在耳，可是，这个中国不能缺少的人物撒手而去了。

　　左宗棠是个汉人，是个强硬的汉人，从无奴颜媚态，但是，慈禧不但要依靠他，还竭力维护他。尽管万寿节他没来参加行礼，慈禧也不便说什么。她知道，在大清国所有的官员中，像左宗棠这样大公无私的人是凤毛麟角。人死不能复生，慈禧还能做什么呢？她只能为这个汉人勋臣安排一场风光体面的葬礼。否则，还会有谁愿意为风雨飘摇的清廷卖命呢？

　　左宗棠的遗书呈达清廷，最高层震悼。八月十九日，左宗棠去世后的第二十二天，朝廷颁旨，缅怀死者事迹。上谕称：大学士左宗棠学问优长，经济宏远，秉性廉正，在事忠诚，叠著战功，运筹决胜，底定回疆，厥功尤伟，尽心民事，裨益地方，扬历中外，恪矢公忠，着追赠太傅，赏治丧银三千两，入祀京师昭忠祠和贤良祠，加恩予谥"文襄"。从此，他以"左文襄公"名垂青史。

　　左宗棠的灵柩停放在福州市鼓楼广场，停殡一个月，供人瞻仰。国葬就在福州举行，各部和各省大员到福州凭吊。这个葬礼，比曾国藩的告别仪式还要隆重。

　　一条条、一副副的挽联，追颂左公的功绩，表达人们的哀思：

　　　　光佐中兴，功在社稷。
　　　　伊犁一胜，南越三捷，军威国威，光大咸同。
　　　　星陨闽江，生荣死哀。
　　　　驾鹤而去，邦国殄瘁。

　　军机大臣翁同龢十分惋惜好友的壮志未酬身先死，他还记得一年前两人依依不舍的分别，还记得左宗棠心中的慷慨激昂，于是，他的挽联写道：

盖世丰功犹抱恨，临分苦雨敢忘情？

另一位军机大臣李鸿藻认为左宗棠不愧为当代的诸葛亮，为其新疆的军功而感慨不已，于是写道：

诸葛大名垂宇宙，空同西极过昆仑。

最令人关注的，还是左宗棠为自己所作的那一副挽联，叫做"自挽联"。
上联是：

痛此日骑鲸西去，七尺躯委残荒草，满腔血洒向空林，问谁来歌骚歌曲？听琵琶冢畔，挂宝剑枝头，凭吊松楸魂魄，愤激千秋，纵教黄土埋予，应呼雄鬼；

下联写道：

喜今朝化鹤东归，一瓣香祝还本性，三生月现出金身，愿从此为樵为渔，访鹿友山中，订鸥盟海上，消磨锦绣心肠，逍遥半世，窃恐苍天厄我，又作劳人。

这副挽联，上联悲愤雄豪，下联潇洒浪漫，左宗棠这个性情中人自描自画，惟妙惟肖。

公祭结束后，左宗棠的灵柩被送回湖南，安葬于他生前第一次带兵出征时在善化县八都杨梅河柏竹塘选定的墓地。

左宗棠死了，左公行辕前，没有了写着"肃静""回避"字样的灯笼，取而代之的，是罩上白纱的长明灯。沉重的死亡气息，压得人透不过气来。

这盏盏白灯，以及军营里马头上、炮口上和刺刀上装饰的白花，宣告了一个强者生命的终结。在一个本来可以奋起抗争、抵御外侮的时代里，左宗棠应运而生，应运而崛起，成为朝廷的中流砥柱。他早已是二等恪靖侯爵，东阁大学士，太子太保，一等轻骑都尉，可以身穿皇家赏赐的黄马褂，在暮年还两入军机，其间出任两江总督和南洋通商事务大臣，最后督办抗法的军务。这个男人坎坷了大半生，也风光了二十多年，但外侮未除，他就退出了历史舞台，再也不能报效灾难深重的祖国。

左宗棠走了，法国的军舰还在东海耀武扬威。左宗棠活着时，曾与他们摆开决战架势，发出"渡海杀贼"的动员令。他们知道，左宗棠是一头雄狮，一头愤怒的雄狮，他的存在，就是对入侵者的威胁。他身边有一大批能征善战的将领，听从他的号令。但是，左宗棠一死，他们便群龙无首了。

左宗棠生前最不服气使用武力向中国倾销鸦片的趾高气扬的英国人。他在收复新疆时，考虑过再借外债。但他说，借外债来收复国土，是他这个大臣的罪过，即便要借，也决不向英国人伸手。他发现英国领事在上海租界竖起"华人与狗，不许入内"的牌子，勃然大怒，命令侍卫将牌子捣毁，没收公园，逮捕人犯。现在，左宗棠死了，他们会不会暗自庆幸呢？

俄国人对左宗棠一直是尊重的，他们的使者同左宗棠交往，对他敬佩有加。左宗棠为了从这个沙皇帝国手中收回伊犁，亲自坐镇哈密，严阵以待，等候谈判桌上的消息。他带去的棺材表明，他为了收复国土，早已把生死置之度外。"壮士长歌，不复以出塞为苦"，左宗棠的铮铮铁骨，和他麾下的恪靖军劲旅，令俄国人不敢轻开衅端。左宗棠走了，俄国人的心情，想必是相当复杂的。

左宗棠去世了，也许，李鸿章的心情最为微妙。他知道左宗棠临死也不会原谅自己。他在天津与法国签订《中法会订越南条约》，中国社会舆论哗然。中国军队在战场上确实取得了重大胜利，他却在一份丧权辱国的条约上签了字。有人说，这是世界外交史上空前绝后的奇闻。左宗棠一贯鄙视他在外交上的软弱和妥协，说他自命为懂洋务者，其实一窍不通，只会和洋人搞一搞私交，中国就败在这样的大臣手中。左宗棠说：对中国而言，十个法国将军也比不上一个李鸿章坏事。他还说：李鸿章误尽苍生，将落个千古骂名！左宗棠的指责掀起了全国舆论的高潮，众怒难犯，李二先生自然狼狈不堪，但他并不服气。他恼怒这个湖南人不懂官僚体制潜在的规则，以及中国贫弱的国情。他也不喜欢左宗棠的那些下属，他们都跟着左宗棠指责自己。他一气之下，指使亲信潘鼎新和刘铭传等人陷害"恪靖定边军"首领王德榜等人，要将他们充军流放。左宗棠生前得知此事，上书为属下鸣冤叫屈，眼看就要翻过案来。现在，左宗棠死了，主战派的旗帜倒了，李鸿章面对这个时代强者的死亡，终于松了一口气。谁还会像左宗棠那样严厉地指责他呢？他以自己的洋务经验与列强周旋，不惜代价地讲和，就不用顾忌有人戳他的脊梁骨了。直到若干年后，左宗棠的门生安维峻指斥他为国贼，请求朝廷诛杀之，他才发现，左宗棠的魂魄并未离去，还在与他缠斗。

但在此时，李鸿章还未料到左宗棠会有身后的巨大影响，他感觉到自己的时代到来了。不过，在踌躇满志的同时，也许他也感到了丝丝悲凉。中兴重臣一个个在他前面逝去，林则徐早就归天了，他的老师曾国藩也已不在人世，现在左宗棠又永远闭上了眼睛。如今，中兴名臣，楚淮大帅，只剩下他一个人，他能把大清王朝继续支撑下去吗？英国人傲慢，法国人强横，俄国人狡诈，日本人嚣张，而他只能赔着笑脸周旋于其间，茫茫九州，复兴的希望在哪里？也许，大清的气数已经耗尽了，而他靠着出卖国家资源来换取短暂的苟安，也是无力回天，只有一点值得他暗自庆幸：虽然国运日衰，他的私财却在增长。也许左宗棠的这个敌手，就是靠着这种得失观来维持内心的平衡。

总之，左宗棠去世的消息传开，有人悲痛欲绝，有人幸灾乐祸，有人茫然失措。但是，那些头脑清醒的国人却悟出了一些道理：左宗棠这么一个忠肝义胆、文武双全的当代诸葛，为什么壮志难酬？为什么对外妥协的大臣屡屡得逞？是不是朝廷出了问题？天下有志之士继续为清廷卖力，是否值得？这种思考，使许多清醒的国人觉悟，不愿再为腐朽的清廷效忠。

不管人们对左宗棠去世的感受如何，左宗棠是生而无愧，死而有值。他自幼倾慕诸葛武侯，以这位古代的名臣自况，其实，他本人作为中国历史上的一代名臣，比之于他效法的那位前辈，或许是有过之而无不及。他的一生备受先贤激励，苏武饮血茹毛，威武不屈；张骞关山万里，沟通西域；班超投笔从戎，西戎不敢过天山；祖逖闻鸡起舞，击楫中流；史可法慷慨殉国，魂傍梅花；那些人，那一段段令人荡气回肠的故事，都有仰天长啸的悲壮，都有可歌可泣的精神，令他景仰，令他唏嘘，都是他效法的榜样。但是，有谁能像他一样，率领一支军队远征，所向披靡，收复大片国土？左宗棠身后给人留下的最强烈的印象，可以用一言而蔽之：他为我们的祖国收复了六分之一的大好河山，在这种意义上，我们可以说，左宗棠乃千古一人。

在左宗棠去世之前，从同治九年（1870）到光绪十年（1884）的十四年之间，大清帝国赢得了自鸦片战争以来真正意义上的中兴。这个中兴，由一系列卫国战争的胜利组成。许多历史学家把这些重大的国防胜利视为"晚清中兴"最主要的标志，而在这一系列胜利中，左宗棠始终在唱主角。民国时期，南京中央大学一名文史教授曾说："唐太宗以后，对于国家领土贡献最大的人物，当首推左宗棠，实非过誉。"还有历史学家说：中国历史上有四个永远打不败的将军：汉朝的韩信、唐朝的李靖、宋朝的岳飞和清朝的左宗棠。这些话是否言过其实，我们不加评说，但我们可以肯定：左宗棠不愧为同治中兴的名臣和一代名将，是对国家领土贡献最大的人物之一。在左宗棠收复新疆之时，法国有一位评论家指出：亚洲是在三大强国——俄国、英国和中国的手中；而在左宗棠去世之后，大清帝国再也没有一次足以与之相提并论的史绩。

左宗棠是效法古贤刻苦努力不言放弃的才子，也是时势造就的英雄，是他那个时代最优秀的人物。但我们不能忘记，他是含恨而死的。即便他鞠躬尽瘁，在国际风云际会中国尚未变法图强的暴风雨前的沉闷岁月里，这个强势的男人也无法力挽狂澜，甚至无法抵消晚清官僚集团代表人物李鸿章妥协消极势力对朝廷的影响。那是一个行将就木的朝代，那是一个封闭落后的社会，由于战乱而鱼龙混杂，泥沙俱下，尽管英雄辈出，却无法挽救中国最后一个王朝的颓运。左宗棠徒怀指点江山的豪情，徒有秋风扫落叶般的霸气，在最高决策层孤掌难鸣，无法找到一剂神药挽救大清垂亡的肌体，未能改变中国再遭屈辱的命运，但他尽了自己的努力，他收复了新疆，保卫了台湾，为中国保住了弥足珍贵的家底，为国人留下了发愤图强的追求与骨气，以至于在他去世一百多年后的今天，我们仍然走在其奋斗的轨迹之上。

从年轻时代开始，左宗棠就是一个孤独的人。他在思考西部国防的时候，很难唤起别人的共鸣。幸亏有一个和他一样感到孤独寒冷的老人，与他一拍即合，相得益彰。所以，他在晚年回到福州，直奔林公祠，以新疆的收复告慰林则徐的在天之灵，也想借林公的威望提高官兵的士气。但是，中法战争以中国不败而败而收场，左宗棠只得含恨而逝，又有谁来告慰他呢？

左宗棠走了，带着悲愤，也带着希望。中国在水深火热中煎熬，中国也在水深火热中觉醒。左宗棠在谢世前的日子里，从学者林琴南的口中得知，他的学生严复正在翻译《天演论》《原富》《法意》等外国名著。他的另一些学生，如邓世昌、如詹天佑、如萨镇冰，也将把燃烧在他心中的富国强民的希望，在后世承传下去。

左宗棠在他的时代是一个先驱者，特别是在国防和外交方面，他看得太远，走得太快，真可谓"世人皆醉我独醒"。最难能可贵的是，他在中国积贫积弱的时代，保持着强健的心态，希望用自己的抗争唤起民众的响应，阻止国破家亡的悲剧延续下去。尽管没有群英会，他也要独领风骚。他心中的希望，跨越那个已成明日黄花的清王朝，将在新的世代，由后人前仆后继的奋斗，才能最终实现。左宗棠怀着这种希望，鞠躬尽瘁，做了他自己所能做的一切，也许，这就是他生命的最高意义吧。

左宗棠的灵柩要回家了。江浙关陇的士民听到消息，奔走哀悼，如同失去了亲人。光绪十二年（1886）九月二十五日，左宗棠的遗体运抵湖南省城长沙。一个多月后，其灵柩下葬于善化县八都杨梅河柏竹塘的山阳。墓碑上刻的文字是：清太傅大学士恪靖侯左文襄公之墓。他静静地躺在那里，直到将近百年之后，随着一声爆炸的巨响，一度出土。好在有人令他重归墓穴，直至今天，接受人们零零星星的祭奠。

除了左宗棠的墓葬，人们还有许多地方可以祭奠这位国防先驱。他离开甘肃时，所过之处，人们往往在山谷之间为他修建生祠，以表明对他的纪念。他去世后，浙江、福建、江西、陕西、甘肃、新疆、湖南各省，纷纷为他建立专祠。也许这些古迹在今天有许多已经消失，也许它们的修复还有待时日，但如今已有大量的文字在传播，把左相国祠建在了人们心中，在我看来，这是一件非常值得国人庆幸的事情。